D1641312

Heinz Schreckenberg

Erziehung, Lebenswelt und Kriegseinsatz
der deutschen Jugend unter Hitler

Geschichte der Jugend

herausgegeben von

Arno Klönne
(Universität Paderborn)

Band 25

LIT

Heinz Schreckenberg

Erziehung, Lebenswelt und Kriegseinsatz der deutschen Jugend unter Hitler

Anmerkungen zur Literatur

LIT

Nichts ist geeigneter, uns den rechten Weg zu weisen,
als die Kenntnis der Vergangenheit.

Polybios (2. Jh. v. Chr.), Weltgeschichte I,1

Gedruckt auf alterungsbeständigem Werkdruckpapier entsprechend
ANSI Z3948 DIN ISO 9706

Die Deutsche Bibliothek – CIP-Einheitsaufnahme

Schreckenberg, Heinz:
Erziehung, Lebenswelt und Kriegseinsatz der deutschen Jugend unter Hitler :
Anmerkungen zur Literatur / Heinz Schreckenberg. – Münster : LIT, 2001
   (Geschichte der Jugend ; 25.)
   ISBN 3-8258-4433-1

© LIT VERLAG Münster – Hamburg – London
   Grevener Str. 179   48159 Münster   Tel. 0251–23 50 91   Fax 0251–23 19 72
   e-Mail: lit@lit-verlag.de   http://www.lit-verlag.de

Inhalt

Vorwort

Bei einem Werk dieses Umfangs mag es erlaubt sein, ein paar Worte zu seiner Entstehungsgeschichte zu sagen. Zwei heute schon weit zurückliegende Begebenheiten spielen eine gewisse Rolle.

Eine hessische Jugendherberge war der Ort der ersten Szene, etwa Mitte der fünfziger Jahre. Wir studentischen Teilnehmer einer mehrtägigen Seminarexkursion übernachteten hier. Nach dem Abendessen – es war ein warmer Sommerabend – hockte eine kleine Gruppe später Wandervögel, die zufällig das Quartier mit uns teilten, auf den Eingangsstufen und sang zur Gitarre. Und was sie sangen! Sie ließen wieder die bunten Fahnen wehen und die Feder vom Barette schwanken, die wilden Gesellen wurden immer noch vom Sturmwind durchweht und liebten die Stürme, da rauschten wieder die Wildgänse durch die Nacht und hohe Tannen wiesen die Sterne; es fehlte auch nicht das unsägliche "Jenseits des Tales", wo immer noch die Zelte standen, die der Herr von Münchhausen dort gesehen hatte, ja und schließlich das unvermeidliche "Kein schöner Land in dieser Zeit", lauter Lieder, die mir aus einer fernen Vergangenheit zu kommen schienen.

Zu dieser Zeit wähnte ich die NS-Zeit und das Kriegsende, zu dem ich im 17. Lebensjahr war, wie ein Sediment abgesunken, erstarrt und überlagert durch neue Erlebnisschichten: Not der Nachkriegsjahre, Abitur, Berufsleben, Studium. Meine akademischen Lehrer, wie schon die Studienräte im Gymnasium, sah ich kaum in einem Zusammenhang mit dem Nationalsozialismus, über den sie ja auch im übrigen kein Wort verloren. Was war nun auf den Treppenstufen? Ich bekam, wie man so sagt, feuchte Augen und wußte nicht, wie mir geschah, doch durch neue Eindrücke der nächsten Tage wurde diese verstörende Erfahrung schnell wieder begraben.

Die zweite Begegnung war die mit Abraham Schalit von der Hebräischen Universität Jerusalem, dem ich bei seinem Forschungsaufenthalt im Deutschland der sechziger Jahre für einige Monate assistierte. Er hatte soeben die 1963 erschienene Autobiographie der ehemaligen BDM-Führerin Melita Maschmann (*1918) gelesen, die zu einem Bestseller auf dem deutschen Buchmarkt werden sollte, und war beeindruckt von dieser seinerzeit noch ungewöhnlichen Aufarbeitungsanstrengung, nahm sie zum Ausgangspunkt einschlägiger Gespräche und motivierte mich zur Lektüre.

So verschiedenartig beide Erlebnisse waren und so schnell sie auch zunächst durch Berufliches und Alltägliches überlagert zu werden schienen, sie wirkten nach. Noch in den sechziger Jahren las ich "Das Dritte Reich" von Hans Buchheim und Martin Broszats "Der Nationalsozialismus", und seitdem ließ mich das Thema, wenn auch ganz am Rande meiner fachlich anders gearteten Berufsarbeit, nicht mehr los. Es folgte – immer noch wie eine beiläufige Urlaubslektüre – "Die Geschichte der HJ. Wege und Irrwege einer Generation" von Hans-Christian Brandenburg und in teils langen Zeitabständen manches andere, eine sporadische, wahl- und ziellose Lektüre.

Erst seit etwa 1995 war die Möglichkeit gegeben und schien die Zeit reif für eine eher professionelle Beschäftigung mit dem NS-Thema. Mein Interesse war anfangs nur punktuell, gerichtet auf mir besonders erinnerliche Phasen der Jahre vor 1945: Die Lager der sogenannten Kinderlandverschickung und meine Zeit als "Luftwaffenhelfer". Es zeigte sich aber bald, daß ein nur sektorales Vorgehen nicht zu den von mir gewünschten Einsichten führte und nicht zu einem Überblick darüber, wie die nationalsozialistische Jugenderziehung operierte, welche Methoden sie verwendete und welche Ziele sie verfolgte. Das hatte zur Folge, daß sich die Arbeit an diesem Projekt stufenweise entwickelte und eine zunächst nicht vorausgesehene Dimension annahm.

Die Aktualität des Themas dürfte unstrittig sein. Je nach dem Standort des rückschauenden Betrachters gilt die NS-Zeit fast wehleidig als "Vergangenheit, die nicht vergehen" will, als uns immer noch bedrückender "Albtraum", als "offene Wunde", ja als Berg, dessen wirkliche Größe und Höhe man erst aus einiger Distanz erkennt, so daß "etwa ein Menschenalter" als angemessener zeitlicher Abstand der Geschichtsdarstellung erscheinen kann (Joachim C. Fest: Hitler. Eine Biographie, Frankfurt 1995, S. 1). Es dauert eine gewisse historiographische Ratlosigkeit angesichts der NS-Herrschaft an, und die Unschärfe ihres Bildes nimmt gegenwärtig eher zu. Banales Indiz: Die Monographien zu diesem Thema werden von Mal zu Mal voluminöser, wie zuletzt Kershaw zeigt. Da man sich als Deutscher der Hitlerzeit nicht entziehen kann und sollte, bleibt vorerst als Aufgabe die Erforschung dessen, was war, wie es gewesen ist und warum es so war.

Zu meinem im vorliegenden Werk dokumentierten Kenntnisstand haben beigetragen Auskünfte von und Gespräche mit zahlreichen Zeitzeugen, auch private, ungedruckte Erinnerungen und Tagebücher. Wertvolle sachdienliche Hinweise und Materialien kamen von vielen Institutionen, Bibliotheken und Archiven. Mein besonderer Dank gilt Heinz Antholz, Meckenheim b. Bonn; – Archiv der deutschen Jugendbewegung, Burg Ludwigstein (Winfried Mogge); – Archiv des Burggymnasiums, Essen (Georg Klein); – Archiv für Kunst und Geschichte, Berlin; – Diethard Aschoff, Münster; – Bundesarchiv Koblenz; – Bundesarchiv Berlin-Zehlendorf (ehemals "Document Center"); – Bundesarchiv Potsdam; – Bundesarchiv-Zentralnachweisstelle (Aachen); – Landesbibliothek Coburg; - Deutsche Dienststelle für die Benachrichtigung der nächsten Angehörigen von Gefallenen der ehemaligen deutschen Wehrmacht, Berlin; – Deutsches Jugendherbergswerk, Detmold (Knut Dinter); – Deutsches musikgeschichtliches Archiv, Kassel; – Deutsches Volksliedarchiv. Arbeitsstelle für internationale Volksliedforschung, Freiburg (Barbara James); – Dokumentations-Arbeitsgemeinschaft und Freundeskreis KLV (Erweiterte Kinderlandverschickung), Erich Maylahn (Essen); – F.A.Z. – Archiv (F.A.Z.-Recherchedienst), Frankfurt; – Helene Größchen (Essen); – Günther Hansen (Schönow); – Peter Hupertz (Gummersbach); – Institut für Zeitgeschichte, München; – Gerhard Kauws (Rheine) – Kinderhauser Buchzentrum, Münster (Karin Ahlhorn, Eva Wersebeckmann); – Norbert Krüger (Essen); – Märkischer Kreis. Kulturamt. Landeskundliche Bibliothek, Altena (Frau Müller); – Alexander Micke (Wien); – Militärgeschichtliches Forschungsamt, Potsdam (Korvettenkapitän Sander-Nagashima); – Gerd Mulch (Hamburg); – Museen des Märkischen Kreises Burg Altena (Heinrich Ulrich Seidel); – Bernhard Pelkmann (Münster); – Edith Pohlmann (Münster); – Hans Runte (Ottobrunn); – Klaus Schlimm (Goch); – Stadt Altena (Westf.). Schulverwaltungsamt/Archiv (Frau Biroth); – Stadtarchiv Altena (Westf.), Willi Beckmerhagen; – Stadtarchiv Essen (Frau Vonrüden-Ferner); – Stadtbibliothek (Zentralbibliothek) Essen (Herr Peter); – Fritz Steiner (Innsbruck); – Werner Streicher (Essen); – Elfriede Timpte (Münster); – Universitätsarchiv Münster; – Universitäts- und Landesbibliothek Münster; – Paul Werner (Essen).

An dieser Stelle möchte ich meiner Tochter und meiner Frau von Herzen danken für langjährigen Rat und vielfältige Hilfe. Vor allem ohne die Unterstützung meiner Frau hätte ich dieses und frühere Bücher nicht schreiben können. So widme ich mein Buch *uxori carissimae*.

Münster, Oktober 1999   Heinz Schreckenberg

1 Einleitung

1.1 Erinnerungskultur

Ist, wer sich seiner Vergangenheit nicht erinnert, dazu verdammt, sie zu wiederholen? Führt das Vergessen von Verbrechen zwangsläufig zu ihrer Wiederholung? Kann Erinnerung zur Erlösung verhelfen? Solche Fragen werden heute oft gestellt. Vielleicht sollte man die im Zusammenhang mit der NS-Zeit üblichen großen Worte weniger oft verwenden, das diesbezügliche historische Wissen weiterreichen und gelassen darauf vertrauen, daß rationale Aufklärung, etwa im schulischen Geschichtsunterricht, ihre Wirkung tut. So müßte man vielleicht nicht fürchten, daß durch immer gleiche Erinnerungsrituale eine gewisse "Gedenkmüdigkeit" bewirkt und eine "Schlußstrich"-Mentalität begünstigt wird.

Unermüdlich klagende Erinnerung und selbstquälerische "Erinnerungsarbeit" macht für die Nachgeborenen, die nichts persönlich verdrängen müssen oder aufzuarbeiten haben, keinen rechten Sinn. Sie fühlen sich ja auch nicht betroffen von Christa Wolfs Selbsterkenntnis: "Das Vergangene ist nicht tot; es ist nicht einmal vergangen. Wir trennen es von uns ab und stellen uns fremd" (Kindheitsmuster, Hamburg 1994, S. 9). Es ist durchaus zweifelhaft, ob für künftige Generationen der Jugend die Scham über die Greueltaten der NS-Zeit noch ein integrales Element deutscher Identität sein wird. Ein anderes ist die Trauer um die Opfer von Gewaltherrschaft, Verbrechen und Krieg; denn das klagende Gedenken an die Toten ist zutiefst menschlich und gehört existenziell zum Menschsein.

Ähnlich ist wohl auch das Weitergeben geschichtlicher Erfahrung und Erinnerung keine Sonderpflicht einer fiktiven "Tätergeneration" – Schuld ist ja nur individuell möglich –, sondern liegt im gemeinmenschlichen Interesse. Historisch aufklärende Erinnerung weiter zu geben, ist im übrigen eine Prophylaxe gegen jede ideologische Volksverdummung – eine allzeit gegenwärtige Gefahr. In diesem Sinne ist mein Versuch ein erinnernder Bericht, eine bescheidene Hilfe zur Erinnerung, vielleicht eine Art Geschichtslehrpfad. Der Wanderer wird viel Bösartiges sehen, aber auch Absurdes bis hin zur Lächerlichkeit. Doch diese entlarvt bekanntlich besonders wirksam. Ich wähle also, mit meinen Mitteln und auf meine Weise, den Weg "kritischer Aufklärungsarbeit", die vielleicht beiträgt "zur Festigung eines kritischen Geschichtsbewußtseins . . . , das die Erfahrung des Nationalsozialismus als ständige Herausforderung begreift" (Hans Mommsen in seinem Nachruf auf Martin Broszat, in: Geschichte und Gesellschaft 17, 1991, 141-157).

1.2 Zur bibliographischen Erschließung des Themas

Die Literatur zum Thema "Deutsche Jugend unter dem Hakenkreuz" ist so zahlreich und so weit verzweigt, daß sie kaum noch überschaubar ist. So mag mein Versuch einer Bestandsaufnahme vermessen erscheinen, unternommen werden muß er, weil eine genauere Kenntnis der Dinge bei der Beantwortung vieler Fragen helfen kann, vor allem der zentralen Frage, warum die deutsche Jugend fast widerstandslos Hitlers Fahnen folgte.

Eine große Hilfe bei meinen bibliographischen Ermittlungen war besonders die "Bibliographie zur Zeitgeschichte" (Beilage der Vierteljahrshefte für Zeitgeschichte), daneben die "Bibliographie zum Nationalsozialismus" von Michael Ruck (Köln 1995. 1428 S.). Weitere wichtige Fundstellen sind in der dieser Einleitung folgenden Liste aufgeführt. Auch für meine Aufgabenstellung war nur eine "Auswahlbibliographie" sinnvoll. Redaktionsschluß: Jahreswende 1998/1999. Nur noch ausnahmsweise konnte 1999 Erschienenes registriert werden. Im Vergleich zu Rucks weit gespanntem Anspruch konnte bei meinem viel engeren Thema die Informationsdichte in wichtigen Bereichen wesentlich größer werden. Auch sind bei mir sehr zahlreiche vor 1945 erschienene Druckwerke verzeichnet (mit Inhaltsreferat; zu den mit diesen "Quellen" gegebenen Problemen weiter unten).

Vollständigkeitsdefizite waren vor allem bei regional- und lokalgeschichtlichen Arbeiten unvermeidlich. Nur selten habe ich im übrigen ungedruckte Examensarbeiten unterhalb der Dissertationsschwelle aufgenommen. An absoluter bibliographischer Perfektion mangelt es auch insofern, als ich bei mehreren Auflagen eines Werkes nur die jeweils verfügbare Ausgabe registriere. Wenn ein Titel relevante Informationen zu verschiedenen Kapiteln meines Themas enthielt, habe ich diesen Titel dann auch mehr als einmal aufgeführt. Doch tut der Leser auf jeden Fall gut daran, sich ebenfalls in thematisch affinen Kapiteln zu informieren. Vor allem zahlreiche Autobiographien (im fünften Teil) geben oft tiefe Einblicke in die verschiedenen Sozialisationsstationen der Autoren. Das läßt sich aber kaum bibliographisch aufschlüsseln.

1.3   Zur Forschungssituation

Aus den in den einzelnen Kapiteln chronologisch angeordneten Titellisten lassen sich unschwer die Wege und Trends der bisherigen Forschung ablesen, so daß ich mich hier mit einigen Stichworten begnügen kann. Kaum noch jemand beruft sich für seine Arbeitsmethode auf Rankes – zuerst 1824 formulierten – Grundsatz der Geschichtsschreibung, nicht zu richten und zu belehren, sondern nur zu zeigen, "wie es eigentlich gewesen" sei, und zwar auf der Basis einer strengen Zuverlässigkeitsprüfung der Quellen. Denn einmal ist die Eigenart der NS-Quellen recht gut bekannt, und zum anderen fehlt heute der naive Wissenschaftsoptimismus, historische Vorgänge und ihre Kausalitäten wie mit der Lupe untersuchen und exakt beschreiben zu können.

Ein unemotionaler Umgang mit der Geschichte der Jahre 1933-1945 im Sinne einer Analyse aus kühler Distanz (*sine ira et studio*) fällt schwer und ist vielen, vor allem den Opfern, nicht möglich. Das ist zu respektieren. Aber das schließt nicht eine "historisch-kritische Aufarbeitung" aus (U. von Hehl, in: Historisches Jahrbuch 117, 1997, 419). Historisches Verstehen bedingt aber eine differenzierende, auslotende Vorgehensweise. Eine wohlverstandene "Historisierung" des Nationalsozialismus, die auf voreilige Generalisierungen verzichtet, relativiert nicht die Furchtbarkeit des Geschehens und die Schuld der Täter. Vor allem religiös denkende Menschen sind geneigt, angesichts sozusagen unauslotbarer Abgründe des Bösen die Möglichkeit zu bestreiten, die NS-Theorie "aus ihren eigenen Voraussetzungen zu verstehen" (B. Ortmeyer, Schicksale jüdischer Schülerinnen und Schüler, Witterschlick/Bonn 1998, 334). Auch das ist zu respektieren. Aber wenn die NS-Täter keine teuflischen Ungeheuer waren, deren Tun sich jeder Verstehbarkeit entzieht, ist Historisieren eine mögliche Vorgehensweise.

So kann auch nicht darauf verzichtet werden, etwa die Hitlerjugend, zu der viele Millionen Jugendliche gehörten, von innen, von ihrer eigenen Lebenswelt her, zu verstehen. Auch hier ist "Verstehen" mitnichten ein (wohlwollendes) Verständnis. Die bisherigen Erfolge der vor einer Reihe von Jahren von Martin Broszat (Institut für Zeitgeschichte, München) initiierten "Historisierung" sind jedenfalls so beeindruckend, daß auch im Hinblick auf die Jugenderziehung unter Hitler nicht auf sie verzichtet werden kann. Man würde es sich zu leicht machen, die NS-Pädagogik in Bausch und Bogen als "Unpädagogik" abzuwerten (zur Diskussion darüber Ortmeyer, S. 628) und damit in gewisser Weise der Verdammnis des Vergessens zu überantworten. Das haben die Millionen Schulkinder der NS-Zeit, die ja auf ihre Weise auch "Opfer" waren, nicht verdient.

Die Hitlerjugend gilt in der Geschichtswissenschaft, ähnlich wie die Oral History und die Zeitzeugen-Autobiographien, zumeist als nicht recht "geschichtswürdig". Man überläßt diese Dinge, fast wie ein historiographisches Stiefkind, gewöhnlich den Erziehungswissenschaftlern und Soziologen. Zu Unrecht, wie ich meine; denn wenn etwa zahlreiche Zeitzeugen in einzelnen Punkten unabhängig voneinander übereinstimmen, so haben solche Aussagen ("Invarianten") einen auch historiographisch verwertbaren Quellenwert. Zu Unrecht auch, weil im Umkreis der HJ oft Vorstellungen der NSDAP auf den Punkt gebracht und so fokussiert wurden, daß dies für die ideologiegeschichtliche Erforschung der NS-Zeit Erkenntniswert haben kann. Auch vom "Rand" her – und die HJ war in gewisser Weise Peripherie – läßt sich bisweilen das Wesen des Nationalsozialismus genauer erkennen. Auffällig ist zum Beispiel, daß der Führerkult in der Hitlerjugend laufend zunahm, während er in der Masse der NSDAP und SA bis in deren Führung hinein zum Kriegsende hin eher abnahm, korrespondierend mit dem Bedeutungsverlust beider Organisationen. Dagegen sonnte sich die HJ in der Gunst Hitlers und ließ sich in vorauseilender Beflissenheit von keinem übertreffen. So bieten vielleicht die HJ-Quellen Möglichkeiten, dem "Führerbild" und bestimmten ideologischen Positionen differenzierend nachzugehen. Die diachronischen Inhaltsanalysen einschlägiger Titel lassen jedenfalls erkennen, wie einzelne Denkpositionen in der zweiten Hälfte der NS-Herrschaft sich deutlicher ausprägen oder sich gar verändern. Die bisher vorliegenden Untersuchungen zur HJ und ihrer Geschichte befassen sich mit solchen Dingen nicht näher.

Selbst die eindrucksvollsten Forschungsleistungen zur Hitlerjugend – zu ihnen gehören zum Beispiel die Arbeiten von Klönne, Hellfeld, Klaus, Jahnke, Buddrus, Kater, Lisa Kock, Sibylle Hübner-Funk – gehen kaum oder zu wenig auf die innere Geschichte von HJ und BDM ein. Die "Lebenswelt" (einschließlich der Frage: Was ging in den Köpfen vor?) kommt in den meisten Darstellungen zu kurz, trotz der oft bemerkenswerten Anwendung von Oral-History-Methoden. Auch die durch die zahlreich vorhandenen Autobiographien gebotenen Möglichkeiten werden kaum genutzt. Weithin dominiert das Interesse an den "Organisationen", ihrer Geschichte und den damit verknüpften soziologischen Fragestellungen. Aus der inzwischen beachtlichen Zahl einschlägiger Veröffentlichungen ragen Klönnes Titel auch deshalb hervor, weil er (Jahrgang 1931) seine Kenntnisse als Zeitzeuge sachdienlich einzubringen vermag. Das spricht gegen das bisweilen geäußerte Vorurteil, daß Zeitzeugen generell ein störendes Vorverständnis der Dinge mitbringen. Der gleiche Vorwurf träfe im übrigen eine Reihe bedeutender Historiker der letzten Jahrzehnte, Martin Broszat, Joachim Fest, Hans Mommsen und andere.

An diskussionswürdigen kritischen Gesichtspunkten zur gegenwärtigen Forschungssituation mangelt es freilich nicht: Während zur Jugendbewegung vor 1933 ganze Bibliotheken zusammengeschrieben wurden und selbst Klein- und Kleinstgruppen angemessen erforscht sind, ist – trotz manch guter Spezialuntersuchung – die Literatur zur HJ und zum BDM vergleichsweise dürftig, und es fehlen quellennahe zusammenfassende Monographien; denn die einschlägigen Quellen sind sehr viel reicher erhalten als die meist zu abrißartige und detailarme Sekundärliteratur dies erkennen läßt. Zu oft werden in manchen Aufsätzen gegnerische Positionen aufwendig widerlegt, und zugleich ist die üppige Quellensituation fast ignoriert. Selbst nach der ausgedehnten Lektüre vieler Arbeiten bleibt man unbelehrt darüber und fragt man sich, warum denn Millionen junger Menschen lange Zeit freiwillig, zum Teil sogar begeistert , mitmachten und Hitlers Fahnen folgten. Störend wirkt in vielen Publikationen, daß auch nach der Wiedervereinigung der beiden deutschen Staaten noch der Terminus "Faschismus" (statt "Nationalsozialismus") verwendet wird, ebenso unrichtig wie irreführend; denn zentrale Identifikationsmerkmale (z. B. Blut und Boden, Rasse, Volk als Kampfgemeinschaft im Interesse des rassischen Imperialismus, brutale Intoleranz gegen Andersdenkende, Rivalität zu dem ebenfalls universalen Anspruch der Kirche) sind in Italien nie so vorhanden gewesen wie in Deutschland.

Neben die kritischen Gesichtspunkte treten konkrete Fragen, zu denen die Antworten bislang unterschiedlich ausfallen: Wie weit ging und wie erfolgreich war der erzieherische Einfluß von Elternhaus, Schule, Hitlerjugend und Kirche? Wie unterschied er sich je nach den sozialen Milieus der Elternhäuser (z. B. Bedeutung der Kirchlichkeit der Eltern, des elterlichen Bücherschranks)? – Wie weit klaffte die Schere zwischen dem NS-Erziehungsanspruch in Schule und HJ einerseits und seiner Realisierung andererseits? Denn der aus den Quellen sprechende normierende Einfluß konnte wegen bremsender Faktoren weder in der schulischen Unterrichtswirklichkeit noch in den HJ-Formationen voll wirksam werden. – In welchem Maße war vielleicht der Schulunterricht in einigen Fächern, zumindest teilweise, sachbezogen und ideologiefrei? – Wie steht es mit der nicht selten behaupteten sozialen Fortschrittlichkeit in HJ und BDM? Hat der Bund Deutscher Mädel zur Emanzipation der Mädchen und Frauen beigetragen? – Wie steht es mit der politischen Indoktrination in den sogenannten KLV-Lagern? Warum haben viele ehemalige Schülerinnen und Schüler bis heute eine überwiegend positive Erinnerung daran? War da ein sinnstiftendes lebensweltliches Angebot? – Wie steht es überhaupt mit der "Lebenswelt" der Jugend in HJ und Schule? Welche Bedeutung hatten für sie Uniform ("Kluft"), Lieder, Fahrt und Lager, Lagerfeuer, Klotz- und Schweigemärsche und manches andere? Läßt sich das in einer "Geschichte von unten" ermitteln? In der Tat liegen dazu bisher kaum sichere Erkenntnisse vor. Thematisiert wurden eher und viel mehr die quellenmäßig leichter zu erfassenden Organisationsstrukturen sowie der – z. B. durch Justizakten gut dokumentierte – Widerstand gegen die HJ, obwohl die verschiedenen Widerstandsgruppen vergleichsweise sehr gering an Zahl waren (nur ein paar Dutzend Mitglieder zumeist, gegen die Millionenzahl der HJ) und der politische Charakter dieses Widerstandes nicht immer eindeutig zu sein scheint. Hier bedarf es noch erheblicher sozialgeschichtlicher Arbeit (vgl. zur historischen Sozialisationsforschung Klaus Schmitz, Militärische Jugenderziehung, Köln 1997, 9). Schließlich: Wird der Jugendwiderstand in der heutigen HJ-Forschung apologetisch überbetont?

Weitere Fragen: Wenn die Jugend "verführt" und "mißbraucht" wurde, wie heute oft nicht ganz grundlos gesagt wird, konnte sie überhaupt erkennen, daß sie in die Hände von Unholden fiel, und verstanden sich die vielen "Unholde" als solche? Ist nicht die Jugend verbreitet – jedenfalls bis weit in den Krieg hinein – auch lustvoll in den Kolonnen mitmarschiert oder sang gefühlvoll am Lagerfeuer? Gewiß sind lebensweltliche und mentalitätsgeschichtliche Untersuchungen hier ebenso lohnend wie methodisch schwierig. Untersuchenswert wäre auch die Frage, ab wann in der HJ während des Krieges die Siegeszuversicht schwand und warum. Anders gefragt: Bis wann gab es noch Siegeserwartung und welche Erziehungsfaktoren spielten dabei eine Rolle? Es ist bisher auch kaum versucht worden, den geistigen Standort der Hitlerjugend innerhalb der NSDAP zu bestimmen (Fragen etwa: Widerstand gegen die Parteibürokratie? Reformabsichten für die Zeit "nach dem Kriege"?) sowie die Elemente ihres Weltbildes: Welche Einflüsse kamen etwa von Lagarde, Langbehn, Nietzsche, Burte, Hans Grimm, Rosenberg? Wie weit ging die Prägung durch die Führungsschicht der HJ (von Schirach, Axmann, Günter Kaufmann und Helmut Stellrecht)?

Auf die bis heute anhaltenden Rechtfertigungsversuche der ehemaligen Führerschaft von HJ, BDM und des Reichsarbeitsdienstes werde ich gegen Ende dieses Werkes eingehen. Hier ist vorab nur ein besonders wichtiger Punkt herauszugreifen, nämlich der Rassismus der HJ und der NS-Jugenderziehung überhaupt; denn dieses Thema ist von den Quellen vorgegeben und sachbedingt eine Art roter Faden für den Leser. Jutta Rüdiger, bis zum Kriegsende die oberste Führerin des BDM, behauptet heute: "Die Möglichkeit einer leiblichen Vernichtung des jüdischen Volkes war (in der Hitlerjugend) unvorstellbar. Äußerungen von Haß gegenüber Juden oder Anstiftung dazu wird man im Schulungsmaterial der Hitler-Jugend oder des Bundes Deutscher Mädel nicht finden" (Die Hitler-Jugend und ihr Selbstverständnis im Spiegel ihrer Aufgabengebiete. 4. Auflage. Schnellbach: Bublies, 1998, S. 111). Angesichts der gegenwärtig dürftig gewordenen Quellenkenntnis konnte sie anscheinend hoffen, unwidersprochen zu bleiben, ja vielleicht sogar Zustimmung zu finden. Dementsprechend heißt es bei Hermann Giesecke (Hitlers Pädagogen. Weinheim: Juventa, 1993, S. 177): "... das, was von der NS-Weltanschauung in die Arbeit der HJ einging, war gleichsam pädagogisch gefiltert. Rassenhetze, Agitation gegen bestimmte Gruppen des Volkes ... wurden vermieden". Die Quellen vermitteln ein anderes Bild: Zu den in HJ und BDM verbreiteten Liedern gehört nach Aussage zahlloser Zeitzeugen der Haßgesang: "Krumme Juden ziehn dahin ... die Wellen schlagen zu, die Welt hat Ruh!". In dem 1931 von Arno Pardun gedichteten und vertonten Lied "Siehst du im Osten das Morgenrot" heißt es am Ende der vierten Strophe:

"Deutschland erwache! Juda den Tod! Volk, ans Gewehr!"

(Uns geht die Sonne nicht unter. Lieder der Hitler-Jugend. Hg. vom Obergebiet West der Hitler-Jugend. Duisburg: Mell, 1935, S. 25). In einer späteren entschärften Fassung desselben Liedes blieb noch der einschlägige Text der zweiten Strophe:

"Verräter und Juden hatten Gewinn, sie forderten Opfer Legionen ... Volk ans Gewehr!"

(Unser Liederbuch. Lieder der Hitler-Jugend. Hg. von der Reichsjugendführung. München: Eher, 1939, S. 10). Helmut Stellrecht, neben von Schirach und Günter Kaufmann lange ein Chefdenker der Hitlerjugend, schreibt in seinem Werk "Glauben und Handeln. Ein Bekenntnis der jungen Nation" (111.-127. Tausend. Berlin: Eher, 1942, Blatt 35 a): "Der Typ des Schiebers und des Juden ... Ihn in Deutschland auszurotten, ist oberstes Gesetz. Einstmals wurden Deutschlands Wälder von den Wölfen befreit. Ebenso muß Deutschland von denen befreit werden, die schlechter und schlauer als Wölfe sind". Hier ist der Zeitpunkt dieser Aufforderung zum Mord auffällig. Es waren vielleicht die unerwartet hohen Verluste "guten Blutes" im Rußlandwinter 1941/42, welche die Mordlust der NS-Führung eskalieren ließen und den Holocaust beschleunigten; denn es schien unerträglich, die nordisch-germanische Rasse dahinschwinden und die Juden, wenn auch nur in einem Ghetto oder KZ, leben (und am Ende gar triumphieren) zu lassen.

In der HJ-Führerzeitschrift "Wille und Macht" (Jg. 11, Heft 6, Sept./Okt. 1943, S. 27-32 ein Aufsatz "Kriegsschauplatz: Israel" von Klaus Schickert) wird judenhasserisch agitiert. Der Autor beklagt, "daß das deutsche Volk, soweit es nicht in der Partei und ihren Gliederungen mitkämpfte, mit seinem Verständnis für die Vorgänge (gemeint sind die antisemitischen Maßnahmen des Regimes seit 1933) hinter der Wirklichkeit einherhinkte. Es verstand häufig nicht, wozu das gut sein sollte ... Es gilt, dem Antijudaismus des deutschen Volkes (erstens) eine Grundlage zu schaffen, so breit wie irgend möglich, und ihn (zweitens) in der Tiefe zu verankern, so fest wie irgend möglich" (S. 28-29). Daraus wird deutlich, daß der Judenhaß von oben her, auch von der HJ-Führung her, dem Volk verordnet wurde; ferner, daß dies bis 1943 noch nicht den gewünschten Erfolg hatte. Ein bemerkenswertes Zeugnis!

1.4 Die Quellen

Viele Aktenbestände haben das Kriegsende im Mai 1945 nicht überdauert. So sind zum Beispiel die Akten der Reichsjugendführung in Berlin verbrannt (T. Schaar, in: Deutsche Jugend, hg. von I. Koch, Rostock 1993, 57; G. Kock, "Der Führer sorgt für unsere Kinder", Paderborn 1997, 22). Jedoch ist auf regionaler und lokaler Ebene manches erhalten, auch einiges von der Papierflut, die sich von Berlin aus etwa zu den Gebieten und Bannen der Hitlerjugend ergoß. So ist in den Stadt-, Kreis- und Staatsarchiven viel Schriftwechsel vorhanden, der unter Umständen eine Auswertung lohnt, wenngleich große Entdeckungen kaum zu erwarten sind. Vor allem Gesetzestexte, Verordnungen, Bestimmungen und Anweisungen aller Art, bisweilen auch Schriftstücke, sind in einschlägigen Büchern vor und nach 1945 abgedruckt. Ein Beispiel: Das preußische Gesetz über das Landjahr vom 9. März 1934 ist aufgenommen bei A. Schmidt-Bodenstedt, Das Landjahr, Leipzig 1937, S. 27-29 (Weiteres z. B. bei Reinhard Hauke, Das Landjahr. Ein Stück Erziehungsgeschichte unter dem Hakenkreuz, Gelnhausen 1997, S. 435 ff.). So bieten etwa auch die von mir registrierten Arbeiten zum Kriegseinsatz der Luftwaffenhelfer alle einschlägigen Materialien. Ich selbst hätte mir einige zeitraubende Eigensuche in Archiven ersparen können, wenn ich vorab noch gründlicher als bereits geschehen einschlägige Druckwerke (samt Anhängen in Gestalt von Dokumenten und Briefen aller Art) ermittelt hätte. Nur bei einzelnen Themen wie der KLV oder für den Universitätsbereich habe ich in größerem

Umfang ungedruckte Quellen einsehen müssen. Solches ist eher das Arbeitsfeld von Spezialstudien und für die von mir beabsichtigte Gesamtübersicht entbehrlich. Vor jeder Eigensuche ist es jedenfalls zweckmäßig, zum Beispiel einzusehen Karl Heinz Jahnke/Michael Buddrus, Deutsche Jugend 1933-1945, Hamburg 1989; Matthias von Hellfeld/Arno Klönne, Die betrogene Generation, Köln 1985, und speziell zum Thema "Schule" etwa Hans-Peter Görgen/Heinz Hemming, Schule im "Dritten Reich", Düsseldorf 1988.

Etliche Monographien zum Schulthema haben im übrigen paradigmatischen Wert, wie Heinz-Ulrich Eggert, Der Krieg frißt eine Schule, 2. Auflage, Münster 1990.

Zwar ist das erhaltene Aktenmaterial der NS-Zeit ungewöhnlich reichhaltig und noch bei weitem nicht für die historische Detailarbeit ausgeschöpft (auch wegen z. T. bis heute andauernder Zugangsschwierigkeiten zu Privat- und Schularchiven), Gleiches gilt hier aber auch für das 1933-1945 bedruckte Papier, nur daß hier keinerlei Datenschutzprobleme bestehen. Bei angemessen kritischer Nutzung läßt sich nach ihnen ein differenziertes Bild der NS-Jugenderziehung zeichnen, das vor allem da einigermaßen glaubwürdig ist, wo kein Motiv zur Verfälschung der Fakten zu sehen ist. Freilich kann man nicht vor 1945 entstandene Textquellen unkommentiert ausführlich für sich selbst sprechen lassen und darauf bauen, daß sie sich selbst als bräunlich entlarven. Die Gefahr unschicklicher Einfühlung in die NS-Gedankenwelt kann jedenfalls nicht von der Hand gewiesen werden. Ist diese Empathie-Falle jedoch erkennbar, bedarf es auch bei längeren Quellenauszügen nicht jeweils einer betonten Distanzierung. Der heutige Autor schreibt ja für den Verstehenshorizont kritischer Leser, nicht für ein NS-nostalgisches Publikum.

Fast noch schärfer zeigt sich die Gefahr unangemessener positiver Einstimmung bei den Bildern. Sie haben zweifellos hohen Quellenwert, können jedoch durch ihre oft suggestive Wirkung mit oder ohne Absicht auch desinformieren und geradezu nationalsozialistische Ideologie kolportieren, im Extremfall sogar den Tatbestand der Volksverhetzung erfüllen. Zum Beispiel operieren viele Bildquellen, auch in Schulbüchern, zur Unterstützung rassistischer Argumentation mit einseitiger Auswahl: Sie zeigen "schöne" germanische und abstoßend wirkende "schlechtrassische" Menschen vergleichend nebeneinander, vermeiden es aber "schöne" Menschen nichtnordischer Ethnien und abstoßend aussehende Deutsche ebenso nebeneinander darzustellen. Viele Bilder sind überdies gestellt und propagandistisch arrangiert, mit gut versteckter "Faszinosum"-Falltür.

Ästhetisch "schöne" Bilder finden sich folgerichtig überaus zahlreich in den von mir – zum Beispiel zur HJ-Geschichte – aufgelisteten Titeln. Wer sie heute unkritisch in großer Zahl veröffentlicht, womöglich unzureichend kommentiert, tappt entweder in die genannte Falle (in diese Richtung geht die Kritik Rolf Schörkens an Heinz Boberach und Karl-Heinz Huber, in: Geschichte in Wissenschaft und Unterricht 49, 1998, 460) oder gehört wie Erich Blohm (Hitler-Jugend, soziale Tatgemeinschaft, Vlotho 1979) zu den ehemaligen HJ-Führern, die ein selektives, geschöntes Bild vermitteln, um die "Ehre" der Hitlerjugend zu retten, was immer das ist. Sie referieren ungefiltert, ohne kritische Distanz, die seinerzeitige propagandistisch gefärbte Eigendarstellung.

1.5   Zeitzeugen-Autobiographien und Erinnerungsinterviews (Oral history)

Die beeindruckenden Ergebnisse einer Befragung von Überlebenden des Holocaust im Rahmen der kürzlich von Steven Spielberg initiierten "Shoah Foundation" haben die Überlegung ausgelöst, auch deutsche Zeitzeugen umfassend zu befragen, solange die "Erlebnisgeneration" noch existiert. Gewiß gibt es berechtigte Einwände gegen eine unkritische historiographische Nutzung der zahlreichen bereits vorhandenen nach 1945 entstandenen mündlichen oder schriftlichen Berichte (Interviews, Tagebücher, Autobiographien); denn in Aussagen und Texten dieser Art wird bewußt oder unbewußt viel verdrängt, verschwiegen, verharmlost, umgedeutet, beschönigt. Es findet sich Heroisierung und Verklärung neben larmoyanter Selbstgerechtigkeit, auch unberechtigte Anmaßung einer Opferrolle. Gegen die Aussagen nachhaltig durch die NS-Ideologie geprägter Menschen ist besonderes Mißtrauen angebracht, weil hier die verfälschende Rechtfertigungstendenz oft übermächtig wird. Ein gewisses Mißtrauen ist auch gegenüber Texten erforderlich, die in Lagern (KLV, BDM, HJ, RAD, Landjahr) entstanden, etwa Tagebücher und abgehende Briefpost; denn diese wurden in der Regel mitgelesen und, wenn sie nicht harmlos munter plauderten, sondern über Mißstände berichteten, zensiert.

Gleichwohl sind sie für die Ermittlung von Faktizitäten unverzichtbar und stehen an Rang über der Oral-History. Ein anderer kritischer Gesichtspunkt ist, daß Zeitzeugen sich heute nicht immer bewußt sind, daß sie seinerzeit in vorgegebenen Schablonen dachten und sprachen, in einem "Normen- und Konventionsgerüst" (Peter Brückner), das ihnen "in Fleisch und Blut" überging, daß sie weitgehend die übliche 'Political correctness' verinnerlichten und die banale Normalität nicht als ideologisches Infiltrat verstanden. Weil der Fisch das Wasser seiner Lebenswelt nicht als "naß" empfindet, bestreiten Zeitzeugen nicht selten noch heute die seinerzeit allgegenwärtige weltanschauliche Ausrichtung, der besonders die Jugendlichen oft schutzlos ausgesetzt waren.

Einwände dieser Art führen dazu, daß autobiographisches Material deutscher Zeitzeugen überwiegend einen untergeordneten Quellenwert hat. Aber ein für die Erhellung mancher Sachverhalte unverzichtbarer Nutzen ist doch gegeben; und das gilt sowohl für die vor etwa zwei Jahrzehnten aus den USA übernommene Oral-History-Methode – hier hat Lutz Niethammer bahnbrechend gewirkt –, wie für Autobiographien aller Art. Es sind historische Quellen, und sie müssen als solche, mit gebührender Kritik, auch genutzt werden.

Bei der Entwicklung einer zweckmäßigen Nutzungsmethodik kann gerade der Umstand hilfreich sein, daß es bereits Hunderte von Autobiographien gibt; denn sie gestatten die Erfassung von Detailübereinstimmungen ("invariante Befunde") bei von einander unabhängigen Zeitzeugen, also die Annahme eines durch Gemeinsamkeiten konstituierten Sockels relativ großer historischer Zuverlässigkeit. Hier ist also "Masse" ein Vorteil! Ein Beispiel: Viele ehemalige Hitlerjungen berichten übereinstimmend, bisweilen noch mit einem Anflug von Stolz, über Langstrecken – "Leistungsmärsche", Mutproben und Kampfsportsiege. Der Erziehungshistoriker kann daraus einigermaßen sicher auf ein wichtiges Erziehungsziel der HJ schließen: Körperliche Leistungsfähigkeit, verbunden mit "Stehvermögen" und Kampfeswillen.

Zur Eigenart der historischen Aufarbeitung der Geschichte der Jugend vor 1945 gehört, daß manche Autoren zugleich auch Zeitzeugen sind und daß dies solchen Publikationen oft zum Vorteil gereicht. Beispiele dafür bieten etwa Rolf Schörken (Luftwaffenhelfer und Drittes Reich, Stuttgart 1985) und Jost Hermand (Als Pimpf in Polen, Frankfurt 1993). Sie verbinden in gelungener Weise das Darstellen und Erwägen ihrer eigenen Rolle in der NS-Sozialisation mit einer sachkundigen Zeichnung der zeitgeschichtlichen Kulisse.

Nicht unerwähnt bleiben sollte eine häufige Erfahrung bei Gesprächen mit Zeitzeugen: Ihnen kommt die Person, die sie vor etwa 60 Jahren waren, fremd vor (etwa bei der Lektüre von erhaltenen Briefen, die sie seinerzeit schrieben). Mit größer werdender zeitlicher Distanz wird ihnen das damalige Geschehen immer unverständlicher, beinahe fiktional.

Es bleibt dabei: Will man wissen, was wirklich 1933-1945 in Europa geschehen ist, gehören unter anderem auch Zeitzeugenberichte, kritisch genutzt, zu den historischen Quellen. Die hohe Außergewöhnlichkeit des Geschehens der Hitlerzeit ruft nach einer umfassenden Ermittlung, Sicherung und Auswertung aller Geschichtsquellen, welche dieses finstere Zeitalter ausleuchten können.

1.6   Zum Begriff "Hitlerjugendgeneration"

Gegenstand dieses Buches ist "die deutsche Jugend unter Hitler". Dazu gehört auch die deutsche Jugend jüdischen Glaubens, und sie ist dementsprechend Thema in einigen Kapiteln unserer Darstellung. Im Mittelpunkt der Arbeit steht freilich die Lebenswelt und Sozialisation der sogenannten Hitlerjugendgeneration. Der Begriff ist durchaus unscharf, so daß er für die Zwecke meines Berichts einer Definition bedarf.

Im weiteren Sinne meint er etwa die Geburtsjahrgänge 1918-1935, die Jugend also, die einerseits durch die NS-Erziehung in der Schule und in den Formationen (HJ, BDM, Landjahr, RAD usw.) geprägt war und andererseits in den Jahren 1939-1945 zu zivilen Kriegseinsätzen und zum Kampf mit der Waffe herangezogen wurde. Die Jüngeren aus dieser Gruppe erlebten zwar noch die weltanschauliche "Ausrichtung" und "wehrgeistige Erziehung", aber nicht mehr den Fronteinsatz. Die Älteren erfuhren zwar nur vergleichsweise kurz die Indoktrination, taten aber lange Dienst mit der Waffe als "politische Soldaten" in einem "Weltanschauungskrieg". Diese Älteren verbrachten wenigstens noch einen Teil ihrer prägenden Schulzeit in der Weimarer Republik, und die Jüngeren, 1930 und später geboren, mußten nicht mehr das Gewehr in die Hand nehmen. Der Jahrgang 1929 konnte sich in den letzten Kriegsmonaten noch kriegsfreiwillig melden, und viele wurden in den "Volkssturm" eingegliedert.

Den engeren Kern der Hitlerjugendgeneration kann man mit der 'Flakhelfergeneration' gleichsetzen, d. h. den Jahrgängen 1926-1928, die 1943-1945 als "Luftwaffenhelfer" (und "Marinehelfer") Dienst an Flakgeschützen taten. Diese Jahrgänge "sind als 'vollwertiges Produkt' der nationalsozialistischen Bewegung zu betrachten, 'unverdorben' von Einflüssen aus vornationalsozialistischer Epoche" und "voll in die Hitlerjugend mit all ihren Einflüssen integriert" (Franz-Josef Schmeling, Vom Krieg ein Leben lang geprägt, Osnabrück 1997, S. 9; vgl. Werner Graf, Lesen und Biographie, Tübingen 1997, 13). Sie erfuhren ein zeitliches Maximum an Indoktrination, sozusagen die volle Wucht der NS-Erziehung; denn sie waren zwischen 1933 und 1945 als

Schüler beziehungsweise Hitlerjungen und BDM-Mädchen im bildungsfähigsten Alter und konnten (aus NS-Sicht) perfekt konditioniert werden, soweit nicht Elternhaus und kirchliche Einflüsse bremsten.

Die Hitlerjugendgeneration bestätigte die Effektivität ihrer Erziehung dadurch, daß die meisten Jungen bis zum Kriegsende glaubten, das Vaterland verteidigen zu müssen und nicht an Desertion dachten. "Und selbst in die Wehrmacht... drang mit den durch die HJ-Erziehung gegangenen jungen Offizieren nationalsozialistischer Geist ein" (Martin Broszat, in: Das Dritte Reich im Überblick, hg. von M. Broszat/N. Frei, München 1996, S. 100). Auch das trug dazu bei, daß der Namensgeber der Hitlerjugend seinen Krieg führen konnte, wie und solange er wollte.

1.7 Die Darstellungsweise dieses Buches: Einführender Überblick über Themen, Quellen und Literatur

Die etwas ungewöhnliche Darstellungsweise dieses Buches (teils Bibliographie, teils wissenschaftliches Sachbuch) ergab sich aus der Absicht, einen Gesamtüberblick über ein Thema zu versuchen, dessen Erkundung seit langem weitgehend in fast zahllosen Spezialstudien erfolgt, so daß selbst den Zeitgeschichtsforschern und Erziehungshistorikern hier die Übersicht verloren geht. Erst recht für den interessierten Nichthistoriker sind Durchblicke durch den Wald von Themen und Titeln schon lange nicht mehr möglich.

So ist mein Buch ein vielleicht dem Historiker nützliches Angebot, durch den schnellen gezielten Zugriff auf die benötigte Information die eigene Arbeit effektiver zu gestalten; zugleich ein Angebot auch für eine größere Öffentlichkeit, über Schneisen und Wegweiser in ein unübersichtliches Feld hineinzufinden. Der "Lehrpfad" durch einen Botanischen Garten kann ja auch für den Nicht-Botaniker verlockend sein und Überraschungen bieten. Vor allem das breite Spektrum der hier zugänglich gemachten Quellen kann vermutlich auch dem Kenner den einen oder anderen neuen Eindruck vermitteln und etwa helfen bei der noch kaum begonnenen historiographischen Auswertung einer großen Fülle von Autobiographien und lebensgeschichtlichen Texten aller Art. Eine größere Öffentlichkeit wird auch insofern angesprochen, als heute nahezu alle in diesem Buch exakt bibliographierten Titel über Stadt- oder Universitätsbibliotheken beschaffbar sind; denn die Vernetzung des deutschen Bibliothekssystems macht zur Zeit große Fortschritte. So kann heute jeder beinahe schon vom häuslichen Schreibtisch aus mitarbeiten und mitdenken, vorausgesetzt er hat ein geeignetes 'Arbeitsbuch' (*instrumentum laboris*) zur Verfügung, das den sofortigen Einstieg in ein ergebnisoffenes Arbeiten ermöglicht.

Die einzelnen Kapitel sind dreigeteilt:

1. *Überblick*: Ein kurzes pointierendes Referat zur Sache, verbunden mit kritischen Gesichtspunkten auf der Basis der Informationen in Quellen und Literatur
2. *Quellen*: Druckschriften vor 1945, nach dem Erscheinungsjahr chronologisch angeordnet und versehen mit signifikanten Auszügen aus dem Inhalt
3. *Literatur*: Veröffentlichungen nach 1945, ebenfalls chronologisch angeordnet

Die chronologische Anordnung hat den Vorteil, bestimmte Entwicklungen leicht verfolgen zu können. Eine Untergliederung der Titellisten nach Teilthemen und Nebenthemen, also eine weitergehende Systematisierung, hätte eine unvertretbare Mehrfachnennung einzelner Titel zur Folge gehabt und war zu vermeiden. Der Buchumfang wäre unnötig aufgebläht worden.

Bei den Quellenauszügen ging es nicht um Personen, sondern um das Sichtbarmachen von Standpunkten, die freilich – aus heutiger Sicht – oft schwer verständlich erscheinen. Es mußte aber versucht werden, die Zeitstimmung einzufangen, welche auf die Jugend einwirkte. Das Zitieren veröffentlichter Meinung kann nicht anstößig sein; denn publizierte Texte sind nicht mehr in der Verfügung des Autors, sondern gehören der 'Scientific community'. Ihr korrektes Zitieren unterliegt nicht irgendeinem Tadel, schon gar nicht seitens des Autors, der ja Partei ist. Alles andere wäre Zensur. In diesem Zusammenhang hat Klaus Scholder unwidersprochen Maßstäbe gesetzt, hinter die nicht mehr zurückgegangen werden kann (Die Kirchen und das Dritte Reich. Band 1, Berlin: Propyläen, 1980, S. IX): "Das Buch ist keine durchweg erbauliche Lektüre, weder für evangelische noch für katholische Christen. Ich habe in keinem Falle etwas beschönigt, sondern Blindheit und Lüge, Arroganz, Dummheit und Opportunismus beim Namen genannt, auch wenn sie in einem geistlichen Gewand steckten und die Sprache der Kirche sprachen. Ich hoffe aber, daß ich mit keiner Zeile des Buches den Eindruck erwecke, als wollte ich mich damit von der Kirche distanzieren. Die Wahrheit mag für die Kirche schmerzlich sein, schmerzlicher noch ist die Unwahrheit."

Zunächst hatte ich erwogen, durchgehend auch zu den einzelnen Titeln der (Sekundär-)Literatur kurze Inhaltsangaben oder rezensierende Stellungnahmen zu bieten. Die schiere Masse der da in Frage kommenden Titel machte das bald – bis auf Ausnahmen – unmöglich.

1.8   Literatur zur Einleitung

Bibliographie zur Zeitgeschichte. Beilage der Vierteljahrshefte für Zeitgeschichte

Jahrbuch des Archivs der deutschen Jugendbewegung, Burg Ludwigstein (bei Witzenhausen) 1 (1969) - 18 (1993-1998). – Thematisiert besonders auch die Zeit 1933-1945 und bietet einschlägige Informationen und Buchbesprechungen

Das Bundesarchiv und seine Bestände. Begründet von Friedrich *Facius* (u. a.). 3. ergänzte und neu bearbeitete Auflage von Gerhard Granier (u. a.). – Boppard (Boldt) 1977

Das *Schriftgut* der NSDAP, ihrer Gliederungen und angeschlossenen Verbände in der Überlieferung staatlicher Behörden im Bereich des heutigen Landes Nordrhein-Westfalen (Veröffentlichungen der staatlichen Archive des Landes Nordrhein-Westfalen. Reihe C: Quellen und Forschungen. Band 8. Im Auftrag des Kultusministeriums von Nordrhein-Westfalen hg. vom nordrhein-westfälischen Hauptstaatsarchiv). Bearbeitet von Klaus Wisotzky (u. a.). – Düsseldorf (Triltsch) 1981 ff.

Wirtz, Rainer: Lese-Erfahrungen – mit mündlicher Geschichte. Die drei Bände des Essener Forschungsprojektes: "weiß man nicht, wo man die heute hinsetzen soll". – Sozialwissenschaftliche Informationen 15 (1986) Heft 3, S. 33-43. – Zu den Möglichkeiten und Problemen der "Oral History".

"*Jugend* im NS-Staat". Eine Ausstellung des Bundesarchivs. – Koblenz 1990. 50 S.

Inventar archivalischer Quellen des NS-Staates. Die Überlieferug von Behörden und Einrichtungen des Reichs, der Länder und der NSDAP. Teil 1-2. Im Auftrag des

Instituts für Zeitgeschichte bearbeitet von Heinz *Boberach*. – München (Saur) 1991-1995

Jahnke, Karl Heinz: Zur Rolle der deutschen Jugend im Zweiten Weltkrieg – Stand und Perspektive der historischen Forschung, in: Deutsche Jugend im Zweiten Weltkrieg (Vorwort von Ingo Koch), Rostock (Verlag Jugend und Geschichte) 1991, 9-24

Mommsen, Hans: Die Gegenwart als Geschichte. Zeitgeschichte als "kritische Aufklärungsarbeit". Zur Erinnerung an Martin Broszat (1926-1989). – Geschichte und Gesellschaft 17 (1991) 141-157

Ullmann, Carsten: Auf dem Weg zur "neuen Armee"? Jugend und Militär 1944/45, in: Deutsche Jugend zwischen Krieg und Frieden 1944-1946, hg. von Ingo Koch, Rostock (Verlag Jugend und Geschichte) 1993, 39-48

Bundesarchiv: Sammlung Dokumentations-Arbeitsgemeinschaft und Freundeskreis KLV (Erweiterte Kinder-Land-Verschickung) e. V. – Bestand ZSg. 140. Bearbeitet von Walter *Naasner* und Axel *Schmidt*. – Koblenz 1995. 16 S.

Ruck, Michael: Bibliographie zum Nationalsozialismus. – Köln (Bund-Verlag) 1995. 1428 S.

Hehl, Ulrich von: Nationalsozialistische Herrschaft. – München (Oldenbourg) 1996. – S. 110-115 zur "Historisierung des Nationalsozialismus."

Boberach, Heinz: Quellen zum Nationalsozialismus, in: Enzyklopädie des Nationalsozialismus, hg. von Wolfgang Benz, München (DTV) 1997, 330-341

Hehl, Ulrich von: Kampf um die Deutung. Der Nationalsozialismus zwischen "Vergangenheitsbewältigung", Historisierungspostulat und "Neuer Unbefangenheit". – Historisches Jahrbuch, 117. Jahrg. 1997, 2. Halbband, S. 406-436

I.

Erster Teil: Erziehung

2 NS-Pädagogen und NS-Pädagogik: Erzieherische Grundsätze

2.1 Überblick

Eine durchdachte *Erziehungstheorie* und ein homogenes pädagogisches System wird man in den einschlägigen Texten von 1933 bis 1945 vergeblich suchen. Stattdessen finden sich zuhauf Leerformeln und ein Konglomerat von (nicht weiter begründeten) Prinzipien und Wertvortellungen, die – meist nur geringfügig variiert – monoton wiederholt werden. Gewiß spielt hier die "intellektuelle Dürftigkeit" der NS-Ideologie (Michael Grüttner, Studenten im Dritten Reich, Paderborn 1995, S. 478) eine Rolle. Die stetig sprudelnde Quelle solcher Maximen waren Hitlers Reden und vor allem "Mein Kampf". Vergleichsweise stehen Leute wie Krieck (vertritt eine rassisch-völkische Anthropologie), Baeumler und von Schirach eher in der zweiten Reihe, zumal sie überwiegend Hitlers Sprachrohr sind. Unter Hitlers Reden hat besondere Bedeutung diejenige an die Jugend auf dem Nürnberger Reichsparteitag des Jahres 1935. Sie ist abgedruckt zum Beispiel in: Mädel im Dritten Reich, hg. von Hilde Munske, Berlin 1935, S. 7-8, und teilweise in: Dienstordnung für das Deutsche Jungvolk, Berlin 1941, S. 3. Ferner die "Reichenberger Rede" vom 2. Dezember 1938, deren unredigierter Wortlaut z. B. in: Der Nationalsozialismus als pädagogisches Problem, hg. von Heinrich Kanz, Frankfurt 1984, S. 241, und bei Martin Kipp/Gisela Miller-Kipp, Erkundungen im Halbdunkel, Frankfurt 1995, S. 152. Hitler seinerseits benutzt ausgiebig die in der ersten Hälfte der zwanziger Jahre verbreiteten völkischen Denkelemente, die auf Chamberlain, Langbehn, Lagarde und die nationale Romantik des 19. Jahrhunderts zurückgehen. Dabei überspitzt und radikalisiert er das Vorgefundene beträchtlich.

Das *Erziehungskonzept Hitlers* und seiner Nachbeter war nicht auf das Kind und seine zu entwickelnden individuellen Fähigkeiten und Begabungen ausgerichtet, schon gar nicht auf seine personale Würde, sondern auf das Volk, in welches sich der junge Mensch einzuordnen und dessen Zwecken er sich gehorsam unterzuordnen hatte (Schlagwort: "Du bist nichts, dein Volk ist alles!"). Bezeichnenderweise spricht Hitler in diesem Zusammenhang von "dressieren" (Kipp, S. 152). So versteht sich, daß man gelegentlich von der NS-"Unpädagogik" redet. Eher könnte man an eine Leerformel-Pädagogik denken. Sie war pragmatisch handhabbar und konnte jeweils bedarfsgerecht inhaltlich definiert werden. Entscheidend war nur und zentrale Bedeutung hatte der Gesichtspunkt der totalen Erfassung des (jungen) Menschen, die ihn nie aus ihren Fängen ließ: 8 Jahre in der HJ, 6 Monate im RAD, 2 Jahre Wehrdienst und dann wieder zurück in die SA, NSDAP und so weiter, also, mit Hitlers Worten, der in der "Reichenberger Rede" – ähnlich aber auch sonst verschiedentlich – unverhüllt das Erziehungsziel verkündet: "... und sie werden nicht mehr frei ihr ganzes Leben" (Kanz, S. 241); sie sind also verfügbar und beliebig einsetzbar. Gleiches meint Hitler in einem Tischgespräch: "Wenn man den Menschen ihre individuelle Freiheit lasse, so benehmen sie sich wie die Affen" (bei Kanz, S. 324).

Während das Mädchen auf den Typus der "kommenden Mutter" hin erzogen werden soll, ist das Ideal des Jungen "der soldatische Mann", und die Jungen sollen "zu stahlharten soldatischen Männern heranwachsen" (Führerdienst Niedersachsen, März 1944, S. 13). Überhaupt gilt: "Nationalsozialistische Erziehung ist Erziehung zu heldischen Menschen" (Führerblätter der Hitler-Jugend, Ausgabe D.J., Dezember 1935, S. 22). Der Weg dahin führt über die *Auslese* (der Besten, Tüchtigsten, dies rassistisch und sozialdarwinistisch gemeint; Gegensatzkomplement: *Ausmerze*). So heißt es folgerichtig: "Kernstück der Erziehung ist die Auslese" (Gustav Adolf Scheel, in: Erziehungsmächte und Erziehungshoheit im Großdeutschen Reich, hg. von Rudolf Benze/Gustav Gräfer, Leipzig 1940, S. 204). Dabei sind körperliche Ertüchtigung und Charaktererziehung besonders wichtig; denn physische Kraft verbunden mit Mut und entschlossenem Einsatzwillen befähigen den Stärkeren zum Sieg. Durch die Heranbildung des kämpferischen Charakters (mit agonaler Lebensauffassung) wird der junge Mensch zum "politischen Soldaten", der den Kampf als Lebensprinzip bejaht. Zahlreiche HJ-Lieder motivieren die singend marschierende Kolonne zu todesmutigem Einsatz immer der Fahne nach, ohne dass ein konkretes Ziel genannt und der Kampf irgendwie gerechtfertigt wird. Die Jugend wurde also im voraus instrumentalisiert.

Die Geistesbildung sollte erst an letzter Stelle kommen. Das entspricht dem Antiintellektualismus Hitlers. Kritisches Mitdenken, bedächtiges Abwägen einer Entscheidung, Einwände und Begründungswünsche bei Befehlen einer Führungsperson sind für junge Menschen ungehörig und gelten als verpönt. Das Erreichen der jeweils von oben vorgegebenen Kampfziele wird als Sache von Ehre und Treue zu Führer und Volk suggeriert. "Letztlich ging es darum, eine aggressive kämpferische Jugend heranzuziehen, mit der man die Lebensraumfrage und das Judenproblem zu lösen vermochte" (Hans-Erich Volkmann, in: das Rußlandbild im Dritten Reich, hg. von H.-E. Volkmann, Köln 1994, S. 225). Genau das leistete die "Erziehung zur Fungibilität... in deren Mittelpunkt für die Mädchen wie für die Jungen Körperbeherrschung und Disziplin, Rationalität und Effizienz standen" (Dagmar Reese, Straff, aber nicht stramm, Weinheim 1989, S. 59; dazu Andrea Böltken, Führerinnen im Führerstaat, Pfaffenweiler 1995, S. 74-75).

Es kann bei alledem nicht verwundern, wenn in NS-Quellen bisweilen eine Vorliebe für *Platons "Politeia"* erkennbar wird. Dieser projektierte straffe, autoritäre Erziehungsstaat war so recht nach dem Herzen mancher NS-Pädagogen. So wird Platon zum Beispiel gepriesen, weil er "sein Volk auf rassischer Grundlage durch eine gewaltsame, ja bis ins Einzelne diktatorische Staatsverfassung retten wollte" (Alfred Rosenberg, Der Mythus des 20. Jahrhunderts, München 1943, S. 288). Heute gilt dieser griechische Philosoph vielen, vor allem seit Karl Popper, als geistiger Ahnherr des politischen Totalitarismus.

2.2 Quellen

Hitler, Adolf: Mein Kampf, 2 Bde. (mit durchlaufender Seitenzählung). – München (Eher) 1933 (zuerst 1925-1927). 782 S. – Der Kampf um die "Erhaltung der Art" erfordert die "Bildung heldischer Tugenden" (S. 166). "Was sich heute Gymnasium heißt, ist ein Hohn auf das griechische Vorbild. Man hat bei unserer Erziehung vollkommen vergessen, daß auf die Dauer ein gesunder Geist auch nur in einem gesunden Körper zu wohnen vermag" (S. 276). Aufgabe der Jugenderziehung ist "nicht das ausschließliche Einpumpen sogenannter Weisheit" (S. 278). "Wer leben will, der kämpfe also, und wer nicht streiten will in dieser Welt des ewigen Ringens, verdient das Leben nicht" (S. 317). Erfolgreiche, durchsetzungsfähige Politiker müssen sein "Flink wie Windhunde, zäh wie Leder und hart wie Kruppstahl" (S. 392; später öfters von Hitler als Forderung an deutsche Jungen gerichtet und so generalisiert). Hitlers ausführlichste Aussage zur Jugenderziehung findet sich S. 451-482: "Der völkische Staat hat ... seine gesamte Erziehungsarbeit in erster Linie nicht auf das Einpumpen bloßen Wissens einzustellen, sondern auf das Heranzüchten kerngesunder Körper. Erst in zweiter Linie kommt dann die Ausbildung der geistigen Fähigkeiten. Hier aber wieder an der Spitze die Entwicklung des Charakters, besonders die Förderung der Willens- und Entschlußkraft, verbunden mit der Erziehung zur Verantwortungsfreudigkeit, und erst als Letztes die wissenschaftliche Schulung" (S. 452). "Es dürfte kein Tag vergehen, an dem der junge Mensch nicht mindestens vormittags und abends je eine Stunde körperlich geschult wird" (S. 454). Propagiert wird in diesem Zusammenhang das Boxen: "Es gibt keinen Sport, der wie dieser den Angriffsgeist in gleichem Maße fördert, blitzschnelle Entschlußkraft verlangt, den Körper zu stählerner Geschmeidigkeit erzieht ... der junge, gesunde Knabe soll auch Schläge ertragen lernen" (S. 454-455). Die gesamte Erziehung und Ausbildung des jungen Volksgenossen "muß darauf angelegt werden, ihm die Überzeugung zu geben, anderen unbedingt überlegen zu sein" (S. 456). Auch beim Mädchen "ist das Hauptgewicht vor allem auf die körperliche Ausbildung zu legen, erst dann auf die Förderung der seelischen und zuletzt der geistigen Werte. Das Ziel der weiblichen Erziehung hat unverrückbar die kommende Mutter zu sein" (S. 459-460). "Die gesamte Bildungs- und Erziehungsarbeit des völkischen Staates muß ihre Krönung darin finden, daß sie den Rassesinn und das Rassegefühl instinkt- und verstandesmäßig in Herz und Gehirn der ihr anvertrauten Jugend hineinbrennt. Es soll kein Knabe und kein Mädchen die Schule verlassen, ohne zur letzten Erkenntnis über die Notwendigkeit und das Wesen der Blutreinheit geführt worden zu sein" (S. 475-476). Es soll "die Militärdienstzeit als Abschluß der normalen Erziehung des durchschnittlichen Deutschen gelten" (S. 476).

In einer Rede in Reichenberg, Sudetenland (am 2. Dez. 1938), sagte Hitler u. a.: "Diese Jugend, die lernt ja nichts anderes, als deutsch denken, deutsch handeln, und wenn diese Knaben mit 10 Jahren in unsere Organisation hineinkommen ... dann kommen sie vier Jahre später vom Jungvolk in die Hitlerjugend, dort behalten wir sie wieder vier Jahre, und dann geben wir sie erst recht nicht zurück in die Hände unserer alten Klassen- und Standeserzeuger, sondern dann nehmen wir sie in die Partei, in die Arbeitsfront, in die SA oder in die SS, in das NSKK usw. Und wenn sie dort zwei Jahre oder anderthalb Jahre sind und noch nicht ganze Nationalsozialisten geworden sein sollten, dann kommen sie in den Arbeitsdienst und werden dort wieder sechs und sieben Monate geschliffen ... Und was dann ... noch an Klassenbewußtsein oder Standesdünkel da und dort noch vorhanden sein sollte, das übernimmt dann die Wehrmacht zur weiteren Behandlung auf zwei Jahre, und wenn sie nach zwei, drei oder vier Jahren zurückkehren, dann nehmen wir sie, damit sie auf keinen Fall rückfällig werden, sofort wieder in die SA, SS usw., und sie werden nicht mehr frei ihr ganzes Leben, und sie sind glücklich dabei" (zitiert nach Heinrich Kanz, Hg., Der Nationalsozialismus als pädagogisches Problem, Frankfurt 1974, 241, übereinstimmend mit der Tonbandaufnahme des Deutschen Rundfunkarchivs; der "Völkische Beobachter" vom 4. 12. bietet eine redigierte Fassung).

Rosenberg, Alfred: Der Mythus des 20. Jahrhunderts. Eine Wertung der seelisch-geistigen Gestaltenkämpfe unserer Zeit. 207. – 211. Aufl. 1026.-1075. Tausend. – München (Hoheneichen) 1943 (zuerst 1930). 712 S.-S. 624: "Die allererste Aufgabe der Erziehung ist nicht technische Wissensvermittlung, sondern Charakterbildung, d. h. Stärkung jener Werte, wie sie zutiefst im germanischen Wesen schlummern und sorgfältig hochgezüchtet werden müssen". Jesus wird mit gewissem Respekt genannt (er war vielleicht kein Jude, S. 76), doch werden christliche Tugenden und Werte (Demut, Nächstenliebe, Humanität usw.) als für die "nordische Rassenseele" unpassend abgelehnt, ebenso wie das Alte Testament und alles Jüdische im Christentum. Für diese "nordisch-germanische Rassenseele" sind "Blut" und "Ehre" konstitutive Begriffe. – Rosenberg hatte einen sehr großen Einfluß auf das in der Hitlerjugend propagierte Weltbild.

Deutsche Erziehung! Warum nationalsozialistisches Wollen? Von Hans *Schemm*, M. d. R., Gauleiter von Oberfranken. – Nationalsozialistische Monatshefte 1 (1930) 370-374. – Gegen den Einfluß von "Demokratie, Internationalismus und Pazifismus" auf die Jugenderziehung in Deutschland (S. 373). Es "träufelt der Jude sein fremdes Weltanschauungsgift ins deutsche Volk und leider auch in die deutsche Schulstube" (S. 373).

Plan einer deutschen Nationalerziehung. Von Dr. G. *Usadel*, Insterburg, M. d. R. – Nationalsozialistische Monatshefte 1 (1930) 345-360. – Platons Erziehungsstaat ist für Usadel wie für andere NS-Pädagogen in mancher Hinsicht vorbildlich. Dementsprechend ist, ganz im Sinne des die Griechen und Römer schätzenden Hitler, der Schulunterricht im Griechischen und Lateinischen völkisch gerechtfertigt und wichtig (S. 353-354). Die Schüler sollen "nicht mit unnötigem Gedanken- und Wissensballast belastet werden" (S. 348). Eine Koedukation von Jungen und Mädchen ist nicht sinnvoll (S. 350). Nach Absolvieren der Grundschule sollen die Schüler "zu jungmilitärischen Verbänden zusammengeschlossen werden, in denen sie von Soldaten weiter zum Wehrdienst ausgebildet werden" (S. 352. 355). Es sollen "alle Mittelschüler ohne Ausnahme in ein Heim kommen, in ein 'Internat', das ein vom Nationalsozialismus durchdrungener Erzieher leitet" (S. 355. 359). Gegen "unliebsame Pubertätserscheinungen" bei Jungen hilft "eine frische, scharfe, von körperlicher Abhärtung begleitete Erziehung, die sauber und aufrichtig ist" (S. 352-354). Dem Hochschulstudium voraus gehen "scharfe Zucht" und "Auslese". "Die Herren Professoren werden viel unnötiges Spezialistentum streichen müssen" (S. 357). "Wir müssen uns darüber klar sein, daß die Freiheit der Wissenschaft die Wiege des Liberalismus und des Skeptizismus ist. Die Nationalerziehung verlangt, daß auch die Wissenschaft nur Dienerin des Staates ist, daß eine Wissenschaft 'an sich' keine Berechtigung hat" (S. 357).

Giese, Gerhardt: Staat und Erziehung. Grundzüge einer politischen Pädagogik und Schulpolitik. – Hamburg (Hanseatische Verlagsanstalt) 1933. 302 S. – Giese votiert für das Weiterbestehen konfessioneller Hochschulen für Lehrerbildung (S. 284) und lehnt das totalitäre italienisch-faschistische Erziehungssystem ab: "Wollten wir unser Bildungswesen in der gleichen Form und im gleichen Geist gestalten, wir würden möglicherweise zu einer Gesinnungs- und Erziehungsdiktatur kommen, die im Grunde deutschem Wesen auf die Dauer nicht gemäß ist" (S. 149). Es "hat alle Erziehung im Geiste des nationalen Sozialismus zu geschehen" (S. 148), und "der Lehrer ist niemals nur Anwalt des Kindes, sondern ebenso Diener des Staates" (S. 155). Zwar schätzt Giese die "Gruppenerziehung" der bündischen Jugend vor 1933, sieht aber in der Hitler-Jugend deren legitimen Nachfolger (S. 173-174). Er verlangt den "Schritt vom Freiwilligen Arbeitsdienst zur Arbeitsdienstpflicht" (S. 178). Zum Arbeitsdienst hinzukommen muß "die Erziehung zur Wehrhaftigkeit und Wehrgesinnung" (S. 179). – Die offene Aussage S. 149 wäre so einige Jahre später nicht mehr möglich gewesen.

Rosenberg, Alfred: Das Wesensgefüge des Nationalsozialismus. Grundlagen der deutschen Wiedergeburt. 8. Aufl. – München (Eher) 1933. 80 S. – Demokratie ist "die politische Form des rassischen Niederganges eines schöpferisch starken Volkes", und in "Erkenntnis über das Wesen dieses Verfalls" entwirft "Plato in der hellenischen Spätzeit einen strengen Staat auf rassischer Grundlage", "wohl mit dem Unterbewußtsein, daß das nordische Blut der Griechen durch Rassenmischungen und Kriege nahezu ausgerottet war" (S. 11). Im Sinne Hitlers muß der "Lebensraum" der Deutschen im Osten erweitert und das Menschentum "biologisch aufgeartet werden" (S. 17. 30).

Baldur von Schirach über seine Aufgabe [Rede vor der niedersächsischen Jugend am 24. Juni 1933 zur Feier des Festes der deutschen Jugend]. – Das Junge Deutschland 27 (1933) 172-176. – "Meine lieben Kameraden!... Zwei Millionen deutscher Volksgenossen sind auf den Schlachtfeldern des großen Krieges für euch gefallen". Der Nationalsozialismus wurde "in den Schlachten des Weltkrieges geboren". Das verpflichtet, die Jugend zur "Wehrhaftigkeit" zu erziehen, aber "wir wollen diese Wehrhaftigkeit nur, damit wir im Frieden leben können" (S. 175-176).

Rosenberg, Alfred: Blut und Ehre. Ein Kampf für deutsche Wiedergeburt. Reden und Aufsätze von 1919-1933. Hg. von Thilo von Trotha. – München (Eher) 1934. 381 S. – Darin u. a. der Abdruck eines Aufsatzes im "Völkischen Beobachter" vom 12. August 1933 mit Bezugnahme auf einen längeren Artikel im "Osservatore Romano" vom 9. August 1933. In diesem Artikel hatte die im Besitz des Hl. Stuhls befindliche Tageszeitung die dem "Gesetz zur Wiederherstellung des Berufsbeamtentums" vom 7. April 1933 folgende Welle von Entlassungen deutscher Professoren begrüßt und zugleich die Erwartung geäußert, daß nun die "Erneuerung der Forschungsfähigkeit und des wissenschaftlichen Studiums in Deutschland" bestimmt werde von der "Klarheit des katholischen Denkens über die Welt und das Übernatürliche" (an Stelle der bisherigen Dominanz von

Positivismus, Rationalismus und Skeptizismus). Rosenberg weist die Forderung nach "unwandelbarer Festigkeit des katholischen Dogmas im Leben der Nation" zurück und lehnt die Wiedereinführung einer "konfessionell bedingten Wissenschaft" ab (S. 252-255). Dieser Streit zwischen NS-Ideologen und der katholischen Kirche wird zu einem der Themen in HJ-Zeitschriften. (Aussagen gegen den "politischen Katholizismus"). Einfluß auf die HJ-Erziehung hatte auch Rosenbergs Beschreibung der sogenannten Ballastexistenzen: "Es wurden... unter dem Einfluß einer fremden (d. h. christlichen) Humanitätslehre unzählige von Idioten und minderwertigen Menschen in wahren Krankenpalästen untergebracht, während Millionen an Körper und Geist gesunder Deutscher auf den Straßen lagen und hungerten" (S. 258). "Für uns ist nicht mehr der kranke Mensch von Interesse, sondern der starke gesunde Mensch in seinem Kampfe, im Sieg oder auch in seiner heroischen Niederlage", mit Verweis auf "das Lied der Ilias" und "das Lied von den Nibelungen" (S. 61).

Nationalsozialistische Erziehung. Von Kultusminister Hans *Schemm*, in: Deutsche Schule und deutsche Erziehung in Vergangenheit, Gegenwart und Zukunft, von Hans Schemm (u. a.), Stuttgart (Pädagogische Verlagsanstalt) 1934, 1-16. – "Der Nationalsozialismus kennt nur den Begriff Kampf als Sinn und Inhalt des Lebens... Der Nationalsozialismus führt das Volk durch Kämpfe vorwärts zu immer neuen Zielen. Sein Werk ist unentwegte Erziehung" (S. 4). "Alle unsere Lehrpläne sind überlastet mit Stoff" (S. 13). Das "deutsche Wesen ist auf allen Gebieten Gotik... Streben, Kampf, Suchen, Sehnen, Emporstreben nach dem Licht... Der Kirchturm ist Gotik, ist steinernes Gebet... Wir wissen, warum der Jude das Flachdach gemacht hat. Ein Flachdach ist die gegen den Himmel ausgestreckte flache Hand, die besagen soll: ich will von dir gar nichts wissen, während die Gotik der nach oben gerichtete Zeigefinger ist" (S. 15-16).

Volkserziehung im Dritten Reich. Manneszucht und Charakterbildung. Von Hans *Surén*, Major a. D. Langjähriger Leiter und Reformer der Heeresschule für Leibesübungen in der Reichswehr. Leiter des Amtes für Leibesübungen in der Reichsleitung des Deutschen Arbeitsdienstes. Begründer der "Deutschen Gymnastik". – Stuttgart (Franck'sche Verlagshandlung) 1934. 155 S. – S. 135-137: "Die Geländeschulung als Erziehung zu arischer Art und Kulturauffassung". S. 141: "Das Leben in Zeltlagern bietet große Reize und große Erziehungsmöglichkeiten". "Die spätere Arbeitsdienstpflicht muß das Erziehungsgut der Hitlerjugend aufnehmen" (S. 149). "Selbstverständlich wird und muß die Arbeitsdienstpflicht den deutschen Jungmann derart erziehen, daß er ohne Bedenken sein Leben für Kameraden, Familie und Heimat in die Schanze schlägt. Diese Opferbereitschaft ist ja von jeher die vornehmste und heiligste Aufgabe des germanischen Menschen gewesen. Die ganze Erziehungsaufgabe für unser Volk wäre verfehlt und rassefremd, wenn wir die Wiedererweckung aller heldischen Tugenden nicht zum Ziele hätten" (S. 153).

80 Merksätze und Leitsprüche über Zucht und Sitte aus Schriften und Reden von R. Walther *Darré*, ausgewählt von Marie Adelheid Reuß zur Lippe. – Goslar (Verlag Blut und Boden) [o. J., um 1935]. 58 unpaginierte Blätter. – Bl. 42-46: "Ju-

genderziehung". "In züchterischen Dingen" sollten die Männer nach ihren Leistungen bewertet werden, die Frauen "möglichst nach dem nordischen Auslesevorbild" ausgewählt werden (Bl. 43). Erforderlich ist die "Scheidung der Mädchen eines Jahrgangs nach solchen, die eine Ehe mit Kindersegen eingehen dürfen, und solche, die dies nicht dürfen", ebenso die "Erziehung der jungen Männer zur richtigen Gattenwahl" (Bl. 45). "Sittlich ist, was der Arterhaltung des deutschen Volkes förderlich ist; unsittlich ist, was dem entgegensteht" (Bl. 58).

Krieck, Ernst: Erziehung im nationalsozialistischen Staat. Berlin (Spaeth & Linde) 1935. 32 S. – Platons Verbindung von Staat, Lehre vom Staat und Erziehungslehre ist vorbildlich (S. 7. 27), und "in Hitler ist der Grundgedanke Platons vom staatsgründenden Erzieher Fleisch und Wirklichkeit geworden" (S. 15). "Der Mensch ist Gemeinschaftswesen", und "Auslese, Ausrichtung und Entfaltung der mitgebrachten rassischen und persönlichen Anlagen erfolgt allein unter den Einwirkungen der Lebensgemeinschaft" (S. 10). "Durchgeführt wird die Erziehung des Charakters in einem wehrhaft-politisch-musischen Zuchtsystem gemäß der rassisch-völkisch-politischen Weltanschauung und Weltordnung" in den NS-Jugend- und Studentenorganisationen (S. 12). Es soll "die herrschende und maßgebende 'nordische' Rasse so ausgelesen und hochgezüchtet werden, daß sie zum... tragenden Rückgrat der ganzen Volksgemeinschaft wird" (S. 16). "Zu soldatisch-heldischer Zuchtordnung und Lebensform gehört soldatisch-heldische Dichtung, Musik und Kunst jeder Art als notwendiges Erziehungsmittel... Erst die Jugend, die unter dem Lebensgesetz des Nationalsozialismus heranwächst, wird das nationalsozialistische Volk endgültig mit sich herauführen" (S. 17). "Religion... stellt weder das ganze Leben in sich dar, noch sind die Verwalter des religiösen Gutes berufen, das ganze Leben eines Volkes zu beherrschen. Das Volk beherrscht sich selbst mit seinen Organen, obenan dem Staat als der Verkörperung des Volkswillens... Wenn aber Kirchen die Oberherrschaft im öffentlichen Leben überhaupt anstreben, wenn sie Familie und Volksordnungen in ihren Herrschaftsbereich einzuziehen suchen... so überschreiten sie ihre Grenzen" (S. 21). "Vor allem aber dient die Presse... der Formung und Ausrichtung der Volksgemeinschaft" (S. 28).

Krieck, Ernst: Nationalsozialistische Erziehung begründet aus der Philosophie der Erziehung. 3. Aufl. – Osterwieck (Zickfeldt) 1935. 68 S. – Als "Gemeinschaftswesen" muß jeder Deutsche wissen, "daß sein Wohl und Wehe unabtrennbar mit dem Wohl und Wehe des Volksganzen zusammenhängt" und das "Zeitalter des Individualismus" zu Ende ist (S. 1. 39). "Damit ist zugleich das Gesetz nationalsozialistischer Erziehung gefunden, die sich aufgliedert in die grundlegende rassische Zucht und in die bewußt völkische Bildung auf der Grundlage des für alle Glieder der Gemeinschaft verpflichtenden Weltbildes" (S. 2). "Nordische Rasse vollendet sich in einer persönlichen und völkisch typisch gleichartigen Haltung nach dem Wertsystem der nordischen Ehre, der leiblichen und seelischen Wehrhaftigkeit mit allen ihren Eigenschaften, der Treubindung in freiwillig gewählter Führung und Gefolgschaft im Rahmen der schicksalhaft vorgefundenen, rassisch unterbauten Volksgemeinschaft, wozu notwendig die von führenden Geistern des Deutschtums verkündete und entfaltete rassisch-völkische Weltanschauung... gehört" (S. 5). "Das Wort Pindars ist ein rassisches Erziehungsgesetz: Werde, der du bist, nach deiner Berufung und Vorbestimmung". Die Rasse kommt zur Vollendung durch "Züchtung" und "Zucht". "Die rassisch echten und starken Völker sind die staats- und geschichtsbildenden, die zur Herrschaft berufenen Völker, wie die rassisch hochgezüchteten Glieder eines Volkes zur herrschenden Ausleseschicht vorbestimmt sind" (S. 6). Ziel ist die "Emporzucht des Volkes" und die "Typenzucht" (in der bündischen Staatsjugend, in den Wehrverbänden, studentischen Kameradschaftshäusern usw.) (S. 24-25). Kriecks "totaler Staat des Nationalsozialismus" (S. 56) orientiert sich in gewisser Weise an Platons Erziehungsstaat (S. 22. 26).

Politischer Katechismus für den jungen Deutschen in Schule und Beruf, von Werner *May* (4. Aufl. des Buches "Deutscher Nationalkatechismus"). – Breslau (Heinrich Handels Verlag) 1935. 70 S. – S. 9-25 ein Kommentar zum Parteiprogramm der NSDAP vom 24. Februar 1920; S. 53. 56-58 zu Baldur von Schirach und zur Hitlerjugend; S. 47 Schirachs in der Hitlerjugend oft rezitiertes Gedicht auf Hitler ("Ihr seid viel Tausend hinter mir", eine Art pseudosakraler mystischer Einheit Hitlers mit seiner Gefolgschaft); S. 28 werden die Erscheinungsbilder der nordischen Rasse eingeschärft:

"1. Das körperliche Erscheinungsbild: Hoher, schlanker Körperbau, blondes, weiches Haar, blaue oder blaugraue Augen, helle rötliche Haut. Der Kopf ist mittellang, das Gesicht lang, mit langer, gerader Nase, deren Flügel anliegen und deren Kuppe spitz ist. Die Lippen sind schmal. Die Hände sind schlank und stark.

2. Das seelische Erscheinungsbild: Der nordische Mensch ist ein Tatmensch, tapfer, voll reichen Gemütes, wahrheitsliebend, gerecht, ehrliebend, treu und entschlossenen Willens."

Die Grundlagen der nationalsozialistischen Erziehung. Von Bernhard *Rust*, Reichsminister für Erziehung, Wissenschaft und Volksbildung. – Hochschule und Ausland 13 (1935), Heft 1, S. 1-18. – Der Mensch soll "zum willensstarken einsatzbereiten Charakter erzogen werden" sowie "zum Glied der Volksgemeinschaft" (S. 4). Es "ist die Erziehung zu Charakter und Kameradschaftsgeist vornehmlich Aufgabe der Kolonne und des Lagers, in denen Hitlerjugend, SA, SS und Arbeitsdienst sich formieren... Soviel über die Gemeinschaft als Erziehungsinstrument" (S. 10). "Aus der Jugend wird, was wir aus ihr machen. Jedes Wort des Führers ist für sie ein Evangelium" (S. 17).

Sturm, Karl Friedrich: Deutsche Erziehung im Werden. Von der pädagogischen Reformbewegung zur völkischen und politischen Erziehung. 3. Aufl. – Osterwieck (Zickfeldt) 1935, 145 S. – "Die einfachste staathafte Erziehungsgemeinschaft ist die 'Formation'. Sie ist geordneter, geformter Trupp... Das 'Lager' hält seine Glieder für eine längere Dauer beisammen... (im Lager) 'wird der Mensch entbürgerlicht und verkameradschaftet'. Ausdruck dieser Erziehungsform ist das Zelt... Das 'Männerhaus' hingegen ist ein Dauerlager. Es entspricht der Kaserne des Heeres. Sein Erziehungsziel ist ebenfalls Kameradschaft... Formation und Lager sind Erziehungsmittel der HJ, SA, des FAD. Das Männerhaus wird heute wieder Wirklichkeit im Kameradschaftshaus der Studenten... Zucht läßt aus Masse Gefolgschaft, Genossenschaft, Volk werden... Zucht gehört wesensmäßig zu Blut und Rasse und gebundener Lebensform" (S. 101-103). Im Hinblick auf die Marsch- und Kampflieder der Gegenwart erinnert Sturm daran, daß schon Platon die dorische und phrygische Tonart zuließ, die jammernde lydische und die schwelgerische jonische aber verbannte (S. 107). Die "in erster Linie völkisch-politischen" Zwecken dienenden Landheimlager hat jede Schulart in ihren Erziehungsplan aufzunehmen... Die Abhaltung geländesportlicher Kurse in den Schullandheimen – durch geeignete Führer der Hitler-Jugend und der SA – ist planvoll zu fördern (S. 118 f.) Wandervogel und bündische Jugend waren zwar Vorboten der HJ, doch sieht die HJ ihre Ahnen "in der Jugend von Langemarck... Die HJ blickt auf die ganze völkische Existenz. Heimabend, Ausmarsch, Fahrt und Feier sind ihre wesentlichen Erziehungsformen... Das Wertbewußtsein, das die HJ erfüllt, trägt nordischen Charakter. Zuoberst steht ihr die Ehre" (S. 121-123).

Baeumler, Alfred: Die deutsche Gemeinschaftsschule und ihre geschichtlichen Voraussetzungen. – Weltanschauung und Schule 1 (1936-1937) 10-21. – "Das Mittelalter... hört auf, wenn die Herrschaft der Geistlichkeit über Erziehung und Schule ein Ende nimmt" (S. 11). "Die deutsche Gemeinschaftsschule ist die völkische Weltanschauungsschule unter dem Schutze des Staates" (S. 20).

Nationalpolitische Erziehung im Dritten Reich. Von Rudolf *Benze*, Ministerialrat im Reichsministerium für Wissenschaft, Erziehung und Volksbildung. – Berlin (Junker und Dünnhaupt) 1936. 26 S. – Die national-sozialistische Erziehung will "die Volksgenossen zur Gemeinschaftsgesinnung und Gemeinschaftstat für den eigenen Volksstaat erziehen... Die Juden als Fremdblütige scheiden somit für eine deutsche Erziehung aus" (S. 7). Die Elternhaus und Schule als Erziehungsmächte ergänzende "gegenseitige Erziehung Jugendlicher" erfolgt durch die nationalsozialistische Jugendorganisation, die ... "durch die ihr gemäßen Formen des Marsches, der Fahrt und des Lagers die Jugend in Selbstzucht und Kameradschaft zu... einsatzbereiten deutschen Jungen und Mädchen erzieht" (S. 17). Lobenswerte Vorläufer waren die "Landerziehungsheime"; "es fehlten freilich dabei noch die... Gesichtspunkte der Rasse und der völkischen Gemeinschaft" (S. 18). Den neuen Erziehungszielen sollen auch die "Schullandheime" dienen (S. 22) sowie das "Landjahr" (S. 23-24) und vor allem die Nationalpolitischen Erziehungsanstalten (S. 23).

Klinge, Erich: Die Erziehung zur Tat, zu Mut und Tapferkeit. – Dortmund (Crüwell) 1936. 199 S. – Als Erziehungsziel, zu dessen Erreichen die Leibeserziehung von erstrangiger Bedeutung ist, hat der "Tatmensch" zu gelten. Das Ziel wird in der Gemeinschaft erreicht; deren "Urfunktion" ist – im Sinne Kriecks – die Erziehung. Die Erziehung zu Mut, Tapferkeit und Disziplin erfolgt vor allem auf dem Weg über "Wettkampf" und "Kampferziehung".

Köppen, Ludwig: Hitler-Jugend als neue Erziehungsmacht. – Führerblätter der Hitler-Jugend. Ausgabe D.J./Februar 1936, 3-5. – "Das Erziehungsziel der Hitler-

Jugend ist durchaus klar: Wir erziehen zum Volksgenossen und darüber hinaus zum politischen Soldaten des Dritten Reiches" (S. 5).

Mögling, G.: Unser Gegensatz zur konfessionellen Jugenderziehung. – Führerblätter der Hitler-Jugend. Ausgabe D.J./Februar 1936, 5-6. – "Den Grundsatz der Hitlerjugend 'Jugend muß von Jugend geführt werden' gibt es bei der katholischen Jugend nicht"; denn über dem Gruppenleiter, einem jugendlichen Laien, "steht der priesterliche Führer". "Die katholische Jugend dient nicht dem Volk und dem Staat, sondern einzig und allein der Kirche" (S. 6).

Schirach, Baldur von: Die Hitler-Jugend. Idee und Gestalt. 51.-75. Tausend. – Leipzig (Koehler & Amelang) 1936. 224 S. (und Anhänge). – Ihren Namen verdankt die "Hitler-Jugend" Julius Streicher (S. 20). Von der elitären bündischen Jugend, deren Symbol die Fahrt war, unterscheidet sich die den Jungarbeitern zugewandte HJ durch ihren Reichsberufswettkampf (S. 49-50). "Die HJ ist eine weltanschauliche Erziehungsgemeinschaft" (S. 130) mit "Totalitätsanspruch" (S. 43), aber Beibehaltung des Prinzips der Freiwilligkeit (S. 72). Sie ist ebenso friedenswillig wie der Führer (S. 139-140). "Und als dann Hitlers 'Kampf' erschien, war uns dieses Buch wie eine Bibel, die wir fast auswendig lernten" (S. 17). Aus Hitlers Rede an seine Jugend auf dem Nürnberger Parteitag 1935 (abgedruckt bei Schirach S. 195-200): "In unseren Augen, da muß der deutsche Junge der Zukunft schlank und rank sein, flink, zäh wie Leder und hart wie Kruppstahl. Wir müssen einen neuen Menschen erziehen... Von einer Schule wird in Zukunft der junge Mann in die andere gehoben werden. Beim Kind beginnt es und beim alten Kämpfer der Bewegung wird es enden. Keiner soll sagen, daß es für ihn eine Zeit gibt, in der er ausschließlich sich selbst überlassen sein kann. Jeder ist verpflichtet, seinem Volke zu dienen" (S. 196-197). Im Rahmen der weltanschaulichen Schulung will die HJ u. a. die Jugend "für das Heldische begeistern oder das Schwächliche verachten lehren" (S. 133).

Verpflichtung und Aufgabe der Frau im nationalsozialistischen Staat. Von Gertrud *Scholtz-Klink*, Reichsfrauenführerin. – Berlin (Junker und Dünnhaupt) 1936. 24 S. – Scholtz-Klink, die u. a. für den Arbeitsdienst der weiblichen Jugend zuständig war, kritisiert hier den zusammenhanglosen fächerorientierten Schulunterricht früherer Jahre und schärft ein, "daß dein Wissen allein, das wir fast einmal zum Abgott in Deutschland gemacht hatten, dir das Weltbild erst einmal zersetzt" (S. 6-9).

Wimmer, Robert: Nationalsozialismus und Jugenderziehung. – Hamburg (Hanseatische Verlagsanstalt) 1936. 119 S. – "Der Totalitätsanspruch der nationalsozialistischen Bewegung auf dem Gebiet der Jugenderziehung" wird zum "Kampf um die Jugenderziehung" gegen "die kirchlichen Machtansprüche" auf dem Gebiet der Erziehung. Die Konfrontation ergibt sich, "weil ja die Kirche ein Hoheitsrecht über die gesamte Erziehung fordert" (S. 114). Entsprechend gilt: "Die katholischen Jugendverbände sind... als Formationen des Politischen Katholizismus anzusehen" (S. 113), und "Die staatsverneinenden Tendenzen des Kirchenbegriffes, der solchen Forderungen (nämlich "die gesamte Erziehung zu überwachen") zugrunde liegt, werden klar, wenn man sich einmal vorstellt, wie es praktisch sein würde, wenn der Staat der Kirche dieses Oberaufsichtsrecht z. B. über die Hitler-Jugend einräumen würde!!!" (S. 114-115).

Baeumler, Alfred: Die deutsche Schule im Zeitalter der totalen Mobilmachung. Vortrag, gehalten am 10. Februar 1937. – Weltanschauung und Schule 1 (1936-1937) 321-335. – Aufgabe der Schule ist die "politische Erziehung", und zwar verbunden mit der "Erziehung des deutschen Volkes zur totalen Wehrbereitschaft". Die Schule hat dafür zu sorgen, daß die Erziehung unmittelbar "durch den Führer selbst ungestört vor sich gehe, daß nichts zwischen das Kind und den Führer trete", sie hat aber auch zu besorgen "die Erziehung für den Führer... die Erziehung zum Verständnis der Aufgaben und Handlungen des Führers" (S. 325-327). In diesem Sinne bedeutet "politische Erziehung" eine "Ausrichtung auf die Handlungen des Führers" (S. 329-330), z. B. in den Unterrichtsfächern Geschichte (Blick auf den Führer und die politische Lage unseres Volkes) und Erdkunde (Erörterung der Lebensräume des deutschen Menschen).

Baeumler, Alfred: Erziehung und Unterricht. – Weltanschauung und Schule 2 (1937) 74-77 (dazu erläuternde Abb. nach S. 84). – "Alle Pädagogik ist politische Pädagogik". Der Liberalismus hat "den Begriff einer volksfremden Bildungsschule" hervorgebracht. "Das Verhältnis zwischen Formationserziehung (in Hitlerjugend, Arbeitsdienst usw.) einerseits und der Schulerziehung andererseits richtig zu bestimmen und das Zusammenwirken beider zur Bildung des Charakters zu erkennen, ist die Hauptaufgabe der pädagogischen Theorie".

Rassische Erziehung als Unterrichtsgrundsatz der Fachgebiete. Hg. von Rudolf *Benze*, Ministerialrat im Reichs- und Preußischen Ministerium für Wissenschaft, Erziehung und Volksbildung, und Alfred *Pudelko*, Abteilungsleiter im Deutschen Zentralinstitut für Erziehung und Unterricht. – Frankfurt (Diesterweg) 1937. – Darin wird gefordert, daß rassische Gesichtspunkte in allen Unterrichtsfächern aller Schultypen dominieren sollen. "Die Grundgebote aber lauten: Erhalte dich in deiner Art gesund und rein! Vollende dich mit deinen Artgenossen zu immer höherer Leistung!" (S. 1). "Halte deine Rasse rein und lebe danach!" (S. 3). "Entartung" und "Rassenzersetzung" gingen von den Juden bzw. vom christlichen Rom aus, und "an die Stelle der naturgewollten rassischen Blutsbrüderschaft" trat der Gedanke "der christlichen Weltverbrüderung und des Weltreiches Gottes auf Erden" (S. 4). Der "Liberalismus" und "die Ausschaltung des Rassegefühls" wurden "zur Hauptursache des deutschen Verhängnisses" (S. 6).

Müller, Albert: Sozialpolitische Erziehung. – Das Junge Deutschland 31 (1937) 193-202. – Im Sinne des Gesetzes über die Hitler-Jugend vom 1. Dez. 1936 hat diese den Auftrag, "alle jungen Menschen zwischen dem 10. und 18. Lebensjahr in ihre Gemeinschaft aufzunehmen, sie total zu erfassen und als Nationalsozialisten zu lebenstüchtigen Volksgenossen zu erziehen... entscheidende Aufgaben sind der Körperschulung vorbehalten, noch wichtiger ist der Auftrag der weltanschaulichen Erziehung" (S. 195). Erziehungsziel ist "die totale Leistungsfähigkeit der jungen Generation" (S. 196). "Die Erfordernisse der Wehrhaftmachung... stehen an der Spitze aller Beweggründe nationalsozialistischer Jugendarbeit" (S. 197).

Völkische Auslese und Aufbauschule. Von Reichserziehungsminister Bernhard *Rust*. – Weltanschauung und Schule 1 (1936-1937) 3-9. – Um begabten Schülern ländlicher Regionen lange tägliche Fahrzeiten zur nächsten weiterführenden Stadtschule zu ersparen, sollen in Klein- und Mittelstädten Internate gegründet werden, wo Kinder nach Vollendung des 12. Lebensjahres in weiteren sechs Jahren den Abschluß einer höheren Schule erreichen. Das dient der Erschließung von Begabungsreserven und dem Prinzip der Auslese. "Es wird eben nicht nur die einheitliche Haltung und Ausrichtung einer Mannschaft bei der Internierung vollkommener erreicht, sondern auch der Führer sicherer entwickelt. Daher in allen Gliederungen der nationalsozialistischen Bewegung die Lager... " (S. 8-9).

Hermannsen, Walter: Erziehung in Lager und Kolonne ist grundlegende Kulturarbeit. – Weltanschauung und Schule 2 (1938) 271-280. – "Nicht zuletzt ist es die Lagererziehung, die zu unbedingter Aufrichtigkeit, tadellos sauberer Gesinnung und zur Ablehnung jeder Heuchelei führt; denn im Gemeinschaftsleben des Lagers fällt jeder Lack und jede 'Angabe' in kurzer Zeit vom Menschen ab und jede Heuchelei wird schnell und sicher entlarvt. Im Lager und in der Kolonne gibt es eine natürliche Rangordnung, die nach Kraft und Leistung" (S. 274), und es "ist die straffe soldatische Lebensform des Lagers die Grundlage für eine straffe Lebensführung" (S. 276). Im Gegensatz zum "zersetzenden Geist des Liberalismus" steht die "Kameradschaft des Lagers und der Kolonne" und überhaupt "die Erziehungsform des Lagers" (S. 277). Zum Beispiel erziehen Spindappelle u. ä. Appelle zu äußerer und charakterlicher Sauberkeit. "Jeder Appell ist ein Stück des Kampfes um die innere Neugestaltung unseres Volkes, und in jedem Lager muß es soweit kommen, daß die Jungen und Mädel bei den Appellen freudig und mit strahlenden Augen ihre Sachen vorzeigen" (S. 279). "Die Erziehung in Lager und Kolonne bereitet in jeder Hinsicht den Boden dafür vor, daß der Junge und das Mädel wirklich Volksgenosse und Volksgenossin werden" (S. 280).

Schirach, Baldur von: Revolution der Erziehung. Reden aus den Jahren des Aufbaus. 4. Aufl. – München (Eher) 1943 (zuerst 1938). 231 S. – Die Hitlerjugend ist die "weltanschauliche Erziehungsgemeinschaft der deutschen Jugend". Ihrem Führernachwuchs hat Schirach "unzählige Male die Lehre des Führers verkündet" (S. 8). Schirach hat "in der Hitler-Jugend niemals einen Gottlosen geduldet" (S. 62), doch versteht er "Religion" offenbar im Sinne von Ernst Moritz Arndt ("Ein Volk zu sein ist die Religion unserer Zeit", S. 13. 186, ein in der HJ oft zitierter Satz), eine Religion, die einen Heiligen hat (S. 140: "Ehrfürchtig pilgert die deutsche Jugend zum Obersalzberg, um sein Haus zu sehen") und über "Priester" verfügen wird (S. 125: "Der Jugendführer und Erzieher der Zukunft wird ein Priester des nationalsozialistischen Glaubens und ein Offizier des nationalsozialistischen Dienstes sein"). Entsprechend war bereits das massenhafte Sterben der deutschen Jugend beim Sturm auf Langemarck im Herbst 1914 eine "sakrale Handlung" (S. 31). Zu den geistigen Wegweisern der Hitlerjugend gehört besonders Houston Stewart Chamberlain (S. 157). Dessen Rassismus und

Antisemitismus spielt dann auch eine bedeutende Rolle in Schirachs Rede vor dem europäischen Jugendkongreß in Wien, 14.-18. Sept. 1942 (S. 210-230).

Die Wehrerziehung der deutschen Jugend. Von Helmut *Stellrecht*, Obergebietsführer der Hitler-Jugend. Mit einem Vorwort des Reichsjugendführers Baldur von Schirach. 3. Aufl. – Berlin (Mittler) 1938. 153 S. – "Der Geist des Angriffs ist der Geist der nordischen Rasse … Überall ist Weite und Ferne. Es lockt und zieht, aufzubrechen, zu wandern und zu überwinden. Immer ist diese Sehnsucht da" (S. 11). Dem heldischen Menschen mit germanisch-nordischer Seele ist "nicht Besitz, sondern Kampf schön". "Der ewige Einsatz des Lebens ist ihm ein Bekenntnis zum Ideellen, zu der ewigen Seele, zu der ewigen Rasse, ist ihm ein Gottesdienst nach seiner Art" (S. 12; vgl. S. 30: "Rassenseele"). "Der Mut, das Leben gefährlich zu leben, (ist) rassisch bedingt durch das nordische Blut" (S. 41). Exemplarisch für "höchsten soldatischen Mut", den "Mut zum Sterben", ist das heroische Ende des Spartanerkönigs Leonidas 480 v. Chr. bei Thermopylä, dokumentiert durch die Inschrift: "Wanderer, kommst du nach Sparta, so verkündige dorten, du habest uns so liegen gesehen, wie das Gesetz uns befahl" (S. 42-43). Von besonderer Bedeutung ist die Erziehung zum Mut und zur Härte ("Gelobt sei, was hart macht!", S. 50), daher der Wert von "Kampfspiel und Kampfsport" (Boxen, Stockfechten u. a., S. 51-55). "Formung" und "Einordnung" in die Gemeinschaft werden wesentlich bewirkt durch "Marsch, Fahrt und Lager". Gegen den "inneren Schweinehund" hilft eiserne "Mannszucht" (S. 55-58). Für anstrengende Märsche gilt: "Das Selbstbewußtsein steigt beim dreißigsten Kilometer" (S. 61). Das Singen beim Marsch ist "Ausdruck des gemeinschaftlichen Willens" (S. 63). "Das Lager ist die stärkste formende Kraft im heutigen Jungenleben" (S. 131). "Das Ideal ist es, aus dem Jungen eine Art Waldläufer zu machen, dem das Sichdurchschlagen und Sichhelfen in allen Schwierigkeiten zur zweiten Natur geworden ist" (S. 66).

Arp, Wilhelm: Erziehung im Lager. – Nationalsozialistisches Bildungswesen 4 (1939) 29-43. – Bereits die feste Stadt Sparta war ein "erstarrtes Heerlager aus der altgriechischen Landnahmezeit" (S. 31). Das Lager und seine "Gemeinschaftserziehung" bewirken die "Formung der Menschen", eine "Sammlung, Steigerung und Erhebung des Lebens und Erlebens", es ist "die Schule der Kameradschaft und Gefolgschaft". Aus der "Weltkriegskameradschaft" erwuchs "unsere neue Volksgemeinschaft", wie der Ursprung des Lagers das Kriegertum ist (S. 34-36). Nach der Machtergreifung durch den "Kampf der Kolonne" begann die Schulung ("weltanschauliche und politische Ausrichtung") im Lager. Ähnliche Bedeutung hat die "lagermäßige Schülerkameradschaft" im Schullandheim (S. 38-39).

Baeumler, Alfred: Der totale Krieg. – Weltanschauung und Schule 3 (1939) 385-390. – "Mit unserer Jungmannschaft sind wir alle angetreten, um dorthin zu marschieren, wohin der Glaube des Führers uns weist" (S. 385, zum Einmarsch der deutschen Armee in Polen).

Erziehung zur Volksgemeinschaft. Ein neuer Weg. Hg. von der Reichswaltung des NS-Lehrerbundes. – Berlin (Braun) 1939. 319 S. – "Neue Erziehungseinrichtungen (Hitler-Jugend, SA., SS. usw...) dienen mit der nationalsozialistischen Schule der Erziehung zur Volksgemeinschaft. Die nationalsozialistische Marschkolonne ist zu einem Sinnbild unseres erzieherischen Wollens geworden... Wie eine Marschkolonne muß unser ganzes Volk dem Befehl des Führers folgend in Einheit marschieren" (S. 12).

Soldatentum und Jugendertüchtigung. Von Obergebietsführer Helmut *Stellrecht*, Beauftragter des Jugendführers des Deutschen Reiches für Jugendertüchtigung, in: Grundfragen der deutschen Politik, hg. von Paul Meier-Benneckenstein, Berlin (Junker und Dünnhaupt) 1939, 343-361. – "Nicht zum Sterben wollen wir erziehen. Wenn wir erziehen, muß zum Siegen erzogen werden!... Keinem jungen Menschen in Deutschland wird eine Militärwaffe, ein Gewehr 98, ein Maschinengewehr, ein Geschütz, eine scharfe Handgranate in die Hand gegeben... Wir wollen keine Ausrichtung einer Jugend auf das Töten hin... die Waffe gehört erst in die Hand des Mannes" (S. 357). Nach 1942 galt das nicht mehr.

Usadel, Georg: Wissen, Erziehung, Schule. – Dortmund (Crüwell) 1939. 48 S. – Für Usadel steht fest, "daß die Hingabe an das Volksganze der letzte Sinn unserer Weltanschauung ist" (S. 12). "Jede Erziehung muß Gemeinschaftserziehung sein... Die Ausrichtung auf die Erziehung eines politisch-nationalen Typus... gab es noch nicht... Vielleicht ließe sich nur das klassische Sparta mit dem gegenwärtigen Reiche in dieser Hinsicht vergleichen" (S. 47; vgl. S. 16 zum Spartaner und zur "rassischen Verwandtschaft zwischen Griechen und Römern"). "Es gibt keinen Unterschied zwischen Schulerziehung und Formationserziehung" (S. 28), und das Wissen gehört zur Erziehung "wie der Leib zur Seele" (S. 33). Im Sinne einer Verzahnung von Schul- und Formationserziehung ist es, "wenn in immer größerem Umfange die Lehrer gleichzeitig HJ-Führer sind" (bis 1939 zehntausend, etwa ein Drittel der gesamten HJ-Führerschaft), S. 36.

Die deutsche Erziehung und ihre Träger. Von Ministerialrat Rudolf *Benze*, in: Erziehungsmächte und Erziehungshoheit im Großdeutschen Reich, hg. von Rudolf Benze und Regierungsdirektor Gustav Gräfer, Leipzig (Quelle & Meyer) 1940, 1-26. – Der Nationalsozialismus erstrebt "für den Einzelnen höchste Leistung auf der Grundlage rassisch ausgerichteter Entfaltung von Körper, Seele und Geist... Zwei Gebote gelten für das Leben und die Erziehung jedes Deutschen: 'Deutschland über alles' und 'Ich bin nichts, mein Volk ist alles' ". Erforderlich ist "die Ausmerze minderer Anlagen aus der Erbmasse". Nach Beendigung der Erziehung des jungen Menschen bedarf auch der Erwachsene "weiterhin einer gewissen Lenkung, damit er nicht abirrt und der Gleichschritt nicht verlorengeht" (S. 5). "Die Erziehung des Einzelnen geschieht stets im Hinblick auf die Gemeinschaft und auf die Fähigkeit, in ihrem Rahmen etwas zu leisten und sich zu erfüllen... Alle echte Erziehung ist daher Gemeinschaftserziehung" (S. 8). Staat und Bewegung "vereinigen und vollenden sich im Erziehungsziel: dem wehrhaften Mann und der mütterlichen Frau deutscher Prägung" (S. 19). Dem "Gleichschritt" (S. 5) dient "die dauernde, aber weniger fühlbare Erziehung... die von der Verwaltung, der Rechtsprechung und den vom Staat überwachten und gelenkten Volksbildungsmitteln wie Schrifttum, Presse, Funk und Film tagein tagaus ausgeübt wird" (S. 23).

Rassenpolitische Erziehung. Von Werner *Hüttig*, Reichsstellenleiter im Rassenpolitischen Amt, in: Erziehungsmächte und Erziehungshoheit im Großdeutschen Reich, hg. von Rudolf Benze und Regierungsdirektor Gustav Gräfer, Leipzig (Quelle & Meyer) 1940, 320-338. – Durch Erziehung verhindert werden muß "der Rückgang der ehelichen Fruchtbarkeit", "die Ausbreitung erbuntüchtiger Anlagen" und die "Bastardierung mit Fremdstämmigen, die die rassische Eigenart eines Volkes und damit auch seine kulturelle Besonderheit und Leistungsfähigkeit zerstört" (S. 323).

Das kommende Deutschland. Die Erziehung der Jugend im Reich Adolf Hitlers. Von Gebietsführer Günter *Kaufmann*, Pressereferent des Reichsleiters für die Jugenderziehung der NSDAP. 2. Auflage. – Berlin (Junker und Dünnhaupt) 1940 (1943³). 274 S. – U. a. zu den Themen: Organisation der HJ, Dienstbestimmungen, Leibesübungen und Wehrerziehung, Schulungsarbeit, Landdienst und Ernteeinsatz der HJ, Idee von Langemarck, Kriegseinsatz der HJ; S. 268-273: Das Gesetz über die Hitler-Jugend (1. Dez. 1936) und die erste und zweite Durchführungsverordnung dazu (25. März 1939). – Unter den "zehn Geboten zur Gesundheitspflicht" erscheint: "Dein Körper gehört deiner Nation, denn ihr verdankst du dein Dasein, du bist ihr für deinen Körper verantwortlich... Du hast die Pflicht, gesund zu sein!" (S. 82). Zum Thema "Langemarck" (massenhafter Tod deutscher Kriegsfreiwilliger im Herbst 1914) heißt es: "Nach einem wunderbaren Wort Baldur von Schirachs ist in Deutschland nichts lebendiger als unsere Toten" (S. 228). Anhang nach S. 260: "Organisationsplan der Reichsjugendführung im Krieg".

Pohl, Hans: Leistungssteigerung durch Auslese. – Das Junge Deutschland 34 (1940) 201-204. – Im Hinblick auf den nach Kriegsbeginn besonders "dringenden Bedarf an Führungskräften jeder Art" ist eine "Leistungssteigerung" erforderlich und eine "totale Erfassung der Begabten".

Rahn, Hedwig: Artgemäße Mädchenbildung und Rasse. – Nationalsozialistische Mädchenerziehung 6 (1940) 223-227. – Die Mädchenerziehung hat als Ziel "die Frau reinblütiger, instinktsicherer, rassebewußter und rassestolzer Art deutschen Volkes". Zwar ist der "Muttertrieb" der Frau stärker "als alle Gestaltungsfähigkeit und aller Gestaltungswille", aber Kriecks These einer grundsätzlich dienenden Rolle der Frau im Männerbund ist abzulehnen. "Die Erziehung hat nun im Mädchen die ganz klare Einsicht zu wecken, daß das Geschlechtsleben dem Menschen nicht zu seiner individuellen Verfügung gegeben ist, sondern im Dienste der Erhaltung und Höherführung des Volkes zu stehen hat" (S. 227).

Erziehung zum Wehrwillen. Pädagogisch-methodisches Handbuch für Erzieher. Von [Jakob] *Szliska*, Rektor. 2. Aufl. – Stuttgart (Verlag für nationale Literatur Gebr. Rath) 1940 (zuerst 1937). 570 S. – Die einzelnen Beiträge behandeln alle Bereiche, in denen eine Erziehung zum Wehrwillen erfolgen sollte; u. a. Gesang- und Musikunterricht, Zeichen- und Kunstunterricht, Spiel, Feier,

Deutsch- und Geschichtsunterricht, naturwissenschaftlicher Unterricht, Schü-
lerbibliothek, Schrifttum, Schulfunk. S. 493-498: "Wehrhafte Mädchenerziehung". S. 535-541: "Soldatentum im Arbeitsdienst". Von der "Schlager- und
Jazzmusik" heißt es, "daß sie auf die niederen Instinkte des Menschen speku-
lierte" (S. 323), für den Wehrwillen wird "das kämpferische, heroische Lied"
benötigt, das "Kampflied" und "kämpferische Bekenntnislied" (S. 326-327).
Abzulehnen ist " 'Ich weiß nicht, was soll es bedeuten' (von dem Juden Heine!)"
(S. 327), abzulehnen auch Heines "Lieber ein lebender Hund als ein toter Lö-
we" (S. 392). Ideal ist "der wehrhafte, heroische Mensch" (S. 478), wie auch die
Mädchen dazu erzogen werden, "Mütter eines heldischen Geschlechts zu sein"
(S. 498). Mittel der Jungenerziehung sind dagegen "das Marschieren in der Kolonne und das Leben im Lager" (S. 363). Der Ausrichtung der Jugend dient auch
der "heldisch-wehrerzieherische Stil der Feier", in deren "Gemeinschaftserlebnis" "die Zuchtform nordisch-deutschen Menschentums" erkannt werden kann
(S. 377. 382). "Wenn du Frieden willst, rüste zum Krieg" (S. 468) gehörte zu
den in der NS-Jugenderziehung oft zitierten Grundsätzen.

Baeumler, Alfred: Deutsche Schule in Gegenwart und Zukunft. Rede, gehalten am
28. Juni 1941. – Weltanschauung und Schule 5 (1941) 173-179. – Auch für
die Schule gilt "gefordert ist nicht nur, daß der Mensch überhaupt arbeite, sondern gefordert ist ein Maximum an Leistung der Gesamtheit" im Zeitalter "der
totalen Mobilmachung". "Die Entfaltung der Kräfte und Anlagen des einzelnen... wird zu der wichtigsten Aufgabe der Gesamtheit." Hier ergänzen sich
Elternhaus, Schule und Hitlerjugend ("Erziehung in der Formation"). Zentraler
Gesichtspunkt der Erziehung ist die "Auslese". Besonders die Schule "hat die
Aufgabe, Menschen von bestimmter rassischer Anlage zu dem Höchstmaß ihrer
Leistungen innerhalb der nationalen Gemeinschaft zu bringen" (S. 179).

Baeumler, Alfred: Paul de Lagarde. – Weltanschauung und Schule 5 (1941) 269-273.
– Lagarde als Erzieher und Politiker hat der Gegenwart einiges zu sagen, besonders mit seinem Antisemitismus, mit seinen Vorschlägen zur Erschließung des
Ostens bis zum Schwarzen Meer für deutsche Kolonisation, sowie mit seinem
nationalistischen Anliegen überhaupt.

Erziehungswissenschaft und Philosophie der Erziehung. Von Heinrich Döpp-
Vorwald, Dr. phil. habil., Dozent an der Universität Münster. – Berlin (de Gruyter) 1941. 362 S. – S. 89-116: "Der Sinn der Erziehung: Erziehungswissenschaft
als völkisch-politische Erziehungslehre" (vgl. S. 123-167 zu Ernst Krieck).

Erziehung zur Wehrfreudigkeit. Von Obergebietsführer Ernst *Schlünder*. – Das Junge
Deutschland 35 (Nr. 8 vom 15. August 1941) 193-197. – "Die nationalsozialisti-
stische Jugenderziehung erfaßt den ganzen Menschen in allen seinen Lebensäu-
ßerungen. Diese totale Ausrichtung der Jugenderziehung hat ihren Impuls vom
Führer selbst erhalten... Die Erziehung zur Wehrfreudigkeit ist ein Lebensgesetz der Hitler-Jugend schlechthin".

Mai, Else: Die wehrgeistige Erziehung der Mädchen. – Nationalsozialistische Mädchenerziehung 8 (1942) 3-6. – "Ziel der weiblichen Erziehung hätte also zu sein:

Das politisch denkende und handelnde Mädel, das aus tiefem Verstehen um letzte politisch-biologische Zusammenhänge zur fanatischen Kämpferin wird für das Leben ihres Volkes... Bereits bei dem Kleinkinde muß mit der wehrgeistigen Erziehung begonnen werden... Das Weltkriegserbe... immer wieder aufklingend in der revolutionären Erziehungsform unserer Lager, heischt seine Erfüllung. Sie heißt schlicht und klar: Kamerad Frau". Im Deutschunterricht lernt das Mädchen, "sich gegen alles Fremdrassige und Undeutsche durchzusetzen und zu behaupten", im Rechenunterricht begreift es die "bevölkerungspolitische Statistik" (u. a. der Erbkranken, Asozialen und Irren), im Erdkundeunterricht erkennt es: "Im ehemaligen Polen folgt nun der Pflug dem Schwert. Ein Eindeutschungsprozeß, der nirgend seinesgleichen hat, vollzieht sich hier". Im Biologieunterricht erfährt das Mädchen: "Das Naturgesetz der Auslese liegt dem Gesetz zur Verhütung erbkranken Nachwuchses zugrunde sowie alle Maßnahmen zur Förderung des Gesunden und Rassetüchtigen". Das Mädel soll sich also verstehen "als verantwortliches Glied der ewigen Kette artreinen deutschen Blutes". "Im Nähunterricht müssen die Mädel durch Flicken, Stopfen und Umändern zur Streckung der Rohstoffe beitragen und dienen damit der Erhaltung und Stärkung der inneren Front". Es kann also "in fast sämtlichen Unterrichtsfächern die Erziehung der Mädel zur Wehrhaftigkeit weitgehend gefördert werden".

Palm, Gabriele: Das nationalsozialistische Gedankengut bei Alfred Baeumler. – Nationalsozialistisches Bildungswesen 7 (1942) 95-99. 105-116. – Es geht Baeumler "um die baldige Wiedergeburt der hellenischen Kultur aus dem Grunde des deutschen Wesens aus Urverwandtschaft heraus", was nur ohne und gegen das Christentum möglich ist. (S. 98-99). Das ist verbunden mit einem Aufgreifen des politischen Charakters romantischer Grundvorstellungen (bei Arnim, Brentano, Brüder Grimm u. a.; "vom Begriff Volk her rollt die Romantik eine neue Geschichtsauffassung auf", S. 106). Die bürgerliche Gesinnung des 19. Jh. verdrängte den Heroismus des preußischen Soldatentums und ließ ihn zum veräußerlichten Militarismus entarten. Es bedarf eines "Typus", zu dem erzogen wird, und "eines festen Systems von Erziehungsmaßnahmen". Die neue "Geschlossenheit der Erziehung" hat mit dem Leibe zu beginnen, dies im Sinne Nietzsches. In diesem erzieherischen Zusammenhang sind Feste als "Höhepunkte des öffentlichen Lebens" von großer Bedeutung, Feste mit Spiel und Tanz, Aufmarsch und Wettkampf. "Es wird schließlich ein politisches Festjahr geben, das dem Kirchenjahr ähnlich den gleichmäßigen Ablauf der Zeit gliedert, im Rhythmus der Tatengedenktage unserer Geschichte. Solche Feste werden das sein, was Jahn von ihnen erwartete: eine Pflanzstätte künftiger Taten" (S. 117).

Rahn, Hedwig: Besinnung zur rassegemäßen Erziehung. – Nationalsozialistische Mädchenerziehung 8 (1942) 56-57. – Dem nordischen Menschen eignet der Wille zum Kampf, der Mut zum Wagnis und eine heroische Lebenshaltung, wie z. B. der Vierzeiler des nordischen Menschen Fontane zeigt:

> "Herr, laß mich kämpfen dann und wann,
> Sattsein macht stumpf und träge,

Und schick mir Feinde, Mann für Mann,
Kampf hält die Kräfte rege".

Der nordische Mensch ist immer bereit, das Schicksal zu bestehen und männlich zu kämpfen, auch wenn es ihm beschieden sein sollte, in diesem Schicksal zu scheitern und unterzugehen... Warum gerade für die Mädchenerziehung diese Besinnung? Weil wir Frauen vor allem dazu berufen sind, die Werte unserer Rasse unserem Volke zu bewahren".

Stellrecht, Hellmut : Erziehung durch Erleben. – Weltanschauung und Schule 6 (1942) 45-50. – "Die rassische Erlebnisreihe, die das deutsche Volk neu ausrichtete, begann mit dem Kampferlebnis des Weltkrieges". "Was die soldatische Erziehung in Deutschland zur Ausrichtung unserer nordischen Rassenkomponente bedeutet hat und bedeutet, ist fast unermeßlich". Zu lernen ist von der katholischen Kirche, die ihre Erziehung ganz auf Erleben aufgebaut hat: "Die Messe ist nur ein religiöses Erlebnis, das sich über die Sinne, über Auge, Ohr, ja auch über die Nase an den Menschen wendet" (S. 48). "Es ist schwer zu begreifen, warum unsere Schulerziehung auf Erziehung durch Erleben so gut wie verzichtet hat... Setzen wir neben die Schule den Jugendbund, zur Gestalt geworden in der HJ, so sehen wir hier eine vollkommen gegensätzliche Methode" (S. 49).

Venske, Walter: Die deutsche Wehrhaftigkeit als Wesenszug und Erziehungsziel. – Weltanschauung und Schule 6 (1942) 199-202. – Die Entdeckung des "Volkes" (nach der französischen Revolution und gegen deren Gedankenwelt) ist auch die Entdeckung des wehrhaften Volksgeistes, wie aus Herder, Fr. L. Jahn und Clausewitz erhoben wird. "Kernstück der wehrgeistigen Erziehung muß der Deutschunterricht sein" mit seinem weiten Arbeitsfeld des großen deutschen Schrifttums... "Welche Literatur zeigt so viel todverachtende Tapferkeit, Manneszucht, Gefolgschaftstreue, Führertum und Kameradschaft!" Im Hinblick auf die "wehrgeistige Erziehung" findet die schulische Erziehungsarbeit "ihre Ergänzung in der Zusammenarbeit mit Wehrmacht und Hitler-Jugend".

Erziehung im Großdeutschen Reich. Eine Überschau über ihre Ziele, Wege und Einrichtungen. Von Ministerialrat Rudolf *Benze*, Gesamtleiter des Deutschen Zentralinstituts für Erziehung und Unterricht, Berlin, SS-Sturmbannführer. Dritte, erweiterte Auflage. – Frankfurt (Diesterweg) 1943. 183 S. – Zum Thema Kindergarten, Volksschule, Hilfsschule, Berufsschule, Hauptschule (Mittelschule), Landjahr, Reichsarbeitsdienst, Pflichtjahr, Hauswirtschaftliches Jahr, Hochschule. Idealbild der Leibeserziehung und ihr Ziel ist "der rassisch schöne und wehrhafte Körper" und zwar "der des nordisch-fälischen Menschen" (S. 8). "Erziehung zum einsatzbereiten Gemeinschaftsglied" ist ein Hauptgrundsatz (S. 10). "Sinn aller deutschen Erziehung ist das deutsche Volk, sein Leben, seine Veredelung, seine Größe. Die Erziehungshoheit besitzt im Namen des Volkes allein die nationalsozialistische Bewegung" (S. 16). – S. 90-92 zur "Lagererziehung": "Die Form der Lagererziehung stellt ein untrügliches Ausleseverfahren dar". Die Lagergrundsätze stammen letzten Endes "aus der in der Kampfzeit gewachsenen Erziehung der Kampfverbände" (S. 91).

Sozialpolitische Erziehung. Von Albert *Müller*, Bannführer in der Reichsjugendführung. – Berlin (Eher) 1943. 120 S. – Aktuelles Erziehungsziel ist die "totale Ertüchtigung" der jungen Generation, ihre "totale Ausbildung" und "totale Leistungsfähigkeit" (S. 13. 66. 101). Diese "totale Erziehung" (S. 29. 35) erfolgt im Hinblick auf eine weitere "Leistungssteigerung" (S. 29). In allen Bereichen, vor allem in der Schule, ist damit verbunden eine "Auslese" und "Begabtenförderung" (S. 37. 40. 41. 42. 90. 91; vgl. S. 49: "Musterungslager"). Propagiert werden muß die "Kinderfreudigkeit" des deutschen Volkes und die "Mehrung seines Blutes" (S. 18-28).

Erziehung zur Tat. Von Bernhard *Rust*, Reichsminister für Wissenschaft, Erziehung und Volksbildung. – Deutsche Schulerziehung 1941/42 (Berlin 1943) 3-12. – Rust geht aus von dem Hitler-Zitat

> "Wer leben will, der kämpfe also, und wer nicht kämpfen will in dieser Welt des ewigen Ringens, verdient das Leben nicht".

Der Führer weckte in seinem Volk wieder "den heroischen Geist" und bekannte sich zu einer "kämpferischen Weltauffassung vom Leben und zur Härte des Kampfes". "Am sinnfälligsten tritt das nationalsozialistische Ziel vielleicht in der neuen Wertung der Leibeserziehung zutage" (Beispiel: Boxen). Besonders in den Nationalpolitischen Erziehungsanstalten (NAPOLA), die "zu vollendeten Gemeinschaftserziehungsstätten" entwickelt wurden, wird "die kämpferische Ausrichtung unserer Jugend" praktiziert (S. 3-5). "Die alten Sprachen sind in hervorragender Weise geeignet, die Jugend mit wehrhaftem Geiste zu erfüllen. Durch das griechische Schrifttum geht ein heldischer Grundzug, ob wir an Homer, an die Kriegslyrik oder an die Tragödie, an Thukydides oder Platon denken... Schlachten wie Thermophylä und Salamis lassen noch heute nach mehr als 2000 Jahren jedes Knabenherz höher schlagen... In ähnlicher Weise offenbart sich im römischen Schrifttum der wehrhafte Geist des Bauernkriegertums, Härte und letzte Einsatzbereitschaft der römischen virtus" (S. 19).

Stellrecht, Helmut: Neue Erziehung. 46.-65. Tausend. – Berlin (Limpert) 1943. 227 S. (5. Aufl. 1944). – "Erziehung bedeutet jetzt nichts anderes mehr, als einer Rasse ihre Höchstform zu geben, damit sie die großen, ihr von der Vorsehung gestellten Aufgaben erfüllen kann" (S. 8). "Das Erlebnis der Landschaft ist das erste, was zu einer deutschen Erziehung gehört" (S. 48). "Die Form der Gemeinschaft wird immer stärker, je mehr sie das ganze Leben umfaßt. In dieser Erkenntnis liegt die größere erzieherische Wirkung des Internats gegenüber der Schule begründet, sobald die Bindung des Jungen an die Familiengemeinschaft sich zu lockern beginnt. Es wäre zu wünschen, daß alle Jungen in wirklichen Lebensgemeinschaften zusammengefaßt werden könnten. Wenn dies nicht geschehen kann, so ist zu fordern, daß dies wenigstens auf eine Zeit im Jahr geschieht, und wenn es nur in Gestalt von Fahrt und Lager ist" (S. 55). Eine massive Gegnerschaft gegen die traditionelle Schule auch sonst: "Es wäre besser und würde der Natur entsprechen, wenn wir neben dem Elternhaus als Erziehungsfaktor nur noch die Gestalt des Jugendbundes und darin die ganze staatliche Erziehung außerhalb des Elternhauses hätten und die Ziele der Schule in der Gestalt des

Jugendbundes verwirklicht würden" (S. 73; vgl. S. 75: "... wenn einmal neben dem Elternhaus nur noch ein Erziehungsfaktor steht"). So würde eine ideale Gemeinschaftserziehung praktiziert. Im Rahmen solcher Kasernierung ist eine Begegnung der Geschlechter nicht vorgesehen: "Das Geschlechtsleben dient der Zeugung zur Erhaltung des Lebens der Nation und nicht dem Genusse des einzelnen... Bei jungen Menschen bis zu dem Alter, in dem der Mensch vernünftigerweise heiraten sollte, leugne ich die Notwendigkeit, den Geschlechtstrieb zu befriedigen... Welch saubere Kerle haben einst bei Langemarck gestürmt... 'Rein bleiben und reif werden, das ist die schönste und schwerste Lebenskunst'" (S. 123-127). "Keine Erziehung kann den Rassencharakter ändern; hier stehen sich gegenüber "der nordische, der germanische Mensch" und der "wertlose Völkerbrei" (S. 23). In Europa erwächst das "Großdeutsche Reich germanischer Nation" (S. 5. 221). Im gegenwärtigen Krieg wird "mit der Waffe" neues Land gewonnen, damit in dem so gewonnenen Raum "die Bildung neuen adligen Bauerntums geschehen kann" (S. 120. 192).

Baeumler, Alfred: Herbart und wir. – Weltanschauung und Schule 8 (1944) 54-68. – Unsere heutige Erziehung ohne Unterricht, die Formationserziehung (Lagererziehung), ist Herbart unbekannt. Gegen Herbart ist es sinnvoll, "wenn wir unsere Kinder heute von früher Jugend auf in die Gemeinschaft unseres Volkes hineinwachsen lassen – nicht anders als es einst die in der Pädagogik so berühmten Lakedämonier taten! ... kommt der Formationserziehung besondere Bedeutung zu. Sie leistet zu einer Erziehung, die auf den Typus gerichtet ist, einen wichtigen Beitrag... Typus ist ja nichts anderes als 'gerichtete' Kraft. Erziehung zum Typus ist ohne Zucht überhaupt nicht möglich" (S. 65). "Auf zwei Wegen erziehen wir heute zum 'Typus': durch die Formation und durch die Schule... Hitlerjugend und Schule wirken mit verschiedenen Methoden zu demselben Ziele... Die Formationserziehung... setzt voraus, daß die Jugendgemeinschaft sich selber organisiert und sich innerhalb dieser Gemeinschaft erzieht. Das ist der Sinn des Satzes: Jugend wird durch Jugend geführt" (S. 66). Herbart unterscheidet sich noch in anderer Hinsicht von der gegenwärtigen Pädagogik: "Fremd ist ihm die Einsicht, daß der Krieg Vater aller Dinge ist, oder daß wir im 'Willen zur Macht' das Wesen der Welt zu erkennen haben... Niemals hat er erkannt, daß der Friede nur die Fortsetzung des Krieges mit anderen Mitteln ist" (S. 56).

Ebersbach, Georg: Unter Adolf Hitler erzogen. Der militärische Nachwuchs im Spiegel der Musterung. – Das Junge Deutschland 38 (1944) 121-127. – "Der Jahrgang 1927... trat gerade sechsjährig in die Schule ein, als Adolf Hitler in Deutschland die Macht übernahm... Die Wehrpflichtigen des Jahrgangs 1927 erwiesen sich als wehrwillig und wehrfreudig... Der Nachwuchs, den die Jugendbewegung Adolf Hitlers in den RAD und in die Wehrmacht entläßt, ist von hart gehämmerter Sorte"... Auch der Jahrgang 1928 wird beweisen, "daß die Kriegsfreiwilligkeit der unter Adolf Hitler erzogenen Jugend nicht ein Strohfeuer ist, sondern auch unter schweren Stürmen Glut hält... Unverwandt ist der Blick der Hitler-Jugend auf den Feind gerichtet" (S. 121-123. 127).

Jantzen, Walther: Über die Besonderheit der geistigen Führung in der Mädchenerziehung. – Weltanschauung und Schule 8 (1944) 41-47. – Der Geschichtsunterricht an Mädchenschulen hat die Aufgabe, "die künftige Frau willensmäßig
und kämpferisch zur Erhalterin von Volk und Staat zu machen... Das Gebiet
des religiösen Empfindens ist bei dem augenblicklichen Stande der Erziehungsarbeit dasjenige, welches die größten Gefahren für die geistige Unfreiheit des
heranwachsenden Mädchens birgt" (S. 45). "Wenn es die größte Aufgabe der
Jungenerziehung ist, den kämpferischen Mann... hervorzubringen, dann sollte
es das oberste Ziel der Mädchenerziehung sein, die künftige Frau für die Gestaltung ihres Lebens in Ehe und Familie stark zu machen, damit sie durch die
Erfüllung dieser ihr von der Natur geschenkten Aufgabe in dem ihr gemäßen
Sinne Glied der Blutsgemeinschaft des Volkes wird" (S. 46).

2.3   Literatur

Besondere Beachtung verdienen hier die Arbeiten von Stippel (1957), Assel (1969),
Gamm (1984), Kanz (1984), Scholtz (1985), Lingelbach (1987), Keim (1995-97). Giesecke (1993) wird seinem Anspruch nicht gerecht (vgl. Historische Zeitschrift 260,
1995, 663 f.). Manche seiner Aussagen überzeugen nicht.

Stippel, Fritz: Die Zerstörung der Person. Kritische Studie zur nationalsozialistischen
Pädagogik. – Donauwörth (Auer) 1957. 228 S.

Assel, Hans-Günther: Die Perversion der politischen Pädagogik im Nationalsozialismus. – München (Ehrenwirth) 1969

Wolsing, Theo: Untersuchungen zur Berufsausbildung im Dritten Reich. – Kastellaun
(Henn) 1977. 803 S. – S. 25-32: "Erziehungstheoretische Grundlagen des Nationalsozialismus".

Joch, Winfried: Zur Grundkonzeption der Erziehungstheorie Alfred Baeumlers. – Informationen zur erziehungs- und bildungshistorischen Forschung 14 (1980) 25-
40

Lingelbach, Karl Christoph: Über Schwierigkeiten, die Erziehungswirklichkeit im
"Dritten Reich" als deutsche Variante einer "faschistischen" Pädagogik zu be-
greifen. – Informationen zur erziehungs- und bildungshistorischen Forschung
Heft 14 (1980) 7-24

Seeligmann, Chaim: Zur Gestalt des Erziehers im Dritten Reich. – Informationen zur
erziehungs- und bildungshistorischen Forschung 14 (1980) 41-61

Aurin, Kurt: Die Politisierung der Pädagogik im "Dritten Reich". – Zeitschrift für
Pädagogik 29 (1983) 675-692

Stachura, Peter D.: Das Dritte Reich und die Jugenderziehung: Die Rolle der Hitlerjugend, in: Nationalsozialistische Diktatur 1933-1945. Eine Bilanz, hg. von
Karl Dietrich Bracher (u. a.), Düsseldorf (Droste) 1983, 224-243

Wittrock, Christine: Weiblichkeitsmythen. Das Frauenbild im Faschismus und seine Vorläufer in der Frauenbewegung der 20er Jahre. – Frankfurt (Sendler) 1983. 339 S.

Gamm, Hans-Jochen: Führung und Verführung. Pädagogik des Nationalsozialismus. Eine Quellensammlung. 2. Auflage. – Frankfurt (Campus) 1984. 491 S.

Kanz, Heinrich (Hg.): Der Nationalsozialismus als pädagogisches Problem. Deutsche Erziehungsgeschichte 1933-1945. – Frankfurt (Lang) 1984. 452 S.

Lingelbach, Karl Christoph: Erziehung und Schule unter brauner Herrschaft. – Pädagogische Rundschau 38 (1984) Heft 1, S. 39-51

Blackburn, Gilmer W.: Education in the Third Reich. A Study of Race and History in Nazi Textbooks. – Albany (State Univ. of New York Pr.) 1985, 217 S.

Herrmann, Ulrich: "Völkische Erziehung ist wesentlich nichts anderes denn Bindung". Zum Modell nationalsozialistischer Formierung, in: "Die Formung des Volksgenossen", hg. von Ulrich Herrmann, Weinheim (Beltz) 1985, 67-78

Lingelbach, Karl Christoph: Ernst Krieck – Von der "reinen" zur "völkisch-realistischen Erziehungswissenschaft", in: Die Formung des Volksgenossen, hg. von Ulrich Herrmann, Weinheim (Beltz) 1985, 117-137

Lingelbach, Karl Christoph: Alfred Baeumler – "deutscher Mensch" und "politische Pädagogik", in: Die Formung des Volksgenossen, hg. von Ulrich Herrmann, Weinheim (Beltz) 1985, 138-153

Prange, Klaus: Identität und Politik bei Ernst Krieck – Ein Beitrag zur Pathographie totalitärer Pädagogik, in: Die Formung des Volksgenossen, hg. von Ulrich Herrmann, Weinheim (Beltz) 1985, 154-169

Scholtz, Harald: Erziehung und Unterricht unterm Hakenkreuz. – Göttingen (Vandenhoeck & Ruprecht) 1985. 206 S.

Tenorth, Heinz-Elmar: Zur deutschen Bildungsgeschichte 1938-1945. Probleme, Analysen und politisch-pädagogische Perspektiven. – Köln (Böhlau) 1985. – S. 119-126: "Erziehung nach 1933".

Dudek, Peter: Die Rolle der "jungen Generation" und ihr Bedeutungswandel in der nationalsozialistischen Ideologie. – Bildung und Erziehung 40 (1987) 183-199

Lingelbach, Karl Christoph: Erziehung und Erziehungstheorien im nationalsozialistischen Deutschland. Ursprünge und Wandlungen der 1933-1945 in Deutschland vorherrschenden erziehungstheoretischen Strömungen; ihre politische Funktion und ihr Verhältnis zur außerschulischen Erziehungspraxis des "Dritten Reiches". Überarbeitete Zweitausgabe. – Frankfurt (dipa) 1987. 389 S.

Rosenthal, Gabriele: "... wenn alles in Scherben fällt ... ". Von Leben und Sinnwelt der Kriegsgeneration. Typen biographischer Wandlungen. – Opladen (Leske +

Budrich) 1987. – S. 53-99: "Die Sozialisation der männlichen Jugend im Nationalsozialismus" (S. 68-82: "Das Programm der nationalsozialistischen Erziehung").

Lingelbach, Karl Christoph: "Erziehung" unter der NS-Herrschaft – Methodische Probleme ihrer Erfassung und Reflexion, in: Pädagogen und Pädagogik im Nationalsozialismus – ein unerledigtes Problem der Erziehungswissenschaft, hg. von Wolfgang Keim, Frankfurt (Lang) 1988, 47-63

Handbuch der deutschen Bildungsgeschichte. Band V. 1918-1945. Die Weimarer Republik und die nationalsozialistische Diktatur. Hg. von Dieter Langewiesche und Heinz-Elmar Tenorth. – München (Beck) 1989. – Darin von *Langewiesche-Tenorth* S. 20-21: "NS-Erziehungspolitik – Erbe und Destruktion der Tradition"; S. 21-22: "Kontinuitäten und Lektionen"; H.-E. Tenorth S. 135-145: "Nationalsozialistisches Erziehungsdenken".

Richter, Helmut: (Sozial-)Pädagogik und Faschismus. Anfragen zur Kontinuität und Diskontinuität, in: Soziale Arbeit und Faschismus, hg. von Hans-Uwe Otto und Heinz Sünker, Frankfurt (Suhrkamp) 1989, 273-305 (S. 284-286: "Über den Erziehungsbegriff in der NS-Pädagogik").

Maser, Werner: Das Regime. Alltag in Deutschland 1933-1945. Mit einem Anhang: Hitlers Testamente von 1938 und 1945. – Berlin (Dietz) 1990 (und Koblenz: Bublies, 1997). – Darin u. a. S. 83-90: "Nicht pädagogisches Ethos, sondern weltanschauliche Hörigkeit".

Lück, Margret: Die Frau im Männerstaat. Die gesellschaftliche Stellung der Frau im Nationalsozialismus. Eine Analyse aus pädagogischer Sicht. – Frankfurt (Lang) 1991. – Darin u. a. S. 42-47: "Die bildungstheoretischen Ansätze von Baeumler, Giese und Krieck".

Martin *Stahlmann/*Jürgen *Schiedeck*: "Erziehung zur Gemeinschaft – Auslese durch Gemeinschaft". Zur Zurichtung des Menschen im Nationalsozialismus. – Bielefeld (Böllert) 1991. 165 S.

Tenorth, Heinz-Elmar: Geschichte der Erziehung. Einführung in die Gründe ihrer neuzeitlichen Entwicklung. 2. Aufl. – Weinheim (Juventa) 1992. 343 S. – S. 251-259: "Nationalsozialistische Erziehungspolitik".

Benz, Wolfgang: Kinder und Jugendliche unter der Herrschaft des Nationalsozialismus, in: Sozialisation und Traumatisierung. Kinder in der Zeit des Nationalsozialismus, hg. von Ute und Wolfgang Benz, Frankfurt (Fischer) 1993, 11-24

Giesecke, Hermann: Hitlers Pädagogen. Theorie und Praxis nationalsozialistischer Erziehung. – Weinheim (Juventa) 1993. 303 S.

Pedersen, Ulf: Bernhard Rust: Ein nationalsozialistischer Bildungspolitiker vor dem Hintergrund seiner Zeit. – Braunschweig (Technische Universität Braunschweig, Forschungsstelle für Schulgeschichte) 1994

Keim, Wolfgang: Erziehung unter der Nazi-Diktatur. Band I: Antidemokratische Potentiale, Machtantritt, Machtdurchsetzung. Band II: Kriegsvorbereitung, Krieg und Holocaust. – Darmstadt (Wiss. Buchgesellschaft) 1995-1997. – I, 9-19: "Grundlagen nationalsozialistischer Erziehung und Erziehungspolitik". S. 165-169: "Nazi-Pädagogik: Krieck und Baeumler". II, 56-58: "Grundzüge nationalsozialistischer Formationserziehung".

Hojer, Ernst: Nationalsozialismus und Pädagogik. Umfeld und Entwicklung der Pädagogik Ernst Kriecks. – Würzburg (Königshausen und Neumann) 1996. 172 S.

Apel, Hans Jürgen: Die Erziehung der Mädchen im Nationalsozialismus, in: Handbuch der Geschichte des bayerischen Bildungswesens IV, hg. von Max Liedtke, Bad Heilbrunn 1997, 39-47

Palla, Rudi: Die Kunst, Kinder zu kneten. Ein Rezeptbuch der Pädagogik. – Frankfurt (Eichborn) 1997. 359 S.

Schörken, Rolf: Jugend, in: Enzyklopädie des Nationalsozialismus, hg. von Wolfgang Benz (u. a.), München (DTV) 1997, 203-219

3 Erziehung im Elternhaus und in der Familie

3.1 Überblick

Im Artikel 120 der Weimarer Verfassung hieß es: "Die Erziehung des Nachwuchses zur leiblichen, seelischen und gesellschaftlichen Tüchtigkeit ist oberste Pflicht und natürliches Recht der Eltern, über deren Betätigung die staatliche Gemeinschaft wacht". Das "Gesetz über die Hitlerjugend" vom 1. 12. 1936 (der Text bei Gerhart Wehner, Die rechtliche Stellung der Hitler-Jugend, Dresden 1939, Anhang S. 1) geht einen großen Schritt weiter: "Die gesamte deutsche Jugend ist außer in Elternhaus und Schule in der Hitlerjugend körperlich, geistig und sittlich im Geiste des Nationalsozialismus zum Dienst am Volk und zur Volksgemeinschaft zu erziehen" (§ 2). Auf den ersten Blick scheint das *Elternrecht* hier, im Jahre 1936, gewahrt zu sein. In diesem Sinne versicherte dann auch der Reichsjugendführer Baldur von Schirach hoch und heilig: "Es kann niemals die Aufgabe der HJ sein, das Leben der Familie und das Erziehungswerk der Eltern zu stören" (Die Hitler-Jugend. Idee und Gestalt, Leipzig 1936, S. 165; ähnlich noch Hans-Helmut Dietze, Die Rechtsgestalt der Hitler-Jugend, Berlin 1939, S. 218-220). Schirach spricht hier, wie auch sonst mitunter, etwas (autosuggestiv?) illusionistisch; denn ein anschwellender Chor von Stimmen übertönt ihn nach und nach.

Schon Ernst Krieck (Erziehung im nationalsozialistischen Staat, Berlin 1935, S. 19) betont energisch, die Familie besitze "keineswegs etwa ein Monopol an Erziehung und Erziehungsrecht", und "der Strom der (nationalsozialistischen) Aufbruchsbewegung... richtet sie aus auf seine Ziele und seine Weltanschauung" und bewirkt eine "Gleichrichtung". Krieck neigt auch dazu, die der Familie belassene Erziehungsfunktion sozusagen biologisch auf die "völkische Fortpflanzung" und die "Aufzucht des Nachwuchses" zu begrenzen (ebd. S. 13). Rudolf Benze droht bereits offen, nur solchen Erziehungsmächten sei eine Mitwirkung an der Jugenderziehung zu gestatten, "die rückhaltlos sein (d. h. des Staates) Erziehungsziel bejahen" (Nationalpolitische Erziehung im Dritten Reich, Berlin 1936, S. 14). Energisch beansprucht Alfred Rosenberg (für die NSDAP), "die gesamte kommende Generation allein zu erziehen" (Weltanschauung und Schule 2, 1937, S. 8). Auch Trude Bürkner, die oberste BDM-Führerin, fordert für den Nationalsozialismus "die totale Erziehung der Jugend" ein (Der Bund Deutscher Mädel in der Hitler-Jugend, Berlin 1937, S. 5; vgl. Wehner, a. O., S. 76-99: "Der Totalanspruch der Hitler-Jugend") und versichert emphatisch (ebd., S. 24): "Diese Jugend gehört dem Führer und niemand sonst!". Scheinbar bescheidener bleibt Georg Usadel (Zucht und Ordnung, Hamburg 1939, S. 62), es müsse "auch die Erziehung der Kinder in die Formung des nationalsozialistischen Volksganzen mit einbezogen werden". Für Rudolf Benze ist die Familienerziehung eindeutig dem Staat "unterstellt" (in: Erziehungsmächte und Erziehungshoheit im Großdeutschen Reich, hg. von R. Benze/G. Gräfer, Leipzig 1940, S. 8). Eine Endstufe dieser Entwicklung einer Arroganz der Macht ist erreicht mit der Aussage Benzes (Erziehung im Großdeutschen Reich, Frankfurt 1943, S. 16): "Die Erziehungshoheit besitzt im Namen des Volkes allein die nationalsozialistische Bewegung. Als Erziehungsbeauftragte wirken in deren stillem oder ausdrücklichem Auftrag die nationalsozialistischen Organisationen, Gliederungen und Verbände, die Staatsbehörden und, von ihnen und der NSDAP betreut, die Familie und völkisch zuverlässige Verbände und Einzelpersonen". Da wird die Familie nur noch ganz am Rande, sozusagen unter "ferner liefen", erwähnt und hat einen fast totalen Bedeutungsverlust erlitten. Artikel 120 der Weimarer Verfassung scheint in Vergessenheit geraten zu sein.

Damit nicht genug, es wird gedroht, "die Eltern zu ersetzen oder diese zu erziehen", wenn ihre "fehlende oder falsche Leitung der Kinder es nötig macht" (R. Benze a. O., in Benze/Gräfer, S. 20). Grundsätzlich greifen NSDAP und Staat in die Familienerziehung ein, wenn "die Eltern durch grobe Verstöße gegen ihre Pflichten als Erzieher und Volksgenossen die Kinder gesundheitlich, politisch oder sozial gefährden" (Benze, a. O. 1943, S. 15) oder "durch ihr abwegiges Verhalten zunichte machen, was die Jugendbewegung aufzubauen sich bemüht" (Albert Müller, Die Betreuung der Jugend, Berlin 1943, S. 37). Wie das konkret aussah, illustriert zum Beispiel der gut dokumentierte Fall eines elfjährigen Schulmädchens, das im Jahre 1941 hartnäckig den Hitlergruß verweigert, worauf den Eltern das Sorgerecht über ihre beiden Kinder gerichtlich entzogen wird (Gerhart Binder, Geschichte im Zeitalter der Weltkriege. Erster Band, Stuttgart 1977, S. 788 f.).

Die Situation stellte sich für die Kinder und Heranwachsenden jedoch durchaus unterschiedlich dar. In bürgerlichen und großbürgerlichen (überwiegend nationalkonservativ, weniger nationalsozialistisch orientierten) Elternhäusern war man meist darauf bedacht, die offene Konfrontation mit Partei und Obrigkeit zu vermeiden und sich zum Wohl der Kinder und der Familie vielmehr zu arrangieren, zumal die – wie es schien, erfolgreiche – Regierungspolitik bis 1942 über manches hinwegsehen ließ, was weniger gefiel; ein Verhalten, das zumeist auch in Arbeiterfamilien praktiziert wurde. In der mittleren und höheren sozialen Schicht trugen gut gefüllte Bücherschränke ebenso wie Gespräche Eltern-Kind dazu bei, daß die Jugendlichen sich nicht allzu sehr durch primitive Propaganda beeinflussen ließen. Die Lesekultur eines Elternhauses konnte jedenfalls auf Kinder durchaus immunisierend wirken (dazu Werner Graf, Lesen und Biographie. Eine empirische Fallstudie zur Lektüre der Hitlerjugendgeneration, Tübingen 1987, S. 29. 85). Im übrigen gibt es Beispiele dafür, daß vor allem kirchenfromme katholische Eltern durch hartnäckige Bemühungen, verbunden mit scheinbar überzeugenden Vorwänden, ihre Kinder von HJ und BDM fernhalten konnten. Das war auch durch regionale Besonderheiten bestimmt.

In den meisten Elternhäusern aller Schichten wirkte sich jedoch besonders ungünstig für die Kinder ein anderer Umstand aus: Die Zeit der Weimarer Republik von 1919-1933 war nicht lang genug, um den Sinn für bürgerliche Freiheit und Bürgerrechte heranzubilden und demokratische Wertvorstellungen entstehen zu lassen. Statt dessen gab es trotz des verlorenen Krieges 1914-1918 (er galt irgendwie als Ausnahme angesichts der Regel vieler zuvor gewonnener Kriege, als unerträgliche, aber vielleicht reparierbare Schlappe) Militarismus und ein gewisses Schüren von *Kriegsbegeisterung* bei Jugendlichen, sichtbar zum Beispiel an den zahlreichen unkritischen, populären Büchern zum Ersten Weltkrieg, oft attraktiv mit ästhetisch "schönen" Bildern illustriert, die das Grauen des Krieges vertuschten; sichtbar am Kriegsspielzeug, das nach wie vor den Kindern zuhauf geschenkt wurde. Kein Wunder, wo doch in fast allen Familien die Väter, Großväter und Urgroßväter in einem der Kriege gekämpft hatten und oft genug den Jugendlichen davon erzählten.

Kaum je wurden die Kinder in der Schule oder zuhause vor dem Krieg gewarnt, ja selbst in den Fibeln für Schulanfänger fanden sich verharmlosende Texte. Ein typisches Beispiel bietet Helga Gotschlich (Reifezeugnis für den Krieg, Berlin 1970, S. 54) aus dem um 1927 in Volksschulen üblichen Anfänger-Lesebuch "Guck in die Welt"):

"Morgen kommt der Weihnachtsmann,
kommt mit seinen Gaben.
Trommel, Pfeifen und Gewehr,
Fahn und Säbel und noch mehr,
ja ein ganzes Kriegesheer
möcht ich gerne haben".

"Attraktive" böse *Jugendbücher* wie Elvira Bauers "Trau keinem Fuchs auf grüner Heid" und andere rassistisch vergiftete Vorlesebücher erreichten hohe Auflagen und befanden sich dementsprechend in vielen Elternhäusern. Zu ihnen gehörte zum Beispiel Johanna Haarers Buch "Mutter, erzähl von Adolf Hitler!", in dem der "Führer" wie ein lieber Onkel und Freund der Kinder verniedlicht wurde.

Angesichts der totalen Erziehungsforderung des Staates konnten die Einflüsse von Elternhaus und Umwelt bei der HJ-Erziehung nur störend wirken, weshalb die Hitlerjugend (erfolgreich) bemüht war, die Kinder nach Vollendung des 10. Lebensjahres in ihre Kreise zu ziehen. Im Laufe des Krieges 1939-1945 wurde die Institution Familie – und damit die elterliche Jugenderziehung – weiter geschwächt. Die Väter und älteren Brüder waren Soldaten, Tausende von KLV-Lagern füllten sich mit evakuierten Großstadtkindern, ohne daß ihre Eltern weiter nennenswerte Erziehungsrechte geltend machen konnten. "Das Elternhaus fiel als Sozialisationsinstanz in vielen Fällen völlig aus ... an die Stelle des Elternhauses traten das Lager, die Gleichaltrigengruppe oder die militärische Einheit" (Rolf Schörken, in: Enzyklopädie des Nationalsozialismus, hg. von Wolfgang Benz u. a., München 1997, S. 209).

3.2 Quellen

H. *Morgenroth*/M. *Schmidt*: Kinder, was wißt ihr vom Führer? – Leipzig (Franz Schneider Verlag) 1933. 63 S. – Ein Vorlesebuch für Kinder von etwa 4-9 Jahren. "Heute lebt nun auch ein Mensch unter uns, dem Gott eine ganz besonders schwere Aufgabe gestellt hat ... Er heißt Adolf Hitler" (S. 11). Er rettete Deutschland aus großer Not. "Weil Deutschland fleißig und tüchtig war ... wurden die andern Länder ringsum unruhig und sagten: Wir wollen es nicht leiden, daß Deutschland reicher wird und größer und glücklicher als wir. Wir wollen es umbringen" (S. 15, Adaption des Märchens vom Schneewittchen). Als das Vaterland von der Übermacht seiner Feinde besiegt und in großer Not war, betete ein einfacher Soldat zu Gott, und er hörte, auf seinem einsamen Lager liegend, "mit einem mal ganz leise eine Stimme in seinem Herzen. Er hörte, wie der liebe Gott selber zu ihm sagte: 'Du sollst die Deutschen aus ihrem Unglück erretten, und ich will Dir helfen' ... Das war Adolf Hitler!" (S. 24-25). Im Krieg gehörte er "zu den Allermutigsten, die die gefährlichsten Aufgaben vollbrachten. Einmal nahm er mit einem einzigen Kameraden zwölf

Franzosen gefangen. Denkt mal, zwei gegen zwölf! Das war tüchtig. Dafür hat er eine Auszeichnung bekommen, das Eiserne Kreuz erster Klasse" (S. 34). – Auf Hitler werden christliche messianische Vorstellungen übertragen.

Trau keinem Fuchs auf grüner Heid und keinem Jud bei seinem Eid. Ein Bilderbuch für Groß und Klein von Elvira *Bauer*. 7. Auflage, 81. – 100. Tausend. Nürnberg (Stürmer-Verlag) [1936]. 43 S. – Entspricht in Aussage und Niveau dem "Stürmer" des Julius Streicher. Elvira Bauer verfaßte dieses Werk als Studentin an der Nürnberger Kunsthochschule, damals 21 Jahre alt. Nach ihrer Übersiedlung nach Berlin (1943) verliert sich ihre biographische Spur. Die 43 (unpaginierten) Seiten mit insgesamt 21 Szenen – jeweils links der Text, rechts das Bild – bieten eine Art Summe des NS-Antisemitismus.

Utermann, Kurt: "Elternrecht" – wozu? – Weltanschauung und Schule 1 (1936-1937) 472-479. – "Der politische Katholizismus möchte mit der Verkündung des 'Elternrechts' die deutschen Eltern gegen die Einheit der Erziehung ausspielen... Nach kirchlichem Recht gibt es überhaupt kein Elternrecht, wenn es nicht im Einklang mit den Forderungen der Kirche ausgeübt wird... Mittels des 'Elternrechts' sollen vielmehr die Eltern gehalten sein, den totalen Herrschaftsanspruch der Kirche zu verfechten, damit 'Der ganze Unterricht und Aufbau der Schule: Lehrer, Schulordnung und Schulbücher, in allen Fächern unter Leitung und mütterlicher Aufsicht der Kirche vom christlichen Geiste beherrscht sind, so daß die Religion in Wahrheit die Grundlage und Krönung des ganzen Erziehungswerkes... darstellt, nicht bloß in den Elementar-, sondern auch in den Mittel- und Hochschulen' (Enzyklika Divini illius magistri, vom Jahre 1929)".

Der Giftpilz. Ein Stürmerbuch für Jung und Alt. Erzählungen von Ernst *Hiemer*. Bilder von *Fips*. – 31.-60. Tausend. Nürnberg (Verlag "Der Stürmer") 1938. 64 S. – Hiemer war Hauptschriftleiter des "Stürmer", Fips (= Philipp Rupprecht) dessen Karikaturist. Der "Giftpilz" fand beim Sicherheitsdienst der SS keinen Beifall ("jugendgefährdend"), wohl nicht wegen der inhaltlichen Aussagen, sondern wegen der unglaubwürdig übertreibenden, abstoßend-obszönen Form, in welcher der Antisemitismus verpackt war.

Lormis, Werner: Heim- oder Familienerziehung? Kritik und Anregung. – Das Junge Deutschland 32 (1938) 492-495. – "Die Eheleute B. sind nicht in der Lage, ihre Kinder im Sinne des Staates zu erziehen. Seit etwa zwei Jahren wird festgestellt, daß zwar hinsichtlich der Ernährung und körperlichen Pflege nichts gegen die Erziehung der Kinder einzuwenden ist, die Kinder jedoch offensichtlich staatsfeindlich beeinflußt werden. Obwohl NSV und HJ nichts unversucht lassen, die Eltern zu einer anderen Erziehung ihrer Kinder zu bewegen und die im HJ-Alter stehenden Kinder der Jugendorganisation zuzuführen, ändert sich die Anschauung der Eltern und entsprechend die der Kinder keineswegs". Es wurde die Einweisung der Kinder in die Fürsorgeerziehung beantragt (wegen "Verwahrlosung").

Haarer, Johanna: Mutter, erzähl von Adolf Hitler! Ein Buch zum Vorlesen, Nacherzählen und Selbstlesen für kleinere und größere Kinder. Dritte Auflage. – München (Lehmanns) 1939. 248 S. – Dieses Buch ist gedacht schon für "Kinder im Vorschul- und ersten Schulalter". Es verniedlicht den Führer als Wohltäter, ja legt ihm beinahe messianische Qualitäten bei. Das Werk ist durchsetzt mit Antisemitismus in Wort und Bild: Der Jude als Gauner und Betrüger, der brave Deutsche um Haus und Hof bringt und von abstoßendem, undeutschem Aussehen ist (S. 169:: "Klein und krumm, mit schwarzem, krausem Haar und einer gebogenen Nase").

Usadel, Georg: Zucht und Ordnung. Grundlagen einer nationalsozialistischen Ethik. 45. Tausend. – Hamburg (Hanseatische Verlagsanstalt) 1939. 74 S. – S. 62-72: "Von der Erziehung der Jugend" (im Elternhaus und in der Hitlerjugend). – Es "muß auch die Erziehung der Kinder in die Formung des nationalsozialistischen Volksgenossen mit einbezogen werden... Schon das Kleinkind ist durch gewissenhaftes Besorgen an Pünktlichkeit und Ordnung zu gewöhnen. Es hat außerhalb der pünktlich einzuhaltenden Mahlzeiten zu ruhen... Wir wollen unsere Kinder rechtzeitig an eine seelische und körperliche Abhärtung gewöhnen... Die Spartaner gingen sogar soweit, daß sie vor allem die Knaben an Schmerzen gewöhnten... Wir wollen unsere Kinder ebenfalls an das Ertragen von Schmerzen gewöhnen" (S. 62 f.). "Kinder lassen sich durchaus auf große Aufgaben hin lenken, wie Tapferkeit und Mut, weil das Vaterland diese Dinge einmal von ihnen fordert. Zu den besten Erinnerungen an die Zeit der Jugend wird es aber gehören, wenn die schönsten und erhabensten Vaterlandslieder von den Eltern den Kindern vorgesungen werden" (S. 66). Die Söhne sollen von den Eltern darauf eingestimmt werden, "sich eine Gattin aus Willen zur neuen nationalsozialistischen Ehe zu wählen"... Ziel unserer Erziehung (ist)... "die Ehe zur Besserung der rassischen Zusammensetzung des deutschen Volkes". Für die geschlechtliche Aufklärung im Elternhause gilt: "Das letzte Stadium der Antworten wird dann in einem Alter erfolgen können, in dem die Kenntnisse über die Vermehrung der Pflanzen, vielleicht auch der Haustiere, zarte Vergleiche gestatten" (S 67 f.)

Möller-Crivitz, Wilhelm: Das Elternhaus (Vorschulzeit), in: Erziehungsmächte und Erziehungshoheit im Großdeutschen Reich, hg. von Ministerialrat Rudolf Benze und Regierungsdirektor Gustav Gräfer, Leipzig (Quelle & Meyer) 1940, 27-44. – "Der nationalsozialistische Staat... verlangt, daß der Familienvater in der SA oder SS seinen Dienst tue, daß er als Amtswalter seine Kraft und seine Zeit der Partei und damit dem Volksganzen zur Verfügung stelle. Er verlangt von der Hausfrau, daß sie in der NS-Frauenschaft nicht nur zahlendes Mitglied, sondern schaffende Helferin sei. Er verlangt, daß der Junge und das Mädel sich in die Hitler-Jugend eingliedern, auf daß sie dort nach Richtlinien erzogen werden, die für den Fortbestand und die Sicherung des Staates notwendig sind. Aus diesen wenigen Sätzen wird schon klar, daß ein Familienleben im althergebrachten Sinne nicht wiederkehren kann und darf... nur soweit diese (die Volksgemeinschaft) nicht gestört oder gehemmt wird, kann die deutsche Familie hinfort ein Eigenleben führen" (S. 30 f.). "Besonders aber auf dem Gebiete der Jugenderziehung wird es notwendig, daß sich das deutsche Elternhaus auf die Forderungen des Staates ausrichtet" (S. 32).

3.3 Literatur

Besondere Beachtung verdienen die Arbeiten von Kater, Boberach, Ginzel, Lamm, Chamberlain und Keim.

1870-1945. Erziehung zum Krieg – Krieg als Erzieher. Mit dem Jugendbuch für Kaiser, Vaterland und Führer [Ausstellungskatalog, von Wolfgang *Promies* (u. a.)]. – Oldenburg (Littmann) 1979. 144 S.

Kater, Michael H.: Die deutsche Elternschaft im nationalsozialistischen Erziehungssystem. Ein Beitrag zur Sozialgeschichte der Familie. – Vierteljahrschrift für Sozial- und Wirtschaftsgeschichte 67 (1980) 484-512, und in: Die Formung des Volksgenossen, hg. von Ulrich Herrmann, Weinheim (Beltz) 1985, S. 79-101

Boberach, Heinz: Jugend unter Hitler. – Düsseldorf (Droste) 1982. 174 S. – S. 66-102: "Von der Fibel zum Reichsberufswettkampf. Jugend im Elternhaus, in der Schule und am Arbeitsplatz".

Klinksiek, Dorothee: Die Frau im NS-Staat. – Stuttgart (Deutsche Verlags-Anstalt) 1982. – S. 34-36: "Elternhaus" (als einer der Erziehungsträger).

Kohrs, Peter: Kindheit und Jugend unter dem Hakenkreuz. Nationalsozialistische Erziehung in Familie, Schule und Hitlerjugend. – Stuttgart (Metzler) 1983. – S. 13-48: "Nationalsozialismus und Familie".

Mit Hängemaul und Nasenzinken… Erziehung zur Unmenschlichkeit. Medienpaket für Gruppenleiter und Lehrer. Hg. von Günther Bernd *Ginzel* (u. a.). – Düsseldorf (der kleine Verlag) 1984. 174 S. – Enthält eine Bearbeitung des Buches von Elvira Bauer (dazu oben).

Lamm, Hans: Jüdische Kinder- und Jugendliteratur in Deutschland vor und nach 1933. Antijüdische Kinderbücher nach 1933, in: Das Bild des Juden in der Volks- und Jugendliteratur vom 18. Jahrhundert bis 1945, hg. von Heinrich Pleticha, Würzburg (Königshausen + Neumann) 1985, 103-106. 229-240

Markmann, Hans-Jochen: Rassenlehre im NS-Jugendbuch. Alaf sig arna – Alles Heil dem Artbewußten, in: Lehrer helfen siegen. Kriegspädagogik im Kaiserreich, mit Beiträgen zur NS-Kriegspädagogik. Hg. von der Arbeitsgruppe "Lehrer und Krieg", Berlin (Diesterweg-Hochschule) 1987, 193-202

Werner *Augustinovic*/Martin *Moll*: Antisemitismus als Erziehungsinhalt. Ein Kinderbuch aus dem "Stürmer"-Verlag: Entstehung – Rezeption – Wirkung. – Publizistik 36 (1991) 343-358

Zürn, Peter: Hitler als "Erlöser" in faschistischen Kinder- und Jugendbüchern. – Neue Sammlung 31 (1991) 203-210

Leonhardt, Henrike: "Wenn's nur fleissi und brav is". Schul- und Kinderbücher 1900 bis 1945/46 – Erziehungsziel: Freudiger Opfermut, in: Zwischen den Fronten. Münchner Frauen in Krieg und Frieden 1900-1950, hg. von der Landeshauptstadt München [Buch zur Ausstellung. Idee und wiss. Leitung: Sybille Krafft], München (Buchendorfer Verlag) 1995, 62-84

Chamberlain, Sigrid: Adolf Hitler, die deutsche Mutter und ihr erstes Kind. Über zwei NS-Erziehungsbücher. – Gießen (Psychosozial-Verlag) 1997. 229 S.

Keim, Wolfgang: Erziehung unter der Nazi-Diktatur. Band I: Antidemokratische Potentiale, Machtantritt, Machtdurchsetzung; Band II: Kriegsvorbereitung, Krieg und Holocaust. – Darmstadt (Wiss. Buchgesellschaft) 1995-1997. – II, 31-34: "Familie und häusliches Umfeld als primäre Sozialisationsinstanzen".

4 Kindergarten und Vorschulerziehung

4.1 Überblick

Im Jahre 1935 wurde in einer Vereinbarung zwischen dem Hauptamt für Volkswohlfahrt (NSV) und dem Sozialen Amt der Reichsjugendführung (für den BDM) ein Zusammenwirken bezüglich der Kindergartenarbeit beschlossen. Absicht war, "daß sich der *Nachwuchs der Kindergärtnerinnen* zum größten Teil *aus dem BDM rekrutiert* und damit die Gewähr gegeben ist, daß das nationalsozialistische Erziehungsziel schon bei dem kleinsten Nachwuchs in gemeinsamer Arbeit zwischen NSV und BDM angestrebt wird" (Das Junge Deutschland 29, 1935, S. 429). Über dieses Erziehungsziel bestand kein Zweifel: "Bereits bei dem Kleinkinde muß mit der *wehrgeistigen Erziehung* begonnen werden ... Bei dem Kleinkinde müssen alle die Anlagen und Fähigkeiten gepflegt und gefördert werden, die den späteren 'ganzen Kerl' bedingen. Aller etwaigen Verzärtelung und Verweichlichung muß gesteuert, alle Selbständigkeit und Abhärtung unterstützt werden. Schon das Kleinkind – Junge wie Mädel – lernt bald, tapfer Schmerzen zu ertragen, ehrlich für seine Taten einzustehen, sowie sich selbst einzufügen und unterzuordnen. Dazu kommt, daß allen diesen Erzieherinnen (d. h. Kindergärtnerin, Hortnerin, Jugendleiterin) das so wundervolle Erziehungsmittel der Gemeinschaft in weit größerem Maße zur Verfügung steht als den Schulen" (Else May, in: Nationalsozialistische Mädchenerziehung 8, 1942, S. 4).

Die Eltern waren nicht verpflichtet, ihr Kind in einen NSV-Kindergarten zu schicken – es gab daneben auch konfessionelle Tagesstätten –, doch wurde das Angebot weithin angenommen, zumal die NSV im Bild der Öffentlichkeit als eine im Wesentlichen karitative Organisation galt. Indes war die ideologische Beeinflussung schon hier massiv. Von manchen Zeitzeugen wird das *Kindergartengebet* überliefert (vgl. zur Sache Werner Hamerski, in: Publizistik 5, 1960, S. 292; Detlef Dreßler, u. a., Greven 1918-1950, Band I, Greven 1991, S. 257):

> "Händchen falten, Köpfchen senken
> und an Adolf Hitler denken,
> der uns Arbeit gibt und Brot
> und uns führt aus aller Not."

Dieses "pervertierte Gebet, ein neues Vaterunser" (Hamerski, S. 292), pflanzte den Kindern im einprägsamen Alter bereits den Hitlerkult ein (weitere Gebete und Texte dieser Art bei Dorothee Klinksiek, Die Frau im NS-Staat, Stuttgart 1982, S. 140. 143, und Gregor Ziemer, Education For Death, New York 1972, S. 48). Es wurde auch das Ziel verfolgt – neben der Vorarbeit für die spätere Erziehung in Schule und HJ – durch "Mütterabende" die dem Nationalsozialismus noch häufig fernstehenden Mütter zu beeinflussen (Hans-Ulrich Funke, Die NS-Jugendorganisationen in Rheine, in: Rheine gestern heute morgen 15, 1985, S. 79; zu vom BDM gestalteten Vorweihnachtsfeiern in den NSV-Kindergärten, siehe: Die Jungmädelschaft, Folge 11/12, Nov./Dez. 1936, S. 32).

4.2   Quellen

Kownatzki, Hildegard: Die Kindertagesstätten der NSV – eine nationalsozialistische Erziehungsstätte. – Das Junge Deutschland 30 (1936) Nr. 10, S. 45-46. – Es soll erreicht werden, "daß das vorschulpflichtige Kind in einer Gemeinschaftserziehung von Elternhaus und Kindergarten auch schon im frühen Alter in nationalsozialistische Lebensformen eingeführt wird"... künftig "wird verlangt werden, daß alle Anwärterinnen der NSV-Seminare Mitglieder des BDM sind... die Kindergärtnerinnen (sollen), wenn sie weltanschaulich genügend gefestigt und geschult sind, die Führung des örtlichen BDM übernehmen. Das trifft in erster Linie für die Kindergärtnerinnen auf dem Lande zu" (S. 45 f.).

Villnow, Hildegard: Erziehung und Betreuung des Kleinkindes im Kriege. – Das Junge Deutschland 34 (1940) 172-175. – "Der Kindergarten ist die erste Stufe der nationalsozialistischen Erziehung... Wir leisten in unseren Kindertagesstätten eine ganz entscheidende Vorarbeit, vor allem auf gesundheitlichem Gebiet, für die Jugendorganisation, Wehrmacht usw. Das Erziehungsziel ist für uns durch ein Führerwort bestimmt, das das Ziel völkischer Erziehung umreißt: 'Der völkische Staat hat seine gesamte Erziehungsarbeit in erster Linie nicht auf das Einpumpen bloßen Wissens einzustellen, sondern auf das Heranzüchten kerngesunder Körper. In zweiter Linie Ausbildung der geistigen Fähigkeiten, hier wieder an der Spitze die Entwicklung des Charakters... '." Abschließend wird der Wunsch ausgesprochen, "daß gerade unsere Kameradinnen aus dem BDM sich in noch stärkerem Maße als bisher für den Beruf der Kindergärtnerin entschließen".

Grundlagen der körperlichen und geistigen Erziehung des Kleinkindes im nationalsozialistischen Kindergarten. Von Dr. med. Richard *Benzing*. – Berlin (Eher) 1941. 113 S. – Auch bereits für die Erziehung des Kleinkindes gilt die Forderung des Führers: "Wir wollen ein hartes Geschlecht heranziehen, das stark ist, zuverlässig, treu, gehorsam, anständig" (S. 7 f.), sowie sein Wille, "die Erziehungsarbeit sei so einzuteilen, daß die jungen Körper schon in ihrer frühesten Kindheit zwecksprechend behandelt werden und die notwendige Stählung für das spätere Leben erhalten" (S 14). Schon das Kindergartenkind soll "Mutproben" bestehen, z. B. den "Tiefsprung" von einer kleinen Böschung herab auf den Rasen; denn "man erzog uns zu ungefährlich" (S. 17), und es bedarf jetzt einer "Erziehung zur Furchtlosigkeit" (S. 19). Kinder von drei bis sechs Jahren dürfen bereits ein "Kampfspiel" betreiben (S. 30. 60). Schon der zweieinhalbjährige Knabe lernt spielerisch, vor dem gerahmten Führerbild in der elterlichen Wohnung ("Onkel Hitler") die Hacken zusammenzuklappen und "Heil Hitler" zu sagen (S. 41 f.). Wie im Gebet wird gleich morgens im Kindergarten der Führer angesprochen: "Unsre Kraft ist klein, unser Mut ist groß, größer noch ist unsre Liebe, Führer, zu Dir!". "Lieber Führer! So wie Vater und Mutter lieben wir dich". "Wer nicht weint, wenn es schmerzt, erfreut den Führer" (S. 42 f.). Es gibt sieben verschiedene "leichtathletische Übungen beim dreijährigen Kind": mehrere Laufstrecken, Weitsprung, Hochsprung, Ballwurf (S. 58 f.).

4.3 Literatur

Eine besondere Bemerkung verdient das (zuerst 1942 in London erschienene) Buch Ziemers "Education for Death". Ziemer war "under the patronage of the American Ambassador and the American Consul General" "president of the American Colony School" in Berlin (S. 4), die dort noch bis zur Kriegserklärung Hitlers (Dez. 1941) arbeitete. Dieses – vielleicht auch den "Quellen" zuzurechnende – Werk enthält sehr viele ebenso wertvolle wie zutreffende Beobachtungen, aber unbeabsichtigt auch etliche Irrtümer; denn Ziemer konnte teilweise nur flüchtig und oberflächlich in die deutschen Verhältnisse Einblick nehmen. Sein Buchtitel ist unnötig polemisch. Eine "Erziehung zum Tod" wäre für den Diktator nicht sinnvoll gewesen, weil tote Soldaten ihm nichts nutzten. Zutreffender wäre die Formulierung: Erziehung zur Todesbereitschaft, d. h. zum todesmutigen Kampf unter Einsatz des eigenen Lebens.

Ziemer, Gregor: Education for Death. The Making of the Nazi. – New York (Octagon Books) 1972 (zuerst London 1942). 209 S. – S. 47-53: "Pre-school children" (Bericht über den Besuch einer "Kindertagesstätte" in Berlin). U. a. üben die Kinder ein Lied ein: "Unsern Führer lieben wir, unsern Führer ehren wir ... An unsern Führer glauben wir, für unsern Führer leben wir, für unsern Führer sterben wir, bis wir Helden werden". Die Kindergärtnerin erklärt dem Besucher, "that the children learned strictest discipline, absolute obedience, and became thoroughly acquainted with the 'Fuehrer Prinzip'. They learned to revere the Fuehrer and look upon him as the savior of Germany". " 'We will become soldiers', said a blond youngster, his eyes bright as buttons. 'I want to shoot a Frenchman!' ".

Heinemann, Manfred: Evangelische Kindergärten im Nationalsozialismus. Von den Illusionen zum Abwehrkampf, in: Erziehung und Schulung im Dritten Reich, Teil 1, hg. von Manfred Heinemann, Stuttgart (Klett-Cotta) 1980, 49-89

Klinksiek, Dorothee: Die Frau im NS-Staat. – Stuttgart (Deutsche Verlags-Anstalt) 1982. – S. 36-38: "Kindergarten" (als einer der Erziehungsträger).

Berger, Manfred: Vorschulerziehung im Nationalsozialismus. Recherchen zur Situation des Kindergartenwesens 1933-1945. – Weinheim (Beltz) 1986. 305 S.

Höltershinken, Dieter: Zur Kindergartenerziehung im Nationalsozialismus am Beispiel der Betriebskindergärten im Ruhrgebiet, in: Erziehung im Nationalsozialismus, hg. von Kurt-Ingo Flessau, Köln (Böhlau) 1987, 45-64

Wissmann, Sylvelin: Es war eben unsere Schulzeit. Das Bremer Volksschulwesen unter dem Nationalsozialismus. – Bremen (Selbstverlag des Staatsarchivs Bremen) 1993. 398 S. – S. 136-137: "Kindergärten".

Erning, Günter: Öffentliche Kleinkindererziehung unter dem Nationalsozialismus, in: Handbuch der Geschichte des bayerischen Bildungswesens IV, hg. von Max Liedtke, Bad Heilbrunn 1997, 733-735; vgl. F. O. *Schmaderer*, ebd. S. 508-509.

Noll, Günther: Kinderlied und Kindersingen in der NS-Zeit in: Lieder in Politik und Alltag des Nationalsozialismus, hg. von Gottfried Niedhart und George Broderick, Frankfurt (Lang) 1999, 115-131

5 Schule und schulische Lebenswelt, Schule und Hitlerjugend, zur Geschichte einzelner Schulen 1933-1945

5.1 Überblick

Die wichtigsten Schultypen während der NS-Zeit waren: Hilfsschule, Volksschule, Mittelschule/Hauptschule, Oberschule für Jungen (mathematisch-naturwissenschaftlicher Zweig; sprachlicher Zweig), Oberschule für Mädchen (hauswirtschaftliche Form; sprachliche Form), (humanistisches) Gymnasium (differenzierte Schemata dazu samt Stundentafeln bei Berthold Michael, Schule und Erziehung im Griff des totalitären Staates, Göttingen 1994, Anhang I-V).

Hilfsschule. – Erst durch den Erlaß über "Richtlinien für Erziehung und Unterricht in der Hilfsschule" vom 18. 2. 1942 kam es zu einer reichseinheitlichen Regelung. Die Hilfsschulen erfassen "geistig behinderte, aber noch bildungsfähige Jugendliche" (Rudolf Benze, Erziehung im Großdeutschen Reich, Frankfurt 1943, S. 28; vgl. Heinrich Kanz, Hg., Der Nationalsozialismus als pädagogisches Problem, Frankfurt 1984, S. 331-335). Die Hilfsschule soll durch Erfassung der "rassisch Minderwertigen" insbesondere die erb- und rassenpflegerischen Maßnahmen des Staates im Sinne des Gesetzes zur Verhütung erbkranken Nachwuchses (vom 14. 7. 1933) unterstützen, d. h. sie wird zum Instrument der "Ausmerze" und letztlich zum Werkzeug der Euthanasie (zur Sache auch Hermann Schnorbach, Hg., Lehrer und Schule unterm Hakenkreuz, Königstein /Ts. 1983, S. 167f.).

Volksschule. – Erst am 15. 12. 1939 lagen die vollständigen "Richtlinien für Volksschulen" in Gestalt eines Ministererlasses vor (dazu eine detaillierte Erörterung der Gesamtsituation von Wilhelm Thieß, in: Deutsche Schulerziehung 1941/42, Berlin 1943, S. 140-150). Nach der Zählung von 1940 gab es reichsweit 8 240 000 Schülerinnen und Schüler an Volksschulen, 492 000 an Mittel- und Hauptschulen, 761 000 an Höheren Schulen. Über eine typische NS-Volksschule berichtet Albert Krebs, Hg., Die nationalsozialistische Volksschule, Frankfurt 1944.

Mittelschule/Hauptschule. – Eine Marotte Hitlers, der Import der österreichischen "Hauptschule" in das "Altreich" in den Jahren 1942/43 (auf Grund eines "Führerbefehls" vom Jahre 1940), brachte einige Unruhe in das deutsche Schulwesen. Die diesbezüglichen "Richtlinien" erschienen am 9. 3. 1942 und sollten eine Art von besserer, höherer Volksschule schaffen zur "Auslese" besonders förderungswürdiger Volksschüler zum Zwecke der Ausschöpfung von Begabungsreserven für die "mittleren Berufsschichten des deutschen Volkes" (Rudolf Benze, Erziehung im Großdeutschen Reich, Frankfurt 1943, S. 47). Dieser neue Schultyp, der allmählich die Mittelschule ablösen sollte, war eine Ergänzung beziehungsweise Alternative zu den bisherigen Volksschulklassen 5-8. Infolge des Krieges konnte er nur noch in einigen Reichsgebieten eingeführt werden: "Seit dem Herbst 1942 ist die Gründung von Hauptschulen in steigendem Maße auch im Altreich erfolgt. Insgesamt sind seit dem 1. September über 2000 Hauptschulen entstanden, und zwar 535 neue Hauptschulen und 1549 Hauptschulklassen an Mittelschulen. Insgesamt ergeben sich damit an der Jahreswende im

Großdeutschen Reich schon fast 3500 Hauptschulen oder Hauptschulklassen an Mittelschulen" (Weltanschauung und Schule 7, 1943, 44). Die Absolventen der Hauptschule konnten als 14jährige überwechseln auf die neuen Lehrerbildungsanstalten (Albert Müller, Sozialpolitische Erziehung, Berlin 1943, S. 48).

Oberschulen für Jungen/Mädchen; Gymnasien. – Sie führten alle in 8 Jahren zum Abitur, nachdem durch Erlaß des Reichserziehungsministers vom 30. 11. 1936 die bisherigen 9 Jahre um ein Jahr verkürzt wurden, so daß die jeweilige Unterprima zu Ostern 1937 die Reifeprüfung ablegte. Die (humanistischen) Gymnasien hatten als einzige neben Latein das Pflichtfach "Griechisch", und zwar in der 3.-8. Klasse (Quarta-Unterprima), je 5 Wochenstunden. Erstaunlich war, daß die zunächst sehr stark verringerte Zahl der Gymnasien später allmählich wieder aufgestockt wurde, weil dieser Schultyp für bestimmte Berufe als weiterhin nützlich erschien. Vielleicht spielte neben den Wünschen vieler Eltern auch Hitlers Vorliebe für die altgriechische Architektur und Kunst eine Rolle sowie das Faible mancher NS-Größen für den Soldatenstaat Sparta. Allein im Schuljahr 1941/42 kamen jedenfalls 16 Anstalten hinzu (Weltanschauung und Schule 7, 1943, S. 20). Für die hauswirtschaftliche Form der Oberschule für Mädchen, die zum sogenannten Puddingabitur führte, blieb als einzige Fremdsprache "Englisch".

Deutsche Heimschulen. – Es handelt sich in der Regel dabei um (meist private) ehemalige Internatsschulen, die nun mit neuem Namen dem SS-Obergruppenführer Heißmeyer zur Organisation und Leitung übergeben wurden als dem "Inspekteur der Deutschen Heimschulen". Heißmeyer erhielt seinen Auftrag von Hitler im Juni 1941. Einschlägige Erlasse des Reichserziehungsministers datieren vom 24. 8. 1941 und 16. 12. 1941 (Einzelheiten bei Walter Ruge, in: Deutsche Schulerziehung 1941/42, Berlin 1943, S. 219-223). In diesen Schulen sollte eine straffe, ideologisch besonders ausgerichtete Gemeinschaftserziehung betrieben werden, weshalb Heißmeyer sie wohl auch "Burgen des Führers" nannte. Hohen Rang hatte die "biologische Ausrichtung der Erziehungs- und Unterrichtsarbeit in allen Fächern" (Weltanschauung und Schule 8, 1944, 39).

Einige wichtige Änderungen betreffend den inneren Betrieb der verschiedenen Schultypen: Die schrittweise Einführung der Gemeinschaftsschule auf Volksschulebene (mit weitergehendem konfessionellen Religionsunterricht) nach 1933; der Beginn des Schuljahres im Herbst für alle Schulen seit 1941; der Erlaß vom 9. 10. 1941 über die Reifeprüfung Ostern 1942 (Wegfall der schriftlichen Abiturprüfung). In der Öffentlichkeit wurdc nur die Abschaffung der Konfessionsschulen diskutiert, ohne daß es aber zum ernsthaften Widerstand kam.

Von einiger Bedeutung war auch der Erlaß des Reichserziehungsministers (vom 27. 3. 1935) über die *Schülerauslese* an den höheren Schulen. Er bezweckte eine körperliche, charakterliche, geistige und völkische Auslese (Rudolf Benze, Nationalpolitische Erziehung im Dritten Reich, Berlin 1936, S. 25). Die Benachteiligung der Kinder aus sogenannten bildungsfernen Schichten blieb aber bestehen, weil zum Beispiel das Schulgeld von 20 Mark pro Monat für viele Eltern kaum aufzubringen war. So konnte noch 1940 festgestellt werden: "Die Auslese durch die Höhere Schule ist vom nationalsozialistischen Standpunkt aus zur Zeit noch unzureichend, weil die Höhe der Kosten und die Dauer der Ausbildung einen großen Hundertsatz fähiger Kräfte aus den finanziell schlecht gestellten Schichten unseres Volkes von der Höheren Schule und dem Studium abriegelt" (Gustav Adolf Scheel, in: Erziehungsmächte und Erziehungshoheit im Großdeutschen Reich, hg. von Rudolf Benze/Günter Gräfer, Leipzig 1940, S. 204). Ähnlich stellt auch Michael H. Kater fest, daß nach wie vor die traditionelle "Begünstigung von Kindern aus 'besseren Kreisen' " bestehen bieb (Vierteljahrschrift für Sozial- und Wirtschaftsgeschichte 67, 1980, S. 512). Der Artikel 20 des Programms der NSDAP blieb also unrealisiert. – Im übrigen wurde noch vor Kriegsbeginn die Schulzeit von 13 auf 12 Jahre reduziert.

Eine im ganzen unglückliche Rolle spielte der *NS-Lehrerbund* (NSLB), zunächst einflußreich unter Hans Schemm, dann aber nie viel mehr als eine Marionette der NSDAP-Parteileitung und von der anderen Seite her bedrängt durch die HJ-Führung, die bestrebt war, ihren Machtbereich in die Schule hinein auszudehnen. Der allmähliche Bedeutungsverlust des NSLB ist auch daran zu erkennen, daß er sang- und klanglos im Februar 1943 stillgelegt wurde, und zwar im Zuge vieler anderer "Rationalisierungs- und Einsparungsmaßnahmen" (Willi Feiten, Der Nationalsozialistische Lehrerbund, Weinheim 1981, S. 192. 197). Das bedeutete für die HJ-Führung, die sogleich ihren Teil des entstehenden Freiraums besetzte, einen deutlichen Machtzuwachs, nicht zuletzt in der KLV.

Noch viel früher verlor der *NS-Schülerbund* seine Bedeutung; denn er wurde 1933 in die Hitlerjugend eingegliedert. Davor war er angeblich eine "Tarnorganisation", um Verbote der Schuldirektoren zu umgehen (Georg Usadel, Entwicklung und Bedeutung der nationalsozialistischen Jugendbewegung, Bielefeld 1934, S. 14). Jedenfalls geriet er nach 1933 schnell in Vergessenheit, und er findet schon in dem 1942 erschienenen 8. Band von "Meyers Lexikon" keine Erwähnung mehr.

Ein Dauerproblem war das *Verhältnis der Schule zur Hitlerjugend*. Diese erwartete zum Beispiel eine gewisse Rücksichtnahme seitens der Schule auf dienstliche Beanspruchungen vor allem der HJ-Führer (Fehlzeiten; damit verbunden oft ein Nachlassen schulischer Leistungen). Formal hatte von Schirach zwar das – im HJ-Gesetz von 1936 garantierte – Erziehungsrecht der Schule uneingeschränkt anerkannt (Hans-Helmut Dietze, Die Rechtsgestalt der Hitler-Jugend, Berlin 1939, S. 221 f.). Auch sollte das neue Amt eines "Vertrauenslehrers der HJ" das Konkurrenzverhältnis Schule-HJ entschärfen. Er wurde vom Schulleiter bestellt und mußte sowohl dem NSLB angehören wie ehemaliges Mitglied der HJ gewesen beziehungsweise dieser verbunden sein. Das Verhältnis war offenbar so gestört, daß es am 10. Februar 1941 zu einem "Erlaß des Jugendführers des Deutschen Reichs" kam, in dem versucht wurde, die gespannte Situation durch Abstecken der beiderseitigen Rechte zu entkrampfen (der Wortlaut ist abgedruckt bei Edgar Randel, Die Jugenddienstpflicht, Berlin 1942, S. 111 f.)

Günter Kaufmann, einer der Chefdenker in der HJ neben von Schirach, ritt im HJ-Führerorgan "Wille und Macht" Jg. 6 (Heft 24 vom 15. Dez. 1938, S. 1-14) und ebd. Jg. 7 (Heft 14 vom 15. Juli 1939, S. 1-16) eine scharfe Attacke gegen die Schule, indem er für die "Einheit der Erziehung" eintrat und sich dabei auf ein Führerwort berief: "In unserer nationalsozialistischen Jugendorganisation schaffen wir die Schule für die Erziehung des Menschen eines neuen Deutschen Reiches" (Heft 24, S. 14). Das lief auf eine Unterwanderung, fast auf eine Vereinnahmung der Schule hinaus oder zumindest darauf, "daß die in der Hitler-Jugend bewährten erzieherischen Ideale auch in der Schule ihren allgemeinen positiven Einsatz erfahren können" (Heft 14, S. 2), daß also die Schule ihre eigene Pädagogik zugunsten der HJ-Erziehungsideale über Bord werfen sollte. Helmut Stellrecht, lange ebenfalls einer der Chefdenker der HJ, brachte die Sache auf den Punkt, indem er sich ausdrücklich auf die Zeit freute, "wenn einmal neben dem Elternhaus nur noch ein Erziehungsfaktor steht", die herkömmliche Schule also zugunsten einer militärisch organisierten schulischen Lagererziehung eliminiert sei (Neue Erziehung, Berlin 1943, S. 75). Die HJ-Führung konnte sich aber letztlich mit ihren absurden Forderungen nicht durchsetzen, weil Rosenberg in Verbindung mit Heß intervenierte (dazu Michael Wortmann, Baldur von Schirach, Hitlers Jugendführer, Köln 1982, S. 172 f.; zur Sache auch Harald Scholtz, in: Universitas 43, 1988, 1. Band, S. 467. 471). Die Absichten der HJ verstehen sich im übrigen vor dem Hintergrund der großen Bedeutung, welche das "Lager" in der NS-Zeit hatte. Es gab Dutzende von Lagertypen – ich rede jetzt hier nicht von KZ-Lagern –, und es ist fast nicht zuviel gesagt, wenn man das Lager geradezu als NS-typische Lebensform versteht.

Ein Stück Lager-Schule wurde bereits vorweggenommen in den "*Schullandheimen*". Im Jahre 1935 wurde der Reichsverband der deutschen Schullandheime in den Reichsverband der (bereits in HJ-Regie befindlichen) Jugendherbergen eingegliedert. "Bisher waren die Schullandheime den Schulen zugeordnet, jetzt unterstanden sie der Reichsjugendführung der Hitler-Jugend. Das kam einer neuen Einflußnahme auf die Schulen gleich" (Franz Pöggeler, in: Informationen zu erziehungs- und bildungshistorischen Forschung 14, 1980, 179). Schon 1935 bestand kein Zweifel: "Landheim und Landheimlager hat jede Schulart in ihren Erziehungsplan aufzunehmen. Sie dienen ... in erster Linie völkisch-politischen Zwecken. Die Errichtung und der Ausbau von Landheimen ... und die Betonung der politischen Gemeinschaftserziehung ... ist daher stärkstens zu fördern. Die vorhandenen Schullandheime sind in ihren Räumlichkeiten zu allen Zeiten voll auszunutzen ... Die Abhaltung geländesportlicher Kurse in den Schullandheimen – durch geeignete Führer der Hitler-Jugend und der SA – ist planvoll zu fördern" (Karl Friedrich Sturm, Deutsche Erziehung im Werden, Osterwieck 1935, S. 118 f.). So stand zum Beispiel für den HJ-Stammführer und Abteilungsleiter in der Reichsjugendführung der NSDAP Randel außer Frage, "daß auch die Gemeinschaftserziehung in Schullandheimen eine Aufgabe der Hitler-Jugend ist" (Edgar Randel, Die Jugend-Dienstpflicht, Berlin 1942, S. 21). Zwar gab es auch ein Reichssachgebiet Schullandheim des NSLB, aber das wirkliche Sagen hatte in den über 450 bestehenden Schullandheimen die Hitlerjugend. Als ab Herbst 1940 diese Schullandheime von der KLV-Organisation übernommen wurden (Willi Feiten, Der Nationalsozialistische Lehrerbund, Weinheim 1981, S. 191), war also bereits ein großflächiger Exerzierplatz der Lager-Schulerziehung vorhanden. – Es versteht sich von selbst, daß jüdische Schülerinnen und Schüler nicht ins Schullandheim – wie später nicht in die KLV – durften.

In der Tat waren alle Schulen auf ihre Weise Erfüllungsinstrumente des Nationalsozialismus und hatten alle obrigkeitlichen Erlasse und Lehrpläne umzusetzen. Es gab allerdings da und dort passiven Widerstand und kleine Spielräume von Liberalität und Menschlichkeit. Zum Beispiel Traditionsgymnasien mit ihrem hohen gesellschaftlichen Ansehen konnten, zumal wenn sie einen Direktor von Format hatten, nicht selten Elemente humaner Gesinnung an ihrer Schule bewahren (ein Beispiel ist das Burggymnasium in Essen). Zweifellos litten aber auch hier "die traditionellen

Leistungsfächer" durch zahlreiche nichtschulische Aktivitäten (dazu Wolfgang Benz, in: Sozialisation und Traumatisierung, hg. von Ute Benz/Wolfgang Benz, Frankfurt 1992, S. 18). Allerdings ist zu differenzieren: Natürlich waren die Schulen keine Inseln im allgemeinen politischen Sozialisationsprozeß, und andersgerichtete Aussagen wären eine Verharmlosung. Aber die schulische Realität entsprach oft nicht völlig dem Anspruch der Erlasse und Richtlinien. Hier ist ein Hinweis auf viele wertvolle Zeitzeugen-Berichte angebracht (Beispiel: Meine Schulzeit im Dritten Reich, hg. von Marcel Reich-Ranicki, München 1993), aus denen sich ein differenziertes Bild ergibt. Gleichwohl waren sich alle Lehrer seit dem "Gesetz zur Wiederherstellung des Berufsbeamtentums" vom 7. 4. 1933 (ein Abdruck z. B. bei Peter W. Schmidt, Judenfeindschaft und Schule in Deutschland 1933-1945, Weingarten 1988, S. 236 f.) darüber im Klaren, daß selbst Ansätze von Lehrerwiderstand für sie die schlimmsten Folgen haben konnten. Diese Disziplinierung wirkte.

Auch ohne konkrete Aktivitäten der Lehrer – in Frage kam hier in erster Linie das Fach Biologie – war zumindest den älteren Schülern das Rasseprogramm der Regierung selbstverständlich bekannt. In diesem Zusammenhang ist in der bisherigen Diskussion ein Umstand von großer Bedeutung fast unberücksichtigt geblieben: Die stumme Sprache der *Lehrbücher*, deren einschlägige Teile, auch wenn sie nicht ausdrücklich im Schulunterricht zur Sprache kamen, vor allem von den Schülern verinnerlicht wurden, die ihre Schulbücher zu Beginn neuer Schuljahre interessiert zu lesen pflegten, und das waren wohl die meisten Oberschüler und Gymnasiasten. Die oft suggestiven Bilder und Texte etwa der Lese-, Geschichts- und Biologiebücher prägten sich ein und trugen zum Aufbau des gewünschten Weltbildes beträchtlich bei. Vor allem diese Indoktrination durch die mit NS-Ideologie getränkten Lehrbücher war nahezu allgegenwärtig, und insofern irren sich Zeitzeugen, die mehr oder weniger eine politische Beeinflussung durch die Schule bestreiten. Ich erinnere an das Bild: Der Fisch im Wasser ist sich nicht bewußt, daß er im Nassen ist.

Selbst die Unterrichtsgestaltung der Fächer Griechisch und Latein war nicht frei vom Geist der Zeit, insofern zum Beispiel hier großer Wert auf bestimmte Verse und Merksprüche gelegt wurde wie "Süß und ehrenvoll ist es, für das Vaterland zu sterben" (Horaz, Ode 3,2; oft auch als Inschrift auf Tafeln zur Erinnerung an die Toten des Ersten Weltkrieges, z. B. im Essener Burggymnasium). "Eins ist des Gottes höchstes Gebot: zu schirmen die Heimat" (Homer, Ilias 12, 243); "Krieg ist der Vater aller Dinge" (Heraklit); besonders aktuelle Bedeutung hatte der Vers "Immer der Erste sein und die anderen übertreffen" (Homer, Ilias 6, 208), ließ er sich doch auf das in den weiterführenden Schulen besonders praktizierte Prinzip der "Auslese" anwenden (umgangssprachlich auch in der Form "Wer nicht mitkommt, bleibt am Wege liegen"; dazu Walter Thorun, Kindheit und Jugend zwischen Kohle und Stahl, Bochum 1996, S. 77). Das NS-Führerprinzip wurde bekräftigt durch Ilias 2, 204 ("*einer* soll Herr sein"). Daß im übrigen die freiwillige häusliche Lektüre in Schulbüchern einkalkuliert war, bestätigen Paul Cretius/Martin Spielhagen, Ziele und Wege des neuen Volksschulunterrichts, Osterwieck 1941, S. 24). Gewiß glitt am Pennäler-Phlegma viel ab, aber besonders Sprüche und Verse – die meisten Zeitzeugen kennen sie noch heute – klebten nachhaltig im Gedächtnis.

Der pflichtmäßigen Vermittlung "wehrgeistiger Gesinnung" in den Schulen tat es anscheinend keinen Abbruch, daß nicht wenige Lehrer der dreißiger und vierziger

Jahre 1918 schwer verwundet heimkamen. An jeder Schule gab es Träger von Bein- oder Armprothesen, Glasaugen und dergleichen. Jedenfalls wurde in der Schule kaum vor der Fürchterlichkeit des Krieges gewarnt und schon gar nicht wurde zur Kritik- fähigkeit erzogen. Demokratische Bürgertugenden und Menschenrechte (Meinungs- und Glaubensfreiheit, Recht auf Widerstand gegen Unterdrückung) waren 1919-1933 noch wenig eingewurzelt und in der Schule kaum ein Thema. Dagegen galt Gehorsam gegenüber der weltlichen und kirchlichen Autorität als Tugend. Das entsprach durch- aus dem zum Teil nationalkonservativen, demokratiekritischen Denken vieler Lehrer. Ein nicht zu unterschätzendes Element ideologischer Beeinflussung war die den Schü- lern zur Ausleihe zur Verfügung stehende *Schülerbücherei.* Ihre Bestände waren von oben her vorgeschrieben und wurden kontrolliert. Hinzu kam im Fach "Kunsterzie- hung" das Basteln von Kriegsflugzeug-Modellen, im Fach "Musik" oft das Singen von NS-Liedern, schließlich Filmvorführungen, "Gemeinschaftsempfang" der Reden von NS-Größen und der Besuch von Propaganda-Ausstellungen (im Sommer 1942: "Das Sowjetparadies").

Bei den nichtschulischen Beanspruchungen sollte nicht unerwähnt bleiben das *Sammeln von Altmaterial* (Metalle, Papier, 'Spinnstoffe', Knochen), für das meist im Schulkeller große Behälter bereitgehalten wurden. So lästig das der Schule und den Schülern auch war, es wurde gewissenhaft besorgt. – Zur Geschichte einzelner Schu- len s. unten "Literatur".

5.2 Quellen

Deutsche Schule und deutsche Erziehung in Vergangenheit, Gegenwart und Zukunft. Von Hans *Schemm* (u. a.). – Stuttgart (Pädagogische Verlagsanstalt) 1934. 518 S. – Thematisiert wird darin: Höhere Schule, Volksschule, Lehrerbildung, Mittel- schule, Fortbildungsschule, Berufs- und Fachschulen.

Schaller, Hermann: Die Schule im Staate Adolf Hitlers. Eine völkische Grundle- gung. – Breslau (Korn) 1935. – "Ziel der Schulerziehung" ist "die volksver- wurzelte, heroische Persönlichkeit" (S. 85; vgl. S. 141: "der heroische, der hel- dische Mensch"). Der Unterricht "soll die heranwachsende Jugend in die he- roische Weltauffassung hineinführen" (S. 186 f.). "Die Schule hat die Aufga- be, die staatliche Gesetzgebung zu unterbauen, Rassebewußtsein und Rasse- stolz auch schon den Jugendlichen ins Herz zu senken und sie zu der Erkennt- nis zu bringen, daß das Rassegefühl für die Selbsterhaltung unseres Volkes notwendig ist" (S. 176). "Hauptaufgabe" der Schule ist "Erziehung durch die deutschen Bildungsgüter", und sie muß "Willens- und Charakterschulung" sein (S. 149). Entsprechend dem vielzitierten Ausspruch des Reichserziehungsmi- nisters Rust ("Nationalsozialist wird man nur im Lager und in der Kolonne") gibt es jetzt als neue Erziehungsformen: Formation (HJ SA, SS), Lager, Ka- meradschaftshaus. "Während die Formation Mannschaft formt, führt das Lager zur Kameradschaft"; für die gesamte Erzieherschaft sind regelmäßige mehr- wöchige Lageraufenthalte vorgesehen (S. 98-102. 230 f.). Menschenformung ("Zucht und Züchtung") durch das aus der nordischen Seele geborene deut- sche Bildungs- und Kulturgut und "völkische Typenformung" ist in der Schule zu leisten (S. 112. 163. 169. 174). Resultat soll sein die "völkische Dienstbereitschaft" des deutschen Menschen (S. 123). In der zu einer "Lebensform der völkischen Gemeinschaft" gewordenen Schule hat "Wissen als bloßes Wissen" keinen Raum mehr (S. 111. 170). Es wird weiter Religionsunterricht an den Schulen geben, aber er wird "deutschchristlich" sein, und "gewiß wird das Alte Testament in der Schule zurücktreten" (S. 184-186).

Weltanschauung und Schule: Hg. von Alfred Baeumler, Professor an der Universität Berlin, Hauptstellenleiter beim Beauftragten des Führers für die gesamte geistige und weltanschauliche Schulung der NSDAP. In Verbindung mit SS-Gruppenführer A. Heißmeyer, Inspekteur der Nationalpolitischen Erziehungsanstalten, Ministerialrat A. Holfelder, Chef des Ministeramtes im Reichserziehungsministerium, Generalarbeitsführer W. Decker, Chef des Erziehungs- und Ausbildungsamtes im Reichsarbeitsdienst. Jahrgang 1 (1936/1937) – 8 (1944). – Die hinsichtlich der weltanschaulichen "Gleichschaltung" und weltanschaulichen "Ausrichtung" der Schule führende Zeitschrift der NS-Zeit.

Der Sieg der deutschen Gemeinschaftsschule. Der Streit mit der Kirche um die Schulreform ist zu Ende! – Volksgemeinschaftswille überwindet konfessionelle Bastionen. Von Stadtschulrat *Bauer*, München. – Das Junge Deutschland 31 (1937) 145-155. – Im Hinblick auf die kirchliche Gegnerschaft gegen die Umwandlung aller Konfessionsschulen in "Gemeinschaftsschulen", katholischerseits begründet mit dem Syllabus (Nr. 45) Pius IX. vom 8. Dez. 1864 und mit dem "Elternrecht", heißt es: "Im Grunde genommen muß doch jede Kirche, will sie nicht von vornherein den Keim des Untergangs in sich tragen, unduldsam sein... Was bedeutet denn die Forderung 'Der Geist des Bekenntnisses muß die übrigen Unterrichtsfächer (außerhalb des in der Gemeinschaftsschule bleibenden Religionsunterrichts) durchdringen?'. Das heißt, die Rassen- und Judenfrage im katholischen Sinne behandeln, also den getauften Juden nicht mehr als Juden betrachten; das bedeutet, die Sterilisierung von Verbrechern und Trägern krankhaften Erbgutes als Eingriff in göttliche Rechte erklären... Die Katholische Kirche hätte es besonders gern gesehen, wenn sie allein das Recht gehabt hätte, den Elternwillen zu lenken".

Förster, Heinz: Schuljugendwalter der Hitler-Jugend. Aufgabe und Einsatz. – Das Junge Deutschland 31 (1937) 509-510. – Um "den unfruchtbaren Widerstreit zwischen den Interessen der Schule und der Hitler-Jugend zu beheben", wird ein neuer Weg gegangen: In der Reichsjugendführung ist die "Dienststelle eines Beauftragten für Schulfragen geschaffen worden. Diese Dienststelle gibt ihre Anweisungen an die Beauftragten für Schulfragen in den Gebieten... (dieser) zählt zu seinem engsten Mitarbeiterstab die Sachbearbeiter in den Stäben der Banne. Der Bannbeauftragte beruft in jeder einzelnen Schule einen der Erzieher als Schuljugendwalter der Hitler-Jugend... Die erste Aufgabe des Schuljugendwalters ist das Bestreben, der Lehrerschaft in den deutschen Schulen laufend Kenntnis zu geben von der 'Idee und Gestalt' der Hitler-Jugend". Auch hat er "innerhalb der Hitler-Jugend die Gedankengänge der Schulen... zu erläutern". Zu seinen Verantwortlichkeiten gehört u. a. die Verwaltung der Schüler-

bücherei, die Auswahl der Jugendzeitschriften, Schulfeiern, Begabtenprüfung
und Begabtenförderung, Auswahl für die Adolf-Hitler-Schulen und die Nationalpolitischen Erziehungsanstalten.

Vagts, Werner: Zu den neuen Richtlinien für die Höhere Schule. Musik in Jugend
und Volk 1(1937-38) 341-346. – "Die Schulzeit ist um ein Jahr gekürzt... Der
Normaltyp der Höheren Schule ist die Deutsche Oberschule, deren obere Jahrgänge sich in einem sprachlichen und einem naturwissenschaftlichen Zweig ga-
beln. Daneben bleibt das Gymnasium bestehen. Die Oberschule für Mädchen
kennt eine sprachliche und eine hauswirtschaftliche Sonderform". Im übrigen
gilt: "Politik hat den Vorrang vor jeglicher Pädagogik... Wissensvermittlung
ist kein Selbstzweck... Im Mittelpunkt der gesamten Musikerziehung steht das
deutsche Volkslied".

Burck, Erich: Vom Wert und Wesen des deutschen Gymnasiums. – Weltanschauung
und Schule 2 (1938) 120-128. – "Vom Griechischen her ist ein Maß für körperliche Schönheit und Leistungsfähigkeit, für charaktervolle Zucht und edles
Kämpfertum in unserer Mitte aufgerichtet worden und hat auf Grund der Art-
verwandtschaft deutschen und hellenischen Geistes bei der deutschen Jugend
und ihrer Führung seine volle Bejahung gefunden"... Die Welt der Griechen
und Römer ist "eine artverwandte Bildungsmacht, die uns zu uns selbst führt
und uns in unserem völkisch-germanischen Geist festigt".... Griechen und Römer sind "zwei nordisch bestimmte, artverwandte Völker". Zu den zu lesen-
den Texten gehört "die politische Lyrik des Tyrtaios und Solon", sowie Platon "als der Staatsdenker und Gesetzgeber... der in wahrhaft großartiger Weise
das Verhältnis von Ich und Gemeinschaft, von Volk und Staat ordnet; in Homer
ist das Wertsystem und die heroische Lebenshaltung dieses noch vorwiegend
nordischen Adels – etwa am Gegenbild altrömischer Bauern- und Kriegermo-
ral... – herauszuarbeiten". Die Interpretation griechischer Werke ist zuerst "unter rassisch-völkischen und politischen Gesichtspunkten vorzunehmen". Unter-
richtsgegenstand des Gymnasiums ist schließlich "die Rassenmischung der Kai-
serzeit, die zu studieren rassengeschichtlich so außerordentlich aufschlußreich
ist".

Erziehung und Unterricht in der Höheren Schule. Amtliche Ausgabe des Reichs-
und Preußischen Ministeriums für Wissenschaft, Erziehung und Volksbildung.
– Berlin (Weidmann) 1938. 265 S. – S. 1-5: "Einführungserlaß. Neuordnung
des höheren Schulwesens" vom 29. Jan. 1938, tritt mit Beginn des Schuljahres
1938/39 in Kraft. "Aus wichtigen bevölkerungspolitischen Gründen habe ich die
neunjährige Höhere Schule auf acht Jahre verkürzt... Schüler, die leistungsun-
fähig sind oder offenkundige Willens- oder Charakterschwächen besitzen, sind
von der Höheren Schule fernzuhalten... Eine gemeinsame Schulerziehung der
Geschlechter widerspricht nationalsozialistischem Erziehungsgeiste... Für das
Gymnasium sind folgende Maßnahmen bedeutungsvoll: Griechisch beginnt in
Klasse 3 und wird bis zur obersten Klasse mit fünf Wochenstunden durchgeführt. Die dritte Fremdsprache ist das Englische. Sie beginnt in Klasse 5. Außerdem will ich den Schülern der Klassen 6-8 Gelegenheit geben, außerhalb des

lehrplanmäßigen Unterrichts Französisch mit zwei Wochenstunden zu betreiben". Der Band enthält Darstellungen des Aufbaues und der Stundentafeln der einzelnen Schultypen sowie die Lehrpläne für alle Unterrichtsfächer. Im Fach "Deutsch" gehört zum Lektürekanon noch Schillers "Wilhelm Tell", der ab dem Schuljahr 1941/42 verboten war. Angesichts der großen Fülle des Lehrstoffes in allen Fächern wirkt die Ablehnung "des Grundsatzes der bloßen Wissensvermittlung" floskelhaft. Am deutlichsten erscheint der Zeitgeist im Fach Biologie (S. 140-164), wo freilich betont wird, daß das körperliche rassische Erscheinungsbild nicht unbedingt dem seelischen zu entsprechen braucht. S. 148 zu den Begriffen "Auslese und Ausmerze (Gegenauslese)". Betont wird, "daß ein Volk zerfällt, wenn in seinen Frauen die instinktsichere Abwehr gegen artfremdes Blut schwindet" (S. 153), mithin ist es "die wichtige erzieherische Aufgabe des Biologieunterrichts, Jungen und Mädchen für die rassenpflegerischen Pflichten, die ihrer warten, reif zu machen" (S. 155). Zum Biologie-Lehrstoff gehört u. a. die "rassische Aufartung durch die Weltanschauung und die Gesetzgebung des Nationalsozialismus" (S. 161) und "die Frau als Hüterin des Bluterbes" (S. 164). Im Griechischunterricht ist der Lehrer gefragt, "der den heldischen Grundzug in den Schriftwerken von Homer über Tyrtaios und die Tragödie bis zu Thukydides und Platon herausarbeitet ... Das Ziel des Lateinunterrichts ist ein Erkennen und Verstehen der Haltung des Römers, durch die dieses nordisch bestimmte Volk in einer bedrohenden Umwelt durch Schaffung seines Staates sich selbst behauptet hat" (S. 232 f.).

Eydt, Alfred: Auslese und Ausmerze im Schulwesen! – Das Junge Deutschland 32 (1938) 579-585. – Es gibt "zwei gegensätzliche Gruppen: die Kinder aus wertvollen kinderreichen Familien und solche aus asozialen Großfamilien". "Kennzeichnend für diese asozialen Familien sind teilweise geringe geistige Fähigkeiten, viel mehr aber noch ist es die Gemeinschaftsuntauglichkeit". Sie sind "nach Leistung, Einordnungsfähigkeit in die Gemeinschaft und so fort unbrauchbar, d. h. also erbuntüchtig". "Sie sind eine Gefahr; denn mit hemmungsloser Vermehrung aus Triebhaftigkeit steigern sie die Belastungen wirtschaftlicher und sozialer, politischer und kultureller Art unseres Volkes. In der Tat finden wir hemmungslose Vermehrung bei den asozialen Großfamilien. Damit wird ein Erbgut zahlenmäßig verbreitet, das wir keinesfalls wünschen. Mit dieser Vermehrung der Unbrauchbaren wächst auch die Zahl der unfähigen Schüler ... (Konsequenz:) Rücksichtslose Anerkennung des Auslese- und Ausmerzegedankens auch im Schulwesen". Es soll eine Überweisung der hier in Frage kommenden Schüler erfolgen in eine Hilfs- oder Sonderschule bzw. der nur arbeits-, nicht mehr bildungsfähigen Jugendlichen "in die reine Arbeitserziehung (Erlernung einfachster Arbeitstechniken!)".

Heiligenstaedt, Fritz: Die Schülerbücherei. – Weltanschauung und Schule 2 (1938) 230-233. – "Aufgabe und Wesen der Schülerbücherei im Dienste der Erziehung hat an die Schrifttumspolitik und Schrifttumspflege des nationalsozialistischen Staates anzuknüpfen. Entscheidend in unserem Weltbilde sind Rasse und Volkstum". Diesem völkischen Weltbild entsprechend werden in einer Schülerbücherei erwartet "Schriftwerke und Dichtwerke von den isländischen Sagas bis zu den Erlebnisbüchern der Kriegs- und Kampfzeit", Lektüre im Sinne einer "völkischen Erziehung". "Männlich tapferes oder weiblich aufopferndes Verhalten wurde früher vor allem im Buch gesucht und verehrt, heute erlebt das der Jugendliche unmittelbar in der Kameradschaft der HJ oder des BDM selbst", gleichwohl wird aktuelles Schrifttum zunehmend nachgefragt.

Kaufmann, Günter: Die Schule von morgen. – Wille und Macht 6 (1938) Heft 24 (15. Dez.) 1-14. – Verlangt eine "Einheit der Erziehung" in Schule und Hitler-Jugend. Lehrer soll in Zukunft nur werden, "wer in der HJ durch die Führung seiner Einheit gezeigt hat, daß erzieherische Fähigkeiten und die Hingabebereitschaft einer Führernatur in ihm stecken. Die HJ stellt den Nachwuchs... Die Schaffung der Schuljugendwalter durch Pg. Rust und Baldur von Schirach als Mittler zwischen Schule und HJ mag einen Start bedeuten. So beschreiben wir zuversichtlich den gemeinsamen Weg. In stolzen gläubigen Herzen aber tragen wir das Wort Adolf Hitlers: 'In unserer nationalsozialistischen Jugendorganisation schaffen wir die Schule für die Erziehung des Menschen eines neuen Deutschen Reiches'." – Dieser usurpierende Angriff auf die Schule wurde vom NS-Lehrerbund unverzüglich abgewehrt (Nationalsozialistisches Bildungswesen 4, 1939, 43).

Klein, Friedrich: Zur Begabtenförderung durch die Schule. – Das Junge Deutschland 32 (1938) 516-520. – Zum möglichen Übergang "gesunder, charakterlich einwandfreier, besonders begabter Schüler und Schülerinnen minderbemittelter Eltern" aus der Volksschule in eine Mittelschule bzw. höhere Schule. Die "Auswahl" ist gebunden

1. an die Erbanlagen und das allgemeine rassische Bild, das sich in der Ahnenreihe, in dem Elternpaar und in dem Kinde selbst allgemein widerspiegelt;
2. an besondere körperliche Anlagen und Fähigkeiten;
3. an eine gute charakterliche und politische Haltung und Einstellung bei dem Elternpaar und dem Schüler selbst;
4. an besondere geistige Veranlagung des Schülers, die über dem Durchschnitt liegen muß (S. 519).

Könitzer, Willi Fr.: Die Vorbereitung der deutschen Schulreform. – Wille und Macht 6 (1938) Heft 24, S. 20-28. – Zum Erlaß des Reichserziehungsministers vom 29. Januar 1938 und zur Kooperation von Schule und Hitlerjugend. Auch die Schule bekennt sich wenigstens im Prinzip zu der von Alfred Baeumler propagierten "Formationserziehung".

Neuloh, Otto: Die Auslese der Begabten. Bericht aus Westfalen. – Das Junge Deutschland 32 (1938) 325-333. – Die nicht selten überraschende Ermittlung von begabten Berufstätigen nur mit Volksschulabschluß beim "Reichsberufswettkampf" führt zu dem Schluß, daß die Begabtenauslese oft um mehrere Jahre zu spät kommt. Die Gebietsführung Westfalen der HJ beansprucht weitgehende Mitwirkungsrechte bei der Begabtenauslese und Begabtenförderung, weil sie die übliche Sextaner-Aufnahmeprüfung für unzulänglich hält. – Auch hier zeigt sich ein usurpierendes Konkurrenzdenken der HJ gegenüber der weiterführenden Schule.

Schuljugendwalter – Vertrauenslehrer der Hitler-Jugend. Appell an die deutsche Erzieherschaft. – Das Junge Deutschland 32 (1938) 218-220. – "Hitler-Jugend und Schule... haben so viele Berührungspunkte in ihrem Erziehungsauftrag, daß nur eine enge Verbindung unangenehme Reibungen und Schwierigkeiten beseitigen kann... Dieser Lehrer übt keine Befehlsgewalt aus, sondern ist lediglich Berater des Schulleiters in HJ-Fragen und Vertrauensmann und Sprecher der Hitler-Jugend... Es ist nicht unbedingt nötig, daß er auch äußerlich der Hitler-Jugend angehört". Er hat besonders zwei Aufgaben:

1. Die Kenntnis von Idee und Gestalt der Hitler-Jugend muß innerhalb der Deutschen Lehrerschaft noch weiter verbreitet werden als bisher. Es ist deshalb eine intensive Aufklärungsarbeit notwendig...

2. Daß ein Junge durch seinen Einsatz für die Bewegung empfindliche Nachteile für seine ganze Entwicklung erfährt, muß für alle Zukunft unmöglich sein. Erhebt die Schule den Anspruch auf eine Beurteilung... der Gesamtpersönlichkeit, so darf sie auf das Urteil der Hitler-Jugend nicht verzichten". – Auch das mußte die Schule als Eindringen in ihren Kompetenzbereich empfinden.

Witte, Eva: Vertrauenslehrer der Hitlerjugend. Der neue Aufgabenkreis des Mittlers zwischen Schule und Staatsjugend. – Weltanschauung und Schule 2 (1938) 228-230. – Zum diesbezüglichen Erlaß des Reichserziehungsministers vom 18. Februar 1938.

Eydt, Alfred: Auslese und Ausmerze in der Schule. Ein Beitrag zur praktisch-rassenpolitischen Aufgabe der deutschen Volksschule. – Nationalsozialistisches Bildungswesen 4 (1939) 94-114. – Fortführung und Erweiterung der Analysen und Vorschläge des Verfassers in seinem Aufsatz in: Das Junge Deutschland 32 (1938) 579-585.

Das Schullandheim. Von Staatsminister *Freyberg*. – Weltanschauung und Schule 3 (1939) 7-14 (vgl. S. 15-20: "Unterricht im Landheim. Berichte aus Bremen"). – Das Schullandheim ist ein Ort nationalsozialistischer "Gemeinschaftserziehung" mit geregeltem "Dienstbetrieb". "Alle Schullandheime unterstehen der Aufsicht des Staates, der ihre gleichmäßige Ausrichtung überwacht... Das Schwergewicht der Erziehung im Schullandheim liegt in der Pflege soldatischer Haltung... jeder Junge und jedes Mädel vom 6. Schuljahr an soll wenigstens einmal im Jahr einige Wochen im Schullandheim gewesen sein... in Anhalt (wurde) zuwegegebracht, daß das Schullandheim als ein unentbehrlicher Bestandteil nationalsozialistischer Jugenderziehung allgemein anerkannt ist... Ohne Schullandheim gibt es keine lebensfähige und lebenswahre nationalsozialistische Schule".

Freysold, Arnold: Wehrerziehung als Aufgabe der Höheren Schule. – Weltanschauung und Schule 3 (1939) 102-107. – "Die Schule des nationalsozialistischen Staates hat... eine totale Erziehungsaufgabe erhalten... Der Nationalsozialismus aber hat aus seinen Erkenntnissen von Lebensraum, Rasse, Führung und Gefolgschaft heraus allgemeine Erziehung und Wehrerziehung zu einer Einheit verschmolzen... Volk, Wehr, Rasse und Führertum sind die Richtpunkte auch für die Gestaltung der Leibeserziehung". Die "Lernschule alten Stils" ist abgelöst durch eine Erziehungsordnung, die als Vorbild hat "die Gestalt des wirklichen, d. h. durch Blut und geschichtliches Schicksal bestimmten kämpferischen Menschen, der sich kraftvoll, begeisterungsfähig und einsatzbereit in den Dienst der Gemeinschaft stellt." Wenn etwa im Deutschunterricht Schrifttum als Unterrichtsstoff ausgewählt wird, aus dem sich "der Wert des Einsatzes heldischer Kraft offenbart und der Schüler das Volk als Blut- und Kampfgemeinschaft ehrfurchtsvoll begreift, wenn der Geist wertvoller Kriegsliteratur zu ihm spricht, dann bildet der Deutschunterricht das Rückgrat der Wehrerziehung."

Geuß, Richard: Die Schule in der nationalsozialistischen Erziehungsfront. – Nationalsozialistisches Bildungswesen 4 (1939) 65-67. – "Daß das Ziel für die Aufgaben der Schule in Unterricht und Erziehung von einer höheren und wesentlicheren Ebene aus als der pädagogischen bestimmt werden muß, scheint selbstverständlich, seit die Erziehungswissenschaft... zur völkischen Pädagogik wurde". Erziehung und Unterweisung erfolgen nun im Hinblick auf die "nordische Rassenseele unseres Volkes" (Alfred Rosenberg), und "Rassenkunde und Vorgeschichte" sind von größter Bedeutung. Daher ist im Sinne Rosenbergs Rassenkunde der "weit ausholende Versuch der deutschen Selbstbesinnung", und die Ergebnisse der Vorgeschichtsforschung sind das "Alte Testament des deutschen Volkes".

Hohmann, Walther: Kriegsfragen der höheren Schule: Hilfsdienst, Ernteeinsatz, Beschränkungen. – Weltanschauung und Schule 3 (1939) 457-462. – Sehr große Probleme entstanden der Schule durch die Einberufung von Lehrern und Schülern zur Wehrmacht, zum Arbeitsdienst, Notdienst, durch außerschulische Einsätze der Oberklassen und überhaupt "wichtigen Kriegshilfsdienst" verschiedenster Art sowie durch erheblichen Ausfall vom Unterricht. Indes hat das Erleben der Kriegszeit auch gute Wirkungen; denn es wirkt sich "der Krieg als stiller Miterzieher zu heldischer Lebensauffassung und echtem Gemeinschaftsgeist aus, also zu jener inneren Haltung des Menschen zum Leben, zu Volk und Staat, in der wir das wichtigste Erziehungsziel der nationalsozialistischen Schule überhaupt sehen".

Jantzen, Walther: Die deutsche Schule im Kriege. – Weltanschauung und Schule 3 (1939) 390-392. – S. 391-392: "Die kriegswichtige Aufgabe der Schule... Sicherung und Ausbildung eines hochwertigen Nachwuchses für bestimmte Berufe, die sowohl für die Kriegführung wie für die Erhaltung der Lebensführung des Volkes notwendig sind... Offiziere, Ingenieure, Wirtschaftsführer und Ärzte". "Die Erfahrungen des Weltkrieges haben gezeigt, daß eine Jugend, deren Väter bei der Truppe und deren Mütter in Fabriken weilen, in ihrer Charakterentwicklung schweren Gefahren ausgesetzt ist, wenn nicht der Schulbetrieb in aller Strenge aufrechterhalten bleibt". S. 393: "Die außerschulische Kriegsverwendung der Jugend... Einsatz im zivilen Luftschutz und bei Materialsammlungen... Schädlingsbekämpfung... Einbringung der Korn- und Hackfruchternte".

Jantzen, Walther: Kriegstagebuch einer Schulgemeinschaft. – Weltanschauung und Schule 3 (1939) 421-424. – Am 27. August 1939, fünf Tage vor Kriegsbeginn, wird in der Schule des Berichterstatters ein Reservelazarett eingerichtet, am 31. August müssen alle Luftschutzräume überholt werden. Am 1. September, dem Tag des Kriegsbeginns, werden "aus Gründen des Luftschutzes" alle Schulen "bis auf weiteres" geschlossen, doch schon bald, am 6. 9., wieder geöffnet. Am 11. 9.: "Die erste Erntehilfsdienstgruppe der Mädel wird zum BDM entlassen. Es folgen bald weitere für den Bahnhofsdienst, für Kindergärten und in die Schulgartenarbeit". 16. 9.: "Wir haben an den Oberschulen für Mädchen noch OI-Klassen. Der Reichserziehungsminister hat angeordnet, daß diese sofort zu entlassen sind, damit sie im Kriegshilfsdienst zum Einsatz kommen." 29. 9.: "Schulschlußtag" (zu Beginn der Herbstferien, die vorverlegt werden, "damit die Hackfruchternte gut eingebracht werden kann"). Die Schulgemeinschaft tritt unter der Fahne zusammen. Gestern hat Warschau kapituliert. Welch ein Monat liegt hinter uns! Krieg? – Stolze Bewährung deutscher Jugend in der Heimat. Wir haben diese Zeit gut bestanden. Die Zukunft ist unser. Unser Glaube kennt nur eins: den Sieg!"

Kaufmann, Günter: Stimmen für die Einheit der Erziehung. – Wille und Macht 7 (1939) Heft 14 (15. Juli) 1-16. – Der von der HJ neuerdings vertretene, von der Schule aber als usurpierender Angriff verstandene "Begriff von der Einheit der Erziehung", wird durch Abdruck zahlreicher zustimmender Meinungsäußerungen nachdrücklich gestützt. Ziel ist, "daß die in der Hitler-Jugend bewährten erzieherischen Ideale auch in der Schule ihren allgemeinen positiven Einsatz erfahren können" (S. 2). Die HJ stützt sich für ihren reformerischen Angriff auf die Schule vor allem auf einschlägige Aussagen Alfred Baeumlers vom absoluten "Vorrang des weltanschaulichen Denkens" und seine Forderung einer dominierenden Macht der "Formationen" (d. h. HJ usw.), von denen die Schule getragen und geprägt werden müsse (S. 11 f.). – Baeumler und die HJ scheinen eine stärkere Veränderung der herkömmlichen "Lernschule" in Richtung auf einen neuen Schultyp anzustreben, wie er in den Adolf-Hitler-Schulen (AHS) bereits realisiert ist.

Wir Jungen tragen die Fahne. Nationalsozialistische Morgenfeiern der Adolf-Hitler-Volksschule Stettin. Hg. von Rektor Albert *Krebs*. – Frankfurt (Diesterweg) 1939, 204 S. – Abdruck der Texte der Morgenfeiern, die während des Schuljahres 1937/38 jeden Montag die Wochenarbeit für die Jungen und Mädchen der Oberstufe einleiteten.

Krüger, Alfred: Totale Mobilmachung der deutschen Schule. – Weltanschauung und Schule 3 (1939) 394-396. – Jetzt, nach Kriegsbeginn, hat sich der Lehrer als "politisch-pädagogischer Soldat" einzusetzen "wie ein Offizier des Frontdienstes". U. a. soll er "grenzenloses Vertrauen zum Führer" vermitteln.

Ohlendorf, Heinz: Schule und Feiergestaltung. – Völkische Musikerziehung 5 (1939) 231-235. – Beispiel der Feier des 9. November (Erinnerung an die Toten der ersten nationalsozialistischen Erhebung im Jahr 1923). Absicht ist, "daß unsere Feierstunden vom seelischen Ansprechen her helfen müssen, den tragenden Unterbau mitzuschaffen für eine neue staatliche und volkliche Wirklichkeit".

Sahrhage, H.: Enwicklung und Lage der deutschen Schullandheimbewegung. – Weltanschauung und Schule 3 (1939) 21-23. – Die nach 1918 entstandenen Schullandheime, deren Zahl 1933 260 betrug, sind seit 1933 um 130 vermehrt worden. Sie dienen laut ministerieller Verordnung seit 1933 "in erster Linie völkisch-politischen Zwecken". Das Schulllandheim ist jetzt "ein Wesensbestandteil der nationalsozialistischen Erziehung".

Gräfer, Gustav: Die deutsche Schule, in: Erziehungsmächte und Erziehungshoheit im Großdeutschen Reich, hg. von Ministerialrat Rudolf Benze und Regierungsdirektor Gustav Gräfer, Leipzig (Quelle & Meyer), 1940, 45-76. – "Das Ziel aller nationalsozialistischen Erziehungsordnungen ist die Formung des politischen Deutschen auf der Grundlage der nationalsozialistischen Weltanschauung und ihrer Kernstücke Volk, Rasse, Wehr, Führertum ... Gleichzeitig wurden Schule, Elternhaus und Hitlerjugend zu der gemeinsamen Aufgabe verpflichtet, die deutsche Jugend zu echten Nationalsozialisten zu erziehen ... Alle Erziehungsformen haben ein Ziel: Die Formung des nationalsozialistischen Menschen" (S. 45 f.). Die "Leibeserziehung" hat in der Schule eine "beherrschende Stellung". Sie soll durch Gemeinschaftserziehung und planmäßige Entwicklung zur körperlichen Leistung und zum kämpferischen Einsatz führen und damit die Voraussetzungen für die Wehrfähigkeit schaffen. Sie soll im Dienst der Rassenpflege Leib und Seele als Träger des Rassenerbes entwickeln und formen ... Als Mittel der Erziehung soll die kämpferische Leistung im Mittelpunkt aller Leibeserziehung stehen ... Die Leibeserziehung ist ein Teil der Wehrerziehung" (S. 50 f.). "Aufgabe der Schule ist es, dem Volk eine neue Führungsschicht zu geben. Damit wird der 'Grundsatz der Auslese' ... ein verpflichtendes Gesetz für die gesamte Schulerziehung und alle ihre Formen" (S. 51).

Der landwirtschaftliche *Hilfsdienst* der Schuljugend. – Weltanschauung und Schule 4 (1940) 119-123. – Zum Einsatz von Schülern und Schülerinnen "bei den landwirtschaftichen Bestell-, Pflege- und Erntearbeiten im Schuljahr 1940 ... der praktische Einsatz erfolgt im Einvernehmen mit dem Hoheitsträger durch die HJ und die Schule unter Mitwirkung des Arbeitsamtes". Für den Einsatz der städtischen Jugend gilt, daß der gesamte Einsatz "unter Leitung der HJ-Führer und BDM-Führerinnen" erfolgt (S. 121). "Mädchen dürfen zur landwirtschaftlichen Hilfe nur eingesetzt werden, wenn eine sittliche Gefährdung nach Lage der Verhältnisse nicht zu befürchten ist, insbesondere ist dies bei der Beschäftigung von Kriegsgefangenen, polnischen Arbeitskräften u. dgl. zu beachten" (S. 122). Der Einsatz ist "ein Teil der Jugenddienstpflicht" (S. 123).

Die Deutsche Volksschule im Großdeutschen Reich. Handbuch der Gesetze, Verordnungen und Richtlinien für Erziehung und Unterricht in Volksschulen nebst den einschlägigen Bestimmungen über Hitler-Jugend und Nationalpolitische Erziehungsanstalten. Nach amtlichen Quellen bearbeitet und hg. von A. *Kluger*, Regierungs- und Schulrat. – Breslau (Hirt) 1940. 418 S. – Enthält den Wortlaut aller einschlägigen Gesetze und Verordnungen, auch Richtlinien für die einzelnen Unterrichtsfächer, Lehrpläne, Regelungen bezüglich der Schulfeiern und Gedenktage und sonstige Bestimmungen aller Art. Thematisiert werden z. B. unter anderem das "Tabakrauchen Jugendlicher", die "Sexuelle Belehrung der Schuljugend" und das Verhältnis zur HJ und zu den Nationalpolitischen Erziehungsanstalten (Auswahl, Aufnahme, Freistellen).

Lange, Emma: Der erste Tag im Schullandheim. – Nationalsozialistische Mädchenerziehung 6 (1940) 197-211. – Eine Lehrerin berichtet über vierzehn Tage mit 48 dreizehnjährigen Mädchen in einem Schullandheim. Die Kinder sollen Einsicht gewinnen "in die schicksalhafte Verbundenheit des deutschen Volkes mit seinem Lebensraum, die sich in der Liebe zur Heimat, im Stolz auf Volk und Vaterland und in der Bereitschaft zur verantwortungsvollen Mitarbeit an dem Ausbau der naturgegebenen Lebensgrundlage kundgibt" (S. 198). Es finden u. a. Wanderungen statt (mit kleinen Mutproben: Überspringen eines Baches). Am Abend: "Feierlichkeit lag über Hof und Haus, als sie in Reih und Glied antraten und die Fahne des Führers niederholten" (S. 199).

Luise von *Raumer*: Zu Fragen der hauswirtschaftlichen Oberschule für Mädchen. Ein offener Brief. – Weltanschauung und Schule 4 (1940) 254-259. – "Der Mädeltyp, der dieser Schule entwächst, ist der, den die meisten eigentlichen Frauenberufe brauchen, er paßt genau zu dem, was BDM-Führung, Arbeitsdienst und Frauenschaft sich als Ideal denken" (S. 258).

Spielhagen, Martin: Wehrerziehung in der Schule. Praktische Beispiele für die Durchführung dieses Unterrichtsgrundsatzes. – Osterwieck (Zickfeldt) 1940. 171 S. – Es soll "jedem Deutschen die soldatische Haltung zur Grundhaltung seines Lebens" werden, und so ist erforderlich "die wehrgeistige Durchdringung unseres gesamten Unterrichts. Wehrgeistige Gesinnung ist oberster Unterrichtsgrundsatz!" (Vorwort). Es ist "der höchste Sinn kämpferischer Grundhaltung: Völlige Aufgabe des Ichs im Dienste der Gemeinschaft" (S. 6). Von großer Bedeutung ist "die Erziehung zur soldatischen Haltung durch die Gemeinschaftsfeier" (S. 94-112). Hier ist u. a. von einiger Bedeutung das in der HJ viel rezitierte Gedicht Herybert Menzels: "Wenn einer von uns müde wird, der andre für ihn wacht... wenn einer von uns fallen sollt, der andre steht für zwei. Denn jedem Kämpfer gibt ein Gott den Kameraden bei" (S. 109).

Cretius, Paul/*Spielhagen*, Martin: Ziele und Wege des neuen Volksschulunterrichts. Winke für die Unterrichts- und Stoffplangestaltung im Geiste der neuen Richtlinien vom 15. 12. 1939. 2. Auflage. – Osterwieck (Zickfeldt) 1941. 200 S. – Den Richtlinien zufolge hat die Schule Männer und Frauen zu erziehen, die, "ein jeder an seiner Stelle, zum vollen Einsatz für Führer und Volk bereit sind" (S. 1). Die "wehrgeistige Erziehung" beginnt bereits im 1. und 2. Volksschuljahr mit der Betrachtung kleiner Erlebnisse der Kinder ("Ich habe meinen Bruder in der Kaserne besucht". "Gestern sind Soldaten durchs Dorf gekommen" und ähnliche Themen). Z. B. im Geschichtsunterricht "sind die im deutschen Volke wirksamen rassischen Grundkräfte vorwiegend nordischer Art nachdrücklich herauszustellen... Heldischer Geist und der Gedanke des Führertums sollen den

gesamten Geschichtsunterricht erfüllen, die Jugend begeistern und den Wehrwillen wecken und stärken" (S. 71). "Und über allem steht (im Geschichtsunterricht) der Führer: All sein Tun wird getragen von der Liebe zu seinem Volk"
(S. 76). Im Musikunterricht sind vom 3. Volksschuljahr an "Jungvolklieder" zu
singen.

Wenke, Hans: Die Hauptschule im Reich. Neue pädagogische, psychologische und
schulpolitische Aufgaben und Probleme. – Die Erziehung 16 (1941) 132-142.
– Die "Hauptschule" (seit 1927 eine vierjährige Oberstufe im Rahmen des
österreichischen Volksschulwesens), die im gesamten Deutschen Reich – einem Wunsch des Führers folgend – eingeführt werden soll, erhält ihre Schüler
über ein Ausleseverfahren. "Die Hauptschule ist ausersehen, ihre Schüler unter
anderem den 'Lehrerbildungsanstalten' zuzuführen" (S. 142).

Bittrich, Max: Das Hilfsschulwesen in Großdeutschland. – Weltanschauung und
Schule 6 (1942) 76-85. – "Sterilisiert werden nur solche (Hilfsschul-)Kinder, bei
denen Erbkrankheit im Sinne des Gesetzes vom 14. Juli 1933 vorliegt. Dies Gesetz hat die allmähliche Ausmerzung alles Erbkranken aus dem Blutstrom des
Volkes zum Ziele." Im Sinne einschlägiger Aussagen in Hitlers "Mein Kampf"
und im Interesse einer "Gesundung des Volkskörpers" muß es gelingen, diese "wertlosen Menschen" bzw. "die kranken Erblinien aus dem Lebensstrom
auszumerzen" (S. 77). Entsprechend dem Gesetz vom 14. 7. 1933 wurden wegen der "Erbkrankheit" "angeborener Schwachsinn" bisher etwa 50 v. H. aller
Hilfsschüler sterilisiert. "Dagegen ist die Unfruchtbarmachung bei reiner Asozialität leider noch nicht möglich... Es wäre aber zu wünschen, daß es bald
geschieht, damit diese Schädlinge aus dem Blutstrom des Volkes endlich ausgeschaltet werden... Es sind die halt-, willen- und gemütlosen späteren Vaga-
bunden, Bettler, Diebe, Betrüger, Urkundenfälscher, Zuhälter und Prostituier-
ten... Eine Heilung ist nicht möglich, da der pathologische Erbanlagenbestand
eine Änderung des Charakterdefektes nicht zuläßt. Die Asozialen sind mindestens ebenso häufig wie die sogenannten Schwachsinnigen" (S. 80). Alle "hilfs-
schulbedürftigen" Kinder müssen in die Hilfsschule überwiesen und dort erfaßt
werden, um "das Volk vor Nachkommen von ihnen zu bewahren. Hierin liegt
die hohe rassenhygienische Bedeutung der Hilfsschule... Alle irgendwie Ge-
hemmten, also auch die Willensschwachen und Psychopathen, selbst wenn sie
als geistig normal anzusprechen sind, gehören in die Hilfsschule". Die "Richtlinien für Erziehung und Unterricht in der Hilfsschule" (Erlaß des Reichsministers vom 18. 2. 1942) regeln alles.

Dieterich, Elisabeth: Erziehung zu sittlicher Verantwortung in den Mädchenschulen.
– Nationalsozialistische Mädchenerziehung 8 (1942) 141-145. – "Die wehrhafte
und mütterliche Frau aber wird heute für alle weibliche Erziehung verpflichtendes Erziehungsziel... Unsere Mädel müssen ehrfürchtig erkennen und begeistert erleben, daß unser Volk für jeden Deutschen der höchste Wert ist... Die
biologischen Gesetzmäßigkeiten der Rasse und Vererbung, des Kampfes ums
Dasein, der natürlichen Zuchtwahl, der Brutpflege, gelten auch für die biologische Einheit Volk... Der Kampf ums Dasein als Mittel zur Höherzüchtung ei-

ner Art hat nur Sinn bei Nachkommenüberschuß, der unserm Volke fehlt... Es genügt nicht, daß unsere Mädel z. B. für Hans Grimms 'Volk ohne Raum' begeistert sind, sie müssen sich mitaufgerufen fühlen, dieser Volksnot zu steuern... Deutschland muß wieder Kinderland werden... Die Mädel müssen spüren, daß Wachstum und rassische Erhaltung unseres Volkes eine Frage ihrer persönlichen Entscheidung und Dienstbereitschaft sind... Auch jedes Mädchen und jede Frau muß z. B. im Juden einen Volksfeind sehen, muß aus natürlichem Artempfinden heraus Kriegsgefangenen und Ausländern gegenüber scharfen Abstand wahren. Mitleid ist fehl am Platze". "Der Vergleich mit den zahlreichen ausländischen Arbeitern und Kriegsgefangenen, die täglich im Straßenbild zu beobachten sind, zwingt zur Absetzung der eigenen Rasseart gegen die fremde", zum "Rassebewußtsein als Stolz und Verpflichtung".

Keil, Theo: Die Einführung der Hauptschule im alten Reichsgebiet. – Weltanschauung und Schule 6 (1942) 137-142. – Nach der Entscheidung des Führers im Herbst 1940, die Hauptschule des ehemaligen Österreich im ganzen Deutschen Reich einzuführen, ein Ziel, das im "Altreich" erst "nach Kriegsende" hätte erreicht werden sollen, beschleunigt jetzt der Runderlaß des Reichserziehungsministers vom 13. Juni 1942 die Dinge. Die Hauptschule soll "mit Beginn des Schuljahres 1942/43" überall dort entstehen, wo die Voraussetzungen dafür gegeben sind. Außerhalb des ehemaligen Österreich bestehen gegenwärtig bereits über 400 Hauptschulen.

Kircher, W.: Der nationalsozialistische Leistungsauftrag an die deutsche Volksschule und die Voraussetzungen seiner Erfüllung. – Nationalsozialistisches Bildungswesen 7 (1942) 1-14. – Es bestehen Befürchtungen, daß nach der Einführung der Hauptschule, an die über ein Ausleseverfahren etwa ein Drittel der Volksschüler abzugeben ist, die Volksschule im Niveau absinkt. Das muß verhindert werden. "Wehrmacht und Wirtschaft brauchen eine leistungsfähige Volksschule... Die Volksschulreife muß im öffentlichen Bewußtsein als ein ehrenvolles Ziel hingestellt werden. Auszugehen ist dabei von der Tatsache, daß das Rassenpolitische Amt das Zeugnis der Volksschulreife zur Voraussetzung für die Ausgabe des Ehrenbuches der deutschen Familie macht" (S. 2. 8.).

Machacek, H.: – Die Auslese für die Hauptschule und ihre Durchführung. – Weltanschauung und Schule 6 (1942) 142-151. – Es ist "dieser einmalige aktive Eingriff nach dem vierten Schuljahr von grundlegender Bedeutung. Teilt er doch den Schülerstrom im entscheidenden Augenblick in zwei große Hauptadern, von denen die eine in die Oberstufe der Volksschule, die andere in die Ausleseschulen allgemeinbildender Art mündet... Für die Aufnahme in die Hauptschule sind sichere Leistungen vor allem in Deutsch und Rechnen Voraussetzung... Die Schüler müssen eine erkennbare Anlage zu selbstständigem Denken und einen ausdauernden Lernwillen besitzen... Die Hauptschule ist ja keine Ausleseschule im Sinne einer intellektuellen Auslese. Sie ist vielmehr eine Ausleseschule in charakterlicher, körperlicher und erst in dritter Linie auch in intellektueller Hinsicht" (S. 142. 144)

Millesi, Auguste: Die Einrichtung der Hauptschule im Reich. – Nationalsozialistische Mädchenerziehung 8 (1942) 162-163. – "Mitten im weltpolitischen Ringen unseres Volkes traf der Führer die Entscheidung über die Gestaltung des mittleren Schulwesens im Großdeutschen Reiche, und die Hauptschule... wird nun im ganzen Reichsgebiete eingeführt... Sie schafft durch eine über das Lehrziel der Volksschule hinausreichende, vertiefte und an das praktische Leben anschließende Betrachtung der politischen, kulturellen und wirtschaftlichen Verhältnisse eine... Bildungsgrundlage, auf der die Ausbildung für alle mittleren und gehobenen Berufe in Landwirtschaft, Handel, Handwerk, Technik, Industrie und Verwaltung sowie für alle hauswirtschaftlichen, pflegerischen, sozialen und technisch-künstlerischen Frauenberufe aufbauen kann. Sie ist die Vorbereitungsschule für alle Arten von Berufsfachschulen, Lehrerbildungsanstalten, Bildungsanstalten der Kindergärtnerinnen und Hortnerinnen und der Lehranstalten für wirtschaftliche und pflegerische Frauenberufe (Runderlaß vom 28. April 1941)... Kinder mit charakterlichen Mängeln werden in die Hauptschule nicht zugelassen... Schüler mit schweren körperlichen Leiden können ebenso nicht in die Hauptschule aufgenommen werden... Da kein Ausleseverfahren alle Härten und Fehler ausschließt, besteht zwischen Hauptschule und Volksschule und Oberschule die Möglichkeit des Übertritts".

Stephan, Charlotte: Die Richtlinien für Erziehung und Unterricht in der Hilfsschule. – Nationalsozialistische Mädchenerziehung 8 (1942) 182-183. – Die Hilfsschule ist in Unter-, Mittel- und Oberstufe gegliedert, von denen jede Stufe zwei Klassen umfaßt. Unterrichtet werden in der sechsklassigen Hilfsschule sieben Fächer: Leibeserziehung, Werken, Heimatlicher Unterricht, Deutsch, Gesang, Rechnen, Konfessionelle Religion. Es gibt nur Kurzstunden von 40 Minuten.

Der Aufbau des deutschen Schulwesens. Von Ministerialrat Rudolf *Benze*, Gesamtleiter des Deutschen Zentralinstituts für Erziehung und Unterricht, Berlin. – Deutsche Schulerziehung, Jg. 1941/42 (Berlin 1943) 131-139. – Eine aktuelle Übersicht über alle Schultypen einschließlich der "Berufs-, Fach- und Berufsfachschulen".

Die Höhere Schule. Von Ministerialrat Rudolf *Benze*, Gesamtleiter des Deutschen Zentralinstituts für Erziehung und Unterricht, Berlin. – Deutsche Schulerziehung Jg. 1941/42 (Berlin 1943) 190-210. – Ein Bericht über die aktuelle Situation. "Bewährt hat sich auch als neue Schulform das 'Musische Gymnasium' (2 Volksschul-Vorklassen und 8 Oberschulklassen), so daß nach dem ersten, 1940 in Frankfurt a. M. gegründeten, 1942 ein zweites in Leipzig geschaffen worden ist. Sie vereinigen Jungen offensichtlich musischer, besonders musikalischer Begabung vom dritten Volksschuljahr ab in Gemeinschaftserziehung ("Tagesschüler" sind wie an den NPEA und den Deutschen Heimschulen ausgeschlossen) und führen sie – im ganzen nach dem Lehrplan der grundständigen Oberschule, jedoch unter starker Vermehrung der Stunden für Musik und Kunsterziehung – in 10 Jahren zur Reife... ". – Im Sinne der 'völkischen Auslese' ordnen die Erlasse vom 2. Juli 1942 und 9. September 1942 die weitere 'Ausmerzung jüdischer Mischlinge' an".

Die Neuordnung des höheren Schulwesens im Dritten Reich. Sammlung der wichtig-sten diesbezüglichen Gesetze, Erlasse und Verfügungen seit Januar 1933, be-arbeitet von Alfred *Homeyer*. 3. Auflage. – Berlin (Klokow) 1943 [Loseblatt-sammlung]. – Themen: Der Schulaufbau; Das Schuljahr; Ferien; Lehrbücher; Lehrstoff; Schülerbewegung (Aufnahme; Jüdische Schüler); Schülerfürsorge; Schulgeld; Schulrecht (darin der Abschnitt "Schule und Hitler-Jugend"); Schul-verwaltung; Der Deutsche Lehrer (Ausbildung für den Lehrerberuf).

Die Hilfsschule. Von Georg *Kohlbach*, Ministerialrat im Reichsministerium für Wissenschaft, Erziehung und Volksbildung. – Deutsche Schulerziehung, Jg. 1941/42 (Berlin 1943) 161-164. – Nach Paragraph 2 des Gesetzes zur Verhütung erbkranken Nachwuchses vom 14. Juli 1933 gilt auch jemand, der an "angebore-nem Schwachsinn" leidet, als "erbkrank" und kann sterilisiert werden. "Überall dort, wo eine Hilfsschule besteht, kann mit einiger Sicherheit angenommen wer-den, daß sich in ihr alle Kinder des Bezirks, die an angeborenem Schwachsinn leiden, zusammenfinden. So erleichtert die Hilfsschule dem Staat schon durch ihre Existenz die Auffindung dieser Kinder... Die Hilfsschule steht also heu-te – gegen früher eine völlig neue Aufgabe – im Dienste der rassenpolitischen Maßnahmen des Staates". Die "Richtlinien für Erziehung und Unterricht in den Hilfsschulen" vom 18. Februar 1942 geben die Gewähr, "daß die Arbeit an der Hilfsschule künftig im ganzen Großdeutschen Reich im einheitlichen Geist und mit einheitlicher Zielsetzung geleistet wird".

Lindner, Egon: Die Mädchenoberschule im Blickwinkel der Bevölkerungspolitik. – Weltanschauung und Schule 7 (1943) 32-38. – Erörterung der "bevölkerungspo-litischen" Probleme, die u. a. dadurch gegeben sind, daß die biologisch "Höchst-wertigen" bzw. die "hochwertige Auslese" in Gestalt der Latein lernenden Ober-schülerinnen, wenn sie studieren, nicht im wünschenswerten Maße "der weibli-chen Bestimmung als Gattin und Mutter zugeführt werden" könne.

Maaßen, Nicolaus: Die Mittelschule. – Deutsche Schulerziehung 1941/42 (Berlin 1943) 171-183. – Zu den Auswirkungen des einschlägigen Minister-Erlasses vom 1. Juli 1938 und der "Bestimmungen über Erziehung und Unterricht an der Mittelschule" vom 15. Dezember 1939.

Mayer, Josef: Die Hauptschule. – Deutsche Schulerziehung 1941/42 (Berlin 1943) 184-189. – Erörtert die gegenwärtige Situation, nachdem im November 1940 durch Reichsminister Rust die Führerentscheidung bekanntgegeben wurde, im ganzen Deutschen Reich "nach ostmärkischem Vorbild" Hauptschulen einzu-führen. Aufgabe der Hauptschule ist es, "die Schüler für Berufe des praktischen Lebens vorzubereiten", und "für die Aufnahme in die Hauptschule ist neben der geistigen Leistungsfähigkeit die charakterliche Haltung und körperliche Eig-nung maßgebend" (S. 184 f.). "Die Mittelschule wird durch die Einführung der Hauptschule am stärksten berührt. Die unteren vier Klassen werden in Haupt-schulklassen umgewandelt, und über die Weiterbelassung der fünften oder sech-sten Klasse als Aufbauklassen ist noch keine endgültige Verfügung getroffen worden... Die Einführung der Hauptschule gibt der Höheren Schule die Mög-lichkeit, Schüler der unteren vier Klassen, die nicht die Absicht haben oder nicht die notwendige Leistungsfähigkeit aufweisen, alle 8 Jahre der Höheren Schule zu durchlaufen, frühzeitig ohne Zeitverlust über die Hauptschule praktischen Berufen zuzuführen" (S. 188).

Die Deutschen Heimschulen. Von Oberstudienrat Walter *Ruge*, Inspektion der Deutschen Heimschulen, Berlin. – Deutsche Schulerziehung 1941/42 (Berlin 1943) 219-223. – "Der Krieg hat die Nachfrage nach Erziehungsmöglichkeiten außerhalb der eigenen Familie ganz erheblich gesteigert. Mit den blutigen Verlusten unseres Volkes wächst die Zahl der Halbwaisen... Unzählige Familienväter sind fern von ihren Angehörigen... eingesetzt... während viele Mütter durch ihre Berufstätigkeit den Kindern entzogen werden" (S. 219). "So erhielt im Juni 1941 SS-Obergruppenführer Heißmeyer vom Führer den Auftrag zur Schaffung von Heimschulen" (d. h. Internatsschulen, je nach Bedarf als Oberschule, Gymnasium, Haupt- oder auch Volksschule; so der einschlägige Erlaß des Reichserziehungsministers vom 24. 8. 1941). "Durch Erlaß vom 16. Dezember 1941 wurden der Inspektion der Deutschen Heimschulen zunächst 61 Internatsschulen unterstellt, denen im Laufe des Jahres 1942 weitere 7 Internatsschulen folgten. 20 Heimschulen wurden im gleichen Jahre neu begründet... im Jahre 1942 konnten bereits 18 Internatsschulen zu Deutschen Heimschulen erklärt werden" (S. 220 f.). Im Unterschied zur AHS und Napola werden hier bei der Schülerauslese nur die für öffentliche Schulen generell geltenden Richtlinien angewendet. Jedoch sind die Deutschen Heimschulen straff organisiert im Sinne der Regel "Zum Nationalsozialismus gehört die Gemeinschaftserziehung als die ihm gemäße Erziehungsform seiner Jugend" (S. 220), und "es ist der Wille des Inspekteurs, jede Deutsche Heimschule zu einer 'Burg des Führers' zu machen" (S. 223).

Schaefer, Wilhelm: Die Sonderschulen. – Deutsche Schulerziehung 1941/42 (Berlin 1943) 151-160. – Zur Situation im Jahre 1941/42. Am Stichtag 25. Mai 1940 gab es im Reichsgebiet 1094 Hilfsschulen mit 103 094 Schulkindern, ferner 16 Schwerhörigenschulen, 6 Sehschwachenschulen, 12 Sprachheilschulen, 8 Sprachheil- und Schwerhörigenschulen, 1 Schule für knochen- und gelenkkranke Kinder. U. a. zum "Personalbogen für Hilfsschüler" und seinen "wichtigen erbgesundheitlichen Angaben".

Thieß, Wilhelm: Die Volksschule. – Deutsche Schulerziehung 1941/42 (Berlin 1943) 140-150. – Erörterung der Gesamtsituation "an der Schwelle des vierten Kriegsjahres". Nach der letzten Zählung im Jahre 1940 gab es an den Volksschulen 8 240 000 Schüler, an den Mittel- und Hauptschulen 492 000 Schüler, an den Höheren Schulen 761 000 Schüler (bzw. Schülerinnen).

Die nationalsozialistische Volksschule. Lehrplanentwurf der Adolf-Hitler-Volksschule zu Stettin. Hg. von Rektor Albert *Krebs*. 2. Aufl. – Frankfurt (Diesterweg) 1944 (zuerst 1937). 272 S. – Eingearbeitet ist der Minister-Erlaß vom 15. Dezember 1939, "der der deutschen Volksschule neue Richtlinien über Erziehung und Unterricht gab... Bei der Stoffauswahl wurden die Richtlinien des Oberkommandos der Wehrmacht über wehrgeistige Erziehung berücksichtigt und durchgeführt" (Vorwort). "In der Schulfeier tritt die

Eingliederung der Schule in die große Volksgemeinschaft am sinnfälligsten in die Erscheinung. Sie bildet den Höhepunkt im Gemeinschaftsleben der Schule und ist deshalb mit besonderer Liebe und Sorgfalt zu gestalten" (S. 11). Auszug aus den Richtlinien betreffend die Leibeserziehung: Ziel und Inhalt der Leibeserziehung (sie ist "grundlegender und untrennbarer Bestandteil der nationalsozialistischen Gesamterziehung") "ergeben sich aus der national-sozialistischen Weltanschauung, die in Volksgemeinschaft, Wehrhaftigkeit, Rassebewußtsein und Führertum die erhaltenden und bewegenden Kräfte der Nation erkennt... Im Mittelpunkt der Leibeserziehung steht die kämpferische Leistung – nicht als Endzweck, sondern als Mittel der Erziehung" (S. 13 f.). "Die Leibeserziehung im HJ-Alter" (d. h. für Jungen im Alter von 14-17 Jahren) soll sein "Erziehung zur Härte und zur Einsatzbereitschaft. Das HJ-Alter ist die Zeit der Kampfübungen (Mannschaftskampfspiele, Boxen)" (S. 15). Für die Mädchenerziehung gilt das Prinzip "Leibeserziehung als Rassenpflege" und: Die Leibeserziehung hat die Aufgabe, "das deutsche Mädchen auf seine künftige Bestimmung als Mutter und Erzieherin der Kinder vorzubereiten... Dabei hat auch die Leibeserziehung vom Mädchen Mut, Einsatzbereitschaft und Härte zu verlangen" (S. 18 f.). Zum Beispiel im Fach Geschichte "sind die im deutschen Volke wirksamen rassischen Grundkräfte vorwiegend nordischer Artung nachdrücklich herauszustellen... Heldischer Geist und der Gedanke des Führertums in germanisch-deutscher Ausprägung sollen den gesamten Geschichtsunterricht erfüllen, die Jugend begeistern und den Wehrwillen wecken und stärken" (S. 28). "In der Abschlußklasse lesen die Kinder aus dem Buch des Führers 'Mein Kampf' einzelne Abschnitte"; sie sollen "durch das Lesen des Werkes erkennen, daß es das Buch der Bücher ist, weil es auf alle Lebensfragen eine klare, deutsche Antwort gibt" (S. 47). Der Unterrichtsbeginn in den Klassen 3-8 verläuft militärisch reglementiert (u. a. mit "Heil-Hitler-Gruß"). Die "Morgenfeiern" an jedem Montag in der Turnhalle "dienen der politischen und religiösen Erziehung" (S. 50 f.). "Jedes Schuljahrdrittel beginnt und endet mit einer Flaggenparade, an der die Klassen 4-8 teilnehmen" (mit 9-teiligem Programm, S. 52). Im achten Schuljahr findet eine ausführliche Belehrung statt über die "Weltfeinde unseres Volkes": Judentum, Freimaurer, politischer Katholizismus, Bolschewismus (S. 217).

Wilke, Elisabeth: Eine einheitliche Form der Oberschule für Mädchen. Weltanschauung und Schule 8 (1944) 29-36. – Durch die Neuordnung der Höheren Schulen von 1938 entstand "die Oberschule für Mädchen, deren Oberstufe sich in eine Hauswirtschaftsschule und eine Sprachliche Form teilt". Letztere wird von den Mädchen bevorzugt, weil fast alle von Frauen bevorzugten wissenschaftlichen Studienfächer Lateinkenntnisse erfordern. Zweckmäßigerweise sollten beide Formen miteinander verschmelzen und einheitlich Lateinunterricht ab Klasse 3 haben. "Die Nationalpolitischen Erziehungsanstalten für Mädchen sind schon vorangegangen. Dort wird auf die Entwicklung der hauswirtschaftlichen und pflegerischen Anlagen großer Wert gelegt und zugleich Lateinunterricht erteilt, allerdings erst ab Klasse 5".

Meldungen aus dem Reich 1938-1945. Die geheimen Lageberichte des Sicherheitsdienstes der SS. Hg. und eingeleitet von Heinz *Boberach*. 17 Bde. (und 1 Registerband). – Herrsching (Pawlak) 1984. – Darin u. a. Band I, S. 101-105: "Erziehung in Schule und Hitlerjugend". Registerband S. 48-49 zu Essen; S. 337-338.
355-357 zu BDM und HJ.

5.3 Literatur

Hervorzuheben sind wegen ihres Informationswertes aus der Fülle der Literatur die
Arbeiten von Eilers (1963), Flessau (1977), Nyssen (1979), Ottweiler (1979), Scholtz
(1985), Fricke-Finkelnburg (1989), Keim (1995-97) und Ortmeyer (1998). Den größten Teil von Ortmeyers Buch macht ein Forschungsbericht (in Gestalt rezensionsar-
tiger Stellungnahmen) aus, der einen sehr beachtlichen Durchblick bietet. Zu Recht
rügt der Autor, daß in der erziehungshistorischen Forschung die Schicksale der jüdischen Schülerinnen und Schüler zu wenig Beachtung fanden, ist allerdings in den
Urteilen über seine Vorgänger mitunter zu pointiert. – Im ganzen muß gesehen werden, daß die schulische Realität nicht klappsymmetrisch übereinstimmt mit dem Text
der Lehrpläne und Schulbücher. Die Wirklichkeit war oft von Schule zu Schule teilweise unterschiedlich. Dies zu betonen, bedeutet keine "Verharmlosung". – Zu den
beachtlichen Werken der folgenden Literaturliste gehört auch die Dokumentation von
Platner (u. a.): Schule im Dritten Reich. Erziehung zum Tod (1988), jedoch scheint
der Buchtitel etwas schief geraten; denn der Diktator benötigte fanatische Kämpfer.
Tote Soldaten waren für ihn nutzlos.

Eilers, Rolf: Die nationalsozialistische Schulpolitik. Eine Studie zur Funktion der Erziehung im totalitären Staat. – Köln (Westdeutscher Verlag) 1963. 152 S.

Heyen, Franz Josef: Nationalsozialismus im Alltag. Quellen zur Geschichte des Nationalsozialismus, vornehmlich im Raum Mainz-Trier-Koblenz. – Boppard
(Boldt) 1967. – S. 211-260: "Jugend und Schule".

Nickel, Rainer: Der Mythos vom Dritten Reich und seinem Führer in der Ideologie
des humanistischen Gymnasiums vor 1945. – Paedagogica historica X, 1 (Gent
1970) 111-128

Grunberger, Richard: A Social History of the Third Reich. – London (Weidenfeld
and Nicolson) 1971. 535 S. (deutsche Übers. Wien 1972). – S. 285-303: "Education".

Nickel, Rainer: Humanistisches Gymnasium und Nationalsozialismus. Erziehung
zum Rassenbewußtsein im altsprachlichen Unterricht vor 1945. – Paedagogica historica XII (Gent 1972) 485-503

Scholtz, Harald: NS-Ausleseschulen. Internatsschulen als Herrschaftsmittel des Führerstaates. – Göttingen (Vandenhoeck & Ruprecht) 1973. 427 S. – S. 268-276:
"Die deutsche Hauptschule als Auslese-Pflichtschule".

Stephenson, Jill: Girls' Higher Education in Germany in the 1930s. – Journal of Contemporary History 10 (1975) 41-70

Erdmann, Karl Dietrich: Die Zeit der Weltkriege. 2. Teilband, Stuttgart (Klett) 1976. – S. 420-427: "Nationalsozialistische Schulpolitik".

Horn, Daniel: The Hitler Youth and Educational Decline in the Third Reich. – History of Education Quarterly 16 (1976) 425-447

Flessau, Kurt-Ingo: Schule der Diktatur. Lehrpläne und Schulbücher des Nationalsozialismus. – Frankfurt (Fischer) 1984 (zuerst München 1977) 283 S.

Horn, Daniel: The National Socialist "Schülerbund" and the Hitler-Youth, 1929-1933. – Central European History 11 (1978) 355-375

Höck, Manfred: Die Hilfsschule im Dritten Reich. – Berlin (Marhold) 1979. 315 S.

Nyssen, Elke : Schule im Nationalsozialismus. – Heidelberg (Quelle & Meyer) 1979. 155 S. – Darin u. a. S. 18-82 zum Verhältnis der konkurrierenden Erziehungsmächte Schule und Hitlerjugend.

Ottweiler, Ottwilm: Die Volksschule im Nationalsozialismus. – Weinheim (Beltz) 1979

Erger, Johannes: Lehrer und Nationalsozialismus. Von den traditionellen Lehrerverbänden zum Nationalsozialistischen Lehrerbund (NSLB), in: Erziehung und Schulung im Dritten Reich, Teil 2, hg. von Manfred Heinemann, Stuttgart (Klett-Cotta) 1980, 206-231

Gutte, Rolf: Horst-Wessel-Schule [Bremen]. Vorarbeiten zur Beschreibung einer Schulzeit unterm Faschismus, in: Terror und Hoffnung in Deutschland 1933-1945, hg. von Johannes Beck (u. a.), Reinbek (Rowohlt) 1980, 330-348

Höck, Manfred: Grundzüge der Entwicklung des Hilfsschulwesens im nationalsozialistischen Staat. – Informationen zur erziehungs- und bildungshistorischen Forschung 14 (1980) 123-136

Nixdorf, Bärbel: Politische Schule? Zusammenfassung einiger Ergebnisse einer Fallstudie zum Lehrerverhalten in der NS-Zeit. – Informationen zur erziehungs- und bildungshistorischen Forschung 14 (1980) 63-71

Popplow, Ulrich: Schulalltag im Dritten Reich, Fallstudie über ein Göttinger Gymnasium, in: Aus Politik und Zeitgeschichte (Beilage zur Wochenzeitung Das Parlament) 18 (1980) 33-69

Scholtz, Harald: Die Schule als Erziehungsfaktor, in: Erziehung und Schulung im Dritten Reich, Teil 1, hg. von Manfred Heinemann, Stuttgart (Klett-Cotta) 1980, 31-48

Wilfried *Breyvogel*/Thomas *Lohmann*: Schulalltag im Nationalsozialismus, in: Die Reihen fast geschlossen, hg. von Detlev Peukert (u. a.), Wuppertal (Hammer) 1981, 199-221

Feiten, Willi: Der Nationalsozialistische Lehrerbund. Entwicklung und Organisation. Ein Beitrag zum Aufbau und zur Organisationsstruktur des nationalsozialistischen Herrschaftssystems. – Weinheim (Beltz) 1981. 350 S.

Arnhardt, Gerhard: Schulpforte im faschistischen Deutschland – der Bruch mit einer 400jährigen humanistischen Bildungstradition. – Jahrbuch für Erziehungs- und Schulgeschichte 22 (1982) 122-138

Diere, Horst: Das Reichsministerium für Wissenschaft, Erziehung und Volksbildung. – Zur Entstehung, Struktur und Rolle der zentralen schulpolitischen Institution im faschistischen Deutschland. – Jahrbuch für Erziehungs- und Schulgeschichte 22 (1982) 107-120

Eickels, Klaus van: Das Collegium Augustinianum Gaesdonck in der NS-Zeit 1933-1942. Anpassung und Widerstand im Schulalltag des Dritten Reiches. – Kleve (Boss) 1982

Klinksiek, Dorothee: Die Frau im NS-Staat. – Stuttgart (Deutsche Verlags-Anstalt) 1982. – S. 38-42: "Schule" (als einer der Erziehungsträger).

Möhle, Robert: Das Adam-Karillon-Gymnasium zu Mainz: Schule, HJ und Elternhaus, in: Nazis und Nachbarn, hg. von Dieter Galinski, Reinbek (Rowohlt) 1982, 93-105

Reich-Ranicki, Marcel (Hg.): Meine Schulzeit im Dritten Reich. Erinnerungen deutscher Schriftsteller. 5. Aufl. – München (dtv) 1993 (zuerst Köln 1982) 259 S.

Scholle, Dietrich (u. a.): Zur Geschichte des Freiherr-vom-Stein-Realgymnasiums zwischen nationalsozialistischer Machtergreifung und Kriegsbeginn (1933-1939), in: 75 Jahre Freiherr-vom-Stein-Gymnasium, 1907-1982. Beiträge zur Geschichte der Schule, Lünen 1982, 19-109

Andrich, Matthias/*Martin*, Guido: Schule im 3. Reich. Die Musterschule. Ein Frankfurter Gymnasium 1933-39. – Frankfurt (Arbeiterwohlfahrt) 1983. 182 S.

Arbeitsgruppe Pädagogisches Museum (Hg.): Heil Hitler, Herr Lehrer. Volksschule 1933-1945. Das Beispiel Berlin. Erarbeitet von Norbert *Franck* (Redaktion) und Gesine *Asmus* (Bildredaktion). – Reinbek (Rowohlt) 1983. 271 S.

Schule im Nationalsozialismus. Katalog zur Ausstellung der Forschungsstelle Schulgeschichte der Universität Dortmund. Von Klaus *Goebel* (u. a.). – Dortmund 1983. 62 S.

Nationalsozialismus und Höhere Schule 1933-1945 [in Essen]. Ein dokumentarischer Erlebnis-Bericht. Von Oberstudienrat Friedrich *Hermkes*, Essen. – Das Münster am Hellweg 36 (1983) 94-126

Kohrs, Peter: Kindheit und Jugend unter dem Hakenkreuz. Nationalsozialistische Erziehung in Familie, Schule und Hitlerjugend. – Stuttgart (Metzler) 1983. – S. 49-102: "Nationalsozialismus und Schule".

Leschinsky, Achim: Waldorfschulen im Nationalsozialismus. – Neue Sammlung 23 (1983) 255-278 (mit Anhang S. 279-283: Alfred Baeumler, Gutachten über die Waldorfschulen)

Geert *Platner*, Schüler der Gerhart-Hauptmann-Schule in Kassel (Hg.): Schule im Dritten Reich. Erziehung zum Tod. Eine Dokumentation. – Köln (Pahl-Rugenstein) 1988 (zuerst München: dtv, 1983). 363 S.

Schnorbach, Hermann (Hg.): Lehrer und Schule unterm Hakenkreuz. Dokumente des Widerstands von 1930-1945. – Königstein/Ts. (Athenäum) 1983 (2. Aufl. 1995). – Darin u. a. S. 122-124: "Die Hilfsschule im Dritten Reich"; S. 26-31: "Der Nationalsozialistische Lehrerbund (NSLB)".

Unverhau, Dagmar: Nationalsozialistische Machtergreifung und Gleichschaltung am Beispiel der Schleswiger Domschule dargestellt. – Zeitschrift der Gesellschaft für Schleswig-Holsteinische Geschichte 108 (1983) 225-279

Jochen *Hering* (u. a.): Schüleralltag im Nationalsozialismus. – Dortmund (pad. Pädagogische Arbeitsstelle Dortmund) 1984. 367 S.

Wilfried *Breyvogel*/Thomas *Lohmann*: Schulalltag im Nationalsozialismus, in: "Die Formung des Volksgenossen", hg. von Ulrich Herrmann, Weinheim (Beltz) 1985, 253-268

Reinhard *Dargel*/Dierck *Joachim*: Oberrealschule für Jungen Altona: "Deutschland muß leben und wenn wir sterben müssen", in: Hamburg: Schule unterm Hakenkreuz, hg. von Ursula Hochmuth/Hans-Peter de Lorent, Hamburg (Hamburger Lehrerzeitung) 1985, 68-83

Kirche und Schule im nationalsozialistischen Marburg [Hg. vom Magistrat der Universitätsstadt Marburg]. Enthält: Friedrich *Dickmann*: Der Kirchenkampf 1933/34 in der Evangelischen Presse Marburgs. Ein Beitrag zur Geschichte örtlicher Publizistik. – Hanno *Schmidt*: Am Ende stand das Wort "Umsonst". Nationalsozialismus an Marburger Schulen. – Marburg (Magistrat der Stadt Marburg) 1985. 308 S. – U. a. S. 121-124 zum Verhältnis Ev. Jugend-Hitlerjugend. – S. 286-306 zum Thema "Luftwaffenhelfer".

Geudtner, Otto (u. a.): "Ich bin katholisch getauft und Arier". Aus der Geschichte eines Kölner Gymnasiums. – Köln (Emons) 1985. 247 S.

Matthias von *Hellfeld*/Arno *Klönne*: Die betrogene Generation. Jugend in Deutschland unter dem Faschismus. Quellen und Dokumente. – Köln (Pahl-Rugenstein) 1985 (2. Aufl. 1987). 352 S. – S. 142-169: "Die Schule unterm Hakenkreuz".

Hitzer, Friedrich: Aus alten Schulheften 1941-1951. Mit einer Auslegung des Oberschulrats Johann Balthasar Schopf. – Frankfurt (Röderberg) 1985

Hoch, Gerhard: HJ-Rangliste 1935: "Die Landesunterrichtsbehörde erwartet tatkräftige Unterstützung der Hitlerjugend", in: Hamburg: Schule unterm Hakenkreuz, hg. von Ursel Hochmuth/Hans-Peter de Lorent, Hamburg (Hamburger Lehrerzeitung) 1985, 40-45

Hochhuth, Maili: Schulzeit auf dem Lande. Gespräche und Untersuchungen über die Jahre 1933-1945 in Wattenbach. – Kassel (Verlag Gesamthochschulbibliothek) 1985. 243 S.

Hochmuth, Ursel: Schule Meerweinstraße: Lehrer und Lehrerkonferenzen. Mit Dokumentation: Schulprotokolle 1935-1943, in: Hamburg: Schule unterm Hakenkreuz, hg. von Ursel Hochmuth/Hans-Peter de Lorent, Hamburg (Hamburger Lehrerzeitung) 1985, 51-59

Hochmuth, Ursel: Lichtwarkschule/Lichtwarkschüler: "Hitler führt uns ins Verderben. Grüßt nicht!", in: Hamburg: Schule unterm Hakenkreuz, hg. von Ursel Hochmuth/Hans-Peter de Lorent, Hamburg (Hamburger Lehrerzeitung) 1985, 84-105

Kather, Brigitte: Mädchenerziehung – Müttererziehung?, in: Frauen unterm Hakenkreuz, hg. von Maruta Schmidt und Gabi Dietz, München (dtv) 1985, 19-30

Köhler, Manfred: Die Volksschule Harsum im Dritten Reich. Widerstand und Anpassung einer katholischen Dorfschule. – Hildesheim (Lax) 1985.

Ottweiler, Ottwilm: Die nationalsozialistische Schulpolitik im Bereich des Volksschulwesens, in: "Die Formung des Volksgenossen", hg. von Ulrich Herrmann, Weinheim (Beltz) 1985, 235-252

Rentmeister, Heinz: Aus den Schulheften eines Volksschülers 1940-1943. – Düsseldorf (Erb) 1985. 127 S. – Zu Gelsenkirchen.

Rittmeister, Erika: Schulalltag in Hattingen, in: Alltag in Hattingen 1933-1945. Eine Kleinstadt im Nationalsozialismus. Hg. von der Volkshochschule Hattingen, Essen (Klartext) 1985, 122-157

Rossmeissl, Dieter: "Ganz Deutschland wird zum Führer halten . . . ." Zur politischen Erziehung in den Schulen des Dritten Reiches. – Frankfurt (Fischer) 1985. 202 S.

Scholtz, Harald: Erziehung und Unterricht unterm Hakenkreuz. – Göttingen (Vandenhoeck & Ruprecht) 1985. 206 S.

Stolten, Inge: Staatliche Aufbauschule: "Für die Nazis war unsere Schule eine Herausforderung", in: Hamburg: Schule unterm Hakenkreuz, hg. von Ursel Hochmuth/Hans-Peter de Lorent, Hamburg (Hamburger Lehrerzeitung) 1985, 46-50

Zymek, Bernd: Die pragmatische Seite der nationalsozialistischen Schulpolitik, in: "Die Formung des Volksgenossen", hg. von Ulrich Herrmann, Weinheim (Beltz) 1985, 269-281

Reiner *Lehberger*/Hans-Peter de *Lorent* (Hg.): "Die Fahne hoch". Schulpolitik und Schulalltag in Hamburg unterm Hakenkreuz. – Hamburg (ergebnisse Verlag) 1986. – Darin u. a. S. 214-281: "Hilfs- und Sonderschulen".

Schörken, Rolf: Wie braun waren die Lehrer im Dritten Reich wirklich?, in: Der Lehrer in Bild und Zerrbild. 200 Jahre Lehrerausbildung, hg. von Hans Georg Kirchhoff, Bochum (Brockmeier) 1986, 142-147

Breyvogel, Wilfried (u. a.): "Der Krieg gibt jedem noch ungeahnte Möglichkeiten der Bewährung." Essener Gymnasiasten zwischen 1930 und 1945, in: Land der Hoffnung – Land der Krise. Jugendkulturen im Ruhrgebiet 1900-1987, hg. von Wilfried Breyvogel/Heinz-Hermann Krüger, Berlin/Bonn (Dietz) 1987, 98-111

Flessau, Kurt-Ingo: Schulen der Partei(lichkeit)? Notizen zum allgemeinbildenden Schulwesen des Dritten Reichs, in: Erziehung im Nationalsozialismus, hg. von Kurt-Ingo Flessau, Köln (Böhlau) 1987, 65-82

Über allem die Partei. Schule, Kunst, Musik in Wuppertal 1933-1945, hg. von Klaus *Goebel*. – Oberhausen (Krumbeck) 1987. 160 S.

Klewitz, Marion: Lehrersein im Dritten Reich. Analysen lebensgeschichtlicher Erzählungen zum beruflichen Selbstverständnis. – Weinheim (Juventa) 1987

Moraw, Frank: Das Gymnasium zwischen Anpassung und Selbstbehauptung. Zur Geschichte des Heidelberger Kurfürst-Friedrich-Gymnasiums 1932-1946. – Heidelberg (Winter) 1987

Dachs, Herbert: Schule und Jugenderziehung in der "Ostmark", in: NS-Herrschaft in Österreich 1938-1945, hg. von Emmerich Talos (u. a.). Wien (Verlag für Gesellschaftskritik) 1988, 217-242

Lutz van *Dick*: Oppositionelles Lehrerverhalten 1933-1945. Biographische Berichte über den aufrechten Gang von Lehrerinnen und Lehrern. – Weinheim (Juventa) 1988 (überarbeitete Neuausgabe Frankfurt 1990)

Ellger-Rüttgardt, Sieglind: Die Hilfsschule im Nationalsozialismus und ihre Erforschung durch die Behindertenpädagogik, in: Pädagogen und Pädagogik im Nationalsozialismus, in: Ein unerledigtes Problem der Erziehungswissenschaft, hg. von Wolfgang Keim, Frankfurt (Lang) 1988, 129-145

Ellger-Rüttgardt, Sieglind: Hilfsschulpädagogik und Nationalsozialismus-Traditionen, Kontinuitäten, Einbrüche, in: Pädagogik und Nationalsozialismus, hg. von Ulrich Herrmann und Jürgen Oelkers, Weinheim (Beltz) 1988, 147-165

Schule im "Dritten Reich", dokumentiert am Beispiel des Benrather Jungengymnasiums (Beiträge zur Geschichte der Schule in Düsseldorf, 4), von Hans-Peter *Görgen*/Heinz *Hemming*. – Düsseldorf (Pädagogisches Institut der Landeshauptstadt Düsseldorf) 1988. 465 S.

Ulrich *Herrmann*/Jürgen *Oelkers* (Hg.): Pädagogik und Nationalsozialismus. – Weinheim (Beltz) 1988. – Mit einschlägigen Beiträgen u. a. von Gisela Miller-Kipp, Peter Menck, Heinz Elmar Tenorth, Hubert Steinhaus, Jürgen Reyer, Harald Scholtz, Joh.-Christoph Bühler.

Keim, Wolfgang: Das nationalsozialistische Erziehungswesen im Spiegel neuerer Untersuchungen. – Zeitschrift für Pädagogik 34 (1988) 109-130

Kersting, Franz Werner: Neuere Forschungen zur Schul- und Bildungsgeschichte der Provinz Westfalen im Dritten Reich. – Westfälische Forschungen 38 (1988) 335-341

Lehberger, Reiner: "Hamburg: Schule unterm Hakenkreuz" – Zu einem regionalgeschichtlichen Projekt von Lehrergewerkschaft und Universität: Pädagogen und Pädagogik im Nationalsozialismus, in: Ein unerledigtes Problem der Erziehungswissenschaft, hg. von Wolfgang Keim, Frankfurt (Lang) 1988, 147-160

Delia und Gerd *Nixdorf*: Politisierung und Neutralisierung der Schule in der NS-Zeit, in: Herrschaftsalltag im Dritten Reich, hg. von Hans Mommsen und Susanne Willems, Düsseldorf (Schwann) 1988, 225-303

Judenfeindschaft und Schule in Deutschland 1933-1945. Materialien zur Ausstellung der Forschungsstelle für Schulgeschichte an der Pädagogischen Hochschule Weingarten, hg. von Peter W. *Schmidt*. – Weingarten (Pädagogische Hochschule Weingarten) 1988. 302 S.

Doerfel, Marianne: Der Griff des NS-Regimes nach den Eliteschulen. Stätten klassischer Bildungstradition zwischen Anpassung und Widerstand. – Vierteljahrshefte für Zeitgeschichte 37 (1989) 401-455

Emer, Wolfgang (u. a. Hg.): "Kinder erleben den Krieg". Kriegschroniken Bielefelder Schulen im Unterricht. Arbeitsergebnisse und Materialien [Ausstellungskatalog]. – Bielefeld (Oberstufenkolleg der Universität Bielefeld) 1989. 161 S.

Nationalsozialismus und Schule. Amtliche Erlasse und Richtlinien 1933-1945. Hg. und eingeleitet von Renate *Fricke-Finkelnburg*. – Opladen (Leske + Budrich) 1989. 279 S.

Kersting, Franz-Werner: Militär und Jugend im NS-Staat, Rüstungs- und Schulpolitik der Wehrmacht. – Wiesbaden (Deutscher Universitätsverlag) 1989

Scholtz, Harald: Schule unterm Hakenkreuz, in: Schule und Unterricht im Dritten Reich, hg. von Reinhard Dithmar, Neuwied (Luchterhand) 1989, 1-20

Sommer, Wilhelm: Kinder und Jugendliche im Nationalsozialismus (Lesehefte Geschichte für die Sekundarstufe I). – Stuttgart (Klett) 1989. 64 S. – S. 16-26: "Schule und Unterricht".

Handbuch der deutschen Bildungsgeschichte. Band V. 1918-1945. Die Weimarer Republik und die nationalsozialistische Diktatur. Hg. von Dieter Langewiesche und Heinz-Elmar Tenorth. – München (Beck) 1989. – Darin u. a. Bernd *Zymeck*, S. 190-203, zur Schule in der NS-Zeit.

Der Krieg frißt eine Schule. Die Geschichte der Oberschule für Jungen am Wasserturm in Münster 1938-1945, hg. von Heinz-Ulrich *Eggert*. 2. Auflage. – Münster (Eigenverlag Schriftproben, Wilhelm-Hittorf-Gymnasium) 1990. 250 S.

Lehberger, Reiner: Hamburgs Schulen unter dem Hakenkreuz: Die nationalsozialistische "Reform" des Hamburger Schulwesens, in: Hamburg, Stadt der Schulreformen, hg. von Peter Daschner/Reiner Lehberger, Hamburg (Curio) 1990, 81-96

Weber, Ulrich: Humanistische Gymnasien Badens im Dritten Reich. Anmerkungen zu drei schulgeschichtlichen Studien. – Zeitschrift für die Geschichte des Oberrheins 138. Band (Der neuen Folge 99. Band), 1990, 486-495

Krautheim, Ulrike (u. a.): "Erziehung zu nationalsozialistischer Weltanschauung und Staatsgesinnung"? Höhere Schulen im Nationalsozialismus. – Frankfurt (Diesterweg) 1991. 267 S. – Zur Malwida-von-Meysenbug-Schule in Kassel, zum Gymnasium Philippinum in Marburg und zur Oberrealschule in Gießen; informativ ist u. a. der Beitrag von Wolfgang Matthäus: "Schulakten als Geschichtsquellen" (S. 156-177).

Lück, Margret: Die Frau im Männerstaat. Die gesellschaftliche Stellung der Frau im Nationalsozialismus. Eine Analyse aus pädagogischer Sicht. – Frankfurt (Lang) 1991. – Darin u. a. S. 53-75: "Mädchenbildung und Mädchenerziehung im Nationalsozialismus" (u. a. zur Volksschule, Hauptschule, Mittelschule, Oberschule).

Möckel, Andreas: Behinderte Kinder im Nationalsozialismus. Lehren für das Verhältnis von Pädagogik und Sonderpädagogik, in: "Du bist nichts, Dein Volk ist alles". Forschungen zum Verhältnis von Pädagogik und Nationalsozialismus, hg. von Christa Berg und Sieglind Ellger-Rüttgardt, Weinheim (Deutscher Studien Verlag) 1991, 74-87

Reißenauer, Franz: Schule in der Diktatur – Das Dossenberger-Gymnasium Günzburg von 1933 bis 1945. – Günzburg (Verein der Freunde und Förderer des Bayerischen Schulmuseums Ichenhausen, Dossenberger-Gymnasium) 1991. 327 S.

Meldungen aus Münster 1924-1944. Geheime und vertrauliche Berichte von Polizei, Gestapo, NSDAP und ihren Gliederungen, staatlicher Verwaltung, Gerichtsbarkeit und Wehrmacht über die politische und gesellschaftliche Situation in Münster. Eingeleitet und bearb. von Joachim *Kuropka*. – Münster (Regensberg) 1992. 691 S. – S. 347-400: "Schule und Universität".

Langer, Hermann: "... bereit, zu siegen oder zu sterben." – Zur Geschichte der mecklenburgischen Schule 1933 bis 1939, in: Studien zur Geschichte Mecklenburgs in der ersten Hälfte des 20. Jahrhunderts, Rostock (Verlag Jugend und Geschichte) 1992, 77-92

Mühlfeld, Claus: Rezeption der nationalsozialistischen Familienpolitik. Eine Analyse über die Auseinandersetzung mit der NS-Familienpolitik in ausgewählten Wissenschaften 1933-1939. – Stuttgart (Enke) 1992. 394 S. – Darin u. a. S. 124-145: "Begabungsforschung im Dienste der Rassenpolitik: Die rassenhygienische Instrumentalisierung der Hilfsschule".

Weiß, Edgar: Schule im Nationalsozialismus (Rote Reihe, Nr. 22). – Kiel (Universität, Institut für Pädagogik) 1992. 50 S.

Kansteiner, Heinrich: Der kurze Weg vom Städtischen Gymnasium zum Hitler-Gymnasium – Das Gymnasium in der Zeit des Nationalsozialismus, in: Eine gemeine Schule für die Jugend. 450 Jahre Stadtgymnasium Dortmund, hg. von Hanswalter Dobbelmann und Jochen Löher, Essen (Klartext) 1993, 149-168

Schwingl, Georg: Die Pervertierung der Schule im Nationalsozialismus. Ein Beitrag zum Begriff "Totalitäre Erziehung". – Regensburg (CH-Verlag) 1993. 245 S.

Wissmann, Sylvelin: Es war eben unsere Schulzeit. Das Bremer Volksschulwesen unter dem Nationalsozialismus. – Bremen (Selbstverlag des Staatsarchivs Bremen) 1993. 398 S. – Auch zu Hilfsschulen, Sonderschulen, mittleren und höheren Schulen.

Hestermann, Ottheinrich: Schulzeit im Dritten Reich. Geschichte einer aufmüpfigen Klasse des Oldenburger Gymnasiums. Auf der Grundlage von Erinnerungen, Aufzeichnungen, Dokumenten. – Oldenburg (Isensee) 1994. 167 S.

Michael, Berthold: Schule und Erziehung im Griff des totalitären Staates. Die Göttinger Schulen in der nationalsozialistischen Zeit von 1933 bis 1945. – Göttingen (Vandenhoeck & Ruprecht) 1994. 214 S. (und Anhang I-XVI)

Mohaupt, Helga: Essen. Ein verlorenes Stadtbild. Fotografiert von Willy van Heekern. – Gudensberg-Gleichen (Wartburg Verlag) 1994. 71 S. – S. 70: Das Essener Burggymnasium und der Burgplatz, anläßlich einer Kundgebung der Hitlerjugend am 4. August 1935.

Ortmeyer, Benjamin: Schülerinnen und Schüler erforschen die Nazi-Zeit an der Holbein-Schule/Frankfurt Main. Arbeitsergebnisse, Erfahrungen, Hilfen. Entwurf für das Hessische Kultusminsterium. – Frankfurt 1994.

Pedersen, Ulf: Bernhard Rust: Ein nationalsozialistischer Bildungspolitiker vor dem Hintergrund seiner Zeit. – Braunschweig (Technische Universität Braunschweig, Forschungsstelle für Schulgeschichte) 1994. – S. 111-182: "Die schulpolitischen Maßnahmen Bernhard Rusts im Dienste des Nationalsozialismus".

Trapp, Joachim: Kölner Schulen in der NS-Zeit. – Köln (Böhlau) 1994. 163 S.

Buddrus, Michael: "Wenn dem Göring die Hose von Goebbels paßt... ". Aufsätze sächsischer Volksschüler als Stimmungsbilder aus dem Dritten Reich. – Jahrbuch für zeitgeschichtliche Jugendforschung 1994/1995 (1995) 197-219

Kriegsjahr 1944. Im Großen und im Kleinen. Hg. von Michael Salewski und Guntram Schulze-Wegener. – Stuttgart (Steiner) 1995, 342 S. – Darin u. a. Thomas *Jüngling*: "Schule und Schulalltag im Schatten des Bombenkrieges" (S. 267-286).

Langer, Hermann: "Kerle statt Köpfe!". Zur Geschichte der Schule in Mecklenburg und Vorpommern 1932-1945. – Frankfurt (Lang) 1995. 209 S.

Mentzel, Joachim: Zwischen Staatraison und Liberalitas. Eine Schule im Dritten Reich (Matthias-Gymnasium in Breslau), kommentiert, beobachtet, erlebt. – Würzburg (Herstellung: Maristen Druck u. Verlag, Furth) 1995. 52 S.

Abiturjahrgang 1942 am Pestalozzi-Gymnasium. Eine Schulzeit im Dritten Reich. Erinnerungen von Karl August *Koch* und Dieter *Niederstadt*, in: 1905-1995. 90 Jahre Pestalozzi-Gymnasium. 700 Jahre Schule in Unna. Festschrift zum Schuljubiläum, Unna (Druckerei der Stadt Unna) 1995, 45-47

Sollbach, Gerhard E.: Die Gleichschaltung des Schulwesens, in: Hagen unterm Hakenkreuz, hg. von Jochen Becker/Hermann Zabel, Hagen (Padligur) 1995, 91-126

"Unsere Fahne flattert uns voran... ". Jugend im Nationalsozialismus in Bremerhaven und Wesermünde. Bearbeitet und hg. von Klaus *Zisenis* und Gerth *Schmidt*. – Bremerhaven (Wirtschaftsverlag NW) 1995. 112 S.

Mädchenbildung in Deutschland. Die Maria-Wächtler-Schule [in Essen] 1896-1996, hg. von Wilfried *Breyvogel*. – Essen (Klartext) 1996

Juchter, Friedrich: Formeln, Fahnen, Flakgeschütze. Eine bewegte Schulzeit von 1934 bis 1947. – Bremerhaven (Verlag: Heimatbund der Männer vom Morgenstern) 1996. 296 S.

Langer, Hermann: Leben unterm Hakenkreuz. Alltag in Mecklenburg 1932-1945. – Bremen (Edition Temmen) 1996. 250 S. – S. 75-86: "Schule unterm Hakenkreuz".

Ortmeyer, Benjamin: Schulzeit unterm Hitlerbild. Analysen, Berichte, Dokumente. – Frankfurt (Fischer) 1996. 219 S.

Patett, Robert: Der Nationalsozialistische Lehrerbund – "Gau Schleswig-Holstein". Eine Skizze zu seiner Herrschaftsübernahme, Organisation und Tätigkeit. – Demokratische Geschichte 10 (1996) 207-243

Perchinig, Elisabeth: Zur Einübung von Weiblichkeit im Terrorzusammenhang. Mädchenadoleszenz in der NS-Gesellschaft. – München (Profil) 1996. 241 S. – S. 64-68: "Nationalsozialistische Schulpolitik".

Poensgen, Ruprecht: Die Schule Schloss Salem im Dritten Reich. – Vierteljahrshefte für Zeitgeschichte 44 (1996) 25-54

Stelmaszyk, Bernhard: "Gute Bücher, herrliche Tage". Bildungsgänge der Abiturientinnen der Maria-Wächter-Schule [in Essen] während des Zweiten Weltkrieges, in: Mädchenbildung in Deutschland, hg. von Wilfried Breyvogel, Essen 1996, 129-150

1200 Jahre Paulinum in Münster, 797-1297. Hg. von Günter Lassalle. –Münster (Gymnasium Paulinum) 1997. 736 S. – Darin u. a. Wolfgang *Jacobmeyer*: "Das Paulinum vom Beginn der Weimarer Republik bis zum Ende des Zweiten Weltkriegs" (S. 123-144).

Keim, Wolfgang: Erziehung unter der Nazi-Diktatur. Band I: Antidemokratische Potentiale, Machtantritt, Machtdurchsetzung; Band II: Kriegsvorbereitung, Krieg und Holocaust. – Darmstadt (Wiss. Buchgesellschaft) 1995-1997. II, 34-56: "Schule im Spannungsfeld von Qualifizierung, Leistungsauslese, Indoktrination und Kaderrekrutierung"; II, 113-120: "Hilfsschule und Jugendfürsorge als Einrichtungen der "Minderwertigen"-Aussonderung und "-Brauchbarmachung"; II, 137-145: "Schule im Spannungsfeld von Qualifizierung, Kriegspropaganda und Kriegshilfsdiensten".

Liedtke, Max (Hg.): Handbuch der Geschichte des bayerischen Bildungswesens, III. – Bad Heilbrunn 1997. – S. 173-473: "Das Schulwesen im NS-Staat".

Müller, Hans-Joachim: "Gleichen Tritts marschieren die Lehrer/Machtverehrer, Hirnverheerer/... ". Einige Dokumente aus dem Schulleben während der Zeit des Dritten Reiches, in: Leben und Lernen in Hilchenbach, hg. im Auftrag des Fördervereins des Jung-Stilling-Gymnasiums von Georg Sallen, Hilchenbach (Jung-Stilling-Gymnasium) 1997, 68-81.

Ideale und Idole im Schatten Hitlers und Stalins. Dresdener Oberschüler auf dem Wege aus dem Dritten Reich in die DDR. Von Joachim *Petzold* unter Mitarbeit von Waltraud *Petzold*. – Potsdam (Verlag für Berlin-Brandenburg) 1997. 340 S.

Schülingskamp, Ernst: Streifzug durch die Schulgeschichte, in: Festschrift zum 100-jährigen Bestehen der Ludgerusschule Bocholt, 1897-1997, Bocholt (Ludgerusschule) 1997, 14-45. – S. 20-28 zur Schulgeschichte 1933-1945.

Bracht, Hans-Günther: Das höhere Schulwesen im Spannungsfeld von Demokratie und Nationalsozialismus. Ein Beitrag zur Kontinuitätsdebatte am Beispiel der preußischen Aufbauschule. – Frankfurt (Lang) 1998. 767 S.

Georg *Braumann* in Verbindung mit ehemaligen Mitschülern: Striktes Gehorchen und freies Denken. Die altsprachliche Klasse des Staatlichen Gymnasiums Bochum 1941-1945 mit Oberschulklasse 1943-1946. – Bochum (Herausgeber: Gymnasium am Ostring Bochum, zusammen mit der Vereinigung ehemaliger Schülerinnen und Schüler) 1998. 286 S.

Ortmeyer, Benjamin: Schicksale jüdischer Schülerinnen und Schüler in der NS-Zeit – Leerstellen deutscher Erziehungswissenschaft. Bundesrepublikanische Erziehungswissenschaften (1945/49-1995) und die Erforschung der nazistischen Schule. – Witterschlick/Bonn (Wehle) 1998. 826 S.

Spratte, Sebastian: Die Schulfeier und ihre Rolle im Erziehungssystem des Dritten Reichs, in: Lieder in Politik und Alltag des Nationalsozialismus, hg. von Gottfried Niedhart und George Broderick, Frankfurt (Lang) 1999, 133-146

6 Die einzelnen Unterrichtsfächer und ihre Durchdringung mit NS-Ideologie, Beispiele von Schulbüchern

6.1 Überblick

Für eine Betonung heroischen Kämpfertums im *Griechischunterricht* hatte Hitler bereits in "Mein Kampf" die Weichen gestellt, indem er den berühmten Gedenkvers des Simonides für die 480 v. Chr. bei den Thermopylen im Kampf gegen die Perser gefallenen Griechen abgewandelt zitierte ("Wanderer, der du nach Deutschland kommst, melde... ", S. 224; vgl. 453 zum "griechischen Schönheitsideal"; ähnlich S. 470). Auch des Lateinischen tat er hier freundliche Erwähnung (S. 466), und "Römische Geschichte... ist und bleibt die beste Lehrmeisterin... für alle Zeiten" (S. 470). Jeder Griechisch lernende Gymnasiast kannte bald etliche Verse aus Homers Ilias, welche die "Vaterlandsverteidigung" thematisierten. Schon der Anfänger wurde mit dem Menander-Vers "Wer nicht geschunden wird, wird nicht erzogen" bekannt gemacht, und es fehlte auch im *Lateinunterricht* nicht an Sprüchen zum Thema "harte Erziehung" und "Härte" überhaupt (*per aspera ad astra, perfer et obdura* etc.), die von den Schülern nie wieder vergessen wurden. An Tacitus' ethnographischer Studie "Germania", sie gehörte zum Lektüre-Kanon, machte man eine penetrante Germanenverherrlichung fest. Einer der angesehensten Forscher der NS-Zeit berief sich ausdrücklich auf den Menander-Vers: "Der Sport erfordert den körperlichen Einsatz, der für die heroische Haltung des Jungen unentbehrlich ist... Wer sich in seiner Jugend nie hat schinden müssen, taugt nicht zum Leben" (Hans Möckelmann, Die körperliche Erziehung in den Entwicklungsstufen als Grundlage der Jugendführung, Berlin 1942, S. 19, mit gleichzeitigem Zitieren des griechischen Originaltextes samt einer Bezugnahme auf einschlägige Aussagen Hitlers in "Mein Kampf").

Dementsprechend wurden im Schulfach "*Leibeserziehung*" für Jungen "Kampfspiele" aller Art bevorzugt, wie der "Reiterkampf" (eine Abbildung z. B. in: Weltanschauung und Schule 3, 1939, neben S. 368). Ein geradezu haarsträubendes Mutsport-Beispiel bietet Rudi Palla (Die Kunst, Kinder zu kneten, Frankfurt 1997, S. 306 f., Abb. übernommen aus der NS-Schülerzeitschrift "Hilf mit"): "Bombenwerfen": Die Jungen müssen (mit den Kniekehlen frei in einem Paar von der Turnsaaldecke herabhängender Ringe hängend und weit durch den Raum schwingend) mit einem Ball, den sie in beiden Händen halten, stehende Wurfkeulen treffen und so umwerfen.

Im *Geschichtsunterricht* wertete man die Zeit ab 1933 als krönende Vollendung der gesamten nordisch-germanisch-deutschen Vorgeschichte. Auf dem Höhepunkt der Macht, im Jahre 1942, wähnte die NS-Führung Großdeutschland als bestimmende Weltmacht auf dem Weg zu einer neuen "Weltordnung", wie zum Beispiel in dem Geschichtslehrbuch "Volk und Führer" von Walter Franke (Frankfurt 1943, S. 261) zu lesen war. Nur bei Gefahr für Leib und Leben hätte es ein Lehrer wagen können, seine Schüler auf die Überheblichkeit solchen Denkens hinzuweisen.

Im *Deutschunterricht* wurde enormer Wert auf die altnordische Dichtung (Edda und dergleichen) gelegt, und das Nibelungenlied (mit dem heroischen Hagen von

Tronje und dem großen Gemetzel am Ende) war ein Prunkstück des Lehrstoffes in Oberschule und Gymnasium. Die Lesebücher waren voll von Geschichten und Gedichten zu bedeutenden Gestalten der deutschen Vergangenheit, die sich als geistige Ahnherren der NS-Größen verstehen ließen, voll auch von Kriegsverherrlichung. Ein Kuriosum ist, daß der Diktator am 3. 6. 1941 aus dem Führerhauptquartier "streng vertraulich" seinen Wunsch kundtat, daß Schillers "Wilhelm Tell" nicht mehr auf die Bühne kommen und nicht mehr im schulischen Deutschunterricht behandelt werden sollte (Karl-Heinz Jahnke/Michael Buddrus, Deutsche Jugend 1933-1945, Hamburg 1989, S. 34). Die Ermordung des Tyrannen hätte ja Schule machen können.

Das Fach *Erdkunde* diente unter anderem dazu, den Schülern die NS-Lebensraumansprüche zu vermitteln. Die ehemaligen deutschen Kolonien wollte man zurückhaben und sich neue in Mittelafrika dazu nehmen (zur Sache KUM'A NDUMBE III. Was wollte Hitler in Afrika? Frankfurt 1993; vgl. Historische Zeitschrift 261, 1995, 634 f.). Weit bedeutender war aber die Ausdehnung nach Osten hin.

Jedoch lief es auf aggressive Expansion hinaus, daß für ein "Volk ohne Raum" immerzu Kinderreichtum propagiert wurde. Das wagte aber kaum ein Lehrer deutlich zu sagen.

Im Schulfach *Mathematik* sollten unter anderem Kostenberechnungen für den Unterhalt von Geisteskranken, Krüppeln und Verbrechern angestellt werden, und zugleich wurde gefragt, wie das dafür ausgegebene Geld nützlicher für Ehestandsdarlehen und Arbeitslöhne gesunder Arbeitnehmer verwendet wäre: "Damit sollte den Schülern der Gedanke nahegebracht werden, daß dieses Geld 'sinnvoller' ausgegeben werden könne. Zielstrebig wurde die Euthanasie vorbereitet" (Klaus Scheel, in: Wissenschaft unter dem NS-Regime, hg. von Burchard Brentjes, Frankfurt 1992, S. 29).

Biologie war das Kernfach der Rassenkunde-Vermittlung. Es gab jedoch Biologie-Lehrer, auch am Essener Burggymnasium, welche die (ebenfalls im Lehrplan vorgeschriebenen) Mendelschen Regeln so ausführlich behandelten, daß für den Rassismus keine Zeit mehr war. Dies blieb während des Krieges ungeahndet, als der Unterricht vielerorts aus den verschiedensten Gründen, zum Beispiel für Luftwaffenhelfer, immer fragmentarischer wurde. Wo das Rassenthema unvermeidlich war, hatten die Lehrer wohl auch Mühe, die wenig plausible Anwendung der Dogmatik auf das deutsche Volk – es galt als Rassenkonglomerat – zu vermitteln. Dabei konnte ein konsequentes Herausstreichen und Lobpreisen der "nordischen" Rasse auch von den Schülern leicht ad absurdum geführt werden, waren doch Leute wie Hitler, Himmler, Streicher, Bormann, Göring und Ley ihrer äußeren Erscheinung nach alles andere als germanische Edelmenschen.

6.2   Quellen

Familienkunde und Rassenbiologie für Schüler. Von Studienrat Dr. Jakob *Graf*. – München (Lehmann) 1934 (2. Aufl. 1935). 141 S. – S. 104-126: "Rassenseelenkunde". "Seine große Neigung zum Handel und sein Drang nach Beherrschung und Ausbeutung der Mitmenschen trieben den Juden auf die Handelsstraßen der Welt" (S. 120). "Die Geschichte lehrt uns, daß überall da, wo aus nordischer Schöpferkraft blühende Reiche nordischer Gesittung entstanden, nach einem gewissen Zeitabschnitt der Zerfall einsetzte" (durch Vermischung mit minderen

Rassen). Im Falle Deutschlands fand eine "Entnordung" statt durch den hohen Blutverlust im Weltkrieg (1914-1918), durch Verstädterung und den damit verbundenen Geburtenrückgang. "So muß an Stelle der Entnordung die Aufnordung treten... Dabei soll der gut veranlagte nordische Mensch das Ziel der Auslese sein" (S. 124). – Die bis Dezember 1941 eingetretenen unerwartet hohen Verluste des deutschen Heeres im Rußlandfeldzug spielten vielleicht eine motivierende Rolle bei Hitlers Befehl zum Holocaust in den Vernichtungslagern. Ich werde weiter unten darauf zurückkommen.

Die Leibesübungen in der nationalsozialistischen Idee. Von Bruno *Malitz*. 2. Aufl. – München (Eher) 1934. 71 S. – Eine pauschale Polemik gegen Liberalismus (und liberalistisches "Rekordstreben"), Marxismus und Sozialismus, verbunden mit einem Plädoyer für "Leibesübungen" im Sinne der nationalsozialistischen "Volksgemeinschaft". S. 42-44: "Die Vergiftung der Idee der Leibesübungen durch das Judentum".

Rassebüchlein für die deutsche Jugend. Von Kreiskulturwart M. *Schaefer* (Die Schule im Dritten Reich. Klassenlesestoff für die neue deutsche Schule. Hg. vom Nationalsozialistischen Lehrerbund, Kreis Wuppertal). – Berlin (Beenken) 1934 (Heft Nr. 11). 17 S. – Darin u. a. S. 7-8: "Die Juden"; S. 13-14: "Von schlechter Erbmasse und der Pflicht, sie auszurotten".

Brohmer, Paul: Biologieunterricht, unter Berücksichtigung von Rassenkunde und Erbpflege. – Osterwieck/Harz (Zickfeldt) 1936. 191 S. – S. 185-189: "Anhang. Zwei Erlasse des Reichs- und Preußischen Ministers für Wissenschaft, Erziehung und Volksbildung über Vererbungslehre und Rassenkunde" (vom 13. Sept. 1933 und 15. Januar 1935).

Stoverock, Dietrich: Musikerziehung in der höheren Knabenschule. – Völkische Musikerziehung 2 (1936) 161-172. – U. a. zu der im Musikgut sich spiegelnden und weitgehend vom Lehrplan bestimmten in der Schule zu pflegenden "völkischen Gesinnung".

Die Judenfrage im Unterricht. Vom Stadtschulrat Fritz *Fink*. – Nürnberg (Verlag "Der Stürmer") 1937. 46 S. – Mit Vorwort von Julius Streicher. – Das Werk enthält die üblichen rassistischen Klischees und ist garniert mit – offenbar auf Lehrerinitiative entstandenen – antisemitischen Kinderzeichnungen (S. 7. 9. 45).

Vagts, Werner: Musikerziehung in der Schule. – Musik und Volk 4 (1936/1937) 223-229. – Schule und HJ sollen "in den wesentlichen Erziehungsaufgaben zusammengehen", und es soll – auch hinsichtlich der Musikerziehung – eine "Interessengemeinschaft von Familie, Hitlerjugend und Schule" erreicht werden.

Dittrich, Werner: Erziehung zum Judengegner. Hinweise zur Behandlung der Judenfrage im rassenpolitischen Unterricht. – München (Deutscher Volksverlag) 1937. 47 S. – Kolportiert fast alle seinerzeitigen antisemitischen Klischees: Die Juden als "Gegenrasse"; die Juden besetzen weit überproportional Stellen als Ärzte, Rechtsanwälte, Hochschullehrer. Sie imitieren die "Ausdrucksfähigkeit unserer Rassenseele" (z. B. Vergleich der Heineschen "Loreley" mit derjenigen Eichendorffs, S. 9); der Jude als "fettgefressener Blutsauger" (S. 11); "die echt jüdische Frechheit (Chuzbe)", S. 14; Namen wie Blumenfeld oder Rosenzweig sollen "den Rassengeruch oder Knoblauchduft verbergen" (S. 15); es gibt "das Märlein vom tapferen jüdischen Frontkämpfer" (S. 17); ihr "Schachergeist" (S. 25), ihre "ungehemmte Erotik" (S. 26), ihre "unbändige Goldgier und die widerwärtige Sittenlosigkeit" (S. 30). Es "hat eine systematische antisemitische Schulungsarbeit von Kindesbeinen an durch den deutschen Erzieher zu erfolgen, die jedes Kind zum überzeugtesten Antisemiten macht" (S. 42).

Friel, Karl: Nationalpolitisches Denken ist biologisches Denken! Eine Unterrichtseinheit im nationalpolitischen Unterricht einer Oberprima. – Die deutsche höhere Schule 4 (1937) 11-25. – Argumentation gegen Intellektualismus, Individualismus und Liberalismus und für eine völkische Gemeinschaft mit "echtem Soldatentum" und "blutsmäßiger Zusammengehörigkeit der Volksgenossen". "Eine Gliederung oder Teilung des Volkes in Produzenten und Konsumenten ist biologischer Unsinn. Konsumenten und Produzenten sind alle Volksgenossen, soweit sie nicht körperlich oder geistig behindert sind. So sollte es wenigstens in einem gesunden Volke sein, und wir streben dahin, ein gesundes Volk zu werden (Die Erbgesundheitsgesetze mit dem Ziel der Ausmerzung aller Arbeitsunfähigen werden hier gründlich besprochen und auf ihre wirtschaftliche Bedeutung hin untersucht...)" (S. 18). – Danach sind körperlich oder geistig Behinderte keine Volksgenossen, und alle Arbeitsunfähigen stehen zur Ausmerzung (d. h. Eliminierung) an.

Fuchs, Achim: Die Behandlung der Judenfrage im Geschichtsunterricht der Mittel- und Oberstufe. – Die deutsche Höhere Schule 4 (1937) 416-422. – Angesichts der Tatsache, daß es bis jetzt an einschlägigen "Schul-Lehrbüchern" fehlt, sind entsprechende Stellen aus Hitlers "Mein Kampf" heranzuziehen sowie das "Handbuch der Judenfrage" von Theodor Fritsch. "Ziel des organisierten Judentums ist die Weltherrschaft über die nichtjüdischen Völker" (S. 419).

Harder, Hermann: Die germanische Linie im deutschen Schrifttum von Luther bis Kleist. – Die deutsche Höhere Schule 4 (1937) 2-11. – Z. B. Lessings "Minna von Barnhelm" "entspricht in seiner Gesinnung der völkischen Bewegung unserer Zeit... unerträglich aber wirkt die Verklärung eines Juden als des einzigen edlen, überlegenen Menschen inmitten einer Fülle von Irrenden und Toren... Dieser selbe Lessing aber hat das Drama 'Philotas' gedichtet, in dem nach spartanischer Art, die der germanischen verwandt ist, der Held groß und klaglos in den Tod geht" (S. 4). Goethe bejahte am Protestantismus den "Durchbruch germanischen Freiheitsverlangens", doch war ihm "die ganze Kirchengeschichte Mischmasch von Irrtum und Gewalt", und er bekannte: "Fragt man mich aber, ob ich geneigt sei, mich vor einem Daumenknochen des Apostels Petri oder Pauli zu bücken, so sage ich: Verschont mich und bleibt mir mit euern Absurditäten vom Leibe!". Das Nibelungenlied war auch nach Meinung Goethes "die deutsche Ilias" (S. 8 f.). Bei Kleist erinnert die Wandlung des Recht suchenden friedlichen Michael Kohlhaas zum furchtbaren Rächer "an jene Wandlung, die aus der sanften Jungfrau Kriemhild die große Rächerin werden ließ" (S. 11).

Mayer-Rosa, Eugen: Das politische Kampflied im Musikunterricht der höheren Schule. – Die deutsche Höhere Schule 4 (1937) 160-164. – U. a. zu "Siehst du im Osten das Morgenrot". "Das politische Kampflied stellt seelische Bindungen her zwischen Mensch und Weltanschauung, zwischen Einzelmensch und Volk... Überall, wo es sich darum handelt, deutsche Menschen in nationalsozialistischem Geiste zu erziehen... wird das politische Kampflied zu seinem Teil an der Erfüllung dieser Aufgabe mithelfen".

Ottweiler, Ottwilm: Die Pflege des deutschen Kolonialgedankens im Erdkundeunterricht der höheren Schule. – Die deutsche Höhere Schule 4 (1937) 413-416. – "Die großdeutsche Zielsetzung fordert die Gleichschaltung allen deutschen Bodens, das heißt aller Landschaften, auf dem vorwiegend Deutsche wohnen, arbeiten und um ihr Deutschtum kämpfen... Nächst dem Erdkundeunterricht hat die Geschichte eine wichtige Aufgabe bei der Behandlung der deutschen kolonialen Frage zu übernehmen" (S. 415). "Der Deutschunterricht ist durch die Auswahl geeigneter Lesestoffe in der Lage, zur Pflege des deutschen Kolonialgedankens wesentlich beizutragen... Der Kolonialdeutsche als körperlich, charakterlich und geistig gleich starke Persönlichkeit, als Herrenmensch, muß der deutschen Jugend als Vorbild gezeigt werden. Als Literatur sind für den Deutschunterricht in erster Linie die Werke von Hans Grimm zu nennen, die im wahrsten Sinne des Wortes politisch sind" (S. 416).

Dobers, Ernst/*Higelke*, Kurt (Hg.): Rassenpolitische Unterrichtspraxis. Der Rassengedanke in der Unterrichtsgestaltung der Volksschulfächer. – Leipzig (Klinkhardt) 1938. 356 S. – Darin Beiträge zu den Fächern Deutsch, Geschichte, Biologie, Erdkunde, Leibeserziehung, Musik und Bildnerische Erziehung von Wilhelm Helmich u. a.; S. 342-351 Abdruck einschlägiger Erlasse des zuständigen Reichsministers. Der konfessionsgebundene Religionsunterricht ist kein Thema, weil "fast jeder Blick in das konfessionelle Schrifttum zeigt, mit welchen Vorbehalten, ja Feindseligkeiten dem Rassenbegriff und Rassendenken von jener Seite her begegnet wird" (S. 11, in der Einführung der Herausgeber); vgl. Helmich S. 14: "Darum ist das erlösungsmenschliche Brauchtum der Kirche, das aus vorderasiatischem Erlösungsverlangen vom Fluch des Fleisches erwächst und zum stilfremden Sündenbewußtsein erzieht, eine Gefahr für die rassische Erziehung".

Koepp, Johannes: Kernlieder für die unteren vier Jahrgänge der Volksschule. – Völkische Musikerziehung 4 (1938) 538-539, und ebd. 5, 1939, 82-89. 129-135. – Dabei befinden sich zahlreiche Kampflieder, Marschlieder und politische Lieder.

Lehrplan für die Musikerziehung in der Grundschule. – Völkische Musikerziehung 4 (1938) 438-443. – Die Musik "in ihrer starken völkischen und gemeinschaftsbildenden Kraft" (so die Richtlinien) dient als "Musikerziehung" der "Verwirklichung der großen Erziehungsidee: Der politische, nationalsozialistische

Mensch, das Dritte Reich" (S. 438). Das Singen politischer Lieder beginnt im
2. Schuljahr.

Pallmann, Gerhard: Das Soldatenlied in der Musikerziehung. – Völkische Musikerziehung 4 (1938) 363-368. – "Unter den Mitteln, die dem Musikerzieher zur
Verfügung stehen, um den Wehrgedanken schon in junge Herzen zu pflanzen,
nimmt das Soldatenlied eine bevorzugte Stellung ein" (S. 363).

Petersen, Johannes: Volk und Erde, das Kernstück des erdkundlichen Unterrichts. –
Weltanschauung und Schule 2 (1938) 213-218. – Das Verhältnis der Völker zum
Raum entspringt "aus rassischer Anlage", und "der Raum formt keine Rasse";
z. B. kann die Umwelt "nicht den Juden zum Seefahrer machen oder dem geborenen Händler soldatische Tugenden anerziehen". "Bei der Betrachtung des Verhältnisses von Volk und Erde kann ein wesentlicher Charakterzug des deutschen
Volkes, das Streben in die Weite und Ferne, zu großen Aufgaben und Zielen, als
das Erbe seines nordischen Blutes nicht unbeachtet bleiben. In der Wiederbe-
siedlung des Ostens wie in der Überseekolonisation, in Schiffahrt, Luftfahrt und
Welthandel hat dieser weltweite Sinn Betätigung gesucht. Wir sehen darin eines der wesentlichsten Kennzeichen nordischen Führertums, das Streben nach
einem über die Enge des Raumes und der Zeit hinausreichenden Ziel."

Treptow, Charlotte: Rassenpolitische Schulung von Jugendlichen. – Weltanschauung
und Schule 2 (1938) 304-308. – Zum Biologieunterricht im Abschlußjahr einer Mädchenmittelschule. "Dieses Besondere des Biologieunterrichtes in der
Schlußklasse betone ich nun dadurch, daß ich jede Stunde mit einem Lied und
einem Spruch beginne. Wir haben heute ein so reiches Liedgut, das die Gedanken: Ewiges Deutschland, Kette ohne Ende, Blut und Boden usw. enthält. Lieder
sind von ganz starkem Einfluß". Beim Thema "Aufartung" ist "klarzustellen,
daß eine richtige Gattenwahl keineswegs eine Aufartung des Volkes bedeutet,
wenn ihr nicht der Kinderreichtum der vollwertigen Familie folgt."

Burchard, A.: Die Aufgaben der Geographie im Dritten Reich. – Nationalsozialistisches Bildungswesen 4 (1939) 282-287. – "Die deutsche Geographie kann heute
mehr denn je als eine Gegenwartswissenschaft bezeichnet werden ... Der Führer macht nicht nur deutsche Geschichte, sondern auch starke praktische Geographie" (S. 287). Der Geograph "kommt zu dem Schluß, daß ein starkes Volk
sich den nötigen Raum schafft" (S. 286).

Frerk, Walter: Zum Abschluß des Reichslesebuchwerkes für Volksschulen. – Weltanschauung und Schule 3 (1939) 373-379. – Entsprechend der Zielsetzung in den
Richtlinien des Reichserziehungsministers vom 17. Sept. 1934 ("für die nationalpolitische Gesinnungsausbildung richtunggebend zu sein") sind "Erde, Heimat, Blut und Volk" die Kristallisationspunkte der Stoffauswahl. Dem Bericht
ist eine informative Liste der Texte beigegeben.

Hohmann, Walther: Der neue Geschichtsunterricht. – Nationalsozialistisches Bildungswesen 4 (1939) 155-167. – "Ein 'kopernikanischer Wandel' unseres Ge-
schichtsbildes" stellt klar: "Nicht Asien war die Wiege der großen Kulturen,

sondern Mittel- und Nordeuropa, und ihre Schöpfer und Träger waren Menschen nordischer Rasse" (S. 155). Unsere Vorfahren sind " 'nicht Syrer und Juden, sondern Germanen und Griechen. Das heilige Land der Deutschen liegt nicht in Palästina, sondern in Deutschland. Die Ergebnisse der Vorgeschichtsforschung sind das Alte Testament des deutschen Volkes' (Alfred Rosenberg)". Immer wieder im Mittelpunkt des Geschichtsunterrichts haben die "rassischen Grundkräfte" und der "rassische Kern unseres Volkes" zu stehen. Dieser blieb im Laufe der Jahrhunderte stets derselbe: "kämpferischer Einsatz und heldenhafte Willenhaftigkeit"; zu nennen ist hier auch die "Auflehnung der nordischen Seele gegen mittelmeerische Überfremdung und der auf rassischer Grundlage beruhende Drang nach Selbstbehauptung des freien Gewissens gegenüber priesterlicher Vormundschaft" (S. 163 f.).

Hurtig, Theodor: Die Bedeutung der Rasse in der erdkundlichen Betrachtung. – Nationalsozialistisches Bildungswesen 4 (1939) 287-289. – Erörterung der "rassischen Eigenart" der "nordischen und fälischen Menschen" im Vergleich zu anderen Völkern. "Etwa 2032 Millionen Menschen sind auf der Erde. Die Völker der weißen Rassengruppe haben davon 569 Millionen... In jeder Minute werden 22 Weiße, aber 85 Farbige geboren... Der Lebensraum der weißen Rasse ist also bedroht" (S. 290). Ein Beispiel rassischer Eigenart ist etwa: "Der Marschtritt deutscher Bataillone hebt sich scharf ab von der mehr tänzelnden Gangart französischer oder italienischer Truppen, die ureigenste Kampfweise der deutschen Soldaten ist auf Angriff eingestellt, die der Russen z. B. mehr auf Verteidigung" (S. 291). "Eine Blutmischung mit Farbigen gilt bei uns als Verbrechen... In diesem Abwehrkampf gegen rassische Vermischung geht das deutsche Volk den konsequentesten Weg, wenn es auch noch das Judentum als den Feind seines Blutes erkannt hat" (S. 292).

E. von Seydlitz'sche Erdkunde, hg. von Walther *Jantzen*. Fünfter Teil: Klasse 5. Oberschulen, Gymnasien und Oberschulen in Aufbauform. – Breslau (Hirt) 1939. 150 S., 81 Abb. – Die geopolitische und wehrpolitische Lage des deutschen Raumes war vor allem bis 1938 geschädigt durch in sein Gebiet hineinragende "Keile" (Polen, Elsaß-Lothringen, Tschechoslowakei). "In Mitteleuropa wohnen 90 Millionen Deutsche. Das Großdeutsche Reich umfaßt davon 80 Millionen. 10 Millionen Deutsche in Europa sind auf 17 andere Staaten verteilt, die fast sämtlich unter fremdvölkischer Führung stehen... Die Reichsgrenze umfaßt bei weitem nicht den gesamten deutschen Volksboden" (S. 141-143). "Der Hauptfeind für alle Kriegsführung im Osten wurde das Klima. Schon Napoleon hatte erkennen müssen, daß die Witterung alle Wege Rußlands zeitweise völlig unbrauchbar machen kann. Auch die deutschen Truppen mußten (im ersten Weltkrieg) lernen, den eisigen russischen Winter zu überdauern und bei plötzlichem Tauwetter sich... zu retten. Im Osten spielt in jedem Krieg die Weiträumigkeit der Landschaft mit" (S. 144). "Wichtiger noch als die Wandlung der deutschen Landschaft ist die Wandlung des deutschen Menschen, die sich seit der Übernahme der Macht durch Adolf Hitler vollzogen hat. In den Großstädten lungert nicht mehr das Heer der Arbeitslosen umher, und die Bettler auf den

Landstraßen sind verschwunden. In hellen Kontoren und luftigen Fabrikräumen arbeiten frohe Menschen, und auf den Landstraßen erklingen die Lieder der HJ."

E. v. Seydlitz'sche Erdkunde, hg. von Walther *Jantzen.* Siebenter Teil: Die Großmächte der Erde. – Breslau (Hirt) 1939. 128 S., 64 Abb. – "Es ist als erwiesen anzusehen, daß alle grundlegenden Errungenschaften, die dem Leben der Völker ihr heutiges Gesicht gegeben haben, von der an Zahl kleinen Menschengruppe der nordischen Rasse erdacht und geschaffen worden sind ... Die Ausbreitung der von den Ariern begründeten europäischen Kultur über die Erde ist der weitestgreifende und folgenreichste Vorgang der Weltgeschichte" (S. 5 f.). "Während Großbritannien ein Viertel der bewohnbaren Erdräume beherrscht, muß sich Deutschland mit noch nicht einem Zweihundertstel begnügen, obwohl es in der Zahl seiner Bewohner den fünfundzwanzigsten Teil der Erdbevölkerung innerhalb der Grenzen seines Landes beherbergt und versorgt. Das deutsche Volk ist wie kein anderes ein 'Volk ohne Raum' " (S. 104). "Der Erringung der wirtschaftlichen Freiheit des Reiches gilt auch der Kampf um die Rückgabe der uns 1918 geraubten Kolonien ... Das deutsche Volk ist auf Grund seiner rassischen Eigenart und seiner erwiesenen Leistungen im kolonialen Raum berufen und verpflichtet, an den Kulturaufgaben, die unerschlossene Erdräume den europäischen Völkern stellen, führend mitzuwirken" (S. 108).

Lips (Sachbearbeiter der Staatlichen Hauptstelle für den naturwissenschaftlichen Unterricht): Biologie ("Richtlinien, die den Lehrbuchverfassern als Grundlage für die Überarbeitung der Bücher gegeben wurden"). – Weltanschauung und Schule 3 (1939) 432-438. – Pflanzen, Tiere und Menschen bilden Lebensgemeinschaften, die bestimmten Gesetzen unterworfen sind ("Kampf ums Dasein", "Lebenskampf", "Auslese"). "Für das Gesamtgeschehen bedeutet das Einzelwesen wenig ... Den Kampf besteht demnach nicht das 'Individuum', sondern die 'Art' " (S. 432 f.). In der "rassenkundlichen Betrachtung" im Biologieunterricht ist Ziel "die Erziehung zum Rassenstolz (Rasse und kulturelle Leistung)" (S. 437). Die Gesundhaltung des Einzelmenschen "ist nicht Selbstzweck; sie hat dem Volk zu dienen ... Da erworbene Eigenschaften nicht vererbt werden, kann die Hebung eines Volkes nur durch (rassische) Auslese erfolgen" (S. 438). Von Bedeutung sind in diesem Zusammenhang "die Naturgesetze der Auslese und Ausmerze, der Fruchtbarkeit und der Blutreinheit" (S. 438).

Wetzel, Heinz: Politische Leibeserziehung. Beiträge zur Formung ihres Bildes. 2. Aufl. – Berlin (Limpert) [o. J., um 1939 (zuerst 1936)]. 84 S. – "Das ehemals an den Rand der Bildung gedrängte Fach 'Turnen' ist in den Mittelpunkt der schulischen Erziehung gerückt" (Vorwort). "In den tragenden Institutionen der Revolution, der SA und der HJ, beginnt sich klar und kräftig die Leibeserziehung als Teilgebiet politischer Gesamterziehung herauszuformen" (S. 13).

Albinus, Hildegard: Vom Geschichtsunterricht an Mädchenschulen. – Nationalsozialistische Mädchenerziehung 6 (1940) 175-178. – Zu berücksichtigen ist besonders "der Rassengedanke in der Ausweitung des deutschen Reichsraumes ... Adolf Hitlers Großdeutschland ist ein 'Reich germanischer Nation', ferner sein Anknüpfen an die besten Kräfte und Leistungen des deutschen Vol-

kes... in der Vergangenheit... Den reiferen Mädeln, besonders in der Oberstu-
fe der Mädchenoberschule und Berufsschule, zeigen wir außerdem auf, wie die
Frau durch ihre Haltung dazu beitragen kann, Untergang und Niedergang eines
Volkes mitzuverschulden (Spätrom)" (S. 177f.).

Alt, Michael: Das Liedgut in der Mädchenerziehung. – Nationalsozialistische Mädchenerziehung 6 (1940) 90-91. – Es wird noch zu wenig "die Liedauswahl auf
die seelische Eigenart des Mädchens abgestimmt". In Frage kommen hier besonders das 'Spinnlied', 'Liebeslied', die 'Mädchenballaden', das 'Hochzeits-
lied' und die 'Kinder- und Wiegenlieder'; diesen typisch weiblichen Liedgrup-
pen steht gegenüber "das Helden-Fahrt- und Kampflied, das wiederum in der
Musikerziehung der Knaben im Mittelpunkt stehen soll".

Groß, Helmut: Arbeitspläne für den Musikunterricht in der ein-, zwei- und achtklassi-
gen Volksschule. – Völkische Musikerziehung 6 (1940) 90-99. – Die umfangreichen Liederlisten lassen erkennen, daß es sich im wesentlichen um den gleichen
Bestand handelt, wie er auch für die Hitlerjugend charakteristisch ist.

Haacke, Ulrich: Die Geschichtsstunde auf der Mittelstufe und auf der Oberstufe. –
Weltanschauung und Schule 4 (1940) 233-238. – "Der Geschichtsunterricht läßt
im Herzen der Jugend erwachsen einen durch nichts zu erschütternden Glauben
an das eigene Volk, einen unbändigen Stolz auf das eigene Volk... wo der Unterricht (des Geschichtslehrers) aber zu einem Höhepunkt aufgipfeln soll, wird
die geschlossene Erzählung, von keiner Zwischenfrage zerrissen, das große Geschehen gestalten. Solche Höhepunkt sind auf der Mittelstufe etwa: Armins
Freiheitssieg im Teutoburger Wald... " (S. 234).

Haertwig, Elisabeth: Vom Deutschunterricht in der Mädchenvolksschule. – Nationalsozialistische Mädchenerziehung 6 (1940) 178-181. – "Formung des deutschen
Menschen! Welche Schulfächer wären zur Erreichung dieses hohen Zieles wohl
geeigneter als der Geschichts- und der Deutschunterricht!". Zu dieser Formung
tragen auch "rassenkundliche Ganzschriften (z. B. Steder, Volk und Rasse) bei".

Knust, Hermann: Ein Gang durch die Dramen der höheren Schule nach den Ansprüchen der weiblichen Erziehung. – Nationalsozialistische Mädchenerziehung 6
(1940) 87-90. – Erörterungen auf der Basis des Ministerialerlasses über "Erziehung und Unterricht in der höheren Schule". Themen sind u. a. "Die große
männliche Persönlichkeit (Führertum)" und "Die starke Frauenseele".

Lange, Emma: Die Pflege weiblicher Gemütswerte in den Mädchenvolksschulen mit
besonderer Berücksichtigung der Kräfte der volkhaften Dichtung. – Nationalsozialistische Mädchenerziehung 6 (1940) 2-4. – "Es wird heute allgemein
das Hauptaugenmerk der gesamten Erziehungsarbeit darauf gelegt, das Kind
zu rassisch-völkischem Denken und Handeln hinzuführen." Im Zusammenhang
der Lesebuchlektüre im Deutschunterricht ist deutlich, daß "Beispiele aus der
volkhaften Dichtung... in dem reiferen Mädchen den Willen wecken können,
das seinem Körper anvertraute Erbgut um seiner selbst willen und um seines
Volkes willen reinzuhalten". Wenn "in der Seele des Mädchens das Gefühl für

die Notwendigkeit der Reinhaltung der Rasse" geweckt worden ist, also ein "Rassenbewußtsein und rassenhygienisches Denken" angebahnt ist, "lernt das Mädchen schon im Volksschulalter in ersten Ansätzen politisch zu denken". Auch die im Kriege besonders wichtige "Opferbereitschaft deutscher Frauen" wird dem Kinde durch die Kraft der Dichtersprache leichter und eindrucksvoller nahegebracht (S. 2 f.).

Neeck, Elisabeth: Die Mädchenerziehung in den neuen Richtlinien für die Volksschule. – Nationalsozialistische Mädchenerziehung 6 (1940) 50-51. – "Wir wissen, daß dieser Begriff ("wehrgeistige Erziehung") Inhalt und Ziel der gesamten Erziehungsarbeit der Gegenwart und Zukunft sein muß, wenn unsere Jugend das Erbe des Führers weitertragen und ausgestalten soll. Daß die wehrgeistige Erziehung auch Inhalt und Ziel der Mädchenerziehung ausmacht, brauche ich hier nicht ausführlich darzulegen... Der Geschichtsunterricht dient der politischen und wehrgeistigen Erziehung in hohem Maße".

Schubert, Meta: Kann Geschichte Lebensmacht sein in der weiblichen Erziehung? – Nationalsozialistische Mädchenerziehung 6 (1940) 83-87. – Mitten im "Kampf unseres Volkes um sein Lebensrecht und seinen Lebensraum... besitzen wir in der Geschichte eins der stärksten Mittel der Erhöhung und Steigerung unseres völkischen und politischen Lebens, der Intensivierung und Aktivierung unserer besten Kräfte, eine Führerin zu großen Taten und eine Waffe im Ringen um unser Lebensrecht".

Erziehung zum Wehrwillen. Pädagogisch-methodisches Handbuch für Erzieher. Mit Unterstützung und unter Förderung der Deutschen Gesellschaft für Wehrpolitik und Wehrwissenschaften, hg. von Dr. phil. [Jakob] *Szliska*, Rektor. 2. Aufl., mit "Geleitwort des Oberbefehlshabers des Heeres" und "Geleitwort des Reichswalters des NSLB". – Stuttgart (Rath) 1940. 570 S. – Darin u. a. die Kapitel "Gesang- und Musikunterricht im Dienste der Wehrerziehung"; – "Erziehung zum Wehrwillen im Zeichen- und Kunstunterricht"; – Wehrerziehung in der Feier"; – Wehrerziehung im Deutschunterricht"; – "Wehrpolitische Erziehung im Geschichtsunterricht"; – "Wehrerziehung durch das Schrifttum"; – "Wehrhafte Mädchenerziehung"; – "Wehrerziehung durch den Schulfunk"; – "Soldatentum im Arbeitsdienst".

Walter, Maria: Rassenpolitischer Unterricht auf der dritten Schulstufe. – Nationalsozialistische Mädchenerziehung 6 (1940) 109-110. – Bericht über die Arbeit mit Schülerinnen der 3. Klasse einer Volksschule zur Anlage eines "Familienbüchleins" (d. h. Stammbaum, Familiengeschichte): Kind-Eltern-Großeltern. "Bis zu den Urgroßeltern vorzudringen, wäre auf dieser Stufe zuviel. Das bleibt fürs nächste Schuljahr".

Weithofer, Martha: Der Biologieunterricht an der höheren Schule. – Nationalsozialistische Mädchenerziehung 6 (1940) 227-229. – "Die Jugend... sieht, wie die Natur unerbittlich alles Kranke und Untüchtige vernichtet und wie der Mensch durch künstliche Zuchtwahl der Natur oft entgegenarbeitet... Da viele der gesetzlichen Maßnahmen des Staates auf biologischen Grundgesetzen aufgebaut sind (z. B. Rassegesetzgebung, Erbgesundheitspflege und so fort), werden auch diese von einer Jugend, die richtig biologisch denken und sehen gelernt hat, nicht nur verstanden, sondern auch befolgt werden. Dasselbe gilt für alle bevölkerungspolitischen Maßnahmen... Der Biologieunterricht an Mädchenschulen hat auch die Forderung unseres Führers nach einer 'Erziehung zur kommenden Mutter' erfüllen zu helfen... Das Endziel des Biologieunterrichts hat zu sein: biologisch richtig denkende, sich der Verantwortung gegenüber dem Volk bewußte Menschen zu erziehen, denen Rassesinn und Rassegefühl, so wie es der Führer fordert, instinkt- und verstandesmäßig in Herz und Gehirn eingebrannt ist."

Wenzel, Josef: Eine Turnstunde in meiner Landschule. – Nationalsozialistische Mädchenerziehung 6 (1940) 41-44. – "Die Mädel treten also bereits in Turnkleidung an, marschieren singend durchs Dorf zu der etwa 300 m entfernten Turnwiese... Die Gruppenführerin vom Wochendienst macht Meldung... Aufstellen zur Körperschule:... Ein Pfiff, die diensttuende Gruppenführerin läßt antreten. Wir grüßen den Führer, die Turnstunde ist beendet. Singend marschieren die Mädel durchs Dorf zurück und ziehen sich um" (S. 41 f.). Auch auf Mutproben wird Wert gelegt: "Ist ein Bach daneben (d. h. neben dem Turnplatz), so springen wir drüber. Die kleinen Feiglinge fallen hinein". Regt sich ein Vater darüber auf, seine Tochter sei in den kurzen schwarzen Turnhosen fast nackt, so wird der "g'schamige" Mann eines Besseren belehrt (S. 43. 44).

Laue, Lene: Die Leibeserziehung des deutschen Mädels. – Nationalsozialistische Mädchenerziehung 7 (1941) 162-163. – "Schule und HJ... bauen heute die gesamte Leibeserziehung auf biologischen und politischen Forderungen auf". Zum "Prinzip der Erziehung durch Leistung" gehören der "Kampfgedanke" und der "Kampfgeist" (z. B. im Völkerballspiel). "Ein durch Leibesübung gestählter Körper kann die oft schweren Aufgaben, die der Frau und Mutter erwachsen, auf Grund seiner größeren Kraft leichter tragen. Ein durch Leibeserziehung aber erzogener Leib erhält instinktmäßig seine Reinheit und Schönheit und ist so in der Frage der Rassezüchtung das grundlegende Element. Psychisch aber formt Leibeserziehung ein Mädel, das in der Spielgemeinschaft zu Kameradschaft, Einsatzbereitschaft und Unterordnung erzogen ist, im Wettkampf einen starken Willen und Härte gegen sich selbst, Entschlossenheit und Mut beweisen muß... So wird die Frau geformt, die dem Leitbild unserer Erziehungsarbeit sehr nahe kommt, kraftvoll, charakterfest, anmutig in Haltung und Bewegung".

Rehberg, Karl: Aufgaben des Musikunterrichts in der Volksschule nach den Richtlinien vom 15. Dez. 1939. – Völkische Musikerziehung 7 (1941) 45-47. – Die Musikerziehung soll u. a. "in den Dienst der Fest- und Feiergestaltung treten".

Walther, Kurt: Der Musikunterricht im Dienste der wehrgeistigen Erziehung. – Völkische Musikerziehung 7 (1941) 2-5. – "In dem gewaltigen Ringen unserer Tage hat die Schule... einen vordringlichen Sonderauftrag erhalten: Die Erziehung der Jugend zur Wehrgesinnung, zur Wehrbereitschaft. Dieser Unterrichtsgrundsatz beherrscht alle Fächer, er bezieht sich auf Jungen wie Mädel... 'Das oberste Auswahlgesetz (für den Unterrichtsstoff) während des Krieges wird grundsätzlich bestimmt durch unser einziges Kriegsziel und die Frage, wie gewinnen wir den Krieg. Das Kriegsziel lautet: Kampf dem britischen Imperialismus und seine Vernichtung' (Richtlinien für die wehrgeistige Erziehung, hg. vom NS-Lehrerbund). Damit ergibt sich auch für den Musikerzieher in der Schule eine neue Blickrichtung... Entscheidend für die Auswahl (des Soldaten- bzw. Kriegsliedes 1939/40) darf nicht der künstlerische Wert allein, sondern muß daneben der politische Erlebnis- und Begeisterungsgehalt sein... Zu diesen Weisen gehört ein bestimmter, soldatischer Gesangsstil... Und wir machen immer wieder die Feststellung, daß die Jugend, was den 'zackigen' Gesang anbetrifft, es den Soldaten gleichtun möchte".

Weber, Herbert: Gedanken um den Biologieunterricht an einer Nationalpolitischen Erziehungsanstalt. – Weltanschauung und Schule 5 (1941) 274-281. – In der freien Natur ist "die Welt des Kampfes, das Stirb und Werde" (z. B. hart packt es die Jungen an, wenn sie junge Häschen klagen hören, bis sie unter den Schnabelhieben der Krähe verstummen"). Naturbeobachtung kann vorbereiten für das Begreifen des "Lebenskampfes" (S. 274 f.). Biologie hat heute "ihre fachlichen Grenzen verlassen und ist zum Denkprinzip geworden... Geweitet ist der Blick, gerichtet auf die Lebensabläufe, in denen sich das Gesetz des Rassenerbes vollzieht. Ewig sind die Mächte des Blutes und unüberwindlich, wenn das Blut sich rein erhält und sich seiner Urgewalt bewußt bleibt" (S. 281).

Erarbeitung des Kernliedgutes der Bewegung in den Schulen. – Völkische Musikerziehung 8 (1942) 290-291. – Zum diesbezüglichen Runderlaß des Reichserziehungsministers vom 28. 9. 1942.

Hellmann, Fritz: Die Grundkräfte römischer Geschichtsschreibung. – Weltanschauung und Schule 6 (1942) 233-240. 259-273. – Zieht (im Rahmen des Schulfachs Latein) Parallelen vom antiken Imperium Romanum zum gegenwärtigen Großdeutschen Reich. Rom, "ein Gebilde, geprägt und gehärtet in jahrhundertelangem engräumigem Selbstbehauptungskampf, hatte in langsamem, zähem und stetem Umsichgreifen den Grad von Macht und Kraft erreicht, der den weiträumigen Ausgriff möglich und notwendig machte... bis der Entscheidungskampf (mit Karthago) um Sein oder Nichtsein unausweichlich wurde". Rom hat diesen schicksalhaften Bewährungskampf... bestanden und damit die innere und äußere Legitimation seiner beherrschenden Stellung im mittelmeerischen Raume erhalten" (S. 235). "Rom führt keine Angriffskriege, sondern nur gerechte Kriege (*bellum iustum*) zur Unterstützung von Bundesgenossen oder zur Verteidigung gegen ein ihm widerfahrenes Unrecht. Die Herrschaft über den *orbis terrarum* wurde auf diesem Wege gewonnen" (S. 264). Zwischen Rom und den einzelnen Völkern seines Imperiums bestanden abgestufte Abhängigkeitsverhältnisse, verbunden mit einer römischen Fürsorgepflicht, "allerdings unter der Voraussetzung eines unbedingten Herrschaftsanspruches und dessen Anerkennung" (S. 264).

Möckelmann, Hans: Die körperliche Erziehung in den Entwicklungsstufen als Grundlage der Jugendführung. Dritte Aufl. – Berlin (Weidmann) 1942. 91 S. – Es ist "die körperliche Erziehung die Grundlage jeglicher Jugendführung und Erziehung... sie will auf dem Wege über die körperliche Einsatzbereitschaft den männlichen Charakter formen, damit das Kind von Jugend auf schon lernt, sich für das Heldische und Ritterliche zu begeistern und das Schwächliche zu verachten" (S. 10 f.). Bei unseren Altvorderen kam es zu einer "Auslese im Sinne der Vernichtung der rassisch Minderwertigen... In unserer hochgespannten Zivilisation gibt es diese Art der Auslese nicht mehr... Was uns darum das Leben unter natürlichen Bedingungen nicht mehr bieten kann, das müssen wir anderweitig auszugleichen versuchen, indem wir Kampfhandlungen, Situationen, Lagen aufbauen, die eine Auslese nach körperlichen und charakterlichen Fähigkeiten bieten" (S. 16). Es "sind die Leibesübungen der ständige Prüfstein für die rassische Vollwertigkeit und Wehrtauglichkeit des Volksgenossen" (S. 16). Die "Führerauslese" geschieht über die Bewährung bei sportlicher Leistung oder in schwierigen und kritischen Situationen aller Art, z. B. im Zeltlager (S. 20). Rassische "Auslese" ist also "die politische Aufgabe der körperlichen Erziehung" (S. 22). Große Bedeutung in diesem Zusammenhang haben "Kampfspiele" aller Art, z. B. "Geländespiele", auch das Boxen (S. 64 ff. 90 ff. 104 ff. 109 ff.).

Volk und Führer. Deutsche Geschichte für Schulen, hg. von Dietrich Klagges. Ausgabe für Oberschulen und Gymnasien. Klasse 5: Nun wieder Volk. Bearbeitet von Walter *Franke*, Oberstudiendirektor in Frankfurt am Main. – Frankfurt (Diesterweg) 1943. 288 S. – S. 15-24: "Judentum und Freimaurerei untergraben das Reich" (seit 1894 ein starker "Zuzug der Ostjuden... planmäßige Blutverseuchung und Blutvergiftung... rassische Zersetzung und Vernichtung des arischen Menschen"; Ziel "der völligen politischen und wirtschaftlichen Versklavung Deutschlands unter das Weltjudentum"); S. 250-285: "Um die Neuordnung Europas und der Welt" (S. 261-276: "Der Sieg über die Westmächte – der Weg zu einer neuen Weltordnung").

Freund, Rudolf: Die Leibeserziehung im Kriege. – Deutsche Schulerziehung 1941/42 (Berlin 1943) 35-41. – "Die Leibeserziehung (ist) das wichtigste Erziehungsmittel im Dienste der Wehrerziehung. Sie ist Willens- und Charakterschulung und schafft die körperlichen und seelischen Grundlagen für die Wehrkraft und den Wehrwillen... Leibeserziehung ist Wehrerziehung auch für die Mädchen... Sie verlangt auch vom Mädchen Mut, Einsatzbereitschaft und Härte und damit die seelische Kraft, die zur Bewährung im Ernstfall des fraulichen Lebens und zur Erfüllung der Aufgabe im Rahmen der völkischen Gemeinschaft erforderlich ist... Die Leibeserziehung steht nach den Richtlinien im Dienste der Rassenpflege, der rhythmisch-musikalischen Bewegungserziehung, der Freizeitgestaltung und der Gemeinschaftserziehung" (S. 36 f.). "Das Pentathlon der neuen Leibeserziehung der Mädchen besteht aus Spiel, Leichtathletik, Schwimmen, Turnen, Schulgymnastik und Mädeltanz... (Generell legt die Leibeserziehung in der Schule) damit die Grundlage, auf der die Hitler-Jugend den Pflichtsport, die Wehrertüchtigung und die sportlichen Wettkämpfe der sportlichen Auslese der Jugend aufbauen kann" (S. 38 f.).

Biologie für höhere Schulen. Von Jakob *Graf*. 3. Band für Klasse V. Der Mensch und die Lebensgesetze. Zweite, verbesserte Auflage. – München (Lehmanns) 1943. 176 S. – S. 124: "Der Jude als Händler, Nomade, Schmarotzer und Kulturzersetzer"; S. 130: "Die Naturgesetzlichkeit, die das ganze Verhalten des Juden bestimmt, heißt Schmarotzertum"; S. 169-171: "Volksentartung und Gegenauslese"; S. 171-173: "Maßnahmen zur Volksaufartung" (Kampf gegen das kranke Erbgut, Ehestandsdarlehen, Kinderbeihilfen, Ehrenkreuz der deutchen Mutter, Erbhofgesetz).

Saat in die Zeit. Ein Lesewerk für Höhere Schulen. Hg. von Alfred *Grötz*, Oberstudiendirektor des Staatl. Friedrich-Wilhelm-Gymnasiums mit Oberschule für Jungen in Köln. Band VI: 6. Klasse. 3. unveränderte Auflage. – Düsseldorf (Schwann) 1943. 347 S. – S. 291-298: "Art und Wesen der germanischen Heldendichtung"; "siegend oder sterbend erfüllt der Germane, wenn er die ihm bestimmte Tat vollendet, das Gesetz des heldischen Lebens" (S. 297). Das Buch enthält sehr viele nordisch-germanische Texte bzw. Texte, die man diesem Genus zurechnete (z. B. Sagadichtung, Edda, Heliand, Nibelungenlied).

Möckelmann, Hans: Die Leibeserziehung der Mädel in den Entwicklungsstufen. – Berlin (Weidmann) 1943. 137 S. – Erörterung auf der Basis der Richtlinien für die Leibeserziehung der Mädchen in Schulen vom Jahre 1941. – Es ist "erst nach der Überwindung der liberalistischen Irrlehren duch die biologisch begründete Weltanschauung des Nationalsozialismus möglich, eine arteigene und eigenartige Leibeserziehung für die deutsche Frau aufzubauen" (S. 13). "Erhaltung und Veredlung unserer Rasse ist biologisches Grundgesetz" ("Leibeserziehung als Rassenpflege", "Aufartung") (S. 22). Zum Thema "Schwimmen": "... das Wasserspringen. In der Zeit der Hemmungen und Ängstlichkeiten ist es für die Mut- und Willensschulung ein unentbehrliches Mittel" (S. 102). Überhaupt sind "Kampfspiele" von Bedeutung, z. B. das Handballspiel (S. 123). "Auf Grund der völkisch-politischen Forderung von der Erziehung des ganzen Menschen zu einem lebenstüchtigen Glied in der Kette der Geschlechter kann die deutsche Frau an Charakterfestigkeit, Mut und Willensstärke hinter ihrem männlichen Kameraden nicht zurückstehen" (S. 117). Überhaupt arbeitet die Leibeserziehung auch "an der Willenszucht, die das unbeherrschte Gefühlsleben bekämpft" ("Abgleiten in die ersehnten geschlechtlichen Beziehungen"), S. 112.

Volk und Führer. Deutsche Geschichte für Schulen. Hg. von Dietrich Klagges. Ausgabe für Oberschulen und Gymnasien. Klasse 6: Von der Vorgeschichte bis zum Ende der Staufenzeit. Bearbeitet von Johannes *Silomon* und Walter *Franke*. 4. Aufl. – Frankfurt (Diesterweg) 1943. 247 S. – Früher stand man auf dem Standpunkt, die Kultur sei allein im Süden entstanden und von hier erst später in den Norden, zu allerletzt zu den Germanen gebracht worden... Mit diesem Aberglauben... hat die Vorgeschichtsforschung... gründlich aufgeräumt... Als noch niemand an die Kulturvölker des Mittelmeeres und Vorderasiens dachte, gab es bei uns eine hohe Kultur, getragen von den gleichen Menschen, die wir nun mit Stolz unsere Vorfahren nennen" (S. 3). Im Hinblick auf die Affinitäten der NS-Jugenderziehung zum dorischen Kriegerstaat im antiken Sparta ist von Interesse, was Silomon und Franke dazu sagen (S. 59-61): "Die Angehörigen der vorhellenischen Urbevölkerung, die Heloten, bildeten einen Stand leibeigener Staatssklaven... Ihre Behandlung war hart... Absonderung der dorischen Schicht und der daraus sich ergebenden 'Erbgesundheitspflege'. Rechtzeitige Verheiratung war eine öffentliche Pflicht des mit Land belehnten Dorers... erhielten kinderreiche Familien Belohnungen... Schwächliche oder mißgestaltete Kinder auszusetzen war üblich, wie bei allen indogermanischen Völkern der Frühzeit... 'Keiner war frei und durfte leben, wie er wollte, sondern wie in einem Lager hatte jeder... seine festgeregelte Lebensweise' ... (Plutarch)... Vom siebenten Lebensjahr an wurden die Knaben nicht mehr in der Familie, sondern gemeinschaftlich erzogen... wurden in ihnen die soldatischen Tugenden entwickelt... Für den Mann aber sollte das Haus... zurücktreten hinter Felddienst und Lagerleben". Durch "Blutmischungen mit den Unterworfenen" ("Vermischung mit der minderwertigen Unterschicht") kam es schließlich zum "Untergang des Herrenvolkes" (S. 60 f.).

6.3   Literatur

Hervorzuheben ist vor allem die verdienstvolle, bahnbrechende Arbeit von Bernett (1966); vgl. auch Bernett 1985, wogegen allerdings berechtigte Kritik vorgetragen hat Wolfgang Keim, in: Zeitschrift für Pädagogik 34, 1988, 120 f. – Eindrucksvoll und instruktiv ist der Sammelband von Dithmar (1989). Hier ist zu dem Beitrag von Ulrich Günther (S. 101-115) anzumerken, daß der Autor, ein ehemaliger Jungvolkführer, die suggestive Wirkung der HJ-Lieder herunterspielt und sich an das Singen solcher Lieder im schulischen Musikunterricht nicht erinnert (zur Kritik an Günthers Darstellung siehe Benjamin Ortmeyer, Schicksale jüdischer Schülerinnen und Schüler in der NS-Zeit, Witterschlick/Bonn 1998, S. 593 f.).

Bernett, Hajo: Nationalsozialistische Leibeserziehung. Eine Dokumentation ihrer Theorie und Organisation. – Schorndorf (Karl Hofmann) 1966

Irmscher, Johannes: Altsprachlicher Unterricht im faschistischen Deutschland. – Jahrbuch für Erziehungs- und Schulgeschichte 5/6 (1965/66) 225-271

Diel, Alex: Die Kunsterziehung im Dritten Reich – Geschichte und Analyse. – Diss. München, München (Uni-Druck) 1969. 315 S.

Selmeier, Franz: Das nationalsozialistische Geschichtsbild und der Geschichtsunterricht 1933-1945. – Diss. München 1969

Zmarzlik, Hans-Günter: Wieviel Zukunft hat unsere Vergangenheit? Aufsätze und Überlegungen eines Historikers vom Jahrgang 1922. – München (Piper) 1970. 281 S. – S. 86-105: "Politische Biologie im Dritten Reich. Die ideologische Umrüstung der Höheren Schule".

Hasubek, Peter: Das deutsche Lesebuch in der Zeit des Nationalsozialismus. Ein Beitrag zur Literaturpädagogik zwischen 1933 und 1945. – Hannover (Schroedel) 1972

Frank, Horst Jochim: Geschichte des Deutschunterrichts. Von den Anfängen bis 1945. – München (Hanser) 1973. 965 S. – S. 753-899: "Nationalsozialistischer Deutschunterricht".

Friese, Gernot: Anspruch und Wirklichkeit des Sports im Nationalsozialismus. – Ahrensburg (Czwalina) 1974. 117 und XIX S.

Joch, Winfried: Politische Leibeserziehung und ihre Theorie im Nationalsozialistischen Deutschland. Voraussetzungen – Begründungszusammenhang – Dokumentation. – Bern, Frankfurt (Herbert Lang, Peter Lang) 1976. 249 S.

Mosse, George L.: Der nationalsozialistische Alltag. So lebte man unter Hitler. – Königstein/Ts. (Athenäum) 1978 (zuerst englisch, New York 1966). – S. 303-311: "Beispiele aus Schulbüchern" (innerhalb des Kapitels "Die Erziehung der Jugend").

Behr, Klaus: Gymnasialer Deutschunterricht in der Weimarer Republik und im Dritten Reich. Eine empirische Untersuchung unter ideologiekritischem Aspekt. Weinheim (Beltz) 1980

Bernett, Hajo: Schulische Leibeserziehung im Dritten Reich. – Informationen zur erziehungs- und bildungshistorischen Forschung 14 (1980) 93-108

Brämer, Rainer/*Kremer*, Armin: Physikunterricht im "Dritten Reich". – Marburg (Soznat) 1980. 245 S.

Genschel, Helmut: Der Beitrag der Geschichtsdidaktik und des Geschichtsunterrichts zur politischen Erziehung im Nationalsozialismus. – Frankfurt (Haag + Herchen) 1980. 114 S.

Schausberger, Norbert: Intentionen des Geschichtsunterrichts im Rahmen der nationalsozialistischen Erziehung, in: Erziehung und Schulung im Dritten Reich, Teil 1, hg. von Manfred Heinemann, Stuttgart (Klett-Cotta) 1980, 251-263

Fritsch, Andreas: Der Lateinunterricht in der Zeit des Nationalsozialismus. Organisation, Richtlinien, Lehrbücher. – Der altsprachliche Unterricht 25 (1982) Heft 3, S. 20-56

Joch, Winfried: Sport und Leibeserziehung im Dritten Reich, in: Geschichte der Leibesübungen, Band 3/2, hg. von Horst Ueberhorst (Berlin: Bartels & Wernitz, 1982) 701-742

Norbert *Hopster*/Ulrich *Nassen*: Literatur und Erziehung im Nationalsozialismus. Deutschunterricht als Körperkultur. – Paderborn (Schöningh) 1983

Bernett, Hajo: Sportunterricht an der nationalsozialistischen Schule. Der Schulsport an den höheren Schulen Preußens 1933-1940. – Sankt Augustin (Richarz) 1985. 141 S.

Hohmann, Joachim S.: Frauen und Mädchen in faschistischen Lesebüchern und Fibeln. – Köln (Pahl-Rugenstein) 1985. 280 S.

Lehberger, Reiner: Englischunterricht im Nationalsozialismus. – Tübingen (Stauffenburg) 1986. 297 S.

Lauf-Immesberger, Karin: Literatur, Schule und Nationalsozialismus. – St. Ingbert (Röhrig) 1987. 486 S.

Nyssen, Elke: " ... und weil ich Sport eben auch immer gern gemacht habe!" – Mädchenerziehung und Sportunterricht im Nationalsozialismus. – Sozial- und Zeitgeschichte des Sports 1. Jahrg., Heft 3 (Nov. 1987) 57-74

Peiffer, Lorenz: Turnunterricht im Dritten Reich – Erziehung für den Krieg? Der schulische Alltag des Turnunterrichts an den höheren Jungenschulen der Provinz Westfalen vor dem Hintergrund seiner politisch-ideologischen und administrativen Funktionalisierung. Mit einem Geleitwort von Arno Klönne. – Köln (Pahl-Rugenstein) 1987

Bernett, Hajo: Das Kraftpotential der Nation. – Leibeserziehung im Dienst der politischen Macht, in: Pädagogik und Nationalsozialismus, hg. von Ulrich Herrmann und Jürgen Oelkers, Weinheim (Beltz) 1988, 167-192

Hammel, Heide: Kein schöner Land in dieser Zeit. Zur Ideologisierung der Schulmusik und deren Wurzeln in der Weimarer Republik. – Musik und Bildung 20 (1988) 278-283

Heske, Henning: " ... und morgen die ganze Welt ... ". Erdkundeunterricht im Nationalsozialismus. – Giessen (Focus) 1988

Dithmar, Reinhard (Hg.): Schule und Unterricht im Dritten Reich. – Neuwied (Luchterhand) 1989. 301 S. – Themen der einzelnen Aufsätze sind u. a. die Schulfächer Deutsch, Geschichte, Religion, Musik, Englisch, Französisch, Latein, Griechisch, Sport, Physik, Mathematik, Biologie.

Peiffer, Lorenz: "Ich habe Lust, im weiten Feld zu streiten mit dem Feind ... ". Die Militarisierung des Schulsports, in: Achtung Fertig Los. Vorkrieg 1935-1939, hg. von Witich Roßmann/Joachim Schmitt-Sasse, Berlin (Elefanten Press) 1989, 39-42

Langer, Hermann: Das "Gesicht der Schule" – Schüleraufsätze 1939 bis 1944, in: Deutsche Jugend im Zweiten Weltkrieg [Vorwort von Ingo Koch], Rostock (Verlag Jugend und Geschichte) 1991, 71-78

Bäumer-Schleinkofer, Änne: NS-Biologie und Schule. – Frankfurt (Lang) 1992. 272 S.

Gies, Horst: Geschichtsunterricht unter der Diktatur Hitlers. – Köln (Böhlau) 1992. 186 S.

Czech, Michaela: Frauen und Sport im nationalsozialistischen Deutschland. Eine Untersuchung zur weiblichen Sportrealität in einem patriarchalen Herrschaftssystem. – Berlin (Tischler) 1994

Volkmann, Hans-Erich (Hg.): Das Rußlandbild im Dritten Reich. – Köln (Böhlau) 1994, 466 S. – Darin u. a. S. 225-255: "Das Rußlandbild in der Schule des Dritten Reiches" (von H.-E. Volkmann).

Neumann, Sybille: Musikunterricht und Schulpolitik im "Gau Hamburg", in: Zündende Lieder – verbrannte Musik, hg. von Peter Petersen, Hamburg (VSA-Verlag) 1995, 145-159

Rickers, Folkert: Zwischen Kreuz und Hakenkreuz. Untersuchungen zur Religionspädagogik im "Dritten Reich". – Neukirchen-Vluyn (Neukirchener) 1995. 246 S. – S. 1-99 zu H. Kittel (Universität Münster).

Kraft, Friedhelm: Religionsdidaktik zwischen Kreuz und Hakenkreuz. Versuche zur Bestimmung von Aufgaben, Zielen und Inhalten des evangelischen Religionsunterrichts, dargestellt an den Richtlinienentwürfen zwischen 1933 und 1939. – Berlin (de Gruyter) 1990. 282 S.

Wasem, Erich: Kunsterziehung im Dritten Reich, in: Handbuch der Geschichte des bayerischen Bildungswesens III., hg. von Max Liedtke, Bad Heilbrunn 1997, 426-439

7 Nationalsozialistische Eliteschulen

7.1 Überblick

In den *Nationalpolitischen Erziehungsanstalten* (NAPOLA) "werden die Jungmannen auf eine spätere Tätigkeit in den soldatischen Berufen, also auch für das Führerkorps der Waffen-SS und das Offizierskorps der Wehrmacht, ebenso herangebildet wie zu einer im besten Sinne soldatischen Lebensauffassung überhaupt" (Rudolf Benze, Erziehung im Großdeutschen Reich, Frankfurt 1943, S. 96). Im Unterschied zu den Adolf-Hitler-Schulen (AHS), die vor allem der Heranbildung des Führernachwuchses der NSDAP dienten, waren die "Napolas", wie sie umgangssprachlich hießen, sozusagen eine besondere Art höhere Schule in Internatsform. Sie entstanden zunächst durch Umwidmung ehemaliger Kadettenanstalten. Viele ehemalige Schüler dieser anspruchsvollen Schulen, die 1933 zu Hitlers Geburtstag von dem damaligen preußischen Kultusminister (ab 1.5.1934 Reichserziehungsminister) Rust gegründet wurden, bestreiten bis heute, dort politisch indoktriniert worden zu sein, aber auch hier war der NS-Geist – wie die Luft zum atmen – allgegenwärtig, so sehr, daß den Schülern diese Normalität nicht mehr auffiel. Man legte großen Wert auf alles Preußische. So war auf den Dolchen, welche die ausgebildeten Napolaner überreicht bekamen, die Inschrift angebracht "Mehr sein als scheinen" (d.h. Schlieffens auf Moltke bezogener Satz). Zur Sozialisation der Napola-Schüler gehörten während des Krieges regelmäßig dreimonatige Einsätze als Lagermannschaftsführer in KLV-Lagern. Wie die Anstaltsuniform aussah, zeigt zum Beispiel eine Nahaufnahme in: Weltanschauung und Schule 5, 1941, neben S. 124. Daß die Napolas im Jahre 1942 umbenannt worden seien in "Deutsche Heimschulen" (so Richard Grunberger, A Social History of the Third Reich, London 1971, S. 298), trifft nicht zu.

Die ersten 10 *Adolf-Hitler-Schulen* wurden zu Ostern 1937 durch von Schirach und Robert Ley gegründet, und der erste Jahrgang verließ im Frühjahr 1942 die Anstalten: "66,3 v.H. entschieden sich für die politische Führerlaufbahn, 11 v.H. für den Offiziersberuf, 7 v.H. für technisch-wissenschaftliche Berufe, 5 v.H. für erzieherische Berufe, der Rest für medizinische, wirtschaftliche, forst- und landwirtschaftliche Laufbahnen und für freie Berufe" (Albert Müller, Sozialpolitische Erziehung, Berlin 1943, S. 51). "Körperlich und charakterlich bewährte Jungvolkmitglieder aus rassisch hochwertigen, erbgesunden und politisch gefestigten Familien werden bei entsprechender geistiger Begabung mit zwölf Jahren in die Adolf-Hitler-Schulen (Inspekteur: Gebietsführer Kurt Petter) aufgenommen, wenn Ortsgruppenleiter und HJ-Führer sie unter Berücksichtigung der Schulleistungen für würdig und fähig halten und sie eine längere Bewährungszeit erfolgreich bestehen. Die völlig kostenlose Erziehung an diesen seit Ostern 1937 bestehenden und zum großen Teil noch in den Ordensburgen Sonthofen und Vogelsang zusammengefaßten Schulen – bisher sind es zehn; doch soll jeder Gau eine solche Schule erhalten – ist fest und zuchtvoll und ähnelt in manchen Formen den Nationalpolitischen Erziehungsanstalten" (Rudolf Benze, Erziehung im Großdeutschen Reich, Frankfurt 1943, S. 153 f.). Die von Hitler unterzeichnete Gründungsverfügung vom 15.1.1937 lautete: "Nach Vortrag des Reichsorganisationsleiters der NSDAP und des Jugendführers des Deutschen Reiches genehmige ich, daß

102

die neu zu errichtenden nationalsozialistischen Schulen, die gleichzeitig als Vorschulen für die nationalsozialistischen Ordensburgen gelten sollen, meinen Namen tragen" (Erziehung und Schule 1, 1936-37, S. 233).

"Die '*Reichsschule der NSDAP*', Feldafing am Starnberger See, ist – nach ihrer Satzung – eine Schule der Reichsleitung der NSDAP. Ihre Aufgabe ist es, für Partei und Staat einen hochwertigen Führernachwuchs heranzubilden. Sie vermittelt deshalb eine dem Wesen der nationalsozialistischen Weltanschauung entsprechende charakterliche, körperliche und geistige Ausbildung. Die Schule umfaßt eine achtklassige Oberschule (10-18jährige Jungen) und eine sechsklassige Aufbauschule (12-18jährige Jungen). Der Lehrplan entspricht im ganzen dem der staatlichen Schulen. Die Oberschule beginnt in der ersten Klasse mit Englisch und nimmt in der dritten Klasse Latein als zweite Fremdsprache hinzu; der Aufbauzug hat Englisch und von der fünften Klasse ab Italienisch. Das Ziel der Schule bedingt eine sehr scharfe Auslese der Schüler. Sie müssen nach charakterlicher, körperlicher und geistiger Veranlagung weit über dem Durchschnitt ihrer Altersgenossen stehen. Die Jungen müssen gerade gewachsen sein und ein gutes äußeres Erscheinungsbild abgeben. Sportliche Leistungsfähigkeit ist unbedingt notwendig... Körperliche Gebrechen (auch Sprachfehler usw.) schließen von der Aufnahme aus... Aufnahmefähig ist jeder hochwertige deutschblütige Junge. Bei gleichen Anlagen haben Söhne von alten Kämpfern den Vorzug... Das Reifezeugnis der Reichsschule berechtigt zum Besuch der Hochschule" (Rudolf Benze, Erziehung im Großdeutschen Reich, Frankfurt 1943, S. 154 f.). Zunächst unterstand die "Nationalsozialistische deutsche Oberschule Starnberger-See" (so auf einem Reifezeugnisformular vom 19. 3. 1937) bis 1936 der obersten SA-Führung, danach dem NSLB. Am 7. Dezember 1944 erfolgte ein Erlaß Hitlers, in welchem er befahl, den aktiven Offiziers- und Führernachwuchs des Heeres und der Waffen-SS vor seinem Eintritt in die Wehrmacht in Nationalpolitischen Erziehungsanstalten, Adolf-Hitler-Schulen, der Reichsschule Feldafing und weiteren von Himmler selbst zu bestimmenden Heimschulen zu erziehen. Der erste Lehrgang sollte im Februar 1945 mit Angehörigen des Jahrgangs 1929 anlaufen und 8 bis 9 Monate dauern. Der zweite Lehrgang mit dem Jahrgang 1930 war für April und der dritte mit dem Jahrgang 1931 im Herbst 1945 geplant" (Carsten Ullmann, in: Deutsche Jugend zwischen Krieg und Frieden 1944-1946, hg. von Ingo Koch, Rostock 1993, S. 45).

Die Ausbildung auf den von Leys DAF finanzierten *Ordensburgen*, den "Hochschulen des nationalsozialistischen Führernachwuchses" (Bernhard Rust, in: Weltanschauung und Schule 1, 1936-37, S. 9), sollte die Menschen erst vom 25. Lebensjahr an erfassen, vor allem solche, die bereits eine AHS durchlaufen hatten. "In den letzten Jahren hat der Reichsorganisationsleiter eine feste Laufbahn für die hauptamtlichen Parteiführer geschaffen. Der erste Schritt dazu war die Gründung der Ordensburgen... In den Ordensburgen, die in Krössinsee (Pommern), Vogelsang (Rheinland) und Sonthofen (Allgäuer Alpen) liegen, machen schon jetzt die haupt- und nebenamtlichen Parteiführer mehrwöchige Schulungen und die Anwärter ("Junker") eine vielseitige, gründliche und harte dreijährige Ausbildung durch, denen noch eine halbjährige abschließende Schulung in der Marienburg (Westpreußen) folgen wird" (Rudolf Benze, Erziehung im Großdeutschen Reich, Frankfurt 1943, S. 153). Die "Ordensburgen" befanden sich in bevorzugter landschaftlicher Lage, fern von den großen Städten, waren großzügig ausgestattet und verliehen den dort Auszubildenden ein durchaus elitäres Gefühl. Die "Ordensjunker" erwarteten nach dreieinhalbjähriger Ausbildung Führungspositionen in NSDAP, DAF und in den öffentlichen Verwaltungen. Jedoch konnte die ursprüngliche Planung nur ansatzweise realisiert werden, auch weil wegen des Krieges die Gebäude anderweitig verwendet wurden (z. B. zur Unterbringung von AHS). Seit Kriegsbeginn waren die Ordensburgen überhaupt stillgelegt beziehungsweise "geschlossen" (Richard Harder, in: Hochverrat?, hg. von Rudolf Lill, Konstanz 1999, S. 210).

Im Ganzen nur untergeordnete Bedeutung hatten die *Junkerschulen* in Bad Tölz und Braunschweig, in denen seit 1934/35 Lehrgänge für den Führernachwuchs der SS veranstaltet wurden. Die Teilnahme war auch für Nichtabiturienten offen (Weiteres bei Harald Scholtz, in: Das große Lexikon des Dritten Reiches, hg. von Christian Zentner und Friedemann Bedürftig, München 1985, S. 295).

Die NS-Eliteschulen glichen teilweise Kadettenschulen, wie sie in der einen oder anderen Form in manchen Ländern der Erde bestanden oder noch bestehen, zum Beispiel in England, wo es neuerdings sogar Bestrebungen gibt, das Kadettensystem (samt Körperertüchtigung und Waffentraining) auf reguläre Schulen auszudehnen (DIE WELT vom 30. 1. 1997). Indes war zumindest der weltanschauliche Fanatismus eine Besonderheit der deutschen Eliteschulen 1933-1945. Wie dem auch sei, der Diktator hielt große Stücke auf seine Jugend und erfreute sich an ihrer "Zackigkeit" bei manchen Aufmärschen. Sein Stolz war so groß, daß er am 25. 9. 1937 auf dem Königlichen Platz in München vor sich und seinem Gast Mussolini große Gruppen seiner Eliteschulen paradieren ließ. Der Marschblock "NS-Schulen" bestand aus 192 AHS-Schülern, 72 Napola-Jungmannen und 72 Schülern der "NSD-Oberschule Starnberger See" (zwei Abbildungen von diesem Ereignis in: Weltanschauung und Schule 2, 1937, nach S. 8).

7.2   Quellen

Loge, Eckhard: Der Musikzug der Nationalpolitischen Erziehungsanstalt Wahlstatt. – Völkische Musikerziehung 2 (1936) 228-232. – In dem "von dem Ziel politischer Menschenformung bestimmten Gemeinschaftsleben" der NPEA, von der "fast die ganze Lehrer- und Erzieherschaft irgendwie einmal durch die Jugendbewegung, Wandervogel oder Freischar gegangen ist", hat der Musiklehrer viele Aufgaben. Die Arbeit im "Musikzug" der Anstalt (in abgeschiedener Lage, 12 km entfernt von Liegnitz) leidet durch den Weggang der Oberprimaner jeweils im Herbst und zu Ostern sowie durch den vorzeitigen Abgang mancher guter Bläser durch die laufende strenge "Auslese".

Aufnahmeprüfung bei den Nationalpolitischen Erziehungsanstalten. – Weltanschauung und Schule 1 (1936/37) 300-303 (mit Abb. nach S. 272). – Die Prüflinge, jeweils in einer Gruppe von 15-20 Jungen, "nehmen mindestens acht Tage am gesamten Anstaltsdienst teil." "Die eigentliche Prüfung beginnt... mit der genauen körperlichen Untersuchung und rassischen Musterung". Es folgt eine "unterrichtliche Prüfung" (in Deutsch und Rechnen, Beteiligung am Unterricht), dann eine "körperliche Eignungsprüfung":... "ob er es auch als Nichtschwimmer wagt, vom 3-Meter-Brett ins Wasser zu springen. Mut, Gewandheit und Einsatzfähigkeit hat der Junge zu beweisen beim Boxen und Ringen, beim Baumklettern, beim Hangeln am Balken, unter dem sich ein Wasserloch befindet, beim Balancieren über wassergefüllte Gräben, beim Sprung aus dem ersten Stockwerk in das aufgespannte Sprungtuch... Beobachtungsgabe, Anpassungsfähigkeit an das Gelände, Entschlußkraft und Ausdauer... Gewandtheit, Körperbeherrschung und Leistungswillen... Draufgängertum... Sauberkeit, Ordnungssinn, Kameradschaftlichkeit und Gemeinschaftsgefühl... So suchen wir eine Auslese bester deutscher Jugend zu schaffen". Einige Abbildungen zu diesen "Mutproben" nach S. 272, auch: einen Steilhang hinabspringen.

Drechsler, Karl: Napola-Jungmannen als Kumpel in der Grube. – Weltanschauung und Schule 1 (1936-1937) 663-669. – Bericht über den Einsatz von 24 Jungmannen (und eines Erziehers) der Napola Naumburg im Tagebau eines Braunkohlenbergwerkes, vom 18. Mai bis 6. August 1937. Sie waren als "ungelernte Arbeiter" tätig und lebten während dieser Zeit in Arbeiterfamilien, die sie beherbergten und beköstigten. Das Ganze war ein "Erziehungsmittel der Anstalt" zum Kennenlernen der Arbeitswelt und zum Erwerb sozialen Verständnisses.

Herbstübung der Nationalpolitischen Erziehungsanstalten [ohne Verfasserangabe]. – Weltanschauung und Schule 1 (1936-1937) 27-34. – "Die gemeinsame Herbstübung aller preußischen Nationalpolitischen Erziehungsanstalten gehört seit der Gründung dieser Anstalten fest in deren Lehrplan hinein. Dauer: 16.-28. September. U. a. war am "3. Kampftag" durch die Partei der "Blauen" eine Höhe zu erstürmen. Es "formierte sich Blau am Fuß der Höhe anstaltsweise und rückte in friderizianischer Schlachtordnung in geschlossenen Karrees – Anstaltsleiter an der Spitze – auf die Höhe los" (S. 29). Als Besucher sprachen am 27. September der Napola-Inspekteur SS-Gruppenführer Heißmeyer und der HJ-Stabsführer Lauterbacher zu den Jungmannen. Im Laufe dieser Herbstübungen gab es u. a. einen "Geländeorientierungsmarsch", leichtathletische Wettkämpfe sowie "abendliche Feierstunden", auch eine "Morgenfeier" am Sonntag, dem 27. September.

Zur Begründung der Adolf-Hitler-Schulen. Von Oberbannführer Kurt *Petter*. – Das Junge Deutschland 31 (1937) 50-51 (vgl. ebd. S. 49-50 Abdruck der einschlägigen Verfügung Hitlers zusammen mit einer "Erklärung" von Dr. Ley und Baldur von Schirach). – Im Hinblick auf die erforderliche "Erziehung des nationalsozialistischen Führernachwuchses" werden "aus der breiten Masse der 12- bis 13jährigen Pimpfe diejenigen ausgelesen, die in ihrer zweijährigen Dienstzeit im Jungvolk bereits die Anlagen wertvoller Charaktereigenschaften erkennen lassen. Diese kleinen 'Horden- und Rädelsführer' zu bewußten Fanatikern der nationalsozialistischen Weltanschauung heranzuziehen, ist die Aufgabe der Adolf-Hitler-Schule". Die "Auslese" bzw. Aufnahme erfolgt "unabhängig von den wirtschaftlichen Verhältnissen der Eltern".

Ley, Robert: Unsere Adolf-Hitler-Schulen. – Die Kameradschaft. Blätter für Heimabendgestaltung in der Hitlerjugend, Folge 5 (9. März 1938) S. 19-21. – "Die Auslese für die Adolf-Hitler-Schulen geschieht nach den gleichen Grundsätzen, wie sie für die Ordensburgen aufgestellt wurden...

1. Die Bewertung des Jungen durch die Hitler-Jugend...
2. Den einwandfreien rassischen Nachweis seiner Vorfahren...
3. Völlige Gesundheit.
4. Nachweis der Erbgesundheit der Sippe.
5. Betätigung der Eltern in der völkischen Gemeinschaft".

Lehrplan: Es "gehört ein Drittel am Tag der geistigen Wissenschaft, ein Drittel der körperlichen Ausbildung und ein Drittel der kameradschaftlichen Arbeit in der Hitler-Jugend... Abschließend ist zu sagen, daß wir zunächst mit zehn Adolf-Hitler-Schulen beginnen werden und daß im übrigen jeder Gau eine Adolf-Hitler-Schule erhalten soll."

Rogler, Rudolf: Ordensburg Sonthofen. – Die Kunst im Dritten Reich 2 (1938) 68-75. – Im Sinne von Hitlers Satz "Das Wesentliche einer Revolution ist nicht die Machtübernahme, sondern die Erziehung des Menschen", "beschloß der Reichsorganisationsleiter Dr. Robert Ley schon ein Jahr nach der Machtübernahme den Bau von Reichsschulungsburgen als Erziehungsstätten des Führerkorps der NSDAP und der DAF. Parteigenossen der NSDAP und Mitglieder der DAF sollen jedes Jahr in vierzehntägigen Lehrkursen für ihre Arbeit für Volk und Staat geschult und gestärkt werden".

Heißmeyer, A.: Wieviele Nationalpolitische Erziehungsanstalten gibt es? – Weltanschauung und Schule 3 (1939) 334-336. – "Die Gründung der ersten drei Anstalten in Potsdam, Köslin und Plön erfolgte durch den Reichsminister Rust am Geburtstage des Führers 1933. Alle drei Anstalten waren ehemals preußische Kadettenanstalten, später staatliche Bildungsanstalten... Wir haben... mit englischen Erziehungsstätten seit drei Jahren eine laufende Verbindung, z. B. in Form eines Schüleraustausches... Es sind also zur Zeit insgesamt 21 Anstalten da, einschließlich derer, die sich in der Umwandlung und in der Entwicklung befinden. Sie liegen fast alle außerhalb der Großstädte in einer ruhigen, schönen Landschaft". Zwei dieser Anstalten sind für Mädchen (in Wien und Hubertendorf).

Rosenberg, Alfred: Die Hohe Schule am Chiemsee. – Die Kunst im Deutschen Reich 3 (1939) 17-19. – "Die Hohe Schule wird... die zentrale Aufgabe haben, die nationalsozialistische weltanschauliche Forschung autoritativ zu fördern, das geistige Erziehungsmaterial zu sichten und bereitzustellen und schließlich Lehrer und Erzieher aus der Partei und allen ihren Gliederungen auszubilden... Dem zentralen Forschungs- und Erziehungsbau wird ein Schulungslager für 800 Personen angeschlossen, in dem in fortlaufendem Turnus Politische Leiter, Schulungsleiter, Führer der Gliederungen der Partei aufgenommen werden, um mit neuem geistigen Rüstzeug und innerer Stärke versehen wieder an ihre Arbeit zurückzugehen. Angeschlossen ist ferner eine Adolf-Hitler-Schule, um auch eine lebendige Beziehung zwischen Forscher, Lehrer und Erzieher der Hohen Schule mit der Jugend zu gewährleisten... Die nationalsozialistische Weltanschauung soll dort eine beständige Ausgestaltung ihres Denkens und dessen dauernde Überprüfung finden". Es "sollen die Nationalsozialisten selbst ständig ihre geistige Einheit in der entscheidenden Grundhaltung stärken, um den Typus des im Kampf geborenen neuen deutschen Menschen für alle Zukunft sichern zu helfen". Mit 3 Abbildungen des auf der Münchener Architekturausstellung gezeigten Modells von Professor Giesler.

Der Stand der NPEA. Aus der Ansprache des Inspekteurs der Nationalpolitischen Erziehungsanstalten, SS-Obergruppenführer *Heißmeyer*, auf dem Festakt in Backnang am 22. April 1941. – Weltanschauung und Schule 5 (1941) 138-140. – "Bei der Gründung dieser Anstalten herrschte zunächst nur der Gedanke vor, nationalsozialistische Grundsätze in der Gemeinschaftserziehung der Verwirklichung zuzuführen". Es "waren Ende des vergangenen Jahres 21 Nationalpolitische Erziehungsanstalten in voller Arbeit". "Seit 1. April 1941 liegen Planung, finanzielle Verwaltung und Führung aller Nationalpolitischen Erziehungsanstalten des Großdeutschen Reiches bei der Inspektion der Nationalpolitischen Erziehungsanstalten, deren Chef Reichsminister Rust ist . . . Mit dem heutigen Tag werden zehn neue Anstalten die Arbeit aufnehmen . . . ".

Hobohm, Kurt: Über Geist und Arbeit der Nationalpolitischen Erziehungsanstalt. Bericht von einer Besichtigung der Nationalpolitischen Erziehungsanstalt Potsdam. – Die Erziehung 16 (1941) 223-225. – Die Besichtigung für die Vertreter des Zeitschriftenwesens auf Einladung des Reichspropagandaministeriums fand am 20. Mai 1941 statt. Die NPEA "ist Stätte der Erziehung des nationalsozialistischen Menschen . . . das Ergebnis solcher Formung soll sein der dynamische Mensch, der im Sinne der nationalsozialistischen Weltanschauung auf allen Lebensgebieten die Zukunft des deutschen Volkes gestaltet". Bei "den auf dem Hof in Reih und Glied unter Gesang zum Mittagessen marschierenden Zügen" offenbart sich "soldatische Straffheit" . . . "Größter Wert wird auf die Leibesbildung gelegt . . . Die Jungmannen lernen Reiten, Boxen, Fechten, Auto- und Motorradfahren, Segelfliegen und erhalten eine vormilitärische Ausbildung. Die Jungmannen der älteren Züge gehen je ein Vierteljahr in das Bergwerk und in den Landdienst, wo jeder von ihnen in der Bergmannsfamilie und in der Bauernfamilie wie ein Angehöriger des betreffenden Standes lebt . . . wird hierdurch der Blick des Jungmannes geweitet. Demselben Zweck diente auch der Austausch nach dem Ausland vor dem Kriege, der sich bis Amerika erstreckte . . . Eine Anstalt umfaßt 8 Züge (welche den 8 Klassen der anderen Oberschulen lehrplanmäßig entsprechen). Je mehrere Züge sind zu einer Hundertschaft zusammengefaßt."

Weber, Herbert : Gedanken um den Biologieunterricht an einer Nationalpolitischen Erziehungsanstalt. – Weltanschauung und Schule 5 (1941) 274-281.

Schäfer, Otto : Ziel und Gestalt der nationalpolitischen Erziehungsanstalten. – Nationalsozialistisches Bildungswesen 7 (1942) 19-31. – "Aus der einseitig die geistigen Kräfte entwickelnden Schule sollte eine den Körper, Charakter und Geist gleichmäßig erfassende Gesamterziehung werden, die als politische Erziehung . . . mannschaftsformend und typenprägend zugleich sein mußte" (S. 19). Das besondere Erziehungsziel der Napolas, deren Zahl gegenwärtig 40 beträgt (einschließlich der 10 erst in der Entwicklung stehenden Anstalten) ist

"der Typus des nationalsozialistischen, in der Gemeinschaft wurzelnden soldatischen deutschen Führers" (S. 203). "Es müssen die nationalpolitischen Erziehungsanstalten dort stehen, wo der Blick... in die Weite schweift... Auf
den Ausläufern des Gebirges über dem Tieflande, auf Bergeshöhe mit weitem
Rundblick, an beherrschenden Punkten in großen Talungen... oder als Mittelpunkt der weitgebreiteten Ebene ringsum" (S. 24). Der Tagesablauf einer Napola ist von der morgendlichen Flaggenparade bis zum Abendappell streng geregelt (S. 25 f.). Es "übernehmen die Jungmannen als zeitweilige Vorgesetzte, als
Jungmann vom Dienst... tagtäglich kleinere Führungsaufgaben" (S. 27). "Die
sexuelle und gesellschaftliche Erziehung wird endlich in den Kameradschaften und Familien der Erzieher angebahnt und in der Zusammenarbeit mit dem
BDM und den nationalpolitischen Mädchenerziehungsanstalten gelöst. Volks-
und Gesellschaftstanz, gemeinsame Feste und Feiern..." (S. 29).

Die Adolf-Hitler-Schulen. Von Hauptbannführer Hannes *Klauke*, Hauptschulführer
der Adolf-Hitler-Schulen auf der Ordensburg Sonthofen. – Deutsche Schulerziehung 1941/42 (Berlin 1943) 68-76. – Die durch Führererlaß vom 15. Januar
1937 so genannten "Adolf-Hitler-Schulen", die zugleich "als Vorschulen für die
nationalsozialistischen Ordensburgen" gelten und unter der Schulaufsicht der
jeweiligen Gauleiter stehen sollen, haben die Aufgabe, "eine politische Führerschicht heranzubilden". Der Zugang ist nur über Auslesager möglich. Besonders wichtig ist auf den AHS die Leibeserziehung. "Sie entwickelt wertvolle Charaktereigenschaften wie Härte, Einsatzbereitschaft und Willenskraft.
Schließlich erweckt sie in dem Jungen den Wehrwillen und gibt ihm die Wehrfähigkeit" (S. 70 f.). "Innerhalb der Schule trägt der Wettkampfgedanke dazu bei,
die Jungen anzuspornen. Es gibt kein Versetztwerden im Sinne der alten Schule... nach sechsjähriger erfolgreicher Arbeit erhält der Adolf-Hitler-Schüler die
Abschlußbeurteilung" (S. 73 f.). "In wenigen Jahren wird jeder deutsche Gau
seine Adolf-Hitler-Schule haben" (S. 76).

Erziehung zur Tat. Von Bernhard *Rust*, Reichsminister für Wissenschaft, Erziehung
und Volksbildung. – Deutsche Schulerziehung 1941/42 (Berlin 1943) 3-12. –
Die zum 20. April 1933 zu Nationalpolitischen Erziehungsanstalten bestimmten drei sogenannten Staatlichen Bildungsanstalten waren ehemals preußische
Kadettenanstalten. "Als eigentliche Maßstäbe des Wachstums haben sich die
Herbstübungen der Anstalten herausgebildet, mehrtägige, zum Schluß zweiwö-
chige Geländeübungen" (S. 7). Diese "gemeinsame Sommerübung aller Anstalten... gliedert sich in Geländeübung und Lager" (S. 8 f.). "Unsere Anstalten
sollen ihren Jungmannen jede freie Berufswahl offenhalten, also auch den Weg
zur Hochschule" (S. 9). "Der Gesamterziehungsplan der Anstalten sieht vor,
daß jeder Jungmann des 6. Zuges 8-10 Wochen Dienst beim Siedler oder Bauern... und jeder Jungmann des 7. Zuges 8-10 Wochen Dienst in einem Bergwerk leistet... Überdies leisten die Anstalten Erntedienst" (S. 10). "Wir haben
an diesem Tage (d. h. am 22. 4. 42, Rede in Backnang, bei der Übernahme der
außerpreußischen Nationalpolitischen Erziehungsanstalten), da ich die Übernahme der Anstalten auf das Reich vollziehe, 31 Nationalpolitische Erziehungsanstalten, darunter drei Anstalten für Mädel" (S. 11).

Skroblin, Gustav: Die Nationalpolitischen Erziehungsanstalten. – Deutsche Schuler-ziehung 1941/42 (Berlin 1943) 211-218. – Derzeit bestehen 35 Napolas für Jun-gen. "Anstalten für Mädel bestehen in Türnitz und Hubertendorf, Gau Nieder-donau (Unterstufe Türnitz, Oberstufe in Hubertendorf) und in Kolmar-Berg bei Luxemburg. Die Anstalten in Haselünne, Ilfeld, Neubeuern und Schulpforta fol-gen dem gymnasialen Unterrichtsplan, alle übrigen Anstalten dem Unterrichts-plan der Oberschule" (S. 218; 217 f. eine detaillierte Auflistung aller Napolas).

Zimmermann, Hilde: Junges Leben im alten Schloß. In der nationalpolitischen Er-ziehungsanstalt für Mädel in Luxemburg. – Mädel eure Welt! 4 (1943) 163-167. – Ein Bericht über die "Napola für Mädel" in Luxemburg (das Schloß in Colmar-Berg). "Die Anstaltsleiterin und die Erzieherinnen... tragen ebenso wie die Mädel kleidsame Dirndlkleider, die Tracht der Schulen in Niederdonau (Türnitz/Hubertendorf). Durch verschiedene Formen und Farben der Kleider, durch Blusen, Mieder und Schürzen wird jede Uniformierung vermieden und doch Geschlossenheit und Einheitlichkeit gewahrt" (S. 167). Am Rande wird mitgeteilt: "Eine weitere Anstalt (für Mädchen) in Baden ist in Vorbereitung" (S. 163).

7.3 Literatur

Trotz einiger Einwände gegen Ueberhorst (1969) und Scholtz (1973) bei Ortmey-er (1998) sind beide Bücher Standardwerke von hoher Qualität. – Schneiders (u. a.) (1996) soziologisches Werk bietet lesenswerte Interviews mit ehemaligen Napola-Schülern, geht aber in seinen Schlußfolgerungen zu weit und ist methodisch angreif-bar. – Unangemessen journalistisch frisiert hat Leeb sein Buch durch den unzutreffen-den wichtigtuerischen Untertitel. Daß die Erziehung im Dritten Reich den Autor unter anderem geprägt hat, was sein "kritisches Denken anbetrifft" (S. 130), solches können andere Zeitzeugen für sich nicht bestätigen. Es war wohl eher kritikloser Gehorsam, welcher den Zöglingen vermittelt wurde. Als (kritisch zu lesender) Zeitzeugenbericht ist Leebs Werk jedoch nützlich.

Buchheim, Hans: Die rechtliche Stellung der "Adolf-Hitler-Schulen", in: Gutachten des Instituts für Zeitgeschichte, München (Selbstverlag des Instituts für Zeitge-schichte) 1958, 330-333

Orlow, Dietrich: Die Adolf-Hitler-Schulen. – Vierteljahrshefte für Zeitgeschichte 13 (1965) 272-284

Loock, H.D.: Nationalpolitische Erziehungsanstalten, in: Gutachten des Instituts für Zeitgeschichte, Band II, Stuttgart (Deutsche Verlags-Anstalt) 1966, 138-142

Scholtz, Harald: Die "NS-Ordensburgen". – Vierteljahrshefte für Zeitgeschichte 15 (1967) 269-298

Ueberhorst, Horst (Hg.): Elite für die Diktatur. Die Nationalpolitischen Erziehungs-anstalten 1933-1945. Ein Dokumentarbericht. – Düsseldorf (Droste) 1969 (Nachdruck 1980)

Naake, Erhard: Die Heranbildung des Führernachwuchses im faschistischen Deutschland. – Zeitschrift für Geschichtswissenschaft 21 (1973) 181-195

Scholtz, Harald: NS-Ausleseschulen. Internatsschulen als Herrschaftsmittel des Führerstaates. – Göttingen (Vandenhoeck & Ruprecht) 1973. 427 S.

Bernett, Hajo: Die Funktion des Sports im Erziehungssystem der Adolf-Hitler-Schulen. – Kölner Beiträge zur Sportwissenschaft 10/11 (1981/1982) 33-66

Enzensberger, Ulrich/*Dische*, Irene: Adolf Hitlers Rasselbande. Eine Reifeprüfung. – Trans-Atlantik (Hamburg) 1982, S. 52-60

Arntz, Hans-Dieter: Ordensburg Vogelsang 1934-1945 – Erziehung zur politischen Führung im Dritten Reich. – Euskirchen (Kümpel) 1986 (3. unveränd. Aufl. 1995) 258 S.

Schmitz, Klaus: Geländespiel und Rassenkunde. Erziehung zum Krieg in den NAPOLAs, in: Achtung Fertig Los. Vorkrieg 1935-1939, hg. von Witich Roßmann/Joachim Schmitt-Sasse, Berlin (Elefanten Press) 1989, 110-114

Scholtz, Harald: Körpererziehung als Mittel zur Mentalitätsprägung an den Adolf-Hitler-Schulen. – Sozial- und Zeitgeschichte des Sports 3 (1989) Heft 1, S. 33-49

Aumüller-Roske: Die nationalpolitischen Erziehungsanstalten für Mädchen im "Großdeutschen Reich". Kleine Karrieren für Frauen?, in: Töchter-Fragen, NS-Frauen-Geschichte, hg. von Lerke Gravenhorst und Carmen Tatschmurat, Freiburg (Kore) 1990, 211-236

Schwingl, Georg: Die Pervertierung der Schule im Nationalsozialismus. Ein Beitrag zum Begriff "Totalitäre Erziehung". – Regensburg (CH-Verlag) 1993. – S. 213-218: "Die nationalsozialistischen Elite-Schulen".

Paustian, Matthias: Die Nationalpolitische Erziehungsanstalt Plön 1933-1945. – Informationen zur Schleswig-Holsteinischen Zeitgeschichte, Nr. 26 (Nov. 1994) 1-100

Pedersen, Ulf: Bernhard Rust: Ein nationalsozialistischer Bildungspolitiker vor dem Hintergrund seiner Zeit. – Braunschweig (Technische Universität Braunschweig, Forschungsstelle für Schulgeschichte) 1994. – S. 149-150: "Nationalpolitische Erziehungsanstalten"; S. 155-158: "Die NSDAP-eigenen Adolf-Hitler-Schulen".

Langer, Hermann: "Kerle statt Köpfe!". Zur Geschichte der Schule in Mecklenburg und Vorpommern 1932-1945. – Frankfurt (Lang) 1995. 209 S. – S. 67-71: "Die Adolf-Hitler-Schule in Mecklenburg". S. 123-127: " 'Kopf hoch Johannes!' – Die Napola in Putbus".

Montanus, Klaus: Die Putbusser. Kadetten unter dem Hakenkreuz. Ein Napola-Schüler erzählt. – Frankfurt (R.G. Fischer) 1995, 416 S.

Langer, Hermann: Leben unterm Hakenkreuz. Alltag in Mecklenburg 1932-1945. – Bremen (Edition Temmen) 1996, 250 S. – S. 100-104: "Die Adolf-Hitler-Schule Heiligendamm".

Christian *Schneider* (u. a.): Das Erbe der Napola. Versuch einer Generationengeschichte des Nationalsozialismus. – Hamburg (Hamburger Edition) 1996. 394 S.

Baumeister, Stefan: NS-Führungskader. Rekrutierung und Ausbildung bis zum Beginn des Zweiten Weltkriegs, 1933-1939. – Konstanz (Hartung-Gorre) 1997. 116 S.

Keim, Wolfgang: Erziehung unter der Nazi-Diktatur. Band I: Antidemokratische Potentiale, Machtantritt, Machtdurchsetzung; Band II: Kriegsvorbereitung, Krieg und Holocaust. – Darmstadt (Wiss. Buchgesellschaft) 1995-1997. – II, 105-113: "NS-Ausleseschulen als Einrichtung der NS-Eliteerziehung".

Schäfer, Harald: Napola. Die letzten vier Jahre der Nationalpolitischen Erziehungsanstalt Oranienstein bei Diez an der Lahn 1941-1945. Eine Erlebnis-Dokumentation. – Frankfurt (R.G. Fischer) 1997. 260 S.

Schmitz, Klaus: Militärische Jugenderziehung. Preußische Kadettenhäuser und Nationalpolitische Erziehungsanstalten zwischen 1807 und 1936. – Köln (Böhlau) 1997. 343 S. – S. 245-296 zu den Nationalpolitischen Erziehungsanstalten in der NS-Zeit (1933-1936).

Wegner, Bernd: Hitlers politische Soldaten: Die Waffen-SS 1933-1945. Leitbild, Struktur und Funktion einer nationalsozialistischen Elite. 5. Aufl. – Paderborn (Schöningh) 1997 (zuerst 1983). – S. 149-171: "Die Junkerschulen".

Leeb, Johannes: "Wir waren Hitlers Eliteschüler". Ehemalige Zöglinge der NS-Ausleseschulen brechen ihr Schweigen. – Hamburg (Rasch und Röhring) 1998. 212 S. – Sehr beachtenswert ist hier der Anhang von Elke Fröhlich, S. 192-210: "Die drei Typen der nationalsozialistischen Ausleseschulen" (zu den Nationalpolitischen Erziehungsanstalten, Adolf-Hitler-Schulen, und zur Reichsschule der NSDAP Feldafing).

Steiner, Fritz: Erweiterte Kinderlandverschickung im "Reichsluftschutzkeller" Tirol. NS-Sozialisation, Schule, HJ/BDM, KLV-Lager in Tirol 1938-1946. – Diss. Innsbruck 1998 [maschinenschriftlich]. 356 S. – S. 25-28: "Werbung für die 'Adolf-Hitler-Schulen' und die Auswahlkriterien".

Schulze-Kossens, Richard: Militärischer Führernachwuchs der Waffen-SS. Die Junkerschulen. 3. Auflage. – Coburg (Nation Europa Verlag) 1999 (zuerst 1981). 429 S. – Rechtslastiges Werk, entsprechend kritisch zu benutzen.

111

8 Die jüdischen Schüler und Schulen nach 1933

8.1 Überblick

Die Demütigung, Entrechtung und Ausgrenzung (nebst folgender Deportation) begann für die deutschen Schüler jüdischen Glaubens mit dem *Gesetz gegen die Überfüllung* [ursprüngl. Wortlaut: "Überfremdung"] *deutscher Schulen und Hochschulen* vom 25. 4. 1933 (ein Faksimile in: Judenfeindschaft in Deutschland 1933-1945, hg. von Peter W. Schmidt, Weingarten 1988, S. 235). Bezüglich der Auswirkungen dieses Gesetzes und der weiteren Entwicklung an den einzelnen Schulen gibt es noch große Wissenslücken. Die Linien und Hauptstationen der Gesamtentwicklung lassen sich aber klar definieren. Seit dem 25. 4. 1933 sollte keine weiterführende Schule mehr als 1,5 Prozent nicht-arischer Jugendlicher aufnehmen (Ausnahmen bei Kindern von "Frontkämpfern" des Krieges 1914-18). Am 31. 7. 1935 kam es zu einem Verbot von Aufenthalten in Schullandheimen für nichtarische Schüler. Im Anschluß an das Pogrom vom 9./10. November 1938, am 15. November, verfügte der Reichserziehungsminister Rust, daß Juden nur noch jüdische Schulen besuchen durften (Abdruck bei Schmidt, a. O., S. 237 f.). Das gesamte jüdische Schulwesen wurde nun konsequent der "Obhut" der "Reichsvereinigung der Juden in Deutschland" unterstellt (Abdruck bei Schmidt, a. O., S. 238 f.). Die Massenvernichtung der Juden hatte schon begonnen, als Rust schließlich in einem an die Reichsvereinigung gerichteten Geheimerlaß *das gesamte jüdische Schulwesen* auflöste (am 7. 7. 1942; Faksimile bei Schmidt, a. O., S. 240). Ebenfalls im Jahre 1942 wurde bestimmt, "daß jüdische Mischlinge ersten Grades in die Hauptschulen, Mittelschulen und Höheren Schulen künftighin nicht mehr aufzunehmen sind" (Nationalsozialistisches Bildungswesen 7, 1942, 275).

Zunächst war es das Ziel der NS-Regierung, die Juden (und die jüdischen Schülerinnen und Schüler) durch allmählich gesteigerte soziale Repressalien zur Auswanderung zu nötigen. Bis zum Herbst 1941 war die Auswanderung noch erwünscht, wenngleich sich – auch kriegsbedingt – kaum Aufnahmeländer anboten. Möglicherweise ist der Holocaust-Beschluß kurz danach gefaßt worden, unter dem Eindruck der unerwartet hohen Verluste "guten Blutes" deutscher Soldaten im 2. Halbjahr 1941. Es schien vielleicht der NS-Führung in ihrem abgrundtiefen Judenhaß undenkbar, die starke Dezimierung hinzunehmen und die angeblichen Kriegsverursacher womöglich überleben zu lassen, also eine "Gegenauslese" durch die "Gegenrasse" hinzunehmen.

Das allmähliche Verschwinden der deutschen Jugendlichen jüdischer Konfession hat kaum je Unruhe unter ihren nichtjüdischen Mitschülern ausgelöst. Es gab vage Informationen zunächst über Auswanderung, dann über "Arbeitslager" irgendwo im Osten. Weder machten die Lehrer genaue Angaben noch fragten ihre Schüler sie. Schon die zahlreichen Schikanen gegen jüdische Schüler (über sie berichtet ausführlich z. B. Benjamin Ortmeyer, Schicksale jüdischer Schülerinnen und Schüler in der NS-Zeit, Witterschlick/Bonn 1998, S. 697) lösten, soweit bekannt ist, nirgends nennenswerte solidarische Sympathiebekundungen seitens der Mitschüler aus. Der Obrigkeit schuldete man den Gehorsam (im Sinne von Paulus, Römerbrief Kapitel 13). Auch war Krieg, in dem die "Vaterlandsverteidigung" allen anderen Erwägungen vorzuziehen schien. Jedenfalls sahen fast alle mehr oder weniger gleichgültig weg.

8.2 Quellen

Die Neuordnung des höheren Schulwesens im Dritten Reich. Sammlung der wichtigsten diesbezüglichen Gesetze, Erlasse und Verfügungen seit Januar 1933, bearbeitet von Alfred *Homeyer*. 3. Auflage – Berlin (Klokow) 1943 [Loseblattsammlung]. – Auch zum Thema "jüdische Schüler".

8.3 Literatur

Hier ist auf den besonders hohen Informationswert der Bücher von Walk (1991) und Ortmeyer (1998) hinzuweisen. Während Ortmeyer forschungsgeschichtlich orientiert ist, bietet Walk eine umfassende Darstellung des Kenntnisstandes in allen Sachfragen.

Deutschkron, Inge: Ich trug den gelben Stern. – Köln (Verlag Wissenschaft und Politik) 1978

Scholle, Dietrich (u. a.): Zur Geschichte des Freiherr-vom-Stein-Realgymnasiums zwischen nationalsozialistischer Machtergreifung und Kriegsbeginn (1933-1939), in: 75 Jahre Freiherr-vom-Stein-Gymnasium [Lünen], 1897-1982. Beiträge zur Geschichte der Schule, Lünen 1982, 19-109. – S. 98-108: "Die Situation der jüdischen Schüler am Freiherr-vom-Stein-Realgymnasium 1933-1937".

Schnorbach, Hermann (Hg.): Lehrer und Schule unterm Hakenkreuz. Dokumente des Widerstands von 1930-1945. – Königstein/Ts. (Athenäum) 1983 (2. Aufl. 1995). – Darin u. a. S. 31-34: "Jüdisches Schulwesen im Nazideutschland – 'Pädagogik im Abseits' "; S. 147-156: "Probleme jüdischer Schulen in Deutschland während des Hitler-Regimes".

Ginzel, Günther Bernd: Jüdischer Alltag in Deutschland 1933-1945. – Düsseldorf (Droste) 1984. 252 S.

Dietrich *Heither* (u. a.): Als jüdische Schülerin entlassen. Erinnerungen und Dokumente zur Geschichte der Heinrich-Schütz-Schule in Kassel. – Kassel (Verlag Gesamthochschulbibliothek) 1984. 180 S.

Angress, Werner T.: Generation zwischen Furcht und Hoffnung. Jüdische Jugend im Dritten Reich. – Hamburg (Christians) 1985

Matthias von *Hellfeld*/Arno *Klönne*: Die betrogene Generation. Jugend in Deutschland unter dem Faschismus. Quellen und Dokumente. – Köln (Pahl-Rugenstein) 1985 (2. Aufl. 1987). 352 S. – S. 170-188: "Jüdische Jugendliche im NS-Staat".

Randt, Ursula: Talmud Tora Schule: Die Zerschlagung des jüdischen Schulwesens, in: Hamburg: Schule unterm Hakenkreuz, hg. von Ursula Hochmuth/Peter de Lorent, Hamburg (Hamburger Lehrerzeitung) 1985, 60-67

Reiner *Lehberger*/Hans-Peter de *Lorent* (Hg.): "Die Fahne hoch". Schulpolitik und Schulalltag in Hamburg unterm Hakenkreuz. – Hamburg (ergebnisse Verlag) 1986. – Darin u. a. S. 282-350: "Jüdische Schulen, jüdische Schüler- und Lehrerschicksale, katholische Schulen".

Reiner *Lehberger* (u. a.): Entrechtet – vertrieben – ermordet – vergessen. Jüdische Schüler und Lehrer in Hamburg unterm Hakenkreuz. – Hamburg (Behörde für Schule und Berufsbildung) 1988. 40 S.

Schwersenz, Jizchak: Die versteckte Gruppe. Ein jüdischer Lehrer erinnert sich an Deutschland. – Berlin (Wichern) 1988. 202 S.

Vollnhals, Clemens: Jüdische Selbsthilfe bis 1938, in: Die Juden in Deutschland 1933-1945, hg. von Wolfgang Benz, München (Beck) 1988 (1996⁴). – S. 330-363: "Schulwesen".

Walk, Joseph: Jüdische Erziehung in Württemberg während der Zeit der Verfolgung, in: Judenfeindschaft und Schule in Deutschland 1933-1945, hg. von Peter W. Schmidt, Weingarten (Pädagogische Hochschule Weingarten) 1988, 9-18

Wiegmann, Ulrich: Die Politik des faschistischen Erziehungsministeriums zur Aussonderung jüdischer Volksschüler 1934-1939. – Zeitschrift für Geschichtswissenschaft 36 (1988) 784-795

Schachne, Lucie: Erziehung zum geistigen Widerstand. Das jüdische Landschulheim Herrlingen 1933 bis 1939. 2. Aufl. – Frankfurt (dipa) 1989 (zuerst 1986). 267 S.

Sommer, Wilhelm: Kinder und Jugendliche im Nationalsozialismus (Lesehefte Geschichte für die Sekundarstufe I). – Stuttgart (Klett) 1989. 64 S. – S. 46-48: "Jüdische Kinder werden abgesondert und entrechtet".

Hellfeld, Matthias von: Davongekommen! Erwachsenwerden im Holocaust. – Frankfurt (Fischer) 1990. 151 S.

Meynert, Joachim: "Das hat mir sehr weh getan!". Jüdische Jugend in Ostwestfalen-Lippe. Streiflichter 1933-1939, in: Opfer und Täter, hg. von Hubert Frankemölle, Bielefeld (Verlag für Regionalgeschichte) 1990, 54-71

Ulrike *Krautheim* (u. a.): "Erziehung zu nationalsozialistischer Weltanschauung und Staatsgesinnung"? Höhere Schulen im Nationalsozialismus. – Frankfurt (Diesterweg) 1991. – S. 165-166: "Jüdische Schülerinnen im Nationalsozialismus".

Walk, Joseph: Jüdische Schule und Erziehung im Dritten Reich. – Frankfurt (Hain) 1991. 372 S.

Weiss, Yfaat: Schicksalsgemeinschaft im Wandel. Jüdische Erziehung im nationalsozialistischen Deutschland 1933-1938. – Hamburg (Christians) 1991. 225 S.

Angress, Werner T.: Erfahrungen jüdischer Jugendlicher und Kinder mit der nichtjüdischen Umwelt 1933-1945, in: Die Deutschen und die Judenverfolgung im Dritten Reich, hg. von Ursula Büttner, Hamburg (Christians) 1992, 89-104

Röcher, Ruth: Die jüdische Schule im nationalsozialistischen Deutschland 1933-1942. – Frankfurt (dipa) 1992. 350 S.

Kansteiner, Heinrich: Der kurze Weg vom Städtischen Gymnasium zum Hitler-Gymnasium. Das Gymnasium in der Zeit des Nationalsozialismus, in: Eine gemeine Schule für die Jugend. 450 Jahre Stadtgymnasium Dortmund, Essen (Klartext) 1993, 149-168. – S. 153-167: "Die jüdischen Schüler".

Wetzel, Juliane: Ausgrenzung und Verlust des sozialen Umfeldes. Jüdische Schüler im NS-Staat, in: Sozialisation und Traumatisierung. Kinder in der Zeit des Nationalsozialismus, hg. von Ute und Wolfgang Benz, Frankfurt (Fischer) 1993, 92-102

Zahnow, Gregor: Judenverfolgung in Münster. – Münster (agenda Verlag) 1993. 155 S. – S. 61-62: "Jüdisches Schulwesen".

Michael, Berthold: Schule und Erziehung im Griff des totalitären Staates. Die Göttinger Schulen in der nationalsozialistischen Zeit von 1933 bis 1945. – Göttingen (Vandenhoeck & Ruprecht) 1994. 214 S. (und Anhang I-XVI). – S. 32-43 zur Situation der jüdischen Schüler und Lehrer.

Pedersen, Ulf: Bernhard Rust: Ein nationalsozialistischer Bildungspolitiker vor dem Hintergrund seiner Zeit. – Braunschweig (Technische Universität Braunschweig, Forschungsstelle für Schulgeschichte) 1994. – S. 166-169: "Behandlung von Minderheiten".

Hyams, Helge-Ulrike: Jüdische Kindheit in Deutschland. Eine Kulturgeschichte. – München (Fink) 1995. 199 S. – S. 163-173: Zur Schulsituation der jüdischen Kinder" (vgl. S. 174-179: "Das Alltagsleben").

Meyhöfer, Rita: Gäste in Berlin? Jüdisches Schülerleben in der Weimarer Republik und im Nationalsozialismus. – Hamburg (Kovač) 1996. 291 S.

Feidel-Mertz, Hildegard: Schicksale jüdischer Lehrer/innen und Schüler/innen in Bayern, in: Handbuch der Geschichte des bayerischen Bildungswesens III, hg. von Max Liedtke, Bad Heilbrunn 1997, 440-452

Freund, Susanne: Jüdische Bildungsgeschichte zwischen Emanzipation und Ausgrenzung. Das Beispiel der Marks-Haindorf-Stiftung in Münster (1825-1942). – Paderborn (Schöningh 1997). 403 S.

Ortmeyer, Benjamin: Schicksale jüdischer Schülerinnen und Schüler in der NS-Zeit – Leerstellen deutscher Erziehungswissenschaft? Bundesrepublikanische Erziehungswissenschaften (1945/49-1995) und die Erforschung der nazistischen Schule. – Witterschlick/Bonn (Wehle) 1998. 826 S.

Die Geschichte der Juden im Rheinland und in Westfalen. Hg. von Michael Zimmermann. – Köln (Kohlhammer) 1998. 329 S. – Darin S. 241-243 zum jüdischen Schulwesen in Deutschland nach 1933 (von Yvonne *Rieker*/Michael *Zimmermann*).

Hundert Jahre *Goetheschule Essen*, 1899-1999. Erfahrungen, Begegnungen, Herausforderungen. – Essen (Klartext) 1999. – U. a. S. 65 ff. zur Situation der jüdischen Schüler nach 1933.

9 Berufserziehung, Reichsberufswettkampf; Jugendschutzgesetz; Berufsausbildung jüdischer Jugendlicher

9.1 Überblick

Nach dem Selbstverständnis der Hitlerjugend war es Baldur von Schirach in seiner Eigenschaft als Jugendführer des Deutschen Reiches, welcher der Deutschen Arbeitsfront (DAF) die Berufserziehung der deutschen Jugend übertragen hatte (Günter Kaufmann, in: Das Junge Deutschland 31, 1937, 98). Denn die HJ sah sich, entsprechend dem Prinzip der "Einheit der Erziehung", bei dem sie sich von Hitler unterstützt fühlte, sozusagen als zuständig und verantwortlich für alle Bereiche der Jugenderziehung. In den Zusammenhang der *Berufserziehung* gehört der *Reichsberufswettkampf*, der jährlich von Millionen junger Menschen ausgetragen wurde. 1934 begonnen, wurde er nach Kriegsbeginn (1939) unterbrochen. 1944 hat man ihn kurzzeitig wiederbelebt, auch dies, wie alles Wichtige, auf einen Führerwillen hin (Artur Axmann in: Das Junge Deutschland 38, 1944, Nr. 1 vom 15. Januar, S. 2): "Der Führer hat nun erneut im Kriege die schaffende deutsche Jugend zum Reichsberufswettkampf aufgerufen" – ein totgeborenes Kind zu diesem Zeitpunkt (vgl. K. H. Jahnke/Michael Buddrus, Deutsche Jugend 1933-1945, Hamburg 1989, 401-402). Der Reichsberufswettkampf entstand durch den am 8. 12. 1933 von der HJ ausgehenden Vorschlag eines Zusammengehens von HJ und DAF im Interesse der Berufserziehung und beruflichen Schulung der Jugend. Schirach sah hier ein interessantes Tätigkeitsfeld für seine schnell wachsende HJ. So wurde der – von der finanziell starken DAF getragene – Reichsberufswettkampf unter Mitwirkung der Hitlerjugend durchgeführt. Nach NS-Auffassung war der politische Sinn der Arbeit die Steigerung beruflicher Leistung durch Wettbewerb, Aufdeckung der Begabungsreserven und Begabtenauslese und Begabtenförderung, und zwar, damit im Ganzen das deutsche Volk besser seinen Platz in der Welt einnehmen und behaupten könne. In diesem Sinne wurde auch die Berufsschulpflicht für alle Lehrlinge und Ungelernten (einschließlich der Mädchen) bis zu 18 Jahren allmählich durchzusetzen versucht. Hier gab es noch Rückständigkeiten.

HJ und DAF wirkten auch zusammen bei dem *Jugendschutzgesetz* vom 30. 4. 1938 (auszugsweise abgedruckt z. B. in: Führerinnendienst Niedersachsen, März 1942, S. 6 f.). Es brachte für die Jugend einige Fortschritte: Die Arbeitszeit des Jugendlichen beträgt täglich 8 Stunden (wöchentlich 48 Stunden). Der Jugendliche hat wöchentlich einen freien Nachmittag zu beanspruchen (regelmäßig Sonnabend ab 14 Uhr). Arbeitspausen werden vorgeschrieben, Nachtarbeit wird verboten. Der Urlaub beträgt 12-18 Werktage. "Die dem Jugendlichen durch das Jugendschutzgesetz gewährte Freizeit gibt ihm die Möglichkeit, seinen Dienst in den Formationen der Hitler-Jugend ordnungsgemäß zu erfüllen und seinen Urlaub durch Fahrt oder Lager sinnvoll zu gestalten" (Führerinnendienst, a. O., S. 7). Der Einsatz der HJ zugunsten der berufstätigen Jugend war also nicht ganz uneigennützig.

Tatsächlich lagen beim Jugendschutz die Dinge noch bis in die dreißiger Jahre hinein im Argen: Glaubwürdige Zeitzeugen berichten, daß sie als Lehrlinge in kleinen

Handwerksbetrieben bis zu 80 Stunden pro Woche arbeiten mußten und von Freizeit und Urlaub nur träumen konnten.

Eine Erwähnung verdienen noch die *Haushaltungsschulen* des BDM. Gegen Ende des Jahres 1941 bestanden 24 solcher Schulen, die in einem Jahreskurs (Kosten 630 Mark) "zur verantwortlichen Arbeit im Dienst der Familie und des Volkes" erziehen sollten. Sie berechtigten zur Weiterbildung z. B. als Hauswirtschaftsleiterin, Gewerbelehrerin, Krankenschwester (Wir folgen. Jahrbuch der Jungmädel 1942, im unpaginierten Anhang; die 'Lebenswelt' einer Haushaltungsschule schildert Margarete Hannsmann, Der helle Tag bricht an, Hamburg 1982, 125-146).

Martin Kipp und Gisela Miller-Kipp (Erkundungen im Halbdunkel. Einundzwanzig Studien zur Berufserziehung und Pädagogik im Nationalsozialismus, Frankfurt 1995) haben ergebnisreiche Untersuchungen vorgelegt zur *jüdischen Berufspädagogik in der NS-Zeit*. Sie erweisen die jüdische Berufsausbildung dieser Zeit als "produktive pädagogische Reaktion auf Ausgrenzung und Verfolgung" (S. 395-448).

9.2   Quellen

Mädchenumschulungslager. Von Gertrud *Kunzemann*, Mädelreferentin im Sozialen Amt der Reichsjugendführung. – Das Junge Deutschland 28 (1934) 362-365. - Zu einem Erlaß der Reichsanstalt für Arbeitsvermittlung betreffend "die Umschulung von städtischen Arbeitslosen in Internatslehrgängen". "In diesem Erlaß wurde der Bund Deutscher Mädel beauftragt, die Umschulung weiblicher Arbeitsloser auf Haus- und Landwirtschaft durchzuführen... Die Umschulung auf Landwirtschaft wird direkt beim Bauern oder auf Gütern durchgeführt, aber nicht in Einzelstellen wie in der Landhilfe, sondern auch da in einer Lagergemeinschaft. Es kommen etwa 10 Mädel mit einer Führerin zum Bauern, der einen Besitz von mindestens 300-500 Morgen hat und der einen Schlaf- und Aufenthaltsraum zur Verfügung stellen kann" (S. 362 f.). Für städtische Arbeitskräfte sind "auf dem Lande geschlossene Lager eingerichtet, die etwa 25-40 Mädel erfassen. Die Lagerleiterin ist hier ebenfalls eine aktive BDM-Führerin, die selbst die Hauswirtschaft erlernt hat". Mit der 8 Wochen dauernden Umschulung ist eine "Erziehungsarbeit" in der "Lagergemeinschaft" verbunden, z. B. durch Vorlesen aus "Heimabendunterlagen, die jeden Monat von der Reichsjugendführung an die Lager geschickt werden" (S. 364).

Der Reichsberufswettkampf. Die berufliche Aufrüstung der deutschen Jugend. Von Günter *Kaufmann*, Leiter der Presse- und Propagandastelle des Reichsberufswettkampfes. – Berlin (Junker und Dünnhaupt) 1935. 72 S. – "Der Reichsberufswettkampf ist entstanden angesichts einer katastrophalen Arbeitslosigkeit unter der werktätigen Jugend... Er ist in zweiter Linie eine berufliche Aktion mit nationalwirtschaftlichem Wert ("Leistungssteigerung", "Leistungsförderung", "berufliche Ertüchtigung", S. 9). Der "Wettkampfgedanke" ("Olympiade der Arbeit") ist leitender Gesichtspunkt. "Unsere heilige Pflicht ist dafür zu sorgen, daß wir durch Können und durch Fähigkeiten, nicht nur durch unsere Haltung, den anderen (Völkern) überlegen sind" (S. 68).

Arteigene Schulung der deutschen Mädel. Aus der Arbeit des Jugendamtes der Deutschen Arbeitsfront. Von Gertrud *Marten*, Gauverbandsführerin. – Das Junge Deutschland 29 (1935) 5-9. – "Mit der Brechung des liberalistischen Systems hat der Nationalsozialismus auch endgültig die Emanzipationsbestrebungen... beseitigt.

Für den Nationalsozialismus gibt es kein besonderes Frauenproblem... Während im vergangenen System die Frau ihr eigenes Wesen abzulegen begann und versuchte, in ihrer Arbeit... sich den Gewohnheiten des Mannes anzupassen, kehrt heute die deutsche Frau wieder zu ihrer Eigenart zurück". Es kommt nun zu einer "einheitlichen Ausrichtung der gesamten Jugend" (S. 5). Sehr viele Mädchen und Frauen wurden durch unpassende Berufstätigkeit ihrem "ureigenen Arbeitsgebiet in Haus und Familie" entfremdet, und "hunderttausende deutscher Mädel in Fabriken und Kontoren sehnen sich heute im stillen nach einem eigenen Heim, das sie sich selbst gestalten können" (S. 6). In diesem Sinne werden vom Jugendamt der Deutschen Arbeitsfront "hauswirtschaftliche Kurse und Lehrgänge" angeboten (Kochkurse, Nähkurse, Sanitätskurse u. a.).

Kluy, H.: Wehrwirtschaftliche Forderungen an die Berufserziehung. – Das Junge Deutschland 30 (1936) Heft 9, S. 17-20. – Erwünscht ist eine "möglichst hohe Steigerung der wehrwirtschaftlichen Kraft"; denn die "letzte Zielsetzung der Berufsausbildung" ist "die Erhaltung und Sicherung der Nation".

Schwesternnachwuchs und BDM. – Das Junge Deutschland 30 (1936) Heft 10, S. 26-29. – "Eine Überprüfung ergab... daß der Nachwuchs im gesamten Schwesternberuf nicht annähernd ausreicht, den Bedarf... zu decken... Der BDM, der als nationalsozialistische Mädelorganisation die Mädel bis zum 21. Lebensjahr erfaßt, hat sich in erster Linie diese Sorge zu eigen zu machen" (S. 26 f.). "Als Schwesternschülerinnen für die Schwesternschaften der NSV werden Mädel aufgenommen, die einige Vorbedingungen erfüllen: Sie müssen u. a. "deutschen oder artverwandten Blutes" und "politisch zuverlässig" sein. Die Ausbildung dauert 2 Jahre.

Wiese, Hans: Auslese und Leistungssteigerung. Die Grundzüge der Auswertung des RBWK. – Das Junge Deutschland 30, Heft 6 (Juni 1936), S. 15-22. – Ein wichtiger Grundsatz des Reichsberufswettkampfes ist "Leistungsförderung" aller ermittelten Sieger (Gausieger, Reichssieger). Im Rahmen des RBWK werden auch politisch-weltanschauliche Aufgaben gestellt, und es wird deren Ergebnis u. a. in Verbindung und Zusammenarbeit mit HJ-Führern ausgewertet.

Pranz, Erna: Die Zukunft der beruflichen Mädelarbeit. Bemerkungen zum Arbeitseinsatz der weiblichen Jugend. – Das Junge Deutschland 31 (1937) 497-502. – Der Bedarf an weiblichen Arbeitskräften wächst stetig, doch sollten 14- und 15jährige Mädel nicht zu früh ins Berufsleben kommen, sondern erst "nach Ableistung einer hauswirtschaftlichen Tätigkeit von der Mindestdauer eines Jahres" und in Verbindung mit einer "gewissenhaften Berufserziehung" und "Berufsberatung". Hier ist eine fruchtbare Verbindung mit dem BDM und dessen "Erziehungsgemeinschaft" erforderlich.

Kaufmann, Günter: Der Anspruch der Bewegung auf die Berufserziehung der Jugend. Neue Wege für Erziehung und Auslese in der Volkswirtschaft. – Das Junge Deutschland 31 (1937) 98-103. – Einleitend bemerkt der Autor, Baldur von Schirach habe der DAF die Berufserziehung der deutschen Jugend übertragen. Dominierender Gesichtspunkt des Reichsberufswettkampfes ist die berufliche

"Auslese" der Tüchtigsten. "Die Erhaltung der biologischen Kraft unseres Volkes macht vor allem angesichts der Erfordernisse der Wehrerziehung eine Verkürzung der schulischen bzw. beruflichen Ausbildungszeit notwendig. Nur dadurch kann der Weg in die Frühehe geebnet werden" (S. 100). Das erste und
zweite Berufserziehungsjahr soll bereits mit dem 7. und 8. Volksschuljahr zusammenfallen, um so die Gesamtausbildungszeit drastisch zu verkürzen. Hier
kooperieren der Jugendführer des Deutschen Reichs und der Reichsleiter der
Deutschen Arbeitsfront. Hitler-Jugend und die Berufserziehung werden in Zukunft "miteinander verbunden sein".

Siemering, Hertha: Deutschlands Jugend in Bevölkerung und Wirtschaft. Eine statistische Untersuchung. – Berlin (Junker und Dünnhaupt) 1937. 446 S. – S. 392-
426: "Berufswahl und Berufserziehung der Jugendlichen".

Der Reichsberufswettkampf. Von Obergebietsführer Artur *Axmann*, Leiter des Berufswettkampfes aller schaffenden Deutschen. – Berlin (Junker und Dünnhaupt)
1938. – Der Autor versteht sein Buch als Beitrag dazu, "daß der deutsche Arbeiter der beste Arbeiter in der Welt ist und bleibt" (Vorwort). – S. 17-18: "Die
Arbeit der Hitlerjugend". – Dem "Lebensgefühl der deutschen Jugend" nach ist
die Erde kein "Jammertal". "Sie freut sich ihres Daseins und ihrer Arbeit". Die
Hitlerjugend, in ihren Heimabenden durch weltanschauliche Erziehung einheitlich ausgerichtet, "hat die Verantwortung für die planmäßige körperliche Ertüchtigung ihrer Kameraden. Sie bildet den jungen Deutschen so aus, daß der
Wehrmacht die Unterweisung an der Waffe verbleibt... Die HJ flieht nicht wie
die Jugend von einst vor dem Alltag... Sie strebt nicht einer weltfremden Romantik nach, sondern ist beseelt von der Romantik der Wirklichkeit" (S. 18 f.).
Der Reichsberufswettkampf entstand durch den von der HJ am 8. 12. 1933 ausgehenden Vorschlag eines Zusammenwirkens von HJ und DAF im Interesse der
Berufserziehung und Berufsschulung der Jugend; – Zur Berufserziehung gehört
auch die weltanschauliche "Erziehung zur Volksgemeinschaft" (S. 107). So erscheinen bei den Prüfungsfragen in den verschiedenen Leistungsklassen auch
die Themen "Kolonien", "Erbanlagen", "Juden" (S. 108-111).

Der deutsche Jugendschutz. Ein Sieg der Beharrlichkeit. Von Obergebietsführer Artur *Axmann*, Chef des Sozialen Amtes der Reichsjugendführung. – Das Junge Deutschland 32 (1938) 242-245 (vgl. ebd. S. 246-263. – S. 264-311: "Jugendschutzgesetz", Abdruck mit Erläuterungen von Heinz Boldt). Am 30. April
1938 wurde das "Gesetz über Kinderarbeit und die Arbeitszeit der Jugendlichen" erlassen: "Das Schutzalter der Jugendlichen ist vom 16. auf das
18. Lebensjahr erhöht worden... Das Gesetz spricht... das grundsätzliche Verbot von Kinderarbeit aus... Die regelmäßige Arbeitszeit ist auf 8 Stunden täglich und 48 Stunden wöchentlich festgelegt worden. Die Zeit, die für den Berufsschulbesuch notwendig ist, wird auf die Dauer der Arbeitszeit angerechnet... Jugendliche dürfen ohne Ruhepause nicht länger als $4\frac{1}{2}$ Stunden hintereinander beschäftigt werden... Das Gesetz spricht das grundsätzliche Verbot
der Nachtarbeit für Jugendliche aus... Das Gesetz bringt die erste in Deutsch-

land bestehende reichsgesetzliche Regelung des Urlaubs" (12-15 bzw. 12-18 Werktage). "Der Urlaub wird bezahlt".

Albrecht, Gertrud: Zur Berufswahl unserer Mädchen. – Nationalsozialistische Mädchenerziehung 6 (1940) 23-27. – Zum Thema "Pflichtjahr", "Landdienst der HJ", "Hauswirtschaftliches Jahr" u. a.; ferner wird das gesamte Berufsspektrum aufgelistet und erläutert, das 1940 offenstand für Volksschülerinnen, Mittelschülerinnen, Abiturientinnen.

Thiele-Deutgen, Elsbeth: Zur Frage der künftigen Erziehung der deutschen Jungarbeiterin. – Nationalsozialistische Mädchenerziehung 8 (1942) 120-126. – Bericht der Leiterin einer Berufsschule über die Befragung von 1500 Jungarbeiterinnen (Aufsatz als Klassenarbeit: "Wie denke ich mir meine Zukunft?"). Die Aussagen der Mädchen (im Alter von 16 bis 17 Jahren) spiegeln die in ihrer Lebenswelt gängigen Vorstellungen: Dominanz des Ehewunsches ("Frühehe"), wobei im Zusammenhang mit der Aussteuerbeschaffung "der Drang der Mädel in alle Berufe, die frühzeitig ohne Lehre verhältnismäßig viel Lohn auszahlen" registriert wird. Dies ist vom Interesse allgemeiner beruflicher "Leistungssteigerung" eigentlich "nicht erwünscht", obwohl andererseits "die in unserer heutigen Mädelgeneration erwachte Ehefreudigkeit zu begrüßen und nach Kräften zu fördern ist", dies im Sinne der Zielsetzung des Führers (Erziehungsziel ist die deutsche Frau und Mutter). Dank der "Schulung in BDM und Berufsschule" ist "der Typ des Mädels, wie es die Systemzeit zeitigte, faul, flatterhaft, genußsüchtig und haltlos bis zur Lasterhaftigkeit... restlos überwunden".

Gentz, Erwin: Das Berufs- und Fachschulwesen. – Deutsche Schulerziehung 1941/42 (Berlin 1943) 224-227. – Wegen seiner "Kriegswichtigkeit... ist es gelungen, das berufsbildende Schulwesen in nur geringfügig beschränktem Umfange weiterzuführen... Das Ausmaß des Unterrichts an den Berufsschulen wurde im Reich vereinheitlicht" (6 bzw. 8 Wochenstunden).

9.3 Literatur

Das Werk von Martin Kipp/Gisela Miller-Kipp (1995) führt gut in das Thema ein und bietet zugleich einen informativen Überblick über den gegenwärtigen Kenntnisstand.

Wolsing, Theo: Untersuchungen zur Berufsausbildung im Dritten Reich. – Kastellaun (Henn) 1977. 803 S.

Kümmel, Klaus: Zur schulischen Berufserziehung im Nationalsozialismus. Gesetze und Erlasse, in: Erziehung und Schulung im Dritten Reich, Teil 1, hg. von Manfred Heinemann, Stuttgart (Klett-Cotta) 1980, 275-288

Klinksiek, Dorothee: Die Frau im NS-Staat. – Stuttgart (Deutsche Verlags-Anstalt) 1982. – S. 54-63: "Berufliche Bildung".

Pätzold, Günter: Zur industriellen Berufserziehung im Nationalsozialismus – "Die Lehrwerkstatt als Exerzierplatz des praktischen Lebens", in: Erziehung im Nationalsozialismus, hg. von Kurt-Ingo Flessau, Köln (Böhlau) 1987, 83-100

Handbuch der deutschen Bildungsgeschichte. Band V. 1918-1945. Die Weimarer Republik und die nationalsozialistische Diktatur. Hg. von Dieter Langewiesche und Heinz-Elmar Tenorth. – München (Beck) 1989. – Darin Günter *Pätzold*, S. 283-285: "Das berufsbildende Schulwesen im Nationalsozialismus"; Manfred *Horlebein*, S. 302-306: "Die Fachschulen im Nationalsozialismus".

Reinig, Elke: Hauswirtschaftsunterricht in der Mädchenberufsschule (1920-1946), in: Töchter-Fragen, NS-Frauen-Geschichte, hg. von Lerke Gravenhorst und Carmen Tatschmurat, Freiburg (Kore) 1990, 271-290

Kipp, Martin: Betriebliche Berufserziehung im Nationalsozialismus, in: "Du bist nichts, Dein Volk ist alles". Forschungen zum Verhältnis von Pädagogik und Nationalsozialismus, hg. von Christa Berg und Sieglind Ellger-Rüttgardt, Weinheim (Deutscher Studien Verlag) 1991, 132-158

Lück, Margret: Die Frau im Männerstaat. Die gesellschaftliche Stellung der Frau im Nationalsozialismus. Eine Analyse aus pädagogischer Sicht. – Frankfurt (Lang) 1991. – Darin u. a. S. 65-66: "Der Bildungsauftrag der Berufsschulen".

Seubert, Rolf: Berufsschule und Berufsbildungspolitik im Nationalsozialismus. Zum Stand der Forschung, in: "Du bist nichts, Dein Volk ist alles". Forschungen zum Verhältnis von Pädagogik und Nationalsozialismus, hg. von Christa Berg und Sieglind Ellger-Rüttgardt, Weinheim (Deutscher Studien Verlag) 1991, 105-151

Wissmann, Sylvelin: Es war eben unsere Schulzeit. Das Bremer Volksschulwesen unter dem Nationalsozialismus. – Bremen (Selbstverlag des Staatsarchivs Bremen) 1993. 398 S. – S. 145-149: "Berufsberatung, Pflichtjahr, Landjahr, Berufsschulen".

Martin *Kipp*/Gisela *Miller-Kipp*: Erkundungen im Halbdunkel. Einundzwanzig Studien zur Berufserziehung und Pädagogik im Nationalsozialismus. – Frankfurt (Gesellschaft zur Förderung arbeitsorientierter Forschung und Bildung) 1995. 594 S. – Darin u. a. S. 395-414: "Was wissen wir über die 'Entjudung' der Berufsausbildung?" S. 415-430: "Berufsausbildung zur Selbstbehauptung. Das jüdische Berufsausbildungswerk unter dem Nationalsozialismus als produktive pädagogische Reaktion auf Berufsverbot, Ausgrenzung und Verfolgung"; S. 431-448: "Die Frankfurter Grundlehre. Ein vergessener jüdischer Beitrag zur Berufspädagogik unter dem Nationalsozialismus".

Schmaderer, Franz Otto: Die Berufsschule – Mittel politischer Indoktrination, in: Handbuch der Geschichte des bayerischen Bildungswesens IV, hg. von Max Liedtke, Bad Heilbrunn 1997, 491-492

Lepold, Anja: Der gelenkte Lehrling. Industrielle Berufsausbildung von 1933-1939. – Frankfurt (Lang) 1998. 204 S.

10 Landjahr, Landdienst, Pflichtjahr, Hauswirtschaftliches Jahr

10.1 Überblick

Zu Beginn der NS-Herrschaft, im Januar 1933, gab es im Deutschen Reich über 6 Millionen bei den Arbeitsämtern gemeldete Arbeitslose. Hinzu kamen sehr viele Ungemeldete. Etwa 15 Prozent der erwerbstätigen Männer hatten keine Arbeit. Jeder von der Schule abgehende Jahrgang verschärfte die Situation, und besonders die Jugendarbeitslosigkeit war unerträglich hoch. Es wirkten Gesichtspunkte der Arbeitsmarktpolitik und der Jugenderziehung zusammen beim "Landdienst der HJ", beim "Landjahr", "Pflichtjahr" und "Hauswirtschaftlichen Jahr".

Zunächst zum *Landjahr*. Es wurde mit dem preußischen "Gesetz über das Landjahr" vom 29. 3. 1934 von Reichserziehungsminister Rust in Kooperation mit HJ und BDM ins Leben gerufen. Jeweils von April bis Dezember eines Jahres laufend sollte es "rassisch erbgesunde Jungen und Mädchen der Groß- und Industriestädte nach ihrer Entlassung aus der Volksschule in Lagern zusammenfassen, um sie den Segen von 'Blut und Boden' erleben zu lassen" (Rudolf Benze, Nationalpolitische Erziehung im Großdeutschen Reich, Berlin 1936, S. 23 f.). Es erwartete sie in den Lagern "ein frohes und zuchtvolles Leben... Ordnungsdienst im Lager... Ausmärsche und Fahrten, Singen und Musizieren, Feierstunden im Lager", ferner "Belehrung" unter anderem über "Rassenkunde und Bevölkerungspolitik" (Rudolf Benze, Erziehung im Großdeutschen Reich, Frankfurt 1943, S. 68 f., ebd. S. 68 der typische Tagesablauf eines Jungenlagers abgedruckt. Zu ihm gehörten u. a. morgens "Heißen der Flagge", nachmittags "Schulung", d. h. in erster Linie "weltanschauliche Schulung", abends "Einholen der Flagge"; vormittags 7.30-12 Uhr "Dienst in Arbeitsgruppen"). – Zu den kontrovers bewerteten Landjahr – Erfahrungen der Beteiligten ist einzusehen das Jahrbuch des Archivs der deutschen Jugendbewegung 14, 1982/83, S. 105-116: "Jugendbewegtes Reservat oder nationalsozialistische Kaderschule?".

Der *Landdienst der Hitlerjugend* entwickelte sich aus der am 30.9. 1934 in die HJ übernommenen NS-Artamanenbewegung und sollte berufslenkend auf die aus der Volksschule entlassene Jugend einwirken. Sie sollten "Landhelfer" werden beziehungsweise überhaupt auf Dauer in irgendeiner Form auf dem Lande leben und so den Trend zur Landflucht umzukehren helfen; denn trotz der hohen Arbeitslosigkeit herrschte ein Mangel an Landarbeitern. Die einzelnen Landdienstgruppen wurden von HJ-Führern geleitet. Attraktiv war dieser Dienst nicht; denn sie wurden nach dem sehr niedrigen Landarbeitertarif bezahlt, und die meisten hausten in primitiven Unterkünften (euphemistisch "Landdienstlager" genannt), zum Beispiel in sogenannten Schnitterkasernen (zur Sache siehe: Das Junge Deutschland 34, 1940, S. 40 f.). Doch fehlte es nicht an ideologischer Verbrämung: "Die große ideelle Aufgabe des Landdienstes ist auf den Osten gerichtet. Im Osten wartet das Land auf den deutschen Bauern" (Hein Stünke, Oberbannführer in der Reichsjugendführung, in: Erziehungsmächte und Erziehungshoheit im Großdeutschen Reich, hg. von Rudolf Benze/Gustav Gräfer, Leipzig 1940, S. 91). Bereits als der Krieg schon verloren ging, wurden den jungen Leuten immer noch Hoffnungen gemacht auf eine Existenz als "Wehrbauer" im Osten, im Rahmen der "Besetzung des neuen Reichsraumes an den entscheidenden Stellen mit bäuerlichen Menschen"; angeblich sei heute "die Seßhaftmachung der Tüchtigsten sichergestellt" (Albert Müller, Bannführer in der Reichsjugendführung: Sozialpolitische Erziehung, Berlin 1943, S. 114; vgl. ebenda: "Das Land im Osten als Lebensraum der deutschen Nation"). Noch Anfang des Jahres 1944, als der Krieg wirklich so gut wie verloren war, machte man den Jugendlichen trügerische Hoffnung: "Nach dem Siege wird es bei der jetzt gewonnen Ausweitung unseres Lebensraumes möglich sein, jedem jungen Deutschen, der siedlungswillig ist, einen Neubauernhof zu schaffen" (Der HJ-Führer. Führerdienst des Gebietes Niedersachsen, Folge 1, Januar 1944, S. 24). Von der in diesem Zusammenhang zwangsläufig vorausgehenden rassistischen "ethnischen Säuberung" wird nicht gesprochen.

Das *Pflichtjahr* (angeordnet am 15.2.1938) war für die gesamte weibliche Jugend bis zum 25. Lebensjahr verbindlich, wenn sie später eine Tätigkeit außerhalb der Land- oder Hauswirtschaft aufnehmen wollte (zur Sache z. B. Führerinnendienst Obergau Niedersachsen, Folge 7, Sept. 1941, S. 10 f.). Es war – nach dem Abschmelzen der Arbeitslosigkeit – "eine Arbeitseinsatzmaßnahme für die weibliche Jugend mit dem Ziel, den Mangel an Kräften in der Hauswirtschaft und Landwirtschaft zu mindern und die Mädel hauswirtschaftlich zu ertüchtigen. Das Pflichtjahr stellt die Arbeit in der Familie, vor allem in der landwirtschaftlichen Familie, in den Vordergrund... Die Durchführung des Pflichtjahres obliegt den Arbeitsämtern, die mit den Dienststellen des Reichsnährstandes, des Deutschen Frauenwerks und des BDM eng zusammenarbeiten" (so der Wortlaut der Anordnung über das Pflichtjahr von 1938, bei Rudolf Benze, Erziehung im Großdeutschen Reich, Frankfurt 1943, S. 73). Wie Zeitzeuginnen berichten, trat der BDM kaum je in Erscheinung, und selbst in Haushalten von "Parteigenossen" (PG, d. h. Mitgliedern der NSDAP) gab es keine Freigabe der Mädchen für den üblichen BDM-Dienst. Eine in einem ländlichen Haushalt tätig gewesene Zeitzeugin berichtet von einer durchschnittlichen Wochenarbeitszeit von 75 Stunden.

Daneben gab es schon seit 1934 das *Hauswirtschaftliche Jahr* für schulentlassene Mädchen. Es bezweckte die Zurückführung der Arbeitslosenzahlen, die Deckung des Bedarfs an Hausgehilfinnen, zugleich angeblich auch die Weckung einer Neigung zu hauswirtschaftlicher Tätigkeit bei dieser Gruppe von Jugendlichen. Die "Hausjahrmädel" wurden hinsichtlich ihrer Freizeitgestaltung durch die Gemeinschaftserziehung des BDM erfaßt. Laut Rudolf Benze (Erziehung im Großdeutschen Reich, Frankfurt 1943, S. 73) verfolgten Pflichtjahr und Hauswirtschaftliches Jahr "einen doppelten Zweck: Sie wollen schulentlassene Mädchen durch sinnvollen Einsatz in haus- und landwirtschaftlicher Arbeit auf ihre künftigen hausmütterlichen Aufgaben vorbereiten und zugleich gewisse volkswirtschaftliche Notstände beheben". Von Arbeitslosigkeit ist hier also nicht mehr die Rede. Sie war längst durch den kriegsbedingten hohen Arbeitskräftemangel abgelöst. Im übrigen wurde der Bedarf an Hausgehilfinnen in der zweiten Kriegshälfte zunehmend von osteuropäischen "Fremdarbeiterinnen" (genauer: "Zwangsarbeiterinnen") befriedigt, die in großer Zahl auch in deutschen Privathaushalten tätig waren.

10.2   Quellen

Jugend im Landjahr. Von Griffion *Stierling*, Referent im Sozialen Amt der Reichsjugendführung. – Das Junge Deutschland 28 (1934) 302-303. – "Zunächst als Versuch und Probe im Jahre 1934 gedacht, hat sich das Landjahr glänzend bewährt... Das Jahr, das dem Abschluß der Volksschule folgt, soll den jungen Deutschen äußerlich und innerlich vollständig umformen... Ordnungsübungen, Marsch, Geländedienst, ewig Sport und Spiel, Baden, Turnen sind der schwingende Rhythmus, darin das bleiche Kind Farbe bekommt und Kraft... Das ganze tiefinnerliche Leben der echten Jugendbewegung hat auch hier im Landjahr Gestalt. Sie machen Lagermusik, sie singen die alten Volkslieder, sie vergessen auch die Kampflieder nicht... Nationalpolitische Bildung im weitesten Sinne ist der Zweck des Landjahres... wird die Jugend im Landjahr bewußt auf bäuerliches Denken und bäuerliches Arbeiten hingeführt... bis zum Neubauer ist ein weiter Weg. Gute zehn Jahre hieße es durchhalten... Die Jungen im Landjahr tragen die Uniform der HJ. Die Mädel im Landjahr tragen die Bundestracht des BDM... Das wöchentliche Heimabendmaterial liegt der abendlichen Schulung in den Lagern zugrunde... (Es werden) zu Weihnachten 22.000 an Geist und Körper best ausgebildete Jungen und Mädel die Lager verlassen... zwischen Schule und Beruf hat ein Jahr gelegen, das diese Jugend einst freimütig als das schönste ihres Lebens bezeichnen wird".

Winterarbeit der Artamanen. Von Albert *Woyirsch*, Bundesführer der Artamanen, Referent im Sozialen Amt der Reichsjugendführung. – Das Junge Deutschland 29 (1935) 78-80. – Im Winter, wenn nicht mehr die ganze Landdienstgruppe benötigt wird, ist Zeit für die "Führerschulung", für die Teilnahme an landwirtschaftlichen Schulen zur "fachlichen Ausbildung der Landdienstgruppen", für "Spielfahrten des Landdienstes" im Interesse der "Volkstumsarbeit". "Von Dorf zu Dorf wird gezogen während der ganzen Wintermonate, um in dieser überzeugenden Form das Bekenntnis zu Blut und Boden abzulegen... Die Spielscharen sind die Propagandatrupps des Landdienstwerkes der Hitler-Jugend".

Das Landjahr. Die gesetzlichen Grundlagen und wichtigsten Bestimmungen für den Hausgebrauch zusammengestellt und herausgegeben von Erwin *Gentz*, Regierungsrat im Reichs- und Preuß. Ministerium für Wissenschaft, Erziehung und Volksbildung. – Eberswalde (Müller) [1936]. 333 S. – Für eine Landjahr-Teilnahme kamen in Frage "rassisch geeignete und erbbiologisch gesunde junge Menschen" (S. 13). "Durch das Landjahr wird die deutsche Jugend im entscheidenden Entwicklungsalter erfaßt und fern vom Elternhause auf dem Lande nationalsozialistisch erzogen" (S. 257). S. 263 f.: "Uniformen und Führerabzeichen" (wie bei HJ und BDM); S. 264-266: "Lagerordnung" (mit "Führer vom Dienst" und "Unterführer vom Dienst"); S. 271: Beispiel eines Tagesdienstplans; S. 272: Beispiel eines "Wochendienstberichts"; S. 275 f.: "Flaggenparade"; S. 279-311: "Schulungspläne zum Landjahr", darin u. a. Anweisungen zum NS-Feierjahr; S. 290-294 zur Vererbungslehre und Rassenkunde; zum Thema "Musik im Landjahr" heißt es S. 303: "Das Lager als Erziehungsform bildet eine in sich geschlossene Einheit... In Lied und Musik ballt sich der Geist des Lagers zu klarster, äußerer Form. Lied und Musik durchpulsen den Tageslauf... Arbeit und Rast, Flaggenparade, Ausmarsch, Fahrt und Feier... finden den ihnen zukommenden Ausdruck. An der weltanschaulichen Umformung durch ed-

le Begeisterung ist das Lied an hervorragender Stelle beteiligt. Es wird im Lager-
staat zu einer den ganzen Menschen gestaltenden Macht" (S. 303). S. 305: "Richtlinien für Mädchen: Das Mädchen hat mit den Jungen das politische Lied gemeinsam.
Das häufige Singen von Kampfliedern und sogenannten 'innigen Weisen' entspricht
jedoch nicht der nationalsozialistischen Haltung". Abzulehnen sind "artfremde Ansichten über Bildung und Frau und die politische, frauenrechtlerische Betätigung",
erwünscht ist dagegen "das gesunde, frische, deutsche Mädel, das rein und natürlich
zu singen vermag".

Das *Mädel-Landdienstjahr.* – Das Junge Deutschland 30 (1936), Heft 8, S. 34-35.
– Mädel, die sich freiwillig beim Sozialen Amt der Reichsjugendführung in Berlin
anmelden, werden "einer bereits bestehenden Mädellanddienstgruppe, die im allgemeinen 6 bis 20 Mädel umfaßt, zugewiesen. Die Gruppe wohnt durchweg in einem
gemeinsamen Heim... Die Mädel... stehen mit dem bäuerlichen Betrieb in einem
regelrechten Arbeitsverhältnis und erhalten je nach Alter und Leistung im einzelnen
10 bis 40 Mark im Monat... Die Mädel gehen morgens an ihre Arbeitsstätten, wo sie
den ganzen Tag über tätig sind... Abends kommen sie in ihr Heim zurück, wo sie an
bestimmten Tagen mit dem zuständigen BDM Singabende für die Dorfgemeinschaft
abhalten... Jede Landdienstgruppe wird von einer besonders hierfür geschulten Führerin, die in jedem Fall dem BDM angehört, geleitet". Erforderlichenfalls können die
Mädel an einem vorbereitenden "achtwöchigen landwirtschaftlichen Umschulungsla-
ger" teilnehmen.

Sander, August: Musik im Landjahr. – Musik und Volk 3 (1935/1936) 190-194. –
Der Liederschatz, mit dem die volksschulentlassenen Jungen und Mädel in
das Landjahr kommen, ist bis auf wenige Ausnahmefälle gering. So ist es zunächst notwendig, ein gemeinsames Liedgut zu erwerben, das der Ausgestaltung des täglichen Lagerdienstes, der Volksfeiern und Feste (1. Mai, Sonnenwende, Erntedank, 9. November usw.) dient... sie spüren, daß das Lied ein
Teil ihres durch die Geschlossenheit des Lagers neu gestalteten Jugendlebens
ist... Nur dem echten und starken Volks- und Kampflied... gilt unsere Arbeit... Es... gibt uns eine Möglichkeit, im Kampflied die bittere und große
Zeit des Ringens um die deutsche Einheit, die nationalsozialistische Revolution nachzuerleben... Die mehr soldatische und kämpferische Haltung der Jungen... Straffheit und Zucht, Mannesmut und Tapferkeit, alles das wird spürbar
im harten Schlag der Trommel und im ehernen Klang der Fanfare. So wird der
Dienst an der Musik Dienst an Herz und Willen jener jungen, kämpferischen
Gemeinschaft und schweißt sie zusammen im gleichen Rhythmus und Bekenntnis".

Schwinn, Hans: Hitlerjugend betreut ehemalige Landjahrjungen und Landjahrmädel.
– Das Junge Deutschland 30 (1936) Heft 4, S. 43-44. – "Dieser 'Deutsche
Landdienst der HJ' ist aus der früheren Artamanenbewegung hervorgegangen... wenn möglich, soll dadurch endlich erreicht werden, daß die besten
Kräfte wieder auf das Land zurückkehren. Endziel dieser Schulung im Landdienst ist die Gewinnung der wertvollen und geeigneten Kräfte für die Siedlung"
(vgl. ebd. S. 45: "Der Einsatz im Landdienst").

Gemeinschaftssiedlungen des Landdienstes der HJ. Eine Forderung an die Zukunft. Von Albert *Wojirsch*, Bannführer, Hauptreferent für Landdienst im Sozialen Amt der Reichsjugendführung. – Das Junge Deutschland 30, Nr. 10 (10. Oktober 1936) 9-14. – Der Landdienst der Hitler-Jugend ist eine neue nationalsozialistische Gemeinschaftsschule... Strenge Zucht, einfache Lebensführung, harte Arbeit... formen nunmehr Charakter und Angesicht des jungen Landdienstlers... Die Arbeit des Landdienstes steht noch am Anfang" (S. 9 f.). Nach zweijährigem Dienst kann "der Ehrentitel 'Landarbeiter'" erworben werden, "die Voraussetzung für die bäuerliche Werkausbildung und die Erwerbung des Neubauernscheines zum Zwecke der Siedlung" (S. 12) Wenn es gelingt, "aus dem gegenwärtigen Einsatz städtischer Jugendlicher auf dem Lande durch immerwährende Erziehung und Ertüchtigung eine Auslese zu schaffen... so stellt diese Auslese das Menschenmaterial dar, das wir zur Wiedererneuerung unseres Volkskörpers mit Grund und Boden versehen müssen" (S. 13). "Die Erreichung des Endzieles des Landdienstes, die Ansiedlung der Besten, kann... nur aus einer Gemeinschaftsleistung erfolgen... Die Pioniertat des Landdienstes der Hitler-Jugend verspricht Bahnbrecher zu werden für einen Strom von Menschen von der Stadt zum Lande, vom deutschen Westen zum deutschen Osten, wo völkische Gegenwarts- und Zukunftsaufgaben Männer und Kräfte fordern" (S. 13 f.).

Blome, Karl: Musikarbeit im Landjahr. – Musik und Volk 4 (1936/37) 90-92. – "Das Landjahr erfaßt jedes Jahr 35.000 Jungen und Mädel... Diese 14- bis 15jährigen, erbbiologisch ausgelesenen Arbeiterkinder sollen in der Kameradschaft des Lagers zu nationalsozialistischen kämpferischen Menschen erzogen werden... Während beim Landdienst die Landarbeit, die Unterstützung der Bauern ganz im Vordergrund steht und daher wenig Zeit und Gelegenheit zur Musikarbeit vorhanden ist, hat im Landjahr die nur halbtägige Bauernarbeit in erster Linie erzieherische Bedeutung... Daher spielt in der täglichen Arbeit die Schulung eine entscheidende Rolle, sei sie weltanschaulich-politischer oder musischer Art. Im besonderen Maße wird die Musik im Landjahr zur erzieherischen Macht und zum Ausdruck der nationalsozialistischen Haltung. Wir singen beim täglichen Aufziehen und Einholen der Fahne, auf dem Marsch, bei Festen und Feiern die politischen Lieder der HJ. In den oft sehr lustigen Abendrunden, bei den Mahlzeiten und auf Fahrt treten Volks- und Scherzlieder hervor. Vor allem wird die rechte Haltung beim Singen, die Bereitschaft und Zucht, die gedankliche Mitarbeit und die Aufrichtung der Seele angestrebt... Fast jedes der 300 Jungenlager hat einen Spielmannszug, alle haben einen Fanfarenzug" (S. 90 f.).

Enßlen, Walter: Jungenerziehung im Landjahr. – Weltanschauung und Schule 1 (1936-37) 226-232. – Die Landjahrerziehung ist vor allem "Lagererziehung": "Das Hauptgewicht der Landjahrerziehung liegt im Lagerleben, in der Lagergemeinschaft"; denn man kann "in der Lagergemeinschaft die Gemeinschaft des ganzen Volkes begreifen" (S. 226. 230). "Die Vorteile und Möglichkeiten der Landjahrerziehung sind wesentlich durch die Form des Lagers bedingt. Denn nur das Zusammenleben im Lager ermöglicht:

1. Die Abschleifung, Bildung und Formung der Landjahrpflichtigen durch die gegenseitige Einwirkung und damit die Entstehung der (Lager-)Gemeinschaft;
2. die ununterbrochene Beeinflussung der Zöglinge durch die einzelnen Erzieher, und
3. eine äußerst sorgfältige Beobachtung und damit Auslese der Landjahrpflichtigen" (S. 232).

So stellt das Landjahr "eine der wirkungsvollsten und tiefgreifendsten Erziehungseinrichtungen" dar, und zwar besonders "wegen der Bildsamkeit der 14jährigen Zöglinge" und "wegen der geschlossenen und straffen Lebensform des Lagers" (S. 232). Lobenswert ist die "soldatische Haltung" und ein "zackiger" Marschtritt, verpönt ist am meisten die "Feigheit" (S. 227. 230). Die zu verinnerlichenden "neuen Werte" sind "Mut, Treue, Ehre, Aufrichtigkeit, Ordnung, Pünktlichkeit, Gehorsam (Manneszucht, Disziplin), Reinlichkeit usw. und vor allem Kameradschaft" (S. 228). Zur Erziehung in der Gemeinschaft und durch die Gemeinschaft gehört es u. a., "wenn ein Störenfried durch *ein* Wörtchen des Lager- oder Gruppenführers unschädlich gemacht wird" (S. 229).

Lohr: Drei Jahre Landjahr. – Weltanschauung und Schule 1 (1936-37) 85-89. – Reichserziehungsminister Rust, der Begründer des Landjahrs, entsandte erstmals zu Ostern 1934 21000 Jugendliche aus dem Land Preußen ins Landjahr. Die Zahlen steigen von Jahr zu Jahr. Im Preußischen Landjahrgesetz war als Ziel definiert, "die seelische Verbundenheit der schulentlassenen Stadtjugend mit Heimat und Volkstum und das Verständnis für den völkischen Wert gesunden Bauerntums zu vertiefen" (S. 26). Doch trotz der "Mitarbeit in bäuerlichen Betrieben" "verblieb das Schwergewicht der Erziehung in den Landjahrlagern" (S. 87). Neben dem Wert der "Gemeinschaftserziehung" bzw. "artgemäßen Jugenderziehung" ergibt es sich, "daß auch umgekehrt von einem Landjahrlager auf das kulturelle Leben des flachen Landes starke Anregungen ausgehen, beispielsweise auf dem Gebiet der HJ.- und BDM.-Arbeit sowie der Feier- und Freizeitgestaltung" (S. 88).

Obergethmann, Irmgard: Unser Mädellandjahr (Arbeitsbericht). – Weltanschauung und Schule 1 (1936-1937) 650-660. – Der Einberufung ins Landjahr geht eine sorgfältige Auswahl voraus. Nur 30.000 der besten Jungen und Mädel der Volksschule werden jedes Jahr ins Landjahr einberufen" (S. 651). Im Landjahrlager gibt es mehrere Arbeitsgruppen (Hausgruppe, Waschgruppe, Küchengruppe, Werkgruppe) von je 6-10 Mädeln, zu denen jedes turnusmäßig gehört und deren "Arbeitsgruppenführerin" ebenso abwechselnd ein Mädel ist. "Wenn die Mädel 4-6 Wochen im Lager sind und die Führerin sich auf die meisten schon fest verlassen kann, dürfen die Tüchtigsten als erste zu den Bauern in ihrem Dorf gehen" (S. 655). "Der Nachmittag ist mit Sport und Schulung ausgefüllt, wie alle Tage. Nur in der Erntezeit oder wenn ein Wetter am Himmel steht und das Heu nicht mehr naß werden darf... dann hilft das ganze Landjahr von früh bis spät" (S. 656). Zur Schulung gehört auch das Thema "Rassen" und immer wieder der Satz Hitlers "Wer leben will, der kämpfe also" sowie die Forderung "Einsatz bringen bis zur Selbstentäußerung" (S. 652. 655. 659). Im Sommer, wenn vor dem Beginn der Ernte noch keine Feldarbeit ansteht, wird eine große Fahrt unternommen (z. B. zur Rhön, in den Thüringer Wald, zum Riesengebirge). Feste und Feiern werden zusammen mit dem ganzen Dorf begangen (S. 658 f.).

Landjahr. Plan und Gestaltung. Hg. von Adolf *Schmidt-Bodenstedt*, Braunschweigischer Staatsrat, Ministerialrat im Reichs- und Preußischen Ministerium für Wissenschaft, Erziehung und Volksbildung. – Leipzig (Armanen-Verlag) 1937. – S. 1-4 Teilabdruck der Rede des Reichserziehungsministers Rust zur Einführung des ersten Landjahres in Preußen am 9. April 1934. Beim Landjahr handelt es sich um eine "Gemeinschaftserziehung durch Lager, Arbeit und Kolonne" (S. 5). Das "Erziehungsziel" ist "bäuerlich-politisches Soldatentum" (S. 15. 17), ja das Landjahr ist "eine Kampfschule für das Dritte Reich" (S. 194). Das Wirken der Erziehungskräfte im Lager hat als äußere Voraussetzung u. a. "zuchtvolles Einfügen in die Gemeinschaft" (S. 11). Die Gemeinschaft des Lagers, das von April bis Dezember (8 Monate) dauert und in das man nur nach strenger "Auslese" aufgenommen wird, "duldet nur den aufrichtigen, wahrhaftigen, stolzen und ehrenhaften Jungen... Das Vergehen gegen die Gemeinschaft ist das schlimmste Vergehen. Oft spricht die Gemeinschaft bereits selbst das Urteil, bevor noch die Lagerführung etwas davon erfährt" (S. 19). Zur "nationalsozialistischen Lagererziehung" gehört u. a. "Härte": "Als Bett dient der Strohsack... Auf Fahrt darf keiner 'schlapp machen'; vor einem Kopfsprung von dem 3-Meter-Brett darf niemand zittern" (S. 24). S. 27-29 Abdruck: "Das preußische Gesetz über das Landjahr vom 29. März 1934".

Hauswirtschaftliche Ertüchtigung des BDM. Der Weg zur artgemäßen Mädelerziehung. Von Gertrud *Kunzemann*, Obergauführerin, Mädelreferentin des Sozialen Amtes der Reichsjugendführung. – Das Junge Deutschland 32 (1938) 3-9 (dazu S. 1: "Hauswirtschaftliche Ertüchtigung des BDM. Anordnung des Reichsjugendführers. Berlin, den 5. Januar 1938"; S. 1-3: "Durchführungsbestimmungen" zur Anordnung vom 5. 1. 1938). – Es besteht kein gesetzlicher Zwang, aber doch die Pflicht zur "hauswirtschaftlichen Ertüchtigung" für alle Mädchen. Von dieser Arbeitspflicht des BDM "befreit jede berufsmäßige haus- und landwirtschaftliche, soziale, pflegerische und erzieherische Tätigkeit". Einbezogen in die "hauswirtschaftliche Ertüchtigung" sind u. a. die Haushaltungsschulen des BDM, der Landdienst der HJ und das Landjahr sowie "das hauswirtschaftliche Jahr im Familienhaushalt". Es geht um "die natürlichste Betätigung des Mädels" (S. 3). "Im übrigen soll nun jedes Mädel im Alter zwischen 14 und 21 Jahren nach Möglichkeit ein Jahr lang in einer hauswirtschaftlichen, landwirtschaftlichen oder sozialen Arbeit stehen" (S. 4). "Gerade dieses Jahr der ersten praktischen und artgemäßen Betätigung ist auch begleitet von einer intensiven Betreuungsarbeit durch den BDM" (S. 9).

Zickezacke Landjahr Heil! Leben, Treiben, Taten und Abenteuer der Jungen und Mädel im Landjahr. Von ihnen selbst aufgeschrieben und mit Zeichnungen versehen, nebst Beiträgen von Landjahrführern, Helfern, Eltern und Bauern und einer Auswahl der schönsten Fotos von Arbeit, Spiel und Wanderfahrt, gesammelt und zu einem Buch gestaltet von Trude *Sand*. – Stuttgart (Union Deutsche Verlagsgesellschaft) [1938]. 91 S. – Mit vielen lebensweltlichen Details, z. B. S. 22-23: "Allgemeiner Tagesplan".

Kritik des Landdienstes. Von Bannführer Hans *Steindl*. – Das Junge Deutschland 32 (1938) 20-28. – Der "Landdienst der HJ" will "eine wesentliche Anzahl junger Menschen ... als sicheren Nachwuchs der Landwirtschaft zuführen" und erfüllt nebenbei zwei weitere Aufgaben: "der Landwirtschaft wird ein Teil der fehlenden Arbeitskräfte gestellt und der noch erwerbslosen Jugend wieder Arbeit gegeben" (S. 20 f.). Mangelhaft sind noch die Heime und Unterkünfte. So sind z. B. 61 Prozent der Jungen in primitiven "Schnitterkasernen" untergebracht.

Müller, Albert: Die neue Epoche des Landdienstes. Zu dem Abkommen zwischen HJ und SS. – Das Junge Deutschland 33 (1939) 71-78. – Der "Landdienst der HJ" stellt einen Beitrag zur Bekämpfung der Landflucht dar, wie er schon geleistet wurde vom "Vorläufer des Landdienstes, der NS-Artamanenbewegung" (Ziel: "Rückführung und Seßhaftmachung städtischer Jugend auf dem Lande"), die 1934 in die HJ eingegliedert wurde. Durch die diesbezügliche Vereinbarung zwischen dem Reichsführer SS und dem Reichsjugendführer vom 17. Dez. 1938 erfährt der Landdienst der HJ einen wesentlichem Impuls. In wenigen Jahren sollen die ersten bäuerlichen "Gemeinschaftssiedlungen" stehen. Gemäß dem Abkommen mit der SS können die den neuen Siedlungsringen Angehörenden mit dem vollendeten 18. Lebensjahr in die SS aufgenommen und fachlich und politisch zu "Wehrbauern" ausgebildet werden.

Blome, Karl: Wo steht das Landjahr? Die Entwicklung 1939. – Weltanschauung und Schule 4 (1940) 35-37. – "Am 14. April begann das sechste Landjahr, das mit 230 Jungen- und 220 Mädchenlagern durchgeführt wurde". Die Landjahrpflichtigen werden erzogen "zu einer ehrbewußten, zuchtvollen, politisch kämpferischen, weltanschaulich gefestigten Haltung und zu einer sauberen, klaren, von völkischer Verantwortung getragenen Einstellung zu den geschlechtlichen Dingen" (S. 35). Ergebnis der diesjährigen Landjahrerziehung ist, "daß die Landjahrpflichtigen trotz der vielen Bauernarbeit politisch-weltanschaulich und in ihrer Gesamthaltung straff ausgerichtet in ihre Heimat zurückkehrten" (S. 37). Es "sollen nun im 7. Landjahr die neuen Lager im wiedereroberten deutschen Osten ("Reichsgau Wartheland") Hochburgen nationalsozialistischer Einsatzbereitschaft und Einsatzfähigkeit werden" (S. 37).

Kück, Karl: HJ-Einsatz auf dem Lande. – Das Junge Deutschland 34 (1940) 115. – "Durch die politische Entwicklung der letzten Monate" (2 neue Reichsgaue im Osten) sind dem Landdienst der HJ neue Pflichten erwachsen. "Zur Durchführung dieser neuen und umfangreicheren Aufgaben der bäuerlichen Jugenderziehung" wurde in der Reichsjugendführung ein neues Amt ("Bauerntum und Ostland") gegründet, jedoch bleibt der Landdienst der HJ wie bisher im "Sozialen Amt" der Reichsjugendführung organisatorisch beheimatet.

Peuckert, Rudi: Landdienst – Weg zum Bauern. – Das Junge Deutschland 34 (1940) 28-30. – Dazu ebd. S. 27: "Hitler-Jugend, alleinige Trägerin des Landdienstes.

Vereinbarung zwischen Reichsjugendführung und Reichsnährstand" und ebd. S. 26 eine einschlägige Proklamation der Reichsjugendführung. – Die HJ wirbt und wählt aus die für den Landdienst in Frage kommenden Jungen und Mädel, erzieht sie "weltanschaulich-politisch" und hat die Verantwortung für den "Dienstbetrieb in den Lagern". "Das Bauerntum (Reichsnährstand) sorgt dagegen für die Unterbringung der Jugend in würdigen und zweckmäßigen Heimen sowie für ihre fortlaufende berufliche Ausbildung und soziale Betreuung". Arbeitszeit: "11 Stunden im Sommerhalbjahr und 10 im Winterhalbjahr".

Pranz, Erna: Mädelarbeit auf dem Lande. – Das Junge Deutschland 34 (1940) 92-94. – Zum "Mädel-Landdienst". Es "wurden im Jahre 1936 zum ersten Male auch Mädel im Landdienst eingesetzt. Die Zahl der sich freiwillig meldenden Mädel nahm ständig zu" ... "Der Einsatz für das Jahr 1940 sieht eine schärfere Auslese für den Mädel-Landdienst vor. Es werden in Zukunft nur Mädel, die eine abgeschlossene Schulausbildung haben und körperlich und geistig besonders befähigt sind, für den Einsatz im Mädel-Landdienst angenommen".

Der Landdienst der HJ im Kriegsjahr 1940. Von Ernst *Schulz*, Oberbannführer in der Reichsjugendführung. – Das Junge Deutschland 34 (1940) 30-33; vgl. derselbe ebd. 33, 1939, 484-485: "Vom Landdienstler zum Wehrbauern". – Es "sieht die HJ in der Entwicklung ihres Landdienstes, der gesunde junge Menschen aus der Stadt wieder dem Lande zuführen soll, eine ihrer wichtigsten politischen Aufgaben". Die Werbung zielt auf Freiwillige, die "den Willen haben, später Siedler oder Wehrbauer zu werden". Aufnahmebedingungen für Jungen sind u. a. SS-Tauglichkeit, abgeschlossene Schulbildung, HJ-Zeugnis; für Mädchen: Körperliche Tauglichkeit, abgeschlossene Schulbildung, Dienstleistungszeugnis des BDM; "Die Bewerberinnen dürfen auch im Erscheinungsbild den rassischen Anforderungen nicht entgegenstehen".

Arnold, Ilse: So schaffen wir! Mädeleinsatz im Pflichtjahr. – Stuttgart (Union Deutsche Verlagsgesellschaft) 1941. 107 S. – "Mit der Anordnung des Reichsjugendführers vom 5. Januar 1938 über die hauswirtschaftliche Ertüchtigungspflicht für alle Angehörigen des BDM und der Anordnung des Beauftragten für den Vierjahresplan, Reichsmarschall Göring, vom 15. Februar 1938, wird die gesamte weibliche Jugend veranlaßt, sich für die Dauer eines Jahres einer haus- oder landwirtschaftlichen Arbeit zu unterziehen" (S. 14 f.; 105-107 Abdruck der diesbezüglichen Anordnung und Durchführungsanordnung). S. 83-102: "In einer Haushaltungsschule des BDM" (ein lebensweltlicher Bericht); u. a. wird "Rassenlehre" unterrichtet (S. 88), und es gibt "Singabende" und "Sportnachmittage". Am Pfingstmorgen findet eine "Morgenfeier" statt. Im Sommer kommt es zu einer Großfahrt in die Eifel (mit Besuch der Ordensburg Vogelsang und Erntehilfe bei einem Bauern).

Was will der Landdienst der Hitler-Jugend. Hg. von der NSDAP, Reichsjugendführung; verantwortlich: Oberstammführer *Stolle*. – [Berlin 1941]. 30 S. – "Nach Eingliederung der Artamanenbewegung in die Hitler-Jugend wurde der Landdienst mit der Zielsetzung 'Rückführung und Seßhaftmachung städtischer Jugend auf dem Lande' geschaffen. Als ein Teil der Hitler-Jugend hat der Landdienst vor allen Dingen politische Erziehungsaufgaben zu erfüllen ... Als am 7. Oktober 1934 der Reichsleiter Baldur von Schirach die Vorkämpfer einer Stadt-Land-Bewegung, die Artamanen, in die Hitler-Jugend übernahm, waren es nur 500; heute, also bis zum Jahre 1941, sind bereits 100 000 Jungen und Mädel durch den Landdienst der Hitler-Jugend gegangen" (S. 9 f.). "Diejenigen Landdienstangehörigen, die sich als Anwärter für eine Neubauernstelle melden, werden nach Prüfung ihrer politischen und charakterlichen Eignung in einen Siedlungsring aufgenommen und speziell für ihren späteren Einsatz (als "Wehrbauer" in den "wiedergewonnenen Gebieten" des Ostens, wo "ein starker Bauernwall" zu schaffen ist) vorbereitet" (S. 8. 15. 20). "Während des Krieges konnte der Landdienst erstmals dazu übergehen, eine verschärfte Auslese unter seinen Bewerbern vorzunehmen" (S. 12; vgl. Axmann im Vorwort: "nur eine Auslese der Besten ... Neuadel aus Blut und Boden"). – In der Vereinbarung "Landdienst und Bauerntum", unterzeichnet vom Reichsjugendführer am 8. 1. 1940 und vom Reichsbauernführer am 20. 12. 1939 (abgedruckt S. 23) heißt es u. a.: "Der Landdienst ist eine politische Aufgabe des Nationalsozialismus ... Die Hitler-Jugend ist alleinige Trägerin des Landdienstes".

Sturmeit, Herta: Das Mädellandjahr, eine neue Erziehungsform. – Nationalsozialistische Mädchenerziehung 7 (1941) 40-43. – "Das Landjahr wurde 1934 als neue Erziehungsform geschaffen. Die körperlich, geistig und charakterlich besten Jungen und Mädel werden aus der letzten Volksschulklasse ausgesucht, um vom 15. April bis 15. Dezember der Landjahrpflicht Folge zu leisten ... Die Erziehung beginnt mit dem täglichen Betten-, Schrank-, Schuh- und anderen Appellen". Regelmäßig findet eine "Schulungsstunde" statt (mit "politischem Überblick", "rassen- und bevölkerungspolitischen Fragen" u. a.). "Das Singen in der Gemeinschaft ist von starker erzieherischer Bildungskraft" ("tägliche Singestunde"). Im Sommer geht das Lager auf eine "Großfahrt, die zehn bis zwölf Tage dauert".

Parole: Osteinsatz und Landdienst. Aus der Neujahrsansprache. Von Reichsjugendführer Artur *Axmann*. – Das Junge Deutschland 36 (1942) 1-3. – "Der Landdienst ist die Fortführung der Artamanenbewegung. Sie wurde im Jahre 1934 ... in die Hitler-Jugend übernommen. Im Landdienst wird die Jugend aus der Stadt erfaßt. Sie erhält eine vierjährige landwirtschaftliche Berufsausbildung. Sie schließt für den Jungen mit der Landwirtschaftsprüfung und für das Mädel mit der Hauswirtschaftsprüfung ab ... Nach der bestandenen Landwirtschaftsprüfung erwerben sie die vorläufige Bescheinigung zum Neubauernschein. Der Landdienstler ist damit Neubauernanwärter. Er genügt dann seiner Wehrpflicht in der Waffen-SS. Nach seiner Wehrzeit arbeitet er einige Jahre als Landwirtschaftsgehilfe. Nach seiner Verheiratung erhält er den Neubauernschein und damit die Grundlage für den bäuerlichen Einsatz im Osten" (S. 2). "Das deutsche Schwert hat den Osten befreit. Nun folgt der Bauer mit dem Pflug" (S. 2). "Wenn wir heute von Wehrbauern sprechen, so meinen wir damit die Bauern, die an den Grenzen gleichsam Gewehr bei Fuß stehen ... Auf den Heimabenden hat sich die Jugend schon früher an der Idee des Ostens entzündet, und aus den begeistert gesungenen Liedern klang das Bekenntnis zu unserem Schicksalsraum. Nun ist die Zeit zum Handeln reif".

Berghaus, Irmgard: Das Pflichtjahr. Wegweiser und Ratgeber für Mädel, Eltern, Hausfrau. – Leipzig (Deutsche Hauswirtschaft/Verlagsgesellschaft) [1942]. 47 S. – Auf der Innenseite des Titelblatts heißt es: "Ministerpräsident Reichsmarschall Hermann Göring ordnete am 15. Februar 1938 das Pflichtjahr für Mädchen an! Es ist die erste Pflicht der weiblichen Jugend, unseren überlasteten Müttern und Bäuerinnen zu helfen. Zugleich soll das Pflichtjahrmädel sich selbst hauswirtschaftlich ertüchtigen und körperlich kräftigen!". Es findet statt "Erziehung zur Arbeit, Erziehung durch Arbeit" (S. 3). "Das Pflichtjahrmädeltreffen des BDM… Drei- bis viermal im Jahr ruft die Untergauführerin die Mädel zu Pflichtjahrtreffen zusammen. Die Pflichtjahrmädeltreffen sollen mit dazu beitragen, daß die Mädel die richtige Einstellung zum Pflichtjahr und zu ihrer Hausfrau erkennen… Außerdem wird der Wert regelmäßig betriebener Leibesübungen herausgestellt, die im BDM-Dienst vorgeschrieben sind und in den Sommer- und Winterlagern, in denen das Pflichtjahrmädel seinen Urlaub verbringen kann, betrieben werden" (S. 37). "Pflichtjahrmädel gehen zur Berufsschule" (S. 31 f.).

Landdienst und Siedlung im Osten. Von August *Haertel*, Oberbannführer in der Gebietsführung Sachsen. – Das Junge Deutschland 36 (1942) 10-11. – Die 'Ostland'-Lieder der HJ können jetzt Realität werden; denn jetzt ist "die Seßhaftmachung der Tüchtigsten" sichergestellt. Die Laufbahn der Landdienstler der HJ erfolgt in enger Abstimmung mit der SS. "Ungefähr mit dem 27. Lebensjahr erfolgt die Ansiedlung durch den Reichsführer-SS in seiner Eigenschaft als Reichskommissar für die Festigung deutschen Volkstums… Unverrückbares Ziel der (BDM-)Führerin hat die kommende Bäuerin zu sein… Die Tore zum Osten sind weit geöffnet. Die Lieder, die einst nur Romantik waren, werden lebendigste Wirklichkeit."

Memminger: Landdienst, eine politische Aufgabe. – Jahrbuch der Hitlerjugend 1942, S. 182-185. Es ist jetzt so, "daß mit der Wiedergewinnung der Ostgebiete die Möglichkeit besteht, altes deutsches Land zu besiedeln und dort ein wehrhaftes Bauerngeschlecht heranzuziehen. So hat denn auch der Landdienst bereits sofort nach der Inbesitznahme des Ostens seine Lager im Warthegau, in Danzig-Westpreußen und Oberschlesien eröffnet" (S. 184 f.); vgl. ebd. S. 180 f. ein nur abgekürzt genannter Autor (A.K.): "Der Weg zum Osten liegt frei vor uns, nachdem die ruhmreiche deutsche Wehrmacht mit der Waffe in der Hand ihn geebnet hat. Von einem Volk ohne Raum und damit ohne Zukunft sind wir ein Volk mit fast unbegrenzten raum- und volkspolitischen Wirkungsmöglichkeiten geworden". Jetzt ist die Zeit "der emsigen Arbeit des deutschen Pfluges, dem das Schwert nur den Boden zu geben hat".

Albrecht, Gertrud: Aufgepaßt und angepackt! [zum Pflichtjahr]. – Wir folgen. Jahrbuch der Jungmädel 1943, 5 Seiten im unpaginierten Anhang.

Ellingen, Anneliese: Zum fünfjährigen Bestehen des Pflichtjahres. – Nationalsozialistische Mädchenerziehung 9 (1943) 23-25. – Durch die Verordnung des Pflichtjahres für Mädchen am 15. 2. 1938 wurde ein Weg gefunden, Kräfte heranzuziehen, "um die Ernährung des deutschen Volkes sicherzustellen und um andererseits eine Minderung der Geburtenfreudigkeit der deutschen Frau zu verhindern". Es kann "das Pflichtjahr in der Landwirtschaft in verschiedenen Formen, und zwar im freien Arbeitsverhältnis, im Landdienst der HJ, im Reichsarbeitsdienst, im Landjahr oder in der ländlichen Hausarbeitslehre abgeleistet werden... Durch Anordnung vom 23. Dez. 1938 wurde der Kreis der Pflichtjahrpflichtigen erheblich erweitert... Damit ist die Zahl der Pflichtjahrpflichtigen ungefähr gleich der Zahl der Schulabgängerinnen geworden... Das Pflichtjahr... dient ebenso (wie der kinderreichen Mutter) der Erziehung und Entwicklung unserer weiblichen Jugend... Außer den hauswirtschaftlichen Beschäftigungen lernt das Pflichtjahrmädchen Anpassungsfähigkeit, Einsatzbereitschaft und Verantwortungsbewußtsein. Es lernt aber auch Kinderpflege und Kinderbetreuung".

Der *Landdienst* im Jahre 1942, in: Die Hitler-Jugend im Kriege, 23. Bericht (Februar 1943) 7-9. – Detaillierte Information über den Stand der Dinge. Bemerkenswert ist z. B. daß in den Gebieten Wartheland und Danzig/Westpreußen auch 741 sogenannte germanische Landdienstfreiwillige (Norweger, Flamen, Dänen, Niederländer) eingesetzt waren.

Schmidt-Bodenstedt, Adolf: Das Landjahr. – Deutsche Schulerziehung 1941/42 (Berlin 1943) 165-170. – Es "werden in das Landjahr nur körperlich und geistig wertvolle, erbbiologisch gesunde Jungen und Mädel einberufen... Die Zusammenfassung der Jugend in Lagern in der Form nationalsozialistischer Gemeinschaftserziehung bringt... eine starke Formung der Jugend im Sinne des 'Typs' des politischen Kämpfers mit sich" (S. 165).

Das Disziplinarrecht der Hitler-Jugend. Von Walter *Tetzlaff*, Hauptbannführer und Landgerichtsrat, HJ-Richter in der Reichsjugendführung. – Berlin (Deutscher Rechtsverlag) 1944. – S. 145-146: "Disziplinarbestimmungen für den Landdienst der Hitler-Jugend".

10.3 Literatur

Wegen ihres hohen Informationswertes sind hervorzuheben die Arbeiten von Niehuis (1984), Hauke (1997) und Vogel (1997). Weitere Literatur ist wegen ihrer apologetischen Tendenz separat unten eingestellt. Zur Bewertung von Niehuis ist die Rezension von Arno Klönne (in: Jahrbuch des Archivs der deutschen Jugendbewegung 15, 1984-85, 484 f.) heranzuziehen sowie die Kritik bei Leppien (1989).

Broszat, Martin: Landdienst der Hitlerjugend im Osten, in: Gutachten des Instituts für Zeitgeschichte, Band II, Stuttgart (Deutsche Verlags-Anstalt) 1966, 136-138

Winkler, Dörte: Frauenarbeit im "Dritten Reich". – Hamburg (Hoffmann und Campe) 1972. 252 S. – S. 129-133: "Reichsarbeitsdienst und Pflichtjahr".

Morgan, Dagmar G.: Weiblicher Arbeitsdienst in Deutschland (Diss. Mainz). – Darmstadt 1978. 473 S. – S. 264-272 zu Pflichtjahr und Landjahr.

Wolsing, Theo: Untersuchungen zur Berufsausbildung im Dritten Reich. – Kastellaun (Henn) 1977. 803 S. – S. 131-149: "Das Landjahr".

Willmot, Louise: National Socialist Organisations for Girls. A Contribution to the Social and Political History of the Third Reich. – Diss. (Ph.D.) Oxford University, Somerville College. 2 Bde. (maschinenschriftlich) 1980. 413 Bl. – U. a. zum Landdienst, Pflichtjahr, BDM-Osteinsatz (S. 217 ff. 224-231. 242-245).

Klinksiek, Dorothee: Die Frau im NS-Staat. – Stuttgart (Deutsche Verlags-Anstalt) 1982. – S. 51-54: "Arbeitsdienst, Pflichtjahr, Landjahr".

Hans *Czeloth* (u. a.): Jugendbewegtes Reservat oder nationalsozialistische Kaderschule? Das "Landjahr" in der Diskussion. – Jahrbuch des Archivs der deutschen Jugendbewegung 14, 1982-83, 105-116

Niehuis, Edith: Das Landjahr. Eine Jugenderziehungseinrichtung in der Zeit des Nationalsozialismus. – Nörten-Hardenberg (Wico) 1984. 404 S.

Annemarie *Leppien*/Jörn-Peter *Leppien*: Mädel-Landjahr in Schleswig-Holstein. Einblicke in ein Kapitel nationalsozialistischer Mädchenerziehung 1936-1940. – Neumünster (Wachholtz) 1989. 144 S.

Wissmann, Sylvelin: Es war eben unsere Schulzeit. Das Bremer Volksschulwesen unter dem Nationalsozialismus. – Bremen (Selbstverlag des Staatsarchivs Bremen) 1993. 398 S. – S. 145-149: "Berufsberatung, Pflichtjahr, Landjahr, Berufsschulen"; S. 257-259: "Kinderarbeit, Landjahr, Berufswahl".

Pedersen, Ulf: Bernhard Rust: Ein nationalsozialistischer Bildungspolitiker vor dem Hintergrund seiner Zeit. – Braunschweig (Technische Universität Braunschweig, Forschungsstelle für Schulgeschichte) 1994. – S. 150-154: "Landjahr".

Langer, Hermann: "Kerle statt Köpfe!". Zur Geschichte der Schule in Mecklenburg und Vorpommern 1932-1945. – Frankfurt (Lang) 1995. 209 S. – S. 63-65: "Landjahr, Pflichtjahr usw.".

"... dann machen wir es allein". Beiträge zur Geschichte der Stadt Harsewinkel. Hg. von der Stadt Harsewinkel mit Beiträgen von Manfred *Beine* (u. a.). – Harsewinkel (Stadt Harsewinkel) 1996. 627 S. – S. 385-391: "Reichsarbeitsdienst und Landjahr".

Hauke, Reinhard: Das Landjahr. Ein Stück Erziehungsgeschichte unter dem Hakenkreuz. – Gelnhausen (TRIGA) 1997. 532 S.

Keim, Wolfgang: Erziehung unter der Nazi-Diktatur. Band I: Antidemokratische Potentiale, Machtantritt, Machtdurchsetzung; Band II: Kriegsvorbereitung, Krieg und Holocaust. – Darmstadt (Wiss. Buchgesellschaft) 1995-1997. – II, 69-75: "Landjahr und Reichsarbeitsdienst als Beispiele nachschulischer Formationserziehung".

Vogel, Angela: Das Pflichtjahr für Mädchen. Nationalsozialistische Arbeitseinsatzpolitik im Zeichen der Kriegswirtschaft. – Frankfurt (Lang) 1997. 289 S.

11 Reichsarbeitsdienst (RAD)

11.1 Überblick

Am 26. Juni 1935 wurde durch das Reichsarbeitsdienstgesetz die Arbeitsdienstpflicht für die männliche und weibliche Jugend eingeführt. Der halbjährige Dienst war zunächst für gemeinnützige Arbeiten (Moorkultivierung u. ä.) vorgesehen, jedoch seit dem Sommer 1938 galt der Einsatz auch dem Bau des Westwalls; denn der Krieg gegen Frankreich sollte bald beginnen. Nach Kriegsbeginn gehörte zu den Aufgaben des RAD auch die militärische Infrastruktur (z. B. Brückenreparatur, Anlage von Flugplätzen und dergleichen). Die Dienstpflicht für die Mädchen ("Arbeitsmaiden") wurde erst auf Grund einer Verordnung vom 4. September 1939 voll realisiert.

Erwachsen ist der RAD aus dem schon einige Zeit vor 1933 bestehenden "Freiwilligen Arbeitsdienst" (FAD). Vor und zunächst auch nach 1933 war der AD in erster Linie eine Arbeitsbeschaffungsmaßnahme. Allerdings entwickelten sich die RAD-Lager im Laufe der dreißiger Jahre bald zur "Volkserziehungsstätte" (Rudolf Benze, Erziehung im Großdeutschen Reich, Frankfurt 1943, S. 71; hier, S. 71, auch der typische Tagesplan eines solchen Lagers abgedruckt). Jedenfalls wurde der FAD der Weimarer Republik – wie vieles andere im Bereich der jugendlichen Lebenswelt und der Jugenderziehung – vom Nationalsozialismus übernommen und nach eigenem Interesse verändert und radikalisiert: Die RAD-Lager glichen jetzt einer Kaserne en miniature und standen unter straffem, militärähnlichem Kommando.

In der NS-Anfangsphase des weiblichen Arbeitsdienstes war Gertrud Scholtz-Klink Inhaberin der leitenden Position. Sie hatte zunächst in Baden und Hessen den Frauenarbeitsdienst organisiert (1933), dann im ganzen deutschen Reich (1934-1935). Chef des gesamten Arbeitsdienstes wurde Konstantin Hierl.

Hitler zufolge sollte der RAD "Schule der Nation" sein. Erziehungsziel war "Disziplin", und "die praktische soziale Erziehung" wurde "durch regelmäßigen politischen Unterricht ergänzt" (Edith Mommer, in: Weltanschauung und Schule 7, 1943, 149 ff.). Dem entsprach der lebensweltliche Alltag der kleinen "Kasernen": Frühsport, Bettenbau, Frühstück, Flaggenparade, Befehlsausgabe, Marsch in Kolonne (unter Gesang) zur Arbeit, nachmittags "Ordnungsübungen" (d. h. Exerzieren), Leibesübungen und "staatspolitischer Unterricht" (d. h. Einweisung in die NS-Ideologie). "Die jungen Arbeitsmänner werden also zum Gehorsam und zur Disziplin erzogen" und erfahren eine "geistige und seelische Ausrichtung" auf "die großen Ziele des nationalsozialistischen Staats" (Oberarbeitsführer Müller-Brandenburg, in: Erziehung zum Wehrwillen, hg. von Jakob Szliska, Stuttgart 1940, S. 536-539).

Der RAD war in der lange praktizierten Form (z. B. beim Ausheben von Entwässerungsgräben mit dem Spaten) total ineffizient. Es gab bereits damals Bagger aller Arten und Typen, von denen einer bequem die Arbeit von 200 RAD-Männern hätte tun können. Ein aus NS-Sicht angemessenes Betätigungsfeld ergab sich dann im Kriege, in dessen Spätphase RAD-Männer und Maiden z. B. zum Einsatz bei der Flugabwehr kamen (RAD-Flakbatterien, RAD-Maiden an Flakscheinwerfern usw.).

11.2 Quellen

Der Deutsche Arbeitsdienst. Aufgaben, Organisation und Aufbau. Von Helmut *Stellrecht*, Fachbearbeiter der NSDAP, Organisationsleiter des Arbeitsdienstes im Reichsarbeitsministerium. 5. Aufl. – Berlin (Mittler) 1933. 158 S. – S. 2-12: "Die Erziehungsaufgabe des Arbeitsdienstes". "Als der vierte deutsche Stand, der Arbeiterstand heranwuchs, haben es blutsfremde Elemente verhindert, daß er den Anschluß an sein Volk gewinnen konnte... Neben dem Minderwertigkeitsgefühl des Arbeiters steht das dumpfe Gefühl einer grenzenlosen Heimatlosigkeit. Die Heimat, das Dorf, der Acker ist verloren gegangen, die Mietskaserne, die Vorstadt kann keinen Ersatz dafür bieten. Was sind die Schrebergärten anderes als der verzweifelte Ausdruck einer Sehnsucht, den Boden wiederzugewinnen... Die erste Aufgabe der Zukunft lautet also: Man muß dem Arbeiter und seiner Arbeit eine neue Ehre geben. Das kann durch nichts besser geschehen als durch den Arbeitsdienst" (S. 2. 4. 6). Die Arbeitsdienst-Erziehung hilft bei der Überwindung des "unfruchtbaren Individualismus" und der Rückkehr zum Sozialismus ("Wende der Ichzeit zu einer neuen Wirzeit", S. 8). S. 12-17: "Der staatspolitische Unterricht"; "Rassenkunde befestigt den Stolz auf die eigene Art"; der Arbeitsdienstpflichtige muß begreifen, "daß Rasse auch Schicksal bedeutet" (S. 12.). S. 151-153: "Der Frauenarbeitsdienst".

Scheidt, H.W.: Staatspolitische Erziehung im Arbeitsdienst. – Das Junge Deutschland 28 (1934) 3-5. – "Mit Stumpf und Stiel auszurotten" sind Liberalismus, Sozialdemokratie und Kommunismus. "Die Feinde deutscher Art, die Grundgesetze unseres Wesens, der Kampf des deutschen Bauerntums um Boden und Lebensraum, die rassischen Gesetze der völkischen Eigenart müssen das Weltbild des künftigen Arbeitsmenschen vervollständigen" (S. 4).

Seipp, Paul, Oberstfeldmeister: Formung und Auslese im Reichsarbeitsdienst. – Berlin (Junker u. Dünnhaupt) 1935. 153 S. (2. unveränd. Aufl. 1938). – Propagiert als Erziehungsziel des RAD einen "neuen Menschentypus, der die Elemente des Bauerntums... enthält" (S. 139 f.) bzw. "die Zucht zum Staatsbürgertypus gemäß den Normen und Werten des völkischen Staates" (S. 142). Darin liegt die Daseinsberechtigung des RAD als "Schule der Nation" (S. 149 f.). Nicht zuletzt ist der RAD Ort der völkischen "Auslese" (des Führernachwuchses) und "Ausmerze" (S. 149-151).

Stratthaus, Margret: Als Schulmusikstudentin im Arbeitsdienst. – Völkische Musikerziehung 2 (1936) 86-88. – "Im Sommer vorigen Jahres erhielt ich vom 'Amt für Arbeitsdienst der Studentenschaft' die Aufforderung, meiner dreizehnwöchentlichen Arbeitsdienstpflicht zu genügen... Das Arbeitslager in M., einem kleinen, armen masurischen Dorf in der Nähe von Lyck... Mit der Führerin waren wir 16 Mädels im Lager... Unsere Arbeit bestand in der Bauernhilfe... geweckt wurde auf der Flöte oder Mundharmonika. Das erste gemeinsame Lied erklang beim Hissen der Fahne... Unser Liedschatz umfaßte etwa 150 Lieder, davon gehörten 45 in die Gruppe der Bekenntnislieder. Nicht eingerechnet in die Zahl 150 waren allgemein bekannte Volkslieder".

Ein Tag im Arbeitsdienstlager. Von Oberarbeitsführer *Berendt.* – Weltanschauung und Schule 1 (1936-1937) 489-492. – Detaillierte Beschreibung der erzieherischen Lebenswelt. Die "Gemeinschaftserziehung" reicht von der "Flaggenhissung und Morgenlesung" über die Baustellenarbeit, das Singen in der Marschkolonne, "Ordnungsübungen" und "staatspolitische Schulung" bis zum Zapfenstreich.

Decker, Will: Der Reichsarbeitsdienst im Raume der völkischen Gesamterziehung. – Weltanschauung und Schule 1 (1936-37) 22-26. – "Der Staat als Erzieher war nicht Einheit ... er überließ der Kirche, sich der Familie zu bemächtigen ... Seit dem 30. Januar 1933 ist der Staat als Erzieher Einheit ... er führte die Kirche auf ihr rein kirchliches Arbeitsgebiet zurück" zugunsten einer "völkischen Gesamterziehung", innerhalb deren der Arbeitsdienst "Erziehungsschule der Nation" ist.

Krüger, Alfred: Arbeitsdienst – Lebensschule des deutschen Volkes. – Weltanschauung und Schule 1 (1936-37) 209-218. – Der Reichsarbeitsdienst wurde geschaffen "als das bisher fehlende Glied zwischen Schulpflicht und Wehrpflicht" (S. 210). Er erzieht zum "politischen Soldaten" und zur "Einsatzbereitschaft bis zur Hingabe des Lebens". Von entscheidender Bedeutung ist, daß der Arbeitsdienst alle jungen deutschen Männer und in Zukunft auch alle jungen deutschen Mädchen erfaßt und sie ein halbes Jahr ununterbrochen von früh bis spät und meist in abgelegenen einsamen Lagern erzieht, losgetrennt von Einflüssen und Einwirkungen jedweder anderen Art" (S. 214). "Im Arbeitsdienst gibt es keinen Bereich, der sich dem Gesetz der Gemeinschaft entziehen könnte. Es gibt nicht die Teilung des Lebens in eine dienstliche Hälfte und in eine private Seite; die Feldlagerordnung und die Geschlossenheit des Arbeitslagers ... verlangt den ganzen Menschen ... Im Arbeitsdienst lernen wir leben wie die Frontsoldaten des Weltkrieges in Hingabe für Volk und Staat" (S. 215 f.)

Die politische Aufgabe des Arbeitsdienstes. Von Will *Decker*, Generalarbeitsführer, Inspekteur für Erziehung und Ausbildung in der Reichsleitung des Reichsarbeitsdienstes, in: Grundfragen der deutschen Politik, hg. von Paul Meier-Benneckenstein, Berlin (Junker und Dünnhaupt) 1939, 362-379. – "Der Arbeitsdienst ist eine Erscheinungsform der nationalsozialistischen Weltanschauung" (S. 362). Es "ist die Gemeinschaftserziehung auch die einzige Grundlage einer einheitlichen politischen Willensbildung. Diese Willensbildung soll in Schule und Hitlerjugend vorbereitet und dann im Arbeitsdienst durchgeführt werden" (S. 365)

Der deutsche Arbeitsdienst. Ziele, Leistungen und Organisation des Reichsarbeitsdienstes. Von Will *Decker*, Generalarbeitsführer, in: Wehrhaftes Volk. Der organisatorische Aufbau Teil II, hg. von Paul Meier-Benneckenstein, Berlin (Junker und Dünnhaupt) 1939, 469-510. – Gegenüber der "Herabwürdigung des Arbeitsdienstgedankens zur Aushilfe im Kampf gegen die Arbeitslosigkeit" vor 1933 soll der RAD jetzt "eine große Volkserziehungsschule" sein (S. 471).

Spaten und Ähre. Das Handbuch der deutschen Jugend im Reichsarbeitsdienst. Hg.: [Rolf] v. Gönner. Bearb.: Arbeitsführer Paul *Seipp*/Oberstfeldmeister Wolfgang *Scheibe*. – Heidelberg (Vowinckel) 1939. 288 S. Im gleichen Verlag erschien ein "Anhang, Frühjahr 1940", ebenfalls bearb. von Seipp/Scheibe, Umfang: 29 S. – Der RAD ist "eine große Erziehungseinrichtung" (S. 131). "Treue, Gehorsam, Kameradschaft" sind "die drei Grundpflichten des Arbeitsmannes" (S. 134). "Die Mädchen sind nicht auf der Welt, damit die Männer Lust und sinnlichen Genuß an ihnen haben, sondern sie erfüllen am höchsten ihren Lebenssinn, wenn sie in der Ehe Mütter werden" (S. 264). – Anhang: "Mit Beginn des Krieges wurden zahlreiche Einheiten des RAD als Baueinheiten der Wehrmacht zugeteilt" (S. 24). Im Zusammenhang mit dem Kriegsbeginn steht auch der "Beschluß des Ministerrates für die Reichsverteidigung vom 4. Sept. 1939, die Arbeitsdienstpflicht für die gesamte deutsche weibliche Jugend zu verwirklichen" (S. 24).

Reichsarbeitsdienst für die weibliche Jugend. Von Gertrud *Schwerdtfeger-Zypries*, Schulleiterin im Reichsarbeitsdienst, in: Das Dritte Reich im Aufbau. Übersichten und Leistungsberichte. Band 2: Der organisatorische Aufbau. Teil I, hg. von Paul Meier-Benneckenstein, Berlin (Junker und Dünnhaupt) 1939, 415-439. – "Der Reichsarbeitsdienst ist zutiefst Ausdruck der nationalsozialistischen Sehnsucht nach wahrer Gemeinschaft eines ganzen Volkes ... und ist der lebendige Ausdruck der nationalsozialistischen Tugenden: des Gehorsams und der inneren Zucht" (S. 415). "Zwischen dem 14. und dem 21. Tag nach ihrem Eintritt wird die Arbeitsmaid vereidigt. Das geschieht innerhalb einer Feier an der Fahne durch folgende Eidesformel: 'Ich schwöre: Ich will dem Führer des Deutschen Reiches und Volkes, Adolf Hitler, unverbrüchliche Treue wahren, ihm und den von ihm bestellten Führern und Führerinnen unbedingten Gehorsam leisten, meine Dienstpflichten gewissenhaft erfüllen und allen Angehörigen des Reichsarbeitsdienstes eine gute Kameradin sein" (S. 435).

Der Reichsarbeitsdienst der männlichen Jugend. Von Generalarbeitsführer Hermann *Kretzschmann*, in: Erziehungsmächte und Erziehungshoheit im Großdeutschen Reich, hg. von Ministerialrat Rudolf Benze und Regierungsdirektor Gustav Gräfer, Leipzig (Quelle & Meyer) 1940, 118-127. – Aufgabe des RAD als "Erziehungswerk" ist es, "durch die Arbeit am deutschen Boden und die Erziehung in der Lagergemeinschaft unsere nationalsozialistische Auffassung von der Volksgemeinschaft und von der Arbeit immer von neuem durch die nachwachsende Jugend in das ganze Volk hineinzutragen ... Die Stätten dieser Erziehung sind die Lager und die Baustellen des Reichsarbeitsdienstes" (S. 122). Unter anderem findet eine "körperliche" und "kulturelle Erziehung" im RAD statt. "Die Gesamtstärke des Reichsarbeitsdienstes beträgt zur Zeit 350 000 Mann" (S. 125-127).

Soldatentum im Arbeitsdienst. Von Oberarbeitsführer *Müller-Brandenburg*, in: Erziehung zum Wehrwillen, hg. von [Jakob] Szliska, Stuttgart (Verlag für nationale Literatur Gebr. Rath) 1940, 535-541. – Abgesehen von der Arbeit (vom 7 bis 14 Uhr) geht es lebensweltlich zu wie in einer Kaserne: Frühsport, Bettenbau,

Frühstück, Flaggenparade, Befehlsausgabe, Marsch in Kolonne (unter Gesang) zur Arbeit, nachmittags Ordnungsübungen, Leibesübungen und "staatspolitischer Unterricht". "Die jungen Arbeitsmänner werden also zum Gehorsam und zur Disziplin erzogen" und erfahren eine "geistige und seelische Ausrichtung" auf "die großen Ziele des nationalsozialistischen Staats" (S. 536-539).

Retzlaff, Hans: Arbeitsmaiden am Werk. Mit einem Geleitwort des Reichsarbeitsführers Konstantin Hierl und einer Einführung von Generalarbeitsführer Will Decker. – 2. Aufl. – Leipzig (Seemann) 1940. 136 S. – "Am 1. Januar 1934 beauftragte der Reichsarbeitsführer Frau Gertrud Scholtz-Klink mit der Leitung des Frauenarbeitsdienstes". "Am 1. April 1936 wurde der Frauenarbeitsdienst in den Reichsarbeitsdienst eingegliedert... Es war inzwischen am 26. Juni 1935 das Reichsarbeitsdienstgesetz erlassen, das grundsätzlich die Arbeitsdienstpflicht für die Jugend beiderlei Geschlechts festlegte" (S. 11. 13). "Bis zum 1. April 1940 hatte sich die Zahl der Lager erhöht auf 2035" (S. 15). "Die Lager... sind belegt mit 40-52 Arbeitsmaiden einschließlich Führerinnen, eingeteilt in drei oder vier Kameradschaften" (S. 18). Es findet u. a. statt "politische Schulung" bzw. "politische Erziehung" (S. 20. 28) und "Leibeserziehung" (S. 17. 27). Große Bedeutung im Lager hat das Aufziehen und Einholen der Fahne morgens und abends, das nach bestimmtem Ritus vollzogen wird (S. 37 f.).

Schwerdtfeger-Zypries, Gertrud: Der Weibliche Reichsarbeitsdienst, in: Erziehungsmächte und Erziehungshoheit im Großdeutschen Reich, hg. von Ministerialrat Rudolf Benze und Regierungsdirektor Gustav Gräfer, Leipzig (Quelle & Meyer) 1940, 128-141. – Der Weibliche Reichsarbeitsdienst ist eine umfassende "Erziehungsschule"; denn "die Erziehung durch den BDM war zwar eine bewußt gleichausgerichtete, konnte aber doch nicht immer Gleichmäßiges erreichen, da oft allzu dicht daneben die Einflüsse von Elternhaus und Umwelt lagen" (S. 129). U. a. im "politischen Unterricht" und in der "politischen Erziehung" der Maiden wird versucht, "das bloß Erlebnismäßige... in die Sphäre des Erkenntnismäßigen hinüberzuholen" (S. 137. 140). In den Monaten des Arbeitsdienstes ist es "für den Erzieher ein geradezu idealer Vorteil", daß jeder andere "Milieueinfluß" ausgeschaltet ist: "Es gibt keinen abendlichen Ausgang wie in Kaserne und Abteilung, weitab liegt das Lager von Stadt und städtischem Einfluß... Nur der monatliche Urlaubssonntag... gibt die Arbeitsmaiden für kurze Zeit aus dem Einflußkreis des Lagers ab" (S. 141).

Ich war Arbeitsmaid im Kriege. Vom Einsatz des Reichsarbeitsdienstes der weiblichen Jugend nach Berichten von Arbeitsmaiden. Hg. von Hilde *Haas*, Stabshauptführerin und Bezirksführerin im Reichsarbeitsdienst. Zweite Auflage. – Leipzig (Heinig) 1941. 175 S. – Eine Sammlung von 24 einzelnen Berichten aus der Lebenswelt der Arbeitsmaiden.

Marawske-Birkner, Lilli: Der weibliche Arbeitsdienst. Seine Vorgeschichte und gegenwärtige Gestaltung. – Leipzig (Heinig) 1942. 492 S. – Die gegenwärtige Form des Arbeitsdienstes ist genial; "denn sie vereinigt die beiden Ziele für die (seit September 1939 in Kraft befindliche) weibliche Dienstpflicht: sie bereitet die Mädchen vor für das spätere Ziel der indirekten Dienstleistung als national empfindende Hausfrau und Mutter und läßt sie zugleich während der Dienstzeit das andere Ziel erfüllen, indem sie die Maiden unersetzliche, wertvolle Dienste am Volk leisten läßt" (S. 294).

Mommer, Edith: Ueber die Erziehungsaufgaben des Reichsarbeitsdienstes der weiblichen Jugend. – Weltanschauung und Schule 7 (1943) 148-155. – "Der Reichsarbeitsdienst soll nach dem Wort des Führers 'Schule der Nation' sein" (S. 148). Im Arbeitsdienstlager erfolgt "eine soziale Erziehung durch Erleben", und "Erziehungsziel" ist die "Disziplin" (S. 149). "Die praktische soziale Erziehung wird durch regelmäßigen politischen Unterricht ergänzt". Der sittlichen Erziehung im Lager bzw. in der Lagergemeinschaft dient u. a. "die geschlechtliche Zucht, das Ablehnen der Schwatzhaftigkeit im Lagerleben" (S. 151). Besondere Beachtung wird der "Führerinnenauslese" im Lager geschenkt, und es werden die an Führerinnenanwärterinnen zu stellenden Anforderungen erörtert.

Hitler-Jugend und Reichsarbeitsdienst. Von Obergeneralarbeitsführer *Decker*. – Das Junge Deutschland 38 (1944) 85-90. – "Die deutsche Wehrmacht knüpft heute an die Vorarbeit an, die Hitler-Jugend und Reichsarbeitsdienst leisten". Dahin gehört auch, daß "zahlreiche Lager des weiblichen Arbeitsdienstes zur Verstärkung der deutschen Luftabwehr eingesetzt" werden. Wer solches bedauert, sollte sehen, "daß viele junge deutsche Männer, die 1937 zum Reichsarbeitsdienst eingezogen wurden und anschließend ihrer Wehrpflicht genügten, im Herbst 1939 nach Polen marschierten und heute noch irgendwo in den Trichterfeldern und Schlammgräben dieses Krieges liegen, ohne daß sie bisher studieren konnten. Niemand hat sie nach ihrem Lebensweg in diesen Jahren gefragt. Ihre Pflicht rief sie zum Einsatz des Lebens für ihr Vaterland" (S. 87 f.). "Es soll vor den Eltern, deren Jugend uns gemeinsam anvertraut ist", Zeugnis abgelegt werden von den alle Gefahren überwindenden Gesinnungstugenden der Jugend ("Pflicht und Ehre, Gehorsam und Kameradschaft, Arbeit und Treue sind die Kennzeichen dieser Gesinnung"). "Diese 'Gefahren' würden heute im fünften Kriegsjahr tausendfach vorhanden sein, wenn man diese Jugend sich selbst überließe wie im (ersten) Weltkriege. Nein: das Gesicht der Jugend hat sich gewandelt. Es ist gesund und sauber... wohl ihm, wenn er (d. h. der junge Mensch) in eine Umwelt kommt, die sein Gesicht auf den Führer ausrichtet und ihn verpflichtet, Leib und Seele sauber zu halten und stark zu machen für Volk und Vaterland" (S. 89).

11.3   Literatur

Besonders hohen Informationswert haben hier die Arbeiten von Dagmar G. Morgan (1978) und Susanne Watzke-Otte (1999). Frau Watzke-Otte bezieht überzeugend auch die Erinnerungen und Erfahrungen von Zeitzeuginnen in ihre Untersuchung ein.

Vagts, Alfred: Hitler's Second Army. – Washington, D.C. (Infantry Journal) 1943. 245 S. – S. 137-150: "The Reich Labor Service".

Vogelsang, T.: Zur Entwicklung des Arbeitsdienstes, in: Gutachten des Instituts für Zeitgeschichte, Band II, Stuttgart (Deutsche Verlags-Anstalt) 1966, 142-145

Benz, Wolfgang: Vom freiwilligen Arbeitsdienst zur Arbeitsdienstpflicht. – Viertel-jahrshefte für Zeitgeschichte 16 (1968) 317-346

Winkler, Dörte: Frauenarbeit im "Dritten Reich". – Hamburg (Hoffmann und Campe) 1977. 252 S. – S. 129-133: "Reichsarbeitsdienst und Pflichtjahr".

Morgan, Dagmar G.: Weiblicher Arbeitsdienst in Deutschland (Diss. Mainz). – Darmstadt 1978. 473 S.

Sybil Gräfin *Schönfeldt*: Sonderappell. – Wien (Überreuter) 1979. 192 S.

Bajohr, Stefan: Weiblicher Arbeitsdienst im "Dritten Reich". Ein Konflikt zwischen Ideologie und Ökonomie. – Vierteljahrshefte für Zeitgeschichte 28 (1980) 331-357

Miller, Gisela: Erziehung durch den Reichsarbeitsdienst für weibliche Jugendliche (RADwJ). Ein Beitrag zur Aufklärung nationalsozialistischer Erziehungsideo-logie, in: Erziehung und Schulung im Dritten Reich, Teil 2, hg. von Manfred Heinemann, Stuttgart (Klett-Cotta) 1980, 170-193

Willmot, Louise: National Socialist Organisation for Girls. A Contribution to the So-cial and Political History of the Third Reich. – Diss. (Ph.D.) Oxford University, Somerville College. 2 Bde. (maschinenschriftlich) 1980. 413 Bl. – S. 270-373 zum Arbeitsdienst der weiblichen Jugend.

Kleiber, Lore: "Wo ihr seid, da soll die Sonne scheinen!" – Der Frauenarbeits-dienst am Ende der Weimarer Republik und im Nationalsozialismus, in: Mut-terkreuz und Arbeitsbuch (Frauengruppe Faschismusforschung), Frankfurt (Fi-scher) 1981, 188-214

Klinksiek, Dorothee: Die Frau im NS-Staat. – Stuttgart (Deutsche Verlags-Anstalt) 1982. – S. 51-54: "Arbeitsdienst, Pflichtjahr, Landjahr".

Sachs, Cathrin: Die Geschichte des RAD-Lagers "Graf Eberhard im Bart" in Geislin-gen/Steige, in: Nazis und Nachbarn, hg. von Dieter Galinski, Reinbek (Rowohlt) 1982, 194-206

Rogge, Sylvia: Arbeitsmaiden, in: Frauen unterm Hakenkreuz, hg. von Maruta Schmidt und Gabi Dietz, München (dtv) 1985, 42-46

Hellmuth, Reinhard: Reichsarbeitsdienst, "Die Schule der Nation"? Beim Reichsar-beitsdienst in Dottenheim. – Neustadt/Aisch (Schmidt) 1987. 80 S.

Lingelbach, Karl Christoph: Erziehung und Erziehungstheorien im nationalsozialisti-schen Deutschland. – Frankfurt (dipa) 1987. 389 S. – S. 130-146: "Der national-sozialistische 'Arbeitsdienst' in seiner erzieherischen und politischen Bedeu-tung".

Dudek, Peter: Erziehung durch Arbeit. Arbeitslagerbewegung und freiwilliger Ar-beitsdienst 1920-1935. – Opladen (Westdeutscher Verlag) 1988. 308 S.

Hafeneger, Benno: "Alle Arbeit für Deutschland". Arbeit, Jugendarbeit und Erziehung in der Weimarer Republik, unter dem Nationalsozialismus und in der Nachkriegszeit. – Köln (Bund-Verlag) 1988. – Darin u. a. S. 49-93: "Arbeitslager der bürgerlichen Jugendbewegung"; S. 94-140: "Vom Arbeitslager zum Freiwilligen Arbeitsdienst"; S. 141-173: "Vom Freiwilligen Arbeitsdienst zum Reichsarbeitsdienst".

Maser, Werner: Das Regime. Alltag in Deutschland 1933-1945. Mit einem Anhang: Hitlers Testamente von 1938 und 1945. – Berlin (Dietz) 1990 und Koblenz: Bublies, 1997. – Darin u. a. S. 77-82: "Der Reichsarbeitsdienst: 'Ehrendienst' und weltanschaulicher 'Kampfplatz' ".

Lück, Margret: Die Frau im Männerstaat. Die gesellschaftliche Stellung der Frau im Nationalsozialismus. Eine Analyse aus pädagogischer Sicht. – Frankfurt (Lang) 1991. – Darin u. a. S. 95-102: "Der deutsche Frauenarbeitsdienst (FAD)"; dazu S. 223-225: "Quellenliteratur (Frauenbildung im Reichsarbeitsdienst und im Pflichtjahr)".

Roth, Alfred: Das nationalsozialistische Massenlied. Untersuchungen zur Genese, Ideologie und Funktion. – Würzburg (Königshausen und Neumann) 1993. 307 S. – S. 169-180: "Der Reichsarbeitsdienst und seine Lieder".

Martin *Kipp*/Gisela *Miller Kipp*: Erkundungen im Halbdunkel. – Frankfurt 1995. – S. 103-150: "Erziehung durch den Reichsarbeitsdienst für die weibliche Jugend (RADwJ). Ein Beitrag zur Aufklärung nationalsozialistischer Erziehungsideologie"; S. 501-538: "Schmuck und ordentlich und immer ein Lied auf den Lippen. Ästhetische Formen und mentales Milieu im Reichsarbeitsdienst für die weibliche Jugend (RADwJ)".

"... dann machen wir es allein". Beiträge zur Geschichte der Stadt Harsewinkel. Hg. von der Stadt Harsewinkel. Mit Beiträgen von Manfred *Beine* (u. a.). – Harsewinkel (Stadt Harsewinkel) 1996. 627 S. – S. 385-391: "Reichsarbeitsdienst und Landjahr".

Seifert, Manfred: Kulturarbeit im Reichsarbeitsdienst. Theorie und Praxis nationalsozialistischer Kulturpflege im Kontext historisch-politischer, organisatorischer und ideologischer Einflüsse. – Münster (Waxmann) 1996. 464 S.

Wagner, Leonie: Nationalsozialistische Frauenansichten. Vorstellungen von Weiblichkeit und Politik. – Frankfurt (dipa) 1996. 227 S. – S. 116-120: "Die weibliche 'Schule der Nation', Reichsarbeitsdienst".

Keim, Wolfgang: Erziehung unter der Nazi-Diktatur. Band I: Antidemokratische Potentiale, Machtantritt, Machtdurchsetzung; Band II: Kriegsvorbereitung, Krieg und Holocaust. – Darmstadt (Wiss. Buchgesellschaft) 1995-1997. – II, 69-75: "Landjahr und Reichsarbeitsdienst als Beispiele nachschulischer Formationserziehung".

Vogel, Angela: Das Pflichtjahr für Mädchen. Nationalsozialistische Arbeitseinsatzpolitik im Zeichen der Kriegswirtschaft. – Frankfurt (Lang) 1997. 289 S. – S. 243-268: "Die Kontroverse zwischen weiblichem Arbeitsdienst und dem Pflichtjahr".

Seifert, Manfred: Liedpflege im Reichsarbeitsdienst: Programm und Realität, in: Lieder in Politik und Alltag des Nationalsozialismus, hg. von Gottfried Niedhart und George Broderick, Frankfurt (Lang) 1999, 91-112

Watzke-Otte, Susanne: "Ich war ein einsatzbereites Glied in der Gemeinschaft...". Vorgehensweise und Wirkungsmechanismen nationalsozialistischer Erziehung am Beispiel des weiblichen Arbeitsdienstes. – Frankfurt (Lang) 1999. 349 S.

12 Universitäten und Lehrerausbildung

12.1 Überblick

Universitäten. – Die überwiegend national-konservativ denkende Oberschicht Deutschlands, zu der auch die Universitätsprofessoren gehörten, stand Hitler zunächst skeptisch oder abwartend gegenüber. Zu schnell waren die einzelnen Regierungen der Weimarer Republik aufeinander gefolgt, als daß man den neuen Herren eine lange Überlebensdauer gegeben hätte. Aber auch als mit dem Gesetz zur Wiederherstellung des deutschen Berufsbeamtentums vom 7. April 1933 die Regierung hart in das Innenleben der Universitäten eingriff, gab es keinen nennenswerten Widerstand. Glaubte man doch zumeist an die grundsätzliche Legalität der neuen Herren und ihrer Maßnahmen. Die von Paulus' Römerbrief (Kapitel 13) ausgehende und im deutschen Protestantismus wie auch im katholischen Reichsdenken geistig verankerte Maxime, der jeweiligen staatlichen Obrigkeit zu gehorchen, tat ihre Wirkung. Die "Nazis" galten vielen Bürgern, auch der bildungsbürgerlichen Elite, als vulgäre Parvenüs, gleichwohl war man bald froh, daß das "Dritte Reich" die wenig geliebte Republik abgelöst hatte.

Es fand eine freiwillige Anpassung der deutschen Universität statt. Die Hochschullehrerschaft von 1933 hatte ihre geistige Prägung größtenteils nicht durch die Weimarer Verfassung erhalten, sondern brachte den völkisch-nationalistischen Reichsphantasien Hitlers mancherlei Empfänglichkeiten entgegen. Die Freiheit der Forschung schien trotz des neuen Schlagwortes "Volksgemeinschaft" zunächst nicht nennenswert eingeengt zu sein, und die herkömmlichen Universitätsrituale gingen ja auch ungestört weiter. Erst recht der Antiintellektualismus Hitlers und die Gleichgültigkeit der führenden Nationalsozialisten gegenüber dem Wissenschaftsbetrieb ließen eine ruhige Weiterentwicklung erwarten.

So löste der Erlaß vom 28. Oktober 1933 (Übertragung der Rechte des Senats auf den Rektor, Ernennung des Rektors durch den Minister) keine allgemeine Empörung aus, auch nicht die "Richtlinien zur Vereinheitlichung der Hochschulverwaltung" vom 1. April 1935: Der Rektor ist der "Führer" der Hochschule und untersteht unmittelbar dem Minister; der Prorektor und die Dekane werden vom Rektor vorgeschlagen; der über den Rektor gehende Dienstweg sichert den "Führergrundsatz" und damit die körperschaftliche Einheit der Hochschule.

Selbst die neue Habilitationsordnung vom 17. Februar 1939, erlassen durch den Reichsminister für Wissenschaft, Erziehung und Volksbildung Rust (Abdruck bei Heinrich Kanz, Hg., Der Nationalsozialismus als pädagogisches Problem, Frankfurt 1984, S. 261-267), schien noch einen hohen Grad von "Normalität" zu gewährleisten, nur daß nach der Genehmigung der Zulassung zur Habilitation seitens des Dekans der Aspirant zuvor das "Reichslager für Beamte" (in Bad Tölz, ein sogenanntes Gemeinschaftslager, eine Art Charaktertest der NS-Sozialisationsfähigkeit) absolvieren mußte und daß er die Geburtsurkunden der beiden Großelternpaare sowie die entsprechenden Urkunden seiner Frau vorlegen mußte; den "Nachweis der deutschblütigen Abstammung" konnte er auch durch die "Ahnenpässe", seinen und den seiner Frau, erbringen.

Für Studenten war ab Februar 1934 ein "freiwilliger", ab 1935 ein sechsmonatiger obligatorischer Arbeitsdienst Voraussetzung für die Zulassung zum Studium (Dorothee Klinksiek. Die Frau im NS-Staat, Stuttgart 1982, S. 43). Die Auflage für Studenten, in einem "Kameradschaftshaus" (eine Abbildung von dessen Innenleben bei Norbert Hopster/Ulrich Nassen, Literatur und Erziehung im Nationalsozialismus, Paderborn 1983, S. 49) unter lagermäßigen Bedingungen zu wohnen, kam bald außer Übung, weil Hitler hier Gefahren der Homosexualität argwöhnte (G. Giles, in: Die Freiburger Universität in der Zeit des Nationalsozialismus, Freiburg 1991, 50). Ein Erlaß des Reichserziehungsministeriums nach Kriegsbeginn verlangte, daß "noch vor der Ablegung der akademischen Prüfungen eine Prüfung der Eignung, Leistung und Haltung platzgreifen solle" (Das Junge Deutschland 34, 1940, 55). Aus Zeitzeugenberichten ist über diese Vorprüfung kaum etwas bekannt. Sie scheint ein Ausfluß der NS-Regelungsmanie zu sein, die – zumal während des Krieges – mehr und mehr an der Realität vorbeiging. Die Universität als Ganzes konnte sich freilich der geistigen Ausrichtung durch den Nationalsozialismus nicht entziehen; denn sicherheitspolizeiliche Kontrollen waren allgegenwärtig. Der Musikwissenschaftler und Widerstandskämpfer Kurt Huber (hingerichtet am 13. 7. 1943) gehört zu den extrem seltenen Ausnahmen.

Zweifellos litt wie schon die Schule so auch das Studium unter den enormen Beanspruchungen, die an die jungen Leute durch HJ- und BDM-Dienst, Arbeitsdienst, Wehrdienst, Mittun im "Kameradschaftshaus" usw. gestellt wurden. Hinzu kam von außen die Forderung: "Bis zum 25. Lebensjahre sollte – das ist aus biologischen Gründen zu fordern – das Hochschulstudium beendet sein" (Helmut Stellrecht, lange ein führender Kopf der HJ, in seinem Buch "Neue Erziehung", Berlin 1943, S. 217; dies im Hinblick auf die aus NS-Sicht zur Volksvermehrung erforderliche "Frühehe"). Aber eine Verkürzung der Zeit der Wissensaufnahme entsprach ja durchaus der antiintellektualistischen Grundstimmung im Nationalsozialismus. Die Hitlerjugend erklärte schon 1935 kategorisch: "Die liberale Wissenschaft... hat keinen Platz mehr im neuen Reich. Die blosse Anhäufung reinen Wissens ist nicht im Sinn nationaler Wissenschaft" (Führerblätter der Hitler-Jugend, Ausgabe D.J./Dez. 1935, S. 23). Erst im Laufe des Krieges, als zur Kriegsführung mehr und mehr Ingenieure und Wissenschaftler benötigt wurden, stellte man die Weichen anders.

Durch die Anwendung des *Beamtengesetzes vom 7. April 1933* wurden an allen Universitäten nicht nur "politisch belastete" Hochschullehrer entfernt, sondern auch alle, die als Deutsche jüdischen Glaubens keinen "rassisch einwandfreien" Stammbaum aufweisen konnten. Zum Beispiel an der Universität Münster sind mindestens 34 Professoren mit den genannten Begründungen aus dem Dienst entlassen worden. An der Universität Bonn hat man Thomas Mann die Ehrendoktorwürde aberkannt. Es gab kaum irgendwo Proteste der Professorenschaft angesichts des unverdienten Unglücks ihrer jüdischen Kollegen, ja insgeheim mögen manche Privatdozenten sich über ihr Nachrücken auf die frei gewordenen Plätze gefreut haben. Zu den rühmlichen Ausnahmen gehörte der Pharmakologe Otto Krayer (1899-1982). Er lehnte den Ruf auf den Lehrstuhl des entlassenen Vorgängers Philipp Ellingen (Düsseldorf) ab und begründete sein aufrechtes Verhalten dem Wissenschaftsministerium gegenüber damit, daß er die Ausschaltung jüdischer Wissenschaftler als Unrecht empfinde.

Lehrerausbildung. – Bis 1919 wurden Volksschullehrer in sechsjährigen konfessionsverschiedenen Lehrerseminaren (3 Jahre Präparandie, 3 Jahre Seminar) herangebildet, für deren Besuch nur der Volksschulabschluß verlangt wurde. Im Zuge der Akademisierung der Volksschullehrerausbildung entstanden Pädagogische Akademien (mit Abiturvoraussetzung). Den seit 1933 errichteten "Hochschulen für Lehrerbildung" (ebenfalls Zugang nur mit Abitur) fehlte es an Zuspruch, weil der Lehrerberuf den meisten Abiturienten als zu wenig attraktiv galt. Deshalb wurden mit Beginn des Schuljahres 1939 für begabte Volksschulabgänger "Staatliche Aufbaulehrgänge" zur Vorbereitung auf das eigentliche Lehrerstudium eingerichtet. Die "Jungmannen" und "Jungmaiden" lebten und lernten in Gemeinschaftsheimen mit "Lagererziehung" und trugen die Uniform der HJ beziehungsweise die Bundestracht des BDM. "Gemäß der im Frühjahr 1941 ergangenen Führerentscheidung über die grundsätzliche Neuordnung der Volksschullehrerbildung wurden zum 1. April 1942 alle bisherigen Hochschulen für Lehrerbildung in Lehrerbildungsanstalten umgewandelt. Die Aufbaulehrgänge bildeten dabei den Grundstock der neuen, wesentlich vermehrten Lehrerbildungsanstalten... Sie umfassen fünf Ausbildungsjahre, so daß die Vorbildung etwa mit dem 19. Lebensjahr abgeschlossen ist... Jede Lehrerbildungsanstalt soll 300 Jungen oder Mädel umfassen. Diese tragen Hitler-Jugend-Uniform... In die neue Lehrerbildung werden nur erbgesunde deutsche Jungen und Mädel aufgenommen, die nach dem Urteil des Schulleiters und des Klassenlehrers nach Charakter, geistiger Begabung und körperlicher Leistungsfähigkeit für den Lehrerberuf besonders geeignet erscheinen. Sie müssen sich auch im Jungvolk (Jungmädelschaft) und in der Hitler-Jugend (Bund Deutscher Mädel) hervorgetan haben (Dienstleistungszeugnis des HJ-Führers)" (Rudolf Benze, Erziehung im Großdeutschen Reich, Frankfurt 1943, S. 133 f.; vgl. Albert Müller, Sozialpolitische Erziehung, Berlin 1943, S. 48-50).

Krönender Abschluß der NS-Erziehungsarbeit sollte die *Hohe Schule der NSDAP* am Chiemsee werden. Zur Kenntnisnahme der Dienststellen von Partei und Staat unterzeichnete Hitler am 29. Januar 1940 eine Art Gründungsurkunde: "Die 'Hohe Schule' soll einst die zentrale Stätte der nationalsozialistischen Forschung, Lehre und Erziehung werden. Ihre Errichtung wird nach dem Kriege stattfinden. Um jedoch die begonnenen Vorarbeiten zu fördern, ordne ich an, daß Reichsleiter Alfred Rosenberg diese Vorbereitungsarbeiten – vor allem auf dem Gebiet der Forschung und Errichtung der Bibliothek – weiterführt. Die Dienststellen von Partei und Staat sind gehalten, ihm in dieser Arbeit jede Unterstützung angedeihen zu lassen" (Léon Poliakov/Josef Wulf, Das Dritte Reich und seine Denker, Berlin 1959, S. 131).

Mit den "Vorbereitungsarbeiten" war unter anderem gemeint die Ausplünderung von Bibliotheken und anderen Fundorten in den besetzten Gebieten. Etliche Institute beziehungsweise "Außenstellen" dieser künftigen Hohen Schule nahmen bereits nicht lange nach dem Gründungsakt ihre Arbeit auf; so das "Institut zur Erforschung der Judenfrage" (wissenschaftlicher Leiter: Wilhelm Grau; einer der "Bibliothekare" dieses Instituts war Dr. Joh. Pohl, bekannt durch sein antisemitisches Werk "Tausend Talmudzitate", Frankfurt: Welt-Dienst-Verlag, 1944, 192 S.) in der "Außenstelle Frankfurt am Main", ferner das "Institut für arische (bzw. "indogermanische") Geistesgeschichte" ("Außenstelle München"; wissenschaftlicher Leiter: Richard Harder), sowie das "Institut für Religionswissenschaft" ("Außenstelle Halle") Geplant war zum Beispiel auch ein "Institut für deutsche Volkskunde" ("Außenstelle Detmold-Münster"). Die Eröffnungsfeierlichkeiten des Frankfurter Instituts waren am 26./28. März 1941 (das erhaltene Programm bei Poliakov/Wulf, a. O., S. 140f.).

Die Universitäten nach 1945. – Noch lange nach 1945 sah sich die deutsche Wissenschaft eher als Opfer denn als Mittuende, und so kehrte spätestens im Laufe der fünfziger Jahre an den deutschen Universitäten eine Normalisierung ein, in deren Verlauf fast alle belasteten Professoren wieder zu Amt und Würden kamen. Erst die wissenschaftsgeschichtliche Forschung der letzten Jahrzehnte hat ergeben, daß eine pauschale Exkulpation nicht angemessen ist. Vereinzelt und eher verhalten wurde allerdings bereits 1960 von einem "politischen Versagen der deutschen Universität" gesprochen (dazu Harald Scholtz, in: "etwas erzählen". Die lebensgeschichtliche Dimension in der Pädagogik, hg. von Inge Hansen-Schaberg, Hohengehren 1997, S. 43). Aber das mochte damals kaum jemand hören. In den fünfziger Jahren konnten Studenten einer deutschen Universität es kaum je erleben, daß einer der zahlreichen betroffenen Hochschullehrer eine moralische oder wie auch immer geartete Mitschuld an dem Geschehen zugab oder sich gar seines Verhaltens schämte. Angesichts der institutionell vorgegebenen konventionellen Distanz zwischen akademischen Lehrern und Studenten dachte von diesen nicht einmal jemand daran, einem Professor bezüglich seiner NS-Vergangenheit Fragen zu stellen. In der außeruniversitären Öffentlichkeit redete man zu dieser Zeit statt dessen viel vom "Recht zum politischen Irrtum". Erst in den letzten beiden Jahrzehnten des Jahrhunderts wurde auch mehr und mehr erkannt, daß starke geistige Kontinuitätslinien aus der zweiten Hälfte des 19. Jahrhunderts durch die Weimarer Zeit – in der sie sich noch verstärkten – hindurch in die NS-Zeit führen, daß also das Mittun in der völkisch-rassistischen Szene seit 1933 gar nicht recht als umwälzend Neues empfunden wurde. Und, wie gesagt, es war ja die staatliche Obrigkeit, welche die Richtung vorgab. Für die Aufarbeitung der deutschen Universitäts- und Wissenschaftsgeschichte der Jahre 1933-1945 ist viel geschehen, wie das hier vorgelegte Literaturverzeichnis erkennen läßt, mehr ist aber – wie ähnlich für die Geschichte einzelner Schulen – noch zu tun.

12.2 Quellen

Stark, Johannes: Die Verjudung der deutschen Hochschulen. Nationalsozialistische Monatshefte 1 (1930) 360-370. – Konstatiert eine "Vergiftung der deutschen Seele mit Internationalismus, Pazifismus, fremdrassiger Denkweise und fremdrassigem Geschmack" (z. B. "widerwärtiger Niggerjazz", S. 363). "Jüdischer Deutschenhaß und jüdische Gewinnsucht" machen sich breit (S. 363). In den Fakultäten der Universitäten besitzen sie einen unangemessenen Einfluß, und man kann feststellen, "daß die jüdischen Verfasser mit Vorliebe wieder jüdische Verfasser zitieren... Die Juden an deutschen und ausländischen Hochschulen spielen sich wechselseitig wissenschaftliche Auszeichnungen und Einladungen zu Vorträgen zu... Ein grandioses Beispiel jüdischer Propaganda und Reklame für einen jüdischen Wissenschaftler ist bekanntlich Einstein... Einstein wurde trotz der vollkommenen physikalischen Unfruchtbarkeit seiner Theorien für den größten Naturforscher aller Zeiten erklärt... Wie es scheint, von einer Reklamezentrale aus wurde Einstein in allen Aufmachungen und Lebenslagen dem Publikum serviert, Einstein im Dachkämmerlein und in der höchsten und reichsten Gesellschaft, Einstein mit der Geige und im Segelboot, Einstein im Frack und im Bademantel" (S. 366 f.).

Kaufmann, Günter: Hochschulauslese unter der neuen Jugend. Kerle statt Intellektuelle! – Das Junge Deutschland 28 (1934) 336-337. – Es "werden häufig außergewöhnlich begabte Hitlerjugend- und Jungvolkführer durch Freistellen in Kameradschaftshäusern, studentischen Freitischen usw. sowie durch Studentenbeihilfen, Gebührenerlaß und langjährige Darlehen gefördert. Bedingung ist die Bewährung in der Gemeinschaft und eine besondere geistige Veranlagung. Damit wird künftig an Stelle von Intellektuellen und Bürgersöhnen ein Kreis fähiger und veranlagter Arbeiterjungen, die eine Gefolgschaft zu führen vermögen, die Hochschule betreten." Diese neue Entwicklung wurde in Gang gebracht durch eine "Vereinbarung zwischen dem Sozialen Amt der Reichsjugendführung und dem Deutschen Studentenwerk".

Erstes *Reichsschulungslager* des Grenzlandamtes der Deutschen Studentenschaft in Lagow/Neumark, 4.-9. Februar 1934. Als Manuskript gedruckt. – Berlin (Paul Funk, Graphisches Institut) [o. J., nach 1934]. 31 S. – U. a. wird der deutsche Anspruch auf die durch den Versailler Vertrag an Polen verlorenen Gebiete bekräftigt, allerdings ein Krieg als Mittel der Politik abgelehnt. Der nationalsozialistischen Ostpolitik entspreche es, über eine "Föderation" Einfluß zu gewinnen und die Ostvölker zu "führen" (statt durch Krieg zu verdrängen). "Die deutsche Sendung hat Vorbilder in der Geschichte: Der Ritterorden mit seiner Christianisierung. Kaiser und Papst verboten den Rittern, den Ostvölkern Sprache und Volksbrauch zu nehmen" (S. 27). Allerdings: "Die grundlegenden Ideen des deutschen Nationalsozialismus liegen in den Begriffen Volk und Rasse, Blut und Boden" (S. 27).

Schirach, Baldur von: Hitler-Jungen können studentischen Verbindungen nicht angehören! Aufruf und Befehl. – Das Junge Deutschland 29 (1935) 331-332. – Im Hinblick auf aktuelle Vorkommnisse wird "verlogene Alt-Heidelberg-Romantik und arbeiterfeindliches Feudalwesen" gerügt und gesprochen von einem "furchtbaren Bild der Verrohung und Zuchtlosigkeit, ja abgrundtiefen Gemeinheit einer kleinen Clique von Korporations-Studenten, die lärmt und säuft, während Deutschland arbeitet". Es handle sich um ein "asoziales Treiben".

Bessenroth, O.: Erstes ständiges Studienreferendar-Lager. – Die deutsche Höhere Schule 4 (1937) 792-794. – "Am 3. Mai 1937 eröffnete der Thüringische Minister für Volksbildung, Ministerpräsident Marschler, das Lager, das 20 Studienreferendare für die Dauer eines halben Jahres bezogen. Sie tragen während des Dienstes eine besondere Lageruniform: Braunhemd, schwarzen Binder, schwarze Hose, Stiefel". Gegenstand der Ausbildung sind u. a. Erbbiologie und Wehrerziehung sowie Leibesübungen (Leichtathletik, Spielen, Schwimmen, Boxen, Schießen, Reiten). Neben der eigentlichen Referendarausbildung hatte jeder während der Ferien an einem Freizeitlager der HJ teilzunehmen. "Die Probe auf die nationalsozialistische Erziehungsarbeit wurde in einer 14tägigen praktischen Erntehilfe während der Ferien bei einem Bauern gemacht und noch nachdrücklicher dadurch, daß jeder Referendar 14 Tage in einem Betrieb einen Arbeiter ablöste, der dadurch einen 14tägigen bezahlten Erholungsurlaub genießen konnte ... Über die äußere Lagerorganisation soll hier nicht eingehend berichtet werden. Sie ähnelt dem, was heute jeder im Lager gewohnt ist".

Müller, Albert: Forderung an die studentische Leistung. – Das Junge Deutschland 31 (1937) 25-31. – Im "Erhaltungskampf des Volkes" bedarf es auch "tapferer Wissenschaftsarbeit", wie sie im "studentischen Reichsberufswettkampf" stattfindet. "In der Liste der genehmigten Hoch- und Fachschul-Themen ... überwiegen offenkundig die Arbeitsziele, die sich mit den Aufgaben des Vierjahresplanes, der wirtschaftlichen, sozialpolitischen Gesetzgebung, der rasse- und wehrpolitischen Bestrebungen berühren" (S. 25. 29). "Der Wettkampf fordert die Leistung ... Denn dies ist die Situation: über die politische Bewährung des einzelnen, über seinen Wert im Daseinskampf des Volkes entscheidet allein das, was er leistet" (S. 30).

Zusammenarbeit zwischen dem Bund Deutscher Mädel und der Arbeitsgemeinschaft nationalsozialistischer Studentinnen. Von Inge *Wolff* (Reichs-ANSt-Referentin) und Trude *Bürkner* (Reichsreferentin des BdM). – Das Junge Deutschland 31 (1937) 188-190. – Im Interesse eines "reibungslosen Zusammenarbeitens" wurden 13 "Vereinbarungen" getroffen, u. a.: "Jedes Mitglied des BdM wird mit Beginn seines Studiums ... Mitglied einer ANSt-Kameradschaft. Die Mitgliedschaft im BdM bleibt unberührt" ... Vom 4. Semester ab gibt die ANSt ihre Mitglieder, soweit sie nicht Amtsträgerinnen sind, zur Dienstleistung im BdM frei ... Die BdM-Angehörigen werden von der Obergauführerin angewiesen, nach Möglichkeit während ihrer Studienzeit in dem zuständigen Wohnheim der ANSt zu wohnen".

Blättner, Fritz: Der studentische Landdienst im Osten. – Die Erziehung 14 (1939) 457-461. – "Es ist ein Hilfswerk entstanden, das sowohl als ein Werk der Selbsterziehung der studierenden Jugend wie auch als volkserzieherische Arbeit unser höchstes Interesse verdient". Es will der Abwanderung aus den ländlichen Ostprovinzen Posen, Pommern, West- und Ostpreußen gegensteuern durch "Hilfeleistung in der Wirtschaft des Bauern", dies im Sinne eines volkspolitischen Grenzlanddienstes bzw. einer "Volkstumsarbeit" (z. B. durch Schaffung einer Feiertradition, durch Laienspiel, Tanz, Volkslied); denn in sehr vielen Dörfern nimmt der polnische Bevölkerungsteil zu. Die Polen sind "die Vordringenden und Starken" (S. 459).

Keßelring, Michael: Pflege der Charakter- und Jugendkunde an den Hochschulen für Lehrerbildung. – Nationalsozialistisches Bildungswesen 4 (1939) 339-357. – Angeregt vor allem durch Alfred Rosenberg und Ernst Krieck fordert der Verfasser den "Ausbau einer Erziehungspsychologie" zugunsten einer "völkisch-politischen Erziehung" und der Vermittlung eines "völkisch-politischen Weltbildes". Im Mittelpunkt seines Interesses stehen "Rassenseelenkunde" (Seelenlehre auf völkischer Grundlage), "Psychologie des völkischen Gemeinschaftslebens" und "Typenforschung".

Die Deutsche Hochschule. Von Universitätsprofessor Dr. Friedrich *Neumann*, in: Erziehungsmächte und Erziehungshoheit im Großdeutschen Reich, hg. von Ministerialrat Rudolf Benze und Regierungsdirektor Gustav Gräfer, Leipzig (Quelle & Meyer) 1940, 167-186. – Dem Ziel, "die Hochschulen zu einem geschlossenen Arbeitskörper und Erziehungskörper umzuschaffen", dienen Verfügungen, "die die körperschaftliche Ordnung der Hochschule neu bestimmen", vor allem: "In einem Erlaß vom 28. Oktober 1933 wird die Möglichkeit für eine einheitliche Führung der Universität gegeben: Die Rechte des Senats werden auf den Rektor übertragen; der Senat wird zu einer beratenden Körperschaft; die Ernennung des Rektors zieht der Minister an sich; die Verantwortung der Dekane wird bestimmt. Kurz zuvor war unter dem 11. Oktober 1933 an den preußischen Hochschulen die 'Dozentenschaft' als 'Organisation des akademischen Nachwuchses' gebildet worden, der auch alle Assistenten angehörten". "Unter dem 1. April 1935 erließ der Reichswissenschaftsminister 'Richtlinien zur Vereinheitlichung der Hochschulverwaltung' ... Die deutsche Hochschule wird in die 'Dozentenschaft' und die 'Studentenschaft' gegliedert ... Der Rektor wird als 'Führer der Hochschule' herausgestellt, der dem Reichswissenschaftsminister unmittelbar untersteht. Der Prorektor und die Dekane werden vom Rektor vorgeschlagen, sie müssen also sein Vertrauen haben. Die Fakultäten werden als 'Träger der wissenschaftlichen Arbeit' bezeichnet. In wissenschaftlichen Fragen und in Studienfragen geht der Dienstweg über den Rektor, so daß die körperschaftliche Einheit der Hochschule durch den Führergrundsatz sichergestellt wird" (S. 174-176). "Die beiden nationalsozialistischen Gliederungen des Dozentenbundes und des Studentenbundes haben die Aufgabe, in ihrer Arbeit aus der Urkraft der nationalsozialistischen Bewegung heraus die deutsche Hochschule Wirklichkeit werden zu lassen" (S. 185).

Der NS-Studentenbund. Von Reichsstudentenführer Gustav Adolf *Scheel*, in: Erziehungsmächte und Erziehungshoheit im Großdeutschen Reich, hg. von Ministerialrat Rudolf Benze und Regierungsdirektor Gustav Gräfer, Leipzig (Quelle & Meyer) 1940, 187-211. – Große Bedeutung hat die "Mannschaftserziehung", innerhalb der die Studenten und Studentinnen z. B. "Erntehilfe" leisten und "Landdienst" an Deutschlands Ostgrenzen tun (45 435 Studenten und Studentinnen in 1939). In den ersten drei Semestern untersteht der Studentenbundsmann "einer straffen allgemein-politischen Mannschaftserziehung" (S. 104). Er hat auch teilzunehmen am "Reichsberufswettkampf der deutschen Studenten" (S. 198-204). "Kernstück der Erziehung ist die Auslese ... Aufgabe des Langemarckstudiums ist es, aus allen Schichten, Ständen und Berufen die Begabtesten und Tüchtigsten auszulesen und sie nach einer Erziehung und Ausbildung an der deutschen Hochschule der Bewegung und dem Staate als wertvolle Mitarbeiter zur Verfügung zu stellen" (S. 204).

Heer, Josef: Die Musik unserer Zeit im Lehrplan der Lehrerbildungsanstalt. – Völkische Musikerziehung 7 (1941) 253-269. – Vor allem zum neuen "Gemeinschaftslied". Es ist "echter Ausdruck unseres Seins und muß daher Grundlage und Kern aller musikerzieherischen Bemühungen sein" (S. 253). Daher müssen "die 'seelische Erhebung' und das innere Mitschwingen" dominieren (S. 261).

Fischer-Rausch, Anna: Der völkische Gedanke in der neuen Lehrerbildung. – Nationalsozialistische Mädchenerziehung 8 (1942) 117-120. – Aus den Aufbaulehrgängen für das Studium an den Hochschulen für Lehrerbildung "haben sich seit 1940 die Lehrerbildungsanstalten (LBA) entwickelt, die in gleicher Weise wie die Aufbaulehrgänge Anregungen und Ausrichtung aus der Form des Lagers... entnehmen" (S. 118). "Der völkische Gedanke ist es, der unsere Epoche bestimmt... Der einzelne ist nur so viel wert, wie er für die Gemeinschaft bedeutet... Dieses Erleben... ist mit einer solchen mitreißenden Macht und überzeugenden Kraft über uns gekommen, daß wir den Hauch des Ewigen verspüren... eine Weltanschauung ist uns geworden, ein heiliger Glaube erfüllt uns" (S. 118). Nachdem jetzt von allen Schulen, Volks-, Mittel- und Oberschulen, der Zugang in die Lehrerbildungsanstalt möglich ist, sind entscheidend für die Aufnahme in die neue Lehrerausbildung "allein Fähigkeit, Eignung und Leistung. Sie werden festgestellt im Musterungslager" (S. 118).

Die Neuordnung des höheren Schulwesens im Dritten Reich. Sammlung der wichtigsten diesbezüglichen Gesetze, Erlasse und Verfügungen seit Januar 1933, bearbeitet von Alfred *Homeyer*. 3. Auflage. – Berlin (Klokow) 1943 [Loseblattsammlung]. – Auch zum Thema "Der deutsche Lehrer (Ausbildung für den Lehrberuf)".

Schmidt-Bodenstedt, Adolf: Die Volks- und Hauptschullehrer-Bildung. – Deutsche Schulerziehung 1941/42 (Berlin 1943) 42-53. – "Nach der Entscheidung des Führers vom November 1940, daß die in den Alpen- und Donau-Reichsgauen besonders bewährten Schuleinrichtungen (Hauptschule und Lehrerbildungsanstalt) im gesamten Reichsgebiet einzuführen sind, wurden auf Grund des Erlasses vom 8. Februar 1941 im Frühjahr 1941 die ersten Lehrerbildungsanstalten eröffnet... Die Jungen und Mädel wurden mit dem 14. Lebensjahr im Anschluß an die Volksschule aufgenommen und nach einem der Oberschule angeglichenen Lehrplan in Form der Gemeinschaftserziehung ausgebildet... Die Umwandlung der bisherigen Hochschulen für Lehrerbildung war am 1. April 1942 beendet" (S. 42). Die Hitler-Jugend einer Lehrerbildungsanstalt bildet eine eigene HJ-Einheit, in der alle Jungen oder Mädel bis zum Abschluß ihrer Ausbildung verbleiben. Die Hitler-Jugend-Einheit wird von einem Hitler-Jugend-Führer geführt, der Erzieher an der Lehrerbildungsanstalt ist. Der Hitler-Jugend-Dienst in der Lehrerbildungsanstalt umfaßt:

1. den Heimabend der Hitler-Jugend,
2. die Fest- und Feiergestaltung der Gedenktage der Bewegung,
3. die Wehrertüchtigung,
4. den freiwilligen Leistungssport,
5. Fahrt und Lager,
6. den Einsatz im Ernte-, Land- und Arbeitsdienst und den Sonderdienst (S. 44).

12.3 Literatur

Der eindrucksvolle Bericht von Gregor Ziemer (1972; zuerst 1941) ist zuverlässig und trifft den Kern der Sache. Einzelne Ungenauigkeiten (z. B. der Titel ist unnötig reiße-

risch; denn tote Soldaten nutzten dem Diktator nichts) mindern nicht den Wert des Bu-
ches. Es hätte von seiner Erstveröffentlichung her auch bei den "Quellen" verzeichnet
werden können (vgl. Sibylle Hübner-Funk, Loyalität und Verblendung, Potsdam 1998,
S. 238-243). Hohen Rang hat die Arbeit von Losemann (1977). Zu den informativsten
Autoren, um einige herauszugreifen, gehören Tröger (1984) und Keim (1995-1997).
Exemplarisch ist Duchhardt (1993).

Léon *Poliakov*/Josef *Wulf*: Das Dritte Reich und seine Denker. Dokumente. – Berlin
(arani Verlags-GmbH) 1959

Harder, Richard: Kleine Schriften. Hg. von Walter Marg, München (Beck) 1960.
519 S.

Bracher, Karl Dietrich: Die Gleichschaltung der deutschen Universität, in: Nationalsozialismus und die deutsche Universität, Berlin (de Gruyter) 1966, 126-142

Götz von Olenhusen, Albrecht: Die "nichtarischen" Studenten an den deutschen
Hochschulen. Zur nationalsozialistischen Rassenpolitik 1933-1945. – Vierteljahrshefte für Zeitgeschichte 14 (1966) 175-106

Die deutsche Universität im Dritten Reich. Acht Beiträge von Helmut *Kuhn* (u. a.). –
München (Piper) 1966. 282 S.

Schadewaldt, Wolfgang: Harder, Richard, in: Neue deutsche Biographie VII (Berlin:
Nauwach-Pagel) 1966, 665-666

Werner, Karl Ferdinand: Das NS-Geschichtsbild und die deutsche Geschichtswissenschaft. – Stuttgart (Kohlhammer) 1967. 123 S.

Strätz, Hans-Wolfgang: Die studentische "Aktion wider den undeutschen Geist" im
Frühjahr 1933. – Vierteljahrshefte für Zeitgeschichte 16 (1968) 347-361

Bollmus, Reinhard: Das Amt Rosenberg und seine Gegner. Studien zum Machtkampf
im nationalsozialistischen Herrschaftssystem. – Stuttgart (Deutsche Verlags-
Anstalt) 1970

Grunberger, Richard: A Social History of the Third Reich. – London (Weidenfeld
and Nicolson) 1971. 535 S. (deutsche Übers. Wien 1972). – S. 304-323: "The
Universities".

Ziemer, Gregor: Education for Death. The Making of the Nazi. – New York (Octagon
Books) 1972 (zuerst 1941). 209 S. – S. 169-192: "University and research students". Der Autor studierte vier Jahre als "post-graduate" Student an der Universität Berlin. Seine Eindrücke von der Lebenswelt deutscher Universitäten
unter Hitler faßt er so zusammen: "I have visited the Universities of Berlin,
Goettingen, Heidelberg, Tuebingen, and Halle. All had about them the atmos-
phere of military camps. Most of the students were in uniforms, as many of the
instructors" (S. 174).

Faust, Anselm: Der Nationalsozialistische Deutsche Studentenbund. Studenten und Nationalsozialismus in der Weimarer Republik. 2 Bde., Düsseldorf (Schwann) 1973

Scholtz, Harald: NS-Ausleseschulen. Internatsschulen als Herrschaftsmittel des Führerstaates. – Göttingen (Vandenhoeck & Ruprecht) 1973. 427 S. – S. 276-283: "Lehrerbildungsanstalten als neuer Internatsschultyp".

Heitsch, Ernst: Klassische Philologie zwischen Anpassung und Widerspruch. – Gymnasium 81 (1974) 369-382

Kater, Michael H.: Der NS-Studentenbund von 1926 bis 1928: Randgruppe zwischen Hitler und Strasser. – Vierteljahrshefte für Zeitgeschichte 22 (1974) 148-190

Adam, Uwe Dietrich: Hochschule und Nationalsozialismus. Die Universität Tübingen im Dritten Reich. – Tübingen (Mohr) 1977. 240 S.

Erdmann, Karl Dietrich: Die Zeit der Weltkriege. 2. Teilband, Stuttgart (Klett) 1976. – S. 427-433: "Die Universität im nationalsozialistischen Deutschland".

Jens, Walter: Eine deutsche Universität. 500 Jahre Tübinger Gelehrtenrepublik. – München (Kindler) 1977. 418 S.

Losemann, Volker: Nationalsozialismus und Antike. Studien zur Entwicklung des Faches Alte Geschichte 1933-1945. – Hamburg (Hoffmann und Campe) 1977

Steinberg, Michael Stephan: Sabers and Brown Shirts. The German Students' Path to National Socialism, 1918-1935. – Chicago (The University of Chicago Press) 1977. 237 S.

Mosse, George L.: Der nationalsozialistische Alltag. So lebte man unter Hitler. – Königstein/Ts. (Athenäum) 1978 (zuerst englisch, New York 1966). – S. 231-261: "Wissenschaft und Nationalsozialismus".

Ottweiler, Ottwilm: Die Volksschule im Nationalsozialismus. – Weinheim (Beltz) 1979. – S. 199-265: "Die Lehrerausbildung".

Hömig, Herbert: Zeitgeschichte als "kämpfende Wissenschaft". Zur Problematik nationalsozialistischer Geschichtsschreibung. – Historisches Jahrbuch 99 (1979) 355-374

Beyerchen, Alan: Der Kampf um die Besetzung der Lehrstühle für Physik im NS-Staat, in: Erziehung und Schulung im Dritten Reich, Teil 2, hg. von Manfred Heinemann, Stuttgart (Klett-Cotta) 1980, 77-86

Bollmus, Reinhard: Zum Projekt einer nationalsozialistischen Alternativ-Universität: Alfred Rosenbergs "Hohe Schule", in: Erziehung und Schulung im Dritten Reich, Teil 2, hg. von Manfred Heinemann, Stuttgart (Klett-Cotta) 1980, 125-151

Die Universität Münster, 1780-1980. Im Auftrag des Rektors hg. von Heinz *Dollinger*. – Münster (Aschendorff) 1980

Faust, Anselm: Professoren für die NSDAP. Zum politischen Verhalten der Hochschullehrer 1932/33, in: Erziehung und Schulung im Dritten Reich, Teil 2, hg. von Manfred Heinemann, Stuttgart (Klett-Cotta) 1980, 31-49

Giles, Geoffrey J.: Die Idee der politischen Universität. Hochschulreform nach der Machtergreifung, in: Erziehung und Schulung im Dritten Reich, Teil 2, hg. von Manfred Heinemann, Stuttgart (Klett-Cotta) 1980, 50-60

Kelly, Reece C.: Die gescheiterte nationalsozialistische Personalpolitik und die mißlungene Entwicklung der nationalsozialistischen Hochschulen, in: Erziehung und Schulung im Dritten Reich, Teil 2, hg. von Manfred Heinemann, Stuttgart (Klett-Cotta) 1980, 61-76

Kleinberger, Aharon F.: Gab es eine nationalsozialistische Hochschulpolitik?, in: Erziehung und Schulung im Dritten Reich, Teil 2, hg. von Manfred Heinemann, Stuttgart (Klett-Cotta) 1980, 87-109

Losemann, Volker: Zur Konzeption der Dozentenlager, in: Erziehung und Schulung im Dritten Reich, Teil 2, hg. von Manfred Heinemann, Stuttgart (Klett-Cotta) 1980, 87-109

Losemann, Volker: Programme deutscher Althistoriker in der "Machtergreifungsphase". – Quaderni di storia, Anno VI, numero 11 (Januar-Juni 1980) 35-105

Harald *Scholtz*/Elmar *Stranz*: Nationalsozialistische Einflußnahmen auf die Lehrerbildung, in: Erziehung und Schulung im Dritten Reich, Teil 2, hg. von Manfred Heinemann, Stuttgart (Klett-Cotta) 1980, 110-124

Wróblewska, Teresa: Die Rolle und Aufgaben einer nationalsozialistischen Universität in den sogenannten östlichen Reichsgebieten am Beispiel der Reichsuniversität Posen 1941-1945. – Informationen zur erziehungs- und bildungshistorischen Forschung 14 (1980) 225-252

Kater, Michael H.: Die nationalsozialistische Machtergreifung an den deutschen Hochschulen. Zum politischen Verhalten akademischer Lehrer, in: Die Freiheit des Anderen, hg. von Hans Jochen Vogel (u. a.), Baden-Baden (Nomos) 1981, 49-75

Weyrather, Irmgard: Numerus Clausus für Frauen-Studentinnen im Nationalsozialismus, in: Mutterkreuz und Arbeitskult (Frauengruppe Faschismusforschung), Frankfurt (Fischer) 1981, 131-162

Christ, Karl: Römische Geschichte und deutsche Geschichtswissenschaft. – München (Beck) 1982. 394 S.

Klinksiek, Dorothee: Die Frau im NS-Staat. – Stuttgart (Deutsche Verlags-Anstalt) 1982. – S. 43-46: "Universität" (als einer der Erziehungsträger).

Brämer, Rainer (Hg.): Naturwissenschaft im NS-Staat. – Marburg (Soznat) 1983

Scholtz, Harald: Politische und gesellschaftliche Funktionen der Lehrerbildungsanstalten 1941-1945. – Zeitschrift für Pädagogik 29 (1983) 693-709

Ericksen, Robert P.: The Göttingen University Theological Faculty: A Test Case in "Gleichschaltung" and Denazification. – Central European History 17 (1984) 355-383

Giles, Geoffrey J.: German Students and Higher Education Policy in the Second World War. – Central European History 17 (1984) 331-354

Mommsen, Hans: Die deutschen Eliten und der Mythos des nationalen Aufbruchs von 1933. – Merkur. Deutsche Zeitschrift für europäisches Denken 38 (1984) 97-102

Stuchlik, Gerda: Goethe im Braunhemd. Universität Frankfurt 1933-1945. – Frankfurt (Röderberg) 1984. 332 S.

Tröger, Jörg (Hg.): Hochschule und Wissenschaft im Dritten Reich. – Frankfurt (Campus) 1984. 188 S. – Darin Wolfgang *Abendroth*: Die deutschen Professoren und die Weimarer Republik (S. 11-25); Michael H. *Kater*: Die Studenten auf dem Weg in den Nationalsozialismus (S. 26-37); Bruno W. *Reimann*: Die "Selbst-Gleichschaltung" der Universitäten 1933 (S. 38-52); Herbert A. *Strauss*: Wissenschaftler in der Emigration (S. 43-64); Horst *Möller*: Nationalsozialistische Wissenschaftsideologie (S. 65-76); Walter *Kirchner*: Ursprünge und Konsequenzen rassistischer Biologie (S. 77-91); Reinhard *Kühnl*: Reichsdeutsche Geschichtswissenschaft (S. 92-104); Martin *Scharfe*: Einschwörung auf den völkisch-germanischen Kulturbegriff (S. 105-115); Ulrich K. *Preuß*: Die Perversion des Rechtsgedankens (S. 116-128); Wolfgang *Huber*: Theologie zwischen Anpassung und Auflehnung (S. 129-141); Walter *Wuttke*: Heilen und Vernichten in der nationalsozialistischen Medizin (S. 142-156); Armin *Hermann*: Naturwissenschaft und Technik im Dienste der Kriegswirtschaft (S. 157-167); Gustav *Strübel*: 1945 – Neuanfang oder versäumte Gelegenheit? (S. 168-179).

Geuter, Ulfried: Nationalsozialistische Ideologie und Psychologie, in: Geschichte der deutschen Psychologie im 20. Jahrhundert. Ein Überblick, hg. von Mitchell G. Ash/Ulfried Geuter, Opladen (Westdeutscher Verlag) 1985, 172-200

Giles, Geoffrey J.: Students and National Socialism in Germany. – Princeton (Princeton Univ. Pr.) 1985. 360 S.

Krause, Eckart: Universität Hamburg: Erschreckend geräuschlose Gleichschaltung, in: Hamburg: Schule unterm Hakenkreuz, hg. von Ursel Hochmuth/Hans-Peter de Lorent, Hamburg (Hamburger Lehrerzeitung) 1995, 23-31

Lundgren, Peter (Hg.): Wissenschaft im Dritten Reich. – Frankfurt (Suhrkamp) 1985. 385 S.

Christ, Karl (Hg.): Sparta. – Darmstadt (Wiss. Buchges.) 1986. 519 S.

Hans-Uwe Otto/Heinz Sünker (Hg.): Soziale Arbeit und Faschismus. Volkspflege und Pädagogik im Nationalsozialismus. – Bielefeld (Kritische Texte-Verlag) 1986. 537 S. – Darin u. a. S. 55-62 Micha *Brumlik*: "NS-Pädagogik in Forschung und Lehre – Dissertationen und Lehrerveranstaltungen an der Universität Heidelberg 1934-1943. Ein Bericht über das Wirken von Ernst Krieck".

Reiner Lehberger/Hans-Peter de Lorent (Hg.): "Die Fahne hoch". Schulpolitik und Schulalltag in Hamburg unterm Hakenkreuz. – Hamburg (ergebnisse Verlag) 1986. – Darin u. a. Reiner *Lehberger* S. 132-145: "Die Ausbildung Hamburger Volksschullehrer".

Näf, Beat: Von Perikles zu Hitler? Die athenische Demokratie und die deutsche Althistorie bis 1945. – Frankfurt (Lang) 1986

Weber, R.G.S.: The German Student Corps in the Third Reich. – New York (St. Martin's Press) 1986. 209 S.

Geißler, Rainer/*Popp*, Wolfgang (Hg.): Wissenschaft und Nationalsozialismus. Eine Ringvorlesung an der Universität-Gesamthochschule-Siegen. – Essen (die blaue eule) 1988. 300 S.

Golczewski, Frank: Kölner Universitätslehrer und der Nationalsozialismus. Personengeschichtliche Ansätze. – Köln (Böhlau) 1988. 481 S.

Lichtenberger-Fenz, Brigitte: Österreichs Hochschulen und Universitäten und das NS-Regime, in: NS-Herrschaft in Österreich 1938-1945, hg. von Emmerich Talos (u. a.), Wien (Verlag für Gesellschaftskritik) 1988, 269-282

Paulsen, Jörg: Zur Geschichte der Soziologie im Nationalsozialismus. – Oldenburg (Bibliotheks- und Informationssystem der Universität Oldenburg) 1988. 185 S.

Rüthers, Bernd: Entartetes Recht. Rechtslehren und Kronjuristen im Dritten Reich. – München (Beck) 1988 (2. Aufl. 1989) 221 S.

Canfora, Luciano: Politische Philologie. Altertumswissenschaften und moderne Staatsideologien. – Stuttgart (Klett-Cotta) 1995. 220 S. (Übers. aus dem Italienischen, Roma 1989)

Löwith, Karl: Mein Leben in Deutschland vor und nach 1933. Ein Bericht. – Frankfurt (Fischer) 1989. 160 S.

Olzewski, Henryk: Zwischen Begeisterung und Widerstand. Deutsche Hochschullehrer und der Nationalsozialismus. – Poznán (Institut Zachodni) 1989. 211 S.

Schwabe, Klaus: Deutsche Hochschullehrer und Hitlers Krieg (1936-1940), in: Die deutschen Eliten und der Weg in den Zweiten Weltkrieg, hg. von Martin Broszat (u. a.), München (Beck) 1989, 291-333

Teschner, Helmut: Die Lehrerbildungsanstalten in Schlesien 1941 bis 1945. Eine offensichtliche Forschungslücke. – Mitteilungen des Beuthener Geschichts- und Museumsvereins 49 (1989) 103-116

Handbuch der deutschen Bildungsgeschichte. Band V. 1918-1945. Die Weimarer Republik und die nationalsozialistische Diktatur. Hg. von Dieter Langewiesche und Heinz-Elmar Tenorth. – München (Beck) 1989. – Darin u. a. Hartmut *Titze* S. 224-238: "Hochschule und Nationalsozialismus"; Sebastian *Müller-Rolli* S. 241-246: "Lehrerausbildung".

Conrady, Karl Otto: Völkisch-nationale Germanistik in Köln. Eine unfestliche Erinnerung. – Schernfeld (SH-Verlag) 1990. 78 S.

Fischer, Hans: Völkerkunde im Nationalsozialismus. Aspekte der Anpassung, Affinität und Behauptung einer wissenschaftlichen Disziplin. – Berlin (Reimer) 1990. 312 S.

Hering, Rainer: Theologische Wissenschaft und "Drittes Reich". Studien zur Hamburger Wissenschafts- und Kirchengeschichte im 20. Jahrhundert. Pfaffenweiler (Centaurus) 1990. 197 S.

Keim, Wolfgang (Hg.): Erziehungswissenschaft und Nationalsozialismus – Eine kritische Positionsbestimmung. – Marburg (Bund demokratischer Wissenschaftlerinnen und Wissenschaftler) 1990. 143 S.

Kohler, Mathilde Anna: "Irgendwie windet man sich durch, mit großem Unbehagen". Dienste und Einsätze der Studentinnen an der Universität Wien 1938-1945, in: Töchter-Fragen, NS-Frauen-Geschichte, hg. von Lerke Gravenhorst und Carmen Tatschmurat, Freiburg (Kore) 1990, 237-251

Leske, Monika: Philosophen im "Dritten Reich". Studie zu Hochschul- und Philosophiebetrieb im faschistischen Deutschland. – Berlin (Dietz) 1990. 318 S.

Rössler, Mechthild: "Wissenschaft und Lebensraum". Geographische Ostforschung im Nationalsozialismus. Ein Beitrag zur Disziplingeschichte der Geographie. – Berlin (Reimer) 1990. 288 S.

Hochschule und Nationalsozialismus. Wissenschaftsgeschichte und Wissenschaftsbetrieb als Thema der Zeitgeschichte, hg. von Leonore *Siegele-Wenschkewitz*/Gerda *Stuchlik*. – Frankfurt (Haag + Herchen) 1990. 139 S. – Darin einschlägige Beiträge von Hellmut Seier, Bruno W. Reimann, Gerda Stuchlik, Heinz-Elmar Tenorth und Herbert Mehrtens.

Eckhard *John* (u. a. Hg.): Die Freiburger Universität in der Zeit des Nationalsozialismus. – Würzburg (Ploetz) 1991

Krause, Eckart (u. a. Hg.): Hochschulalltag im "Dritten Reich". Die Hamburger Universität 1933-1945. Teil I-III. – Berlin/Hamburg (Reimer) 1991

Neuser, Wilhelm H. (Hg.): Die Evangelisch-Theologische Fakultät Münster 1914 bis 1989. – Bielefeld (Luther-Verlag) 1991

Schultze-Jahn, Marie-Luise: Hans Leipelt – ein Kapitel Münchener Hochschule im Nationalsozialismus, in: Die Weiße Rose. A Nottingham Symposium, ed. by Hinrich Siefken, Nottingham 1991, 67-76

Sontheimer, Kurt: Die Bedeutung des Widerstandes der Weißen Rose für die deutsche Universität, in: Die Weiße Rose. A Nottingham Symposium, ed. by Hinrich Siefken, Nottingham 1991, 183-194

Deichmann, Ute: Biologen unter Hitler. Porträt einer Wissenschaft im NS-Staat. – Frankfurt (Fischer) 1995 (zuerst Frankfurt: Campus, 1992)

Jahnke, Karl Heinz: Wissenschaftler und Studenten der Rostocker Universität in Konfrontation mit der Nazi-Herrschaft, in: Studien zur Geschichte Mecklenburgs in der ersten Hälfte des 20. Jahrhunderts, Rostock (Verlag Jugend und Geschichte) 1992, 40-55

Meldungen aus Münster 1924-1944. Geheime und vertrauliche Berichte von Polizei, Gestapo, NSDAP und ihren Gliederungen, staatlicher Verwaltung, Gerichtsbarkeit und Wehrmacht über die politische und gesellschaftliche Situation in Münster. Eingeleitet und bearb. von Joachim *Kuropka*. – Münster (Regensberg) 1992. 691 S. – S. 347-400: "Schule und Universität".

Mode, Markus: Altertumswissenschaften und Altertumswissenschaftler unter dem NS-Regime. Gedanken zum Niedergang deutscher Wissenschaften, in: Wissenschaft unter dem NS-Regime, hg. von Burchard Brentjes, Frankfurt (Lang) 1992, 156-169

Mühlfeld, Claus: Rezeption der nationalsozialistischen Familienpolitik. Eine Analyse über die Auseinandersetzung mit der NS-Familienpolitik in ausgewählten Wissenschaften 1933-1939. – Stuttgart (Enke) 1992. 394 S.

Rautenberg, Mathias: Die Angehörigen der Universität Greifswald während der nationalsozialistischen "Gleichschaltung" (1933 bis 1936). – Geschichte und Gegenwart 1/1992, S. 44-61

Scheel, Klaus: Die Wissenschaftspolitik des deutschen Faschismus auf dem Weg in den Zweiten Weltkrieg, in: Wissenschaft unter dem NS-Regime, hg. von Burchard Brentjes, Frankfurt (Lang) 1992, 15-37

Schönwälder, Karen: Historiker und Politik. Geschichtswissenschaft im Nationalsozialismus. – Frankfurt (Campus) 1992, 440 S.

Tenorth, H.-Elmar: Bildung und Wissenschaft im "Dritten Reich", in: Deutschland 1933-1945. Neue Studien zur nationalsozialistischen Herrschaft, hg. von Karl-Dietrich Bracher (u. a.), Düsseldorf (Droste) 1992, 240-255

Duchhardt, Heinz: Arnold Berney (1897-1943). Das Schicksal eines jüdischen Historikers. – Köln (Böhlau) 1993. 136 S.

Gasten, Elmar: Aachen in der Zeit der nationalsozialistischen Herrschaft 1933-1944. – Frankfurt (Lang) 1993. 380 S. – S. 135-139: "Die Entwicklung an der Technischen Hochschule".

Hausmann, Frank-Rutger: "Aus dem Reich der seelischen Hungersnot". Briefe und Dokumente zur romanistischen Fachgeschichte im Dritten Reich. – Würzburg (Königshausen & Neumann) 1993. 200 S.

Lothar *Kurz*/Klaus *Witte*: Die Entnazifizierung an der Universität Münster, in: "Wer seine Geschichte nicht kennt... ". Nationalsozialismus und Münster, hg. von Iris Horstmann (u. a.), Münster (agenda) 1993, 213-226

Meisiek, Cornelius Heinrich: Evangelisches Theologiestudium im Dritten Reich. – Frankfurt (Lang) 1993. 422 S.

Schönwälder, Karen: Akademischer Antisemitismus. Die deutschen Historiker in der NS-Zeit. – Jahrbuch für Antisemitismusforschung 2 (1993) 200-229

Leonore *Siegele-Wenschkewitz*/Carsten *Nicolaisen* (Hg.): Theologische Fakultäten im Nationalsozialismus. – Göttingen (Vandenhoeck & Ruprecht) 1993. 429 S. – Mit einschlägigen Beiträgen von Trutz Rendtorff, Eike Wolgast, Kurt Meier, Kurt Nowak, Wilhelm Damberg, Adolf Martin Ritter, Martin Rohkrämer, Jendris Alwast, Hannelore Erhart, Gerhard Besier, Günther van Norden, Jörg Thierfelder, Hartmut Ludwig, Wilhelm Neuser, Inge Mager, Karl W. Schwarz.

Dümling, Albrecht: Auf dem Weg zur "Volksgemeinschaft". Die Gleichschaltung der Berliner Musikhochschule ab 1933, in: Musik in der Emigration, hg. von Horst Weber, Stuttgart (Metzler) 1994, 69-107

Gerstengarbe, Sybille: Die erste Entlassungswelle von Hochschullehrern deutscher Hochschulen aufgrund des Gesetzes zur Wiederherstellung des Berufsbeamtentums vom 7. 4. 1933. – Berichte zur Wissenschaftsgeschichte 17 (1994) 17-39

Heiber, Helmut: Universität unterm Hakenkreuz. Teil 1: Der Professor im Dritten Reich. Bilder aus der akademischen Provinz. – München (Saur) 1991; Teil II: Die Kapitulation der Hohen Schulen. Das Jahr 1933 und seine Themen. Band 1 (München 1992), Band 2 (München 1994)

Korotin, Ilse (Hg.) "Die besten Geister der Nation". Philosophie und Nationalsozialismus. – Wien (Picus) 1994. 351 S. – Darin u. a. George Leaman: "Deutsche Philosophen und das 'Amt Rosenberg' " (S. 41-65; S. 51 f. u. a. zu Erich Hochstetter, Helmut Schelsky und Joachim Ritter); Martin Michael Roß: " 'Die staatgründende Tat' – Alfred Baeumler und die Politisierung der Ästhetik" (S. 66-86); Claudia Schorcht: "Gescheitert – Der Versuch zur Etablierung nationalsozialistischer Philosophen an der Universität München" (S. 291-327).

Linimayr, Peter: Wiener Völkerkunde im Nationalsozialismus. Ansätze zu einer NS-Wissenschaft. – Frankfurt (Lang) 1994. 243 S.

Pedersen, Ulf: Bernhard Rust: Ein nationalsozialistischer Bildungspolitiker vor dem Hintergrund seiner Zeit. – Braunschweig (Technische Universität Braunschweig, Forschungsstelle für Schulgeschichte) 1994. – S. 183-222: "Bernhard Rusts Maßnahmen zur Lehrerbildung".

Clemens-Schierbaum, Ursula: Mittelalterliche Sakralarchitektur in Ideologie und Alltag der Nationalsozialisten. – Weimar (Verlag und Datenbank für Geisteswissenschaften) 1995. 372 S.

Flashar, Helmut (Hg.): Altertumswissenschaft in den 20er Jahren. Neue Fragen und Impulse. – Stuttgart (Steiner) 1995. 469 S.

Grüttner, Michael: Studenten im Dritten Reich. – Paderborn (Schöningh) 1995. 556 S.

Hammerstein, Notker: Antisemitismus und deutsche Universitäten, 1871-1933. – Frankfurt (Campus) 1995

Hoffmann, Christhard: Juden und Judentum in der bundesdeutschen Geschichtswissenschaft. – Zeitschrift für Geschichtswissenschaft 43 (1995) 677-686.

Klemperer, Victor: Ich will Zeugnis ablegen bis zum letzten. Tagebücher 1933-1941. 3. Aufl. 1995. – 2 Bde., Berlin (Aufbau-Verlag) 1995. 765 und 929 S.

Königs, Diemuth: Joseph Vogt. Ein Althistoriker in der Weimarer Republik und im Dritten Reich. – Basel (Helbing & Lichtenhahn) 1995. 312 S.

Orozco, Teresa: Platonische Gewalt. Gadamers politische Hermeneutik der NS-Zeit. – Hamburg (Argument-Verlag) 1995. 280 S.

Das Verhältnis von Akademien und ihrem wissenschaftlichen Umfeld zum Nationalsozialismus. Leopoldina-Symposion Die Elite der Nation im Dritten Reich, vom 9. bis 11. Juni 1994 in Schweinfurt. Wiss. Vorbereitung und Organisation: Eduard *Seidler*, Hg.: Christoph J. *Scriba*. – Leipzig (Barth) 1995. 288 S.

Christ, Karl: Von Caesar zu Konstantin. Beiträge zur römischen Geschichte und ihrer Rezeption. – München (Beck) 1996. 350 S.

Dvorak, Helga: Biografisches Lexikon der Deutschen Burschenschaft. Band I: Politiker, Teil 1 (A-E). – Heidelberg (Winter) 1996. 98 S.

Ernst, Fritz: Im Schatten des Diktators. Rückblick eines Heidelberger Historikers auf die NS-Zeit. Hg., eingel. und mit einem Quellenanhang versehen von Diethard Aschoff. – Heidelberg (Manutius) 1996. 110 S.

Gutzmann, Ulrike: Zwischen Konformität und Provisorium. Die Ausbildung zum Volksschullehrerberuf während der Zeit des Nationalsozialismus. Von den Hochschulen für Lehrerbildung (1933-1941) zu den Lehrerbildungsanstalten (1941-1945). – Diss. Kiel (März 1996). 650 S. [7 Mikrofiches]

Hanf, Maike: Katheder und Flaggendienst – Lehrerinnenbildung unter dem Hakenkreuz 1933-1945 – Flensburgerinnen berichten. – Neumünster (Wacholtz) 1996. 212 S.

Physics and National Socialism. An Anthology of Primary Sources, ed. by Klaus *Hentschel*. – Basel (Birkhäuser) 1996. 406 und CIVS.

Horn, Klaus-Peter: Pädagogische Zeitschriften im Nationalsozialismus. Selbstbehauptung, Anpassung, Funktionalisierung. – Weinheim (Deutscher Studien Verlag) 1996. 509 S.

Jehle, Peter: Werner Krauss und die Romanistik im NS-Staat. – Hamburg (Argument-Verlag) 1996. 283 S.

Meier, Kurt: Die Theologischen Fakultäten im Dritten Reich. – Berlin (de Gruyter) 1996. 500 S.

Wegeler, Cornelia: "... wir sagen ab der internationalen Gelehrtenrepublik". Altertumswissenschaft und Nationalsozialismus. Das Göttinger Institut für Altertumskunde 1921-1962. – Wien (Böhlau) 1996. 427 S.

Grüttner, Michael: Wissenschaft, in: Enzyklopädie des Nationalsozialismus, hg. von Wolfgang Benz (u. a.), München (DTV) 1997, 135-153

Dietrich *Heither* (u. a.): Blut und Paukboden. Eine Geschichte der Burschenschaften. – Frankfurt (Fischer) 1997. 412 S.

Keim, Wolfgang: Erziehung unter der Nazi-Diktatur. Band I: Antidemokratische Potentiale, Machtantritt, Machtdurchsetzung; Band II: Kriegsvorbereitung, Krieg und Holocaust. – Darmstadt (Wiss. Buchgesellschaft) 1995-1997. – I, 21-29: "Antidemokratische Potentiale in Erziehungswissenschaft, Hochschullehrerschaft und Lehrerschaft"; I, 159-165: "Zur Situation an den Hochschulen nach dem 30. Januar 1933"; II, 84-88: "Hochschule und Hochschullehrerschaft zwischen nazistischer Reglementierung und Beharrungsvermögen"; II, 167-176: "Hochschule – Kriegseinsätze zwischen Hörsaal und Front"; II, 176-185: "Erziehungswissenschaft – von Kriegseinsätzen unbelastet?"; II, 334-345: "Vereinzelter Hochschullehrerprotest, studentische Opposition und studentischer Widerstand".

Lösch, Niels C.: Rasse als Konstrukt. Leben und Werk Eugen Fischers. – Frankfurt (Lang) 1997. 615 S.

Manns, Haide: Frauen für den Nationalsozialismus. Nationalsozialistische Studentinnen und Akademikerinnen in der Weimarer Republik und im Dritten Reich. – Opladen (Leske + Budrich) 1997. 335 S.

Handbuch der Geschichte des bayerischen Bildungswesens IV, hg. von Max Liedtke, Bad Heilbrunn 1997. – Darin u. a. Franz Otto *Schmaderer* zur Lehrerbildung 1933-1945 (S. 424-426) und Werner *Wiater* zu den Hochschulen im Nationalsozialismus (S. 692-695)

Hausmann, Frank-Rutger: Deutsche Geisteswissenschaft im Zweiten Weltkrieg. Die "Aktion Ritterbusch" (1940 bis 1945). – Dresden 1998. 414 S.

Koenen, Klaus: Unter dem Dröhnen der Kanonen. Arbeiten zum Alten Testament aus der Zeit des Zweiten Weltkriegs. – Neukirchen (Neukirchener Verlag) 1998. 118 S.

Matthiesen, Michael: Verlorene Identität. Der Historiker Arnold Berney und seine Freiburger Kollegen, 1923-1938. – Göttingen (Vandenhoeck & Ruprecht) 1998. 131 S.

Brunck, Helma: Die Deutsche Burschenschaft in der Weimarer Republik und im Nationalsozialismus. – München (Universitas) 1999. 476 S.

Delphis, Claudine: Wilhelm Friedmann (1884-1942). Le destin d' un francophile. – Leipzig (Leipziger Universitätsverlag) 1999. 651 S.

Deutsche Historiker im Nationalsozialismus. Hg. von Winfried *Schulze* und Otto Gerhard *Oexle*. – Frankfurt (Fischer) 1999. 367 S.

13 Christliche Jugenderziehung

13.1 Überblick

Gehorsam gegenüber Kirche und Obrigkeit. – Die Forderung unbedingten Gehorsams gegenüber der Kirche und der Obrigkeit gehörte zur tragenden Basis der christlichen Jugenderziehung. So hatte ein katholisches Kind vor jeder Beichte, also von seinem 9./10. Lebensjahr an, stets sein Gewissen zur erforschen nach "Versündigungen gegen die geistliche und weltliche Obrigkeit" (Sursum corda, Katholisches Gesang- und Gebetbuch für die Diözese Paderborn. Paderborn, o. J., S. 537), und es sang regelmäßig das Bekenntnislied "Fest soll mein Taufbund immer stehen, ich will die Kirche hören". Zeitzeugen berichten, daß es im Religionsunterricht und in der "Christenlehre" allenfalls schüchterne Fragen um Erklärung gab, wenn eine Belehrung nicht verstanden worden war, nie aber "kritische" Rückfragen oder gar eine Diskussion. Schon gar nicht gab es eine wie auch immer geartete Erziehung zum Widerstand gegen Tyrannis. Menschenrechte und Bürgerrechte waren kein Thema. Das NS-Regime konnte so zum Beispiel fast nahtlos an das Gehorsamsprinzip der beiden christlichen Konfessionen anknüpfen. Es hängt damit zusammen, daß kaum ein junger Soldat sich fragte, ob Hitlers Krieg gerecht war oder nicht. Da das Vaterland gegen seine bösen Feinde verteidigt werden mußte, konnte es kein Zögern geben. Man war ja zum Gehorsam erzogen. Die Treue zu ihrem Fahneneid ließ Millionen junger Menschen in den Tod gehen.

Drohbotschaft statt Frohbotschaft? – Demgegenüber wiegen andere Lehrinhalte scheinbar leicht, daß etwa die Frohbotschaft oft als Drohbotschaft vermittelt wurde, zum Beispiel wenn im Zusammenhang mit der Beichtvorbereitung zu beten war, "daß diese Beichte mir nicht zur Sünde und zum Gerichte... dienen möge" (Sursum corda, a. O., S. 535); schlimmer noch die fürchterliche Drohung innerhalb der katholischen Kommunionandacht (nach 1 Kor 11, 29): "Wer meinen Leib und mein Blut unwürdig ißt und trinkt, der ißt und trinkt sich das Gericht". Vergleichsweise harmlos war da noch die Lehre, wer auf die heilige Hostie beiße, verletze Jesus. Dergleichen richtete in den Seelen vor allem sensibler Kinder verheerenden Schaden an. Demgegenüber hatte das "Vaterunser", das schönste und wertvollste christliche Gebet, einen vergleichsweise geringeren Stellenwert. Zur Sache z.B. Nosbüschs Autobiographie 1993, 68-87.

Die kleine und die große Welt. – Bei den Kindern in der kleinen Welt einer katholischen ländlichen Volksschule der dreißiger Jahre konnte die Auffassung entstehen, daß in Deutschland die meisten Menschen katholisch seien und nur wenige Irregeleitete evangelisch; daß die meisten Menschen auf dieser Erde katholische Christen seien; daß es zwar in einigen fernen Weltgegenden noch Heiden gab, deren Bekehrung aber in vollem Gange sei und die man durch Sammeln von "Silberpapier" für die armen "Heidenkinder" beschleunigen könne. Daß der Anteil der Katholiken in Deutschland nur etwa ein Drittel und auf der Erde nur ein Sechstel betrug, erfuhr man nicht. Nichts erfuhr man auch über Ethos und Religion der anderen Hochreligionen – eine multikulturelle Welt hätte ja das kindliche Gemüt verwirren können. War das eine verdummende Verkleinerung der großen Welt, war das weltanschaulicher Rassismus? Wenn ja, dann gewiß ohne böse Absicht. Fehlte da Toleranz? Aber Toleranz ist bekanntlich die Einsicht, daß es keine reine Wahrheit gibt.

Elternrecht und Jugendbünde. – Aus katholischer Sicht unterstanden alle Getauften der geistlichen Leitung der Kirche, weshalb die Eltern ihre Kinder sozusagen im Auftrag der Kirche zu erziehen hatten. So gesehen war das Elternrecht (als Element des Naturrechts) keinesfalls dem staatlichen Erziehungsanspruch unterzuordnen, und nicht der Staat, sondern die Kirche besaß das Recht auf die Jugend. Die allmähliche Abschaffung der Konfessionsschule zugunsten der Gemeinschaftsschule stieß deshalb bei den christlichen Institutionen auf wenig Gegenliebe.

Seit Adolf Kolpings Gründung des Gesellenvereins im Jahre 1849 kam es, zunehmend seit dem Ende des Jahrhunderts und später auch im Sog der nichtkonfessionellen Jugendbewegung, zur Entstehung von katholischen Jugendvereinigungen. Im Jahre 1896 fand die erste Generalversammlung aller Praesides (geistliche Vorsteher) dieser Vereinigungen in Deutschland statt. Es gab eine Hierarchie vom Generalpräses über den Diözesan- und Bezirkspräses bis hin zum Ortspräses. Alle Gruppen standen also unter priesterlicher Führung. "Durch diese Gesamtorganisation, insbesondere durch die Tatsache, daß der jeweilige Diözesanpräses vom zuständigen Bischof zu ernennen war, war die enge kirchliche Anbindung der Diözesanverbände und des Zentralverbandes gesichert" (Christoph Schubert-Weller, "Kein schönrer Tod", Weinheim 1998, S. 195). Diese Entwicklung lief ungebrochen bis in die NS-Zeit hinein. So war etwa um 1933 Rudolf Graber, nachmals Bischof von Regensburg, "Geistlicher Gauführer" des Bundes Neudeutschland. Welcher Geist etwa um das Jahr 1900 in diesem gesellschaftlichen Raum herrschte, läßt das unten, bei den Quellen zu diesem Kapitel, genannte Werk Drammers erkennen. Zwischen der konfessionellen Jugend und ihrer geistlichen Leitung gab es kaum Konflikte über die wesentlichen Elemente der religiösen Jugenderziehung. Eher marginale Bedeutung hatte es, daß die Jugendlichen ihren Anspruch auf sportliche Betätigung gegen den Widerstand älterer Kleriker durchsetzen mußten, die hier – obwohl es nur Jungen betraf – eine Gefährdung christlicher "Sittlichkeit" argwöhnten (Schubert-Weller, S. 196). Es versteht sich von selbst, daß die Kirche den bald entstehenden autonomen Jugendbünden mit Mißtrauen begegnete.

Jugend und Sexualität. – Die tiefsten Wurzeln christlicher Sexualpädagogik reichen über Augustinus (+ 430) bis hin zum Spätplatonismus zum Beispiel des Plotinos (um 204-270 n. Chr.). Dieser war ein Mann, so schreibt sein Schüler und Biograph Porphyrios, "der sich seiner Körperlichkeit zu schämen schien" (wörtlich: "daß er in einem Körper war"), Leben Plotins, Kapitel 1. In der Kirchenväterzeit und noch lange danach wurde alles Geschlechtliche überwiegend als Makel und Folge der Erbsünde (d. h. der Verdammungswürdigkeit selbst des noch ungeborenen Kindes) begriffen. Man schämte sich seiner Sexualität, obwohl es, wie man heute weiß, an einer biblischen Grundlage für diese Scham fehlte und die "Reinheit" als fast absolut gesetzter anthropologischer Wert abwegig ist.

Katholische Zeitzeugen der dreißiger Jahre erinnern sich, daß der Jugend der "engelreine" hl. Aloysius als Keuschheitsideal hingestellt wurde, der so schamhaft war, daß er dem Blickkontakt mit allen weiblichen Wesen auswich.

In den Jahrzehnten vor 1940 entstanden zahlreiche Traktate zur geschlechtlichen Jugenderziehung, vor allem von katholischen Autoren. Dazu nur einige Stichworte: Heute weiß man in beiden christlichen Kirchen, daß die Sexualität zum Schöpfungsplan Gottes gehört, der die Menschen als Mann und Frau schuf, daß also eine positive Wertung der Geschlechtlichkeit möglich ist. Die vor 1945 den Jugendlichen vermittelten Anschauungen, um die es hier geht, waren andere: Der Sexualität und nahezu allen ihren Äußerungen und Regungen wurde das Etikett "unkeusch" angeheftet. Die Forderung zölibatären Verhaltens für alle (noch) nicht Verheirateten wurde von den Betroffenen als lebens- und lustfeindliche Unterdrückung erlebt, vergleichbar der manichäischen Leibfeindlichkeit der Spätantike. Zeitgenössische "Beichtspiegel" lassen erkennen, daß in den erwähnten Traktaten zumeist eine "totale Triebunterdrückung, wie sie den Vorstellungen katholischer Moraltheologen entsprach", erwartet wurde (zur Sache die lesenswerte Darstellung von Georg Pahlke, Trotz Verbot nicht tot. Katholische Jugend in ihrer Zeit. Band III, Paderborn: BDKJ, 1995, S. 392-403). Die herkömmliche katholische Keuschheitsauffassung verlangte "gänzliche Entsagung" oder "Beschränkung auf jenes Maß von Befriedigung, die im ehelichen Leben verstattet und das Mittel zur Fortpflanzung der Gattung ist" (Kirchenlexikon. Sechster Band, Freiburg 1851, S. 77); ebd. S. 79 ff. ist die Rede von der "unreinen Flamme der Geschlechtslust... Siechthum, ekelhafte Krankheiten und früher Tod gehen im Gefolge der entnervenden Unzucht. Der Onanist ist... zum Selbstmord geneigt... gährt wilder Grimm, Selbsthaß, Gottes- und Menschenhaß auf. Gewöhnlich zerstört der Wüstling, der Lüderliche auch sein äußeres Lebensglück, häuft Schande und Schmach auf sein Haupt... Dazu kommt die innere Verwüstung und Zerrüttung der Seelenvermögen... zeigt sich der Mißbrauch der Zeugungskraft zugleich als eine Zerstörung der productiven Denkkraft... Der Geist... ist ein Sklave eines thierischen Triebes geworden... Als solche ist sie (d. h. die zur herrschenden Leidenschaft gewordene Unzucht) die Pest der Gesellschaft". Kritisch zur Sache z.B. Reineke 1987, 163-168.

Diese Triebunterdrückung und Verdrängung mußte zu "Verklemmtheit, Angst und Prüderie" führen (Pahlke, a. O., S. 401) und erfuhr entsprechende Kritik schon früh von protestantischer Seite: "Das katholische Frömmigkeitsideal (zum Thema "Keuschheit") drängt alle sexuellen Vorstellungs- und Triebkomplexe ins Unterbewußtsein hinein, wofür sich dieses rächt" (Religion in Geschichte und Gegenwart, Band III, Tübingen 1912, Sp. 1083).

Eine sexuelle Aufklärung, wie sie heute auch von den christlichen Kirchen für sinnvoll gehalten wird, fand nicht statt. Noch Zehnjährige glaubten, der Geburtsvorgang erfolge durch den (sich weitenden) Bauchnabel der Frau, die das Kind zuvor "unter dem Herzen" trug – ein Höherrücken in eine weniger unkeusche Region des weiblichen Körpers. Aus der Unwissenheit konnte Angst entstehen, zum Beispiel durch Selbstbefriedigung an "Rückenmarksschwindsucht" und ähnlichen schlimmen Krankheiten elend zugrunde zu gehen beziehungsweise bei plötzlichem Tode im Stande schwerer Sünde der ewigen Verdammnis zu verfallen. Es gab noch kaum kirchlicherseits eine gelassene Bewertung der neugierigen Entdeckung des eigenen Körpers durch die Jugendlichen, eine Bewertung, wie sie heute stattfindet (z. B. im Lexikon für Theologie und Kirche, VII, Freiburg 1998, 1053). Es gab auch kein rechtes Verständnis für die Verwirrung eines Jugendlichen, der etwa seine von einem bestimmten Alter an zwangsläufig oft unwillkürlich auftretenden Erregungszustände für etwas Unanständiges und für böse Lust halten sollte. Der Unaufgeklärtheit entsprang auch die bei Jungen verbreitete Meinung, daß Mädchen keine eigenen sexuellen Wünsche haben und nur Objekt einer häßlichen, die "Reinheit" des Mädchens verletzenden Leidenschaft sind. Mit anderen Worten: Ein Verständnis der Bipolarität der Geschlechter wurde der Jugend nicht angemessen nahegebracht.

Gespräche mit Zeitzeugen lassen erkennen, daß der Eigeninitiative bei der geschlechtlichen Aufklärung Grenzen gesetzt waren. Immerhin boten die Bücherschränke besser gestellter Eltern gewisse Hilfen. Aber selbst der Große Brockhaus war visuell frustrierend, bot er doch nur den sogenannten "Schmeil-Menschen" (benannt nach dem Verfasser zahlreicher Biologie-Schulbücher) ohne die entscheidenden primären Geschlechtsmerkmale (Der Große Brockhaus, Band XII, Leipzig 1932, Seite 400/401). Etwas mehr von der weiblichen Anatomie zeigte die "Judith" des Conrat Meit (1480-1550), die in zahlreichen populären kunstgeschichtlichen Werken abgebildet war. Am konkretesten wurde überraschenderweise die "Katholische Dogmatik" von Franz Friedhoff (Münster 1871, S. 703), worauf jedoch nur fleißige Theologiestudenten stoßen konnten.

Zur allgemeinen Mädchenerziehung in den Jahrzehnten nach der Erfindung des Fahrrades gehörte die Warnung vor den angeblichen gesundheitlichen und sittlichen Gefahren des Radfahrens (wegen der Gelegenheit zu unauffälliger Selbstbefriedigung?), weshalb in ländlichen katholischen Gegenden noch der zwanziger und dreißiger Jahre kaum weibliche Wesen radfahrend zu sehen waren. Erst geraume Zeit nach dem Zweiten Weltkrieg waren sogar Nonnen auf dem Fahrrad keine Seltenheit mehr.

Ein ebenso merkwürdiges wie typisches Erlebnis berichtete eine sehr alte Zeitzeugin aus dem katholischen Milieu des Ruhrgebiets, erfahren kurz vor dem Ersten Weltkrieg: Als kleines Mädchen spielte sie arglos mit anderen Kindern "Kusselkopp" (d. h. die Rolle vorwärts über Kopf) auf einer Wiese, ein seinerzeit übliches Kinderspiel. Der zufällig des Weges kommende Pastor rief sie zu sich und schalt sie heftig wegen ihrer "Unkeuschheit" (er hatte bei der Rolle für einen Augenblick den Schlüpfer des etwa siebenjährigen Mädchens sehen können!). Das Kind war so schockiert, daß es noch als achtzigjährige Frau sich lebhaft erinnerte.

Politische und weltanschauliche Belehrung. – Aus den Quellen ergibt sich ein bestürzendes, im wesentlichen freilich längst bekanntes Bild: Beide christlichen Kirchen beziehungsweise ihre Wortführer tun sich schwer mit der Akzeptanz der Weimarer Demokratie und prägen meinungsbildend damit auch die Anschauungen der Jugend. Nationalkonservative Einstellungen herrschen vor. Im katholischen Raum wirkte stark nach die "Liste der Zeitirrtümer" (*Syllabus* von 80 *errores*) Pius' IX. von 1864 und ein (ebenfalls inoffiziell als Syllabus bezeichnetes) Dekret des Heiligen Offiziums von 1907 (Pius X.), in dem die katholische Theologie gegen den "Modernismus" abgegrenzt wurde. Beide "Listen" genossen bis in die dreißiger Jahre, in Ausläufern bis heute, innerkirchlich hohen Respekt. Man kann vereinfachend sagen: Die Kirche – genauer: die katholische Kirche – wandte sich um 1920-1940 mehr oder weniger schroff gegen laizistischen (unter Atheismus-Verdacht gestellten) Liberalismus, weltanschaulichen und religiösen Pluralismus, Kommunismus (samt Bolschewismus) und Sozialismus, und man hatte starke Vorbehalte gegen die liberalistische Demokratie (mit Parteienstreit und individualistischer "Zersetzung"). Anderseits schätzte man den ständisch-autoritären Staat (wie ihn, z. T. noch nach 1945, Spanien und Portugal verkörperten), den Staat als "Gärtner der Kirche" (dazu Dieter Stoodt, in: Theologische Realenzyklopädie XXIX, Berlin 1998, S. 39) und als "starken Arm der Kirche", der zu verhindern hatte, daß der christliche Glaube zur Privatsache des einzelnen Bürgers werde. Teilweise – und dies bis in die katholische Jugendbewegung hinein – huldigten nationalkonservative Kreise einer Reichsromantik, die ein verklärtes Mittelalter im Blick hatte, aber ohne Bezug zur realen politischen Gegenwart war. Daß vor 1933 keine sich selbst tragenden demokratischen Strukturen entstanden, dazu haben christliche gesellschaftliche Gruppen möglicherweise beigetragen.

Bekannt ist zum Beispiel Michael von Faulhabers "tiefgehender aristokratischer Abscheu gegenüber der Ausrufung einer Republik (1918)... Deshalb war es für ihn buchstäblich unfaßbar, daß nun die alten dynastischen Rechte ohne weiteres an die neue Regierung übertragen werden sollten" (Allan Mitchell, in: Historische Zeitschrift 224, 1977, 212 f.). Die – nicht unbegründete – traumatische Angst der Kirche vor dem Bolschewismus veranlaßte zum Beispiel den Münsteraner katholischen Dogmatiker Schmaus, Hitler als Bundesgenossen im Kampf gegen diesen Feind zu werten. Als der Graf von Galen Ende 1933 sein Bischofsamt antrat, standen SA-Männer im Dom Spalier, und der gleiche Bischof ist nicht nur heldenmäßig gegen die NS-Euthanasie aufgestanden, sondern hat zugleich während Hitlers Krieg in seinen Predigten zum soldatischen Gehorsam und zur militärischen Pflichterfüllung aufgefordert. Konsequent blieb es für Hans Niermann, einen bekannten Führer der katholischen Jugend, "nicht dabei, den Kriegsdienst als gottgegebene Aufgabe zu begreifen, er wurde für ihn zur Bewährungsprobe seines Christseins" (Georg Pahlke, Trotz Verbot nicht tot. Katholische Jugend in ihrer Zeit. Band III, Paderborn 1995, S. 419; dort Weiteres zur Sache). Es ist daran zu erinnern, daß schon zu Weihnachten 1936 die deutschen katholischen Bischöfe in einem Hirtenbrief zur Unterstützung von Hitlers "Abwehrkampf" gegen den Bolschewismus "mit allen Mitteln" aufriefen. Der später als Widerstandskämpfer ins KZ gekommene Dahlemer Pfarrer Martin Niemöller hat noch im Januar 1934 an den "Führer" folgende Worte gerichtet: "Wir brauchen Ihnen nicht zu versichern, wie dankbar wir ihnen sind, daß sie unser äußerlich und innerlich zersetztes Volk vom Abgrund weggerissen und zu neuer Entfaltung seiner Kräfte freigemacht haben. Wir tragen ihr Werk mit dem Besten, das wir geben können – mit dem Gebet der Kirche" (Rheinischer Merkur/Christ und Welt, 10. 1. 1992). Der fromme Kriegsheld Werner Mölders (+1941) galt der katholischen Jugend als Vorbild. Es ist unübersehbar, daß die Interessenfelder des Nationalsozialismus und der Kirchen teilweise identisch waren – trotz grundsätzlicher Divergenzen in den Zielen. Unterschiede bestanden unter anderem im Verhältnis zu den Naturwissenschaften. Während zum Beispiel Darwins Abstammungstheorie dort Akzeptanz fand ("Kampf ums Dasein" und "Ausmerze" sind Kernthemen der NS-Ideologie), mochte sich vor allem die katholische Kirche mit solchen scheinbar bibelwidrigen Theorien lange nicht anfreunden, und ihr Widerstand gegen das Evolutionsprinzip hielt z. T. bis nach dem Zweiten Weltkrieg an.

Das Verhältnis zum Judentum. – Im Zusammenhang der Erörterung der (katholisch-)kirchlichen Einstellung zum Judenthema werden oft die zahlreichen einschlägigen internen Diskussionen und Papiere erörtert, die auf der Ebene der Bischöfe stattfanden beziehungsweise kursierten. Das ist gewiß gut und richtig, doch ist solches für eine apologetische Argumentation wenig brauchbar, weil die einfachen Gläubigen (und christliche Jugendliche) nichts davon erfuhren. Auch gibt es interne Papiere, die keineswegs entlastend wirken, so das kürzlich veröffentlichte Typoskript Karl Rahners aus dem Jahre 1943, in dem er auf ein Memorandum des Freiburger Erzbischofs Gröber antwortet, in welchem dieser die wichtigsten "Beunruhigungen" zusammenfaßt, die ihm im Kriegswinter 1942/43 zu schaffen machten. Dabei wird weder die Judenvernichtung erwähnt noch ein Wort über Stalingrad verloren (Karl Rahner, Theol. u. philos. Zeitfragen im kath. dt. Raum (1943), hg. von Hubert Wolf, Ostfildern 1994). Für das einfache Kirchenvolk war dagegen alltäglich der theologische und profane Antijudaismus der dreißiger und vierziger Jahre, der – im Unterschied zum rassistischen Antisemitismus – von der Kirche keineswegs verurteilt wurde. "Das einzige, was an 'Theologie' in Predigt und Katechese über das Judentum angeboten wurde, war beinahe nur der Satz: 'Die Juden haben Jesus umgebracht' " (Franz Mussner, in: Internationale katholische Zeitschrift Communio 24, 1995, 246). "Der Linzer Bischof Gföllner erklärte in seinem Hirtenbrief vom Januar 1933 trotz Verurteilung des Rassen-Antisemitismus die Brechung des schädlichen Einflusses des Judentums 'als strenge Gewissenspflicht eines jeden überzeugten Christen' " (Lexikon für Theologie und Kirche I, Freiburg 1993, 753). Noch das "Lexikon des katholischen Lebens", hg. von Erzbischof Wendelin Rauch, Freiburg 1952, Sp. 45) hält eine "Bekämpfung des Judentums" für "erlaubt", wenn sie geschieht "in Abwehr eines übersteigerten und schädlichen Einflusses, den der jüdische Bevölkerungsteil innerhalb eines Staatsvolkes ausübt". Sie ist erlaubt insbesondere, "wenn ein schädlicher Einfluß (etwa auf den Gebieten des Wirtschafts- und Parteienwesens, des Theaters, der Presse, des Films usw.) tatsächlich vorliegt" – als ob nicht der "jüdische Bevölkerungsteil" Deutschlands soeben erst in die Gaskammern geschickt worden war!

Solche über 1945 hinausgehende Kontinuitätslinien entblößen die tiefen Wurzeln des christlichen Antijudaismus. Zahlreiche katholische und evangelische Theologen benötigten viele Jahre für die Einsicht, daß Auschwitz eine radikale Selbstprüfung des Christentums erfordert, ja daß vielleicht die Theodizee-Frage nicht mehr beantwortbar ist. Hitlers grauenhafter Satz "Indem ich mich des Juden erwehre, kämpfe ich für das Werk der Herrn" (Mein Kampf, München 1933, S. 70; ähnlich berief sich noch Julius Streicher in Nürnberg auf Luther; Hitlers Satz wurde übrigens in den Druckschriften der HJ gern zitiert) hat, wenn ich recht sehe, vor 1945 keine Zurückweisung durch namhafte Theologen gefunden. Sie setzten sich insofern allerdings dem Verdacht aus, daß Hitlers Judenbekämpfung – gewiß nicht die Judenvernichtung – ihnen gelegen kam, wie ja (mutatis mutandis) seine Eindämmung des Bolschewismus sehr begrüßt wurde.

Bis in den Religionsunterricht, bis in die "Christenlehre" für Jugendliche und bis in die Predigten hinein zeigte sich vor (und z. T. auch nach 1945) die christlich-theologische Tendenz, den Juden selbst die Schuld für ihr Unglück zu geben. Herablassend-paternalistische Theologen glaubten weiter an ihr "Recht, über das Judentum, sein Schicksal, seine Aufgabe in der Welt, urteilen beziehungsweise ihm diese Aufgaben vorschreiben zu dürfen" (Charlotte Klein, Theologie und Anti-Judaismus, München 1975, S. 15). Mit der von christlichen Exegeten als Schutzbehauptung vorgebrachten angeblichen "Verfolgung" der Christen durch die Juden verhielt es sich ja doch umgekehrt: "Wer hat wen verfolgt: Die Juden die Christen oder die Christen die Juden? Wenn wir die Antwort vor 1945 noch nicht zu kennen glaubten, heute kennen wir sie" (Franz Mussner, in: Freiburger Rundbrief XXIV. Folge, Nr. 97/100, Dez. 1974, S. 10).

Selbst judenmissionarische Kreise knickten zu Beginn des NS-Regimes ein und relativierten den "Bruder"-Begriff, insofern sie hofften, die getauften Juden brächten von sich aus soviel Einsicht auf, um des Wohles der Gesamtkirche willen sich in separaten Judengemeinden zu sammeln. Aber Franz Delitzsch, ihr geistiger Ahnherr, redete noch die Juden an als "Brüder aus Israel" (in des Verfassers "Ernste Fragen", Leipzig 1888, S. 72), und ein (anonym bleibender!) katholischer Priester führt im Jahre 1934 gegen den zeitgenössischen Judenhaß ins Feld "das Evangelium der allumfassenden Bruderliebe, die auch die Juden einschließt" (in: Eine heilige Kirche, hg. von Friedrich Heiler, München 1934, S. 174). Tatsache ist, daß christliche Kirchen ab 1941 oft die christlichen Sternträger von ihren Gottesdiensten ausschlossen.

Zurück zur katholischen Jugend. Hier treffen die Aussagen bei Georg Pahlke (Trotz Verbot nicht tot, Paderborn 1995, S. 417) im wesentlichen zu: "In ihrer Mehrheit werden junge Katholiken die antijüdischen Maßnahmen des NS-Regimes nicht gutheißen haben. Öffentlich dagegen zu opponieren, war gefährlich... Immerhin hat es in den katholischen Jugendverbänden die berüchtigten Arierparagraphen nie gegeben... Im Ganzen gesehen kann man von einer bestehenden, vielleicht sogar zunehmenden 'Entfremdung' der jungen Katholiken von den Juden sprechen, die aufgrund der skizzierten katholischen Katechetik nicht verwunderlich war. Nach eigenem Bekunden nahmen die Mitglieder der katholischen Jugendverbände die zunehmende Bedrohung der jüdischen Bevölkerung zwar wahr, sie wurde aber gar nicht oder nur ganz am Rande als Problem erkannt". Dieses Nichterkennen hat damit zu tun, daß im Vergleich zur Flut der antijüdischen NS-Propaganda seit 1933 die kirchlichen Stellungnahmen zu sporadisch und unkonkret waren. Etwa von den "jüdischen Mitbürgern" war nie die Rede, auch nicht in der Enzyklika "Mit brennender Sorge" vom 14. 3. 1937. Selbst nach dem Pogrom vom 9./ 10. November 1938 geschah kirchlicherseits "kaum mehr als nichts" (Heinz Hürten). Die schmerzliche Wahrheit hat am deutlichsten Franz Mussner ausgesprochen: "Die Kirchen sind zwar nicht als Initiatoren der Schoah anzusehen, aber durch ihren die Jahrhunderte sich durchziehenden Antisemitismus sind sie von einer Mitschuld nicht freizusprechen" (in: Internationale katholische Zeitschrift Communio 24, 1995, 246).

Die neue Situation der christlichen Jugend seit 1933. – Als im Laufe des Jahres 1933 die evangelischen und katholischen Kirchenführer eine Art Burgfrieden mit der neuen Herrschaft geschlossen hatten, kam es zu zahlreichen Übertritten – einzeln oder in Großgruppen – von der konfessionellen Jugend zur Hitlerjugend. Das kann nach Lage der Dinge nicht überraschen. Vereinbarungen zwischen Staat und Kirchen schienen gewisse Spannungen beseitigt zu haben, und viele waren bereit, es mit der HJ zu versuchen, mit der es manche Gemeinsamkeiten zu geben schien. Zu ihr stieß zum Beispiel aus der katholischen Jugend auch der Liedermacher Hans Baumann, der samt seinem (vor dem Übertritt komponierten) Lied "Es zittern die morschen Knochen" mit offenen Armen in der Hitlerjugend aufgenommen wurde und dort Karriere machte. Wie in der katholischen (und z. T. auch in der evangelischen) Jugend war man gegen Kommunismus, Liberalismus und den Weimarer "Parteienstreit" sowie für ein – möglichst christlich geprägtes – starkes deutsches "Reich". Hier wie dort wurde (mit Abstufungen) der Versailler Vertrag von 1919/1920 als Schanddiktat empfunden, hüben wie drüben gab es "Lager und Fahrt" und viele gemeinsame Lieder, lauter einladende Brücken.

Allmählich zeigte sich jedoch, daß der "totale" Erziehungsanspruch der Hitlerjugend mit manchen christlich-konfessionellen Grundsätzen nicht vereinbar war. Formal gab der Reichsjugendführer von Schirach sich großzügig: "Ich überlasse es also den Kirchen, die Jugend im Sinne ihrer Konfessionen religiös zu erziehen... An den Sonntagen wird während der Kirchzeit grundsätzlich kein Dienst angesetzt werden, so daß jedem Gelegenheit gegeben ist, die Kirchen seiner Konfession besuchen zu können" (Das Junge Deutschland 31, 1937, 46). Solche illusionistischen Aussagen machte er häufiger, und vielleicht glaubte er (autosuggestiv?) seinen eigenen Worten, obwohl sie der Realität nicht entsprachen. Er mußte allerdings wissen, daß mit dem HJ-Gesetz vom 1. 12. 1936 die Jugenderziehung "außer in Elternhaus und Schule" allein der Hitlerjugend übertragen war. Die evangelische und katholische Kirche wurden nicht einmal mehr erwähnt, und beide konnten nun sehen, wo sie blieben.

Jetzt begann auch, freilich scheibchenweise, die Repression der Jugendseelsorge zuzunehmen, und die Verdrängung der kirchlichen Erziehung aus den Schulen schritt voran. Trude Bürkner, die Reichsreferentin des BDM in der Reichsjugendführung, beanspruchte die "totale Erziehung der Jugend", gewiß mit Zustimmung ihres Chefs von Schirach, und behauptete: "Diese Jugend gehört dem Führer und niemandem sonst" (Der Bund Deutscher Mädel in der Hitler-Jugend, Berlin 1937, S. 5. 24). Ähnlich deutlich wurde Gerhart Wehner (Die rechtliche Gestalt der Hitler-Jugend, Dresden 1939, S. 99 f.): "Von den zahlreichen Mächten, welche ein Recht auf die Jugenderziehung beanspruchen, sind drei geblieben: Hitler-Jugend, Elternhaus, Schule [Anm. des Verf.: Man beachte die Reihenfolge!]... 'Alle anderen Gruppen haben... das Recht verwirkt, diesen Anspruch zu erheben'. Wenn die katholische Kirche diese gesetzlich festgelegte Tatsache für ihre Jugendorganisation nicht anerkennt, bringt sie sich in einen Gegensatz zu Bewegung und Staat... Der Totalitätsanspruch auf die Erziehung des Volkes und der Jugend wird einzig und allein in Deutschland von der nationalsozialistischen Bewegung zu Recht erhoben. Wer ihr diesen Anspruch streitig machen will, erklärt sich zu ihrem Feind".

Einen Gipfelpunkt der Arroganz erreicht Hein Stünke, Oberbannführer in der Reichsjugendführung: "Es sind nicht religiöse Sorgen, wenn sich der politische Protestantismus und Katholizismus gegen die nationalsozialistische Jugendbewegung wenden, sondern machtpolitische... Die Kirche hat viel früher als Volk und Staat die Bedeutung der Jugendorganisation erkannt und sie ihren politischen Zwecken dienstbar gemacht. In die Mitte des 19. Jahrhunderts fallen die Gründungen katholischer Gesellen- und Jugendvereine... Gegen den Anspruch der Kirche steht die Staatsnotwendigkeit und das nationalsozialistische Prinzip der Jugenderziehung und Jugendführung, das der Totalität. Wenn dagegen die Kirche immer wieder die These vom 'ganzen katholischen Menschen' vertritt und über ihren eigenen Bereich hinaus wirken will, macht sie sich zum Gegner von Volk, Staat und Bewegung... Der Führer, dessen Idee und Werk ganz in den göttlichen Lebensgesetzen ruhen, handelt mindestens ebensosehr im Auftrage Gottes, wie es die Priesterschaften glauben beanspruchen zu können... Neben der HJ hat im Staate keine andere Jugendorganisation ein Daseinsrecht" (Hein Stünke, Die Hitlerjugend, in: Erziehungsmächte und Erziehungshoheit im Großdeutschen Reich, hg. von Rudolf Benze und Gustav Gräfer, Leipzig 1940, S. 82 f.). Auch dieser Text mit seinem pseudoreligiösen Anspruch – Hitler hatte inzwischen fast den Rang eines Messias – entstand gewiß nicht ohne Zustimmung des

Chefs von Schirach. Dieser gab sich selbst allerdings – taktisch klug – selten so brutal, vielmehr als Mann von Kultur und Geist.

Mit knapper Not blieb den Kirchen letztlich nur die religiöse Jugendunterweisung in kircheneigenen Räumen. Gewiß gab es Pfarrjugendgruppen und verstohlene Treffen kleiner konfessioneller Jugendgruppen in privaten Räumlichkeiten. Für die meisten katholischen Jugendlichen blieb nur die sogenannte Christenlehre, veranstaltet in der Kirche durch einen Priester, regelmäßig am frühen Sonntagnachmittag. Das war didaktisch wenig effizient, unter anderem weil die Kommunikation zwischen dem Kleriker auf der Kanzel und der oft großen (nicht jahrgangsweise getrennten) Zahl von Jugendlichen auf den Kirchenbänken mühsam war.

Rückblick nach 1945: Die Kirchen und die konfessionelle Jugend als Verfolgte des NS-Regimes. – Das von manchen evangelischen und katholischen Historikern entworfene Bild der Kirchen, die in der NS-Zeit durchgehend lehramtlichen Widerspruch gegen zentrale Positionen des Regimes erhoben haben, ist stimmig und in sich widerspruchsfrei. Gleichwohl gibt es, weil apologetisch fokussiert, nicht die Realität wieder. Zwar haben die Kirchen die Rassenlehre stets abgelehnt, keineswegs aber ihren eigenen (theologischen und weltanschaulich-sozialpolitischen) Antijudaismus über Bord geworfen – eine Unterscheidung, die nicht alle Christen verstanden. Wenn selbst in christlichen Druckwerken oft vom "zersetzenden" Einfluß der Juden die Rede war, kam das der plumpen NS-Argumentation sehr zustatten. Zwar haben die Kirchenoberen in internen Diskussionen, Arbeitspapieren, Hirtenbriefentwürfen und (den staatlichen Stellen postalisch übermittelten) Memoranden hartnäckig christliche Standpunkte verteidigt, aber das gewöhnliche Kirchenvolk bekam davon wenig mit.

Ein Beispiel: Im Vatikan entstand in den ersten Monaten des Jahres ein zunächst internes Papier zum Rassismus, das als "Reskript der Studienkongregation" vom 13. April 1938, als eine Art Thesenpapier, in die französische Presse lanciert wurde (Bericht im "Figaro" am 3. Mai; am 11. Mai Abdruck einer französischen Übersetzung des Papiers in "La Croix", dem Organ der französischen Bischöfe; am 2. Juli eine Übersetzung in der römischen Jesuitenzeitschrift "La Civiltà Cattolica"; zur Sache Konrad Repgen, in: Kirche und Gesellschaft Nr. 152/153, Köln 1988, S. 20-27). Dieses Thesenpapier ist auch den deutschen Bischöfen zur Kenntnis gebracht worden sowie etlichen europäischen Kardinälen, wurde der deutschen Öffentlichkeit aber nicht bekannt, und es zirkulierten auch keine Abschriften geheim im Kirchenvolk. Dieses Thesenpapier als "Rassen-Syllabus" zu bezeichnen (Repgen, S. 23; vgl. H. Hürten, Deutsche Katholiken 1918-1945, Paderborn 1992, 426), ist deshalb wohl eine freundlich gemeinte apologetische Übertreibung; denn der Text trägt weder die Unterschrift des Papstes noch erreichte er auch nur annähernd jenes Maß von Publizität, das man mit dem Begriff "Syllabus" verbindet.

Es ehrt die deutschen Bischöfe nicht, daß sie im Zusammenhang mit der Rassismus-Diskussion das Prinzip der Gottesebenbildlichkeit aller Menschen und das damit verbundene der Nächstenliebe hochhielten; denn das war eine Selbstverständlichkeit. Es ist aber zu fragen, warum sie nicht schon in den Jahren vor und nach 1933 die im Kirchenvolk verbreiteten Druckerzeugnisse auch unter den oben genannten Aspekten (theologischer und sozialpolitischer Antijudaismus; er überdauerte, wie zu sehen ist, sogar das Jahr 1945!) kritisch in Augenschein nahmen. Diese Feststellung betrifft die Oberen beider christlicher Kirchen. – Ja, die Kirchen waren Verfolgte und

Opfer des NS-Regimes. Viele Kleriker und Laien – unter ihnen manche Jugendführer – haben schwer gelitten oder wurden gar ermordet. Auch sind die Kirchen wegen zu schwacher oder ausbleibender Proteste keineswegs als Mittäter für den Holocaust haftbar zu machen, den sie mit ihren Mitteln wohl nicht hätten verhindern können, aber das antijüdische geistige Klima in sehr vielen (von den Kirchen autorisierten oder tolerierten) Druckwerken war zu verhindern. Die nach langem Zögern in den letzten Jahren doch einsetzende Aufarbeitung hat hier erschütternde Resultate gebracht. Die Breitenwirkung dieser Texte war jedenfalls weit größer als die der vergleichsweise sporadischen offiziellen Proteste, die im Alltag der Gläubigen, zumal während des Krieges, zu wenig Beachtung fanden.

13.2   Quellen

Weiß, Albert Maria: Apologie des Christentums. 5 Bde. – 3. Aufl. Freiburg (Herder) 1894-1898. – Die Juden haben den Trieb, "sich über die Erde auszudehnen und sich überall wie Rost im Eisen festzusetzen" (III, 1, S. 203). Das jüdische Volk ist einzig "in seinem Haß gegen die Wahrheit" (III, 1, S. 217). Die Juden "sind ihrer eigenen Natur nach nicht das Volk Gottes, sondern das Volk des Goldes" (III, 1, S. 218). Nach der Zerstörung Jerusalems im Jahre 70 n. Chr. ist das jüdische Volk "unstät irrend und mit dem Fluche gezeichnet wie Kain... Feind des Himmels, Herr der Erde... Zuchtruthe und Denkmal der göttlichen Strafgerechtigkeit". Die Juden haben "sich selbst vom Baum des Lebens getrennt" (III, 1, S. 222 f.).

Stoff und Stoffquellen für Vorträge in den katholischen Jugend-Vereinigungen. Hg. von Jos. *Drammer*, Vorsitzender des Central-Komitees der katholischen Jugend-Vereinigungen Deutschlands. – Köln (Theissing) 1901. 199 S. – Ein "Hilfsbuch für den Präses" eines Jünglingsvereins (bzw. katholischen Gesellenvereins), um ihm die "Jugendseelsorge" bei seinen "Zöglingen" zu erleichtern. "Zur Zeit, als der Erlöser erschien, zerfiel das jüdische Volk in zwei große Sekten... Die Pharisäer... trieben im Geheimen die abscheulichsten Laster... Die Sadduzäer waren ungläubige Menschen... im Grunde genommen nur lasterhafte Schwelger und gottlose Wüstlinge" (S. 19). Zum Thema "Mission" S. 108 ff.: "Pünktlichkeit ist leider nicht eine den Schwarzen angeborene Tugend, und zu Hause... haben die kleinen Mohren sie auch nicht gelernt. Uhr und Zeit kennt der Neger nicht"... im Schlafsaal der Kinder muß Durchzug gemacht werden, "denn Negerduft gehört weder zu den angenehmen, noch zu den gesundesten Parfüms" (S. 108 f.). "Für den Anfang sind bei den kleinen Wilden Schläge die einzigen Erziehungsmittel" (S. 111). "Von vielen Negerstämmen ist bekannt, daß sie sehr schmutzig sind" (S. 114). "Was wir Wilde nennen, sind verkommene, entartete, heruntergekommene Völkerschaften, die... jetzt nur tierischen Trieben folgen" (S. 147). "Der große Fortschritt in der Wissenschaft, in dem gesellschaftlichen und wirtschaftlichen Leben der Menschheit im Laufe der Zeiten, ist im Grunde genommen eine Folge dieses die ganze Oberfläche der Erde umgestaltenden und erneuernden christlichen Glaubens" (S. 20). "Die Sozialdemokratie aber hat sich schon gleich durch ihre Lehren des Unglaubens und der Gottlosigkeit zur Unfähigkeit verdammt, jemals die Menschen und die Welt zu verbessern" (S. 167; vgl. S. 179-190: "Die Verwerflichkeit der Sozialdemokratie"). Falsch ist u. a. "die Annahme von der Gleichheit aller Menschen"; denn es gibt "einen Unterschied der Stände, schon bedingt durch die verschiedenen Anlagen und Neigungen der Menschen, entweder zu geistiger oder zu körperlicher Arbeit. Der Sozialismus will nun allen Klassenunterschied beseitigen" (S. 181). Richtig ist vielmehr: "Die Vorsehung ... hat die Menschen in verschiedene Stände geteilt und jedem einzelnen einen bestimmten Stand zugewiesen". Es besteht "die Pflicht eines jeden, den ihm verordneten Stand zu wählen und in demselben auszuharren" (S. 50 f.). Von Übel sind Liberalismus und Sozialismus; "Sozialismus und Christentum stehen sich einander gegenüber wie Feuer und Wasser" (S. 168. 190). "Die religionsfeindliche Stellung der Sozialdemokratie zeigt sich auch in ihrer rein irdischen Auffassung des menschlichen Lebens. Höhere Güter gibt es für sie nicht als ein genußreiches Leben" (S. 187 f.).

Ein anderer Präses, der in der konfessionell organisierten katholischen Jugend hochverehrte Ludwig Wolker, rät der Jugend immer noch zum kritiklosen Obrigkeitsgehorsam; denn in einer Ansprache am 6. Juli 1940, kurz nach Hitlers Frankreichfeldzug, erklärte er, das Bild des "jungen deutschen Heiligen" vollende sich im Opfertod für Führer und Volk. Ähnlich obrigkeitstreu ist der Paderborner Erzbischof Lorenz Jaeger in seinem Fastenhirtenbrief 1942: "Schaut hin auf Rußland! Ist jenes arme, unglückliche Land nicht der Tummelplatz von Menschen, die durch ihre Gottfeindlichkeit und durch ihren Christushaß fast zu Tieren entartet sind?" (Christel Beilmann, Eine katholische Jugend in Gottes und dem Dritten Reich, Wuppertal 1989, 227. 293). Die Sprache Jaegers erinnert an Drammer (s. oben) und an die Bezeichnung "Tiere" für die Juden durch mittelalterliche christliche Theologen; vgl. auch weiter unten zur Ausstellung "Sowjetparadies" im Jahre 1942.

Wetzer und Welte's Kirchenlexikon. Zweite Auflage, begonnen von Josef Cardinal *Hergenröther*, fortgesetzt von Franz *Kaulen*, 12 Bde. Freiburg (Herder) 1882-1901. – Artikel "Erziehung" (IV, 870-887): Bezüglich der Erziehung in der Familie, durch die Mutter, gilt: "Inniger, kirchlich-frommer Glaube ist eine notwendige Bedingung der ersten segensreichen erziehlichen Tätigkeit (der Mutter) ... Der Vater ist es auch, welcher die Kinder an unbedingten Gehorsam gewöhnt und keinen Widerspruch leidet, keine Gründe für seinen Willen angibt. Es ist dieser unbedingte Gehorsam der einzige, welcher dem Kinde zukommt ... Die Kirche ist überall ein wahrer Pädagog ... Der Lehrer (in der Schule) wird allerdings mehr geehrt und gescheut als geliebt; aber dieses Verhältniß schadet gerade deshalb seinem erzieherischen Einfluß nicht, weil er das Gesetz vertritt und als dessen Hüter dastehen muß ... Die Schule ist zugleich der Anfang eines strengen, nur dem unpersönlichen Gesetze und der Autorität unterworfenen Gehorsams und pünktlichster Ordnung ... Sie (die Schule) wird und kann jedoch ihre Aufgabe nur lösen, wenn sie zur Kirche in's richtige Verhältniß tritt und sich von dieser befruchten und leiten läßt". – Artikel "Erziehungsanstalten" (IV, 883-887): Es "leben die höheren Stände vielfach in einer für die Zwecke der Erziehung so ungünstigen (nicht kirchlich-frommen, liberalen) Atmosphäre, daß das Bedürfniß einer sorgfältigen Erziehung außer dem

Kreise der Familie sich von selbst nahe legt... sind die Fälle, namentlich in den (großbürgerlich-liberalen) höheren Kreisen der Gesellschaft, nicht selten, daß die Töchtererziehung in Anstalten dem Belassen der Mädchen im häuslichen Kreise entschieden vorzuziehen ist. An weiblichen Erziehungsanstalten ist es als ein offenbarer Mißstand zu betrachten, wenn sie sehr viele Zöglinge haben, weil dann der eigentliche Zweck der Erziehung für die weibliche Bestimmung nur schwer erreicht wird. Wenn in ihnen nicht die äußerste Strenge gegen solche Zöglinge entfaltet wird, von welchen schlimme Beispiele gegeben und andere irgendwie verführt werden können, so werden sie unmöglich etwas leisten. In der sittlichen Erziehung muß namentlich ein strenges Augenmerk auf die bekannten schwachen Seiten der weiblichen Natur... gerichtet werden". – Artikel "Keuschheit" (VII, 420 ff.): "Die Keuschheit der Unverheirateten muß Jungfräulichkeit sein... Übung des an sich erlaubten ehelichen Lebens nur um der sinnlichen Befriedigung willen ist niemals erlaubt (es wäre "niedere Leidenschaft")". "Durch Sinnlichkeit" erfahren Leib und Seele eine "Befleckung"... Die in der sündhaftung Verbindung erzeugten Kinder sind immer mehr oder weniger gefährdet am Leibe (häufig Abortus und Mord) und an der Seele (ererbte böse Neigungen...)". – Artikel "Syllabus". Beim "Syllabus" ('Verzeichnis') handelt es sich um das Aktenstück, das Pius IX. am 8. 12. 1864 zusammen mit der Enzyklika "Quanta cura" vom selben Datum allen Bischöfen zugehen ließ und das die seinerzeitigen "modernen Irrtümer" auflistet (XI, 1018-1931). Beim Syllabus geht es "um eine Verwerfung kraft der unfehlbaren päpstlichen Lehrgewalt" (Sp. 1019). Verworfen werden u. a. Sozialismus, Communismus und Liberalismus (Nr. 18. 76. 80). – Im Hinblick auf das spätere Verhalten der Kirche gegenüber dem Nationalsozialismus ist von Bedeutung, daß der Satz "Man darf den rechtmäßigen Fürsten den Gehorsam versagen, ja sogar gegen sie sich empören", ausdrücklich verworfen wird (Nr. 63). Die Wahl einer Religion "vom Licht der Vernunft geführt" (Rationalismus) ist zu verwerfen, ebenso die Annahme, die Menschen können bei der Übung jeder Religion den Weg des ewigen Heils finden (Nr. 15. 16). In 'Quanta cura' wird verworfen: "Gewissens- und Cultusfreiheit ist das Recht jedes Menschen... die Bürger haben das Recht... alle ihre Gedanken durch Reden oder die Presse... zu veröffentlichen" (Sp. 1022).

Hettinger, Franz: Apologie des Christentums. 5 Bde., Freiburg (Herder) 1906-1908. – Die politisch-religiöse Organisation des jüdischen Volkes ist (seit der Zerstörung Jerusalems im Jahre 70 n. Chr.) "längst zerschlagen und seit der Zerstreuung für die Zukunft unmöglich geworden" (II, S. 365). Das heutige Judentum ist "in Buchstabendienst und hölzernem Zeremoniell verknöchert; noch nicht vollendet, hat es sich überlebt... ist es in Äußerlichkeit und rabbinischer Kasuistik erstarrt" (II, S. 366). Es hat "Israel den Messias (Jesus) verworfen und damit sich selbst vernichtet... (es) brach das Gericht über Israel herein, das es selbst über sich herabgerufen" (S. 368). Israel hegt "Haß gegen alle nichtjüdischen Völker" (S. 371). "Der Untergang Jerusalems (und "die bleibende Zerstreuung Israels", S. 374) war die nächste Folge der Verwerfung des Christentums durch die Juden" (S. 376). "Israel soll bleiben, ungemischt unter den

Völkern, ein Schatten, der überallhin dem Kreuze folgt, wo nur immer dieses aufgerichtet wird, der stumme und doch so laute Zeuge der evangelischen Geschichte zum unfreiwilligen Bekenntnis der Messianität Jesu Christi und seiner eigenen Verwerfung und als Werkzeug der Pläne Gottes" (II, S. 378). "Das moderne Judentum ist ein Bau, der vor seiner Vollendung zur Ruine geworden ist... Der Gott beider Testamente ist einer, aber das alttestamentliche Gesetz ist die Lebensordnung eines Vokes auf einer noch niedrigen Stufe" (V, S. 524 f.). "Die religiösen Lehren des Talmuds sind eine Entwürdigung des Namens Gottes" (V, S. 527).

Papst *Pius* X: Motuproprio 'Sacrorum antistitum' (sogenannter Antimodernisteneid) vom 1.9.1910. – Acta Apostolicae Sedis 2 (1910) 655-680 (die Eidformel S. 669-672)

Buchberger, Michael (Hg.): Kirchliches Handlexikon. 2 Bde., Freiburg (Herder) 1907-1912. – Artikel "Erziehung" (I, 1346 f.): "Erziehung und Christentum gehören eng zusammen. Auch nur unter dem pädagogischen Gesichtspunkt betrachtet enthält das Christentum das einzig wahre und in jeglicher Hinsicht vortreffliche Erziehungssystem".

Klimsch, Robert: Die Juden. Ein Beweis für die Gottheit Jesu und ein Mahnruf für die Christen der Gegenwart. – Regensburg (Manz) 1920. 110 S. – "Wenn wir aber nach der Ursache fragen, die diesem Volk den Fluch der Verwerfung zugezogen, so daß es nunmehr schon fast 2000 Jahre heimat- und ruhelos, einer wandelnden Ruine gleich, durch alle Länder herumirrt, so finden wir keine andere als eben die Kainsschuld, mit der die Juden sich beladen haben, indem sie Jesus von Nazareth kreuzigten" (S. 7). Der Autor, ein katholischer Kleriker, spricht vom "Gottesmord" der Juden (S. 9). Sie sind "die Herren der Erde. Der Welthandel und die Geldwirtschaft – Börsen und Banken – sind längst ausschließlich in ihren Händen... Ihr Geld bestimmt die Geschicke Europas und der ganzen Welt" (S. 54). "Das Judentum... sein Wesen ist seit Christus ausgesprochene Gegnerschaft gegen das Christentum" (S. 61). Klimsch benutzt und vertritt im übrigen ausdrücklich die Ansichten von Eisenmenger und Rohling.

Index Romanus. Verzeichnis sämtlicher auf dem römischen Index stehenden deutschen Bücher, desgleichen aller wichtigen fremdsprachlichen Bücher seit dem Jahre 1750. Zusammengestellt von Albert *Sleumer*. 7. Aufl. – Osnabrück (Pillmeyer) 1920. 116 S. – S. 13 ff.: "Über alles Maß hinaus ist das Kino... zum Schauplatze ungezügelter Schamlosigkeit geworden", und eine "Schmutzwelle der Entsittlichung" verdirbt die deutsche Jugend... "Jeder Einsichtige wird darum doch die Hersteller solcher Schmutzfilme – und das weiß selbst der deutsche Michel, dass 95 Prozent der Filmfabrikanten Juden sind! – als gemeine Verführer betrachten, denen nur der eigenen Geldbeutel heilig ist". – Innerhalb des Index finden sich Autoren wie Giordano Bruno, Descartes, Ignaz Döllinger, Flaubert, Hugo Grotius, Thomas Hobbes, Maimonides, J.A. Osiander, Pascal, Proudhon, Ranke, Renan, Rousseau, George Sand, Spinoza, Voltaire, Zola.

Ebeling, Heinrich: Der Juden Vergangenheit, Gegenwart und Zukunft in Kirche und Welt. 2. Aufl. – Zwickau 1922. 116 S. – An den Juden hat sich seit 1850 Jahren "das von Mose und den Propheten angedrohte Strafgericht bis ins einzelnste vollzogen und vollzieht sich noch immer... sie sind der Verdammnis überantwortet" (S. 54). Die Lehren des Talmuds sind "im Gegensatz gegen Gottes Wort und im Kampf mit dem Christentum entstanden" (S. 59). Die Juden sind die "Hauptführer und Verführer zum Irr- und Unglauben" (S. 74) und sind "die Treiber und Schinder der Völker geworden, unter denen sie leben" (S. 75). "Die Juden sind ein Fluch geworden für alle Völker und entheiligen Gottes Namen, wohin immer sie kommen" (S. 76), sie sind "voll glühenden Hasses gegen Christum und seine Jünger" (S. 105). – Für seinen Antijudaismus beruft sich der Autor mehrfach auf die Missionszeitschrift "Saat auf Hoffnung" und Franz Delitzsch (S. 60. 65. 71. 72. 73).

Flemming, Hugo: Gottesvolk oder Satansvolk? Luther, die Juden und wir. – Schwerin 1929. 67 S. – Ein von Mathilde Ludendorff als "Philosemit" angegriffener evangelischer Pastor legt seine Meinung zum Judenthema dar, die derjenigen Adolf Stöckers entspricht (S. 29. 62). Die Juden sind ein "ethisch minderwertiges Volk" (S. 23) und ein "verfluchtes Volk" (S. 31). Israel betreibt eine "Wühlarbeit" (S. 31). Der Talmud ist "nichts als die traurigste Abirrung vom geisterfüllten Prophetismus der Bibel" (S. 49). Vom "modernen Reformjudentum" gilt: "Sein Gott ist das rote Gold" (S. 50). Die "heutige christliche Judenmission" hat die Aufgabe, das "Schuld- und Minderwertigkeitsgefühl" (wegen der Verwerfung und Kreuzigung des Messias Jesus) nicht einschlafen zu lassen. Denn nur aus diesem Schuldgefühl heraus, daß sie Christus verworfen haben, kann die Blume der Gnade Gottes auch für das jüdische Volk erwachsen" (S. 53). Flemming spricht u. a. von der "charakterlosen Gewinnsucht des Judentums, gepaart mit niedriger Unterwürfigkeit, verborgen hinter dem versteckten Ziel der Herrschbegierde" (S. 62). "Es ist nötig, daß wir die Mission unter den Juden unterstützen, und zwar die Berliner, Leipziger und Hamburger Judenmission, die mit ihren Zeitschriften 'Nathanael', Herausgeber Prof. Dr. Strack, 'Saat auf Hoffnung', Pastor von Harling, und 'Zionsfreund', Pastor Frank, das Verständnis in unserem Volk für die Judenmission wach erhalten. Vor allem ist zu begrüßen, daß die Judenmission versucht, die gewonnenen Judenchristen ihrer Nation zu erhalten. Auch der getaufte Jude soll ein Glied seines Volkes bleiben. Damit ist auch der Rassefrage Genüge geschehen" (S. 64). Die Juden bleiben "Satansvolk", wenn sie ihre "göttliche Bestimmung" (d. h. das Bekenntnis zum Messias Jesus) ablehnen.

Katholische Sexualethik. Von Rudolf *Geis*, Direktor des Erzb. Theol. Konviktes Freiburg i. Br. – 2. Auflage. – Paderborn (Bonifacius) 1929. 119 S. – Es ist "durch die Erbsünde in die sexuelle Sphäre die Unordnung eingezogen" (das "Fieber der Lust" als "Sündenfolge", S. 64). Deshalb steht die Jungfräulichkeit als höherwertig über der Ehe (S. 85). "Vollständige Enthaltsamkeit" ist "die Form der Keuschheit der Ehelosen" (S. 83), und "geschlechtliches Leben außerhalb der Ehe kann niemals geordnetes sein" (S. 39). "Wie verheerend die ganze einfältige Blasiertheit gegenseitiger Anschwärmerei zwischen Buben und Mädchen wirkt, sieht jeder Verständige... Im übrigen wird jede gute Erziehung auch ein-mal Dinge verlangen oder gebieten müssen, deren Begründung nur dem Erzie-her ganz verständlich ist" (S. 90). "Keuschheit vor der Ehe" und "bis an die Stufen des Traualtars" ist geboten (S. 102), und "nie aber dürfen sie (die Gat-ten) das Eheleben zu einem Lustgarten machen" (S. 104). Verhütungsmaßnah-men beim Geschlechtsverkehr der Eheleute sind "innerlich schlecht" (S. 110), und "wo es die körperlichen oder wirtschaftlichen Kräfte der Gatten kaum oder schwer ermöglichen, die Größe der Familie zu erweitern", ist "Enthaltsamkeit" gefordert (S. 55. 108. 112). Leider sind bereits die Jugendlichen "der Aufdring-lichkeit der öffentlichen Werbung ausgesetzt" (z. B. Schaufenster, Badeunsitten, moderne Plastik), S. 88. Leitbild der katholischen Sexualität ist die "Reinheit" (z. B. S. 8. 83. 91. 95. 99. 100. 101. 102. 109).

Jasper, Gerhard: Moderne Strömungen im Judentum Deutschlands. – Gütersloh 1929. 32 S. – "Der Jude" verfügt über einen "allgewaltigen Pressehebel", der ihm die Möglichkeit gibt, bei Angriffen auf ihn "in echt jüdischer Weise zu verdrehen und zu verunglimpfen" (S. 4). "Jüdische Propaganda warf ferner die zersetzenden Ideen eines Haeckel und Nietzsche in die breiten Massen unseres Volkes" (S. 7). Es gibt den "Kampf des Juden gegen das Christentum" (S. 16), eine "geistige Versklavung der christlichen Welt durch den jüdischen Geist", und wo in einem Volk "Zersetzung" stattfindet, zeigt sich das Judentum "in seiner luziferischen Gestalt" (S. 30; vgl. S. 31: "Die antichristliche Gestalt im Renaissancejudentum war luziferisch" und: "das Judentum als antichristliche, antigöttliche Geistesrichtung"). In seiner Schrift "Die evangelische Kirche und die Judenchristen", Göttingen 1934, wendet sich Jasper gegen eine Separierung des Judenchristentums, doch auch hier sieht er "Kirche und Judentum einander gegenüberstehen als wahres Israel und verhärtetes Israel" (S. 26). Für O. von Harling ist in einer Rezension dieser Schrift in "Saat auf Hoffnung" 71, 1934, 924, der Autor "unser Freund Gerh. Jasper". Wie es scheint, wendet sich Jasper, wie andere Judenmissionare, auch deshalb gegen einen aggressiven Antisemi-tismus, weil er die Kreise der Judenmission störte.

Die christliche Erziehung der Jugend. Enzyklika "Divini illius magistri". Von *Pius XI*. Lateinischer und deutscher Text. Eingeleitet und mit textkritischen Anmer-kungen versehen von Rudolf Peil. – Freiburg (Herder) 1959. 96 S. – Diese Er-ziehungsenyklika wurde am 31. Dez. 1929 veröffentlicht. Sie gilt als "Magna Charta" katholischer Erziehung. Der Erziehungsanspruch der Kirche ist univer-sal und weltweit: alle Familien, alle Nationen, "alle Völker ohne Einschrän-kung", alle Schultypen, alle Schulfächer (S. 27. 29). Die Kirche wacht darüber, daß Wissenschaft und Unterricht nicht zur göttlichen Lehre und der Lehre der Kirche in Widerspruch geraten, in Irrtum fallen oder ihre Grenzen überschreiten (S. 53. 55). Das Erziehungsrecht der Eltern ist kein absolutes, sondern gilt nur in Harmonie mit der Kirche: "Kirche und Familie bilden zusammen den einen Got-testempel der christlichen Erziehung" (S. 37. 71). Falsch ist "jeder pädagogische Naturalismus, der die übernatürliche christliche Bildung beim Jugendunterricht ausschließt oder irgendwie einschränkt" (S. 57), falsch auch der pädagogische "Liberalismus" (Simultanschule, Koedukation, S. 57. 63. 73). Es "ist notwendig, daß der ganze Unterricht und Aufbau der Schule: Lehrer, Schulordnung und Schulbücher in allen Fächern unter Leitung und mütterlicher Aufsicht der Kirche von christlichem Geiste beherrscht sind, so daß die Religion in Wahrheit die Grundlage und Krönung des ganzen Erziehungswerkes... darstellt, nicht bloß in den Elementar-, sondern auch in den Mittel- und Hochschulen" (S. 75). "Sehr verbreitet ist der Irrtum derer, die... einer sogenannten sexuellen Erziehung das Wort reden" (S. 61). Es ist Rücksicht zu nehmen "bei den Turn- und Spielübungen" "auf das christliche Schicklichkeitsgefühl unter der weiblichen Jugend, für die jede öffentliche Schaustellung höchst ungeziemend ist" (S. 63).

Blüher, Hans: Die Erhebung Israels wider die christlichen Güter. Hamburg-Berlin 1931. 202 S. – "Das entscheidende Merkmal des jüdischen Menschen ist jedenfalls die geheime oder offene Konfrontation mit Jesus Christus" (S. 102). "Die Messiasverfehlung und die Kreuzigung des Herrn sind diejenigen Ereignisse in der reinen Geschichtsebene des Judentums, durch die das alte Israel zum Ewigen Juden gemacht wurde, dem alle Versuche, festen Boden unter die Füße zu bekommen, mißlingen müssen" (S. 126). – Blüher ist keine kirchliche oder theologische Autorität, wirkte aber weit in christliche Kreise hinein.

Buchberger, Michael (Bischof von Regensburg): Gibt es noch eine Rettung? Gedanken zur heutigen Zeit und Lage. – Regensburg (Pustet) [1931]. 148 S. – "Dem Sozialismus und Kommunismus ist der christliche Erlösungsglaube unannehmbar" (S. 16). Abzulehnen ist eine "gottfremde und gottfeindliche Wissenschaft", und zu kritisieren ist auch Kant, "der zwar ein gottgläubiger Philosoph ist, aber den Weg zu Gott nicht mit dem Licht der sogenannten 'Reinen Vernunft', sondern nur mit Hilfe der 'Praktischen Vernunft' finden will". Buchberger registriert den "Judenhaß" des Nationalsozialismus und zeigt ein gewisses Verständnis für ihn: Es "läßt sich gewiß nicht leugnen, daß eine Schicht des Judentums diesen Kampf und Haß heraufbeschwört, wenn sie einen so übermächtigen und unguten Einfluß ausübt auf das geistige und wirtschaftliche Leben des deutschen Volkes, daß es darunter aufs Schwerste leidet, ja in seiner Existenz bedroht wird... Die Presse, die ununterbrochen das religiöse und sittliche Leben des Volkes unterwühlt, ist zum guten Teil in ihren Händen. Viele jüdische Federn versündigten und versündigen sich bis heute durch eine massenhaft unter das Volk geworfene laxe und seichte antireligiöse und antichristliche Literatur, die an dem sittlichen Mark unseres Volkes, besonders auch unserer Jugend, nagt. Mit schamlosem Zynismus bekämpfen jüdische Männer die christliche Sitte... Ein übermächtiges Kapital beherrscht das wirtschaftliche Leben... so daß der kleinere deutsche Geschäftsmann, Handwerker und Unternehmer... zugrunde gehen muß. In allen Städten ziehen große jüdische Warenhäuser Geschäft und Umsatz an sich". Unchristlich wäre es aber, "den wirtschaftlichen Kampf in einen Rassen- und Religionskampf ausarten zu lassen und diesen Kampf sogar auszudehnen" auf das Alte Testament.

Der Große *Herder*. Nachschlagewerk für Wissen und Leben. – 12 Bde., Freiburg (Herder) 1931-1935. – Neben und nach den Eltern, aber noch vor dem Staat hat die Kirche "auf Grund ihrer übernatürlichen Mutterschaft ein unmittelbares göttliches Recht auf die Erziehung" (IV, 429). "Die Kirche muß das ihr anvertraute göttliche Sittengesetz auch gegenüber den Trägern der Staatsgewalt... geltend machen... Darin kommt der Anspruch der Kirche auf eine indirekte oder Weisung gebende Gewalt in weltlichen Dingen zum Ausdruck" (VI, 1420). Angesichts der "individualistischen Zersetzung" einer "zerrütteten Gesellschaft" ("individualistisch zersetzter Gesamtorganismus") kann – im Sinne der Enzyklika 'Quadragesimo anno' – eine "berufsständische Gesellschaftsordnung" "die Zerreißung der Gesellschaft in die sich gegenseitig bekämpfenden sozialen Schichten oder Klassen überwinden" (V, 376). Zu verwerfen ist der Kommunismus; ebenso der Sozialismus, der verbunden ist mit Rationalismus, Materialismus und individualistischem Liberalismus ("möglichst weitgehende rechtliche Freiheit von Bindungen verbunden mit möglichst reichlicher Güterversorgung soll es dem Menschen ermöglichen, sich das Leben nach seinem Wohlgefallen möglichst lustvoll zu gestalten", IX, 164). Die moderne Demokratie wurzelt im "Liberalismus" ("die Vernunfteinsicht des Einzelmenschen ist oberster Maßstab"). Gegenüber dieser "individualistischen Demokratie" fußt die christliche Demokratie auf der christlichen Gesellschaftslehre (Quadragesimo anno, 1931). Diese "verwirft den liberalistischen Individualismus und erblickt im sinnvoll gegliederten Ständestaat die beste Staatsform" (III, 765). Zu den Nachteilen der Demokratie gehört: es "erlangen das Parteiwesen und der Parlamentarismus eine übertriebene Bedeutung und Wichtigkeit, die Stetigkeit der vom Parteienstreit abhängigen Politik ist gefährdet" (III, 765 f.). – Zum Thema "Frau": "Der natürliche Frauenberuf liegt in der Ehe und Mutterschaft" (IV, 1333).

Kofler, J.A.: Katholische Kirche und Judentum. 2. Auflage, München 1931. – "Es ist eine unumstößliche Tatsache, ... daß Juden und Philosemiten... die Elemente der Zersetzung und Entartung sind" (S. 7; vgl. S. 36). "Das Judentum (ist) der Träger der sexuellen Verseuchung unseres Volkes" (S. 8). S. 11-15: "Die moralische Minderwertigkeit der jüdischen Rasse". S. 20 spricht der Autor von "der zersetzenden und zerstörenden Tätigkeit jüdischer Literaten, Politiker und Plutokraten". S. 22 f. relativiert er die "biologische" Zugehörigkeit Jesu zur "jüdischen Rasse". Zustimmend zitiert er aus Kardinal Faulhabers Rede auf dem Katholikentag 1922 in München, wo dieser "der 'deutschen', vom Juden Preuß mit ihrer Verfassung beschenkten Novemberrepublik den Stempel aufdrückte, daß sie aus 'Meineid und Hochverrat' entstanden sei" (S. 45). Kirchlich traditionell sieht er die Kreuzigung Jesu: "Wie ein Kainszeichen steht dieser Gottesmord auf Israels Stirne; an den Folgen dieser Tragödie, dieser Selbstverfluchung, leidet dieses Volk wie an einer zweiten Erbsünde" (S. 24).

Andersen, Friedrich: Der deutsche Heiland. – Berlin (Verlag der Deutschkirche). 2. Auflage 1932 (zuerst 1921). 122 S. – Die Juden betreiben die "Zersetzung der Gastvölker auf geistigem und sittlichem Gebiete" (S. 69) und dominieren in diesen ganz unangemessen (S. 66 f.). Es gibt sowohl eine "Verjudung der Kirche und unsres Volkes" (S. 72) wie einen "Kampf zwischen Judentum und Christentum" (S. 69; vgl. S. 70: "der jüdische Haß gegen Christus"). "Das Judentum ist im Christentum ein schädlicher Fremdkörper" (S. 73), und "das sogenannte

'Alte Testament' ist gänzlich beiseite zu lassen, wie wir das ja auch mit seiner natürlichen Fortsetzung, dem Talmud, von jeher schon tun" (S. 74).

Die "Pest des Laizismus" und ihre Erscheinungsformen. Erwägungen und Besorgnisse eines Seelsorgers über die religiös-sittliche Lage der deutschen Katholiken. Von Graf Clemens von *Galen*, Pfarrer in Münster. – Münster (Aschendorff) 1932. 64 S. – Gestützt vor allem auf einige Papstenzykliken (wie "Quadragesimo anno", 1931) verwirft der Autor Laizismus, Sozialismus, Naturalismus, Liberalismus und Modernismus. "Der Naturalismus ignoriert die Tatsache, daß die menschliche Natur, durch die Erbsünde geschwächt, nicht mehr aus eigener Kraft mit Sicherheit das wahrhaft Gute und Heilsame erkennen kann ... Der Laizismus will mit den Mitteln einer rein diesseitigen, nur die 'natürlichen' Kräfte des Menschen berücksichtigenden und entwickelnden Kultur die menschliche Gesellschaft zur Harmonie und zum Frieden führen" (S. 41). Gegen das demokratische Prinzip des "Volkswillens" wendet der Autor ein: "Dann ist nicht mehr der absolute Wille Gottes der Maßstab dessen, was wir gut nennen, sondern der Menschenwille" (S. 45). Daß "die Staatsgewalt vom Volk ausgeht" (Volkssouveränität), ist ihm eine "fast unbeschränkte Auslieferung der Gesetzgebungs- und Regierungsgewalt an den Volkswillen, an die Parteien der jeweiligen Parlamentsherrschaft" (S. 51), eine "Massenherrschaft", wobei "die Oberherrschaft Gottes mit Stillschweigen übergangen wird" (S. 54). U. a. wendet sich der Autor gegen die "moderne Körperkultur" (d. h. Turnen, Baden, Schwimmen, moderne Tänze, gemeinsames Wandern von Jungen und Mädchen), durch die "Schamhaftigkeit und Sittsamkeit" bedroht und ausgelöscht werden, so daß "der Schlamm der Unkeuschheit unserem Volke fast schon bis an die Kehle steigt" (S. 15-19. 58-63). – Galens Stoßrichtung geht besonders gegen laizistische Bestrebungen in den politischen Parteien vor 1933, die auf eine Trennung von Staat und Kirche zielten. Anscheinend favorisierte er eine fromme Diktatur, wie sie dann von Salazar und Franco etabliert wurde.

Die Judenfrage. Von Gerhard *Kittel*, Professor der Theologie in Tübingen. – Stuttgart (Kohlhammer) 1933. 78 S. (3. Aufl. 1934. 135 S.). – Weil das jüdische Volk Jesus kreuzigte, ist es seit der Zerstörung Jerusalems (70 n. Chr.) "heimatlos" geworden, und sein Schicksal heißt "Zerstreuung und Fremdlingschaft" (S. 10. 66. 73 f.). Konsequent könnte man das Neue Testament "das antijüdischte Buch der ganzen Welt nennen" (S. 56). In ihren Gastvölkern dominieren sie zu deren Schaden in Justiz, Verwaltung, Universitäten, Schulen, freien Berufen, im Wirtschaftsleben und in der Presse (S. 25. 46. 48 f. 55). Das gesetzesfromme, orthodoxe Judentum verdient Respekt, es ist "das unfromme liberale Judentum, das ... die Völker verdirbt" (S. 39-41). Die Assimilation ist rückgängig zu machen, und es ist "die Wiederherstellung des Gastzustandes herbeizuführen" (S. 38-40. 43; vgl. S. 13: "Fremdlingschaft"). Die Judenmission kann weitergehen, aber "der übertretende Jude wird nicht Deutscher, sondern Judenchrist" (S. 70), und "das Ziel und Ideal wäre eine judenchristliche Kirche" (S. 72). "Die Lage (des jüdischen Volkes) ist eine ähnliche wie sie in kleinerem Umfang bei der Zigeunerfrage besteht, eine ähnliche wohl auch, wie sie in der nordamerikanischen Negerfrage vorliegt" (S. 11); vgl. die Rezension von Hans Kosmala, in: Saat auf Hoffnung 70, 1933, 124-132; vgl. auch Hans Kosmala, ebd. S. 99-105: "Die Rassenpolitik des Staates selbst steht für uns nicht zur Aussprache. Hier ist derjenige Staat in seinem Recht, der sie durchführt... Auch ein Jude, der sich zu Christus bekennt, bleibt volkmäßig noch Jude... wir haben immer eine artgemäße Judenmission getrieben, auf christgemäße Art – alles andere ist Sache des Staates, der inzwischen auch seine Maßnahmen zum Schutz des deutschen Volkstums ergriffen hat... Sollten aber die Judenchristen von sich aus nach einem eigenen kirchlichen Zusammenschluß begehren... so wollen wir ihnen dies nicht verwehren, sondern sie nach Kräften ermutigen und stärken, auf daß beide Teile zum Frieden kommen."

Künneth, Walter: Das Judenproblem und die Kirche, in: Die Nation vor Gott. Zur Botschaft der Kirche im Dritten Reich, hg. von W. Künneth und H. Schreiner, Berlin (Wichern) 1933. 448 S. – In Frage kommen hier besonders die Darlegungen Künneths S. 128-137; ein Auszug aus Künneths Schrift ist abgedruckt in: Ordnung in der Judenfrage, hg. von E. Czermak/O. Karbach, Leipzig [o. J.], S. 143-154. – "Es ist der Fluch der Verwerfung des Messias durch das jüdische Volk, daß es eben nicht mehr ein einheitliches, geschlossenes Volk sein darf, daß der Jude wurzellos, heimatlos, unstet und flüchtig in dieser Welt herumirren muß" (S. 128). Das "liberale Aufklärungsjudentum... ist ein Ferment der Zersetzung eines Volkstums" (S. 132). Es ist deutlich, im Sinne von Hans Blüher, "daß das, was den Juden zu dem das Volkstum zersetzenden Element macht, letztlich seinen Grund in dem Fluch hat, der seit der Kreuzigung Jesu auf der jüdischen Rasse lastet. Den messianischen Anspruch auf Weltherrschaft können die Juden nur solange erheben, als sie die Messianität Jesu von Nazareth leugnen. Bekennt sich ein Jude wirklich zu Christus, dann wird er von diesem Fluch befreit, dann gibt er seinen Weltbeherrschungsanspruch auf... So hängen Not und Fluch des Judentums und ihr zersetzender Einfluß aufs engste mit der Stellung zum christlichen Glauben zusammen" (S. 135). – Nach 1945 rühmten sich christliche Theologen und Judenmissionare oft ihrer NS-Gegnerschaft, verschwiegen aber ihren gleichzeitigen Antisemitismus.

Lortz, Joseph: Katholischer Zugang zum Nationalsozialismus, kirchengeschichtlich gesehen (Reich und Kirche. Eine Schriftenreihe). – Münster i. W. (Aschendorff) 1933. 26 S. – In diesem im Sommer des Jahres 1933, kurz nach dem Abschluß des Reichskonkordates, geschriebenen Werk sieht der Autor "grundlegende Verwandtschaften" zwischen Nationalsozialismus und Katholizismus: Kampf gegen Bolschewismus (Kommunismus), Liberalismus, Relativismus, Subjektivismus, Materialismus und Intellektualismus. So machte sich der Nationalsozialismus eine alte Forderung der Kirche zu eigen, die Beseitigung "schrankenloser Presse- und Redefreiheit, kurz aller Auswüchse, die der individualistische Liberalismus mit dem Wesen der Freiheit verwechselte oder das Verbot eines Hauptträgers des zersetzenden Liberalismus in Gestalt der... Freimaurerei" (S. 10). So anerkennt der Nationalsozialismus "als grundlegend die gottgegebene Gliederung der menschlichen Gesellschaft und lehnt die das echte Leben zerstörende Gleichmacherei als verhängnisvollen Grundirrtum ab" (S. 10; vgl. S. 13: Pius XI. verlangte in "Quadragesimo anno" den "ständischen Aufbau"

der Gesellschaft). Z. B. ist auch die NS-Forderung "Gemeinnutz geht vor Eigennutz" eine "christliche Lehre" (S. 15). "Der Nationalsozialismus... ist elemen-
tare Welle des Lebens, ist unbeirrbares Wachsen, ist Aufbruch des Lebens in
seiner ganzen Breite" (S. 24), (ist) "Erfüllung der tiefsten Strebungen der Zeit"
(S. 24). "Der Nationalsozialismus ist heute nicht nur die rechtmäßige Gewalt in
Deutschland, er ist zum überwiegenden Teil Deutschland selbst: doppelte Ge-
wissensverpflichtung, zu ihm ein volles 'Ja' zu sprechen" (S. 26).

Begegnungen zwischen katholischem Christentum und nationalsozialistischer Weltanschauung. Von Michael *Schmaus*, Professor an der Universität Münster
i. Westf. – Münster (Aschendorff) 1933. 46 S. – Abdruck eines Vortrages vom
11. Juli 1933. Gemeinsam mit dem Nationalsozialismus hat die Kirche das
Frontmachen gegen Liberalismus, Individualismus, Rationalismus, Marxismus,
Kommunismus und die mit diesen Begriffen verbundenen Zersetzungstenden-
zen. Gemeinsamkeiten oder Affinitäten bestehen auch hinsichtlich bestimmter
Wertvorstellungen: organische Gesellschaft (S. 22), "hierarchische Ordnung der
Dinge und der Menschen. Nichts ist unkatholischer als eine extrem demokratische Wertung des Seins" (S. 25). "Der heute wieder erwachte Sinn für eine
straffe Autorität öffnet von neuem das Verständnis für die kirchliche Autorität. Die staatliche Autorität ist notwendig zur Aufrechterhaltung der von Gott
gewollten Ordnung. Sie bedingt eine Einschränkung der Freiheit. In der katholischen Lehre von der Erbsünde liegt das Mißtrauen in die Freiheit begründet"
(S. 42 f.). – Zum Judenthema: "Es gab einmal ein Volk, das glaubte, die Offenbarung sei an seine Nationalität gebunden. Es mußte diesen Wahn mit der
Verwerfung büßen. Es war das jüdische Volk" (S. 33 f.). "Der Katholik... kann
den Versicherungen des Führers des deutschen Volkes Glauben und Vertrauen
schenken" (S. 41).

Faulhaber, Michael Kardinal: Judentum, Christentum, Germanentum. Adventspre-
digten, gehalten in St. Michael zu München 1933. – München (1934). 124 S. –
Vertritt Positionen des seinerzeit üblichen theologischen Antijudaismus: "Nach
dem Tode Christi wurde Israel aus dem Dienst der Offenbarung entlassen. Sie
hatten die Stunde der Heimsuchung nicht erkannt... seitdem wandert der ewige Ahasver ruhelos über die Erde" (S. 10). Die Christen sind "aus dem Schat-
tenreich des Alten Testamentes in das Lichtreich des Evangeliums getreten"
(S. 26). Gerügt werden am Alten Testament u. a. "sittlich anstößige Erzählungen und Texte" (z. B. im Hohenlied), S. 43.

Orel, Anton: Judaismus. Der weltgeschichtliche Gegensatz zum Christentum.
3. Auflage. – Graz (Moser) 1934. 35 S. – "Indem das Judentum die Messias-
Verwerfung zum Felsen seiner Religion machte, trennte es sich von seiner bisherigen israelitischen Religion" (S. 35). Es hört auf, das auserwählte Gottesvolk
zu sein und wird zum "Gottesmördervolk" (S. 37). "Es hat den Bund verlassen
und ist zu dem judaistischen Götzen Antichrist, zum Gott Mammon, zu dem
hinter der Maske seines alttestamentlichen Gottes Jahwe religiös vermummten
'Fürsten dieser Welt' abgefallen'" (S. 38). Es ist zu sehen, "daß die Taufe eines
Juden die Taufe eines mit gefährlichen Erbkrankheitsstoffen Behafteten ist, der

nur mit größter Vorsicht in die Gemeinschaft der Christen aufgenommen werden darf... Die Juden aber, gleichgültig, ob sie judaistisch-gläubig oder heidnisch ungläubig sind, können in Gemeinschaft und Kultur der Christen nur auf die Gefahr der Vergiftung und Zersetzung hin zugelassen werden... Es gibt keine Möglichkeit einer Kultur- und Lebensgemeinschaft zwischen Gott und dem Teufel, zwischen dem mystischen Leib Christi und jener Volksgemeinschaft, deren Wesen und Rasse die Verwerfung Christi ist" (S. 70 f.).

Wird der Jude über uns siegen? Ein Wort für die Weihnachtszeit von Adolf *Schlatter*, Professor der Theologie in Tübingen. – Velbert (Freizeiten-Verlag) 1935. 25 S. – Der Autor teilt die traditionelle christliche Bewertung der Zerstörung Jerusalems im Jahre 70 n. Chr. als Gottesstrafe für das Verhalten der Juden gegenüber Jesus von Nazareth. So spricht er vom "Urteil Jesu, daß der Tempel untergehe, wodurch der Jude zum immer Wandernden geworden ist" (S. 19). Daher der "Haß (des Juden) gegen Jesus und die Christenheit" (S. 7. 8) und sein "Vernichtungskampf gegen die Kirche" (S. 6). Und in der Tat, "einen gewaltigeren Widersacher als ihn (Jesus) hat das Judentum nicht gehabt" (S. 6). In seiner Schrift "Wir Christen und die Juden" (Velbert 1930, 16) weiß er: "Der jüdische Bankier und der Rabbi sind auch heute vereint die Säulen des Judentums".

Schlick, E.: Ahasver. – Saat auf Hoffnung 72 (1935) 34-38. – Der in Jerusalem den kreuztragenden Christus von sich stieß, muß ruhelos durch alle Lande wandern. "Wahrlich, diese 'Wissende Sage' weiß um das ganze Geheimnis Israels" (S. 34). "Israel aber wählte in der heiligen Stadt Barabbas. Lieber blieb es im Bunde mit dem Bösen, wenn es nur bleiben durfte, als daß es mit dem Heiligen ging, der gekommen war, es aus der Knechtschaft der Welt zu führen... Aber Israel hatte zwar die Wahl zwischen Jesus und Barabbas, aber nicht mehr zwischen Bleiben und Gehen" (S. 35). "Daß der Wegbereiter des Antichristen, Karl Marx, Jude war, ist nicht Zufall... Das Volk der Propheten, das den Erfüller der Prophetie ausgestoßen hat, treibt aus sich heraus die widergöttliche, die dämonische Prophetie" (S. 36).

Knak, Siegfried: Ein Wort der Mission zur Rassenfrage. – Neue Allgemeine Missionszeitschrift 1936, 36-39. – Die deutsche evangelische Mission ist überzeugt, "daß die Unterschiede von Völkern und Rassen dem Willen Gottes nicht widersprechen". Die "völkische und rassische Eigenart" wird durch Mission "eher vertieft und ausgeprägt als zerstört" (S. 37). Auch "ein Jude wird durch Taufe und Glauben nicht ein Deutscher" (S. 38). Das Judenvolk hat den Weltenheiland nicht angenommen, so "steht es unter besonderem Gericht. Zu diesem Gericht gehört es, daß es den Völkern, unter die es zerstreut ist, so oft Verderben bringt. Wenn ein Staat diesem Verderben wehrt, so tut er seine Pflicht... Der Staat darf, wo es nottut, harte Maßnahmen nicht scheuen. Dem Christen ist das Judenvolk nicht nur der Feind oder der Schädling seines Volkes, sondern auch die große Warnung Gottes vor der Sünde Israels... Nur in solcher heiligen Scheu vor dem gerechten Gerichte Gottes... kann der Kampf gegen die jüdische Gefahr unter uns christlich geführt werden. Trotz der Verderbensmächte, die heute vom jüdischen Volke ausgehen, sieht die Mission auch in den Juden Menschen, die Gott zur Gotteskindschaft beruft und denen die Christenheit das Evangelium schuldet" (S. 38).

Index librorum prohibitorum . – Rom 1938. 508 S. – Aufgelistet werden entweder mit allen oder mit einem Teil ihrer Werke u. a. Balzac, Döllinger, Flaubert, Gregorovius, Hugo Grotius, Heinrich Heine, Rousseau, Spinoza, Voltaire und Zola. Vgl. oben Sleumer 1920. Hitlers "Mein Kampf" erscheint nicht, wohl aber Rosenbergs "Mythus".

Rengstorf, Karl Heinrich: Kirche ohne Mission? – Neue Allgemeine Missionszeitschrift 15 (1938) 289-297. 345-349; 16 (1939) 19-26. – "Jesus Christus ist Gottes abschließende Offenbarung in der Geschichte. Nun gibt es Gemeinschaft mit Gott nur durch ihn, sei es was da wolle. Wer an ihm vorbeigeht, geht an Gott vorbei. Das macht, daß die Kirche, sofern sie sich an ihrem Besitz genügen läßt und schweigt, vor Gott schuldig wird. Denn durch ihr Schweigen bringt sie Gottes eigenes Wort zum Verstummen, in das er das Heil beschlossen hat". Mission (und damit auch Judenmission) ist also Pflicht der Kirche; ders. in: Jahrbuch für Mission 45 (1947/48) 130-150; S. 135 wird gefordert, daß, im Rahmen der Judenmission, das theologische Gespräch zwischen Judentum und Christentum "auch um des Christentums willen geführt werden muß, da dieses beständig durch den Geist gefährdet wird, der sich am reinsten im Judentum ausprägt"; ders. in: Die Botschaft 3 (1. August 1948); S. 2 spricht der Autor von dem "Leid, das in und mit seiner (Jesu)Verwerfung durch sein Volk über dieses kommen mußte und gekommen ist". Israel ist jetzt "dies seltsame und unglückliche Volk". Der Missionsauftrag der Kirche "schließt auch die Juden ein"; ders. (in: Saat auf Hoffnung 73, 1950, 3-19) spricht von diesem "merkwürdigen Volk, über dem die Welt nicht zur Ruhe kommt" (S. 4), und von der "Endlosigkeit und Aussichtslosigkeit des Weges des Judentums durch die Welt" (S. 12); sie sind "im Grunde nur eine beständige Erinnerung an ein Menschentum, das sich selbst verloren hat und das sich nur noch in seinem Verlorensein, in seiner Entartung und in seiner Schande zu begreifen vermag (S. 12)... die Juden in der Welt, dies unglückliche und gehetzte Volk" (S. 16); ders. (in Saat auf Hoffnung 73, 1950, 80-96, 81 f.): Neutestamentlich gesehen ist es so, "daß die Erwählung in Jesus Christus die Erwählung Israels einbezieht, aber ihr nicht etwa (zeitlich) folgt" (S. 81 f.); ders. (in: Saat auf Hoffnung 73, 1950, 145-163, S. 155) spricht von "der tödlichen Bedrohung des Judentums... wie sie... mit dem Dasein und Wirken des Evangeliums gegeben ist" (S. 155); ders. (in: Lutherische Rundschau 1964, 375 f.) lehnt die mehr und mehr übliche Redeweise ab, von "jüdischen Brüdern" zu sprechen. "Brüder" werden sie erst "eines Tages durch den gemeinsamen Messias Gottes sein", wenn sie sich zu ihm bekehrt haben (ähnlich z. B. J.G. Mehl, in: Gottesdienst und Kirchenmusik, Jg. 1961, S. 155-175, S. 162: "Wir haben auch nicht den gleichen Gott wie die Juden"); ders. (Rengstorf, in: The Hebrew Christian 45, 1972, 169-172, S. 171): "The establishment of the State of Israel in Palestine does not mean the end of the Galuth... The return of the Jews to the Land of Israel will not do away with Israel's homelessness". Rengstorf war Schüler von Adolf Schlatter und Gerhard Kittel.

Martin Luther über die Juden: Weg mit ihnen! Hg. von Landesbischof Martin *Sasse*, Eisenach. – Freiburg i. Br. (Sturmhut-Verlag) 1938. 16 S. – Der thüringische Landesbischof druckt hier in Auszügen antijüdische Texte Luthers ab zur Rechtfertigung der Reichspogromnacht 9./10. November 1938. Im Vorwort schreibt er: "Am 10. November, an Luthers Geburtstag, brennen in Deutschland die Synagogen. Vom deutschen Volke wird zur Sühne für die Ermordung des Gesandschaftsrates vom Rath durch Judenhand die Macht der Juden auf wirtschaftlichem Gebiete im neuen Deutschland endgültig gebrochen und damit der gottgesegnete Kampf des Führers zur völligen Befreiung unseres Volkes gekrönt" (S. 2).

Emmerich, Kurt: Die Juden (Theolog. Studien, hg. von Karl Barth, Heft 7). – Zollikon (Verlag der Evangelischen Buchhandlung) 1939. 30 S. – "Seit der Zerstörung Jerusalems im Jahre 70 n. Chr. gibt es keine 'jüdische Geschichte' mehr" (S. 9). "Die Juden im ganzen sind kein Volk und werden nie eines sein... (sie sind) ein Nichtvolk" (S. 11). "Die Juden selbst sind ihr eigener Messias, sie warten auf sich selbst" (S. 29). "Die Kirche, die nicht jüdisch ist noch werden darf, achtet am Juden Gottes Wahl, von der sie selbst lebt... Wer den Juden verfolgt, bezeugt ihm, in seinem Leiden sei er der Messias, auf dessen Herrlichkeit die Welt wartet. Wir aber wollen dem Juden bezeugen, daß Jesus der Messias sei" (S. 30).

Euler, Karl Friedrich/*Grundmann*, Walter: Das religiöse Gesicht des Judentums. Entstehung und Art. – Leipzig 1942. – Jesus von Nazareth ist "vom Judentum getötet worden. Die Juden... begegnen bis in die Gegenwart der Gestalt Jesu von Nazareth durchgängig mit Haß" (S. 54). Bevor es schließlich in der Gegenwart zu einer "rassenbiologischen und rassenpsychologischen Erörterung und Erkenntnis der Judenfrage" kam, dominierte die – nach wie vor überzeugende – Deutung: "Die Kreuzigung Jesu Christi vollendet den Ungehorsam des Judentums, der im Talmud seinen Abschluß findet. Sie bildet das Gericht über das Judentum, das sich in der Zerstörung Jerusalems verwirklicht und die Juden über die Erde als ein Fluch für die Völker zerstreut" (S. 55). "Das Gesetz, nach dem das Judentum angetreten ist, ist der Haß gegen die nichtjüdischen Völker und das Streben nach ihrer Unterwerfung" (S. 63). Das Judentum betreibt "die Aneignung fremder Geschichte und Kultur und Lebensweise, eine Aneignung, die freilich auf die lebensvolle Einheit des Nichtjüdischen zersetzend wirkt" (S. 73).

13.3 Literatur

Lewy (1964) und Lapide (1968) haben zu ihrer Zeit bahnbrechend gewirkt, doch ist ihre Darstellung durch neuere Arbeiten teilweise überholt (zu Lewy vgl. z. B. Steinhoff 1997). Nachhaltig Maßstäbe gesetzt hat Klaus Scholder mit seinem Werk "Die Kirchen und das Dritte Reich" (1980-1985 und 1998).

Redet mit Jerusalem freundlich. Predigten, hg. im Auftrage der Arbeitsgemeinschaft für Lutherische Judenmission von H.-S. *Huß*. – Neuendettelsau (Freimund)

1951. 96 S. – Spricht noch vom "Haß Israels gegen die Völker" (S. 11) und von "Israel, das einst Gott nahe war und heute Ihm selber so fern ist" (S. 12). "Für die beharrliche Verwerfung Christi gibt es keine Vergebung. Wer Ihn verwirft, hat sich selbst verworfen" (S. 24). "Die größte und schwerste Sünde, die mutwillige Verwerfung Christi und Seines Heils, zieht auch die größte und schwerste Strafe nach sich, Gottes furchtbares Gericht in der Zeit und die Verdammnis in Ewigkeit... Wenn Gott der Herr sein Volk so gerichtet hat, dürfen wir Deutsche freilich nicht über den von unseren Landsleuten an den Juden verübten Greueln uns damit entschuldigen, daß wir nur Gottes Strafwerkzeuge gewesen wären" (S. 25). "Am Ende der Zeit winkt dem verblendeten Israel noch die Gnade" (S. 26). Die Juden "leben bis heute im Widerspruch gegen den Willen Gottes... das Rätsel des jüdischen Volkes... warum geht es in erstarrtem Trotz und selbstgemachter Gerechtigkeit ohne Ruhe und Frieden durch die Zeiten?... Noch gehen sie in ihrem Trotz, in ihrer Bosheit einher" (S. 58-60).

Lewy, Guenter: Die katholische Kirche und das Dritte Reich. – München (Piper) 1965 (zuerst amerikanisch New York 1964). 450 S.

Lapide, Pinchas E.: Rom und die Juden. – Freiburg (Herder) 1968. 375 S.

Breuning, Klaus: Die Vision des Reichs. Deutscher Katholizismus zwischen Demokratie und Diktatur (1929-1934). – München (Hueber) 1969. 403 S.

Arndt, Ino: Machtübernahme und Judenboykott in der Sicht evangelischer Sonntagsblätter, in: Miscellanea. Festschrift Helmut Krausnick, hg. von Wolfgang Benz, Stuttgart (Deutsche Verlags-Anstalt) 1980, 15-31

Schmidt, Reinhold: Der Kardinal und das 3. Reich. Legende und Wahrheit über Kardinal von Galen. 3. Aufl. – Münster (Schriftenreihe zeitgeschichtlicher Dokumentation) 1980 (zuerst 1978). 130 S.

Katholische Kirche und NS-Staat. Aus der Vergangenheit lernen? Hg. von Monika *Kringels-Kemen* und Ludwig *Lemhöfer*. – Frankfurt (Knecht) 1981. 120 S.

Huber, Wolfgang: Theologie zwischen Anpassung und Auflehnung, in: Hochschule und Wissenschaft im Dritten Reich, hg. von Jörg Tröger, Frankfurt (Campus) 1984, 129-141

Jürgensen, Johannes: Evangelische Jugend 1933. – Stuttgart (edition aej) 1984. 201 S.

Scholder, Klaus: Die Kirchen und das Dritte Reich. Band 1: Vorgeschichte und Zeit der Illusionen, 1918-1934. Berlin (Prophyläen) 1980; Band 2: Das Jahr der Ernüchterung, 1934, Barmen und Rom. – Berlin (Propyläen) 1985; 2 Bde. (Tb.) 1998. 1120 und 592 S.

Thamer, Hans-Ulrich: Verführung und Gewalt. Deutschland 1933-1945. – Berlin (Siedler) 1986. – S. 435-446: "Nationalsozialismus und Kirchen".

Götz von Olenhusen, Irmtraud: Jugendreich, Gottesreich, Deutsches Reich. Junge Generation, Religion und Politik 1928-1933. – Köln (Verlag Wissenschaft und Politik) 1987

Reineke, Augustinus: Jugend zwischen Kreuz und Hakenkreuz. Erinnerungen und Erlebnisse, Ereignisse und Dokumente. 2. Aufl. – Paderborn (Bonifatius) 1987

Volk, Ludwig: Katholische Kirche und Nationalsozialismus. Ausgewählte Aufsätze. Hg. von Dieter Albrecht. – Mainz (Matthias-Grünewald-Verlag) 1987. 372 S.

Buscher, Frank M./*Phayer*, Michael: German Catholic Bishops and the Holocaust, 1940-1952. – German Studies Review XI, 1 (February 1988) 463-485

Kaiser, Jochen-Christoph: Evangelische Judenmission im Dritten Reich, in: Der Holocaust und die Protestanten, hg. von Jochen-Christoph Kaiser und Martin Greschat, Frankfurt (Athenäum) 1988, 186-215

Repgen, Konrad: Judenpogrom, Rassenideologie und katholische Kirche 1938, in: Kirche und Gesellschaft (Hg. von der Katholischen Sozialwissenschaftlichen Zentralstelle Mönchengladbach) Nr. 152/153, Köln (Bachem) 1988

Gerlach, Wolfgang: Als die Zeugen schwiegen. Bekennende Kirche und die Juden, in: "Niemand war dabei und keiner hat's gewußt". Die deutsche Öffentlichkeit und die Judenverfolgung 1933-1945, hg. von Jörg Wollenberg, München (Piper) 1989, 94-112

Hürten, Heinz: Katholische Kirche und nationalsozialistischer Krieg, in: Die deutschen Eliten und der Weg in den Zweiten Weltkrieg, hg. von Martin Broszat (u. a.), München (Beck) 1989, 135-179

Klee, Ernst: "Die SA Jesu Christi". Die Kirchen im Banne Hitlers. – Frankfurt (Fischer) 1989

Mussinghoff, Heinz: Rassenwahn in Münster. Der Judenpogrom 1938 und Bischof Clemens August Graf von Galen. – Münster (Regensberg) 1989

Klaus *Gotto*/Konrad *Repgen* (Hg.): Die Katholiken und das Dritte Reich. 3. Auflage. – Mainz (Grünewald) 1990 (zuerst 1980). 223 S.

Kleinwächter, Johannes: Sein Blut... Antijudaistische Predigt und Katechese im 19. und 20. Jahrhundert. Eine kritische Bilanz. – Christ in der Gegenwart, 42. Jahrg., Heft 13 (1. April 1990) 109-110

Klee, Ernst: Persilscheine und falsche Pässe. Wie die Kirchen den Nazis halfen. – Frankfurt (Fischer) 1991 (1992[3]). 192 S.

Greschat, Martin: Die Haltung der deutschen evangelischen Kirchen zur Verfolgung der Juden im Dritten Reich, in: Die Deutschen und die Judenverfolgung im Dritten Reich, hg. von Ursula Büttner, Hamburg (Christians) 1992, 273-292

Hermle, Siegfried: Die Auseinandersetzung mit der nationalsozialistischen Judenverfolgung in der Evangelischen Kirche nach 1945, in: Die Deutschen und die Judenverfolgung im Dritten Reich, Hamburg (Christians) 1992, 321-337

Meier, Kurt: Kreuz und Hakenkreuz. Die evangelische Kirche im Dritten Reich. – München (dtv) 1992

Nellesen, Bernd: Die schweigende Kirche. Katholiken und Judenverfolgung, in: Die Deutschen und die Judenverfolgung im Dritten Reich, hg. von Ursula Büttner, Hamburg (Christians) 1992, 259-271

P. Anselm *Reichhold* OSB: Die deutsche katholische Kirche zur Zeit des Nationalsozialismus (1933-1945), unter besonderer Berücksichtigung der Hirtenbriefe, Denkschriften, Predigten und sonstigen Kundgebungen der deutschen katholischen Bischöfe. – St. Ottilien (EOS Verlag) 1992. 286 S.

Siegele-Wenschkewitz, Leonore: Auseinandersetzungen mit einem Stereotyp: Die Judenfrage im Leben Martin Niemöllers, in: Die Deutschen und die Judenverfolgung im Dritten Reich, hg. von Ursula Büttner, Hamburg (Christians) 1992, 293-319

Thomas, Alois: Kirche unter dem Hakenkreuz. Erinnerungen und Dokumente. – Trier (Paulinus) 1992. 394 S.

Fischer, Fritz: Hitler war kein Betriebsunfall. Aufsätze. – München (Beck) 1993. 272 S. – Darin S. 182-214: "Die Kirchen in Deutschland und die beiden Weltkriege".

Gerlach, Wolfgang: Als die Zeugen schwiegen. Bekennende Kirche und die Juden. 2. Auflage. – Berlin 1993 (zuerst 1987; Diss. Hamburg 1970)

Stefan *Rahner*/Stefan *Riese*: Der Bischof und das 'Dritte Reich'. "Westfalens Katholiken vertrauen Adolf Hitler", in: "Wer seine Geschichte nicht kennt... ". Nationalsozialismus und Münster, hg. von Iris Horstmann (u. a.), Münster (agenda) 1993, 26-60

Wagener, Ulrich (Hg.): Das Erzbistum Paderborn in der Zeit des Nationalsozialismus. Beiträge zur regionalen Kirchengeschichte 1933-1945. Paderborn (Bonifatius) 1993. 380 S.

Frei, N./*Mehlhausen*, J.: Nationalsozialismus und Kirchen, in: Theologische Realenzyklopädie XXIV (Berlin 1994) 48-75

Kurt *Nowak*/Gérard *Raulet* (Hg.): Protestantismus und Antisemitismus in der Weimarer Republik. – Frankfurt (Campus) 1994. 227 S. – Darin hier relevant bes. die Beiträge von Wolfgang Wiefel (S. 95-126), Bernard Reymond (S. 127-146) und Jochen-Christoph Kaiser (S. 199-217).

Germann, Holger: Die politische Religion des Nationalsozialisten Dietrich Klagges. Ein Beitrag zur Phänomenologie der NS-Ideologie. – Frankfurt (Lang) 1995. 215 S. – Darin u. a. S. 143-149: "Dietrich Klagges, der Nationalsozialismus und die Kirchen im Dritten Reich".

Gruß, Heribert: Erzbischof Lorenz Jäger als Kirchenführer im Dritten Reich. Tatsachen – Dokumente – Entwicklungen - Kontext – Probleme. – Paderborn (Bonifatius) 1995. 471 S.

Repgen, Konrad: Die deutschen Bischöfe und der Zweite Weltkrieg. – Historisches Jahrbuch 115 (1995) 411-452

Beck, Gottfried: Die Bistumspresse in Hessen und der Nationalsozialismus, 1930-1941. – Paderborn (Schöningh) 1996

Bischof Clemens August Graf von *Galen*. Akten, Briefe und Predigten 1933-1946. I: 1933-1939, bearbeitet von Peter Löffler. 2. Aufl. – Paderborn (Schöningh) 1996. 470 S.

Heschel, Susannah: Die Nazifizierung der christlichen Theologie. Walter Grundmann und das "Institut zur Erforschung und Beseitigung des jüdischen Einflusses auf das deutsche kirchliche Leben". – Texte und Kontexte 70 (1996) 33-47

Jonca, Karol: Adolf Kardinal Bertram und die Behandlung der Judenfrage. – Archiv für schlesische Kirchengeschichte 54 (1996) 133-151

Lindemann, Gerhard: "Typisch jüdisch". Das Verhalten zu Antijudaismus, Judenfeindschaft und Antisemitismus im Bereich der Ev.-Luth. Landeskirche Hannovers 1919-1949. – Diss. Heidelberg [maschinenschr., 2 Teile] 1996

Blaschke, Olaf: Katholizismus und Antisemitismus im Deutschen Kaiserreich. – Göttingen (Vandenhoeck & Ruprecht) 1997. 443 S.

Büttner, Ursula: "Die Judenfrage wird zur Christenfrage". Die deutsche evangelische Kirche und die Judenverfolgung im Dritten Reich. – Zeitschrift für Geschichtswissenschaft 45 (1997) 581-596

Georges *Passelecq*/Bernard *Suchecky*: Die unterschlagene Enzyklika. Der Vatikan und die Judenverfolgung. Aus dem Französischen von Markus Sedlaczek. – München (Hanser) 1997; vgl. Freiburger Rundbrief 1997, 241 ff.

Steinhoff, Marc: Widerstand gegen das Dritte Reich im Raum der katholischen Kirche. – Frankfurt (Lang) 1997. 188 S.

Tödt, Heinz Eduard: Komplizen, Opfer und Gegner des Hitlerregimes. Zur "inneren Geschichte" von protestantischer Theologie und Kirche im "Dritten Reich". Hg. von Jörg Dinger und Dirk Schulz. – Gütersloh (Chr. Kaiser) 1997. 422 S.

Heinz *Hürten*/Werner *Raupp*: Nationalsozialismus. – Lexikon für Theologie und Kirche VII (Freiburg 1998) 653-662

Kuropka, Joachim (Hg.): Clemens August Graf von Galen. Menschenrechte – Widerstand – Neubeginn. – Münster (Regensberg) 1998. 345 S.

Recker, Klemens-August: "Wem wollt ihr glauben?" Bischof Berning im Dritten Reich. – Paderborn (Schöningh) 1998. 528 S.

Strauß, Michael: Götze Volk. Daniel Goldhagen und der christliche Antijudaismus. –
Evangelische Kommentare 316 (1996) Heft 6, S. 316

Cornwell, John: Pius XII. Der Papst, der geschwiegen hat. – München (Beck) 1999.
484 S. – Eine unausgewogene, einseitig kirchenkritische Darstellung.

II.

Zweiter Teil: Die Lebenswelt der heranwachsenden Jugend außerhalb der traditionellen Erziehungsstationen

14 Die deutsche Jugendbewegung als Vorgängerin und verdrängte Konkurrentin der Hitlerjugend

14.1 Überblick

Zur Geschichte der deutschen Jugendbewegung. – Die Geschichte der deutschen Jugendbewegung im engeren Sinne beginnt mit dem "Wandervogel", dessen erste Wandergruppe 1896 von Karl Fischer am Gymnasium von (Berlin-) Steglitz gegründet wurde. Aus und nach diesem "Altwandervogel" entstanden durch Filiation beziehungsweise Abspaltung und Neugründungen bis 1933 zahlreiche weitere Gruppen und Bünde. Zunächst in lockeren Gruppen ohne bestimmte Kluft, zusammengehalten von der Freude an einem von der Erwachsenenwelt emanzipierten Gemeinschaftsleben unter einem jugendlichen "Führer", unternahm man – aus damaliger Sicht – abenteuerliche "Fahrten" in die Natur und die weite deutsche Landschaft; man entwickelte Sinn für einfache, ursprüngliche Lebensformen und fand über jugendtypische Lieder, Tanz, Lektüre kulturkritischer und lebensreformerischer Schriften und schließlich auch über ein kameradschaftliches Miteinander der beiden Geschlechter Formen einer autonomen Gruppenexistenz.

Die Teilnehmer kamen lange Zeit aus dem bürgerlichen Mittelstand, weil "junge Arbeiter weder die Zeit noch das Geld hatten, sich den romantischen Vorstellungen von jugendlicher Freizeitgestaltung, wie sie die Wandervögel hatten, zu widmen... Der Vorkriegsindividualismus der Wandervögel entwickelte sich in der Bündischen Jugend der Weimarer Zeit, die ihren Bund als Lebens- und Erziehungsgemeinschaft verstand, zum Führer- und Gefolgschaftsprinzip. Der Wander-, Heim- und Fahrtenbetrieb der Jugendgruppen wurde zunehmend straffer organisiert, die romantischen Volkslieder des beliebtesten Liederbuchs 'Zupfgeigenhansl' durch Soldaten- und Landserlieder ersetzt. Die Mädchengruppen wurden nun endgültig aus den sich nun 'jungenschaftlich' verstehenden Bünden verdrängt" (Frigga Tiletschke/Christel Liebold, Aus grauer Städte Mauern, Bielefeld 1995, 10. 15). Die Gesamtzahl der freien Wandervogeljugend und der Bündischen Jugend (1918-1933) war relativ klein, doch wirkte die Neuartigkeit ihrer Lebenswelt und Denkweisen weit in die seit 1903 allmählich entstehende Arbeiterjugendbewegung und in die konfessionellen Jugendverbände hinein.

Die Romantik und ihre Entartung: Politische Reichsromantik, völkischer Chauvinismus, Rassismus. – Auf dem Wege über das romantische Erleben der Natur und der Heimat, über Brauchtumspflege und Volkslied, kamen in die Jugendbewegung, verstärkt nach 1918, auch Elemente einer Nationalromantik, deren Anfänge sich bei Herder finden und die durch die völkische Kulturkritik Lagardes, Langbehns und anderer nationalistisch pervertiert wurden. Aus der Heimatliebe wurde Chauvinismus, und die Innigkeit romantischer Naturschwärmerei schlug oft um in einen romantischen Nationalismus und ein Gefühl des Ungenügens am politischen Zustand des Vaterlandes. Wo der Heimatbegriff realitätsfern nationalistisch verklärt wurde, konnte leicht der Wille aufkommen, alle "Fremden" aus diesem Idealgebilde zu vertreiben und des Landes zu verweisen. Mit anderen Worten: Von einer psychotisch übersteigerten Vaterlandsliebe war der Weg zum Rassismus nicht weit. So sind denn schon bald nach Beginn der

Jugendbewegung in ihr erste Anzeichen rassistischen Denkens erkennbar. In der völkischen Reichsromantik einiger Gruppen der bündischen Jugend vor 1933 sind diese zunächst noch dünnen Linien bereits deutlich verstärkt.

Trug der bürgerliche Antisemitismus der zweiten Hälfte des 19. Jahrhunderts noch Zeichen eines gesellschaftlichen Kultursnobismus, gehörte er nun zum Begriffsvokabular einer breiteren Öffentlichkeit, bis hinein in die konfessionelle Jugend und Arbeiterjugend. Er findet sich allerdings weniger im eigentlichen Jugendschrifttum, vielmehr in populären politischen oder religiösen Traktaten arrivierter Autoren, von denen er auch in die Lebenswelt der Jugend einsickerte.

Die jüdische Jugendbewegung. – Nach dem Vorbild des Wandervogels entstand im April 1912 in Breslau eine Jugendabteilung des "Jüdischen Wanderbundes 1907", und im Laufe der Jahre kam es zur Gründung zahlreicher jüdischer Jugendbünde überall in Deutschland. Sie verstanden sich als deutsche konfessionelle Vereinigung ähnlich den entsprechenden evangelischen und katholischen Vereinigungen, und wie diese gingen sie auf Fahrt und hatten ihre Heimabende. Zunächst noch singulär war der "Zittauer Fall" (1912/13): Verweigerung der Aufnahme eines jüdischen Mädchens in den Wandervogel.

Ab 1933 erhielten ihre Führer von der Hitlerjugend einen Jugendführerausweis, womit diese Gruppen auch unter Hitler vorerst "legalisiert" waren. Im Unterschied zur katholischen Jugend erfuhren sie zunächst keine Behinderung ihrer Wanderausflüge. Der allmählich zunehmende Druck führte allerdings dazu, daß die zionistischen Vereine, welche im Hinblick auf die erzwungene Auswanderung die Berufsausbildung der Jugendlichen förderten, viel Zulauf erhielten. Spätestens nach dem Pogrom am 9./10. November 1938 wurden alle jüdischen Jugendbünde durch die NS-Regierung verboten, und die letzten noch bestehenden Gruppen lösten sich auf oder gingen in die Illegalität. Trotz der extremen Verfolgungssituation war die innere Lebenswelt dieser Gruppen der jüdischen Jugendbewegung "geprägt vom Geiste eines deutschen Humanismus, von der deutschen Kultur, von dem Besten, was deutsche Kultur dargestellt hat. Wir haben in der Jugendbewegung deutsche Volkslieder gesungen. Wir haben das irgendwie nicht als Gegensatz empfunden" (ein Zeitzeugnis bei Jutta Hetkamp, Die jüdische Jugendbewegung in Deutschland von 1913-1933, Münster 1994, 191).

Ähnliches berichtet ein anderer Zeitzeuge: Beim jüdischen Pfadfinderbund Deutschlands, einer zionistischen Jugendorganisation, suchte in diesen dreißiger Jahren Marcel Reich-Ranicki Anschluß, worüber er in seiner Autobiographie "Mein Leben" berichtet. Sie hatten "Heimabende", machten "Fahrten" in die Mark Brandenburg und sangen die üblichen Lieder, darunter: Vom Barette schwankt die Feder; Wildgänse rauschen durch die Nacht; Die Glocken stürmten vom Bernwardsturm; Jenseits des Tales standen ihre Zelte. Letzteres Lied, "ohne uns darum zu kümmern, daß ihr Autor, Börries von Münchhausen, nun ein begeisterter Nazi war. Kurz: wir übernahmen bewußt und unbewußt die Lieder der Wandervogelbewegung und auch solche, die von der Hitlerjugend gesungen wurden, wo übrigens 'Jenseits des Tales' nach dem Röhmputsch untersagt war, wohl wegen der homoerotischen Anklänge". In den von mir sehr umfangreich eingesehenen HJ-Quellen habe ich keinen Hinweis auf dieses Verbot finden können, wohl aber fehlt das Lied in den beiden offiziellen HJ- und BDM-Liederbüchern (Unser Liederbuch. Lieder der Hitler-Jugend, München 1939; – Wir Mädel singen. Liederbuch des Bundes Deutscher Mädel, Wolfenbüttel 1937).

Durch andere Zeitzeugenaussagen ist allerdings gesichert, daß "Jenseits des Tales" noch 1941 in der HJ gesungen wurde.

Der weitere Geschichtsverlauf ist bekannt: Wer nicht mehr rechtzeitig auswandern konnte, wurde deportiert und sah dem Tode entgegen.

Gemeinsame Schnittflächen (Kontinuitäten und Diskontinuitäten) zwischen der Jugendbewegung vor 1933 und der Hitlerjugend. – Angesichts der Ähnlichkeiten und Gemeinsamkeiten der Jugendbewegung vor 1933 mit der HJ kann es nicht verwundern, wenn diese, die den staatlichen Machtapparat hinter sich wußte, im Laufe des Jahres 1933 fast alle Gruppen und Bünde – außer der noch durch das Konkordat geschützten katholischen Jugend – skrupellos schluckte oder aufsaugte, dies ohne großen Widerstand der unter Druck Vereinigten und ohne allzugroße Gewaltanwendung. Nationalsozialistisch gestimmte Autoren wußten es schon 1927, daß die Jugendbewegung "vor allem eine Äußerung der nordischen Rassenseele unter der Jugend war" (Hans F.K. Günther, Der nordische Gedanke unter den Deutschen, München 1927, 21), und auch die HJ war sich dessen bewußt, daß sie sich ein für sie wertvolles Erbe aneignete.

Sie fand eine Jugend vor, die wesentliche Elemente und Haltungen der Hitlerjugend bereits vorwegnehmend realisiert hatte: Die Bereitschaft, sich einem "Führer" unterzuordnen und ihm zu vertrauen ("Führer-Gefolgschaft-Verhältnis") im Hinblick auf vom Führer vorgegebene Ziele; Disziplin und Härte im Ertragen von Strapazen ("Klotzmärsche"!); Kameradschaft (z. B.: Wer mehr und besseren Proviant hat, teilt mit dem, der weniger hat); Abenteuerlust und Einsatzbereitschaft; Sinn für irrationale, fast rauschhafte Gestimmtheit etwa am Lagerfeuer (Stefan George: "Wer je die Flamme umschritt, bleibe der Flamme Trabant").

Die HJ machte eigentlich keinen revolutionären Neuanfang, vielmehr stülpte sie dem Vorhandenen ihre eigenen Intentionen über und verschärfte und radikalisierte die ihr genehmen Elemente. *Formal:* Aus der Wandertracht beziehungsweise der noch, wo vorhanden, uneinheitlichen "Kluft" wurde die Uniform; aus der locker wandernden Gruppe wurde die marschierende Kolonne; der große vorhandene Liedbestand wurde durch einige HJ-typische Kampf- und Bekenntnislieder ergänzt. – *Inhaltlich:* Das völkische Element der Jugendbewegung und Ansätze zu einer Reichsideologie wurden gebündelt und im NS-Sinn kanalisiert zugunsten eines aggressiven Nationalismus; vorhandene Vorstufen einer Militarisierung der Jugendbewegung wurden ausgebaut und weiterentwickelt; hatten große Teile der noch weithin bürgerlichen Jugendbewegung vor 1933 etwas elitäre Verhaltensweisen praktiziert – in Abgrenzung auch gegen "die als plebejisch verstandene Massenbewegung der NSDAP" – und sich trotz mancher inhaltlichen Gemeinsamkeiten noch abgestoßen gefühlt von "dem rüden politischen Stil der HJ" (Hans-Ulrich Thamer, Verführung und Gewalt in Deutschland 1933-1945, Berlin 1986, S. 402 f.) und in eher kleinen Gruppen ihr Eigenleben geführt, so wollte die neue Staatsjugend von dem, wie sie sagte, alten Klassendenken nichts mehr wissen. Die angebliche "Zersplitterung" wurde aufgehoben durch eine totale Formierung und die disziplinierte Ausrichtung auf ein "großes politisches Ziel" (Walter Franke, Nun wieder Volk, Frankfurt 1943, S. 36), das freilich immer nur vage umschrieben wurde. So wurde der Weg bereitet für einen Mißbrauch des sinnsuchenden jugendlichen Idealismus und Einsatzwillens.

Versucht man, den Übernahmeprozeß historisch differenzierend zu betrachten, ließe sich vielleicht ein Positivum vermerken: Unfreiwillig transportierte, popularisierte und tradierte die Hitlerjugend auch einige erhaltenswerte Elemente der Jugendbewegung vor 1933: Fahrt und Lager, Sinn für kameradschaftliches Gruppenleben und vor allem die Lieder, die des (in der HJ immerhin in Ehren gehaltenen) "Zupfgeigenhansls" und manche lustvoll zu singenden Fahrtenlieder, Pseudo-Landsknechtslieder und Pseudo-Wikingerlieder. Etliche Lieder dieser Art wurden in der bündischen Illegalität vor 1945 gesungen und konnten, so unerwünscht sie zum Teil auch waren, aus der Hitlerjugend nicht ferngehalten werden (Beispiel: "Rot rauschten ihre Wimpel überm Skönja-Fjord" von Alf Zschiesche). Es ist ja auch nicht richtig, wie allenthalben bei Autoren ohne Zeitzeugenkenntnis zu lesen ist, daß in der HJ der bündische Einfluß im Laufe der dreißiger Jahre ausgemerzt wurde. Vielmehr ging er (reduziert) weiter, wie ein durch Austreten nicht zu löschendes Buschfeuer.

Der bis heute andauernde große Erfolg der internationalen Pfadfinderverbände (seit 1908) – von den "Boy Scouts of America" bis hin zur katholischen "Pfadfinderschaft St. Georg" – mit ihren Prinzipien (Selbstertüchtigung, Selbstzucht, Vaterlandsliebe, Kameradschaft, Ritterlichkeit, Gehorsam, gesunde Lebensführung, umweltschützende Naturerfahrung durch Fahrt und Lager usw., alles ohne die unguten Seiten der bündischen Jugend und die Perversionen der HJ), zeigt, daß Jugendorganisationen grundsätzlich einem gesellschaftlichen Bedarf entsprechen. Diskussionswürdig ist allerdings die künstliche Romantik mancher Lieder, die in eine irreale Lebenswelt entführen – was nicht gehindert hat, daß zahlreiche dieser Art wegen ihrer Attraktivität nach dem Zweiten Weltkrieg in die deutschen Bundeswehr-Liederbücher gelangten.

Eberhard Köbel (Fahrtenname "Tusk"; seit seiner Emigration nach England nannte er sich "Koebel") und seine am 1. November 1929 gegründete "Deutsche Jungenschaft vom 1. November 1929 ("dj. 1.11") stellen einen Sonderfall der bündischen Jugend dar. Unübersehbaren Affinitäten zur Hitlerjugend steht ein in mancher Hinsicht radikales Anderssein gegenüber: Völkischer Rassismus und elitäres Für-sich-sein-Wollen fehlen; erstrebt wird die Verbindung von soldatischer Kampfgesinnung mit mönchischer Anspruchslosigkeit. Sichtbar wird ein mitunter angestrengter, hektisch wirkender Aktionismus, der aber ergänzt sein kann durch detailverliebte Naturbeobachtung und einen ausgeprägten Sinn für die Kultur und Kunst ferner fremder Völker. Alles lebt Tusk stilbildend und prägend seinem Jugendbund vor. Seine auf den ersten Blick merkwürdigen "Garnisonen" intendieren fast eine Gemeinschaftserziehung, wie sie wenig später in den KLV-Lagern von der Hitlerjugend praktiziert wurde (vgl. dazu Harald Scholtz, in: Universitas 43, 1988, 468: Die KLV-Lager waren in den besetzten Ländern "eine Art Jugendgarnison"). Es lassen sich gewisse Topoi seines Denkens ermitteln: "Kampf, erbarmungsloses Durchsetzen, unbedingter Gehorsam, Disziplin, Dienst, Aktion, Leistung, Gemeinschaft" (Winfried Mogge, in: Jahrbuch des Archivs der deutschen Jugendbewegung 13, 1981, 30). Köbel war im Ganzen eine sehr eigenartige Gestalt von einiger Bedeutung. Gesichert ist, daß er am 20. April 1932 in die KPD eintrat, Legende wahrscheinlich ist dagegen, daß er sich von Schirach als HJ-Führer angedient habe (Michael Buddrus, in: Jahrbuch des Archivs der deutschen Jugendbewegung 17, 1988-92, 364). Was auch immer er war, gemütvolle Romantik war nicht seine Sache, und die "Blaue Blume des Wandervogels" hat er nicht mehr gesucht.

Zur Bewertung der Sexualität. – Vor allem der seltsame Reinheitsbegriff des Walter Flex (1887-1917, gefallen im Ersten Weltkrieg) "Rein bleiben und reif werden – das ist die schönste und schwerste Lebenskunst" und sein düster-melancholisches Lied "Wildgänse rauschen durch die Nacht" haben ihn zur Lichtgestalt der Jugendbewegung (einschließlich der HJ) gemacht. Sein Buch "Der Wanderer zwischen beiden Welten" wurde für bestimmte Kreise zu einem Kultbuch, das bis heute in zahllosen Auflagen erschien. Er verherrlichte den Soldatentod für das Vaterland in einer spätestens nach 1945 nicht mehr nachvollziehbaren Weise. Für Flex und seine geistigen Gefolgsleute bis weit in die konfessionellen Jugendbünde hinein gab es keine pragmatische Mitte zwischen absoluter Reinheit auf der einen und dem Sumpf haltloser Verworfenheit auf der anderen Seite. Diesem Prinzip gehorchend gingen im Ersten und Zweiten Weltkrieg zahllose junge Soldaten in den Tod, ohne erfahren zu haben, was Liebe zwischen Mann und Frau sein kann. Solche "verkniffene Haltung gegen das sinnliche Glück" rechnete Adorno "dem sadomasochistischen Grundzug des deutschen Faschismus zu" (siehe Johannes Hodek, in: Musik und Musikpolitik im faschistischen Deutschland, hg. von Hanns-Werner Heister und Hans-Günter Klein, Frankfurt 1984, S. 26). Vielleicht geht dieses "Ethos der Prüderie" zunächst einmal auf viktorianische Elemente im deutschen Denken der Jahrhundertwende zurück.

Eine Art Gegenpol zu Flex' Reinheitsbegriff bietet der Antifeminismus des Köbel-Tusk ("ausgeliebte Mädchen bleiben traurig zurück"). Für den nach Taten drängenden heldischen jungen Mann sind Mädchen nur Ballast. Ein natürliches, unverkrampftes Verhältnis zum anderen Geschlecht und zur Sexualität ist in den Quellen zur Geschichte der Jugendbewegung (einschließlich der HJ) nur selten zu finden. Nicht von ungefähr waren deshalb in beiden Großgruppen Homoerotik und Homosexualität ein gewisses Problem. Mit seiner Behauptung einer homoerotischen Grundströmung im Wandervogel ging Hans Blüher aber entschieden zu weit. Im übrigen belegen auch die in der Jugendbewegung beliebten freizügigen Bilder des Fidus (1868-1948) kein unverkrampftes Verhältnis zur Sexualität. Es sind idealisierende Darstellungen der seinerzeit aufkommenden Nacktkultur, realitätsferne unerotische Utopien.

14.2 Quellen

Der Zupfgeigenhansl. Das Liederbuch der Wandervögel. Hg. von Hans *Breuer* unter Mitwirkung vieler Wandervögel. Reprint nach einem Exemplar der 10. Auflage Leipzig (Hofmeister) 1913 (zuerst 1908). 227 S.

Blüher, Hans: Wandervogel. Geschichte einer Jugendbewegung. 3 Bde., Frankfurt (dipa) 1976 (zuerst 1912). – Ein informatives und flüssig zu lesendes bedeutendes Werk. Viel Widerspruch fand seine Frauenfeindlichkeit (Antifeminismus) und seine nur schwach belegte Behauptung einer homoerotischen Grundströmung im "Wandervogel".

Burte, Hermann: Wiltfeber, der ewige Deutsche. Die Geschichte eines Heimkehrers. – Berlin (Deutsche Buch-Gemeinschaft) 1912. 439 S. – Völkisch-nationaler Autor, dessen "Wiltfeber" in der Jugendbewegung vor 1933 ein Bestseller war. Auch in der Hitlerjugend war Burte wohlbekannt und geschätzt.

Helmut Harringa. Eine Geschichte aus unserer Zeit von Hermann *Popert*, fürs deutsche Volk herausgegeben vom Dürerbunde. 20. Aufl. – Dresden (Alexander Köhler) 1912 (zuerst 1910). 286 S. – Helmut Harringa ist eine lebensreformerische 'Lichtgestalt', die in der Jugendbewegung vor 1933 z. T. eine Art Leitfigur wurde. In der Hitlerjugend hatte Popert und sein Romanheld keine Bedeutung.

Flex, Walter: Der Wanderer zwischen beiden Welten. Novelle. – Kiel (Orion-Heimreiter) 1993 (zuerst 1917) 127 S. – Ein 'Kultbuch' in der Jugendbewegung vor 1933 und in der Hitlerjugend. S. 8-9 das Gedicht "Wildgänse rauschen durch die Nacht". S. 50 der vor und nach 1933 sehr viel zitierte Leitsatz "Rein bleiben und reif werden – das ist die schönste und schwerste Lebenskunst". Flex glorifiziert den Soldatentod für das Vaterland.

Frobenius, Else: Mit uns zieht die neue Zeit. Eine Geschichte der deutschen Jugendbewegung. – Berlin (Deutsche Buch-Gemeinschaft) 1927. 431 S. – Detailreich und von hohem Informationswert.

Schoeps, Hans-Joachim: Die letzten dreißig Jahre. Rückblicke. – Stuttgart (Klett) 1956. – S. 188-202: "Jugend und Nationalsozialismus" (zuerst 1930 veröffentlicht). – "Warum steht diese Jugend nicht zur Republik? ... 'Weil wir uns für Stresemann nicht totschießen lassen können' ... Den Jungen geht es heute nicht mehr in erster Linie um die Geltung des Einzelmenschen und die Freiheit des Meinungsaustausches, sondern um die Geltung und Würde des Staates und um die persönliche Legitimierung durch gliedhafte Einordnung. – Darin nämlich wurzelt das heute so vielberufene 'bündische Lebensgefühl' ... Die demokratische Republik wird sich nur dann halten und die Herzen der Jugend gewinnen können, wenn sie endlich autoritär wird. Es hängt heute alles davon ab, ob die Republik es in letzter Stunde noch versteht, ... eine 'Repräsentative Führerschicht' herauszustellen, der man vertrauensvoll 'Gefolgschaft' leisten kann".

St. Georg. Liederbuch deutscher Jugend. Unter Mitarbeit deutscher Jugendbünde hg. von Walter *Gollhardt*. – Plauen (Günther Wolff) 1931. 386 S.

Köbel, Eberhard: Der gespannte Bogen. Eine Flugschrift zur deutschen Jungenschaft. – Faksimile zur Geschichte von dj. 1.11; neu herausgegeben von Achim Freudenstein 1994, Copyright: Gabriele Voos. 60 S. (Der Vorspruch zur Erstausgabe ist datiert von tusk: "im Januar 1931"). – Köbel begründete die "Deutsche Jungenschaft vom 1. November 1929" (dj. 1.11), eine Spätform der bündischen Jugend ganz eigener Art, von der zahlreiche lebensweltliche Elemente in das "Deutsche Jungvolk" der Hitlerjugend übernommen wurden, z. B. die dunkelblaue Jungenschaftsbluse. Köbel (Fahrtenname "tusk") und seine dj. 1.11 hatten kein festes Programm, kannten keinen Weltanschauungs- und Methodenzwang, wollten offen bleiben für Künftiges und auf der Suche sein (doch ohne weichliche, gemüthafte Romantik als Suche nach der 'Blauen Blume'); ihr Fernweh war nicht diffus-romantisch, sondern zielgerichtet (ferner Osten,

hoher Norden, Rußland, Verehrung exotischen Heldentums). Ihr Sinn für soldatische Straffheit und Führertum war begleitet von Liberalität und der Ablehnung von Fremdbestimmtsein. Zu gewissen antizivilisatorischen Affekten (Sinn
für Natur und Natürliches, Wertschätzung Rousseaus) kam die Förderung von
Eigenaktivitäten in Kunst und Musik. Mit Mädchen hatte man wenig im Sinn
("... lassen sie ausgeliebte, traurige Mädchen zurück", Der gespannte Bogen,
S. 9). Ihre Dynamik, Leidenschaftlichkeit, Wagemut, Entschiedenheit ließen die
"Deutsche Jungenschaft" aus der Sicht der Hitlerjugend unkontrollierbar chaotisch, anarchisch und deshalb zutiefst suspekt erscheinen. Auch war sie, obwohl
an Zahl vergleichsweise gering, als Konkurrentin gefürchtet, ging doch von ihr
eine starke, weitwirkende Faszination aus.

Köbel, Eberhard: Die Heldenfibel. – Plauen i. V. (Günther Wolff) 1933. 216 S. – Eine lehrbuchartige Beispielsammlung zum Thema "heldisches Leben". Zu den
beispielhaften Menschen zählen Jeanne d'Arc und die Samurais. Lebensregeln
bieten der Zen-Buddhismus und Heraklit (z. B. Krieg ist der Vater aller Dinge;
einer gilt mir zehntausend, falls er der beste ist; die besten ziehen allem anderen
vor die ewige Wirkung ihrer Taten). Exemplarisch ist auch die Nibelungensa-
ge (als "Drama Hagens"). "Tat" und "Kampfgesinnung" bestimmen "den Weg
des hohen Menschen" (S. 31. 45. 123). Sinnvoll ist "Heldsein in jungen Jahren, nicht geizig Körper sammeln, nicht ängstlich seinen Leib durch die Jahre
tragen"; denn "das Wesentliche stirbt nie" (S. 16; vgl. S. 106: "Mutig sein und
Unsterblichsein – dasselbe"). Der Held weiß, "dass es nötig und ehrenhaft ist,
fürs Vaterland zu sterben" (S. 120) und ist konsequent gegen eine pazifistische
Gesinnung (S. 143). Der heldische Mann fragt nicht "wohin der Weg führt';
denn "im menschlichen Leben gibt es weder Zweck noch Sinn" S. 144). Der
heroische Meister "betet nicht. Helden beten nicht" (S. 144). Der pantheistisch
verstandene Gott "schenkt keine Gnade. Gnade ist Schande, spricht Lao-tse"
(S. 144). Wie oft in der Jugendbewegung seit Walter Flex erscheinen – nicht
näher definiert – die Begriffe "rein" und "Reinheit" (S. 30. 53). Entsprechend
ist das Verhältnis zu weiblichen Wesen merkwürdig distanziert. So hört zwar
die Freundin des Kriegsfreiwilligen alles, was er sagt, "aber sie versteht es
nicht. Keine der heiligen Ideen eines Ordensschülers teilt sie mit mir" (S. 37;
vgl. S. 151: "Während des ganzen Krieges wird der Held seine Frau nicht besuchen").

Tusk [Eberhard *Koebel*]. Gesammelte Schriften und Dichtungen, hg. von Werner
Helwig. – Heidenheim (Südmarkverlag Fritsch) 1962. 407 S. – Es geht um ein
gesteigertes Lebensgefühl und Entschiedenheit des Tuns: "Wir müssen empfinden lernen, was echtes, großes Leben ist" (S. 324). "Alles sollt ihr ganz und
gar machen und immer besser, als bisher" (S. 201; vgl. S. 322: "Wir hatten alles ganz und gar getan"). "Schmiede dir hemmungslose Pläne... mach dich
kühn an die Ausführung... Befreie dich von Trägheit und dummen Meinun-
gen" (S. 302). "Die Jugendbewegung war einmal groß und gefährlich. Sie wurde von Schuldirektoren, Ministerien, Geistlichen verboten. Die Jugendbewegung ist heute brav, ungefährlich und harmlos. Sie wird von Schuldirektoren,
Ministerien, Kirchen und Generalen empfohlen und gefördert" (S. 299). Der

Sinn der deutschen Jugendbewegung nach dem Krieg (1914-1918) liegt in ihrem Kampf gegen einen nur für Reiche geltenden Freiheitsbegriff. Aber dieser
Kampf war eine "weiße Blume" ohne Frucht (S. 319 f.). Große Bedeutung hat
ein gewisser Stil ("ein in der Kohte liegendes Fahrrad ist stillos", S. 314), hohen Rang hat Musik bzw. das Singen von Liedern (S. 324), und "Kämpfer ohne
Geistesleben sind brutal" (S. 302). "Nicht nur Balalaika spielen soll die Hand
können. Der Kampfgeist ist genau so wichtig... Wir müssen das... Bequeme,
Schwächliche im Körper überwinden. Müssen Männer werden, die jederzeit
zu den härtesten Kämpfen bereit sind. Der Streit ist ewig. Verbindet die Kunst
mit dem Kampfgeist" (S. 324). Man muß sich mit Naturkunde und Naturgeschichte befassen ("die Gesetze von Licht, Leben, Sternbahn, Tier und Blume!"). Zu vereinigen sind "Kunst, Kampfgeist und Naturgeschichte". So "werdet ihr Träger der blauen Montur ein schweres Schwert. Im großen Streit der
Zeit wird es den entscheidenden Streich tun... Die neuen Gestalten müssen
zuerst im Eisbrecher zum Leben erweckt werden: die jungen, naturkundigen
Krieger und Künstler... ein gefährliches Jungvolk entsteht, unbestechlich, un-
bezähmbar" (S. 325). "Wir bekennen uns zum Kampf. Wir wollen siegen. Kein
Sieg ohne Kampf" (S. 302). Dementsprechend sind die dj. 1.11-Angehörenden
"junge Krieger" (S. 324; vgl. S. 265, aus der 'Leonenrotte': "Er hätte weiterkämpfen sollen. Man darf nie verzweifeln. Man muß immer weiterkämpfen").
In der "deutschen Jungenschaft vom 1.11" herrscht ein auffälliger Aktionismus: "Wir rennen unaufhaltsam vorwärts" (S. 299), und die Kolonne der dj.
1.11 marschiert "neuen Aktionen entgegen" (S. 322) ohne klares Ziel: "Mit dem
Opfergeist der freiwilligen Patrouillen ins Ungewisse" (S. 324; vgl. S. 325: "Eure Fahrten müssen euch an den Feind führen und nicht in die Etappe"). "Der
Traum aller ist das gemeinsame Leben auch im Alltag. Wochenlange Kasernierung während der Schulzeit mit gemeinsamen Arbeits- und Sportstunden
wurden schon durchgeführt. Später entstanden 'Garnisonen', in denen ganze
Gruppen ständig unter der Fahne leben. Ich schreibe diese Sätze in der Berliner
dj. 1.11-Garnison, der einzigen, die bisher geglückt ist" (S. 319). – Hier zeigen sich Gemeinsamkeiten mit späteren HJ-Vorstellungen, ebenso S. 319: "Die
meisten nennen 'Freiheit', wenn jeder tun und lassen kann, was er will. In dj.
1.11 rotten wir diesen Freiheitsbegriff aus... Die gemeinsame Macht ist unsere
gemeinsame Freiheit".

Die deutsche Jugendbewegung 1920 bis 1933. Die bündische Zeit. Quellenschriften.
Hg. im Auftrage des "Gemeinschaftswerkes Archiv und Dokumentation der
Jugendbewegung" von Werner *Kindt*. – Düsseldorf (Eugen Diederichs Ver-
lag) 1975. 1840 S. – Darin u. a. S. 769-794: "Die Jüdische Jugendbewegung in
Deutschland" (von Chaim Schatzker); S. 909-930: "Die Artamanenbewegung";
S. 1447-1457 zu verschiedenen "Landerziehungsheimen"; S. 1521-1528: "Die
Arbeitslagerbewegung"; S. 1624-1671: "Die Jugendmusikbewegung in der Zeit
der bündischen Jugend".

Grundschriften der deutschen Jugendbewegung. Hg. im Auftrage des "Gemeinschaftswerkes Dokumentation der Jugendbewegung" von Werner *Kindt*. – Düsseldorf (Eugen Diederichs Verlag) 1963. 598 S.

Vesper, Will (Hg.): Deutsche Jugend. 30 Jahre Geschichte einer Bewegung. – Berlin (Holle) 1934. 384 S. – Das Werk läßt erkennen, daß viele Führer der bündischen Jugend sich von der Hitlerjugend vereinnahmen ließen und sich selbst als Wegbereiter der HJ und deren Vorläufer herabstuften.

St. Georg. Liederbuch deutscher Jugend. Hg. von Walter *Gollhardt*. 2. Aufl. – Plauen (Günther Wolff) 1935. 445 S.

Fick, Luise: Die deutsche Jugendbewegung. – Jena (Diederichs) 1939. 271 S. – Auch hier wird die Jugendbewegung als bloßer Vorläufer der Hitlerjugend herabgestuft und aus nationalsozialistischer Sicht sozusagen vereinnahmt. Gleichwohl ist das Werk detailreich und, bei kritischer Lektüre, eine nützliche Quelle.

Proksch, Rudolf: Artamanen. Der Beginn einer Bewegung zur Heimkehr der Jugend aufs Land. – Wille und Macht 7 (1939) Heft 5 (1. März 1939) 16-28. – Die seit ihrer Gründung im Jahre 1924 starke Affinität des Bundes Artam zum Nationalsozialismus (ihr Wimpel trug das Hakenkreuz; am 30. Januar 1929 wurde Heinrich Himmler, Mitglied der NSDAP, Gauführer der Artamanen Bayerns) entwickelte sich so, daß er am 7. Oktober 1934 in die Hitlerjugend eingegliedert wurde. Durch ihn wurde der "Landdienst" zu einem wesentlichen Element der HJ.

Jantzen, Walther: Der Urwandervogel – Aufbruch der Jugend am Ende der "bürgerlichen Epoche". Zum Tode Carl Fischers. – Weltanschauung und Schule 5 (1941) 230-233. – Ein Loblied auf den Begründer des Wandervogels. "Bis zu seinem Tode empfing er einen Ehrensold der Hitler-Jugend... Der Urwandervogel war das erste Fähnlein deutscher Jugend, das unter dem Feldgeschrei 'Jugend muß von Jugend geführt werden' ins Land zog". Er vertrat bereits das Prinzip "Führertum" und "Gefolgschaftstreue"... Er war ein begeisterter Anhänger Friedrich Ludwig Jahns... Er stand unter dem Einfluß des 'Rembrandtdeutschen' (Langbehn)... Er sorgte dafür, daß kein Jude in den Wandervogel aufgenommen wurde... Eine besondere Vorliebe Carl Fischers galt dem Kriegsspiel". "Die Zersplitterung der Jugendbewegung nach dem Weltkriege und das Ausweichen vieler Gruppen vor der immer dringender werdenden politischen Entscheidung mußte zur Selbstauflösung (des Wandervogels) führen". – Eine Darstellung ganz aus NS-Sicht.

14.3 Literatur

Die Aufarbeitung des Themas beginnt unmittelbar nach dem Zweiten Weltkrieg mit Becker (1949; zuerst englisch 1946). Er gehört zu den zahlreichen Autoren, welche die deutsche Jugendbewegung mit ihrem Konglomerat nationalistischer Ideologie als wegbereitende Vorläuferin der Hitlerjugend und des Nationalsozialismus sehen. Er hat wegen dieser Aussage, aber auch wegen methodischer Schwächen seines Buches, viel Widerspruch erfahren. – Michael Jovy (1984; Dissertation von 1952) war in den dreißiger Jahren Mitglied einer illegalen bündischen Gruppe in Bonn. Er betont die antiautoritären, antirassistischen und demokratischen Elemente der bündischen Gedankenwelt. Zwar spricht er von "Berührungspunkten" zwischen Jugendbewegung und

Nationalsozialismus und einer übereinstimmenden Begriffswelt, stellt aber gleichwohl grundlegende Unterschiede fest (z. B. ist die NSDAP eine "Massenorganisation").

Laqueur (1962 und 1983) sieht die Jugendbewegung in einer Kontinuität romantischer Bewegungen in Deutschland seit dem ersten Drittel des 19. Jahrhunderts, in einer Strömung, innerhalb welcher der neuzeitliche Antisemitismus entstanden und in die Jugendbewegung eingedrungen sei. Ob seine gut begründete Konzeption nachhaltige Wirkung hat und sich durchsetzt, bleibt abzuwarten. Im übrigen ist für ihn die Jugendbewegung keine Vorläuferin der Hitlerjugend. – Paetel (1963), ein bündischer Nationalrevolutionär, der nach Paris ins Exil ging, polemisiert in seinem Buch gegen den Sündenfall bündischer Jugendführer (z. B. Werner Kindt), die, wie er darlegt, freiwillig zu Hitler überliefen, während andere tapfer widerstanden. Die Jugendbewegung wertet er nicht als wegbereitenden Vorläufer der Hitlerjugend, stellt aber fest, "daß der Nationalsozialismus die Versuchung der Jugendbewegung wurde und zumindest, was maßgebliche Führer anlangt, Anlaß eines beschämenden Versagens, war nicht zufällig" (S. 137); "Was aber für die damalige Bündische Jugend Grund zur 'Kollektiv-Scham' bleiben muß, ist, daß in den Wochen der Entscheidung ihre Führung sie über Nacht ... an die Macht auslieferte" (ebd., S. 165).

Pross (1964) gehört mit Becker zu denen, welche die Bünde als wegbereitende Vorläufer der HJ einschätzen. Er hat dafür beachtliche Argumente vorgetragen, gleichwohl einigen Widerspruch erfahren. Die Verteidiger der Jugendbewegung können Pross etliche Irrtümer nachweisen (z. B. Jakob Müller, Die Jugendbewegung als deutsche Hauptrichtung neukonservativer Reform, Zürich 1971, 9). – Paul (1978) verknüpft eigene Erlebnisse als Pfadfinder, Hitlerjunge, RAD-Mann und Soldat erzählerisch geschickt mit der Zeitgeschichte zu dem farbigen Muster einer Gesamtgeschichte der Jugendbewegung seit dem "Hohen Meißner" (1913). Die Kritik hat zu Recht Ungenauigkeiten und Mängel gerügt (z. B. Wilhelm Mogge, in: Jahrbuch des Archivs der deutschen Jugendbewegung 11, 1979, 141-145), jedoch überwiegt auch beim kritischen Lesen ein positiver Eindruck von der Leistung des Autors. Zu kurz kommt bei ihm allerdings beziehungsweise außer Betracht bleibt die lebensweltliche Gesamtsituation der Jugendlichen.

Stachura (1981) bietet eine gute Gesamtdarstellung der deutschen Jugendbewegung, in die auch die konfessionellen und politischen Gruppen einbezogen sind. Er betont die Diskontinuität zwischen der HJ und den anderen Jugendverbänden und begründet sie unter anderem mit dem Zwangscharakter und der straffen Hierarchie der Hitlerjugend sowie mit der anderen sozialen Zusammensetzung (hier die eher proletarische HJ, dort bürgerlicher Mittelstand); Zu Stachura vgl. auch die Rezension im Jahrbuch des Archivs der deutschen Jugendbewegung 14, 1982-83, 335-338. – Hervorzuheben sind hier auch Hellfeld-Klönne (1987; zuerst 1985). Sie bieten einschlägige 136 Quellentexte (z. B. Nr. 1-7: "Jugendverbände beim Übergang in das Dritte Reich"; Nr. 63-76: "Jüdische Jugendliche im NS-Staat"). Es handelt sich um eine nützliche Einführung in das Gesamtthema "Jugend im Faschismus". Der Zwang zur knappen Auswahl läßt den wissenschaftlich interessierten Leser aber schnell an Grenzen stoßen (eine Rezension von Bernd-A. Rusinek, in: Jahrbuch des Archivs der deutschen Jugendbewegung 15, 1984-85, 478-481; vgl. Benjamin Ortmeyer, Schicksale jüdischer Schülerinnen und Schüler in der NS-Zeit, Witterschlick/Bonn 1998, 598-601). – Nach wie vor grundlegend ist die Arbeit von Meier-Cronemeyer (1969) zur jüdischen Jugendbewegung. Sie ist auch nach drei Jahrzehnten in keiner Weise veraltet.

Die Diskussion um die zentrale Frage "War die Jugendbewegung wegbereitende Vorläuferin der HJ?" wird anhalten. Trotz Stachura dürfte sich auf die Dauer die Kontinuitätsthese durchsetzen. Einmal wegen ihres größeren argumentativen Gewichts, dann aber auch, weil von ihren Gegnern, den ehemaligen Bündischen, bald niemand mehr lebt, der die Jugendbewegung verteidigen könnte. Sie war wohl nicht als solche "(prä-)faschistisch", aber die Affinitäten der bündischen Jugend zur HJ waren zum Teil so ausgeprägt, daß die Jugend – viele freiwillig, viele unfreiwillig – zur leichten Beute Schirachs wurde.

Ebeling, Hans: The German Youth Movement. – London 1945

Becker, Howard: Vom Barette schwankt die Feder. Die Geschichte der deutschen Jugendbewegung. – Wiesbaden (Verlag DER GREIF, Walther Gericke) 1949. 291 S. (zuerst unter dem Titel "German Youth: Bond or Free", London 1946 und Oxford Univ. Pr. 1947)

Seidelmann, Karl: Bund und Gruppe als Lebensformen deutscher Jugend. Versuch einer Erscheinungskunde des deutschen Jugendlebens in der ersten Hälfte des XX. Jahrhunderts. – München (Wiking) 1955. 382 S.

Helwig, Werner: Die Blaue Blume des Wandervogels. Vom Aufstieg, Glanz und Sinn einer Jugendbewegung. – Gütersloh (Mohn) 1960. 407 S.

Raabe, Felix: Die bündische Jugend. Ein Beitrag zur Geschichte der Weimarer Republik. – Stuttgart 1961. 256 S.

Gerhard *Ziemer*/Hans *Wolf*: Wandervogel und Freideutsche Jugend. – Bad Godesberg (Voggenreiter) 1961. 537 S.

Laqueur, Walter: Die deutsche Jugendbewegung. Eine historische Studie. – Köln (Wissenschaft und Politik) 1983 (zuerst 1962)

Croon, Helmuth: Arbeitslager und Arbeitsdienst, in: Die Jugendbewegung, Welt und Wirkung, hg. von Elisabeth Korn (u. a.), Düsseldorf (Eugen Diederichs) 1963, 221-234

Paetel, Karl O.: Jugend in der Entscheidung. 1913-1933-1945. – Bad Godesberg (Voggenreiter) 1963. 308 S.

Gerhard *Ziemer*/Hans *Wolf*: Wandervogel-Bildatlas. – Bad Godesberg (Voggenreiter) 1963

Pross, Harry: Jugend, Eros, Politik. Die Geschichte der deutschen Jugendverbände. – München (Scherz) 1964. 524 S. – Darin u. a. S. 382-392 zu Eberhard Köbel (tusk).

Schmidt, Ulrike: Über das Verhältnis von Jugendbewegung und Hitlerjugend. – Geschichte in Wissenschaft und Unterricht 16 (1965) 19-37

Hastenteufel, Paul: Verlorenes Paradies? Die Jugendbewegung in heutiger Sicht. – Hochland 58 (1965/66) 38-52

Seidelmann, Karl (Hg.): Die deutsche Jugendbewegung. – Bad Heilbrunn (Klinkhardt) 1966. 165 S.

Meier-Cronemeyer, Hermann: Jüdische Jugendbewegung. – Germania Judaica. Kölner Bibliothek zur Geschichte des deutschen Judentums e. V., Neue Folge 27-30, VIII. Jg., Heft 1-4 (1969) S. 1-122

Wangelin, Helmut: Der Wandervogel und das Völkische. – Jahrbuch des Archivs der deutschen Jugendbewegung 2 (1970) 43-77

Kater, Michael H.: Die Artamanen – Völkische Jugend in der Weimarer Republik. – Historische Zeitschrift 213 (1971) 577-638

Kneip, Rudolf: Jugend der Weimarer Zeit. Handbuch der Jugendverbände 1919-1938. – Frankfurt (dipa) 1974. 379 S. – Darin auch zu den verschiedenen jüdischen Jugendgruppen.

Bühler, Karl: Arbeitsdienst als Erziehungsaufgabe in frühen Theorien der zwanziger Jahre. – Jahrbuch des Archivs der deutschen Jugendbewegung 7 (1975) 41-65

Seidelmann, Karl: War die Jugendbewegung präfaschistisch? – Jahrbuch des Archivs der deutschen Jugendbewegung 7 (1975) 66-74

Kater, Michael H.: Bürgerliche Jugendbewegung und Hitlerjugend in Deutschland von 1926 bis 1939. – Archiv für Sozialgeschichte 17 (1977) 127-174

Kater, Michael H.: Die unbewältigte Jugendbewegung. Zu neuen Büchern von Rudolf Kneip, Werner Kindt und Hannsjoachim W. Koch. – Archiv für Sozialgeschichte 17 (1977) 559-566

Seidelmann, Karl: Die Pfadfinder in der deutschen Jugendgeschichte. Teil 1: Darstellung. Teil 2,1: Quellen und Dokumente aus der Zeit bis 1945. – Hannover (Schroedel) 1977-1980 (alles Erschienene)

Ziemer, Gerhard: Hans Blühers Geschichte des Wandervogels. Die erste Deutung der deutschen Jugendbewegung. – Jahrbuch des Archivs der deutschen Jugendbewegung 9 (1977) 186-198

Paul, Wolfgang: Das Feldlager. Jugend zwischen Langemarck und Stalingrad. – Esslingen (Bechtle) 1978. 428 S.

Götz von Olenhusen, Irmtraud: Die Krise der jungen Generation und der Aufstieg des Nationalsozialismus. Eine Analyse der Jugendorganisationen der Weimarer Zeit. – Jahrbuch des Archivs der deutschen Jugendbewegung 12 (1980) 53-82

Klönne, Arno: Jugendbewegung und Faschismus. Zusammenhänge und Konflikte. – Jahrbuch des Archivs der deutschen Jugendbewegung 12 (1980) 23-34

Klönne, Arno: Jugendbewegung und Faschismus, in: Terror und Hoffnung in Deutschland 1933-1945, hg. von Johannes Beck (u. a.), Reinbek (Rowohlt) 1980, 421-425

Mogge, Winfried: Bündische Jugend und Nationalsozialismus. Probleme der Forschung, illustriert am Beispiel Eberhard Köbels und der Deutschen Jungenschaft. – Informationen zur erziehungs- und bildungshistorischen Forschung 14 (1980) 137-153

Stachura, Peter D.: Deutsche Jugendbewegung und Nationalsozialismus. Interpretationen und Perspektiven. - Jahrbuch des Archivs der deutschen Jugendbewegung 12 (1980) 35-52

Steinbrinker, Heinrich: Schnittmengen. Eine Einführung in das Thema: Jugendbewegung und Nationalsozialismus. – Jahrbuch des Archivs der deutschen Jugendbewegung 12 (1980) 11-22

Giesecke, Hermann: Vom Wandervogel zur Hitlerjugend. Jugendarbeit zwischen Politik und Pädagogik. –München (Juventa) 1981. 232 S.

Mogge, Winfried: "Der gespannte Bogen". Jugendbewegung und Nationalsozialismus. Eine Zwischenbilanz. – Jahrbuch des Archivs der deutschen Jugendbewegung 13 (1981) 11-34

Stachura, Peter D.: The German Youth Movement 1908-1945. An Interpretative and Documentary History. – London (Macmillan) 1981. 246 S. – S. 71-93: "Confessional Youth: Catholic, Protestant, Jewish".

Zilius, Wilhelm: Bücher über die Hitler-Jugend. Ein Bericht unter besonderer Berücksichtigung des Verhältnisses zwischen Hitler-Jugend und Jugendbewegung. – Jahrbuch des Archivs der deutschen Jugendbewegung 13 (1981) 221-248

Boberach, Heinz: Jugend unter Hitler. – Düsseldorf (Droste) 1982. 174 S. – S. 7-24: "Von der Wanderkluft zur Uniform. Organisierte Jugend am Ende der Weimarer Republik".

Czeloth, Hans (u. a.): Jugendbewegtes Reservat oder nationalsozialistische Kaderschule? Das "Landjahr" in der Diskussion. – Jahrbuch des Archivs der deutschen Jugendbewegung 14 (1982-83) 105-116

Musial, Magdalene: Jugendbewegung und Emanzipation der Frau – Ein Beitrag zur Rolle der weiblichen Jugend in der Jugendbewegung bis 1933. – Diss. Essen 1982. 338 S.

Otto *Neuloh*/Wilhelm *Zilius*: Die Wandervögel. Eine empirisch-soziologische Untersuchung der frühen deutschen Jugendbewegung. – Göttingen (Vandenhoeck & Ruprecht) 1982. 201 S.

Krycler, Benno: Meine Erinnerungen an die jüdische Jugendbewegung "Blau-Weiß" in Essen. – Das Münster am Hellweg 36 (1983) 129-139

Jovy, Michael: Jugendbewegung und Nationalsozialismus. Zusammenhänge und Gegensätze. Versuch einer Klärung. Eingeleitet von Arno Klönne. –Münster (Lit) 1984. 216 S.

Klönne, Arno: Jungbrunst. Über den ästhetischen und politischen Dilettantismus der deutschen Jugendbewegung, in: Künstliche Paradiese der Jugend, hg. von Peter Ulrich Hein, Münster (Lit) 1984, 100-106

Graul, Hans: Der Jungenschafter ohne Fortune. Eberhard Köbel (tusk) erlebt und biographisch erarbeitet von seinem Wiener Gefährten. – Frankfurt (dipa) 1985. 248 S.

Matthias von *Hellfeld*/Arno *Klönne*: Die betrogene Generation. Jugend in Deutschland unter dem Faschismus. Quellen und Dokumente. – Köln (Pahl-Rugenstein) 1985 (2. Aufl. 1987). 352 S. – S. 16-31: "Jugendverbände beim Übergang in das Dritte Reich".

Janz, Rolf-Peter: Die Faszination der Jugend durch Rituale und sakrale Symbole. Mit Anmerkungen zu Fidus, Hesse, Hofmannsthal und George, in: "Mit uns zieht die neue Zeit". Der Mythos Jugend, hg. von Thomas Koebner (u. a.), Frankfurt (Suhrkamp) 1985, 310-337

Klönne, Arno: Bündische Jugend, Nationalsozialismus und NS-Staat, in: Der Widerstand gegen den Nationalsozialismus, hg. von Jürgen Schmädeke und Peter Steinbach, München (Piper) 1985, 182-189

Mattenklott, Gert: "Nicht durch Kampfesmacht und nicht durch Körperkraft... ". Alternativen jüdischer Jugendbewegung in Deutschland vom "Anfang" bis 1933, in: "Mit uns zieht die neue Zeit". Der Mythos Jugend, hg. von Thomas Koebner (u. a.), Frankfurt (Suhrkamp) 1985, 338-359

Mogge, Winfried: Bilder aus dem Wandervogel-Leben. Die bürgerliche Jugendbewegung in Fotos von Julius Groß, 1913-1933. – Wuppertal (Hammer) 1985. 128 S.

Schmitz, Peter: Die Artamanen. Landarbeit und Siedlung bündischer Jugend in Deutschland 1924-1935. – Bad Neustadt a. d. Saale (Pfähler) 1985. 168 S.

Dowe, Dieter (Hg.): Jugendprotest und Generationenkonflikt in Europa im 20. Jahrhundert. Deutschland, England, Frankreich und Italien im Vergleich. – Bonn (Neue Gesellschaft) 1986. 474 S.

Mogge, Winfried: "Wir sind dazu verdammt, zu spät gekommen zu sein... ". Eberhard Koebel und die Deutsche Jungenschaft, in: Schock und Schöpfung, hg. von Willi Bucher und Klaus Pohl, Darmstadt (Luchterhand) 1986, 361-366

Müller, Paul: Romantik und Militanz. Meine Jugend als Sozialist, in: Schock und Schöpfung, hg. von Willi Bucher und Klaus Pohl, Darmstadt (Luchterhand) 1986, 367-372

Treziak, Ulrike: Deutsche Jugendbewegung am Ende der Weimarer Republik. Zum Verhältnis von Bündischer Jugend und Nationalsozialismus. – Frankfurt (dipa) 1986. 137 S.

Kater, Michael H.: Jugendbewegung und Hitlerjugend in der Weimarer Republik, in: "Neue Erziehung", "Neue Menschen", hg. von Ulrich Herrmann, Weinheim (Beltz) 1987, 279-302

Marion E.P. de *Ras*: Körper, Eros und weibliche Kultur. Mädchen im Wandervogel und in der Bündischen Jugend, 1900-1933. – Pfaffenweiler (Centaurus) 1988. 267 S.

Reulecke, Jürgen: "... und sie werden nicht mehr frei ihr ganzes Leben!" Der Weg in die "Staatsjugend" von der Weimarer Republik zur NS-Zeit, in: Pädagogik und Nationalsozialismus, hg. von Ulrich Herrmann und Jürgen Oelkers, Weinheim (Beltz) 1988, 243-255

Reulecke, Jürgen: Im Schatten der Meißnerformel: Lebenslauf und Geschichte der Jahrhundertgeneration, in: Der Erste Freideutsche Jugendtag in Dokumenten, Deutungen und Bildern, hg. von Winfried Mogge/Jürgen Reulecke, Köln (Verlag Wissenschaft und Politik) 1988, 11-32. – S. 23-27: "Der Marsch ins Dritte Reich".

Scholz, Erich (Olka): Zur Geschichte der bündischen Lieder. Die Lieder zwischen 1920 und 1933. – Der Eisbrecher. Zeitschrift der Bündischen Jugend (Stuttgart), Heft 1/1988, S. 3-8

Behrens-Cobet, Heidi (Hg.): Rote Jugend im schwarzen Revier. Bilder aus der Geschichte der Essener Arbeiterjugendbewegung, unter Mitarbeit von Frank Bajohr. – Essen (Klartext) 1989. 129 S.

Handbuch der deutschen Bildungsgeschichte. Band V. 1918-1945. Die Weimarer Republik und die nationalsozialistische Diktatur. Hg. von Dieter Langewiesche und Heinz-Elmar Tenorth. – München (Beck) 1989. – Darin u. a. Albrecht *Lehmann* S. 423-428: "Bündische Jugend und Hitlerjugend".

Michael *Fritz* (u. a.): "... und fahr'n wir ohne Wiederkehr". Ein Lesebuch zur Kriegsbegeisterung junger Männer. Bd. 1: Der Wandervogel. – Frankfurt (Brandes & Apsel) 1990. 176 S.

Klönne, Irmgard: "Ich spring' in diesem Ringe". Mädchen und Frauen in der deutschen Jugendbewegung. – Pfaffenweiler (Centaurus) 1990. – S. 145-147: "Jüdische Jugendbewegung".

Mogge, Winfried: Vom Jungenreich zum Jungenstaat-Männerbündische Vorstellungen und Organisationen in der bürgerlichen Jugendbewegung, in: Männer-Bande, Männer-Bünde, hg. von Gisela Völger und Karin v. Welck. – 2 Bde., Köln (Rautenstrauch-Joest-Museum) 1990, Band II, 103-110

Schneider, Bernhard: Daten zur Geschichte der Jugendbewegung, unter besonderer Berücksichtigung des Pfadfindertums 1890-1945. – Münster (Lit) 1990. 200 S. – U. a. auch zu jüdischen Jugendverbänden (S. 42. 44-45), zu Arbeiterjugendbünden (S. 47) und zu katholischen Jugendverbänden (S. 45); S. 246-250: "Liederbücher".

Klein, Silvia/*Stelmaszyk*, Bernhard: Eberhard Köbel, 'Tusk'. Ein biographisches Porträt über die Jahre 1907 bis 1945, in: Piraten, Swings und Junge Garde. Jugendwiderstand im Nationalsozialismus, hg. von Wilfried Breyvogel, Bonn (Dietz) 1991, 102-137

Schenk, Dietmar: Die Freideutsche Jugend 1913-1919/20. Eine Jugendbewegung in Krieg, Revolution und Krise. – Münster (Lit) 1991. 500 S.

Winnecken, Andreas: Ein Fall von Antisemitismus. Zur Geschichte und Pathogenese der deutschen Jugendbewegung vor dem Ersten Weltkrieg. – Köln (Verlag Wissenschaft und Politik) 1991. 155 S. – S. 101-112 zur jüdischen Jugendbewegung.

Benno *Hafeneger*/Michael *Fritz*: Wehrerziehung und Kriegsgedanke in der Weimarer Republik. Ein Lesebuch zur Kriegsbegeisterung junger Männer. Bd. 2: Jugendverbände und -bünde. – Frankfurt (Brandes & Apsel) 1992. 158 S.

Klönne, Irmgard: Deutsch, jüdisch, bündisch. Erinnerung an die aus Deutschland vertriebene jüdische Jugendbewegung. – Witzenhausen (Südmarkverlag) 1993. 43 S.

Reulecke, Jürgen: "Hat die Jugendbewegung den Nationalsozialismus vorbereitet?". Zum Umgang mit einer falschen Frage, in: Politische Jugend in der Weimarer Republik, hg. von Wolfgang R. Krabbe, Bochum (Brockmeyer) 1993, 222-243

Geuter, Ulfried: Homosexualität in der deutschen Jugendbewegung. Jungenfreundschaft und Sexualität im Diskurs von Jugendbewegung, Psychoanalyse und Jugendpsychologic am Beginn des 20. Jahrhunderts. – Frankfurt (Suhrkamp) 1994. 373 S.

Hetkamp, Jutta: Die jüdische Jugendbewegung in Deutschland von 1913-1933. Mit einem Vorwort von Schalom Ben-Chorin. – Münster (LIT) 1994. 214 S.

Hetkamp, Jutta: Ausgewählte Interviews von Ehemaligen der Jüdischen Jugendbewegung in Deutschland von 1913-1933. – Münster (LIT) 1994. 137 S.

Klönne, Arno: "Und fahr'n wir ohne Wiederkehr... ". Zur Geschichte der Wehrerziehung der Jugend in Deutschland. – Pädagogik Extra 1994, Heft 6 (Juni 1994) S. 16-20

Keim, Wolfgang: Erziehung unter der Nazi-Diktatur. Band I: Antidemokratische Potentiale, Machtantritt, Machtdurchsetzung; Band II: Kriegsvorbereitung, Krieg und Holocaust. – Darmstadt (Wiss. Buchgesellschaft) 1995-1997. – I, 129-132: "Bündische und konfessionelle Jugend 1933".

Nerohm: Die letzten Wandervögel. Burg Waldeck und die Nerother. Geschichte einer Jugendbewegung. – Baunach (Deutscher Spurbuchverlag) 1995. 207 S.

Frigga *Tiletschke* und Christel *Liebold*: Aus grauer Städte Mauern. Bürgerliche Jugendbewegung in Bielefeld 1900-1933. – Bielefeld (Verlag für Regionalgeschichte) 1995. 312 S.

Behrens-Cobet, Heidi: Aus der "Hochschule des Proletariats". Die Essener SAJ und die Bildungsbemühungen ihrer Mitglieder, in: Jugend zwischen Selbst- und Fremdbestimmung, hg. von Burkhard Dietz (u. a.), Bochum (Winkler) 1996, 255-272

Perchinig, Elisabeth: Zur Einübung von Weiblichkeit im Terrorzusammenhang. Mädchenadoleszenz in der NS-Gesellschaft. – München (Profil) 1996. 241 S. – S. 69-79: "Bürgerliche Jugendbewegung und die nationalsozialistischen Jugendorganisationen".

Handbuch zur "Völkischen Bewegung" 1871-1918. Hg. von Uwe *Puschner* (u. a.). – München (Saur) 1996

Reulecke, Jürgen: "Wir reiten die Sehnsucht tot" oder: Melancholie als Droge. Anmerkungen zum bündischen Liedgut, in: Männergeschichte-Geschlechtergeschichte. Männlichkeit im Wandel der Moderne, hg. von Thomas Kühne, Frankfurt (Campus) 1996, 156-173

Schade, Rosemarie: Ein weibliches Utopia. Organisationen und Ideologien der Mädchen und Frauen in der bürgerlichen Jugendbewegung 1905-1933. Aus dem Englischen übersetzt von Ludger Mogge. – Witzenhausen (Archiv der deutschen Jugendbewegung) 1996. 324 S.

Schröder, Peter: Die Leitbegriffe der deutschen Jugendbewegung in der Weimarer Republik. Eine ideengeschichtliche Studie. – Münster (LIT) 1996. 117 S.

Jürgen von der *Trappen*: Die Schlesische Jungmannschaft in den Jahren von 1922 bis 1932. Ein Beitrag zur Geschichte der deutschen Jugendbewegung. – Diss. Essen 1996. 537 und 119 S.

Andresen, Sabine: Mädchen und Frauen in der bürgerlichen Jugendbewegung. Soziale Konstruktion von Mädchenjugend. – Neuwied (Luchterhand) 1997

Döpp, Suska: Jüdische Jugendbewegung in Köln 1906-1938. – Münster (LIT) 1997. 248 S.

Die Geschichte der Juden im Rheinland und in Westfalen. Hg. von Michael Zimmermann. – Köln (Kohlhammer) 1998. 329 S. – Darin u. a. S. 225-229: "Die jüdische Jugendbewegung" (von Yvonne *Rieker*/Michael *Zimmermann*).

Schubert-Weller, Christoph: "Kein schönrer Tod ... ". Die Militarisierung der männlichen Jugend und ihr Einsatz im Ersten Weltkrieg 1890-1918. – Weinheim (Juventa) 1998. 368 S.

Stoverock, Karin: Bündische Lieder in der Hitler-Jugend, in: Lieder in Politik und Alltag des Nationalsozialismus, hg. von Gottfried Niedhart und George Broderick, Frankfurt (Lang) 1999, 35-60

Trefz, Bernhard: Jugendbewegung und Juden in Deutschland. Eine historische Untersuchung mit besonderer Berücksichtigung des 'Deutsch-Jüdischen Wanderbundes "Kameraden'". – Frankfurt (Lang) 1999. 216 S.

15 Die Hitlerjugend (HJ) und das Deutsche Jungvolk (DJ) in der HJ; der Bund Deutscher Mädel (BDM) und die Jungmädel (JM) im BDM: Geschichte, Organisation, Lebenswelt.

Vorbemerkung zur Terminologie: HJ meint im engeren Sinne die Jungen im Alter von 14-18 Jahren, im weiteren Sinne schließt es DJ und den gesamten BDM ein; BDM meint im engeren Sinne die Mädel im Alter von 14-17 (21) Jahren, im weiteren Sinne schließt es JM ein.– In den Quellen überwiegt die Schreibweise "Hitler-Jugend".

15.1 Überblick

Seinerzeitiges Selbstverständnis und heutige Bewertung. – In dem persönlichen Schreiben Hitlers vom 10. 8. 1940 an Baldur von Schirach, in dem er diesen zum Reichsstatthalter und Gauleiter von Wien ernennt, dankt er ihm unter anderem für seine Leistung als "Schöpfer und Leiter der Jugendbewegung des Deutschen Reiches", beläßt ihm aber die allgemeine Verantwortlichkeit "für die deutsche Jugendbewegung" (Abdruck in: Das Junge Deutschland 34, 1940, 194). Hier ist, so wird beiläufig erkennbar, die Hitlerjugend schlechthin identisch mit der Jugendbewegung, und dies entspricht auch dem Selbstverständnis der HJ-Führung. Obwohl die Usurpation erst 7 Jahre zurücklag, war die Jugendbewegung vor und außerhalb der HJ schon lange kein Thema mehr, es sei denn im Sinne der Ausmerzung von Resten. An anderer Stelle gilt die Hitlerjugend noch als "die Jugend- und Kampforganisation der NSDAP" (Das Junge Deutschland 38, 1944, 15), aber das ist hier nur noch eine historische Reminiszenz, aktualisiert vor dem Hintergrund der Spätphase des Krieges.

Viele HJ-Führer, auch der höheren Führerschaft, kamen aus der bündischen Jugend. Manche hofften, ihre bündischen Vorstellungen einbringen und realisieren zu können und hielten sich gar für Idealisten. Die meisten gefielen sich in ihren neuen Positionen und waren dann nur noch Karrieristen, welche die verbrecherischen Ziele des Regimes, dem sie dienten, zunächst wohl nicht sahen, später verdrängten und jedenfalls aus dem immer schneller fahrenden Zug nicht mehr abspringen konnten oder wollten. Von Schirach selbst gab sich gern als gebildeten Poeten und kultivierten Edelmenschen, der bisweilen ernsthaft über Völkerfreundschaft und Friedensliebe redete. Aber er war in dieser Hinsicht zweifellos ein Illusionist, dazu fast sklavisch abhängig von Hitlers Wohlwollen.

Die HJ-Führer waren gewiß keine Bande von Schurken, die sich zur Verführung und zum Verderben der deutschen Jugend zusammenschlossen – z. T. waren sie selbst durch Hitlers Demagogie verführt worden –, aber je länger sie in ihren Positionen waren, desto mehr redeten sie sich ein und glaubten es, daß all ihr Tun zum Wohle Deutschlands und seiner Jugend sei. Einige wenige heute noch Lebende aus der damaligen Führungsriege glauben immer noch, nur das Beste gewollt zu haben und rühmen die Kameradschaft, die damals unter der Jugend geherrscht habe und das Fehlen häßlicher Modernismen wie Drogenkonsum, Verwahrlosung und Kriminalität. Sie verschweigen aber zumeist das damals alltäglich Böse in Gestalt der Vorbereitung und Führung eines Angriffskrieges und der rassistischen Deklassierung und "Ausmerzung" großer Teile des deutschen Volkes.

Ihren Namen erhielt die Hitlerjugend bei der (Wieder-) Gründung der NS-Jugendorganisation am 4. Juli 1926 (2. Reichsparteitag in Weimar) auf Vorschlag des Julius Streicher. Mit dem Namen übernahm die HJ auch eine ideologische Fracht und transportierte sie in zahllosen Druckerzeugnissen zu den fast 9 Millionen Mitgliedern, die sie 1939/40 hatte. Im Vergleich zu dieser Last wog federleicht, daß etwa der BDM gewisse Emanzipationsvorteile errungen habe. Tatsächlich war es so, daß zum Beispiel in ländlichen katholischen Regionen BDM-Mädchen, die etwa im Turnzeug (kurze schwarze Hose und weißes Turnhemd) zum dörflichen Sportplatz marschierten, als "nackert" Anstoß erregten und vom Dienst ferngehalten wurden (zur Sache Detlev Peukert, in: Erinnerung einer Profession, hg. von Renate Cogoy u. a., Münster 1989, 117; gegen die Annahme einer Mädchenemanzipation wendet sich Benjamin Ortmeyer, Schicksale jüdischer Schülerinnen und Schüler in der NS-Zeit, Witterschlick/Bonn 1998, 435. 658. 717). In der Tat ist zu unterscheiden zwischen einer gewissen an der Oberfläche bleibenden Scheinemanzipation einerseits und dem dominierenden Antifeminismus der NS-Weltanschauung andererseits. Aber auch einige nur scheinbare Freiheiten konnten aus der Sicht eines BDM-Mädchens ihre Reize haben: Auf Fahrt gehen und ohne Aufsicht der Eltern in der Gruppe sein, eine kleine Führerin werden usw. Die Mädchen waren einfach noch nicht in der Lage, zwischen Realität und verführerischem Schein zu unterscheiden.

Im Zusammenhang mit der BDM-Emanzipation wird seit einer Reihe von Jahren immer wieder auf die Massenschwangerschaft von etwa 1000 BDM-Mädchen hingewiesen, die auf dem Nürnberger Parteitag des Jahres 1936 zustande gekommen sei (z. B. Richard Grunberger, A Social History, London 1971, 280; zuletzt Sabine Hering, Makel, Mühsal, Privileg?, Frankfurt 1998, 77 f.; vorher Hilmar Hoffmann, "Und die Fahne führt uns in die Ewigkeit", Frankfurt 1988, 58, und etliche andere). Wäre das Wahrheit, hätten, bei Berücksichtigung der Empfängniswahrscheinlichkeit, mindestens 20 000 Mädchen und Jungen zusammengekommen sein müssen! Jedoch befanden sich in und um Nürnberg HJ und BDM nach Geschlechtern getrennt in ihren Unterkünften, und zum anderen gab es Kommunikation, soweit sie überhaupt – selten genug – zustande kam, nur auf der Ebene einer eher prüden Kameradschaftlichkeit. Selbst die Zahl 10 (statt 1000) wäre schon hoch gegriffen. Und schließlich: Die Schwangerschaft wäre erst längere Zeit nach dem Nürnberger Treffen bei den über ganz Deutschland zerstreuten Zigtausend Mädchen festzustellen gewesen. Wer hätte das wie machen können? Siehe zur Sache auch Martin Kipp/Gisela Miller-Kipp, Erkundungen im Halbdunkel, Frankfurt 1995, 185 f.

Geschichte. – Vorläufer der HJ war der am 8. März 1922 von Hitler gegründete "Jugendbund der NSDAP". Er war eine Art Jung-SA. Das Gleiche gilt von der am 4. Juli 1926 neu gegründeten "Hitler-Jugend" (Vorläufer: "Großdeutsche Jugend", Plauen im Vogtland. Führer: Kurt Gruber). Um 1927-1928 entstanden als besondere Gliederungen "Jungmannschaften" (seit 1931 "Jungvolk" genannt) und verschiedene "Schwesternschaften" (seit 1930 genannt "Bund Deutscher Mädel in der HJ"). Am 27. März 1931 wurde der bis dahin selbständige "Bund Deutsches Jungvolk" der HJ angegliedert. Am 1. Dezember 1933 wurde die HJ aus einem eingetragenen Verein

(e. V.) zu einer Körperschaft öffentlichen Rechts. Zuvor schon, am 13. Mai 1932, hatte Hitler die Abhängigkeit der HJ von der SA – sie war samt dem Reichsjugendführer dem Chef des Stabes der SA unterstellt – aufgehoben. Nachdem die NSDAP eine Körperschaft des öffentlichen Rechts geworden war, wurde nach § 2 der Verordnung zur Durchführung des Einheitsgesetzes vom 29. März 1935 (RGBl I, S. 502) auch die gesamte HJ eine Gliederung der NSDAP (Gerhart Wehner, Die rechtliche Stellung der Hitler-Jugend, Dresden 1939, 28 f.).

Das Gesetz über die Hitler-Jugend vom 1. Dezember 1936 (RGBl I, S. 993; Abdruck z. B. bei Wehner, Anhang S. 1) samt der Ersten und Zweiten Durchführungsverordnung vom 25. März 1939 (RGBl I, 709. 710; Wehner, a. O., S. 2-8; die Zweite Durchführungsverordnung ist identisch mit der "Jugenddienstverordnung") ist wohl die wichtigste Station der Entwicklung. Damit wird eine "Dienstpflicht" eingeführt, welche die lange von der HJ-Führung behauptete Freiwilligkeit des Hitlerjugenddienstes endgültig zunichte macht. So konnte für 1944 ein Mitgliederbestand der HJ (einschließlich BDM) von 9 Millionen angegeben werden (Walter Tetzlaff, Das Disziplinarrecht der Hitler-Jugend, Berlin 1944, S. 9). Das angebliche Prinzip der Freiwilligkeit war ohnehin schon geraume Zeit vorher brüchig, auch schon vor dem 1. Dezember 1936; denn bereits seit 1935 war die HJ-Mitgliedschaft aller Beamtenkinder obligatorisch (Hans-Helmut Dietze, Die Rechtsgestalt der Hitler-Jugend, Berlin 1939, S. 153). Aus der allgemeinen Bevölkerungsstatistik läßt sich im übrigen auch der Grad der Erfassung ermitteln. So kann man für 1939 mit einem Organisationsgrad von 98 Prozent rechnen (Matthias G. von Hellfeld, Davongekommen!, Frankfurt 1990, S. 22). Doch kam es noch während des Zweiten Weltkrieges vor allem in ländlichen katholischen Regionen nicht selten vor, daß Eltern ihren Kindern den Eintritt verboten und damit durchkamen.

In den Wochen vor dem üblichen Aufnahmeritual am 19./20. April ("Führers Geburtstag") wurde in der örtlichen Presse und ganzjährig in den HJ-Zeitschriften Druck gemacht: "Alle Jugendlichen sind auf Anordnung des Führers bis zum 15. März des Jahres, in dem sie das 10. Lebensjahr vollenden, zum Dienst in der Hitler-Jugend anzumelden" (Die Kameradschaft, Folge 16, 17. Mai 1939, S. 13; etwas anders die "Dienstordnung für das Deutsche Jungvolk", Berlin, 1. Februar 1941, S. 13: "... die 10 Jahre alt sind oder es bis zum 30. Juni werden oder anders ausgedrückt, alle die zum 4. Schuljahrgang gehören").

Es heißt in § 7 der Zweiten Durchführungsverordnung vom 25. März 1939: "Juden sind von der Zugehörigkeit zur Hitler-Jugend ausgeschlossen". Für HJ-Führer wurde diesbezüglich differenzierter verfahren: Sie "müssen ihre Abstammung bis zum 1. Januar 1800 zurück nachweisen" (Hans-Helmut Dietze, Die Rechtsgestalt der Hitler-Jugend, Berlin 1939, S. 75). Vom großen Einfluß, den Alfred Rosenbergs Rassismus auf die HJ hatte, zeugt ein Detail der HJ-Uniform: "Und wie ein Symbol mutet es uns schließlich an, daß auf der Schneide des Dolches, den jeder Hitlerjunge trägt, die Worte 'Blut und Ehre' eingegraben stehen – ein Begriff, den Alfred Rosenberg einst geschaffen und später in den Mittelpunkt seines 'Mythus' gestellt hat" (Thilo von Trotha in seinem Vorwort zur Herausgabe von Rosenbergs Schrift "Blut und Ehre", München 1934, S. 9; vgl. Dietze, a. O., S. 73: " 'Blut und Ehre' heißen die Worte, die in das Fahrtenmesser jedes Hitler-Jungen eingegraben sind"). Das Koppelschloß des Deutschen Jungvolks wies die Siegrune auf, die als Doppelzeichen das Symbol der "SS" war.

Die überaus zahlreichen "Dienstordnungen", "Dienstvorschriften", "Ausbildungs-vorschriften", "Befehle" usw., die unablässig auf die Gebiete und Banne der HJ herab-regneten, bezeugen einen fundamentalen Unterschied zur Jugendbewegung vor 1933, nämlich eine Regelungssucht, ja Regelungswut, die wenig Raum ließ für Spontanei-tät und Kreativität auf der unteren Ebene. Da zeigte sich ein Kontrollbedürfnis und ein Mißtrauen, das typisch war für die innere Schwäche des Systems. Diese Bewer-tung wird bestätigt durch das Impressum zahlreicher HJ-Bücher, -Broschüren und -Zeitschriften, in dem es hieß "Gegen die Herausgabe dieser Schrift bestehen seitens der NSDAP keine Bedenken". Die Zensur wurde der Diktatur unentbehrlich.

Nach Stalingrad, im Spätwinter 1943, zwang der Krieg auch die Hitlerjugend zu drastischen Sparmaßnahmen. So gab es für HJ und BDM nur noch einen Führungs-stab: "Die Führer der Gebiete und die Mädelführerinnen der Gebiete beziehungsweise die Führer der Banne und die Mädelführerinnen der Banne bedienen sich dieses ge-meinsamen Stabes" (Die Hitler-Jugend im Kriege, 24. Bericht, März 1943, S. 5). Als Kuriosum der Regelungssucht sei vermerkt, daß während des Krieges noch der "Acht-jahresplan" eingeführt wurde, d. h. ein für acht Jahre im voraus festgelegter Dienstplan (samt allen Inhalten und Vorgaben) für jede Jahrgangsstufe der Jugendlichen im Al-ter von 10-18 Jahren. Der letzte dieser Pläne erschien zu Beginn des Jahres 1945, sollte also bis 1953 (!) gelten: "Dienstvorschrift KLV/10 (Der Beauftragte des Füh-rers für die Erweiterte Kinderlandverschickung). Der Acht-Jahres-Schulungsplan der Hitler-Jugend. 1. Ausgabe – 1945". 42 S. – Die Niederlage erschien den Führenden bis zuletzt undenkbar!

Selbstführung und Führerprinzip. – Zu den prunkvollen Erbstücken, welche die HJ sich angeeignet hatte und immer wieder stolz vorwies, gehörte die "Selbstfüh-rung" der Jugend (ebenso Hitler: "Jugend muß von Jugend geführt werden"). Jedoch hatten die "Führer" lediglich die Freiheit, die massenhaft von oben her kommenden Anordnungen weiterzugeben und umzusetzen. Die Diensthandbücher regelten jede Kleinigkeit, und in allen politischen Dingen wurden die Führerinnen und Führer oh-nehin wie unmündige Kinder der NSDAP gehalten, die sich zum Beispiel für fast jeden publizierten Text zuvor ein "Nihil obstat" der Partei einholen mußten, was zu einer permanenten Selbstzensur führte. "Selbstführung" gab es nur in belanglosen De-tails wie der Frage, was das Ziel des nächsten Ausmarsches werden sollte oder wie oft während des "Ordnungsdienstes" dieses oder jenes Kommando zu üben war. Die an-gebliche Selbstführung reduzierte sich im übrigen auf gruppeninterne Gemeinschafts-erziehung und regimekonforme "Ausrichtung" des einzelnen Gruppenmitgliedes, et-wa innerhalb eines "Lagers", in dem jeder jeden erzieht zur Kameradschaftlichkeit, Sauberkeit, Ehrlichkeit, Pflichterfüllung usw. So auch einer der Chef-Ideologen der NS-Zeit: "Die Formationserziehung... setzt voraus, daß die Jugendgemeinschaft sich selber organisiert und sich innerhalb dieser Gemeinschaft erzieht. Das ist der Sinn des Satzes: Jugend wird durch Jugend geführt" (Alfred Baeumler, in: Weltanschauung und Schule 8, 1944, 66). – Daß gerade Jugendliche oft Rat und Hilfestellung eines erwachsenen Erziehers benötigen, der wie die Eltern auch Leitbild sein kann, wurde dabei übersehen.

Die von der HJ behauptete "Selbstführung" wird in ihrer Hohlheit auch entlarvt durch das "Führerprinzip" (d. h. die Befehlsgewalt des jeweils Höheren über den Rangniederen, verbunden mit der Verantwortlichkeit jedes Führers gegenüber dem Führer über ihm usw. bis nach oben zu Hitler). Einer der führenden Köpfe der Hitlerjugend hat das so formuliert: "Der Führergedanke nationalsozialistischer Prägung... findet seine sittliche Beschränkung in der Verantwortung, die in der NSDAP durch die Verantwortlichkeit dem übergeordneten Führer dargestellt wird. Diese Verantwortung nach oben setzt sich bis zum obersten Führer fort, der sich verantwortlich vor seinem ganzen Volk fühlt, der jede seiner Maßnahmen und Entscheidungen unter dem Gesichtspunkt betrachtet, ob sie für sein Volk zum Segen gereichen oder nicht" (Georg Usadel, Entwicklung und Bedeutung der nationalsozialistischen Jugendbewegung, Bielefeld 1934, 38).

Die Resultate dieser "Selbstführung" und des "Führerprinzips" waren im Frühjahr 1945 für jeden zu erkennen.

Lebensweltliche Aktivitäten. – In einem bekannten Lied der Hitlerjugend heißt es appellativ "Jugend kennt keine Gefahren", und das wurde praktisch trainiert zum Beispiel durch "Mutproben". Es gab sie in verschiedenster Form, verlangt oder doch nicht verboten: Sprung vom Zehnmeterbrett in der Badeanstalt, Sprung über eine Barriere einen steilen Abhang hinunter (eine Abb. in: Weltanschauung und Schule 6, 1942, neben S. 42; vgl. Junge Welt 5, 1941, neben S. 209), das Hochwerfen und Wiederauffangen der blanken Fahrtenmesser und dergleichen. Der Gruppendruck ("Feigling!") konnte lebensgefährliche Konsequenzen haben. Selbst für Mädchen gab es "Kampfspiele" verschiedener Art (z. B. den "Reiterkampf"; Abb. in: Mädchen im Dritten Reich, hg. von Hilde Munske, Berlin 1935, S. 104). Sie marschierten (vor 1933 in den Bünden undenkbar!) Kampflieder singend in Kolonnen und nahmen an Zeltlagern teil, dies allerdings nur in den ersten Jahren des Regimes, bevor dagegen Bedenken laut geworden waren.

Zur Lebenswelt von HJ und BDM gleichermaßen gehörten "Schweigemärsche" im Dunkeln (z. B. nach einem Sonnwendfeuer). Zwar gab es kaum den Begriff "Hitlermädchen", aber der BDM wollte es in vielen Dingen den Jungen gleich tun, durfte aber natürlich kein Koppel tragen, das in Verbindung mit dem Schulterriemen dem Hitlerjungen ein Gefühl von straffer Haltung verschaffte. Immerhin spielte bei den Mädchen das Singen gemütvoller Lieder eine vergleichsweise größere Rolle, und einige brutale Kampflieder der HJ waren hier offiziell unerwünscht – was nicht ausschloß, daß sie trotzdem gesungen wurden.

Ort der "Gemeinschaftserziehung" waren in den ersten Jahren des Regimes neben den Schullandheimen auch die Jugendherbergen. Nach Kriegsbeginn benötigte man sie jedoch als Unterkünfte für Westwallarbeiter, für den weiblichen RAD, als Lazarette usw. (Das Junge Deutschland 34, 1940, 142). Die ursprünglichen "Volksschülerherbergen" (die erste entstand 1909 in Altena, Westfalen) waren in einem Akt der Piraterie – ähnlich dem der etwa gleichzeitigen Besetzung des Büros des Reichsausschusses der deutschen Jugendverbände durch den HJ-Führer Nabersberg – an die HJ angeschlossen und zu NS-Erziehungsstätten umgestaltet worden. Beide Aktionen fanden bereits Anfang April 1933 statt (5.4. und 10.4; Münker 1946,6.).

Zu den lebensweltlichen Aktivitäten gehört auch der *zivile Kriegseinsatz* von HJ und BDM. Rechtliche Basis dafür war die "Jugenddienstverordnung" vom 25. März

1939 (RGBl I, S. 710; identisch mit der "Zweiten Durchführungsverordnung zum Gesetz über die Hitler-Jugend"), gefolgt von einem "Erlaß des Jugendführers des Deutschen Reiches" vom 26. März 1940 (der Text bei Edgar Randel, Die Jugenddienstpflicht, Berlin 1942, S. 110). Hinzu kam später ein Erlaß über die Lenkung des Kriegseinsatzes der deutschen Jugend vom 3. Januar 1943, gerichtet an die Führer der Gebiete beziehungsweise Banne der HJ, und eine Verordnung des Ministerrats für die Reichsverteidigung über die Heranziehung der deutschen Jugend zur Erfüllung von Kriegsaufgaben vom 2. Dezember 1943 (RGBl I, S. 664; vgl. Werner Schmidt, in: Das Junge Deutschland 38, 1944, Heft 1, S. 14-17). Im zivilen Bereich konnten so BDM-Mädchen "Schaffnerinnen" auf Straßen- und Eisenbahnen werden. Ein weißer Aufnäher auf dem linken unteren Uniformärmel kennzeichnete die Betroffene als "Hilfsschaffnerin BDM" (Reinhold Sautter, Hitler-Jugend, München 1942, S. 313 eine Abb.; vgl. das JM-Jahrbuch "Wir folgen", Jg. 1943, zum 22.-28. März).

Ein bedeutendes Ausmaß nahm der *Osteinsatz des BDM* in den Jahren nach der Eroberung Polens an (1940-1943). Die BDM-Mädchen – es waren hauptsächlich Führerinnen – betreuten volksdeutsche Umsiedler aus Südosteuropa, Ostpolen und dem Baltikum, die in den von der autochthonen Bevölkerung zu räumenden Gebieten Westpolens angesiedelt werden sollten. Teilweise in Kooperation mit der SS betätigten sich die Führerinnen bei der 'ethnischen Säuberung' der einzelnen Regionen. Sie waren durch die rassistische HJ-Erziehung gut auf ihre Aufgaben vorbereitet, wie zum Beispiel der Bericht der Zeitzeugin Melita Maschmann erkennen läßt (Fazit, 2. Aufl., Stuttgart 1979, S. 120-137). Die Darstellung in: Die Hitler-Jugend und ihr Selbstverständnis im Spiegel ihrer Aufgabengebiete, hg. von Jutta Rüdiger, Lindhorst 1983, 283-288, versucht, das Verhalten des BDM zu rechtfertigen. Diese Darstellung hätte, wie einige andere ähnlicher Art, als verherrlichender Tätigkeitsbericht auch vor 1945 erscheinen können. Zutreffend bemerkt Wolfgang Keim (Erziehung unter dem Hakenkreuz. Band II, Darmstadt 1997, S. 151 f.): "Die Ansiedlung der Volksdeutschen setzte die Vertreibung der Polen voraus. Sie mußten Haus und Hof in der Regel voll eingerichtet zurücklassen, so daß die neuen Besitzer gleich alles Erforderliche vorfanden. Aufgrund von 'Engpässen' beim männlichen Personal nahmen junge Frauen des BDM und des weiblichen Reichsarbeitsdienstes im Rahmen von 'Osteinsätzen' sogar an der 'Austreibung' der polnischen Bauern teil, ganz offensichtlich ohne auch nur einen Ansatz von Mitgefühl für die betroffenen Familien... Wie tief das rassistische Vorurteil gegen die Polen verankert war, zeigen zeitgenössische Erlebnisberichte ehemaliger BDM-Führerinnen... Viele 'Ehemalige' stehen bis heute dem damaligen 'Osteinsatz' völlig unkritisch gegenüber. Die ehemalige Reichsreferentin des BDM, Jutta Rüdiger, etwa rechtfertigte, ja verherrlichte noch 1983 ihr eigenes diesbezügliches Engagement, ohne mit einem einzigen Wort auf die Opfer, also Polen, Russen oder die jüdische Bevölkerung einzugehen".

15.2 Quellen

Die *Hitlerjugend*, Bund deutscher Arbeiterjugend (Handbuch der deutschen Jugendbewegung. In Einzeldarstellungen hg. von Karl O. Paetel). Erstes bis fünftes Tausend. – Flarchheim in Thüringen (Verlag Die Kommenden) 1930. 53 S. – Ohne Verfasserangabe (Autor vielleicht der S. 52 genannte Reichsführer Kurt Gruber, bis 1931 Führer

der HJ). – In einem Vorwort betont der Herausgeber, daß er und der Verlag "natürlich nicht alle Ausführungen des jeweils von sich berichtenden Kreises sich zu eigen machen". Der Autor will vor allem eine "Geschichte der Hitlerjugend" geben
(S. 15). "Der Typ der Hitlerjugend ist die Front der deutschen Jugend... als die Syn-
these von Wehrbewegung und Jugendbewegung ist er hart, rauh, wehrhaft... Er ist die
Fortsetzung des Fronterlebnisses von Langemarck als Nationalismus und des Fahrt-
erlebnisses als Sozialismus" (S. 14). Es "zeigte sich, daß nicht Bündische, sondern
Jungarbeiter in der Hitlerjugend führend waren... Zu dieser Zeit (am 9. Nov. 1928)
trat erstmalig die Verfügung in Kraft, nach welcher nicht alles automatisch in die SA
eingegliedert werden mußte... Das dauernde Mitmarschieren mit SA und Partei hörte
endlich auf" (S. 22 f.). "Die Hitlerjugend will... ein von echtem Jugendgeist durch-
drungenes reines und freies Leben führen... Diese Bewegung weiht ihre jungen Seelen in Zucht, Reinheit und Verantwortung: ihrem Volk und Vaterland" (S. 50). Der Hitlerjugend entgegengesetzt ist "der Mensch des Liberalismus" und das "liberalistische
Menschentum", das "Untermenschentum" und das, "was der Osten hereinschwemm-
te" (S. 8 f.).

Wille und Macht. Führerorgan der nationalsozialistischen Jugend. – Berlin (Eher)
1 (1933) - 12 (1944, Heft 5-6, Mai-Juni). – Diese bedeutendste HJ-Zeitschrift, deren Name wohl von Nietzsches Lehre vom "Willen zur Macht" entlehnt ist, gibt
sich überwiegend kulturbeflissen und (außenpolitisch) friedliebend, obwohl mindestens der Reichsjugendführer, die Reichsreferentin für den BDM und die Gebietsführer wissen mußten, daß Hitler seine Lebensraum-Ziele auch mit Gewalt durchzusetzen gewillt war. Typisch für "Wille und Macht" sind einige durchgehende Tendenzen:
Erweiterung des Jugenderziehungsanspruchs auf Kosten von Schule und Elternhaus,
Kirchenfeindlichkeit, Rassismus. Hinzu kam während des 2. Weltkrieges (1939-1945)
eine rücksichtslose Inanspruchnahme von HJ und BDM für den Kriegseinsatz.

Zimmermann, Gerda: Vom Bund Deutscher Mädel. – Das Junge Deutschland 27
(1933) 244-246. – "Das Mädel einsatz- und opferbereit zu machen für die Volksgemeinschaft ist die Aufgabe, die der Nationalsozialismus dem BDM stellt. Wir
wollen das gesunde, stolze Mädel, das bedingungslos Volk und Vaterland als
oberstes Gesetz anerkennt und freudig die Verantwortung auf sich nimmt, Trägerin und Erzieherin der kommenden Generation zu sein... Aus unserer völkischen Einstellung heraus nimmt die Schulung auf dem Gebiet der Rassenforschung und allen sich daraus ergebenden Themen einen breiten Raum ein. Wir
wissen, daß auf der Rasse das ganze Volkstum, der Charakter, die Seele des Volkes, seine Kultur, sein Staat beruht". "Zur Überwindung dieser Zeit" bedarf es
eines "starken, heldischen Geistes".

Aufbau, Gliederung und Anschriften der Hitler-Jugend. Amtliche Gliederungsüber-
sicht der Reichsjugendführung der NSDAP. Stand vom 1. Januar 1934. Hg. von
der Abteilung I. Mit einem Geleitwort des Reichsjugendführers Baldur v. Schirach. – Berlin (Hitler-Jugend-Bewegung e. V.-Drucksachenstelle) 1934. 224 S.
– Zur Führungsspitze der Reichsjugendführung gehören zu diesem Zeitpunkt
neben von Schirach u. a. die Obergebietsführer Georg Usadel, Artur Axmann,
Helmut Stellrecht, der Gebietsführer Johannes Rodatz und der Oberbannführer
Carl Cerff.

Die Organisation der HJ. Von *Bicker*, Gebietsführer, Leiter der Abteilung I [der Reichsjugendführung]. – Das Junge Deutschland 28 (1934) 86-88. – Erläuterungen zu "Aufbau, Gliederung" (1934). Die HJ-Gliederungen sind "Hitler-Jugend, Deutsches Jungvolk in der Hitler-Jugend; Bund Deutscher Mädel in der Hitler-Jugend, Jung-Mädel im Bund Deutscher Mädel in der Hitler-Jugend".

Jungmädels Welt, Heim und Zelt. Hg. von Gerda *Zimmermann* und Gretel *Both*. – Leipzig (Seybold) 1934. 292 S. – Entwurf eines idealen Lebenswelt-Panoramas. Geachtet wird ein Mädel, "das mutig und tapfer ist" (S. 85) und keine "Zierpuppe" (S. 154). Es findet "ein Ringen um die Seele" statt, wenn ein Mädel im neuen Geist erzogen werden soll (S. 16) und auch die Eltern vergeblich versuchen, ihre Kinder "wieder von ihrem Bund, ihrer Idee und ihrem geliebten Führer abzubringen" (S. 13 f.). Viel ist hier noch davon die Rede, daß die Mädel im Gleichschritt marschieren und zelten (beides in späteren Jahren des NS-Regimes unerwünscht!). So heißt es z. B. S. 285: "Wenn wir zusammen marschieren, in einer Stadt, auf hartem Pflaster, dann spüren wir durch den scharfen Rhythmus unserer aufhallenden Schritte wohl am deutlichsten, daß wir eins sind. Unser kleines 'Ich' ist nur ein Glied des großen Ganzen" (S. 285). Auch "Kampflieder" wurden gesungen (S. 9. 11), und selbst "Fahrtenmesser" gehörten dazu (S. 25). Kleinere Jungmädel erlebten es in der Schule, daß ihre unter dem Kragenaufschlag des Mantels steckenden Abzeichen von den "so zahlreich vertretenen Jüdinnen abgerissen und zum Direktor geschafft" wurden (S. 13). Jedenfalls wurden sie von ihren Führerinnen belehrt u. a. über "Judentum, Freimaurerei, Rassenpflege" (S. 9).

Herbert Norkus und die Hitlerjungen vom Beusselkietz. Nach dem Tagebuch des Kameradschaftsführers Gerd Mondt und nach Mitteilungen der Familie (Manuskript J. Kriegesmann). Von Arnold *Littmann*. Vorwort von Baldur von Schirach. – Berlin (Steuben) 1934. 157 S. – Herbert Norkus (26. 7. 1916-24. 1. 1932) wird als Märtyrer der Hitlerjugend dargestellt, für die er als Kultfigur etwa die gleiche Bedeutung hatte wie Aloysius von Gonzaga (1568-1591) für die katholische Jugend. In die lebensweltlich angelegte Erzählung ist eine antijüdische Polemik gegen den Vizepolizeipräsidenten von Berlin ("der Ostjude Isidor") eingeschoben (S. 95-105. 145-148).

Handbuch für die Hitler-Jugend (I. Teil) (3. verbesserte Auflage). Bearbeitet und zusammengestellt durch J. *Remold* im Auftrage der Gebietsführung Hochland. – Diessen (Jos. C. Hubers Verlag) 1934. 124 S. – Als Themen erscheinen hier u. a. "Ordnungsübungen" und "Ausbildung im Gelände". Hinsichtlich der Ordnungsübungen heißt es wohlweislich "Vor einer eintönigen Handhabung ist jedoch zu warnen, da sie Lust und Freude raubt" (S. 11); denn einfallslose HJ-Führer pflegten damit viel Zeit zu verbringen.

Ruder, Willi : Hitlerjugend, in: Deutsche Jugend. 30 Jahre Geschichte einer Bewegung, hg. von Will Vesper, Berlin (Holle) 1934, 188-199. – "Weder der Wandervogel noch die bündische Jugend (sind) die Grundlage der Hitlerjugend" (S. 192). "Viel mehr als der Wandervogel ist der deutsche Frontsoldat der Ausgangspunkt dieser Jugend" (S. 191). Die Gegner der HJ sind "vertiert, entmenscht" (S. 188) bzw. ein "vertiertes Untermenschentum" (S. 192).

Der Heimabend. Ein praktisches Handbuch zur Gestaltung von Heimabenden. 2. Aufl. – Unter Mitarbeit von Jungenführern (Karl Seidelmann u. a.) hg. von Heinz *Schäfer*. – Potsdam (Voggenreiter) 1934. 95 S. Die beitragenden Autoren sind z. T. aus der Jugendbewegung vor 1933 bekannt, und so läßt der Inhalt erkennen, daß die Gleichschaltung und Ausrichtung auf den HJ-Kurs noch nicht perfekt ist.

Entwicklung und Bedeutung der nationalsozialistischen Jugendbewegung. Von Georg *Usadel*, Obergebietsführer und Abteilungsleiter in der Reichsjugendführung. – Bielefeld (Velhagen & Klasing) [1934]. 59 S. – "Aus dem Wandervogel… wurde vieles übernommen: Der Fahrtbetrieb mit Wanderung und Zeltlager, dieses Losgelöstsein von Zivilisation, Bequemlichkeit und Technik, dieses Aufsichselbstgestelltsein in der Natur, dieses Sichaufeinanderverlassenmüssen, das nur durch echtesten Kameradschaftsgeist erreicht wird. Das Singen alter Landsknechts- und alter geistlicher Lieder ist ebenfalls eines dieser glücklichen Erbgüter der Wandervogelzeit" (S. 7). Ein weiterer "starker Wurzeltrieb" der HJ ist "das Soldatisch-Preußische" (S. 7).

Evangelische Kirche und Hitler-Jugend. Von Pfarrer *Zahn*. – Das Junge Deutschland 28 (1934) 1-3. – "Am 20. Dezember 1933 haben Reichsbischof und Reichsjugendführer das Abkommen über die Eingliederung des Evangelischen Jugendwerks in die HJ unterzeichnet… die Hitler-Jugend wird ihr (der Kirche) in Zukunft diejenigen Aufgaben abnehmen, die nicht zum Wesen und den Aufgaben einer Kirche gehören: Geländesport, politische Schulung usw.… Die deutsche evangelische Jugend selbst wird dem Opfer, das sie gebracht hat, keine Träne nachweinen."

HJ erlebt Deutschland. Die Großfahrten der sächsischen Hitlerjugend. Hg. vom Gebiet 16 (Sachsen) der Hitlerjugend. – Leipzig (Teubner) [1935]. 92 S. – Mit der Großfahrt verbunden ist auch "Schulung". "Am sichtbarsten wird sich hier der Erfolg auf dem Gebiet der charakterlichen Erziehung zeigen. Das Leben in der Gemeinschaft schleift die Ecken und Kanten der Einzelnen schnell ab" (S. 11; vgl. S. 41: "erwanderte Kameradschaft"). S. 40 f. eine Entgegnung auf den oft dem BDM gemachten Vorwurf, "daß er zuviel marschiere, zu viel draußen herumziehe. Der Platz des Mädels sei im Hause."

Mädel im Dritten Reich. Hg. von Hilde *Munske*. – Berlin (Freiheitsverlag) 1935. 116 S. – Inhalt: Der Führer an die HJ auf dem Reichsparteitag 1935 (S. 7-8); Trude Mohr, Reichsreferentin des BDM: Wille und Weg (S. 9-10); Oberbannführer Stephan: Die Organisation des BDM in der HJ (S. 11-12); Erna Bohlmann, BDM-Hauptreferentin im Kulturamt der RJF (S. 13-18): Das Mädel in der Kulturarbeit; Toni Reinhold, BDM-Hauptreferentin des Amtes für Weltanschauliche Schulung in der RJF: Unsere weltanschauliche Schulungsarbeit (S. 19-22); Hella Schümann, Inspekteurin der BDM-Führerinnenschulen: Unsere Schulen – Stätten der Besinnung und Kraft (S. 22-24); Elfriede Zill, BDM-

Hauptreferentin des Amtes für Körperertüchtigung in der RJF: Die körperliche Schulung im BDM (S. 24-28); Gertrud Kunzemann, BDM-Hauptreferentin des Sozialen Amtes der RJF: Soziale Mädelarbeit (S. 28-32); Erika Schwarz, Referentin im Grenz- und Auslandsamt der RJF: Aus der Grenz- und Volkstumsarbeit des BDM (S. 32-35); Lotte Wunderlich, Kolonialreferentin der RJF: Die koloniale Arbeit des BDM (S. 35-39); Hilde Freytag, BDM-Hauptreferentin des Rundfunkamtes der RJF: Unsere Rundfunkarbeit (S. 39-42); Hedwig Zöllner, Mädelringführerin: Als BDM-Referentin am Deutschlandsender (S. 42-43); Hilde Munske, BDM-Hauptreferentin des Presse- und Propagandaamtes in der RJF: Das Mädel in der Presse- und Propagandaarbeit (S. 43-45); Lydia Schürer-Stolle, JM-Referentin der RJF: Jungmädel im BDM (S. 45-50). – Hitlers "Friedensliebe" steht unter dem Vorbehalt "von keinem ein Leid erdulden" (S. 8; vgl. aber S. 20: "die von Osten andrängende slavische Volksgefahr"): S. 9: "Der BDM ist Erziehungsbund. In ihm soll eine ganze junge Mädelgeneration zur Trägerin der nationalsozialistischen Weltanschauung geformt werden". "Wir legen durch unsere sportliche Breitenarbeit den Grund zu einer körperlichen Höherentwicklung unseres Volkes" (S. 28).

Das Prinzip der Selbstführung. Von Reichsjugendführer Baldur von *Schirach*. – Nationalsozialistische Monatshefte, Heft 58 (Januar 1935), 6. Jahrg., S. 4-8. – Die HJ "entwickelte den Führer aus der Gemeinschaft heraus ... So trägt in der HJ jeder den Marschallstab im Tornister ... Die HJ sagt dem kleinen Jungvolkjungen, der die Einheit übernehmen soll: Du kannst! In diesem Augenblick kann er wirklich" (S. 5 f.). "Man erhebt gegen das Prinzip der Selbstführung der Jugend die weitere Einwendung, daß vor allem 'das sexuelle Problem der Jugend' nicht von den jungen Führern beantwortet werden kann. Demgegenüber behaupte ich, dieses sexuelle Problem der Jugend gibt es bei uns nicht ... Die Jugend soll sich ihrer natürlichen Triebe nicht schämen, aber sie soll sie in den Jahren der HJ unterordnen dem Gesetz der Gemeinschaft, das einer der deutschen Jugend einmal in die Worte gefaßt hat: 'Bleib rein und werde reif'!"

Hitlerjugend und Fürsorgeerziehung. Von Dr. Otto *Wehn*, Referent beim Landesjugendamt Wiesbaden. – Das Junge Deutschland 29 (1935) 166-168. – Die Bildung geschlossener HJ-Formationen in Heimen der Fürsorgeerziehung ist verboten; denn in diesen Heimen gibt es auch "passive Mitläufer und Minderwertige, die niemals für die HJ in Frage kommen ... Die HJ hält ihre Reihen jedem Fürsorgezögling offen ... den die Anstalt mit dem Zeugnis entlassen konnte, daß er ein ehrlicher, zuverlässiger deutscher Junge geworden ist".

Falk, Harald: HJ auf Spielfahrt in der Grenzmark. – Musik und Volk 3 (1935/1936) 289-300. – Bericht über eine Fahrt der "Kameradschaft I der Rundfunkspielschar der Reichsjugendführung" an die polnische Grenze, dies im Rahmen einer Lehrgangsausbildung.

Jugend erlebt Deutschland. Aufnahmen von Heinrich *Hoffmann* jun. Text und Unterschr. von Siegfried *Zoglmann*. – Berlin (Verlag für soziale Ethik und Kunstpflege) [1936]. 36 S., 32 Bl.

Die Jungenschaft. Blätter für Heimabendgestaltung im Deutschen Jungvolk. Hg. von der Reichsjugendführung (Berlin). 1936-1939. – In Folge 5 (vom 24. März 1937) S. 1 auszugsweise eine Parallele zu Hitlers Reichenberger Erziehungsrede vom 2. 12. 1938. Statt "sie werden nicht mehr frei ihr ganzes Leben" heißt es hier "und niemals mehr wird unser Volk dann so verkommen, wie es leider einst verkommen war!"; Folge 4 (23. Februar 1938) S. 22-25: "Ein Volk in Notwehr. Rumäniens Kampf gegen das Judentum" (antisemitisch); Folge 5 (9. März 1938) S. 1 ein Motto: "Im Herzen Mut, Trotz unterm Hut, am Schwerte Blut, nur so wird's gut!"; Folge 3 (9. November 1938) S. 1-15 zum Thema "Der Marsch zur Feldherrnhalle".

Die Jungmädelschaft. Blätter für Heimabendgestaltung der Jungmädel. Hg. von der Reichsjugendführung der NSDAP, Amt für Weltanschauliche Schulung. Berlin, 1936-1939. – Zum Beispiel wird im Heft November/Dezember 1936 (= Folge 11/12 dieses Jahres) Material bereitgestellt für eine Entchristlichung des Weihnachtsfestes. Das Märzheft (1937) (= Folge 3 dieses Jahres) bietet konzentriert rassistische Indoktrination (S. 1-29; S. 1 einleitend als Motto ein Hitler-Zitat: "Indem ich mich des Juden erwehre, kämpfe ich für das Werk des Herrn").

Reichsbefehl der Reichsjugendführung der NSDAP. Befehle und Mitteilungen für die Führer und Führerinnen der Hitler-Jugend. Erscheint wöchentlich. Der Inhalt ist nur für den Innendienst bestimmt. Verteilt bis: Bannführer HJ., Jungbannführer DJ., Untergauführerin BDM., Jungmädel-Untergauführerin JM. – Berlin (Agros) 1936-1944. – Hier veröffentlichten die einzelnen Ämter der Reichsjugendführung (Kulturamt, Gesundheitsamt, Rundfunkamt, Amt für körperliche Schulung, Amt für Leibesübungen, Amt für körperliche Ertüchtigung, Amt für weltanschauliche Schulung, Verwaltungsamt, Presse- und Propaganda-Amt, Personalamt, Soziales Amt, Organisationsamt) ihre bis ins kleinste Detail gehenden Dienstbefehle. Z. B. sollte beim Singen des Kehrgesangs des Liedes "Vorwärts, vorwärts" (Fahnenlied der Hitlerjugend) die rechte Hand zum Gruß erhoben werden (Reichsbefehl vom 15. 1. 1937); wegen der noch zu geringen Schrittweite des BDM- und JM-Rockes sollte dieser zwei weitere Falten bekommen, und "der Bund hat Gummibandzug" (1. Halbjahr 1977, Reichsbefehl 3/II, S. 51); detaillierte Bestimmungen und Feierliturgie für die Überweisung des Deutschen Jungvolks in die HJ und des Jungmädelbundes in den BDM zum 20. April 1938 in: Reichsbefehl 7/III, 25. 2. 1938, S. 181-187.

Erziehung durch Erleben. Der Sinn des Deutschen Jugendherbergswerkes. Von Obergebietsführer Johannes *Rodatz.* 2. Aufl. Mit einem Vorwort von Reichsjugendführer Baldur von Schirach. – Berlin (Limpert) 1938 (zuerst 1936) 59 S. – "Im April 1933 wurde das Deutsche Jugendherbergswerk von der Hitlerjugend übernommen... der Stil mußte ein anderer werden. Die langbemähnten Wandervögel in ihren meist unschönen Gewändern verschwanden langsam. Sie paßten nicht zur straffen Haltung der neuen deutschen Jugend. Mit Recht lehnte diese eine Limonadenhaltung ab, die mit kämpferischer Einsatzbereitschaft auch nicht das geringste zu tun hatte. Der Geist der kampfgewohnten Formationen vertrug sich nicht mit einem Fahrtenstil, der schwärmerisch sich Naturschönheiten ansah" (S. 20). Die Häuser sollen "eine Erziehungsmöglichkeit" geben. "Längst ist der Standpunkt überwunden, daß unsere Heime reine Übernachtungsstätten seien... Führerlehrgänge der HJ, Schullager und nationalpolitische Lehrgänge werden gern in den Jugendherbergen abgehalten" (S. 26 f.). Die Fahrt ist "ein Mittel der Erziehung und Ertüchtigung des jungen Menschen" (S. 31). "Das Leben in der Jugendherberge dient der Gestaltung des deutschen Sozialismus" (S. 41). "Es müßte mit der Zeit erreicht werden, daß jeder Junge und jedes Mädel einmal im Jahre eine Großfahrt unternehmen kann. Der gesundheitliche Wert des Wanderns ist seit langem erwiesen. Jährlich werden noch Millionen und aber Millionen Reichsmark für Krankenhäuser, Irrenanstalten usw. ausgegeben, während für die gesunde Jugend leider nur Bruchteile dieser Gelder zur Verfügung stehen" (S. 56).

Hitlerjugend und Leibesübungen. Von Oberbannführer Ernst *Schlünder*, in: Olympia 1936 und die Leibesübungen im nationalsozialistischen Staat, hg. von Friedrich Mildner. Erster Band, Berlin (Buchvertrieb Olympiade 1936, Hohenzollerndamm 190) 1936, 366-370. – "Die charakterliche Haltung (der Hitlerjugend) findet ihren Ausdruck... in dem jederzeitigen Einsatz des eigenen Lebens für die Idee des Nationalsozialismus... Die Leibeserziehung... schult sowohl den Charakter als auch den Körper; sie erzieht den Jungen zur Entschlossenheit, Härte, Kampfwillen, zur Kameradschaftlichkeit" (S. 366 f.). Die Hitlerjugend lehnt damit die weichliche und bündische Auffassung über die Leibesübungen, die diese am liebsten nur im Gelände und als nette Unterhaltung und Abwechslung auf Fahrt und im Lager sehen möchten, grundsätzlich ab... Hartes Training auf Sportplatz und Sportwiese in all den Übungen, die schnell, gewandt, kräftig, ausdauernd, mutig, entschlossen und kämpferisch machen, verlangt die HJ in Zukunft auch von dem letzten Hitlerjungen" (S. 367). Bei der HJ handelt es sich um eine "totale Erziehungsschule" und um eine "Gemeinschaftserziehung", in welcher der deutsche Junge "an Körper, Geist und Seele geformt wird" (S. 370).

Wir sind ein junges Regiment! Aus der Chronik des Jungbannes 259 "Emschertal" [ohne Ort, 1937]. 29 S. – "Bereits als Pimpf gehöre ich nur noch meinem Vaterland" (S. 25).

Der Bund Deutscher Mädel in der Hitler-Jugend. Von Trude *Bürkner*, Reichsreferentin des BDM in der Reichsjugendführung (= Schriften der Deutschen Hochschule für Politik. Hg. von Paul Meier-Benneckenstein. II. Der organisatorische Aufbau des Dritten Reiches. Heft 16). – Berlin (Junker und Dünnhaupt) 1937. 28 S. Die "totale Erziehung der Jugend" ist eine Erziehung "zu äußerster Kraft, Gesundheit und Schönheit, zu Arbeitsleistung und Einsatz" (S. 5 f.). Im "Erziehungsbund" BDM sollen die Mädel durch die intensiv betriebene Sportschulung "zu einer straffen und schönen Körperbeherrschung gebracht werden. Für diese Arbeit gilt das Wort: 'Straff, aber nicht stramm' – 'Herb, aber nicht derb' ". Dazu kommt eine "innere Disziplinierung" (S. 13). "Diese Jugend gehört dem Führer und niemandem sonst!... Wir wissen, daß hier junge Menschen einen sauberen, geraden, stolzen Weg gehen, um ein sauberes stolzes, junges Volk von morgen zu sein, das nur einen Führer kennt – in politischem und geistig-seelischem Weiterwachsen: Adolf Hitler" (S. 24).

Freude, Zucht und Glaube. Handbuch für die kulturelle Arbeit im Lager. Hg. vom Kulturamt der Reichsjugendführung (Vorwort von Obergebietsführer Karl Cerff. Die Textbeiträge von Claus Dörner, Wolfgang Stumme, Karl Blome, Otto Wilhelm von Vacano u. a.; die Textzeichnungen fertigte Hans Milk). – Potsdam (Voggenreiter) 1937. 207 S. – Ein Handbuch für die Zwecke von Lagerführern. In einer kurzen Einführung betont Baldur von Schirach "die gemeinschaftsbildende Kraft des Lagers" und "daß eine neuzeitliche Jugenderziehung... ohne Lagererziehung kaum denkbar ist" (S. 5). "Am Sonntag Vormittag wird im Lager die Morgenfeier durchgeführt. Sie ist keine erweiterte Flaggenhissung, sondern hat Aufgaben zu erfüllen, die nur mit denen des Gottesdienstes zu vergleichen sind. Sie dient dem Bekenntnis zu Gott, dem Glauben an Führer und Volk und dem Willen zum Einsatz und zur Tat" (S. 62). Unter den "Fahnensprüchen" erscheinen z. B. "Ja, die Fahne ist mehr als der Tod" (von Schirach), "Wer auf die preußische Fahne schwört, hat nichts mehr, was ihm selber gehört" (Walter Flex), "Wer leben will, der kämpfe also" (Hitler); für Feierstunden geeignet ist Herybert Menzels Kantate "In unsern Fahnen lodert Gott" (S. 66-69. 95). Der "bündischen Sentimentalität" und ihrer "verlogenen Romantik" am Lagerfeuer wird eine Absage erteilt. Neben Kampf- und Mutspielen (S. 164 f.) erscheint ausgiebig Antisemitisches (S. 123. 155. 166 f.). "Die Hitlerjugend im ganzen und jede Einheit ist eine Kampfgemeinschaft. Sie kämpft für die Vollendung und restlose Durchsetzung des Nationalsozialismus in der Zukunft" (S. 204).

Kaufmann, Günter: Die deutsche Jugend im Zeltlager. – Das Junge Deutschland 31 (1937) 360-366. – "Neben den Heimabenden und Fahrten ist das Zeltlager im Dienstjahr der HJ und des Jungvolks die wichtigste Erziehungseinrichtung der deutschen Jugend" (S. 360). Die Reichsjugendführung ist bemüht, "vor allen Dingen die jüngsten Jahrgänge (Pimpfenjahrgänge) möglichst total in allen Erziehungseinrichtungen zu erfassen". Es ist der Wille des Reichsjugendführers, in Zukunft "das Zelt allein der männlichen Jugend vorzubehalten und die Lagererziehung der weiblichen Jugend durch die Unterbringung in dem dichten Netz von tausender deutscher Jugendherbergen in ganz Deutschland zu verwirklichen" (S. 362).

Die *Mädelschaft*. Blätter für Heimabendgestaltung im Bund Deutscher Mädel. – Berlin (Reichsjugendführung der NSDAP./Amt für weltanschauliche Schulung: Selbstverlag) 1937 ff. – Diese "Unterlagen für die Schulungsarbeit im Lager und auf Fahrt" wurden in "Mappen" befindlich verteilt. Sie waren "für jedes Lager verbindlich" und bezweckten "eine bewußte (weltanschauliche, nationalsozialistische) Ausrichtung der Mädel". Beispiele für den Inhalt (Folge 6, Juni 1937): Leitthema eines Zeltlagers für Mädelgruppenführerinnen: "Der Sieg des Lebens ist der Sinn der Welt"; Schulungsthema eines Zeltlagers für Mädelgruppenführerinnen: "Biologisches Denken"; Heimabendthemen: "Furchtlose Kampfesfreude", "Judentum"; "Die Gefahr der Juden für jedes eigenbewußte deutsche Leben"; "Rassenpolitische Gesetze des NS-Staates"; "Das Gesetz zum Schutze des deutschen Blutes und der deutschen Ehre vom 15. Sept. 1935" (der Jude als "Feind unserer Rasse" ist nicht unser "Nächster"; "Fremde Rasse, fremdes Blut, darf nicht mit deutschem Blut vermischt werden", S. 29); "Jedes Lebewesen kann sich nur erhalten, wenn es andere vertilgt. Das Einzelwesen geht zugrunde, aber die Art bleibt erhalten. Nur der Kampf erhält das Leben" (S. 57). In diesem Zusammenhang wird wieder Hitlers Satz "Wer leben will, der kämpfe also ... " zitiert, und der BDM-Führerin wird die Einsicht vermittelt, "daß jede Lebensgemeinschaft bestrebt ist, sich zu entfalten, wenn nötig, auch mit den Mitteln des Kampfes. Im Kampf ums Dasein muß sich jedes Leben bewähren und geht zugrunde, wenn es das nicht kann. Dadurch kommt es zu einer Auslese der Besten, und diese Besten sichern wiederum die Erhaltung ihrer Art".

Schulungslager und Lagererziehung. Von Schulrat Adolf *Mertens*, Berlin. – Dortmund (Crüwell) 1937. 78 S. – Zum Thema "Lehrerlager" (gilt auch für HJ-Lager). "Das Lager als Schulungsstätte und Stätte der inneren Erhebung hat sich ganz Deutschland erobert" (S. 3), es ist "die erfolgreiche Kultstätte der Gemeinschaft", und das "Lagerleben ist Erhöhung des Daseins" (S. 9). "Ein Netz von Schulungslagern der Partei und ihrer Gliederungen über das ganze Land verteilt, bezieht mit der Zeit jeden deutschen Menschen in diese große einzigartige Entfaltungsaufgabe ... Wie die Sonne über unserer Heimat, so werden die Lager über Deutschlands Gauen erstrahlen und jeden Deutschen erwärmen und gewinnen" (S. 24). Vorbild aller Lager ist das Heerlager, und es liegen "die Wurzeln der nationalsozialistischen Staats- und Volksauffassung in den Anforderungen des Heeres und seines Einsatzes im Weltkriege" (S. 6). "Es herrscht im Lager der Zwang, der dem Deutschen aus seiner Soldatenzeit bekannt, lieb und vertraut ist" (S. 20). "Gleichschritt und Einordnung sind nun einmal die Grundfesten, auf denen das Lager ruht", und so ist ein Störenfried und Quertreiber ein "Schädling", der unter Umständen "beseitigt" werden muß (S. 15). Besonders wichtig ist das gemeinschaftliche Singen: "Hart, markig, siegeswillig, trotzig tritt unser Gesang vor die Welt und bekennt es laut: ... Wir fordern und wir gewinnen die Welt ... Wenn der zackige Gesang des Lagers auf dem Marsch ertönt, reißt er alle Hörer fort und zieht sie in den Bann unserer heroischen männlichen Lebensauffassung und Volksverbundenheit" (S. 58). Die Rede ist u. a. auch von den "völkermordenden Juden" (S. 44) und den "sogenannten Heil- und Pflegeanstalten für Geistesgestörte, die es leider in allen Landesteilen noch gibt". Sie werden bei Ausmärschen besichtigt (S. 60).

Mutspiele. – Potsdam (Voggenreiter) [um 1937]. 50 S., 35 Abb. – "Härte, Mut und Tapferkeit erfordern diese Spiele. Es sind 'Mutproben' für jeden Jungen".

Vier Jahre Deutsches Jugendherbergswerk. Von Obergebietsführer Johannes *Rodatz*. – Das Junge Deutschland 31 (1937) 123-125. – Die Fahrt ist im Gegensatz zu früher "ein politisches Erziehungsinstrument", und in den Jugendherbergen werden Führerlehrgänge und Schulungslager aller Art durchgeführt. Neue Jugendherbergen sollten "in der Bauweise der Heimat" gestaltet werden, denn man kann deutsche Jungen oder Mädel nicht "in elenden Flachbaukästen jüdischer Herkunft unterbringen" (S. 123).

Schürer-Stolle, Lydia: So sind wir. Jungmädel erzählen. – Berlin (Junge Generation Verlag) 1937. 246 S. U. a. S. 220-226: "wir gratulieren dem Führer!" Eine Gruppe Hitlermädchen faßt den Entschluß, dem geliebten Führer zu seinem Geburtstag am 20. April 1925 in seiner Münchener Wohnung Thierschstraße 41 (1. Stock, bei Frau Reichel) zu gratulieren. Mit einem Blumenkorb und einem Geschenk für Hitlers Schäferhund Wolf (eine große Knackwurst, an einem rosaroten Seidenbändchen auf ein Steckerl gehängt) versehen werden sie schließlich zu einer dreiviertelstündigen Visite vorgelassen, während welcher der Führer ihnen u. a. Dressurakte mit Wolf unter Zuhilfenahme der Knackwurst vorführt.

Amtliches Nachrichtenblatt des Jugendführers des Deutschen Reichs und der Reichsjugendführung der NSDAP. Erscheint nach Bedarf (Der Inhalt des Nachrichtenblattes ist vertraulich zu behandeln und nicht für die Presse bestimmt). Sonderdruck 1/38: "Bestimmungen über die Aufnahme des Schuljahrgangs 1927/28 in das Deutsche Jungvolk in der HJ und den Jungmädelbund in der HJ". – Berlin (Agros-Buchdruckerei), den 20. Januar 1938 (1. April 1938). 11 S. (mit unpaginiertem Anhang: Vordrucke); ebd. 3/38: "Botschaft des Reichsjugendführers zur Aufnahme des Jahrgangs 1927/28 in die Hitler-Jugend". 2 ungezählte Seiten; ebd. 2/38 (vom 25. Januar 1938): "Der Landdiensteinsatz der Hitler-Jugend"; ebd. ein unnummerierter Sonderdruck vom 29. Juni 1944: "Ablösung der Luftwaffen- und Marinehelfer (HJ) Jahrgang 1927 durch berufstätige Jugendliche Jahrgang 1928". Berlin 1944. 20 S.

Biedermann, Otto: Jugendherbergen – Erziehungsstätten. – Die Kunst im Dritten Reich 2 (1938) 142-149. – "Jugendherbergen galten in der Zeit vor der Machtübernahme als billige Übernachtungsstätten für die wandernde Jugend", jetzt sind sie "Erziehungsstätten der jungen Nation".

Bolm, Hermann: Hitler-Jugend in einem Jahrzehnt. Ein Glaubensweg der niedersächsischen Jugend. – Braunschweig (Westermann) 1938. 226 S. – Die Jugend des Treffens auf dem Hohen Meißner (11./12. Oktober 1913) stand gegen überlieferte Erziehungsformen auf, "blieb aber im Bürgerlich-Liberalen und im Individualismus stecken" (S. 25). "Am 3. und 4. August 1923 unternahmen an einem Grenzfeuer im Fichtelgebirge 19 deutsche Jugendbünde einen schließlich doch wieder erfolglosen Einigungsversuch. Als Symbol ihrer 'Einigung' wählten sie sich den Balkenkreuzwimpel... Wiederum beherrschten schöne Worte das Grenzfeuer. Das große gemeinsame Ziel aber fehlte... Die 'Bündische Jugend' war eine schöne Idee mit dem nichtssagenden Symbol des Balkenkreuzwimpels... Adolf Hitler machte mit der nationalsozialistischen Revolution 1933 diesem unglücklichen Zustand ein Ende für alle Zeiten... Das Gebäude der Bündischen Jugend und aller anderen Jugendorganisationen fiel in sich selbst zusammen" (S. 35).

Ehring, Heinz (Hg.): Bauern, Kumpels, Kameraden. Verantwortlich für den Hitler-Jugend-Abschnitt: Unterbannführer Kurt Parbel, Leiter der Presse- und

225

Propaganda-Abteilung der Gebietsführung Westfalen 9 der Hitler-Jugend. –
Berlin (Osmer) (o. J., um 1938]. 147 S. – Lebensweltliche Erinnerungen an die
Geschichte von HJ und BDM in Westfalen Nord und Westfalen Süd. Z. B. S. 99:
"Das erste Treffen unserer nordwestfälischen Hitler-Jugend fand gemeinsam
mit dem Gau Westfalen-Süd im kleinen, nationalsozialistischen Ruhrstädtchen
Hattingen statt".

Hymmen, Friedrich W.: Kulturelle Führung der Mädel. – Wille und Macht 6 (1938)
Heft 3, S. 3-6. – Zum BDM-Werk "Glaube und Schönheit".

Könitzer, Willi Fr.: Die Kulturarbeit der Hitler-Jugend – ein praktischer Beitrag zur
Einheit der Erziehung. – Weltanschauung und Schule 2 (1938) 438-445. – Vertritt "die Einheit der Erziehung in Schule und HJ" (S. 439). Es gibt "das gute,
weil artgemäße und das schlechte, weil artfremde Kunstwerk" (S. 440). Verräter
an einer echten deutschen Kunst wurden vor 1933 "unter jüdischem Protektorat
zu führenden 'Künstlern' erhoben" (S. 438).

Lottermoser, H.: Leistungssteigerung durch HJ-Lager. – Das Junge Deutschland 32
(1938) 168-173. – Erörtert aus medizinischer Sicht die Situation in den Sommerlagern der HJ (Gesundheitsappell, zahnärztlicher Befund, zweckmäßige Zusammensetzung der Lagerverpflegung, sportliche Leistungen zu Beginn und am
Ende des Lagers).

Mein Dienst. Merkbuch der Hitler-Jugend 1938/39. Hg. von der Reichsjugendführung der NSDAP. Verantwortlich: Oberbannführer Karl Lapper. – Dortmund
(Verlag Westfälische Landeszeitung). 64 S. – Ein Wochenkalender (17. April
1938-16. April 1939) an Stelle der sonst für Hitlerjungen üblichen Geschenkga-
ben. S. 31-64 in Kurzform alles Wissenswerte zur Geschichte und Organisation
der HJ.

Reinecker, Herbert (Hg.): Pimpfenwelt. – Berlin (Limpert) [1938]. 239 S. – Eine verharmlosende, beschönigende Darstellung der Lebenswelt von Pimpfen. Neben
den üblichen Abenteuergeschichten "klingt hindurch aber auch der inbrünstige
Marschtritt der Pimpfe, Lied und Gesang von Lager und Fahrt, die Schlicht-
heit ihres Dienstes und ihres Willens, und ihr stiller, unsichtbarer, herrlicher
Gemeinschaftsgeist. So geht ein mächtiges Fahnenwehen durch dieses Buch
und durch die ganze bunte Pimpfenwelt" (S. 3). Reinecker war in 1938 "Hauptschriftleiter" der HJ-Zeitschrift "Der Pimpf".

Das Führerschulungswerk der Hitler-Jugend. Von Reimund *Schnabel*, Bannführer.
– Berlin (Junker & Dünnhaupt) 1938. 61 S. – Thematisiert werden in den
einzelnen Arbeitsgemeinschaften u. a. die "Rassen- und Bevölkerungspolitik":
"Die Grundlage der nationalsozialistischen Weltanschauung ist der Rassegedan-
ke" ... an Rassenmischung "sind ganze Völker zugrunde gegangen... Eine besondere Gefahr bildet hier der Jude" (S. 13 f.). – Zum Thema "HJ-Führer": "Der
deutsche Mensch im nationalsozialistischen Staat ist von frühester Jugend an in
ein großes Erziehungssystem eingebaut" (HJ, Elternhaus, Schule, Partei, RAD,
Wehrmacht), S. 23. – Zum Thema "Der Osten, deutsches Schicksalsland": "Als

vor Tausenden von Jahren unseren germanischen Vorfahren der Raum im Norden zu eng wurde, suchten sie sich im Osten neuen Boden. Ihre Reiche dehnten sich von der Ostsee bis zum Schwarzen Meer" (S. 30). – Zum Thema "Das Volk steht auf gegen Rom" gehört als Teilthema: "Der Kampf gegen Zentrum und Katholische Aktion von Windthorst bis Faulhaber". – Weitere Themen oder Teilthemen z. B.: "Soldatentum als Idee des Dritten Reiches" (S. 34); "Jüdische Weltherrschaft und Bolschewismus" (S. 40). "Unsere Forderung nach Kolonien" (S. 51); "Die Judenfrage als weltpolitisches Problem" (S. 56 f.): Die Juden haben sich "durch den Handel über die ganze Welt verbreitet, ohne je zu einem eigenen Vaterland zu kommen. Die Bestrebungen der Zionisten waren und sind von wenig Erfolg begleitet... versteht es der Jude, die völkische Ordnung im Gastland zu zerstören... hetzt der Jude die Welt gegen Deutschland und versucht, die Menschheit in einen neuen Krieg zu stürzen, der Deutschland völlig vernichten soll".

Soffner, Günther: Der Einsatz der Hitler-Jugend in der Kartoffelernte. – Das Junge Deutschland 32 (1938) 545-546. – Zum Raum Schneidemühl. Es gab 67 Lager, meist im einzigen Schulzimmer der jeweiligen Dorfschule. Arbeitszeit wöchentlich 48 Stunden, Tageslohn 1,50 Reichsmark.

Vorschrift über den Jungvolkdienst. Übersicht über Wesen, Form und Arbeit des Deutschen Jungvolks in der HJ, vom 1. 7. 1938 (= Dienstvorschrift der Hitler-Jugend, DvD.J. 0.1). Hg. von der Reichsjugendführung, Organisationsamt, Berlin, Kronprinzenufer 10. – Berlin (Druck: Hellwig) 1938. 64 S. – Enthält vollständig die einschlägigen dienstlichen Regularien. S. 14 das HJ-Gesetz vom 1. 12. 1936; S. 11-14 zur Geschichte und Gliederung der HJ. – Durch die Ausgabe vom 1. 7. 1938 ist eine fast gleichlautende Fassung vom 1. 2. 1938 (67 S.) überholt.

Die weltanschauliche Schulung im Winterhalbjahr 1938/39 (Gültig für die Zeit vom 1. 10. 1938 bis 31. 5. 1939). Dienstvorschrift der Hitler-Jugend. Hg. von der Reichsjugendführung, Amt für weltanschauliche Schulung. Erscheinungstag: 1. Oktober 1938. – Berlin (Limpert) 1938. 64 S. – Zu den Themen gehören u. a.: "Kampf und Auslese in der Natur", "Die Reinhaltung des Blutes", "Die Vermehrung des Blutes", "Der Kampf um den Osten", "Wir brauchen Lebensraum", "Wir fordern Kolonien" (S. 10), "Der Kampf gegen Zentrum und K.A. von Windthorst bis Faulhaber", "Die Tschechei, das Flugzeugmutterschiff der Sowjetunion", "Jüdische Weltherrschaft und Bolschewismus" (S. 40), "Die Judenfrage als weltpolitisches Problem" (S. 42).

Dietze, Hans-Helmut: Die Rechtsgestalt der Hitler-Jugend. Eine verfassungsrechtliche Studie. – Berlin (Deutscher Rechtsverlag) 1939. 255 S. – "Als der Reichsjugendführer am 17. Juni 1933 vom Führer persönlich zum 'Jugendführer des Deutschen Reiches' ernannt wurde", erhielt allein dieser "persönlich einen staatlichen Charakter" (S. 148 f.), nämlich die Stellung einer "Obersten Reichsbehörde" (S. 105). Er vereinigte in sich nun "parteirechtliche sowie staatsrechtliche Hoheitsbefugnisse" (S. 172). Durch das HJ-Gesetz vom 1. 12. 1936 (und schon am 17.6.1933) erhielt der Reichsjugendführer Beamtenstatus, nicht jedoch die übrigen HJ-Führer (S. 173). "Es ist deshalb nur bedingt richtig zu sagen, die Hitler-Jugend sei am 1. Dezember 1936 'verstaatlicht' worden. Sie bildet zwar einen mit staatlichen Hoheitsrechten ausgestatteten Verband, kann aber nicht als eine Einrichtung nur des Staates angesprochen werden" (S. 176). Die Erziehungsrechte des Elternhauses (S. 218-220) und der Schule (S. 221 f.) werden anerkannt, die der Kirchen jedoch bestritten: "Träger des Erziehungsrechtes ist das im Reich geeinte Volk, in dessen Auftrag Elternhaus, Schule und Hitler-Jugend als allein maßgebende Erziehungsgemeinschaften in weltanschaulicher Hinsicht tätig werden... Die Einflußnahme konfessioneller und sonstiger Teilgemeinschaften auf Familie, Schule und Hitler-Jugend widerspricht dem völkischen Lebensrecht, seiner Einheit und Freiheit"... Die geschichtliche Sendung der HJ besteht besonders "in einer Entkonfessionalisierung des Lebens und in einer Weckung gläubiger Einsatzbereitschaft für die gottgewollte Einheit des deutschen Volkstums" (S. 245 f.).

Göttel, Werner: Der Ausbau des Deutschen Jugendherbergswerkes. – Die Erziehung 14 (1939) 398-402. – Die Jugendherbergen ermöglichen "die Fahrt als Erlebnisquell überhaupt", führen aber auch hin "zu dem großen, inneren Erlebnis, ein Vaterland zu haben, dem zu leben die tiefste Verpflichtung und höchste Erfüllung des eigenen Lebens bedeutet". "Erzieherischen Aufgaben" dient auch, daß die neuzeitliche Jugendherberge in der Regel über einen "Schulungsraum" verfügt, in dem Lehrgänge und Tagungen abgehalten werden können. "Mit dieser Einrichtung berührt der Gedanke der Jugendherberge den des Schullandheimes".

Hartmann, Martha: Mädel, Sonne, Zelte. – Geschichten und Erzählungen um das Mädellager Hochland. – Berlin (Junge Generation Verlag) (1939). 89 S. – Zum BDM-Sommerlager bei Tölz in Oberbayern. "Freude und Zucht sind die Begriffe, die unser Lagerleben bestimmen" (S. 53), dies im Sinne der "nationalsozialistischen Weltanschauung" (S. 10). S. 17: "Unser Tageslauf" (Dienstplan, mit morgendlichem Hissen und abendlichem Einholen der Fahne; vormittags u. a. "weltanschauliche Schulung").

Hubert *Iven*/Hannes *Kraft*: Jungvolk erlebt seine Heimat. Ein Tag aus einem Zeltlager. – Bonn (Dümmler) 1939. 40 S. – Zum "Jungbann 16 Köln rechtsreinisch", der vom 1. bis 21. August im Zeltlager ist. Zur Lebenswelt des Lagers gehört auch die "weltanschauliche Schulung" und die "Vermittlung völkischen Gedankengutes, etwa bei den Morgenfeiern" (S. 37).

Der Jungvolkdienst (Dienstvorschrift der Hitler-Jugend). Übersicht über Wesen, Form und Arbeit des Deutschen Jungvolks in der HJ. Hg. von der Reichsjugendführung. Berlin, am 1.3.1939. 61 S. – Teilweise veränderte Fassung der "Vorschrift über den Jungvolkdienst" vom 1.7.1938.

Die Kameradschaft. Blätter für Heimabendgestaltung in der Hitlerjugend. Hg. von der Reichsjugendführung der NSDAP, Amt für weltanschauliche Schulung. – Berlin (Limpert) 1934-1939. – Eingesehen wurden von mir 17 Folgen der Jahre

1938/1939. – Z. B. Folge 5 (9. 3. 1938) S. 21-23 "Die rumänische Judenfrage": "Die Entfernung der Juden aus der Mitte der Völker ist die einzige Lösung der Judenfrage... Vom wirtschaftlichen Standpunkt aus betrachtet, kann Palästina nicht alle Juden aufnehmen. Also müssen die Juden in einem anderen freien Lande – wie z. B. in Uganda, das ihnen von England angeboten, von den Zionisten aber abgelehnt worden war – angesiedelt werden: ob die Juden es wollen oder nicht. Am besten: in Madagaskar, wo sie am leichtesten bewacht werden könnten... Solange die Juden unter den Völkern als Parasiten leben, wird die Welt keine Ruhe haben". Folge 2 (19. 10. 1938) S. 8-13 zum Judenthema; Folge 6 (21. 12. 1938) S. 2-3 zum neuen NS-Begriff von Weihnachten; S. 4-7 zum Thema "Kolonien"; Folge 7 (11. 1. 1939) hat als Leitthema "Die Gesunderhaltung des Blutes" und erläutert und begründet die einschlägige Gesetzgebung (Sterilisierung der "Minderwertigen" usw.); S. 17-19 zur Ermordung Ernst vom Raths (7. 11. 1938) und den Konsequenzen; Folge 8 (25. 1. 1939) mit dem Leitthema: "Die Vermehrung des Blutes" (gegen "die Pest der Kinderscheu"); Folge 9 (8. 2. 1939) S. 2 ff.: "Wir sind ein 'Volk ohne Raum' "; Folge 16 (17. 5. 1939) S. 7 lautet das erste der 12 "Gebote des Nationalsozialisten": "Der Führer hat immer recht!".

Handbuch des gesamten Jugendrechts. Im Auftrag des Jugendführers des Deutschen Reichs hg. von Günter *Kaufmann*, Hauptschriftleiter, und Hans *Burmann*, Anwaltsassessor. – Berlin (Luchterhand) 1937-1939 [2 Loseblattordner, 20 Gruppen mit je eigener Seitenzählung]. – Gruppe 1: Hitler-Jugend als Gliederung; 2: Jugend und Elternhaus; 3: Jugend und Schule; 4: Eheschließung und Eheförderung; 5: Landjahr; 6: Berufsberatung-Berufskunde; 7: Berufserziehung-RBWK; 8: Landdienst, Landhilfe; 9: Reichsarbeitsdienst; 10: Wehrdienst; 11: Jugendarbeitsrecht; 12: Sozialversicherung; 13: Steuern-Gebühren; 14: Jugendpflege; 15: Leibesübungen-Körperliche Ertüchtigung; 16: HJ-Heime-Jugendherbergen; 17: Jugendschutz; 18: Jugendhilfe; 19: Jugendstrafrecht; 20: Sonderfragen.

Die Hitler-Jugend. Aufbau und Leistung der nationalsozialistischen Jugendbewegung. Von Hauptbannführer Günter *Kaufmann*, Pressereferent der Reichsjugendführung, in: Das Dritte Reich im Aufbau. Übersichten und Leistungsberichte, Band 3: Wehrhaftes Volk. Der organisatorische Aufbau Teil II. Hg. von Paul Meier-Benneckenstein, Berlin (Junker und Dünnhaupt), 1939, 328-471; U. a. S. 430-436: "Landdienst der HJ"; S. 437-443: "Der Reichsberufswettkampf"; S. 446-452: "Die Rechtsarbeit der Hitlerjugend"; S. 460 f. zum "weiblichen Pflichtjahr".

Kerutt, Horst: Adolf-Hitler-Marsch der deutschen Jugend. – München (Eher) 1939. 101 S. – Zum jährlichen Sternmarsch der HJ nach Landsberg am Lech zum Gedenken an die Haft Hitlers in der dortigen Festung. In der Zelle Nr. 7, jetzt "Wallfahrtsort einer neuen deutschen Jugend", schrieb der Führer "das Werk, das für uns zur Bibel unseres Glaubens wurde" (S. 11. 98). Mitgenommen werden "die geweihten Bannfahnen der HJ" auf diesem "Bekenntnismarsch".

Der Bund Deutscher Mädel in der Hitler-Jugend. Von Jutta *Rüdiger*, BDM-Reichsreferentin, in: Das Dritte Reich im Aufbau. Übersichten und Leistungsberichte. Band 2. Der organisatorische Aufbau. Teil I. Hg. von Paul Meier-Benneckenstein, Berlin (Junker und Dünnhaupt) 1939, 395-413. – "Die Jungen werden zu politischen Soldaten und die Mädel zu starken und tapferen Frauen erzogen, die diesen politischen Soldaten Kameradinnen sein sollen – und unsere nationalsozialistische Weltanschauung später in ihrer Familie als Frauen und Mütter leben und gestalten – und so wieder großziehen eine neue Generation der Härte und des Stolzes" (S. 396). "Diese Auffassungen: daß die Frau gleichartig (Behauptung des Marxismus) oder minderwertig (semitisches Gedankengut) sei, sind unserer Rasse fremd und unseres Volkes unwürdig" (S. 397). "Die Fundamente unserer Erziehung sind die weltanschauliche Schulung, sportliche Ertüchtigung und die soziale Einsatzbereitschaft der Mädel" (S. 399). "Während der Mann neue Lebensgebiete für sein Volk erobert und erkämpft, ist es die Aufgabe des Mädels und der Frau, diese Lebensgebiete zu halten und das, was deutsche Art ist, im Sinne unserer Weltanschauung praktisch zu leben und zu gestalten und weiterzugeben von Generation zu Generation" (S. 405). "Wenn unser Volk sich zum Adel der Leistung bekennt und treu ist seiner Art, wird es naturnotwendig kommen zu der Hochzucht unserer Rasse ... wollen wir in der Hitler-Jugend formen: mutige und kraftvolle Männer – stolze und schöne Frauen ... Vorkämpfer für alles Gute und Anständige in dieser Welt" (S. 406). – "Gut und anständig" ist also auch die Eroberung "neuer Lebensgebiete" in Osteuropa (samt anschließender 'ethnischer Säuberung').

Usadel, Georg: Zucht und Ordnung. Grundlagen einer nationalsozialistischen Ethik. 45. Tausend. – Hamburg (Hanseatische Verlagsanstalt) 1939. 74 S. – S. 62-72: "Erziehung der Jugend" (im Elternhaus und in der Hitlerjugend). – In der Hitlerjugend gibt es nicht mehr den ehemals herrschenden "Liberalismus". "Kameradschaft" ist die wichtigste Tugend (S. 69 f.). "Der Nationalsozialismus hat dem deutschen Volk eine ewige Aufgabe gestellt, nämlich die, sein Blut zu bessern und seinen Boden zu mehren" (S. 71). Durch entsprechende "Gattenwahl" kann "der nationalsozialistische Volksgenosse zur Besserung unserer Rasse gezüchtet" werden (S. 73).

Weber-Stumfohl, Herta: Ostmarkmädel. Ein Erlebnisbuch aus den Anfangsjahren und der illegalen Kampfzeit des BDM in der Ostmark. 11.-20. Tausend. – Berlin (Junge Generation Verlag) [1939]. 223 S. – Bericht über die Zeit 1930-1938. Die Autorin, seinerzeit "Gauführerin für Wien", berichtet über die Lebenswelt dieser Jahre in Wien, das sie von "Fremdrassigen" (Juden) dominiert sieht.

Wehner, Gerhart: Die rechtliche Stellung der Hitler-Jugend. – Dresden (Dittert) 1939. 154 S. und 8 S. – Darin u. a. S. 58-61: "Die HJ-Gerichtsbarkeit"; S. 76-99: "Der Totalitätsanspruch der Hitler-Jugend"; S. 106-119: "Hitler-Jugend und Elternhaus"; S. 119-133: "Hitler-Jugend und Schule"; Anhang S. 1-8: "Gesetz über die Hitler-Jugend" (vom 1. 12. 1936) mit der ersten und zweiten Durchführungsverordnung (vom 25. 3. 1939). "Der Mensch ist nichts 'an sich' ... Er ist nichts, wenn er nicht dienendes Glied ist in der Gemeinschaft der lebenden Volksgenossen. Die Gemeinschaft bindet ihn nach der Breite, die Ahnenreihe nach der Tiefe" (S. 15). Die Freiwilligkeit des Eintritts in die HJ wird der Form nach aufrechterhalten (S. 43), existiert aber faktisch nicht mehr, wenn es heißt, daß nur noch "Reste verhetzter katholischer Jugendorganisationen den Beitritt zur HJ ablehnen" (S. 23). Die Eltern können ihre Kinder nicht vom HJ-Dienst fernhalten (S. 116); denn es "anerkennt der völkische Staat das Erziehungsrecht der Eltern weder als 'göttliches' Recht, noch als 'natürliches', objektives, individualistisches 'Grundrecht'... Der Staat überwacht im Auftrag der Partei, als der Hoheitsträger der Erziehung des gesamten deutschen Volkes, die Erziehung im Elternhaus" (S. 106 f.). "Die HJ will das Elternhaus nicht ausschalten. Sie kann aber einen großen Teil seiner Erziehungsaufgabe in dem Augenblick übernehmen, in dem es selbst nicht mehr in der Lage ist, sie voll zu erfüllen: an Jungen und Mädeln vom 10., 11. Lebensjahr an. Diese Jungen und Mädel, die Eltern ihr selbst bringen, kann die HJ in ihren kleineren Gemeinschaften und Lagern zusammenfassen und ausrichten, sie in den für ihre Entwicklung entscheidenden Jahren unter möglichster Ausschaltung der störenden Einflüsse in ihrem der Kampfzeit entstammenden Geist durch jugendmäßiges Leben und Erleben zu Nationalsozialisten erziehen" (S. 105). – Von daher mußten die 1940 entstehenden KLV-Lager wie ein Geschenk des Himmels erscheinen.

Der Bund Deutscher Mädel. Von Obergauführerin Lotte *Becker*, in: Erziehungsmächte und Erziehungshoheit im Großdeutschen Reich, hg. von Ministerialrat Rudolf Benze und Regierungsdirektor Gustav Gräfer, Leipzig (Quelle & Meyer) 1940, 93-117. – Seit Juni 1934 gab Trude Mohr dem BDM die "klare Haltung und Ausrichtung, welche in folgendem Satz noch einmal zum Ausdruck kommt: 'Nicht reden, nicht debattieren; nationalsozialistisch leben in Zucht, Haltung und Kameradschaft!'. – Am 24. November 1937 folgte der inzwischen verheirateten Trude Bürkner-Mohr die jetzige Reichsreferentin des BDM, Obergauführerin Dr. Jutta Rüdiger, die bisherige Führerin des Obergaues Ruhr-Niederrhein" (S. 95). "Mit 14 Jahren wird das Jungmädel in einer Feierstunde am 20. April in den BDM überwiesen... Die erzieherisch wesentlichste Form des Mädeldienstes wird jetzt der Heimabend... Über dem Jahrgang der 16jährigen steht das Thema: 'Das Volk und sein Blutserbe' (Rassengesetze, alle rassebiologischen und ethischen Fragen)" (S. 102 f.). Der gewünschte Mädeltyp "wird charakterisiert durch die Worte unserer 1. Reichsreferentin Trude Mohr: 'Die Mädel des BDM haben sich ihre eigene Haltung erworben. Nicht stramm, sondern straff, nicht derb, sondern herb, stehen sie andersartig, aber gleichwertig neben ihren Kameraden von der HJ". Gegentypen "in der Zeit vor der Machtübernahme" waren "die kommunistische Dirne, die rechtlerische Frau oder die christliche Jungfrau" (S. 106 f.).

Brauße, Hans Bernhard: Kunst der Führung. – Potsdam (Voggenreiter) 1940. 169 S. – Zu Wort kommen in dieser Sammlung markanter Aussprüche und Sätze vor allem die erzieherischen Autoritäten der NS-Zeit (Hitler, Krieck, Schemm, Stellrecht, Usadel, Hierl und von Schirach), die auch für die HJ besondere Bedeutung hatten.

Glaube und Schönheit. Ein Bildbuch von den 17-21jährigen Mädeln, hg. von Clementine zu *Castell*. Mit einem Geleitwort des Reichsjugendführers Baldur von

Schirach. – München (Eher) 1940. 88 S. – Titelbild: ein idealisiertes Porträtfoto des Baldur von Schirach. Die Bildersammlung wird eingeleitet mit der Aussage: "Das Bild ist das beste dokumentarische Beweisstück" (S. 6). Einige Fotos der besonders in Turn- oder Gymnastikkleidung dargestellten Mädchen werden begleitet von deren Versprechen: "Wir leben zu jeder Stunde gesund, weil wir bewußt zum Dienst bereit sind" (S. 12 f.)

Der *Dienst* im Deutschen Jungvolk in der Hitler-Jugend (Ausbildungsvorschrift der Hitler-Jugend). Richtlinien für den Dienst des ersten Jahrganges. Herausgegeben von der Reichsjugendführung. Berlin, am 1. Januar 1940. 170 S. – Mit detaillierten Anweisungen, Vorgaben und Ratschlägen für den Dienstunterricht, Heimnachmittag, Sportdienst, Geländedienst, Belehrung über den korrekten Dienstanzug, Gliederung und Organisation der HJ usw.

Jungen und Mädel im Krieg. Aus Berichten von Jungen und Mädeln zusammengestellt von Willi *Dißmann* und Max *Wegner*. – Berlin (Schneider) [1940]. 158 S. – Propagandistische Erzählungen und Bilder zum Thema: Zivile Hilfsdienste von HJ und BDM (Sammlungen, Hilfe in der Landwirtschaft, BDM-Mädchen mit Blumen und Liedern im Lazarett).

Gericke, Gisela: Auch wir waren dabei. Aus dem Kriegstagebuch eines Jungmädeluntergaues. – Berlin (Junge Generation Verlag) [1940]. 32 S. – Berichte über Einsätze verschiedener Art: Bahnhofsdienst, Erste Hilfe, Kurierdienst, Einholdienst, Singen im Lazarett.

Kein HJ-Beitrag mehr! Von Ludwig *Grimm*, Reichskassenverwalter der HJ. – Das Junge Deutschland, 34. Jahrgang, Nr. 10 (1. Okt. 1940) S. 217-218. – Als Begründung für das Entfallen der monatlichen Beiträge wird der unverhältnismäßig hohe Zeitaufwand genannt und das unnötige Absorbieren von Arbeitskraft sowie das Interesse eines "störungsfreien Dienstbetriebes".

Hemm, Ludwig: Die unteren Führer in der HJ. Versuch ihrer psychologischen Typengliederung. – Leipzig (Barth) 1940. 106 S. – "Neben Elternhaus, Schule, Werklehre und den sonstigen überkommen völkischen Erziehungseinrichtungen ist eine weitere Zuchtordnung in Gestalt der Staatsjugend (Hitler-Jugend: HJ) getreten". Erziehungswissenschaft und Psychologie sind nun interessiert, über das "seelisch-geistige Sein und Verhalten" bzw. die geistige "Wesensart der unteren Führer in der Staatsjugend" näheren Aufschluß zu erhalten. Der Autor, Standortführer der HJ in Würzburg, richtete seine Hauptaufmerksamkeit auf die Scharführer, die wichtigste untere Führungsstelle (Durchschnittsalter: 17, 6 Jahre). Die Befragung erfolgte "an Hand eines Fragenschemas" von 20 ausgewählten Fragen (abgedruckt S. 10 f.). U. a. wurde durch eine "Leistungsprüfung" die geistige Reife und Lehrgeschicklichkeit des jungen Führers festgestellt; er sollte "einen kurzen Heimabend durchführen, in dessen Mittelpunkt die weltanschauliche Schulung steht" (S. 14).

HJ. im Dienst. Ausbildungsvorschrift für die Ertüchtigung der deutschen Jugend. Hg. von der Reichsjugendführung. 7. Auflage. – Berlin (Bernhard & Graefe)

[1940]. 368 S. – Inhalt: Grundschulung in den Leibesübungen; Kleinkaliber-
schießen; Ordnungsübungen; Geländeausbildung; Marsch, Fahrt und Lager; Erste Hilfe bei Unglücksfällen. – Einleitend (S. 7-41) zur Geschichte und Organisation der HJ, zum "Ziel der körperlichen Ertüchtigung" der HJ sowie zu dem
"HJ-Leistungsabzeichen".

Der *Jungmädeldienst* (Dienstvorschrift der Hitler-Jugend). Übersicht über Wesen,
Form und Arbeit des Jungmädelbundes in der HJ. Hg. von der Reichsjugendführung, Berlin, am 1.3.1939; – mit gleichem Titel eine neue Fassung erschienen
am 1. Februar 1940. "Herausgabe und technische Gestaltung: Reichsjugendführung (Organisationsamt)". 32 S. – S. 6-11 zur Geschichte und Organisation der
HJ; S. 11-15: "Der Jungmädeldienst"; S. 25-32: "Die Bekleidungsvorschrift". –
Im Titel identisch, im Inhalt aber ausführlicher ist die Ausgabe vom 1. März
1939. Sie umfaßt 63 Seiten.

Krieger, Ruth: Deutsche Mädel im Osten. – Berlin (Junge Generation Verlag) 1940.
119 S. – Zur (illegalen) BDM-Tätigkeit in Polen um 1938. – Zur Sache vgl.
Melita Maschmann: Sie schafften für Großdeutschland. Dank an die volksdeutschen Kameradinnen im ehemaligen Polen, in: Mädel – eure Welt! Das Jahrbuch
der Deutschen Mädel 2 (1941) 67-70.

Müller, Albert: Neue Heimat im Osten. Von der Bewährung des BDM. – Das Junge
Deutschland 34 (1940) 232-233. – BDM-Führerinnen im Alter von 15-25 Jahren, jeweils vereint in Lagern von 14 bis 18 Führerinnen und "eingeschaltet in
den Betreuungsbereich des Höheren SS- und Polizeiführers Warthe", betreuen
die dorthin heimgekehrten "deutschen Volksgenossen aus den Baltenländern,
aus Galizien, Wolhynien und Bessarabien". Die Mädel eröffnen u. a. Kindergärten, machen BDM-Dienst für die volksdeutschen Mädchen und setzen in
vielen Gemeinden sogar "die verlassene polnische Schule" wieder in Betrieb.
"Die Reichsjugendführung betrachtet die Führerinnenarbeit im Wartheland als
die große Gelegenheit für die politische Bewährung des BDM".

Die Durchführung der Jugenddienstpflicht. Von Heinrich *Schulz*, Oberbannführer,
Hauptabteilungsleiter in der Behördenabteilung der Reichsjugendführung. –
Das Junge Deutschland 34 (1940) 198-201. – Erläuterungen vor allem zu § 1
der Jugenddienstverordnung (= 2. Durchführungsverordnung zum Gesetz über
die Hitler-Jugend vom 25. März 1939), demzufolge "alle Jugendlichen von 10-
18 Jahren 'verpflichtet sind, in der HJ Dienst zu tun' und damit ohne weiteres die Obliegenheiten, die ihnen aus diesem Dienst erwachsen, übernehmen
müssen". Bis auf weiteres gelten auch die Vorschriften der 'Disziplinarordnung
der HJ' vom 8. Oktober 1936 einschließlich der Erweiterung vom 20. Januar
1939 bzw. neuerlich der 'Dienststrafordnung' der HJ für die Dauer des Krieges"
(2. April 1940). "Zu den Pflichten der Jugendlichen in der HJ gehört, nicht nur
den Anforderungen des 'planmäßigen Dienstes', sondern auch denjenigen nachzukommen, die sich aus den 'besonderen Einsatzbefehlen... ergeben... also
Ernteeinsatz, Hilfseinsatz bei Behörden, Reichsbahn, Reichspost, Wehrmacht,
Sammelaktionen usw.". Verstöße werden streng geahndet.

Mädel – eure Welt! Das Jahrbuch der Deutschen Mädel. Hg. von Hilde Munske. – München (Eher) 1 (1940) – 5 (1944). – Mit vermischten Beiträgen zu verschiedenen für BDM-Mädchen interesssanten Themen aus den Bereichen "Mädel am Werk, Von deutschem Frauentum, Aus Werktag und Beruf, Durch deutsches Land, Auf großer Fahrt, Geschichten und Erzählungen für Lager und Heimabend, Freude am künstlerischen Schaffen" (so als Beispiel in Band 1; darin u. a. 3 Beiträge von Melita Maschmann).

Mädel im Dienst. BDM.-Sport. Hg. von der Reichsjugendführung. 2. Aufl. – Potsdam (Voggenreiter) 1940. 288 S. (zuerst 1934. 304 S.). – Vorspruch des Baldur von Schirach auf einem Vorsatzblatt: "Werdet schön an Körper und Geist und achtet euch selbst so hoch, daß nur die Besten es wagen dürfen, euch gut zu sein". S. 9: "Führerin und Sportwartin, für dich ist dieses Buch bestimmt... Du weißt, daß in der Hitler-Jugend Jungen und Mädel zu Trägern der nationalsozialistischen Weltanschauung erzogen werden... Unser Körper gehört uns nicht selbst, sondern unserem Volk. So wie die Nation gesunde, leistungsfähige Jungen braucht, aus denen später wehrfähige Männer werden, braucht sie gesunde, leistungsfähige Mädel, aus denen gesunde und schöne Frauen werden". "Der Bund Deutscher Mädel in der Hitler-Jugend ist die große Erziehungsgemeinschaft der deutschen Mädel im Alter von 10 bis 21 Jahren" (S. 11).

Munske, Hilde (Hg.): Das bunte Jungmädelbuch. – Berlin (Junge Generation Verlag) [um 1940?]. 242 S. – Unterhaltsame Berichte und Geschichten für Mädchen (JM im BDM) von 10-14 Jahren, besonders aus der Lebenswelt der Jungmädel, z. B.: zum ersten Heimnachmittag, zum Sammeln von Heilkräutern, zur Seidenraupenzucht, Besuch im Kriegslazarett, Begegnung mit Hermann Göring und Hanna Reitsch.

Der Pimpf. Nationalsozialistische Jungenblätter. Hg. von der Reichsjugendführung, Amt Pr., Hauptschriftleiter: Herbert Reinecker. Verantwortlich für den Gesamtinhalt: Wilhelm Utermann. – Berlin (Eher). – Als Beispiel sei hier genannt das Heft Dezember 1940, Folge 12, 21 S. – Mit Erzählungen und Berichten aus der Lebenswelt der Jungen im Alter von 10 bis 14 Jahren, z. B. S. 4-6: "Bericht vom Orientierungsmarsch eines Münchener Jungstammes". Einleitend heißt es S. 1: "Deutschland hat auf dem Festland keinen Gegner mehr"... Mit unseren im Krieg gegen Frankreich siegreichen Vätern und Brüdern "werden wir ein Leben lang künftig die deutsche Weihnacht feiern und in jedes neue Jahr eintreten können, ohne von der bangen Frage gequält zu werden: Wird die Welt uns unseren Frieden lassen?".

Pimpf im Dienst. Ein Handbuch für das Deutsche Jungvolk in der HJ. Hg. von der Reichsjugendführung. – Potsdam (Voggenreiter) 1940 (zuerst 1934). 313 S. – S. 5-20: Das Leben des Führers; Unsere Leibeserziehung; Vom Werden der Hitler-Jugend und des deutschen Jungvolks; Die Organisation der Hitler-Jugend; Das Leistungsbuch (Pimpfenprobe, Leistungsabzeichen); Grundschule der Leibesübungen (S. 21-148); Grundschule des Geländesports (S. 149-233); Das Luftgewehrschießen (S. 234-249); Marsch, Fahrt und Lager (S. 250-285);

Gesundheitsdienst und erste Hilfe (S. 286-297); Unser Jungvolkdienst (S. 298-309).

Die Hitlerjugend. Von Hein *Stünke*, Oberbannführer der Reichsjugendführung, Berlin, in: Erziehungsmächte und Erziehungshoheit im Großdeutschen Reich, hg. von Ministerialrat Rudolf Benze und Regierungsdirektor Gustav Gräfer, Leipzig (Quelle& Meyer) 1940, 77-92. – Es sind nicht religiöse Sorgen, wenn sich der politische Protestantismus und Katholizismus gegen die nationalsozialistische Jugendbewegung wenden, sondern machtpolitische... Die Kirche hat viel früher als Volk und Staat die Bedeutung der Jugendorganisation erkannt und sie ihren politischen Zwecken dienstbar gemacht. In die Mitte des 19. Jahrhunderts fallen die Gründungen katholischer Gesellen- und Jugendvereine... Gegen den Anspruch der Kirche steht die Staatsnotwendigkeit und das nationalsozialistische Prinzip der Jugenderziehung und Jugendführung, das der Totalität... Der Führer... handelt mindestens ebensosehr im Auftrage Gottes, wie es die Priesterschaften glauben beanspruchen zu können... Neben der HJ hat im Staate keine andere Jugendorganisation ein Daseinsrecht" (S. 82 f.). "Die Wehrerziehung der HJ... hat für den Pimpfen und Hitlerjungen im Stabfechten, Freiringen und Boxen, für die Mannschaft im Rauf-Tummelspiel und Kampfball die der Jugend gemäßen Erziehungsmittel gefunden" (S. 89).

Wir sahen den Führer. Jungen und Mädel erzählen von ihrem größten Erlebnis. Erstes bis dreißigstes Tausend. – Berlin (Schneider) 1941. 88 S. – Z. B. S. 26-33: "Jungmädel sind Gäste des Führers" (im Berghof auf dem Obersalzberg). Die Geschichten werden begleitet von einigen religiös-hymnischen Gedichten auf den "Führer" (von Baldur von Schirach, Max Wegner u. a., S. 7. 16. 90).

Der *Dienst*. Ausgabe für die Einheiten des Allgemeinen BDM in der HJ, Jahrgang 1923. – Folge 2: Januar bis März 1941. 48 S. – Folge 4: Juli bis September 1941. – Bietet wochenweise Dienstunterweisungen und Stoff für Heimabende. In Folge 2 (Januar/März 1941) S. 12-22 ein redigiertes "Leben des Führers", das so umfangreich ist, daß es Raum läßt für die Mitteilung, daß der Realschüler Hitler "schwer an einem Lungenleiden erkrankte. Der Arzt ordnete an, ihn ein Jahr lang aus der Schule zu nehmen" (S. 15). – In Folge 4 (Juli/Sept. 1941) u. a. S. 24-30: "Die Stellung der Familie im rassebewußten Staat".

Dienstordnung für das Deutsche Jungvolk (Dienstvorschrift der Hitler-Jugend). Übersicht über Wesen, Form und Arbeit des Deutschen Jungvolks in der HJ. Herausgegeben von der Reichsjugendführung, Berlin, am 1. Februar 1941. 32 S. – Inhalt: Die Organisation der Hitler-Jugend; Der Dienst; Richtlinien für den Dienst; Der Pimpf und seine Führer; Der Dienstanzug. – Eingeschärft wird u. a.: "Die Befehle Deiner Führer hast Du widerspruchslos und sofort auszuführen, selbst wenn sie Dir falsch erscheinen sollten... Du mußt lernen, auch Unrecht schweigend ertragen zu können" (S. 20). – Dergleichen konnte nahtlos an das Gehorsamsprinzip der christlichen Jugenderziehung anknüpfen.

Dienstordnung für den Jungmädelbund (Dienstvorschrift der Hitler-Jugend). Übersicht über Wesen, Form und Arbeit des Jungmädelbundes in der HJ. Herausgegeben von der Reichsjugendführung, Berlin, am 1. Februar 1941. 32 S. – Inhalt: Die Geschichte der Hitler-Jugend. Die Organisation der Hitler-Jugend; Der Jungmädeldienst; Der Pflichtdienst; Die Dienstordnung des Jungmädelbundes; Die Bekleidungsvorschrift. – Neu gegenüber den ersten Jahren nach 1933 ist: "Jungmädel dürfen nur in Jugendherbergen und festen Quartieren übernachten" (S. 20). S. 10: "Jungmädel, auch Du gehörst dem Führer!"

Feck, Asmus: Fähnlein "Wiking" sammelt Altmaterial. – Junge Welt 5 (1941) 130-131. – Gesammelt werden alte Zinntuben, Flaschenkapseln, Stanniolpapier, Blei und ähnliches. Die Jungenschaft mit der besten Leistung erhält zur Belohnung zwei Paar Boxhandschuhe.

Feck, Asmus: Jungenschaft "Sturmvogel" fährt zum Ernteeinsatz. – Junge Welt 5 (1941) 190-192. – Bericht über einen vierzehntägigen Arbeitseinsatz bei der Heu- und Roggenernte.

Junge Welt. Ein Jahrbuch für unsere Jungen. Erzählungen aus Krieg und Frieden, Interessantes aus Natur und Geschichte, Beschäftigungen, Sport und Spiel. – Stuttgart (Union Deutsche Verlagsgesellschaft). Band 1 (1937) – 5 (1941). – Galt als "Reichszeitschrift der Hitlerjugend". – Z.B. 5 (1941) 94-105 von Siegfried Kappe: "Mitten im Ziel saßen die Bomben. Deutsche Kampfflugzeuge über England – Jäger greifen uns an!".

Jungvolk-Jahrbuch 1941. Hg. von der Reichsjugendführung. Bearbeitung und verantwortlich für den Inhalt: Oberbannführer Horst Kerutt. – München (Eher) 1941. 238 S. – *Jungvolk-Jahrbuch 1942.* Hg. von der Reichsjugendführung. Zusammengestellt als Gemeinschaftsarbeit der Adolf-Hitler-Schüler auf der Ordensburg Sonthofen. Verantwortlich: Oberbannführer Memminger. Bearbeitung: Obergefolgschaftsführer Minssen. – München (Eher) 1942. – Ein Tag-für-Tag-Kalender mit Vermerk der zahlreichen NS-Feiertage und Gedenktage und jeweils Raum für persönliche Notizen zu den einzelnen Kalendertagen. Zum Beginn des Monats Januar 1942 erscheint ein rühmender Bericht über "zwei kühne Pimpfe des Werdenfelser Landes", die sich entschlossen, "mit einem Schlitten über die (kleine) Olympia-Schanze zu fahren". Derartige (gefährliche bis lebensgefährliche) "Mutproben" waren typisch für die Lebenswelt der HJ.

Kriegsdienst eines Mädels [von einer Potsdamer BDM-Führerin], in: Sommerlager- und Heimabendmaterial für die Schulungs- und Kulturarbeit des BDM und BDM-Werk "Glaube und Schönheit". Sommer 1941 (Schulungsdienst für die Monate Juni-Juli-August 1941). (Vorwort von Gauführerin Inge Thomae). Hg. von der Reichsjugendführung Hauptamt III, Berlin (Elsnerdruck) 1941, S. 24-26. – Bericht einer Abiturientin, die Anfang September 1939, wegen Freistellung für kriegswichtigen Dienst vorzeitig aus der Schule entlassen, in einer Metallwarenfabrik arbeitet, in einer Gruppe von 20 Potsdamer Mädchen. "Das Werk hat in einer Schule ein Lager eingerichtet, wo sie wohnen sollen. Eine BDM-Führerin wird sie betreuen ... im Lager wird täglicher gemeinschaftlicher Dienst sein".

Mädel im Dienst. Jungmädelsport. Hg. von der Reichsjugendführung. 3. Aufl. – Potsdam (Voggenreiter) 1941. 176 S. – Gedacht als Handbuch und Hilfsbuch für die Jungmädelführerin. Inhalt: Grundschule der Leibesübungen; Spiele für Jungmädel; Gymnastik ohne und mit Gerät; Bodenturnen; Hindernisturnen; Leichtathletik; Schwimmen; Tanz; Ordnungsübungen; Wie halte ich eine Sportstunde?; Die Jungmädelprobe; Das Jungmädel-Leistungsabzeichen; Gesundheitsführung; Der Gesundheitsdienst-Beutel.

Munske, Hilde: Arbeit und Einsatz im Kriege. – Mädel – eure Welt! Das Jahrbuch der Deutschen Mädel 2 (1941) 8-23. – Thema: BDM beim zivilen Kriegshilfsdienst (Bahnhofsdienst, Erntehilfe, Sammeln, Verkaufshelferin, Luftschutz, Schulhelferin, "mit Blumen und Liedern im Kriegslazarett").

Befehlsblatt der Gebietsführung [der Hitler-Jugend] Ruhr-Niederrhein (10), Mülheim-Ruhr. – Eingesehen wurden Folge 1/42 (1.1.1942); Folge 2/42 (1.2.1942); Folge 4/42 (1.4.1942); Folge 8/42 (1.8.1942); Folge 9/42 (1.9.1942); Folge 10/42 (1.10.1942); Folge 12/42 (1.12.1942); Folge 1/43 (1.2.43); Folge 3/43 (1.5.1943); Folge 5/43 (1.8.1943); Folge 6/43 (1.10.1943); Folge 1/44 (30.1.1944). – Themen z.B.: Richtlinien für die Durchführung des Dienstappells; Werkzeugsammlung für die Wehrmacht; Tee- und Heilkräutersammlung; "Umhertreiben auf Straßen und Plätzen"; "Landdiensteinsatz 1943" ("Lebens- und Berufsziel: Wehrbauer auf eigenem Grund und Boden"); Aufruf zur freiwilligen Meldung zur KLV; Einsatz der Hitler-Jugend nach schweren Luftangriffen (1.12.43); "schont Kleider und Schuhe... Wer sein Fahrrad zu Spazierfahrten benutzt... vergeht sich an der Kriegswirtschaft" (1.8.1943); "Der Jahrgang 1928 rückt im Frühjahr in die Wehrertüchtigungslager ein... Jeder Pimpf aus der Großstadt gehört in die KLV. Die Zeit in der KLV wird Eure schönste im Leben sein. Deshalb: Freiwillige vor!" (30.1.1944).

Geisler, Erika: Tee und Heilkräuter in der Kriegswirtschaft. – Mädel – eure Welt! 3 (1942) 257-262. – Gesammelt werden durch BDM-Mädchen z.B. Kamille, Lindenblüten, Wegerich, Brombeerblätter.

Die *Hitler-Jugend* im Kriege. [Berichte der Reichsjugendführung, Berlin, an die nachgeordneten HJ-Dienststellen]. – Eingesehen wurden von mir die Berichte Nr. 17 (Juni 1942), 19 (August 1942), 20 (Sept. 1942), 22 (Januar 1943), 23 (Februar 1943), 24 (März 1943), 26 (Mai 1943), 27 (Juni 1943), 28 (Sept. 1943). – Diese "Berichte" dienten der HJ-internen Kommunikation und Koordination, zugleich sollten sie Kontakte zu im Felde stehenden HJ-Führern aufrechterhalten. Die Informationen betreffen u.a. die Verleihung hoher Kriegsorden an ehemalige Hitlerjugendführer, aktuelle Nachrichten von den verschiedenen Tätigkeitsfeldern der Reichsjugendführung (z.B. Ernteeinsätze von HJ und BDM, BDM-Führerinnen als "Laienlehrer", Osteinsatz, Bahnhofsdienst, KLV-Dienst, Landdienst, Wehrertüchtigungslager, Jugendstrafrecht), Berichte über die außenpolitische Lage und die Kriegslage. Auch der übliche Rassismus fehlt nicht. So gibt es angeblich, "jüdische Träume einer Beherrschung der nur noch aus

Mittelmäßigen bestehenden Welt" (Nr. 22, Januar 1943, S. 9) und einem "Vernichtungswillen des Judentums hinter dem Machtapparat des Bolschewismus
ebenso wie hinter den Kulissen des Amerikanismus", und dieser "richtet sich ja
nicht nur gegen das deutsche Volk, sondern gegen die Gesamtheit der europäischen Völker, d. h. gegen die Träger der europäischen Kultur überhaupt"; nur
diese Kultur stellt sich als Hindernis heraus "gegenüber dem angestrebten Ziel
einer jüdischen Weltdiktatur" (26, Mai 1943, S. 4).

Die Jugend des Führers Adolf Hitler. Bildbuch über die großdeutsche Jugend. Hg.
mit Genehmigung der Reichsjugendführung der NSDAP (verantwortlich: Gustav *Memminger*). – Leipzig (Skacel) 1942. 243 S. – Der Bildband zeigt BDM
und HJ beim Sport, bei Ausmärschen und Aufmärschen, beim zivilen Kriegseinsatz (z. B. "Osteinsatz") und die HJ bei der vormilitärischen Ausbildung. Die
Soldaten kämpfen u. a. "für die neue Ordnung unseres Erdteils" (S. 67). In einer
Vorbemerkung versichert Artur Axmann, der Reichsjugendführer: "Dieser ge-
waltigste aller Kriege wird vor allem um die Zukunft und die Freiheit der Jugend
geführt" (S. 4). – Die Bilder vermitteln, wie üblich bei solchen Bildbänden, eine
propagandistisch geschönte Lebenswelt der Jugend.

Die Jugenddienstpflicht. Von Stammführer Edgar *Randel*, Landgerichtsrat, Abteilungsleiter in der Reichsjugendführung der NSDAP und beim Jugendführer des
Deutschen Reichs. – Berlin (Eher) 1942. 119 S. – Nach dem Liberalismus und
Individualismus der Jugendbewegung vor 1933 (bündische Jugend, Tusk) und
nach "den sogenannten Demokratien" gab der Nationalsozialismus der Jugend
erstmals ihr Reich für sich und eine klare Weltanschauung (S. 9-14). "Die gemeinsame politische Idee jeden Deutschen schon in der Jugend erleben zu lassen, ist die Aufgabe der Hitler-Jugend" (S. 13). S. 106-117: "Die Gesetzgebung
über die Hitler-Jugend und die wichtigsten Verwaltungsbestimmungen" (Abdruck der Originaltexte). Randel definiert u. a. genau den Unterschied zwischen
"Stamm-HJ" (freiwillige Mitglieder seit dem 20. 4. 1938) und den der HJ auf
Grund der Dienstpflicht Angehörenden (S. 43 ff.). Nur die "Stamm-HJ" ist eine
Gliederung der NSDAP. Als Gliederung der NSDAP ist die HJ "Jugendbewegung" geblieben und keine Staatsorganisation bzw. "Staatsjugend" geworden
(S. 45).

Die Ostaufgabe der Mädel. Von Jutta *Rüdiger*, Reichsreferentin. – Das Junge
Deutschland 36 (1942) 3-5. – "Als der deutsche Osten wieder frei wurde und die
Reichsgaue Wartheland und Danzig-Westpreußen entstanden, ergab sich auch
für die Mädelarbeit ein großes und schönes Aufgabengebiet. Es galt, im Anschluß an die militärische Auseinandersetzung auch den Volkstumskampf zum
Sieg zu führen. Im Sommer 1940 wurden von der Mädelführung des Gebietes
Wartheland die ersten Altreichsführerinnen angefordert. Dieser Einsatz wurde
in Zusammenarbeit mit der SS durchgeführt... Je zehn Führerinnen wurden
unter der Leitung einer M.-Ringführerin oder Bannmädelführerin in einem Ein-
satzlager zusammengefaßt, von dem aus drei bis vier Dörfer zu betreuen waren". Es wurden Kindergärten und Schulen eingerichtet, Einheiten der Hitler-
jugend aufgezogen und die üblichen NS-Feste gefeiert. "Im Jahre 1941 begann

auch die Einsatzarbeit im Generalgouvernement". "Die größte Aufgabe für unsere Mädel... liegt einfach darin, das Land im Osten, das uns der Führer durch
das Schwert zurückgewann, mit kräftigem deutschen Leben zu erfüllen". – Beschönigende Beschreibung einer 'ethnischen Säuberung'.

Sautter, Reinhold: Hitler-Jugend. Das Erlebnis einer großen Kameradschaft. – München (Röhrig) 1942. 315 S. – Bildberichte zur Lebenswelt von HJ und BDM
in den ersten Kriegsjahren (Dienst, Ausbildung, Fahrt, Lager, ziviler Kriegshilfsdienst). Z. B. S. 30-31 die Aufnahme der zehnjährigen Pimpfe ins Jungvolk
(mit Abb. der Szene vor der Marienburg, wo die von allen Rundfunksendern
reichsweit übertragene Feier jeweils am Vorabend des 20. April stattfand). S. 81:
"Beispiel eines Tagesplanes" (in einem HJ-Lager). S. 130 f. die Übernahme der
Vierzehnjährigen in HJ und BDM (mit Abdruck der Gelöbnisformel). S. 168 ff.
zum Jungmädeldienst. S. 313: Foto einer BDM-Hilfsschaffnerin.

Schierer, Herbert: Vom Kriegsschaffen der Hitler-Jugend. – Jungen – eure Welt! 5
(1942) 5-20. – Überblick über die Tätigkeitsbereiche der HJ, "die während des
Krieges im Vordergrund stehen" (S. 20): Ausbildung, Wehrertüchtigung, weltanschauliche Schulung.

Vorschriftenhandbuch der Hitler-Jugend. Hg. von der Reichsjugendführung. 3 Bde.,
Berlin 1942 (Bundesarchiv Koblenz: NSD 43/429-431)

Werner, Eva: Als Schulhelferinnen im Wartheland. – Mädel – eure Welt! Das Jahrbuch der Deutschen Mädel 3 (1942) 65-70. – Angelernte BDM-Führerinnen
wurden eingesetzt, um den Kindern der nach Westpolen umgesiedelten "Volksdeutschen" Schulunterricht zu erteilen.

Wir folgen. Jahrbuch der Jungmädel. Hg. von der Reichsjugendführung. München
(Eher) 1936 ff. – Ein Jahresmerkbuch bzw. Terminkalender mit jeweils zahlreichen redaktionellen Beiträgen (Informationen zum BDM-Dienst, weltanschauliche Schulung u. a.). – Eingesehen wurden von mir das Jahrbuch 1942 (109
ungezählte Bl.) und 1943 (111 ungezählte Bl.), jeweils verantwortlich: Ruth
Gensicke, Reichsjugendführung. – Einleitend zum Band 1942 fordert Jutta Rüdiger, die BDM-Reichsreferentin, auch hier, "altdeutsches Land, das der Führer
uns durch das Schwert zurückgegeben hat, mit neuem deutschen Leben zu erfüllen.... Wir wissen, daß dieser Krieg nur dann einen Sinn gehabt hat, wenn
ein einiges freies Europa aus ihm hervorgeht". Im übrigen enthält auch dieser Band einiges für Jungmädel Wissenswerte: Dienstkleidung, Leistungsabzeichen, Heimabend, Pflichtjahr, Landdienst, BDM-Haushaltungsschulen. HJ und
BDM sind "die Erziehungsschule der Nation" (Artur Axmann zum März 1943).
Zum Juni 1943 ist die Rede von dem im Aufbau befindlichen "großen zentral-
europäischen Germanenreich" und von der "großen gemeinsamen Pionierarbeit
im Osten": "Geeint wie einst Hellas unter Philipp von Mazedonien... geht Europa dagegen neuen Aufgaben von gewaltigem Ausmaß entgegen... eröffnen
sich auch heute einem geeinten Europa riesenhafte Möglichkeiten im Osten.
Weit hinter den Steppen Weißrußlands und der Ukraine wird dieser neue Helle-
nismus unserer Zeit seine Arbeitsaufgaben finden".

Wir schaffen. Jahrbuch des Bundes Deutscher Mädel. Hg. von der Reichsjugendführung. München (Eher) 1937 ff. – Ein Jahresmerkbuch bzw. Terminkalender mit jeweils zahlreichen redaktionellen Beiträgen (Informationen zum BDM-Dienst, weltanschauliche Schulung u. a.). – Eingesehen wurden von mir die Jahrbücher 1942 (216 S.) und 1943 (200 S.), jeweils verantwortlich: Hauptmädelführerin Ruth Gensicke. – Einleitend zum Jahrgang 1942 schreibt die BDM-Reichsreferentin Jutta Rüdiger zum "Osteinsatz" des BDM: "Die Forderung lautet: Altdeutsches Land, das der Führer uns durch das Schwert zurückgegeben hat, mit neuem deutschem Leben zu erfüllen, sei es in vierwöchentlichem Lagereinsatz zur Betreuung der Wolhynien- und Galiziendeutschen, als Schulhelferinnen, oder indem wir selbst einmal in diesem Land siedeln" (S. 8). Eben dort schreibt sie im Band 1943, S. 170 f.: "Der Mann kämpft für die Freiheit des Reichs, die soziale Gerechtigkeit und die Kultur Europas. Die Aufgabe der Frau ist es, dem Mann die Waffen zu reichen... Vergessen wollen wir aber auch nicht die Parole des vergangenen Jahres 'Osteinsatz und Landdienst'... Der Boden im Osten, für den unsere Soldaten gekämpft und gefallen sind, muß deutsch werden".

Würschinger, Otto: Die Hitler-Jugend im Sommerhalbjahr 1942. Einsatz für den Sieg! – Das Junge Deutschland 36 (1942) 100-104. – Zu dem am 1. April 1942 in Kraft getretenen "Sommerdienstplan 1942" (Halbjahresdienstplan); in ihm werden auch "Kriegseinsatzaufgaben" genannt, u. a.: Ernteeinsatz, Wehrertüchtigung, Einsatz bei der Feuerwehr. Als Ersatz für die in diesem Jahr ausfallenden Sommerlager wird in den größeren Standorten der HJ (Stadteinheiten) "erstmalig die Leistungswoche der Hitler-Jugend angekündigt", mit der Zielsetzung: Bestehen der Pimpfenprobe, Erwerb des Leistungsabzeichens, Tee- und Heilkräutersammlung u. a.

Baeumler, Alfred: Jugenddienstpflicht, Hitler-Jugend und Schule. – Weltanschauung und Schule 7 (1943) 157-170. Erörtert das Verhältnis der Erziehungsinstanzen HJ, Schule und Familie zueinander. "Keine... kann getrennt von der anderen ihren Weg gehen" (S. 159), doch erhält jetzt die "Formationserziehung" (in der HJ) stärkeres Gewicht. In diesem Zusammenhang erörtert der Autor die einschlägige Schrift von Edgar Randel (1942) und teilt dessen Unterscheidung von "Stamm-HJ" (nur wer seit dem 20. April 1938 der HJ angehört, also freiwillig eingetreten ist, ist "Mitglied", und nur die "Stamm-HJ" ist eine Gliederung der NSDAP) und allgemeiner "dienstpflichtiger" HJ (im Sinne von § 2, Absatz 5 der ersten Durchführungsverordnung zum Gesetz über die Hitler-Jugend), d. h. bloße "Zugehörige zur HJ", die nur ihrer Jugenddienstpflicht genügen.

Befehlsblatt der Gebietsführung [der Hitler-Jugend] Kurhessen (14), Kassel. – Eingesehen wurden Folge 7/43 (15. 8. 1943); 9/43 (25. 8. 1943); 1/44 (15. 11. 1944); 2/44 (15. 11. 1944); 1/45 (Januar 1945); 2/45 (20. 1. 1945); 3/45 (25. 1. 1945). – Themen z. B.: "Werbung für das Barfußlaufen", um Leder zu sparen (15. 8. 1943); Verbot des "Mißbrauchs der Fahrräder" zu "Spazierfahrten" (ebd.); "Werbung für den Landdiensteinsatz 1944-45... das Bekenntnis zum Osten und zum Bauerntum... muß fortdauern für alle Zeiten und immer ein Wesenszug der Jugend Adolf Hitlers sein" (25. 8. 1943); zu Gunsten des Deutschen Grußes ("Heil Hitler") sollen "die alten Gewohnheiten wie 'Guten Tag', 'Guten Morgen' usw. im Dunkel der Vergangenheit verschwinden" (15. 11. 1944); "Verhalten bei Tieffliegerangriffen": "Legt Euch schnellstens in den nächsten Straßengraben, in die nächste Furche oder legt Euch flach auf die Erde... den Dienst in einem Heimraum sofort abbrechen, nicht alle Hauswände sind so stark, um Bordwaffenbeschuß auszuhalten" (Januar 1945); "Der erste Westeinsatz für die kurhessische Jugend ist beendet... Ich sehe Euch im Schneetreiben beim Bau von Artillerie-Stellungen, ich sehe Euch im Schlamm stehend die MG-Nester ausheben und trotz der Strapazen und Härte die Freude an dieser Arbeit aus den Augen strahlen... Eure fast 100 prozentige Kriegsfreiwilligenmeldung war Ausdruck der soldatischen Gesinnung unseres Hessen-Gaues" (20. 1. 1945); "Ihr wißt, daß [im Herbst 1944] der Jahrgang 1928 unseres Gebietes in vorbildlicher Bereitschaft sich freiwillig zum deutschen Soldatentum bekannte. Wenn Ihr vom Jahrgang 1929 nun aufgerufen werdet, Euch freiwillig zu melden... Meldet Euch kriegsfreiwillig... Beweist durch das Tragen der roten Kordel nach außen hin Eure Kampfentschlossenheit und reiht Euch ein in die Front der jungen Kriegsfreiwilligen. Heil unserem Führer!" (25. 1. 1945; vgl. M. von Hellfeld/A. Klönne, Die betrogene Generation, Köln 1987, 241-243).

Jahrbuch der Hitlerjugend. Hg. von der Reichsjugendführung. – München (Eher). – Eingesehen wurden von mir die Jahrgänge 1941-1943. – Im Jahrbuch 1942 (Redaktionsschluß: Oktober 1941) erscheint als Leitspruch für den Monat Januar 1942: "Wir müssen uns tüchtig und gut machen, denn wir haben der Welt ihr neues Gesetz zu geben".

Kranz, Erna: Mädel im totalen Krieg. – Das Junge Deutschland 37 (1943) 84-86

Schierer, Herbert: Deutschlands Jugend im dritten Kriegsjahr. Ein sachlicher Arbeitsbericht. – Jungen – eure Welt! 6 (1943) 12-29. – Themen: Vormilitärische Ausbildung der HJ; HJ im Luftschutz und Feuerlöschwesen; HJ-Feldschere und BDM-Gesundheitsdienstmädel; Heranbildung einer wehrgeistigen Haltung schon im kleinsten Pimpf; Sammlung von Tee- und Heilkräutern; HJ-Ernteeinsatz; HJ-Führer in den Lagern der erweiterten Kinderlandverschickung; BDM-Osteinsatz; S. 25-29 zum Landdienst der HJ nach der "Rückeroberung des deutschen Kulturbodens im Osten" (Ziel: Ansiedlung von "Neubauern" mit "völkischer Verpflichtung zu deutsch-bewußtem Vorkämpfertum").

Würschinger, Otto: Von der Zeltburg zum Feldlager. Bilanz und Ausschau in der Lagerarbeit. – Das Junge Deutschland 37 (1943) 74-75. – Themen: Der Einsatz von HJ und BDM in den verschiedensten Bereichen (z. B. Straßenbahn, Heimatflak, KLV, Ernteeinsatzlager, Landdienstlager, Wehrertüchtigungslager, Führer- und Führerinnenlager, Umsiedlerlager). "Die Romantik des Lagerfeuers ist der heutigen Jugend unbekannt und würde von ihr auch in der Zeit heroischer Anstrengungen nicht verstanden werden", ja "Kriegseinsatz war ihr von Anbeginn ein zwingendes Bedürfnis", und es "beherrscht die Jugend im Lager allgemein der Geist der Front". "Die Hitler-Jugend sieht im Lager eine jugendgemäße

Gemeinschaftsform, in der sich die Jungen und Mädel nach ihrem Eigenleben ausrichten und zum größeren Einsatz rüsten".

Leistungswochen der Hitler-Jugend. Von Otto *Würschinger*, Oberbannführer und Hauptabteilungsleiter in der Reichsjugendführung. – Das Junge Deutschland 37 (1943) 141-146. – Infolge des kriegsbedingten Ausfalls der großen HJ-Sommerlager gab es nur noch kleine Führerausbildungslager, "die große Masse der Jugendlichen aber blieb von der Lagererziehung ausgeschlossen". In den ersatzweise für die Stadteinheiten eingeführten Leistungswochen in den großen Schulferien leisten HJ und BDM Dienst von 8.00 bis 12.00 Uhr und von 15.00 bis 18.00 Uhr. Sie schlafen und essen zu Hause. Für die berufstätigen Jungen und Mädel sind "Abenddienste" vorgesehen. Zweck dieser Woche ist vor allem "die Ablegung der verschiedenen Leistungsabzeichen" der HJ. Am Montag ist Eröffnungsappell; am Dienstag die "Barfußaktion" (Werbung für das Einsparen von Leder) und ein Nähstubeneinsatz der Mädel; am Mittwoch ist Kriegshel-denehrung und Lazarettsingen; am Donnerstag u. a. Sammeln von Altmaterial und Tee- und Heilkräutern; am Freitag steht der Spargedanke im Vordergrund (Sparen von Geld, Energie; 'Kohlenklau'); am Sonnabend: Nachbarschaftshil-fe; am Sonntag: Feierstunde, Feuerwehreinsatzübung u. a.

Der Kriegseinsatz der Hitler-Jugend. Von Regierungsrat Otto Ernst *Bartel*, Haupt-abteilungsleiter beim Jugendführer des Deutschen Reichs. – Berlin (Deutscher Rechtsverlag) 1944. 137 S. – Im "Anhang" (S. 70-137) Abdruck der einschlägi-gen Gesetze, Verordnungen, Erlasse usw.

BDM.-Schuldienst im Osten. Von Gauleiter Arthur *Greiser*. – Das Junge Deutsch-land, Jg. 38, Heft 2 (15. 2. 1944) S. 21. – Die "BDM-Schulhelferinnen" haben sich im Gau Wartheland sehr bewährt, und die Bedenken gegen ihre Verwen-dung sind unbegründet. Auch "nach siegreichem Krieg" und "wenn einstmals die Waffen der Soldaten schweigen", sollte dieser Einsatz weitergehen. Kürz-lich hat sogar "der Führer die BDM-Schulhelferinnen ohne Einschränkung an-erkannt".

Zum "Achtjahres-Schulungsplan der Hitler-Jugend" . Von Oberbannführer G. *Gries-mayr*. – Der HJ-Führer. Führerdienst des Gebietes Niedersachsen (8), Januar 1944/Folge 1, S. 28-29 (vgl. Griesmayr ebd. Folge 3, März 1944, S. 1-2: "Volk und Rasse"). – Mit dem Aussterben des mittelalterlichen Kaisergeschlechts der Hohenstaufen "bricht das Reich als Ordnungsmacht Europas zusammen... Der Hochwert der Ehre wurde durch die Menschheitsliebe mehr und mehr ver-drängt... Ehre, Treue, Tapferkeit, Opferbereitschaft, Pflicht, grenzenlose Lie-be zu Kaiser und Reich, fanatischer Haß gegen ihre Feinde; dies war die mo-ralische Grundlage der fünf Jahrhunderte mittelalterlicher Reichspolitik. Als aber... der heroische Typ des Ritters durch den asketischen (lebensverneinen-den) des Mönches verdrängt wurde, waren die reichszersetzenden Tugenden der Menschheits- und Feindesliebe, der Demut und Entsagung, der Sündenzerknir-schung und der Höllenangst Trumpf geworden... Wir haben unsere Jungen zu fanatischen Nationalsozialisten zu erziehen" und müssen ihnen immer wieder sagen, "daß der Sinn ihres Lebens der bedingungslose Dienst für Führer und Reich ist".

Das *Junge Deutschland*. Amtliches Organ des Jugendführers des Deutschen Reichs. Sozialpolitische Zeitschrift der deutschen Jugend. – Bis 1933 eine "überbündische Zeitschrift des Reichsausschusses der deutschen Jugendverbände", danach unter Beibehaltung des Titels von der Hitlerjugend (Reichsjugendführung in Berlin) übernommen. In der NS-Zeit erschienen die Jahrgänge 27 (1933) - 38 (1944).

Jungen – eure Welt. Das Jahrbuch der Hitler-Jugend (ab 1942 mit dem Untertitel "Das Jungenjahrbuch"). Hg. von Wilhelm Utermann. – München (Eher). Jahrgänge 1937 (1938) - 1944.

Schmidt, Werner: Am Steuer des Kriegseinsatzes. – Das Junge Deutschland 38 (1944) 14-17 (mit S. 19-20: "Kriegseinsatz in einer Großstadt", d. h. in München). – Ermöglicht wird der Kriegseinsatz der deutschen Jugend durch die Verordnung vom 26. März 1939 (Jugenddienstpflicht), durch den Erlaß über die Lenkung des Kriegseinsatzes der deutschen Jugend vom 3. Januar 1943 (Übernahme nur zusätzlicher Kriegsaufgaben von der HJ) und durch die Verordnung des Ministerrats für die Reichsverteidigung über die Heranziehung der deutschen Jugend zur Erfüllung von Kriegsaufgaben vom 2. Dezember 1943. Erneut und ausschließlich mit der Lenkung des Einsatzes der "millionenstarken Reservearmee der deutschen Jugend" beauftragt wurde der Reichsjugendführer der NSDAP und Jugendführer des Deutschen Reichs. "Die absolute Grenze des Jugendeinsatzes ist die Überbeanspruchung".

Die BDM.-Schulhelferin. Von Hauptmädelführerin Elly *Wolpert*. – Das Junge Deutschland 38 (1944) Heft 2, S. 23-25. – Im Rahmen des BDM-Osteinsatzes sind gegenwärtig etwa 700 BDM-Schulhelferinnen eingesetzt in den Reichsgauen Wartheland und Danzig-Westpreußen. Es haben 72 Prozent von ihnen die Volksschule besucht, 26 Prozent haben die Mittlere Reife, 2 Prozent sind Abiturientinnen. "Allen gemeinsam war eine langjährige Führungsarbeit im BDM". Sie werden in Kurzlehrgängen für ihre Tätigkeit vorbereitet.

Die Hitler-Jugend im totalen Krieg. Von Otto *Würschinger*, Hauptbannführer in der Reichsjugendführung. – Das Junge Deutschland 38 (1944) 161-164. – Erforderlich ist jetzt eine "Vereinfachung auf allen Arbeitsgebieten und Dienststellen", z. B.: "Alle Fachschulen, wie Werkschulen, Musikschulen, BDM-Haushaltungsschulen und Landfrauenschulen sind inzwischen aufgelöst oder werden kurzfristig abgewickelt... In die Räume sind KLV-Lager eingezogen oder wurden Führer- bzw. Führerinnenschulen gelegt... Schwerwiegend ist die Einstellung des Reichsberufswettkampfes... Weitgehend wurde die Jugendpresse beschnitten... Einstellung der Beförderungen innerhalb des Führerkorps... Der Dienstplan der Einheiten ist vereinfacht".

Führerblätter der Hitler-Jugend / HJ-Führerdienst / HJ-Schulungsdienst / Führerdienst / Hitler-Jugend Führerdienst / Führerdienst der Hitler-Jugend / Führerinnendienst. – Die Titel und Inhalte variieren je nach Gebiet, Gliederung (HJ,

Deutsches Jungvolk, BDM, Jungmädel, Glaube und Schönheit) und Erschei-
nungsjahr, vermitteln jedoch einheitlich die von der Reichsjugendführung in
Berlin ergehenden Weisungen samt weltanschaulicher Ausrichtung. Die letzten
Hefte dieser Art erscheinen im Frühjahr 1945.

15.3   Literatur

Erika Mann (1938) bahnt erstmals eine kritische Gesamtwertung der NS-
Jugenderziehung an und hat zu Recht international großen Eindruck gemacht. Indes
ist ihr Werk für wissenschaftliche Zwecke nur eingeschränkt brauchbar, weil die Be-
zugnahmen auf Quellen teilweise ungenau und nicht verifizierbar sind. Hinzu kommen methodische Schwächen und unhaltbare Wertungen infolge ihrer unzureichenden
Kenntnis der seinerzeitigen deutschen Realität. Auch übertreibt und fokussiert sie bisweilen die Dinge bis zur Unglaubwürdigkeit (zur Kritik vgl. z. B. Michael H. Kater,
in: "Die Formung des Volksgenossen", hg. von Ulrich Herrmann, Weinheim 1985, 79;
Werner Augustinovic/Martin Moll, in: Publizistik 36, 1991, 352 f.).

Arno Klönne (1956) wirkte bahnbrechend und hat die einschlägige sozialge-
schichtliche Forschung nachhaltig beeinflußt (zur Kritik siehe z. B.: Deutsche Jugend
4, 1956, 185 f.; Jürgen Reulecke, in: Politische Jugend in der Weimarer Republik, hg.
von Wolfgang R. Krabbe, Bochum 1993, 238 f.).

Im Unterschied zu Klönne macht Klose (1964) auch etwas von der lebensweltlichen Faszination sichtbar, welcher die Jugend erlag. Leider fehlen oft Quellenangaben
beziehungsweise sind ungenau, obwohl an ihrer Authentizität nicht zu zweifeln ist.
Ein kenntnisreiches, flüssig lesbares gutes Buch!

Brandenburg (1968) hat dagegen die Quellen seiner Darstellung sorgfältig dokumentiert und ein Werk geschrieben, das auch heute noch mit Gewinn zu lesen ist.

Koch (1975) bringt keinen Fortschritt über Klönne, Klose und Brandenburg hinaus, referiert teilweise unkritisch und oberflächlich die Quellen und gibt sie überdies
nicht immer nachvollziehbar an. Seine Informationen und Bewertungen zur Jugendbewegung vor 1933 sind wenig überzeugend (zur Kritik vgl. Winfried Mogge, in:
Jahrbuch des Archivs der deutschen Jugendbewegung 9, 1977, 320-328, und Michael
H. Kater, in: Archiv für Sozialgeschichte 17, 1977, 564-566).

Wortmann (1982) entwirft in seiner umgearbeiteten Kölner Dissertation ein lesenswertes, überzeugendes Bild des Baldur von Schirach (zur Kritik siehe Matthias
von Hellfeld, in: Jahrbuch des Archivs der deutschen Jugendbewegung 14, 1982-83,
382-386).

Eine nicht immer flüssig zu lesende aber ergebnisreiche Bearbeitung seiner Kölner Dissertation bietet Klaus (1983). Mit seinem Werk hat er bahnbrechend für die
Erforschung des BDM gewirkt wie ähnlich Klönne (1956) für die HJ. Er operiert
gelungen mit Zeitzeuginnen-Befragungen und verwertet auch Autobiographien von
ehemaligen BDM-Angehörigen. Besonders geht er der Frage nach, warum sehr viele
Mädchen in der NS-Jugendorganisation waren, obwohl sie – objektiv gesehen – unterdrückt wurden. Die Lesbarkeit des Buches wird etwas beeinträchtigt durch Klaus'
sozialpsychologische und linkspolitische Terminologie.

Ganz anders als Wortmanns solide Arbeit (1982) überzeugt Jochen von Lang
(1988) mit seinem Werk nicht, weder methodisch noch inhaltlich. Die apologetische

Entlastung Schirachs (samt der Verharmlosung der HJ) ist nicht gerechtfertigt (vgl. die zutreffende Kritik von Michael Buddrus, in: Jahrbuch des Archivs der deutschen Jugendbewegung 17, 1988-92, 358-369).

Die Sammlung von Jahnke-Buddrus (1989) bietet gegenüber von Hellfeld/Klönne (1985) sehr viel mehr Dokumente und regt ähnlich gut zum Eindringen in die Quellen an.

Die Soziologin Reese (1989) weist nach, daß der Nationalsozialismus u. a. durch Operieren mit dem neuen Jugendbegriff sich das Emanzipationsstreben der Mädchen zunutze machte, sie aber nicht wirklich emanzipierte. Gleichwohl war der BDM attraktiv. "Unentwirrbar mischte sich für die Mädchen im Bund Deutscher Mädel politisch Intendiertes mit subjektiv Gewolltem und machte sie zu willigen Komplizinnen" (S. 234).

Kinz (1990) bietet ein gelungenes, informationsreiches Werk, das erfolgreich auch lebensweltliche Dinge (samt Liedgut) in die Untersuchung einbezieht; denn gerade die jugendliche Lebenswelt der dreißiger und vierziger Jahre ist bisher noch kaum erkundet. Etwas mißglückt ist der Titel (besser: Ein Beitrag zur Erforschung... ?).

Böltkens Untersuchung (1995) enthält vier aufschlußreiche Beispiele für die Karriere und das Täterin-Werden junger Frauen im NS-System. Die Autorin versucht, die Motive und Denkweise dieser Frauen zu erhellen. Sie vermochten aufzusteigen, ohne freilich je wirklich Macht zu erhalten. (vgl. Ralph Erbar, in: Historische Zeitschrift 263, 1996, 535 f.).

Hübner-Funk (1998) erörtert die mentalitätsgeschichtlichen Nachwirkungen der NS-Sozialisation in der HJ- und BDM-Generation und kommt zu dem Ergebnis, daß diese Nachwirkungen größer sind als bisher angenommen wurde. Vor allem durch Heranziehung biographischer Selbstdarstellung von ehemaligen Mitgliedern der NS-Jugendorganisation kommt sie zu bemerkenswerten Schlüssen und Feststellungen.

Leitner, Maria: Elisabeth, ein Hitlermädchen. Erzählende Prosa, Reportagen und Berichte. – Berlin (Aufbau-Verlag) 1985. – S. 265-465 Abdruck des zuerst 1937 in Frankreich erschienenen kritischen Reportageromans "Elisabeth, ein Hitlermädchen. Roman der deutschen Jugend" der im Exil lebenden kommunistischen Journalistin Maria Leitner (geboren 1892).

Kirkpatrick, Clifford: Nazi Germany: Its Women and Family Life. – Indianapolis, New York (The Bobbs-Merrill Company) 1938. – Der Verfasser berichtet u. a. kritisch über Erlebnisse und Erfahrungen während seines Deutschland-Aufenthalts, so in dem Kapitel "The Conflict of Generations" (S. 266-272, zu HJ und BDM). Z. B. S. 267: "In Berlin in subways, one could see little blonde girls, in the uniform of the 'Bund deutscher Mädel', reading in the newspapers the realistic details of just how degenerate Catholic priests went about seducing helpless boys who had been placed in their charge"; S. 271-272 referiert er eine Glosse zu dem Slogan "Wir danken dem Führer für die Arbeit" (d. h. für die Beseitigung der Arbeitslosigkeit): "The story has it that in a typical German family the boys were called forth in the evening to attend a meeting of the Hitler Youth and the girls to an affair of the 'Bund deutscher Mädel'. Each left a note of explanation on the table. Mother hurried away to participate in the activities of the 'Frauenwerk' while papa performed his evening duty with the S.A. men or with the Labor Front. Two more were left. Burglars broke into this deserted home and stole almost everything except Hitler's picture. They added to the piles of notes on the dining-room table, 'We thank the Führer for the work' ". – S. 105 und 253 typische Bilder von BDM- und HJ-Formationen.

Mann, Erika: Zehn Millionen Kinder. Die Erziehung der Jugend im Dritten Reich. Mit einer Einführung von Thomas Mann. – München (Ellermann) 1986 (zuerst unter dem Titel "School for Barbarians", New York 1938; in deutscher Sprache bereits Amsterdam: Querido, 1938) 195 S.

Deutschland-Berichte der Sozialdemokratischen Partei Deutschlands (*Sopade*) 1934-1940, neu hg. und mit einem Register versehen von Klaus *Behnken*. 7 Bde., Frankfurt (Zweitausendeins) 1980. – Z. B. V (1938) 1358-1405: "Aus der Hitler-Jugend"; VI (1939) 189-193 zum "Pflichtjahr der Mädchen" und zum "Landdienst der Hitlerjugend"; im "Register" sind u. a. zahlreiche Berichte die Stadt Essen betreffend verzeichnet. Umfangreiche Auszüge zum Thema "HJ" auch bei Heinrich Kanz (Hg.), Der Nationalsozialismus als pädagogisches Problem, Frankfurt 1984, 164-183.

Ziemer, Gregor: Education for Death. The Making of the Nazi. – New York (Octagon Books) 1972 (zuerst 1941). 209 S. – S. 55-167 zur Hitlerjugend.

Vagts, Alfred: Hitler's Second Army. – Washington, D.C. (Infantry Journal) 1943. 245 S. – S. 190-220: "Hitler Youth".

Paetel, Karl O.: Youth Education in Germany. – New York 1945

Münker, Wilhelm: Geschichte des Jugendherbergswerkes von 1933 bis 1945. – Bielefeld 1946. 101 S.

Zahn, Peter von: Verrat an der deutschen Jugend, in: Vor den Toren der Wirklichkeit. Deutschland 1946-47 im Spiegel der Nordwestdeutschen Hefte, ausgewählt und eingeleitet von Charles Schüddekopf, Berlin (Dietz) 1980, 88-91

Paetel, Karl O.: Das Bild vom Menschen in der deutschen Jugendführung. – Bad Godesberg (Voggenreiter) 1954. 62 S. – S. 40-47: "Die Hitler-Jugend".

Spranger, Eduard: Pädagogische Perspektiven. Beiträge zu Erziehungsfragen der Gegenwart. 3. Aufl. – Heidelberg (Quelle & Meyer) 1955. 139 S. – S. 47-57 zur Hitlerjugend und zur Situation der deutschen Jugend nach 1945.

Klönne, Arno: Hitlerjugend. Die Jugend und ihre Organisation im Dritten Reich (Schriftenreihe des Instituts für wissenschaftliche Politik in Marburg/Lahn – Hg. von Wolfgang Abendroth, Nr. 1). – Hannover und Frankfurt/M. (Norddeutsche Verlagsanstalt O. Goedel) 1960. 109 S. (Jahresdatum des von Abendroth unterzeichneten Vorwortes ist 1956; es handelt sich um die im Marburger Institut entstandene Dissertation des Verfassers).

Roessler, Wilhelm: Jugend im Erziehungsfeld. Haltung und Verhalten der deutschen Jugend in der ersten Hälfte des 20. Jahrhunderts. – Düsseldorf (Schwann) 1957. – S. 231-242: "Hitlerjugend".

Fest, Joachim C.: Das Gesicht des Dritten Reiches. – Profile einer totalitären Herrschaft. – München (Piper) 1963. – S. 300-318: "Baldur von Schirach und die 'Sendung der jungen Generation' ".

Klose, Werner: Generation im Gleichschritt: Die Hitlerjugend. Ein Dokumentarbericht. – Oldenburg (Stalling) 1982 (zuerst 1964). 296 S.

Pross, Harry: Jugend, Eros, Politik. – Die Geschichte der deutschen Jugendverbände. – München (Scherz) 1964. 524 S. – S. 425-437 zur Hitlerjugend.

Brandenburg, Hans-Christian: Die Geschichte der HJ. Wege und Irrwege einer Generation. – Köln (Verlag Wissenschaft und Politik) 1968. 348 S.

Klose, Werner: Lebensformen deutscher Jugend. Vom Wandervogel zur Popgeneration. – München (Olzog) 1970. 154 S. – S. 41-46: "Generation im Gleichschritt: Die 'Hitlerjugend' "; S. 47-55: " 'Die Fahne ist mehr als der Tod': Erziehung zum Krieg".

Grunberger, Richard: A Social History of the Third Reich. – London (Weidenfeld and Nicolson) 1971 (deutsche Übers. Wien 1977) 535 S. – Darin u. a. S. 267-284: "Youth".

Loewenberg, Peter: The Psychohistorical Origins of the Nazi Youth Cohort. – American Historical Review 76 (1971) 1457-1502

Stachura, P.D.: The Ideology of the Hitler Youth in the Kampfzeit. – Journal of Contemporary History 8 (1973) 155-167

Kneip, Rudolf: Jugend der Weimarer Zeit. – Handbuch der Jugendverbände 1919-1938. – Frankfurt (dipa) 1974. 379 S. – Darin auch zur Hitlerjugend.

Koch, Hannsjoachim: Geschichte der Hitlerjugend. Ihre Ursprünge und ihre Entwicklung 1922-1945. – Percha (Schulz) 1975. 488 S.

Stachura, Peter D.: Nazi Youth in the Weimar Republik. – Santa Barbara, Calif./Oxford (Clio Press) 1975. 301 S.

Stachura, P.D.: The National Socialist Machtergreifung and the German Youth Movement: Co-ordination and Reorganization, 1933-34. – Journal of European Studies 5 (1975) 255-272

Stachura, Peter D.: The Hitler Youth in Crisis: The Case of Reichsführer Kurt Gruber, October 1931. – European Studies Review 6 (1976) 331-356

Vespignani, Renzo: Faschismus. – Berlin (Elefanten Press) 1976. 130 S. (und Anhänge). – S. 64-66 zur Hitlerjugend und zum Bund Deutscher Mädel.

Kater, Michael H.: Die unbewältigte Jugendbewegung. Zu neuen Büchern von Rudolf Kneip, Werner Kindt und Hannsjoachim W. Koch. – Archiv für Sozialgeschichte 17 (1977) 559-566

Paul, Wolfgang: Das Feldlager. Jugend zwischen Langemarck und Stalingrad. – Esslingen (Bechtle) 1978. 428 S.

Schultz, Jürgen: Die Akademie für Jugendführung der Hitlerjugend in Braunschweig. – Braunschweig (Waisenhaus-Buchdruckerei und Verlag) 1978.

Focke, Harald/*Reimer*, Uwe: Alltag unterm Hakenkreuz. Wie die Nazis das Leben der Deutschen veränderten. – Reinbek (Rowohlt) 1979. – Umfangreich auch zum Thema "Hitlerjugend".

Kater, Michael H.: Hitlerjugend und Schule im Dritten Reich. – Historische Zeitschrift 228 (1979) 572-623

Klönne, Arno: Erziehung im Faschismus/Hitlerjugend. – Pädagogik extra 1979, Heft 6, S. 43-46

Ottweiler, Ottwilm: Die Volksschule im Nationalsozialismus. – Weinheim (Beltz) 1979. – S. 80-88: "Hitlerjugend und Schule".

Davis, Brian Leigh/*Turner*, Pierre: Deutsche Uniformen im Dritten Reich, 1933-1945. – München (Heyne) 1980 (Übers. aus dem Englischen). – Auch zur HJ.

Klaus, Martin: Mädchen im Bund Deutscher Mädel. – Informationen zur erziehungs- und bildungshistorischen Forschung 14 (1980) 155-169

Klönne, Arno: Was war die Hitlerjugend?, in: Terror und Hoffnung in Deutschland 1933-1945, hg. von Johannes Beck (u. a.), Reinbek (Rowohlt) 1980, 426-434

Klönne, Arno: Jugend im Dritten Reich. Jugendbewegung, Hitlerjugend, Jugendopposition. – Journal für Geschichte 2 (1980) Heft 3, S. 14-18

Pöggeler, Franz: Die Politisierung der Jugendarbeit dargestellt am Beispiel der deutschen Jugendherbergen von 1933 bis 1945. – Informationen zur erziehungs- und bildungshistorischen Forschung 14 (1980) 171-189

Stachura, Peter D.: Das Dritte Reich und Jugenderziehung. Die Rolle der Hitlerjugend 1933-1939, in: Erziehung und Schulung im Dritten Reich, Teil 1, hg. von Manfred Heinemann, Stuttgart (Klett-Cotta) 1980, 90-112 (vgl. Stachura, in: Nationalsozialistische Diktatur 1933-1945, hg. von Karl Dietrich Bracher u. a., Düsseldorf 1983, 224-244)

Willmot, Louise: National Socialist Youth Organisations for Girls. A Contribution to the Social and Political History of the Third Reich. – Diss. (Ph.D.) Oxford University, Somerville College. 2 Bde. (maschinenschriftlich) 1980. 413 Bl. – S. 232-257: "The work of the League, 1939-45" (zu zivilen Einsätzen).

Braun, Helga: Der Bund Deutscher Mädel (BDM) – Faschistische Projektionen von der "neuen deutschen Frau". – Ergebnisse 15 (Hamburg 1981) 92-124

Reese, Dagmar: Bund Deutscher Mädel – Zur Geschichte der weiblichen deutschen Jugend im Dritten Reich, in: Mutterkreuz und Arbeitsbuch (Frauengruppe Faschismusforschung), Frankfurt (Fischer) 1981, 163-187

Stachura, Peter D.: The German Youth Movement 1900-1945. An Interpretative and Documentary History. – London (Macmillan) 1981. 246 S. – S. 121-165 zur Hitlerjugend.

Arbeitsgruppe "Geschichtliche Landeskunde" der St. Ursula-Schule Geisenheim: Die Hitlerjugend von Rüdesheim am Rhein, in: Nazis und Nachbarn, hg. von Dieter Galinski (u. a.), Reinbek (Rowohlt) 1982, 60-74

Uta *Bischoff* (u. a.): Jungvolk in Dahn, in: Nazis und Nachbarn, hg. von Dieter Galinski (u. a.), Reinbek (Rowohlt) 1982, 45-59

Boberach, Heinz: Jugend unter Hitler. – Düsseldorf (Droste) 1982. 174 S. – S. 25-65: "Von der Parteiorganisation zur Staatsjugend. Die Hitlerjugend 1933-1945"; S. 103-146: "Vom Geländespiel zum Luftschutzkeller und zur Panzerfaust. Jugend im Zweiten Weltkrieg".

Huber, Karl-Heinz: Jugend unterm Hakenkreuz. – Berlin (Ullstein) 1982. 326 S.

Frank *Grube*/Gerhard *Richter*: Alltag im Dritten Reich. So lebten die Deutschen 1933-1945. – Hamburg (Hoffmann und Campe) 1982. 232 S. – Darin u. a. S. 81-104: "Generation im Gleichschritt" (zu HJ und BDM).

Klinksiek, Dorothee: Die Frau im NS-Staat. – Stuttgart (Deutsche Verlags-Anstalt) 1982. – S. 48-50: "Der Bund Deutscher Mädel (BDM)".

Lüttgens, Anne: Die Entwicklung der pädagogischen Konzeption des Deutschen Jugendherbergswerks von 1909-1945. – Detmold (Verlag Deutsches Jugendherbergswerk) 1982. – S. 157-240: Die Jugendherbergen usurpiert und genutzt von der Hitlerjugend.

Miller-Kipp, Gisela: Der Bund Deutscher Mädel in der Hitler-Jugend-Erziehung zwischen Ideologie und Herrschaftsprozeß. – Pädagogische Rundschau 36. Jahrgang/1982, Sonderheft (August), S. 71-105

Wortmann, Michael: Baldur von Schirach, Hitlers Jugendführer. – Köln (Böhlau) 1982. 270 S.

Arendt, Hans-Jürgen: Mädchenerziehung im faschistischen Deutschland – unter besonderer Berücksichtigung des BDM. – Jahrbuch für Erziehungs- und Schulgeschichte 23 (1983) 107-127

Bernett, Hajo: Der Weg des Sports in die nationalsozialistische Diktatur. Die Entstehung des Deutschen (Nationalsozialistischen) Reichsbundes für Leibesübungen. – Schorndorf (Karl Hofmann) 1983. 120 S. – S. 54-57: "Hitlerjugend".

Klaus, Martin: Mädchenerziehung zur Zeit der faschistischen Herrschaft in Deutschland – Der Bund Deutscher Mädel. 2 Bde. – Frankfurt (dipa) 1983. 439 und 233 S.

Klaus, Martin: Mädchen im Dritten Reich. Der Bund Deutscher Mädel (BDM). – Köln (Pahl-Rugenstein) 1983 (und Köln: PapyRossa, 1998. 235 S.). 219 S.

Klose, Werner: Stafetten-Wechsel. Fünf Generationen formen unsere Welt. – Zürich (Edition Interfrom) 1983. – S. 95-106 zur Hitlerjugend-Generation.

Kohrs, Peter: Kindheit und Jugend unter dem Hakenkreuz. Nationalsozialistische Erziehung in Familie, Schule, Hitlerjugend. – Stuttgart (Metzler) 1983. – S. 103-171: "Nationalsozialismus und Hitlerjugend".

Stachura, Peter D.: Das Dritte Reich und die Jugenderziehung: Die Rolle der Hitlerjugend 1933-1939, in: Nationalsozialistische Diktatur 1933-1945. Eine Bilanz, hg. von Karl Dietrich Bracher (u. a.), Düsseldorf (Droste) 1983, 224-244

Jochen *Hering* (u. a.): Schüleralltag im Nationalsozialismus. – Dortmund (pad. Pädagogische Arbeitstelle Dortmund) 1984. 367 S. – S. 196-204 zum Bund Deutscher Mädel.

Krafeld, Franz Josef: Geschichte der Jugendarbeit von den Anfängen bis zur Gegenwart. – Weinheim (Beltz) 1984. – S. 111-128: "Jugendarbeit im Faschismus".

Krause-Vilmar, Dietfrid: Das Lager als Lebensform des Nationalsozialismus. Anmerkungen und Fragen (The camp as a system of deformation of personality in National Socialism – annotations and questions). – Pädagogische Rundschau 38 (1984) 29-38

Wiggershaus, Renate: Frauen unterm Nationalsozialismus. – Wuppertal (Hammer) 1984. 167 S. – S. 57-77 zum BDM und zur HJ.

Eva *Brinkschulte* (u. a.): Immer in Reih und Glied? Leben in HJ und BDM, in: Vom Lagerfeuer zur Musikbox, hg. von der Berliner Geschichtswerkstatt (Redaktion: Christa Jančik u. a.), Berlin (Elefanten-Press) 1985, 17-104

Funke, Hans-Ulrich: Die NS-Jugendorganisationen in Rheine, in: Rheine gestern, heute, morgen 15 (1985) 55-84

Giesecke, Hermann: Die Hitlerjugend, in: "Die Formung des Volksgenossen", hg. von Ulrich Herrmann, Weinheim (Beltz) 1985, 173-188

Matthias von *Hellfeld*/Arno *Klönne*: Die betrogene Generation. Jugend in Deutschland unter dem Faschismus. Quellen und Dokumente. – Köln (Pahl-Rugenstein) 1985 (2. Aufl. 1987) 352 S.

Klönne, Arno: Widersprüche der HJ-Sozialisation, in: "Die Formung des Volksgenossen", hg. von Ulrich Herrmann, Weinheim (Beltz) 1985, 206-215

Kreuter, Marie-Luise: Die Reichsjugendführung Heerstraße 12-14, in: Geschichtslandschaft Berlin. Orte und Ereignisse. Band 1. Hg. von Helmut Engel (u. a.): Charlottenburg. Teil 2: Der neue Westen, Berlin (Nicolai) 1985, 41-58

Miller-Kipp, Gisela: Der Bund Deutscher Mädel in der Hitlerjugend, in: "Die Formung des Volksgenossen", hg. von Ulrich Herrmann, Weinheim (Beltz) 1985, 189-205

Möding, Nori: "Ich muß irgendwo engagiert sein – fragen Sie mich bloß nicht, warum". Überlegungen zu Sozialisationserfahrungen von Mädchen in NS-Organisationen, in: "Wir kriegen jetzt andere Zeiten". Auf der Suche nach der Erfahrung des Volkes in nachfaschistischen Ländern. Lebensgeschichte und Sozialkultur im Ruhrgebiet 1930 bis 1960, hg. von Lutz Niethammer/Alexander von Plato, Band 3, Bonn (Dietz) 1985, 256-304

Radkau, Joachim: Die singende und die tote Jugend. Der Umgang mit Jugendmythen im italienischen und deutschen Faschismus, in: "Mit uns zieht die neue Zeit". Der Mythos Jugend, hg. von Thomas Koebner (u. a.), Frankfurt (Suhrkamp) 1985, 97-127

Rogge, Sylvia: "Mädel, komm zum BDM!", in: Frauen unterm Hakenkreuz, hg. von Maruta Schmidt und Gabi Dietz, München (dtv) 1985, 31-41

Scholtz, Harald: Erziehung und Unterricht unterm Hakenkreuz. – Göttingen (Vandenhoeck & Ruprecht) 1985. 206 S.

Wiedemann, Max: Aufstieg und Fall des Artur Axmann. – Sozial Extra 1985, Heft 10, S. 36-39

Worgull, Lothar: Hitlerjugend und bündische Jugend, in: Alltag in Hattingen 1933-1945. Eine Kleinstadt im Nationalsozialismus. Hg. von der Volkshochschule Hattingen, Essen (Klartext) 1985, 162-181 (vgl. ebd. 196-199: "Die Auseinandersetzungen um die katholische Jugend")

Hans-Uwe Otto/Heinz Sünker (Hg.): Soziale Arbeit und Faschismus. Volkspflege und Pädagogik im Nationalsozialismus. – Bielefeld (Kritische Texte-Verlag) 1986. 537 S. – Darin u. a. S. 455-465: "Freiwillige Integration und Objektbestimmung – Wie Mädchen den BDM erleben konnten" von Martin *Klaus*; S. 467-476: Arno *Klönne*: "Sozialisation in der Hitler-Jugend".

Koonz, Claudia: Mütter im Vaterland. Frauen im Dritten Reich. – Reinbek (Rowohlt) 1994 (Übersetzung aus dem Amerikanischen, New York 1986). – S. 37-63: "Begegnung mit einer Nationalsozialistin. Gespräch mit der Reichsfrauenführerin Gertrud Scholtz-Klink".

Leitsch, Claudia: Drei BDM-Autobiographinnen. – Mitteilungen der Dokumentationsstelle NS-Sozialpolitik 2 (1986) Heft 11/12, S. 73-101. – Zu Melita Maschmann, Renate Finckh und Margarete Hannsmann.

Möding, Nori/*Plato*, Alexander von: Siegernadeln. Jugendkarrieren in BDM und HJ, in: Schock und Schöpfung. Jugendästhetik im 20. Jahrhundert, hg. von Willi Bucher und Klaus Pohl, Darmstadt (Luchterhand) 1986, 292-301

Reese-Nübel, Dagmar: Kontinuitäten und Brüche in den Weiblichkeitskonstruktionen im Übergang von der Weimarer Republik zum Nationalsozialismus, in: Soziale Arbeit und Faschismus, hg. von Hans-Uwe Otto und Heinz Sünker, Bielefeld (Karin Böllert, KT-Verlag) 1986, 223-241. – S. 232-235: "Der Bund Deutscher Mädel".

Lingelbach, Karl Christoph: Erziehung und Erziehungstheorien im nationalsozialistischen Deutschland. – Frankfurt (dipa) 1987. 389 S. – S. 103-121: "Revolutionspädagogische Triebkräfte und ihre politische Funktionalisierung in der Hitlerjugend 1933-1936".

Keim, Wolfgang: Das nationalsozialistische Erziehungswesen im Spiegel neuerer Untersuchungen. Ein Literaturbericht. – Zeitschrift für Pädagogik 34 (1988) 109-130

Klönne, Arno: Jugend im Nationalsozialismus – Ansätze und Probleme der Aufarbeitung, in: Pädagogen und Pädagogik im Nationalsozialismus – Ein unerledigtes Problem der Erziehungswissenschaft, hg. von Wolfgang Keim, Frankfurt (Lang) 1988, 79-87

Lang, Jochen von: Der Hitler-Junge. Baldur von Schirach: Der Mann, der Deutschlands Jugend erzog. Unter Mitarbeit von Claus Sibyll. – Hamburg (Rasch und Röhrig) 1988. 479 S.

Patzwall, Klaus D.: Die Hitlerjugend im Spiegel ihrer Dokumente 1932-1945 (Militaria-Publication, Band 5). – Norderstedt (Militair-Verlag Klaus D. Patzwall) 1988. 95 S. – Das Werk, eine Art Hilfsbuch für Militaria-Sammler, enthält ausschließlich Abbildungen beziehungsweise Faksimiles von einschlägigen Ausweisen, Dokumenten und Urkunden und hat so einen gewissen Quellenwert.

Timm, Willy: "Unnas Straßen hallen von dem Tritt... ". Die Geschichte der HJ in der Stadt Unna. – Unna (Verlag kleine Hellweg-Bücherei) 1988. 72 S.

Buddrus, Michael: Zur Geschichte der Hitlerjugend (1922-1939). 2 Bde. – Rostock (Diss.) 1989. – Vom gleichen Verfasser: Zur Rolle der Hitlerjugend in der faschistischen deutschen Polenpolitik, Wiss. Zeitschr. der Wilhelm-Pieck Univ. Rostock, G-Reihe 38 (1989) Nr. 3, S. 52-60.

Fuchs, Marga: "Ihr habt euer Leben dem Führer geweiht!". Aspekte des Nationalsozialismus in Bamberg (Darstellungen und Quellen zur Geschichte Bambergs, hg. vom Stadtarchiv Bamberg durch Robert Zink, Nr. 2). – Bamberg 1989

Norbert *Hopster*/Alex *Moll*: Träume und Trümmer. Der Nationalsozialismus von 1933 bis 1945. – Bielefeld (Verlag für Regionalgeschichte) 1989. 248 S. – S. 103-123: "Das jugendliche Reich: sauber, stark und froh".

Karl Heinz *Jahnke*/Michael *Buddrus*: Deutsche Jugend 1933-1945. Eine Dokumentation. – Hamburg (VSA-Verlag) 1989. 495 S.

Klönne, Arno: Hitlerjugend 1939, in: Achtung Fertig Los. Vorkrieg 1935-1939, hg. von Witich Roßmann/Joachim Schmitt-Sasse, Berlin (Elefanten Press) 1989, 36-38

Reese, Dagmar: Straff, aber nicht stramm – herb, aber nicht derb. Zur Vergesellschaftung von Mädchen durch den Bund Deutscher Mädel im sozialkulturellen Vergleich zweier Milieus. – Weinheim (Beltz) 1989. 259 S.

Rempel, Gerhard: Hitler's Children. The Hitler Youth and the SS. – Chapel Hill (The University of North Carolina Press) 1989. 345 S.

Sommer, Wilhelm: Kinder und Jugendliche im Nationalsozialismus (Lesehefte Geschichte für Sekundarstufe I). – Stuttgart (Klett) 1989. 64 S. – S. 2-15: "Hitlerjugend und Bund Deutscher Mädel".

Thamer, Hans-Ulrich: Verführung und Gewalt. Deutschland 1933-1945. – Berlin (Siedler) 1986. – S. 400-416: "Hitlerjugend und Erziehung".

Voigt-Firon, Diana: Das Mädchenbuch im Dritten Reich. Weibliche Rollenangebote zwischen bürgerlichem Frauenbild, faschistischer Neuprägung und Staatsinteresse. – Köln (Pahl-Rugenstein) 1989. 140 S. – S. 121-124 zum BDM.

Brand, Karsten: Die Rolle des Deutschen Reichsbundes für Leibesübungen (DRL) bei der Kriegsvorbereitung der deutschen Jugend. – Jugendgeschichte, Heft 12 (1990) 30-36. – Zur Rivalität von Hitlerjugend und DRL.

Gehmacher, Johanna: "Ostmarkmädel". Anmerkungen zum illegalen Bund deutscher Mädel in Österreich (1933-1938), in: Töchter-Fragen, NS-Frauen-Geschichte, hg. von Lerke Gravenhorst und Carmen Tatschmurat, Freiburg (Kore) 1990, 253-269

Hübner-Funk, Sibylle: Die "Hitlerjugend Generation": Umstrittenes Objekt und streitbares Subjekt der deutschen Zeitgeschichte. – Prokla 80. Politische Generationen. Zeitschrift für politische Ökonomie und sozialistische Politik (Rotbuch Verlag), 20. Jahrgang (Sept. 1990) 84-98

Kinz, Gabriele: Der Bund Deutscher Mädel. Ein Beitrag zur außerschulischen Mädchenerziehung im Nationalsozialismus. – Frankfurt (Lang) 1990. 302 S.

Klaus, Martin: Trude Bürkner (Mohr) und Jutta Rüdiger – die Reichsreferentinnen für den Bund Deutscher Mädel (BDM), in: Mütterlichkeit als Profession? Lebensläufe deutscher Pädagoginnen in der ersten Hälfte dieses Jahrhunderts, hg. von Ilse Brehmer, Band 1, Pfaffenweiler (Centaurus) 1990, 125-136

Klönne, Irmgard: "Ich spring' in diesem Ringe". Mädchen und Frauen in der deutschen Jugendbewegung. – Pfaffenweiler (Centaurus) 1990. – S. 267-273: "Die 'Kameradin' im 'Volkskörper' des nationalsozialistischen Deutschland" (zum BDM).

Rogge, Sylvia: "Mädel, komm zum BDM!", in: Hart und zart. Frauenleben 1920-1970, Berlin (Elefanten Press) 1990, 149-159

Schaar, Torsten: Zu auslandspolitischen Aktivitäten der Reichsjugendführung während des zweiten Weltkrieges unter besonderer Berücksichtigung der Gründung des Europäischen Jugendverbandes. – Jugendgeschichte, Heft 13 (1990) 42-53

Dreßler, Detlef (u. a.): Greven 1918-1950. Republik, NS-Diktatur und ihre Folgen. Herausgeber im Auftrag der Stadt Greven: Hans Galen. – Greven (Stadt Greven) 1991. – U. a. S. 177 zu HJ und BDM.

Lück, Margret: Die Frau im Männerstaat. Die gesellschaftliche Stellung der Frau im Nationalsozialismus. Eine Analyse aus pädagogischer Sicht. – Frankfurt (Lang) 1991. – Darin u. a. S. 75-86: "Außerschulische Mädchenerziehung am Beispiel des Bundes Deutscher Mädel (BDM)"; dazu S. 215-217: "Quellenliteratur" (zum BDM).

Reese, Dagmar: Emanzipation oder Vergesellschaftung: Mädchen im "Bund Deutscher Mädel", in: Politische Formierung und soziale Erziehung im Nationalsozialismus, hg. von Hans-Uwe Otto und Heinz Sünker, Frankfurt (Suhrkamp) 1991, 203-225

Reese, Dagmar: Verstrickung und Verantwortung. Weibliche Jugendliche in der Führung des Bundes Deutscher Mädel. – Sozialwissenschaftliche Informationen 20 (1991) 90-96

Reißenauer, Franz: Schule in der Diktatur – Das Dossenberger-Gymnasium Günzburg von 1933 bis 1945. – Günzburg 1991. 327 S. – S. 160-165: "Die Rolle der Hitlerjugend in Günzburg"; S. 206-212: Konflikte zwischen den Erziehungsaufträgen von Schule und HJ".

Schaar, Torsten: Stellung und Kompetenzen des Reichsjugendführers der NSDAP im Kriegseinsatz der Hitlerjugend, in: Deutsche Jugend im Zweiten Weltkrieg [Vorwort von Ingo Koch], Rostock (Verlag Jugend und Geschichte) 1991, 43-52

Jürgen *Schiedeck*/Martin *Stahlmann*: Die Inszenierung 'totalen Erlebens': Lagererziehung im Nationalsozialismus, in: Politische Formierung und soziale Erziehung im Nationalsozialismus, hg. von Hans-Uwe Otto und Heinz Sünker, Frankfurt (Suhrkamp) 1991, 167-202

Schilde, Kurt: Artur Axmann auf der Spur. Aktivitäten des letzten Reichsjugendführers nach 1945, in: Deutsche Jugend im Zweiten Weltkrieg [Vorwort von Ingo Koch], Rostock (Verlag Jugend und Geschichte) 1991, 99-106

Ullmann, Carsten: Zum Kriegseinsatz der deutschen Jugend 1939 bis 1945, in: Deutsche Jugend im Zweiten Weltkrieg [Vorwort von Ingo Koch], Rostock (Verlag Jugend und Geschichte) 1991, 33-42

Buddrus, Michael: Verharmlosungen und Legenden. – Jahrbuch des Archivs der deutschen Jugendbewegung 17 (1988-1992) 358-369

Meldungen aus Münster 1924-1944. Geheime und vertrauliche Berichte von Polizei, Gestapo, NSDAP und ihren Gliederungen, staatlicher Verwaltung, Gerichtsbarkeit und Wehrmacht über die politische und gesellschaftliche Situation in Münster. Eingeleitet und bearb. von Joachim *Kuropka*. – Münster (Regensberg) 1992. 691 S. – S. 309-346: "Jugend" (zur Hitlerjugend und zum Jugendwiderstand).

Klönne, Arno: Jugend im Dritten Reich, in: Deutschland 1933-1945. Neue Studien zur nationalsozialistischen Herrschaft, hg. von Karl-Dietrich Bracher (u. a.), Düsseldorf (Droste) 1992, 218-239

Landsberg im 20. Jahrhundert (Themahefte Landsberger Zeitgeschichte, Heft 3). Redaktion: Manfred *Deiler*. – Landsberg 1993. 46 S.

Giesecke, Hermann: Hitlers Pädagogen. Theorie und Praxis nationalsozialistischer Erziehung. – Weinheim (Juventa) 1993. 303 S. – S. 163-260: "Der volksgemeinschaftliche Jungenstaat: Die Hitler-Jugend".

Graml, Hermann: Integration und Entfremdung. Inanspruchnahme durch Staatsjugend und Dienstpflicht, in: Sozialisation und Traumatisierung. Kinder in der Zeit des Nationalsozialismus, hg. von Ute und Wolfgang Benz, Frankfurt (Fischer) 1993, 70-79

Benno *Hafeneger*/Michael *Fritz*: Sie starben für Führer, Volk und Vaterland. Ein Lesebuch zur Kriegsbegeisterung junger Männer. Bd. 3: Die Hitlerjugend. – Frankfurt (Brandes & Apsel) 1993. 130 S.

Langer, Hermann: Zur Schulung und Propaganda in der Hitlerjugend im letzten Jahr des Krieges, in: Deutsche Jugend zwischen Krieg und Frieden 1944-1946, hg. von Ingo Koch, Rostock (Verlag Jugend und Geschichte) 1993, 27-38

Schaar, Torsten: Die Reichsjugendführung der NSDAP im totalen Krieg – August 1944 bis Mai 1945, in: Deutsche Jugend zwischen Krieg und Frieden 1944-1946, hg. von Ingo Koch, Rostock (Verlag Jugend und Geschichte) 1993, 49-59

Schubert-Weller, Christoph: Hitler-Jugend. Vom "Jungsturm Adolf Hitler" zur Staatsjugend des Dritten Reiches. – Weinheim (Juventa) 1993. 232 S.

Gehmacher, Johanna: Jugend ohne Zukunft. Hitler-Jugend und Bund Deutscher Mädel in Österreich vor 1938. – Wien (Picus) 1994. 479 S.

Jürgens, Birgit: Zur Geschichte des BDM (Bund Deutscher Mädel) von 1923 bis 1939. – Frankfurt (Lang) 1994. 225 S.

Kock, Lisa: "Man war bestätigt und konnte was!". Der Bund Deutscher Mädel im Spiegel der Erinnerungen ehemaliger Mädelführerinnen. – Münster (Waxmann) 1994. 300 S.

Schaar, Torsten: Artur Axmann – Vom Hitlerjungen zum Reichsjugendführer der NSDAP. Eine nationalsozialistische Karriere. – Diss. Univ. Rostock, Fachbereich Geschichtswissenschaften (Mikrofiche-Ausgabe) 1994.

Becker, Jochen: Zur Geschichte und Funktion der Hagener Hitler-Jugend, in: Hagen unterm Hakenkreuz, hg. von Jochen Becker/Hermann Zabel, Hagen (Padligur) 1995, 127-178

Böltken, Andrea: Führerinnen im "Führerstaat". Gertrud Scholtz-Klink, Trude Mohr, Jutta Rüdiger und Inge Viermetz. – Pfaffenweiler (Centaurus) 1995. 153 S.

Martin *Kipp*/Gisela *Miller-Kipp*: Erkundungen im Halbdunkel. – Frankfurt 1995. – S. 151-197: "Der Bund Deutscher Mädel in der Hitler-Jugend – Erziehung zwischen Ideologie und Herrschaftsprozeß"; S. 251-268: "Hitlerjugend und Berufserziehung".

Klönne, Arno: Jugend im Dritten Reich. Die Hitler-Jugend und ihre Gegner. – München (Piper) 1995 (vorher Köln: Eugen Diederichs Verlag, 1982). 310 S.

Langer, Hermann: "Kerle statt Köpfe!". Zur Geschichte der Schule in Mecklenburg und Vorpommern 1932-1945. – Frankfurt (Lang) 1995. 209 S. – S. 55-61: " 'Hitlerjugend im Angriff' ".

Leonhardt, Henrike: "Wir arbeiten auf lange Sicht". Der Bund Deutscher Mädel (BDM) in der Hitler-Jugend (HJ) auf dem "Marsch" in den Zweiten Weltkrieg, in: Zwischen den Fronten. Münchner Frauen in Krieg und Frieden 1900-1950, hg. von der Landeshauptstadt München [Buch zur Ausstellung; Idee und wiss. Leitung: Sybille Krafft], München (Buchendorfer Verlag) 1995, 188-211

"Unsere Fahne flattert uns voran... " . Jugend im Nationalsozialismus in Bremerhaven und Wesermünde. Bearbeitet und hg. von Klaus *Zisenis* und Gerth *Schmidt*. – Bremerhaven (Wirtschaftsverlag NW) 1995. 112 S.

Fahne flattert stolz im Wind, wo wir Kameraden sind. Die HJ-Bannführerschule "Herzog Widukind" in Vlotho 1938-1945. Hg.: Jugendhof Vlotho, Bildungsstätte des Landschaftsverbandes Westfalen-Lippe. Konzeption und Red.: Angela *Kahre*. Vorwort von Arno Klönne. – Münster (Ardey) 1996. 42 S.

Langer, Hermann: Leben unterm Hakenkreuz. Alltag in Mecklenburg 1932-1945. – Bremen (Edition Temmen) 1996. 250 S. – S. 91-104 zur Hitlerjugend.

Lenz, Birgit: Schülerinnen der Maria-Wächtler-Schule [in Essen] im Bund Deutscher Mädel, in: Mädchenbildung in Deutschland, hg. von Wilfried Breyvogel (Essen: Klartext, 1996), S. 109-119

Sarholz, Werner: Nationalsozialismus und Jugend in Menden 1933. – Menden (Archiv der Stadt Menden) 1996. 42 S.

Schade, Rosemarie: Ein weibliches Utopia. Organisationen und Ideologien der Mädchen und Frauen in der bürgerlichen Jugendbewegung 1905-1933. – Witzenhausen (Archiv der deutschen Jugendbewegung) 1996. – S. 177-190: "Frauen in Jugendbewegung und Nationalsozialismus" (bes. zum Typ des BDM-Mädchens und den Affinitäten zu einschlägigen Vorstellungen der Jugendbewegung vor 1933).

Schlüter, Harald: Vom Ende der Arbeiterjugendbewegung. Gewerkschaftliche Jugendarbeit im Hamburger Raum 1950-1965. – Frankfurt (Lang) 1996. 466 S. – S. 24-31: "Jugend im 'Dritten Reich' ".

Wagner, Leonie: Nationalsozialistische Frauenansichten. Vorstellungen von Weiblichkeit und Politik. – Frankfurt (dipa) 1996. 227 S. – Unter anderem zu Lydia Gottschewski (Februar-Juni 1933 Leiterin des BDM) und Gertrud Scholtz-Klink (seit 1934 u. a. zuständig für den RADwJ, den Reichsarbeitsdienst der weiblichen Jugend).

Keim, Wolfgang: Erziehung unter der Nazi-Diktatur. Band I: Antidemokratische Potentiale, Machtantritt, Machtdurchsetzung; Band II: Kriegsvorbereitung, Krieg und Holocaust. – Darmstadt (Wiss. Buchgesellschaft) 1995-1997. – I, 123-134: "Die Monopolisierung der Hitler-Jugend"; II, 58-64: "Hitler-Jugend als effektivste Formationserziehung"; II, 64-66: "Bund Deutscher Mädel als Beispiel weiblicher Formationserziehung"; II, 67-69: "Konflikte zwischen Hitler-Jugend und Schule"; II, 128-129: "Hitler-Jugend und Kriegsvorbereitung"; II 145-153: "Hitler-Jugend-'Reservearmee' für beliebige Kriegsdienste".

Klemp, Stefan: "Richtige Nazis hat es hier nicht gegeben'. Nationalsozialismus in einer Kleinstadt am Rande des Ruhrgebiets. – Münster (LIT) 1997. 672 S. – S. 350-361: "HJ und BDM". – Zu Fröndenberg.

Niederdalhoff, Friederike: "Im Sinne des Systems einsatzbereit... ". Mädchenarbeit im 'Bund Deutscher Mädel' (BDM) und in der 'Freien Deutschen Jugend' (FDJ) – Ein Vergleich. – Münster (LIT) 1997. 142 S.

Ramsauer, Gerhard: Kirche und Nationalsozialismus in Tossens. Kirchenkampf 1933-1945 in einem Marschendorf des Oldenburger Landes. – Oldenburg (Isensee) 1997. 274 S. – S. 171-191: "Hitlerjugend".

Reese, Dagmar: Verstrickung und Verantwortung. Weibliche Jugendliche in der Führung des Bundes Deutscher Mädel, in: Zwischen Karriere und Verfolgung, hg. von Kirsten Heinsohn (u. a.), Frankfurt (Campus) 1997, 206-222

Peter *Pahmeyer*/Lutz van *Spankeren*: Die Hitlerjugend in Lippe (1933-1939). Totalitäre Erziehung zwischen Anspruch und Wirklichkeit. – Bielefeld (AISTHESIS) 1998. 320 S.

Hübner-Funk, Sibylle: Loyalität und Verblendung. Hitlers Garanten der Zukunft als Träger der zweiten deutschen Demokratie. Mit einem Geleitwort von Arno Klönne. – Potsdam (Verlag für Berlin-Brandenburg) 1998. 424 S.

Die "Hitlerjugend" am Beispiel der Region Ulm/Neu-Ulm. Ein Aspekt im Umfeld der "Weißen Rose", 1942/43. Eine kommentierte Dokumenten- und Materialien-Sammlung. – Ulm (Dokumentationszentrum Oberer Kuhberg. DZOK-Manuskripte 1, 1993, unveränderte 5. Auflage, 1998. Hg.: Silvester *Lechner*) 1998. 169 S.

Schörken, Rolf: Singen und Marschieren. Erinnerungen an vier Jahre Jungvolk 1933 bis 1943 – Geschichte in Wissenschaft und Unterricht 49 (1998) 447-460

Steiner, Fritz: Erweiterte Kinderlandverschickung im "Reichsluftschutzkeller" Tirol. NS-Sozialisation, Schule, HJ/BDM, KLV-Lager in Tirol 1938-1946. – Diss. Innsbruck 1998 [maschinenschriftlich]. 356 S. – S. 29-56: "NS-Sozialisation: Hitler-Jugend und Bund Deutscher Mädel in Tirol".

Wagner, Caroline: Die NSDAP auf dem Dorf. Eine Sozialgeschichte der NS-Machtergreifung in Lippe. – Münster (Aschendorff) 1998. 285 S. – S. 143-144: "Das Jungvolk Donop"; S. 250-251: "Ein Hitlerjunge".

Pallaske, Christoph: Die Hitlerjugend der Freien Stadt Danzig, 1926-1939. – Münster (Waxmann) 1999. 200 S.

16 Das Lied als lebensweltliches Medium der geistigen "Ausrichtung" in der Hitlerjugend

16.1 Überblick

Das angeeignete Erbe der Jugendbewegung und seine Verwertung durch die Hitlerjugend. – Breuers Liederbuch "Zupfgeigenhansl" von 1908, der 'Zupf', war der HJ hochwillkommen. Nicht weniger willkommen war vieles im Laufe der Jahre bis 1933 Entstandene oder in Gebrauch Gekommene wie "Wildgänse rauschen durch die Nacht" des Walter Flex oder das bei Breuer fehlende "Ich habe Lust, im weiten Feld zu streiten mit dem Feind" (17. Jh.), ein Landsknechtslied, mit dem 1913 das Jugendfest auf dem Hohen Meißner ausklang. Der 'Zupf' war einerseits eine unverzichtbare Quelle von Volksliedern und andererseits alt genug, um nicht zur gefährlichen Konkurrenz zu werden wie die Liederbücher der bündischen Jugend, die man konsequent verbot.

Deren Bedeutendstes war "St. Georg. Liederbuch deutscher Jugend", hg. von Walter Gollhardt, 2. Auflage Plauen: Günther Wolff, 1935. Hier fehlen zwar immer noch die HJ-typischen Kampflieder (wie schon in der 1. Auflage von 1934), doch hieß es nun anpasserisch im Vorwort, es sei "selbstverständlich, daß wir das nationalsozialistische Kampflied rückhaltlos bejahen. Wenn schließlich trotzdem die Kampflieder der Bewegung nicht aufgenommen werden konnten, so geschah das aus rein praktischen Gründen" (es sind zuviel, Probleme mit dem Urheberrecht, es gibt schon genug billige Kampfliederbücher auf dem Büchermarkt). Das half nichts, denn die HJ wollte auf jeden Fall ein Liederbuch-Monopol. Man hatte die Macht und benutzte sie. Gollhardt gab der 2. Auflage immerhin noch einen "Nachtrag: Neue Jungenlieder", der zahlreiche auch in der Hitlerjugend gesungene Lieder enthielt, aber eben keine NS- und HJ-Kampflieder. Die dreifache Ausrede kaschierte nur notdürftig die Gegnerschaft. So konnte das Gollhardtsche Liederbuch, das 1935 noch einmal fast das gesamte Liedgut der Jugendbewegung vor 1933 zusammenfaßte, keine Zukunft haben, und die Hitlerjugend bediente sich denn auch zwanglos daraus.

Zweifellos pflegten schon manche "Volks"-Lieder der Jugend vor 1933 eine idyllische Wunschwelt, andere kultivierten eine Pseudo-Romantik der Landsknechtszeit und der Freiheitskriege gegen Napoleon, wieder andere thematisierten verklärend soldatische Themen des Ersten Weltkrieges. Zahlreiche Lieder mögen für die suchende Jugend wirklich sinnstiftend gewesen sein, manche wirkten aber eher wie Bausteine zu einem Utopia der bündischen Jugend, einige gar wie ein Narkotikum. In diesem Zusammenhang kann die Rede sein von Liedern, "in denen Träume und Phantasie von sinnlichem Glück immer so stark verbogen und letzten Endes als ihre Verneinung vorkommen. In vielen Liedern, deren Ursprung ebenfalls viel weiter zurückreicht als etwa bis in die HJ, fühle ich mich an himmlisches Schaudern und paradiesisches Glück erinnert, wie ich es auf Zeltplätzen und am Lagerfeuer während der frühen fünfziger Jahre erlebt hatte: 'Hohe Tannen', 'Kein schöner Land', 'Wildgänse rauschen' – Gefühle, die unter den Nazis ebenso lieb und teuer waren wie vor und nach ihnen" (Johannes Hodek, in: Musik und Musikpolitik im faschistischen Deutschland, hg. von Hanns-Werner Heister und Hans-Günter Klein, Frankfurt 1984, 21).

Die Liederbücher der HJ. – Im "Führerdienst. Hitler-Jugend, Gebiet Niedersachsen" (Folge 4/1943, S. 21) heißt es beiläufig: Die Liedersammlungen 'Blut und Ehre' und 'Uns geht die Sonne nicht unter', die in den Jahren 1933 und 1934 als amtliche Ausgaben erschienen, werden in der Hitler-Jugend nicht mehr benutzt und haben ihr Erscheinen eingestellt". Gründe dafür werden nirgends angegeben. Einer von ihnen war wohl der vulgäre und brutale Rassismus und die offen zur Schau getragene Kriegslust, die man später nicht mehr so krass wiederholen oder doch wenigstens reduzieren wollte.

1935 (diese Jahreszahl in dem von mir eingesehen Exemplar!) erschien das HJ-Liederbuch "Uns geht die Sonne nicht unter". In der vierten Strophe des Liedes "Siehst du im Osten das Morgenrot" wird zum Judenmord aufgerufen: "Deutschland erwache! Juda den Tod! Volk ans Gewehr" (S. 25; so noch in der HJ-Zeitschrift "Wille und Macht" vom 1. Sept. 1939, gepriesen als "das hinreißendste Marschlied", aus dem "einzigartig die Unerbittlichkeit der marschierenden Kolonnen Adolf Hitlers klingt".); S. 27: "nehmt die Waffen in die Hand, denn der Jude hauset fürchterlich im deutschen Vaterland"; S. 29 (in "Brüder in Zechen und Gruben"): "Hitler ist unser Führer, ihn lohnt nicht gold'ner Sold, der von den jüdischen Thronen vor seine Füße rollt. Einst kommt der Tag der Rache"; S. 30: "Deutschland, erwache aus deinem bösen Traum, gib fremden Juden in deinem Reich nicht Raum! Wir wollen kämpfen für dein Auferstehn. Arisches Blut soll nicht untergehn! All diese Heuchler, wir werfen sie hinaus. Juda, entweiche aus unsrem deutschen Haus! Erst wenn die Scholle gesäubert und rein, werden wir einig und glücklich sein!"; S. 32: "Und naht dereinst der Rachetag und ruft der Führer uns zum Kriege, dann führen wir aus Not und Schmach das Hakenkreuz von Sieg zu Siege. Dann ziehen wir beim Morgenrot, ja rot, für Hitlers Fahne in den Tod"; S. 34: "Der Weltfeind, den wir hassen, ist nicht von deutscher Art. Wir sind die Hitler-Jugend"; S. 40: "Wir schließen keinen Bruderpakt mit Juden und mit Welschen, weil sie den Freiheitsbrief des deutschen Volkes fälschen"; S. 41: "So stehn die Sturmkolonnen zum Rassenkampf bereit! Erst wenn die Juden bluten, erst dann sind wir befreit".

Das Liederbuch "Blut und Ehre" (Berlin 1933) enthält S. 59 das Lied vom schönen Polenmädchen, dessen man sich später vielleicht schämte, weil es antirassistisch verstanden werden konnte; S. 68 steht noch "Jenseits des Tales", das wegen seines homoerotischen Inhalts hernach stillschweigend beiseite gelegt, allerdings unausrottbar in der HJ weiter gesungen wurde.

"Unser Liederbuch. Lieder der Hitler-Jugend" (München 1939) hat noch (S. 14) das "Wiener Jungarbeiterlied", in dessen 4. Strophe es heißt: "Daheim ist Not und Elend, das ist der Arbeit Lohn. Geduld, verratne Brüder, schon wanket Judas Thron!"; S. 10 eine gegenüber der Fassung in "Uns geht die Sonne nicht unter" leicht entschärfte Version von "Siehst Du im Osten das Morgenrot": "Viele Jahre zogen dahin, geknechtet das Volk und betrogen. Verräter und Juden hatten Gewinn, sie forderten Opfer Legionen... Volk ans Gewehr!".

"Wir Mädel singen. Liederbuch des Bundes Deutscher Mädel" (Wolfenbüttel 1937 und 1941) enthält mit gleichem Wortlaut ebenfalls das "Wiener Jungarbeiterlied" (S. 170 bzw. 179).

Beabsichtigte Liedwirkungen: Entindividualisierung und Instrumentalisierung. –
Die Repression des dem Nationalsozialismus und der Hitlerjugend nicht genehmen

Liedgutes wurde begleitet durch die massenhafte Produktion eigener billiger Liederbücher. Damit nicht genug, verordnete man in regelmäßigen Abständen die Einübung von "Pflichtliedern" und "Kernliedern", von denen man annahm, daß sie den
gewünschten Ideologie-Transfer bewirkten und die Jugendlichen auf eine blinde Gefolgschaft einstimmten: "Wissen wir auch nicht, wohin es geht, wenn nur die Fahne
vor uns weht", heißt es zum Beispiel in einem sehr gängigen Lied ("Jetzt müssen wir
marschieren", 1933 von Herbert Napiersky gedichtet und vertont). Diese "Pflichtlieder" waren in gewisser Weise das Rauschgift, das in gleichmäßiger Dosis verabreicht
wurde. Zum Beispiel von marschierenden Kolonnen oder bei politischen Feiern gesungen konnte es eine Bereitschaft zur Selbstaufgabe, ja im Extremfall zur ekstati-
schen Hingabe auslösen – Modell war unter anderem der Mythos vom Singen des
Deutschlandliedes durch die 1914 bei Langemarck in den Tod stürmenden Kriegsfreiwilligen. Die fast rauschhaft erfolgende Entindividualisierung ganzer Gruppen konnte eine neue Gruppenidentität entstehen lassen, die auf Grund der vorangegangenen
emotionalen Formung und Ausrichtung leicht zu instrumentalisieren war. Merkmale solcher Formung sind etwa bestimmte in den Liedern immer wieder erscheinende
Begriffe wie Kampf, Fahne, Tod, Ewigkeit.

Die NS-Ideologen wußten wohl noch wenig von dem, was die heutige Sozialwis-
senschaft "Gruppendynamik" nennt (vgl. "Togetherness", das 'Wir-Gefühl'), aber ihr
Machtinstinkt ließ sie den für sie richtigen Weg finden: "Im Lied, im Singen findet der
junge Mensch Einkehr in das Empfinden der Gemeinschaft. In dem Gefühl, das ihn
trägt, verliert er das außerhalb der Gemeinschaft liegende Individuelle, schwingt er
ein in ihr Denken und verliert sich in eine herrliche Einheit. Wir kennen diese Einheit,
sei es bei der singenden Schar der Hitlerjugend auf dem Heimabend oder bei der marschierenden singenden Kompanie. Hier wird das Allgemeingültige immer stärker und
verbindet zu einer unerhörten Gemeinschaft... dem Gemeinschaftswillen dient das
Lied" (Helmut Stellrecht, Neue Erziehung, Berlin 1943, 111). Ähnlich zweckgerich-
tet ist die Aussage: "Jedes Lied, das wir singen, ... soll uns stärker und bewußter zum
Reich und seiner Herrlichkeit hinführen" (Die Hitler-Jugend im Kriege, 23. Bericht,
Februar 1943, S. 6).

Ganz konkret wird der Reichsjugendführer Axmann, wenn er die zahlreichen
"Ostland"-Lieder der HJ als geistige Vorbereitung für die Inbesitznahme des Ostens
("unser Schicksalsraum") wertet: "Das deutsche Schwert hat den Osten befreit. Nun
folgt der Bauer mit dem Pflug... Auf den Heimabenden hat sich die Jugend schon
früher an der Idee des Ostens entzündet, und aus den begeistert gesungenen Liedern
klang das Bekenntnis zu unserem Schicksalsraum" (Das Junge Deutschland 36, 1942,
2 f.). Die Hitlerjugend wurde also planvoll auf die 'ethnische Säuberung' eingestimmt,
die im eroberten Polen von der SS in Kooperation mit dem BDM vollzogen wurde,
wie wir oben sahen.

Leicht erkennbar ist die beabsichtigte Wirkung auch bei dem "Burenlied" (aus
dem 1941 entstandenen Film "Ohm Krüger"), das nach Aussagen von Zeitzeugen in
der HJ viel gesungen wurde: Es erzeugte eine dumpfe Wut auf die imperialistischen,
bösen Engländer, welche die armen Buren in Konzentrationslagern einsperrten und
leiden und hungern ließen (Otto Wernicke als feister KZ-Kommandant füttert seinen
Hund mit Schinken!). Für die Jugendlichen, denen dieser Film allenthalben vorgeführt

wurde, war nicht erkennbar, daß der Nationalsozialismus das selbst tat, was er seinen Gegnern vorwarf, und dies weit schlimmer!

Groß war die Wirkung des Liedes "Krumme Juden ziehn dahin, daher, / sie ziehn durchs Rote Meer, /die Wellen schlagen zu, /die Welt hat Ruh"; denn obwohl es in keinem Liederbuch zu finden ist, gehört es zu den am meisten in HJ, BDM, und RAD gesungenen Liedern. Es wurde, soweit erkennbar ist, nie ausdrücklich verboten. Die HJ-Quellen schweigen darüber, aber fast jeder befragte Zeitzeuge erinnert sich an dieses Lied. Die vier Zeilen wurden gewöhnlich angehängt an "Weit ist der Weg zurück ins Heimatland, ja weit, so weit" (dieses abgedruckt in: St. Georg. Liederbuch deutscher Jugend, hg. von Walter Gollhardt, Plauen 1935, S. 412 f.). Dabei hatte man den Weg der Juden zurück in ihre Heimat Palästina zu assoziieren und zugleich das Ertrinken der die Israeliten verfolgenden Ägypter (Exodus, Kapitel 14). Das Motiv der erwünschten oder erzwungenen Rückwanderung der Juden in ihre angestammte Heimat war nicht erst seit Elvira Bauers Kinderbuch ein triviales Thema antijüdisch-politischer Karikaturen. Das Haß säende Lied wurde gedankenlos gesungen.

Die heutige Sicht der Dinge. – Eine Bewertung der 'Liedkultur' in den Jahren 1933-1945 ist heute wohl nur differenziert zu leisten. Viele vor 1933 entstandenen Lieder wurden sowohl 1933/45 gesungen wie in den nach 1945 wieder auflebenden Jugendbünden (z.B. bei den Pfadfindern bis auf den heutigen Tag). Selbst im "Liederbuch der Bundeswehr" (hg. vom Bundesminister der Verteidigung, Wolfenbüttel 1963) finden sich zahlreiche Texte, die von Zeitzeugen spontan als HJ-Lieder erkannt werden. Sogar der ominöse Hans Baumann erscheint hier mit vier seiner Werke. Ähnlich ist das Bild im bekanntesten Liederbuch heutiger Jugendbünde, im "Turm" (Gesamtausgabe, 453 Lieder, Bad Godesberg, o.J., um 1990. 419 S.), wo noch immer das edelfaule "Jenseits des Tales" tradiert wird, das homoerotische Poem jenes NS-Barden Börries Freiherr von Münchhausen, der 1933/45 hohes Ansehen genoß. Ist das eine giftige späte Blüte des Wandervogels? Oder was ist mit "Kein schöner Land in dieser Zeit" des altehrwürdigen Wilhelm von Zuccalmaglio? Könnte einem das nicht im Halse stecken bleiben angesichts der vielen Millionen in diesem "schönen Land" gewaltsam zu Tode Gebrachten? Sollte man sich "schämen", wie Ernst Klusen in diesem Zusammenhang vorschlug (Fund und Erfindung, Köln 1963, 172)?

Der elsässische Zeichner Tomi Ungerer (*1931), ehemaliger Hitlerjunge, hat in selbstentblößender Offenheit die Wirkung der NS-Lieder auf ihn verglichen mit der langanhaltenden Abhängigkeit eines Heroinsüchtigen (bei Fred K. Prieberg, Musik im NS-Staat, Frankfurt 1982, 242). Der gleichaltrige Liedermacher Franz Josef Degenhardt (*1931) beschreibt den gleichen Sachverhalt mit nostalgisch-zynischem Sarkasmus: "Ja, wo sind die Lieder, / unsre alten Lieder? / Nicht für'n Heller oder Batzen / mag Feinsliebchen barfuß ziehn, / und kein schriller Schrei nach Norden / will aus einer Kehle fliehn. / Tot sind unsre Lieder, / unsre alten Lieder. / Lehrer haben sie zerbissen, / Kurzbehoste sie verklampft, / braune Horden totgeschrien, / Stiefel in den Dreck gestampft".

Hans Magnus Enzensberger (*1929) mahnt im Jahre 1957: "Sei wachsam, sing nicht!", auch er wohl ein gebranntes Kind.

Was die politischen Kampflieder und die rassistischen HJ-Lieder betrifft, so bestehen keine Zweifel über ihre Verwerflichkeit. Aber was ist mit denen in der Grauzone? Ist, was gefällt, immer auch erlaubt beziehungsweise legitim?

Das Liedrepertoire eines KLV-Lagers als Beispiel (Das Essener Burggymnasium 1941/1943 im damaligen "Protektorat Böhmen Mähren"): Ade nun zur guten Nacht; Als die goldne Abendsonne; Als wir nach Frankreich zogen; Argonnerwald; Auf hebt unsre Fahnen; Burenlied; Der Mond ist aufgegangen; Der Nebel steigt im Fichtenwald; Der Störtebecker ist unser Herr; Der Wind weht über Felder; Die Glocken stürmten vom Bernwardsturm; Ein Heller und ein Batzen; Ein Jungvolkjunge hält treu die Lagerwacht; Ein junges Volk steht auf; Es klappert der Huf am Stege; Es zittern die morschen Knochen; Fern bei Sedan; Heilig Vaterland; Hohe Tannen; Jenseits des Tales; Jetzt müssen wir marschieren; Kameraden wir marschieren; Kein schöner Land; La cucaracha; Nach Ostland geht unser Ritt; Regiment sein Straßen zieht; Rot rauschten ihre Wimpel überm Skönja-Fjord; Siebzehn Mann; Siehst du im Osten das Morgenrot; Und wenn wir marschieren; Vorwärts, vorwärts; Vom Barette; Weit laßt die Fahnen wehen; wenn alle untreu werden; wenn die bunten Fahnen wehen; Wie oft sind wir geschritten; Wilde Gesellen vom Sturmwind durchweht; Wildgänse rauschen; Wilde Rosen blühen am Wegesrand; Wir lagen vor Madagaskar; Wir lieben die Stürme; Wir traben in die Weite. – Eine ähnliche Liste von KLV-Lager-Liedern findet sich bei Georg Braumann, Striktes Gehorchen und freies Denken, Bochum 1998, 107.

Die Zahl mag groß erscheinen, aber Zeitzeugen wissen, daß immerzu Lieder gelernt und gesungen wurden; gesungen zum Beispiel beim Morgen- und Abendappell, beim Ausmarsch, beim Heimabend, am Lagerfeuer und bei Feiern aller Art, an denen das NS-Feierjahr reich war. Die mentalitätgeschichtlichen und psychohistorischen Wirkungen solchen Tuns sind noch zu wenig bekannt (zur Sache Jürgen Reulecke, in: Männergeschichte – Geschlechtergeschichte, hg. von Thomas Kühne, Frankfurt 1996, 169. 173). – Daß in obiger Liste Heinrich Heines "Ich weiß nicht, was soll es bedeuten" fehlt, kann nicht verwundern. Die offiziellen Liederbücher von HJ, BDM, RAD, SA, NSDAP verschweigen es. Wo es überhaupt erscheint, da als anonymes Volkslied. – Unerwähnt blieben in der – durchaus unvollständigen – Liste die beiden wichtigsten NS-Feierlieder "Deutschland, Deutschland über alles" und "Die Fahne hoch", die 1933-1945 allgegenwärtig waren.

16.2   Quellen

Blut und Ehre. Lieder der Hitler-Jugend, hg. von Reichsjugendführer Baldur von *Schirach*. – Berlin (Deutscher Jugendverlag) 1933. 132 S. – An diesem Liederbuch arbeiteten mit Werner Altendorf u. a. Nur 7 der 91 Lieder sind nationalsozialistischer Provenienz, was schon bald kritisch vermerkt wurde (W. Kurka, in: Musik und Volk 4, 1936/37, 14). Wohl auch deshalb heißt es in späteren NS-Publikationen von diesem Werk stereotyp: "Wird nicht mehr benutzt und hat sein Erscheinen eingestellt". Möglicherweise mißfiel auch das Lied vom schönen Polenmädchen (S. 59 f.).

Tiedke, Gisela: Musikerziehung – Menschenerziehung. – Musik und Volk 2 (1934/1935) 181-185. – Stellt fest, "daß wir das Singen und damit das Lied als Fundament unserer Musikarbeit im BDM betrachten, denn wir wollen ja nicht nur musizieren, sondern vor allem durch die Art unserer Musik unsre Mädel innerlich formen und zu einer nationalsozialistischen Haltung erziehen... An erster Stelle steht in unserer Arbeit das politische Lied, das von Vaterlandsliebe, Heldentum, Kampf und Opferbereitschaft kündet" (S. 182).

Schulze, Willi: Das Liedgut der Hitlerjugend im Aufbau sommerlicher und herbstlicher Feiern. – Musik und Volk 2 (1934/35) 206-213. – Sichtung des Liedgutes zur Sommersonnenwende, zum Erntefest und zur Totenfeier.

Gneist, Werner: Lied und Spiel bei den Sommerfesten. – Musik und Volk 2 (August/Sept. 1935) 139-143. – Sichtung des Liedgutes zur Maifeier und Sommersonnenwende.

Uns geht die Sonne nicht unter . Lieder der Hitler-Jugend. Hg. vom Obergebiet West der Hitler-Jugend. – Duisburg (Wilhelm Mell) Ernting 1935. 174 S. (zuerst Köln: Tonger, 1934, zusammengestellt zum Gebrauch für Schulen und Hitler-Jugend, bearbeitet von Hugo W. Schmidt). In der zweiten Hälfte der NS-Zeit galt das Werk als veraltet (vgl. z. B. Unser Lager. Richtblätter für die Dienstgestaltung in den Lagern der KLV, Dez. 1943, S. 620: "nicht mehr benutzt" und "Erscheinen eingestellt"), vermutlich wegen des unerwünschten Übergewichts des vor 1933 entstandenen Liedgutes (oder weil der brutale Rassismus darin zu vulgär erschien?)

Kurka, Walter: Hitlerjugend singt und spielt. – Völkische Musikerziehung 2 (1936) 270-274. – Die Musik- und Spielarbeit in der HJ ist "als Ausdruck der Haltung, als unmittelbare Lebensäußerung" zu werten. Es geht dabei um "politische Ausrichtung" und um "politische und weltanschauliche Gleichrichtung".

Pfannenstiel, Ekkehart: Vom Geist und Lied der jungen Nation. – Musik und Volk 3 (1935/1936) 120-124. – Aller Impuls zu dem neuen Liedtypus stammt aus der Kampfzeit vor 1933. Zum Beispiel spiegeln die (in der HJ verbreiteten) Lieder "Es zittern die morschen Knochen" und "Vorwärts, vorwärts" "die Hochgestimmtheit und Angriffslust der neuen Zeit". "Schon allein der Gleichschritt als das neue Symbol der Einordnung in Reih und Glied, der kameradschaftlichen Zucht und der geeinten Kraft ist für alle Zeiten eine wehrhafte deutsche Musik geworden".

Pfannenstiel, Ekkehart: Zwei Liedbetrachtungen. – Völkische Musikerziehung 2 (1936) 278-283. – Zu den HJ-Liedern "Volk will zu Volk und Blut will zu Blut" (Heinrich Gutberlet/Paul Dorscht) und "Erde schafft das Neue" (Heinrich Spitta).

Siebert, Helmut: Gedanken über Stimmerziehung in der HJ. – Musik und Volk 3 (1935/1936) 178-184 (vgl. ebd. S. 185 zum "stimmenmordenden Gebrüll der HJ").

Stumme, Wolfgang/*Siebert*, Helmut: Musikalische Schulung der Hitler-Jugend. – Musik und Volk 3 (1935/1936) 164-173. – Es "wird unser Singen immer Kampf, oder, wenn man will, Streben sein, sei es, daß wir die neuen Kampflieder singen ... oder daß wir die alte Chorkunst pflegen ... Ziel unserer Musikarbeit ist nicht Schönheit (d. h. "das artfremde Ideal der ästhetisch zu wertenden Schönheit"), sondern das Erleben der seelischen Kraft in der Kunst" (S. 168). "Jedes Fähnlein, jede Schar nimmt im Laufe eines Arbeitsjahres ein bestimmtes Liedgut auf: das Lied bedeutet im Leben unserer Formationen die größte Aufgabe" (S. 171).

Deppe, Frithjof: Unsere Musikarbeit in den Sommerlagern. – Musik und Volk 4 (1936/37) 235-239. – Ein wesentlicher Kernpunkt innerhalb unseres Formationslebens und damit der Schulungsarbeit ist unser Liedgut. Wie unsere Lieder einen Teil unserer Weltanschauung in sich tragen... so müssen sie selbstverständlich auch bei aller Schulungsarbeit im Vordergrund stehen... Wenn wir heute mondscheinduselige Verträumtheit und Schwärmerei auf das heftigste ablehnen, dann ist es selbstverständlich, daß auch alle Lieder ähnlicher Art (Guter Mond du gehst so stille..., Ich weiß nicht, was soll es bedeuten...) bei uns absolut nichts zu suchen haben".

Kurka, Walter: Die Musikarbeit der HJ in ihren Veröffentlichungen. – Musik und Volk 4 (1936/1937) 13-20. – Mit einem Überblick über die in der HJ verwendeten Liederbücher.

Musik in Jugend und Volk . Amtliche Musikzeitschrift der Reichsjugendführung, der Werkscharen und der NS-Gemeinschaft "Kraft durch Freude" in der Deutschen Arbeitsfront. Hg. von der Reichsjugendführung und der Nationalsozialistischen Gemeinschaft "Kraft durch Freude". – Wolfenbüttel (Kallmeyer) 1 (1937) – 7 (1944). – Ein vor allem von der Hitlerjugend benutzter Publikationsort, um ihre Standpunkte mitzuteilen.

Stumme, Wolfgang: Was soll der Führer einer Einheit vom Singen wissen? – Musik und Volk 4 (1936/1937) 263-270. – Teilt u. a. mit, "daß der HJ seit Jahren die größten Vorwürfe gemacht werden, weil man von ihr, wenn sie öffentlich auftritt und durch die Straßen einer Stadt marschiert, nur das 'Grölen' und 'Brüllen' kennengelernt hat" (S. 264; vgl. S. 269: "Brüll- und Schreigesang").

Wir Mädel singen . Liederbuch des Bundes Deutscher Mädel. Hg. vom Kulturamt der Reichsjugendführung. – Wolfenbüttel (Kallmeyer) 1937. 194 S.; 2. erweiterte Ausgabe 1941. 212 S. – "Unser Lied kündet von unserer Weltanschauung und von unserer Lebensbejahung" teilt Maria Reiners im Vorwort mit. Die 2. Auflage ist versehen "mit einigen neuen Liedern und mit genauen Quellenangaben". In der 2. Auflage erscheint in Verbindung mit dem 21. Juni ("Tag der deutschen Jugend", Sommersonnenwende) der in der HJ immer wieder zitierte Satz "Wer leben will, der kämpfe also... ", aus 'Mein Kampf', S. 317. Einige harte Kampflieder fehlen in "Wir Mädel singen", z. B. "Es zittern die morschen Knochen", und ein vergleichsweise hoher Anteil der Lieder ist vor 1933 entstanden, mehr als zwei Drittel. Welchen Eindruck die Lieder dieses Liederbuches auf einen kurz vor dem 2. Weltkrieg in Berlin tätigen amerikanischen Lehrer machten, läßt sich nachlesen bei Gregor Ziemer, Education for Death, New York 1941, S. 134-137.

Günther, Paul Siegfried: Das Deutschlandlied im Vergleich mit Hymnen anderer Völker. – Völkische Musikerziehung 4 (1938) 311-328. – Versteht das Lied als "Ausdruck des Glaubens an die Eigenart und an die Sendung Deutschlands in der Welt" (S. 328).

Hitlerjugend . Pflichtlieder für die Sommerlager. – Völkische Musikerziehung 4 (1938) 296-297

Lamerdin, Kurt: HJ-Lieder in schlechter Gesellschaft. – Musik in Jugend und Volk 1 (1937-38) 559-560. – Wendet sich gegen die Profanierung von HJ-Liedern (Feier- und Kampflieder) durch Zusammenstellung mit banalen Schlagern.

Pflichtlieder für die Sommerlager. – Musik in Jugend und Volk 1 (1937-38) 295-296

Singend wollen wir marschieren . Liederbuch des Reichsarbeitsdienstes. Im Auftrage des Reichsarbeitsführers hg. von Thilo *Scheller*, Oberstfeldmeister in der Reichsleitung des Reichsarbeitsdienstes. 2. Aufl. – Potsdam (Voggenreiter) [1938]. 210 S. – In einer Vorbemerkung bestimmt Konstantin Hierl 10 Pflichtlieder für den Arbeitsdienst, darunter die auch in der HJ sehr bekannten Lieder: Siehst Du im Osten das Morgenrot, Singend wollen wir marschieren, Es zittern die morschen Knochen.

Vagts, Werner: Musikarbeit in der Hitlerjugend. – Völkische Musikerziehung 4 (1938) 96-99. 265-267. – U. a. zur "musikalischen Rasseforschung" und zur "oberflächlichen Kritik gegnerischer Stimmen, die am Liedgut der Hitler-Jugend das 'Verlassen des urgermanischen Tonraumes' und eine 'Bevorzugung des slavischen Moll' bemängeln zu müssen glauben".

Vogel, Heiner: Immer daran denken: Sommerlager. – Musik in Jugend und Volk 1 (1937-1938) 350-353. – Plädiert dafür, "im Singen der Fröhlichkeit mehr Raum zu geben", denn "Skeptiker meinten ... , die Hitlerjugend könne nur Tod, Teufel und Sterben singen".

Heer, Josef: Das Lied der jungen Generation. – Völkische Musikerziehung 5 (1939) 53-61. – Das neue Gemeinschaftslied (Revolutionslied, Kampflied, Feierlied) muß zu einer Grundlage der Musikerziehung auch in der Schule gemacht werden.

Lieder der Arbeitsmaiden . Hg. von der Reichsleitung des Reichsarbeitsdienstes für die weibliche Jugend. 2. erweiterte Aufl. – Potsdam (Voggenreiter) 1939. 240 S. – Nicht aufgenommen sind einige Kampflieder der HJ, z. B.: Es zittern die morschen Knochen; Vorwärts, vorwärts schmettern die hellen Fanfaren; Ein junges Volk steht auf zum Sturm bereit.

Musik im Dienstplan der HJ. – Wille und Macht 7 (1939) Heft 8 (15. April 1939) S. 30-31. – "Manch einer verspürte erstmals im gemeinschaftlich gesungenen Kampflied das Erlebnis der Gemeinschaft. Und darum gehört das Singen auch zum Dienst in der HJ! Die Lieder in der Jugend sind heute Ausdruck ihrer tiefsten seelischen Macht" ... Das Singen bewirkt "Volkstumserhaltung und politische Erziehung".

Stumme, Wolfgang (Hg.): Musik im Volk. Grundfragen der Musikerziehung. – Berlin (Vieweg) 1939. 292 S. – S. 17-30: "Musik in der Hitler-Jugend"; S. 102-112: "Musik im Reichsarbeitsdienst".

Unser Liederbuch . Lieder der Hitler-Jugend. Hg. von der Reichsjugendführung. 2. Aufl. – München (Eher) 1939. 280 S. – Etwa 54 Prozent der hier versammelten Lieder sind vor 1933 entstanden. Zur Entstehung dieses Liederbuches siehe Völkische Musikerziehung 4 (1938) 516: "In der Jugendherberge von Urfeld am Walchensee nahm der Reichsjugendführer Baldur von Schirach selbst eine Auswahl der Lieder vor... Dem Reichsjugendführer half bei seiner Arbeit eine hervorragend ausgebildete Münchener HJ- und BDM-Singschar, die unermüdlich Lieder vorsang, über deren Aufnahme ins Liederbuch Baldur von Schirach sodann entschied. Er hat dabei Wert darauf gelegt, neben der großen Zahl der neuesten Lieder, die aus der nationalsozialistischen Jugendbewegung selbst hervorgegangen sind, auch einige besonders schöne alte Volksweisen aufzunehmen". Zu diesem Liederbuch auch Wolfgang Stumme, Was der Führer einer Einheit vom Singen wissen muß, Berlin 1943, 27.

Kindermann, Heinz: Zum 100. Geburtstag des Deutschlandliedes. – Völkische Musikerziehung 7 (1941) 269-272

Meyer, Bruno: Der Musikerzieher als HJ-Führer. – Völkische Musikerziehung 7 (1941) 108-111. – "Der Einsatz der Musikeinheiten in der HJ ist vor allem politisch bedingt" (Feiergestaltung der Partei, Umrahmung von Versammlungen). Es "lebt das Lied in unseren Einheiten! In allen seinen Spielarten... durchdringt es den gesamten Dienst. Wie begeistert singen unsere Pimpfe!... Ein wahrer Liederfrühling ist durch die Jugend der Bewegung über die deutsche Nation hereingebrochen". Durch Schulung ist zu verhindern, daß sich Musikerzieher "über das 'barbarische Singen' unserer Pimpfe und Hitlerjungen entrüsten".

Der Kilometerstein . Klotzmärsche, Lieder für die Landstraße, Musik zum Tageslauf und allerlei Unsinn. Eine lustige Sammlung. Hg. von Gustav *Schulten*. Feldpostausgabe. – Potsdam (Voggenreiter) 1941 (zuerst 1934). 254 S.; 8. Auflage Wolfenbüttel (Möseler) und Bad Godesberg (Voggenreiter) [o. J., ca. 1950, mit Vorwort von Heinrich Voggenreiter]. 128 S. – Will das "lustige Gebrauchslied" bieten (Vorwort zur 7. Auflage). Sehr zahlreiche Lieder daraus waren in der HJ verbreitet. In der Nachkriegsausgabe fehlen die antisemitischen Lieder der NS-Zeit.

Strube, Adolf (Hg.): Lied im Volk. Musikbuch für höhere Jungenschulen. 2 Bde. – Leipzig (Merseburger) 1942 (I = 240 S.; II = 288 S.). – Es fehlen hier einige HJ-Kampflieder wie "Es zittern die morschen Knochen" und "Vorwärts, vorwärts schmettern die hellen Fanfaren".

Stumme, Wolfgang: Das gemeinsame Ziel der Musikarbeit in der NSDAP und der Hitler-Jugend. – Musik in Jugend und Volk 5 (1942) Heft 2, S. 22-27. – Der Autor tritt ein für die seit der "Machtübernahme" neu entstandenen "Kampf-, Feier- und Marschlieder" und wendet sich gegen sentimentale und triviale

Lieder: "Wir fordern klare, stolze und bewußte Gefühle in harter Zeit, also ist auch sprachliche und musikalische Verdichtung dieser Gefühle kein tränenreiches und knochenerweichendes Sichgehenlassen. Weg mit dem Gefühlskitsch!" (S. 25).

Stumme, Wolfgang: Was der Führer der Einheit vom Singen wissen muß. Eine erste musikalische Hilfe für Jugendführer und Laiensingwarte. Neubearbeitete Ausgabe, 34. – 53. Tausend. Mit Genehmigung der Reichsjugendführung. – Wolfenbüttel (Kallmeyer) 1943. 62. S. – Zielgruppe dieses Werkes ist vor allem die Hitlerjugend, und es steht im Dienst des "Gleichschritts" und der "Führung und Ausrichtung" durch das Kulturamt der Reichsjugendführung. U. a. wendet sich Stumme gegen den – in der HJ offenbar nicht auszurottenden – "Brüll- und Schreigesang" (S. 9; vgl. S. 25: "... ist 'Zackiges' Singen nie ein Ideal!"). Ebenso wettert er gegen den "Schlager": "Es liegt an uns, daß jüdische Flachheit und planmäßige Vergiftung (die unschwer auch heute noch in der Tanzmusik zu erkennen sind) nicht mehr gegen unser Volkstum 'schlagen' können" (S. 21).

16.3 Literatur

Besonders informativ und auch zur Einführung geeignet ist der Sammelband von Niedhart/Broderick (1999). Zur geschichtlichen Entwicklung von 1920-1945 sind infolge seiner langen Zeitzeugenschaft die Arbeiten Günthers besonders lesenswert (kritische Einwände gegen Günther bei Benjamin Ortmeyer, Schicksale jüdischer Schülerinnen und Schüler in der NS-Zeit, Witterschlick/Bonn 1998, 593).

Sydow, Alexander: Das Lied. Ursprung, Wesen und Wandel. – Göttingen (Vandenhoeck & Ruprecht) 1962. 487 S. – Zum NS-Lied S. 91-96: "Das politische Lied – gestern und heute"; vgl. S. 76-80 zum "Jugendlied"; S. 68 zum "Weihnachtslied" der NS-Zeit, das alle religiösen oder gar kirchlichen Bindungen eliminiert.

Wulf, Joseph: Musik im Dritten Reich. Eine Dokumentation. – Gütersloh (Mohn) 1963. – S. 242-252: "Kampflieder".

Klusen, Ernst: Volkslied, Fund und Erfindung. – Köln (Gerig) 1969. 243 S. – S. 172-184: "Das Gruppenlied unter nationalsozialistischer Herrschaft".

Karbusicky, Vladimir: Ideologie im Lied. Lied in der Ideologie. Kulturanthropologische Strukturanalyse. – Köln (Gerig) 1973. 208 S. – S. 178-201: "Vom nationalistischen Studentenlied zum Jugendlied der Nationalsozialisten und der nationalen Sozialisten".

Hartung, Günter: Analyse eines faschistischen Liedes. – Wissenschaftliche Zeitung der Martin-Luther-Universität Halle-Wittenberg, Jg. XXIII (1974) Heft 6, S. 47-64

Bormann, Alexander von: Das nationalsozialistische Gemeinschaftslied, in: Die deutsche Literatur im Dritten Reich, hg. von Horst Denkler und Karl Prümm, Stuttgart (Reclam) 1976, 256-280

Hermand, Jost: Zersungenes Erbe. Zur Geschichte des Deutschlandliedes. – Basis. Jahrbuch für deutsche Gegenwartskultur 7 (1977) 75-88

Hodek, Johannes: Musikalisch-pädagogische Bewegung zwischen Demokratie und Faschismus. Zur Konkretisierung der Faschismus-Kritik Th. W. Adornos. – Weinheim (Beltz) 1977. – Darin u. a. S. 113-119: "Die Herrschaft des Nationalsozialismus als 'Liederfrühling'".

Heyer, Georg Walther: Die Fahne ist mehr als der Tod. Lieder der Nazizeit. – München (Heyne) 1981. 160 S.

Mogge, Wilhelm: "Wann wir schreiten ... ". Hermann Claudius (1878-1980). – Jahrbuch des Archivs der deutschen Jugendbewegung 13 (1981) 137-146

Lidtke, Vernon L.: Songs and Nazis: Political Music and Social Change in Twentieth – Century Germany, in: Essays on Culture and Society in Modern Germany by David B. King (and others), edited by Gary D. Stark and Bede Karl Lackner, Arlington (University of Texas) 1982, 167-200

Lüttgens, Anne: Die Entwicklung der pädagogischen Konzeption des Deutschen Jugendherbergswerks von 1909-1945. – Detmold (Verlag Deutsches Jugendherbergswerk) 1982. – Darin u. a. S. 177-179: "Das Liedgut der HJ".

Prieberg, Fred K.: Musik im NS-Staat. – Frankfurt (Fischer) 1982. – S. 242-259: "Musik für Jugend, Volk und Formation".

Abraham, Lars Ulrich: Musik für die Hitlerjugend. Herkunft und Wirkung. – Neue Zeitschrift für Musik, Heft 2 (Februar 1983) 10-13

Hartung, Günter: Literatur und Ästhetik des deutschen Faschismus. Drei Studien. – Köln (Pahl-Rugenstein) 1984 (zuerst Berlin: Akademie-Verlag, 1983)

Jochen *Hering* (u. a.): Schüleralltag im Nationalsozialismus. – Dortmund (pad. Pädagogische Arbeitsstelle Dortmund) 1984. 367 S. – S. 303-332: "Lieder im Nationalsozialismus".

Hodek, Johannes: "Sie wissen, wenn man Heroin nimmt ... ". Von Sangeslust und Gewalt in Naziliedern, in: Musik und Musikpolitik im faschistischen Deutschland, hg. von Hanns-Werner Heister und Hans-Günter Klein, Frankfurt (Fischer) 1984, 19-35

Zimmer, Hasko: Faschismus als Gesang. Lieder der HJ als Gegenstand antifaschistischen Lernens. – Diskussion Deutsch 15 (1984) 365-386

Günther, Ulrich: Musikerziehung im Dritten Reich – Ursachen und Folgen, in: Geschichte der Musikpädagogik. Handbuch der Musikpädagogik. Band 1. Hg. von Hans-Christian Schmidt. – Kassel (Bärenreiter) 1986, 85-173

Suppan, Wolfgang: "Mitsingen heißt dem Teufel den kleinen Finger reichen" (Konrad Lorenz). – Musik und Bildung 19 (1987) 636-641

Paetzold, Ulrich: Die deutschen Jugendbewegungen dieses Jahrhunderts – Eine psychologische Analyse ihrer Inhalte anhand des Liedgutes. – Diss. Bamberg 1988. – Marginal (z. B. S. 63. 96. 139) auch zum Liedgut der Hitlerjugend.

Spendel, Günter: Zum Deutschland-Lied als Nationalhymne. – Juristen-Zeitung 43 (1988) 744-749

Jung, Michael: Liederbücher im Nationalsozialismus. – Diss. (maschinenschriftlich) Frankfurt a. M. 1989, 2 Bde. (mit durchgehender Seitenzählung)

Kinz, Gabriele: Der Bund Deutscher Mädel. Ein Beitrag zur außerschulischen Mädchenerziehung im Nationalsozialismus. – Frankfurt (Lang) 1990. – Darin S. 173-200 zum Liedgut im BDM.

Wittkötter, J.: Das Lied als Instrument der politischen Sozialisation in der Hitlerjugend und im Deutschen Jungvolk. – Bielefeld (Universität, erziehungswiss. Diplomarbeit) 1990

Brade, Anna Christine/*Rhode-Jüchtern*, Tilman: "Das völkische Lied". Eine annotierte Quellensammlung zur NS-politischen Indoktrination der Jugend durch Musik. – Bielefeld (Selbstverlag) 1991. 293 S.

Ortmeyer, Benjamin: Argumente gegen das Deutschlandlied. Geschichte und Gegenwart eines Lobliedes auf die deutsche Nation. – Köln (Bund-Verlag) 1991. 180 S.

Brenner, Helmut: Musik als Waffe? Theorie und Praxis der politischen Musikverwendung, dargestellt am Beispiel der Steiermark 1938-1945. – Graz (Weishaupt) 1992. 344 S.

Günther, Ulrich: Die Schulmusikerziehung von der Kestenberg-Reform bis zum Ende des Dritten Reiches. Ein Beitrag zur Dokumentation und Zeitgeschichte der Schulmusikerziehung mit Anregungen zu ihrer Neugestaltung. – Neuwied (Luchterhand) 1967; 1992[2] – S. 33-67: "Musikerziehung als Teilbereich der Gesamterziehung im Dritten Reich" (vor allem zur Hitlerjugend).

Ketelsen, Uwe-K.: Literatur und Drittes Reich. – Schernfeld (SH-Verlag) 1992 (2. Aufl. 1994). – S. 349-356: "Werner Altendorfs 'Ein junges Volk steht auf' als Beispiel".

Meier, Sabine: A Generation led astray – Communal Singing as a Means for National Socialist Indoctrination of Youth. – Diss. University of London (Goldsmiths' College) January 1992 [maschinenschriftlich]. 352 S.

Roth, Alfred: Das nationalsozialistische Massenlied. Untersuchungen zur Genese, Ideologie und Funktion. – Würzburg (Königshausen und Neumann) 1993. 307 S. – S. 158-167: "Das Marschlied der HJ"; S. 167-169: "Der Tod im nationalsozialistischen Massenlied".

Wimmer, Fridolin: Das historisch-politische Lied im Geschichtsunterricht. Exemplifiziert am Einsatz von Liedern des Nationalsozialismus und ergänzt durch eine empirische Untersuchung über die Wirkung dieser Lieder. – Frankfurt (Lang) 1994. 322 S. – S. 43-76: "Politische Lieder im Nationalsozialismus" (S. 72-76: "Lieder der Hitler-Jugend").

Broderick, George: "Die Fahne hoch!". History and Development of the Horst-Wessel-Lied. – Ramsey, Isle of Man (Manx Academic Press) 1995. 48 S.

Lieder der Verführung . Von der Hitlerjugend zur Skinhead-Szene. Treatment für eine 60minütige Dokumentation von Karl-Heinz *Käfer*. – Redaktion Gabriele Faust (Gesendet am 22. 11. 1995 im Fernsehsender ARTE). 18 S.

Kratzat, Gerd: "Zündende Lieder". Einsatz und Wirkung nationalsozialistischer Propagandalieder, in: Zündende Lieder – verbrannte Musik, hg. von Peter Petersen, Hamburg (VSA-Verlag) 1995, 161-174

Mogge, Winfried: "Und heute gehört uns Deutschland ... ". Karriere und Nachwirkungen eines Liedes 1933 bis 1993, in: Kultur und Gesellschaft der Bundesrepublik Deutschland, hg. von Peter Ulrich Hein und Hartmut Reese, Frankfurt (Lang) 1996, 101-109

Wimmer, Fridolin: "Unsere Fahne flattert uns voran". Nationalsozialistische Lieder. – Geschichte lernen, Heft 50 (März 1996, 9. Jahrgang), S. 55-59

Klopffleisch, Richard: Lieder der Hitlerjugend. Eine psychologische Studie an ausgewählten Beispielen. 2. Aufl. – Frankfurt (Lang) 1997 (zuerst 1994). 280 S.

Wimmer, Fridolin: Politische Lieder im Nationalsozialismus. – Geschichte in Wissenschaft und Unterricht 48 (1997) 82-100. – S. 97-100: "Lieder der Hitler-Jugend".

Gottfried *Niedhart*/George *Broderick* (Hg.): Lieder in Politik und Alltag des Nationalsozialismus, Frankfurt (Lang) 1999. 288 S. – Darin u. a. S. 149-165 Anna-Christine *Brade*: "BDM-Identität zwischen Kampflied und Wiegenlied. Eine Betrachtung des Repertoires im BDM-Liederbuch 'Wir Mädel singen' "; S. 189-207 Ulrich *Günther*: "Lieder und Singepraxis im Deutschen Jungvolk"; S. 209-227 Wendelin *Müller-Blattau*: "Das politische Lied als Bestandteil der Musikerziehung im NS-Staat".

17 Elemente der 'Politischen Religion' des Nationalsozialismus und ihre Vermittlung an die Hitlerjugend

17.1 Überblick

Gottesglaube, Religion und Volk. – Die Nationalsozialisten haben es immer mit Bedacht vermieden, als Atheisten zu gelten. Hitler und andere NS-Größen sparten bekanntlich nicht mit einschlägigen Aussagen. Sie finden sich dementsprechend auch im Umkreis der Hitlerjugend: "Nationalsozialismus bedingt Gottesglauben, jeder Nationalsozialist muß religiös sein" versichern zum Beispiel die "Führerblätter der Hitler-Jugend" (Ausgabe D.J., Dez. 1935, S. 35).

Andererseits stößt man in HJ- und NS-Quellen oft auf den Begriff "ewiges Volk" (z. B. in: Erziehung zur Volksgemeinschaft, hg. von der Reichswaltung des NS-Lehrerbundes, Berlin, o. J., um 1938, S. 161); das Wort "ewig" ist also aus seinem ursprünglichen 'Sitz im Leben' ("ewig" ist nach christlichem Verständnis Gott allein!) herausgenommen und einer neuen Verbindung zugewiesen worden. Ähnlich ergeht es dem Begriff "Ewigkeit". Auch er hat nun völkischen Sinn und meint oft die Ewigkeit des deutschen Volkes als Rasse (Beispiel: "Und die Fahne führt uns in die Ewigkeit. Ja, die Fahne ist mehr als der Tod!" in dem bekannten HJ-Lied "Vorwärts, vorwärts"). Da ist an die unbegrenzte Dauer des deutschen Volkes gedacht, eine Ewigkeit, in der das Rasseindividuum aufgehoben und geborgen ist über seinen individuellen Tod hinaus. Weitere Beispiele finden sich zahlreich in der politischen pseudo-sakralen NS-Lyrik, etwa in: Wir rufen. Gedichte der Hitler-Jugend im Land der roten Erde, Bielefeld, o. J., um 1938, unpaginiert; hier auch: "Unser Tod wird ein Fest", d. h. der Märtyrertod hat für die "Gläubigen" seinen Schrecken verloren.

Sieht man genau hin, bleibt kaum etwas vom christlichen Religionsbegriff bewahrt. Diese Vermutung wird bestätigt durch die Verwendung des Begriffs "Glaube", ebenfalls in der politischen NS-Lyrik zahlreich zu finden, zum Beispiel in "Wir rufen" (a. O., Bl. 7: "Fahne ist Glaube"). Ein Lied Herybert Menzels weiß: "In unsern Fahnen lodert Gott" (in: Wir glauben!, hg. von Max Wegner, Stuttgart 1937, S. 112). Auch "heilig" erhält neuen Inhalt in der Verbindung "die bedingungslose Hingabe an die große, heilige Idee des Nationalsozialismus" (Alfred Kotz, Führen und folgen, Potsdam 1937, 98). "Heilig" ist auch das Vaterland, schon seit Rudolf Alexander Schröders Gedicht von 1914, vertont durch Heinrich Spitta 1933. Einschlägige Beispiele lassen sich beliebig vermehren.

In der Hitlerjugend wurden solche Versatzstücke einer politischen NS-Religion oft auf einen bestimmten hochgeschätzten geistigen Ahnherrn zurückgeführt, auf Ernst Moritz Arndt (1769-1860): "Ein Volk zu sein, ein Gefühl zu haben für eine Sache, das ist die Religion unserer Zeit... Laßt alle kleinen Religionen und tut die Pflicht der einzigen höchsten, hoch über dem Papst und Luther vereinigt euch in ihr zu einem neuen Glauben" (Führerblätter der Hitler-Jugend, Ausgabe D.J., Dez. 1935, S. 24). Da sind bereits Elemente einer pathogenen Substanz bereitgestellt, die – durch Lagarde und andere vermehrt – bis in die NS-Zeit reichen. Ganz direkt und platt sagt ein HJ-

Obergebietsführer: "Der Dienst am Volk ist Gottesdienst" (Johannes Rodatz, Erziehung durch Erleben, Berlin 1938, 12), womit er offensichtlich genau den Standpunkt des Reichsjugendführers von Schirach wiedergibt, der sein unmittelbarer Vorgesetzter war. Die Akzeptanz solcher Sätze im Volk und bei der Jugend war nicht groß, wo sie jedoch verinnerlicht wurden, wirkten sie verheerend.

Die Stoßrichtung ging gegen das Christentum, und die unten folgende lange Liste von Quellen zeigt, wie ernst der NS diesen Kampf nahm. Nach einem gewonnenen Krieg hätte man vermutlich die beiden christlichen Kirchen in Europa bis zur Unkenntlichkeit zu transformieren versucht beziehungsweise sie überhaupt eliminiert zugunsten eines neuen Kults von Blut (d. h. nordischer Rasse) und Volksgemeinschaft, etwa einer Art naturmystisch-pantheistischer Gottgläubigkeit, von der Gustav Frenssen schon einen Vorgeschmack gegeben hatte (Der Glaube der Nordmark. 46. Aufl., Stuttgart 1936).

Nationalsozialistischer Führerkult. – Hitler hat sich nie "Messias" genannt, ließ es sich aber gefallen, von manchen seiner Anhänger zu einem quasi-göttlichen Wesen erhöht zu werden, jedenfalls zu einer die nationale Erlösung bewirkenden Rettergestalt. Von Schirach, Will Vesper, Max Wegner und andere feierten ihn als "gottgesandten" Retter, ohne daß er sich solche politisch-hymnischen Gedichte je verbeten hätte. In dem Roman "Der Herrgottsbacher Schülermarsch" von Karl Aloys Schenzinger wird Hitler als Führer mit Jesus gleichgestellt (zur Sache siehe Wolfgang Promies u. a., Erziehung zum Krieg – Krieg als Erzieher, Oldenburg 1979, 104 f.). Tatsächlich war der Diktator voll damit einverstanden, daß sein Werk "Mein Kampf" weithin als neue Bibel galt (vgl. Johannes Hampel, Hitlers "Mein Kampf" als neue Bibel. Die Weltanschauung der Nationalsozialisten, in: Der Nationalsozialismus, hg. von Johannes Hempel, Band 1, München 1985, S. 89-109). Ein passendes Zitat daraus konnte jede Kontroverse beenden. Zwar mochte sich Hitler nicht als "Erlöser" verstehen, doch inszenierte er seine eigenen Auftritte – etwa auf den Nürnberger Parteitagen – durchaus wie ein politischer Messias, und er ließ es geschmeichelt zu, daß sein Obersalzberger Anwesen (Haus Wachenfeld, 1927 gekauft) zum Wallfahrtsort zahlloser Verehrer wurde, die jahrein, jahraus, tagaus, tagein in Scharen dort vorbeidefilierten, um vielleicht ihren Heros zu sehen und ihm Reverenz zu erweisen.

Alfred Rosenberg hatte in seinem "Mythus des 20. Jahrhunderts" den Rassenseele-Begriff von Hans F.K. Günther aufgegriffen und weiterentwickelt. Wenn auch Hitler direkte Aussagen zu diesem Thema vermied, so wurde doch im Laufe der dreißiger Jahre Rosenbergs Lehre von einer nordischen Rassenseele (und der nordisch-germanischen Nation als einer Art Gottesersatz) dominant, zumal sie einschlägigen Ansichten Hitlers in "Mein Kampf" ähnlich war.

Im engeren Kreise ließ sich Hitler als "mein Führer" anreden, nach einem Vorschlag, den Konstantin Hierl 1931 gemacht hatte. Er gab sich im privaten Umgang einfach und persönlich anspruchslos, studierte aber sorgfältig – auch vor dem Spiegel – seine Posen ein und kultivierte seine öffentliche Selbstdarstellung durchaus wie ein von der "Vorsehung" beauftragter Volksheiland.

Volk, Volksgemeinschaft, Rasse. Überleben und Wachsen der Rasse durch "Aufartung" und "Ausmerze", durch Kampf und Eroberung von "Lebensraum". – In der NS-Rassentheorie galt die nordisch-germanische Rasse als einzige wirklich kulturschöpferische völkische Einheit der Erde, weshalb ihr auch, so meinte man, ein Führungsanspruch zukam, der sozialdarwinistisch, mit dem Recht des Stärkeren, durchzu-setzen war. Mit innerer Zwangsläufigkeit, so scheint es, entwickelte sich aus dem bio-logischen Darwinismus der Nationalsozialisten ein politischer Imperialismus, jedoch war auf jeden Fall Hitler selbst der Motor, der die Dinge vorantrieb. Sein ihn nach wie vor beherrschendes Weltkriegserlebnis – geistig blieb er immer im Schützengraben – ließ ihn wohl den Frieden nicht als wünschenswerten Dauerzustand sehen, sondern als Erholungspause zwischen Kriegen. Fast alle Deutschen waren in irgendwelchen Formationen erfaßt (HJ, BDM, RAD, NStB, NSLB, SA, NSDAP, Wehrmacht, Ar-beitsfront, NSV usw.) und auf eine mehr oder weniger agonale Existenzweise – zu der vor allem auch das "Lager" gehörte – eingestimmt. In gewisser Weise übertrug sich Hitlers Unrast auf ein ganzes Volk. Auf die christlichen Kirchen konnte man dabei verzichten, war doch inzwischen die Nation beinahe schon ein Gottesersatz.

"Friede" hatte in der NS-Sprache eine eigene Bedeutung. Man hatte den aus der Antike stammenden Satz verinnerlicht "Wenn du Frieden willst, rüste zum Krieg" (*Si vis pacem, para bellum*). Auch dachte man an den Ausspruch des preußischen Feld-marschalls Helmut von Moltke: "Es ist das Schwert, das die Schwerter in der Scheide hält" und verwendete ihn beim morgendlichen Fahneaufziehen in den Lagern (Die Mädelschaft, Folge 6, Juni 1937, S. 22). Jedoch ging man noch einen großen Schritt weiter im Sinne Cromwells: "Frieden bekommt man durch Krieg" (*Pax quaeritur bel-lo*; vgl. Hitler bei Max Domarus: Hitler, III, Leonberg 1988, 1639: "Im übrigen kann der Friede nur durch das Schwert erzwungen werden".). Ziel war ein Friede, der den zuvor durch Krieg erreichten Machtgewinn stabilisierte.

Es scheint, daß sich fünf Stufen der imperialistischen Entwicklung beschreiben lassen:

1. Das 'Dritte Reich'. Arthur Moeller van den Bruck machte in seinem 1923 erschie-nenen einschlägigen Buch diesen alten philosophischen Begriff zu einem aktuellen politischen Schlagwort. Hitler übernahm es, trennte sich aber nach einigen Jahren wieder davon zugunsten einer eigenen Prägung:

2. 'Deutsches Reich'. Üblich ab etwa 1938/39. Dies ist zum Beispiel gut ablesbar an dem Wechsel eines Zeitschriftentitels: "Die Kunst im Dritten Reich", Band 2, Jahr-gang 1938, wird in Band 3, Jahrgang 1939, zu "Die Kunst im Deutschen Reich".

3. 'Großdeutsches Reich'. Diese Bezeichnung zum Beispiel in einem Buchtitel des Jahres 1943: Rudolf Benze, Erziehung im Großdeutschen Reich, Frankfurt 1943; deutlicher wird Otto Schäfer, in: Nationalsozialistisches Bildungswesen 7, 1942, 30: "Das Großdeutsche Reich als Träger der Verantwortung für den europäischen Lebensraum" (vgl. Anna Fischer-Rausch, in: Nationalsozialistische Mädchenerzie-hung 8, 1942, 118: Hitler ist "Begründer des Großdeutschen Reiches" und "Neu-ordner des europäischen Raumes"). Die dritte Stufe der Begriffsentwicklung ist also verknüpft mit der Reichserweiterung seit 1938 und den Erfolgen der ersten Jahre des Krieges.

4. 'Großgermanisches Reich' (z. B. in: Dienstvorschrift KLV 1945, S. 26). Da ist wohl gedacht an ein germanisches Reich vom Atlantik bis zum Ural, von dem zum Beispiel Himmler träumte. Die ideologische Verbrämung dazu lieferte ein Lied von Hans Baumann (in: Wir folgen. Jahrbuch der Jungmädel 1943, zur Woche 14./20. Juni): "Geraubtes Land erkämpft das Reich und siegt mit reinen Waffen, es gilt, den Vätern gleich, die Heimat neu zu schaffen. Neuland glüht im Sonnenbrand,

laß die Fahnen wehen! Wo Tapfre stehn, ist das Vaterland, Deutschland wächst, wo Deutsche säen" (vgl. schon Hitler, Mein Kampf, München 1933, 448: "die Besiedelung gewonnener Neuländer"). Hier ist ein gewisser Abschluß der Entwicklung zu sehen "vom zunächst propagierten 'Dritten Reich' als Volksstaat zum 'Germanischen Reich' mit Deutschland als Machtzentrum" (Harald Scholtz, in: Universitas 43, 1988, 470). Hitler hatte bereits in "Mein Kampf" den Weg gewiesen: Nur auf Kosten osteuropäischer Länder kann sich Deutschland ausdehnen. In diesem projektierten europäischen Großraum sollte selbstverständlich Deutschland die dominierende Macht sein. Zur Sache zum Beispiel Albert Müller, Sozialpolitische Erziehung, Berlin 1943, 16 f. 33. 116.

5. Weltherrschaft der nordisch-germanischen Rasse im Zusammenhang mit einer beabsichtigten "Neuordnung der Welt" (Tobias Jersak mit beachtlichen Argumenten, in: Historische Zeitschrift 268, 1999, 313 ff.). "Hitlers Weltherrschaftskonzept" war eine Art "Stufenprogramm", wenn man Jersak folgt, der in diesem Zusammenhang auch auf einschlägige Arbeiten von Gerhard L. Weinberg und Andreas Hillgruber verweist. Dieses Programm, wenn es denn eines war, zerbrach spätestens im Winter 1942/43 mit der Wende von Stalingrad.

Rasse und Sexualität. – Die Ehe muß "der Vermehrung und Erhaltung der Art und Rasse dienen. Nur das ist ihr Sinn und ihre Aufgabe", so hatte Hitler vorgegeben (Mein Kampf, München 1933, S. 275 f.). Einer der langjährig höchsten HJ-Führer setzt noch eins drauf: "Die Frau bedeutet für den Mann eine Entspannung" (Helmut Stellrecht, Neue Erziehung, Berlin 1943, 162, mit vergleichendem Hinweis auf Goethes Christiane Vulpius!). In dieser antifeministischen Sicht ist die Frau biologistisch auf ihre Sexualfunktion begrenzt. Der Mann benötigt sie zur Nachzucht rassereiner Helden für den nächsten Krieg, beziehungsweise um sich sexuell zu entspannen. Eine anthropologische Dimension der liebenden Gemeinsamkeit von Mann und Frau existiert nicht. Es scheint, daß diese Liebesunfähigkeit auch zu tun hat mit einer gewissen Angst vor dem anarchischen Element einer Liebesbeziehung, die deshalb domestiziert und instrumentalisiert werden muß.

Dem entspricht das Bild der Frau in der zeitgenössischen Malerei ('Schamhaarbilder'): Von geheimnisvoller Erotik ist in den zahllosen Aktdarstellungen keine Spur, vielmehr ist Thema das für den Mann zur Zeugung geeignete gebärfreudige Geschlechtswesen (zahlreiche Beispiele bei Gabriele Huster, in: Hart und zart. Frauenleben 1920-1970, Berlin 1970, S. 160-164, und in: Kunst im Dritten Reich, Frankfurt 1979).

Verwandt damit ist die unerotische Natürlichkeit von BDM-Mädchen im Sportdreß oder die strenge Uniform von BDM-Führerinnen. Diese gewollte Unattraktivität diente dem auch in der Hitlerjugend gültigen Reinheitsgebot Flex': "Die Jugend soll sich ihrer natürlichen Triebe nicht schämen, aber sie soll sie in den Jahren der HJ unterordnen unter dem Gesetz der Gemeinschaft, das einer der deutschen Jugend einmal in die Worte gefaßt hat: 'Bleib rein und werde reif'" (Baldur von Schirach, Die Hitler-Jugend, Leipzig 1936, 63). Sich angesichts monumentaler Sexualität nicht zu schämen, war jedoch etwas schwierig, wie die ratlose Sprachlosigkeit einiger BDM-Führerinnen erkennen läßt, die in einer Ausstellung vor Fritz Klimsch' nackter Monumentalallegorie "Die Woge" stehen (ein Foto bei Udo Pini, Liebeskult und Liebeskitsch, München 1992, 154 f.)

Als einzig mögliche Verhaltensweise zwischen heranwachsenden Jungen und Mädchen blieb die "Kameradschaft" (so z. B. Hilde Munske, Hg., Mädel im Dritten Reich, Berlin 1935, 17; vgl. Sibylle Hübner-Funk, Loyalität und Verblendung, Potsdam 1998, 280: "dienstliche Kameradschaft ohne freundschaftliche Regungen"). Wo überhaupt von "sexueller Erziehung", etwa der Napola-Jungmannen, die Rede ist, wird sie reduziert auf die (sehr seltenen) Treffen mit Mädchen des BDM und der Mädchen-Napolas (Otto Schäfer, in: Nationalsozialistisches Bildungswesen 7, 1942, 29): "Die sexuelle und gesellschaftliche Erziehung wird endlich in den Kameradschaften und Familien der Erzieher angebahnt und in der Zusammenarbeit mit dem BDM und den nationalpolitischen Mädchenerziehungsanstalten gelöst. Volks- und Gesellschaftstanz, gemeinsame Feste und Feiern, gemeinsames Theaterspiel, Musik- und Kunsterleben, Volkstumsarbeit und Volksfürsorge sowie das gemeinsame Mahl sind die wesentlichen Formen, die diese Erziehung annimmt". Die "sexuelle Erziehung" besteht also darin, daß der Jungmann gelegentlich die Ehefrau seines Erziehers oder – noch seltener – ein BDM-Mädchen sieht. Diese "Unterdrückung der Sexualität" (Harald Scholtz, Erziehung und Unterricht unterm Hakenkreuz, Göttingen 1985, 161) führte vor allem bei den in Lagern, Flakstellungen usw. abgeschottet lebenden jungen Menschen zu einer Spätentwicklung der Sexualität, wie viele Zeitzeugen belegen: "Ehe ich wußte, wie man küßt, was Liebe ist und was sie bedeuten kann, beherrschte ich mit der Perfektion einer gutgeölten Maschine die Technik des Tötens... Wir hatten größten Respekt vor der Frau jeglichen Alters, Händchenhalten war schon ein Wagnis oder Intimität. Devise: Ein deutsches Mädchen bleibt sauber... sexuelle Erfahrungen gab es damals nicht... Es blieb aber alles extrem platonisch... Ich bin ein unheimlich Spätpubertierender gewesen" (Franz-Josef Schmeling, Vom Krieg ein Leben lang geprägt, Osnabrück 1997, 168-171). In den Gesprächen solcher "Spätpubertierender" konnte ein "Zungenkuß" fast schon als Gipfel der Verruchtheit gelten.

Andererseits hatte die biologistische Sicht von Sexualität im Sinne der Befriedigung eines physischen Bedürfnisses eine merkwürdige Konsequenz: Staatlich errichtete Bordelle (Christa Paul, Zwangsprostitution. Staatlich errichtete Bordelle im Nationalsozialismus, Berlin 1994), dies als Ausdruck einer "Doppelmoral, die auf der einen Seite die Prostitution verteufelt und ihr die biedere deutsche Mutter und Hausfrau gegenüberstellt, auf der anderen Seite aber in immer größerem Umfang Prostitution geradezu fördert, um die Motivation der Soldaten und deren angeschlagene Stimmung zu heben und ebenso die KZ-Häftlinge als Vergünstigung für gute Arbeitsleistung... zu belohnen" (Sigrid Jacobeit, bei Paul, a. O., S. 6).

Wehrgeistige Erziehung. – Sie bildete ein wichtiges Element der sogenannten weltanschaulichen Schulung. Den jungen Menschen wurde vermittelt: "Dem Deutschen sind die Berufung zum Kampf und die Freude am Kampf blutgemäß" (Adolf Mertens, Schulungslager und Lagererziehung, Dortmund 1937, 4). Die Jugendlichen hatten demgemäß eine "heldische Gesinnung" zu entwickeln (Auguste Reber-Gruber, in: Nationalsozialistische Mädchenerziehung 6, 1940, S. 1). So ist "die bedingungslose Hingabe an die große heilige Idee des Nationalsozialismus und der vorbehaltlose Einsatz des Mannes" gefragt, "vor die deutsche Nation hinzutreten, wenn der Führer befiehlt, die Arme zu erheben und zu rufen: 'Die dem Tode Geweihten grüßen dich, Adolf Hitler!' (Alfred Kotz, Führen und Folgen, Potsdam 1937, S. 98. 100; vgl. die

Lagerparole der HJ: "Wir sind geboren, um für Deutschland zu sterben", bei Martin Kipp/Gisela Miller-Kipp, Erkundungen im Halbdunkel, Frankfurt 1995, 179).

Große Bedeutung hatte in diesem Zusammenhang der Sparta-Mythos von König Leonidas, der 480 v. Chr. mit 300 Spartiaten und anderen Kriegern aus der Peloponnes heldenmütig die Thermopylen gegen die Übermacht der Perser verteidigte. Noch am 18. März 1945 berief sich der Sportwissenschaftler Carl Diem in einer anfeuernden Rede vor Einheiten des Volkssturms und der Hitlerjugend in Berlin auf diese Tradition. Der spartanische "Rassenstaat" war so recht nach dem Herzen Hitlers und seiner Nachbeter. Fand man hier doch ein Vorausbild der eigenen Kriegsideologie und des agonalen Denkens, wobei keine Rolle spielte, daß dieses Bild zumindest teilweise zurechtgemacht war und so nicht der antiken Realität entsprach. Es half jedenfalls dabei, der Jugend den erwünschten 'geistigen Gleichschritt' beizubringen.

Auf einem anderen Blatt stand, daß die zumeist eher eintönig-primitive weltanschauliche Schulung in der Hitlerjugend keineswegs so effizient war, wie beabsichtigt. Am 17. 2. 1943 berichtet der Sachkenner Richard Harder in seinem Geheimgutachten zur Münchener "Weißen Rose", "wie abschreckend diese Schulung auf Menschen von geistiger Begabung zu wirken pflegt" (bei Rudolf Lill, Hg., Hochverrat?, Konstanz 1999, 211). Dazu ein Detail: Während in den ersten Kriegsjahren, auch in der Hitlerjugend, noch oft davon die Rede war, was alles man "nach dem Kriege" tun wolle, wurde nach Stalingrad (Januar/Februar 1943) alles Mögliche für die Zeit "nach dem Endsieg" angekündigt. Die Dümmeren plapperten das einfach nach, den Nachdenklichen aber blieb der Wechsel und seine verschwiegene Nebenwirkung nicht verborgen: Je ferner das Kriegsende erschien, desto platter mußte die Lüge werden, auch als ein "Sieg" schon zur schieren Utopie geworden war.

Das Verhalten gegenüber "Fremdvölkischen" und "Untermenschen".- Unter Berücksichtigung der Fluktuation ist mit fast 10 Millionen insgesamt während des Zweiten Weltkrieges in Deutschland eingesetzter "Fremdarbeiter" (Kriegsgefangene und nichtdeutsche Zivilarbeiter) zu rechnen. Ihr Status war weitgehend der von "Zwangsarbeitern"; denn weigern konnte sich kaum einer. Zum Beispiel waren osteuropäische Zwangsarbeiterinnen in zahllosen Fabriken tätig, aber auch als billigste Dienstmädchen in den Privathaushalten besserer Bürger. Sie lebten überwiegend in Barackenlagern am Rande der Städte beziehungsweise in unmittelbarer Nähe von großen Betrieben und Bergwerken. Bezahlung (diese nur bei Zwangsarbeitern), Verpflegung und ärztliche Versorgung waren weit unter dem für Deutsche üblichen Niveau. Zuvor waren schon von den mehreren Millionen russischer Kriegsgefangener in deutschen Lagern etwa die Hälfte durch Hunger und Krankheit umgekommen.

Aus Zeitzeugenberichten und von erhaltenen Fotos ist bekannt, daß zum Beispiel russische Zwangsarbeiterinnen auf der rechten Brustseite die weiße und weißumrandete Aufschrift "Ost" (polnische ein "P") trugen. Diese waren in der Regel sehr jung, 15-20 Jahre alt, vermutlich wegen der in diesem Alter niedrigen Krankheitsanfälligkeit (Einzelheiten z. B. bei Maruta Schmidt/Gabi Dietz, Hg., Frauen unterm Hakenkreuz, München 1995, 187 ff.; Martin Weinmann, Hg., Das nationalsozialistische Lagersystem, Frankfurt 1990, S. IL. LXXXVI; verläßliche Zahlen z. B. zu den in der Stadt Essen tätigen Kriegsgefangenen und Verschleppten bei Ernst Schmidt, Lichter in der Finsternis, Frankfurt 1980, 388; zu Essen bes. auch Weinmann, a. O., S. 125).

Jeder Deutsche, auch Jugendliche, konnte jederzeit sehen, wie Kolonnen von Kriegsgefangenen (oft auch Kolonnen von KZ-Insassen aus einem der zahllosen Außenlager) von einem älteren deutschen – mit Gewehr bewaffneten – Wachmann zu ihrer Arbeitsstelle geführt wurden, auf der Straße, versteht sich, nicht auf dem Bürgersteig. Bei Fliegeralarm hatten sie nur die Möglichkeit, so vorhanden, "Splittergräben" aufzusuchen; denn Bunker und Luftschutzkeller waren für Deutsche reserviert. Daß russische Kriegsgefangene 'keine Kameraden' waren, wußte fast jeder Luftwaffenhelfer; denn in sehr vielen Flakstellungen gab es Abteilungen von ca. 20-25 'Hiwis' (Hilfswillige), die wie Parias am Rande lebten. Sie hausten in einer separaten Baracke, erhielten meist schlechteres Essen und hatten gewisse untergeordnete Hilfsdienste zu leisten (bei Gefechten Munition heranschleppen, Schanzarbeiten, Kartoffeln schälen, Latrinen leeren usw.). Mit einem Wort: "Erfahrungen von Brutalität wurden zum Bestandteil kindlicher oder jugendlicher Normalität" (Arno Klönne, in: Deutsche Jugend im Zweiten Weltkrieg, hg. von Ingo Koch, Rostock 1991, 28). Ein Beispiel solcher Brutalität referiert als Zeitzeuge Wolfgang Klafki, *1927 (in: Subjektivität und Schule, hg. von Wilfried Breyvogel/Hartmut Wenzel, Essen 1983, 121).

Es ist festzustellen, daß die Wahrnehmung des Leidens dieser Millionen von Nichtdeutschen in lebensgeschichtlichen Erinnerungen relativ selten ein Thema ist – obwohl es doch alltäglich und allgegenwärtig war – und irgendwie verdrängt wird (oder wegen der normalen Alltäglichkeit einfach vergessen ist?). Erinnert wird eher der Fall des Mitleides, wenn etwa eine deutsche Frau hungrigen Gefangenen verstohlen etwas zu essen zusteckte. Solch tätiges Mitgefühl war nicht selten, entwickelte sich aber kaum je zum aktiven Widerstand gegen das System; denn daß die Besiegten für die Sieger zu arbeiten hatten, schien irgendwie in Ordnung. "Wehe den Besiegten" (vae victis) lernten ja schon die Schüler. Kaum einem ging auch der große Widerspruch auf, der darin lag, in langjähriger Erziehung den rassischen Abscheu vor den östlichen "Untermenschen" zu schüren und nun Millionen solcher Leute als Arbeitskräfte ins Land zu holen. Wie paßte das zusammen, die nordisch-germanische Rasse "rein" zu halten und zugleich viele Millionen "Fremdvölkische" ins Land zu holen? Es war erzwungen durch die unerwartete Länge des Krieges, ohne daß der durchschnittliche Deutsche dessen gewahr wurde, daß damit das Eingeständnis des Scheiterns verbunden war.

Die schwierige Situation bewirkte ein Umdenken ab etwa Sommer/Herbst 1941. Die deutsche Jugend mußte jetzt vor der rassischen Gefahr gewarnt werden. Die "Fremdvölkischen" sollten möglichst gar nicht wahrgenommen werden, nicht als Mitmenschen und nicht mitleidig und mitfühlend. Nun wurde "Haß" verordnet (Führerdienst Hitler-Jugend. Gebiet Niedersachsen. Folge 6/1943, S. 21: "Verhalten gegenüber Ausländern und Kriegsgefangenen... unsere Gegner hassen"; ebenso ebd. Folge 1/Januar 1944, S. 28 f.). Im Zusammenhang mit dem HJ-Disziplinarrecht heißt es: "Polen und Kriegsgefangenen gegenüber ist in jeder Beziehung größter Abstand zu wahren" (Walter Tetzlaff, Das Disziplinarrecht der Hitler-Jugend, Berlin 1944, 29). Eine Rednerin auf dem "Internationalen kommunistischen Frauentag 1936" gilt als "verhetzte und entartete Bestie" (in der BDM-Zeitschrift "Mädel – eure Welt!" 3, 1942, 278). Das bezieht sich auf ein Ereignis, das einige Jahre zurückliegt. Aktuell ist der BDM zugleich bemüht, für die Mädchen die verschiedenen zu meidenden

Typen zu klassifizieren: "Fremdrassige, Kriegsgefangene, Fremdvölkische" (Führerinnendienst Niedersachsen, Februar 1942, S. 9 f.).

Im Sommer 1941 wird den BDM-Mädchen erstmals eingeschärft, "daß wir unseren Kindern keinen Vater geben können, der nicht deutschen Blutes ist. Wer sich leichtfertig oder gutgläubig mit einem Fremden einläßt, verrät sein Volk und versündigt sich an den Soldaten, die es heute an allen Fronten verteidigen... Darum wollen wir darüber wachen, daß unsere höchste Ehre, die Verantwortung vor dem Blut... niemals verletzt wird, sondern daß wir das Wort des Führers erfüllen, der in uns die Mütter des kommenden Geschlechts und damit des ewigen Deutschland sieht" (Ingeborg Thomae, in: Sommerlager – und Heimabendmaterial für die Schulungs- und Kulturarbeit. Sommer 1941, BDM und BDM-Werk "Glaube und Schönheit", S. 15). Etwa gleichzeitig, anläßlich der Eröffnungsfeier des Musischen Gymnasiums in Leipzig am 28. September 1941, also einige Monate nach Beginn des Angriffskrieges gegen Rußland, belehrte Reichsminister Rust die Schüler: "Eine Millionenmasse europafremder Bestialität... schickte sich an, aus den blühenden Fluren Europas eine innerasiatische Wüste und Steppe zu machen. Da stand im Zeichen uralter Symbole in der alten Urkraft der Arier auf und ließ das Michaelsschwert herniederfallen auf das Untier" (Völkische Musikerziehung 9, 1943, 6). Im Sommer 1942 wird ähnlich die Hitlerjugend belehrt über den "Abwehrkampf gegen das Untermenschentum der östlichen Steppe" (Die Hitler-Jugend im Kriege, 19. Bericht, August 1942, S. 3).

Es wurde also Haß und Verachtung gelehrt, und es kam diesbezüglich wenig Widerspruch, weder von Lehrern noch seitens der Kirchen. Manche sahen da anscheinend keinen Gegensatz zu ihrer Lehre von der Gottebenbildlichkeit aller Menschen.

Schon in den Schulbüchern wurde den Jugendlichen vermittelt, welche Last die sogenannten Ballastexistenzen für die Volksgemeinschaft seien, vor allem die geistig Behinderten. Seitdem Hitler im Oktober 1939 einen auf den 1. September zurückdatierten einschlägigen Erlaß unterschrieben hatte, wurden in sechs Tötungsanstalten (Landespflegeanstalt Brandenburg, Bernburg, Hadamar bei Frankfurt, Grafeneck bei Stuttgart, Sonnenschein bei Pirna, Hartheim bei Linz) geistig Behinderte ermordet, die aus dem ganzen Deutschen Reich dorthin verbracht wurden. Die Ermordung erfolgte durch Gas, Spritzen oder "Hungersterben" (d. h. zum Marasmus führende Hungerdiät). Entlarvend ist das zeitliche Zusammenfallen mit dem Kriegsbeginn: Der Tod vieler Soldaten rief nach einem Ausgleich! – Zuvor waren bereits Sterilisierungen vorgenommen worden an "Schwachsinnigen" und "Gewohnheitsverbrechern", und zwar auf der Basis des "Gesetzes zur Verhütung erbkranken Nachwuchses" vom 14. Juli 1933. Diesbezüglich konnte sich das NS-Regime immerhin auf ähnliche eugenische Gesetze in außerdeutschen Ländern berufen, wenngleich der Rahmen der Betroffenen jetzt weiter gespannt wurde.

Aus dem Wahrnehmungsbereich der Öffentlichkeit und auch der Jugendlichen schwanden seit dem Kriegsbeginn zunehmend geistig behinderte Personen, soweit sie nicht in ihren Familien versorgt wurden – hier hatten sie die Möglichkeit, zu überleben. Nach gegenwärtigem Kenntnisstand wurden bis zum Kriegsende etwa 250 000 ein Opfer der Euthanasie (F.A.Z., 4.8.99). Diese "Ausmerze" der "Lebensunwerten", "Unbrauchbaren" beziehungsweise rassisch "Minderwertigen" war das Gegenstück zur "Aufartung". In den Zeitungen wurde die Euthanasie verschwiegen, doch konnten diesbezügliche Gerüchte nicht unterdrückt werden und kamen auch den Jugendlichen zu Ohren. Diese waren in Schule und Hitlerjugend seit langem belehrt worden, daß geistig Schwache sich viel stärker vermehrten als gesunde Deutsche, daß also dem Volk eine "Gegenauslese" (d. h. rassische Verschlechterung) drohe (zur Sache z. B. die "Führerblätter der Hitler-Jugend", Februar 1936, S. 12 f.).

Für die "Zigeuner" (heute: Sinti und Roma) stand kein Bischof von Münster auf. Nach heutigen Schätzungen fielen in ganz Europa um die Hunderttausend von ihnen dem Rassenwahn zum Opfer. Den Jugendlichen bis etwa zum Geburtsjahr 1930/32 konnte auffallen, daß diese Bevölkerungsgruppen in der zweiten Hälfte der NS-Herrschaft sozusagen verschwand. In den dreißiger Jahren waren sie als "Wanderzigeuner" (Scherenschleifer, Kesselflicker, Besenbinder, aus der Hand lesende Wahrsagerinnen) in Deutschland umhergezogen. Ihr Verschwinden wurde wenig wahrgenommen.

Das Judenthema. – Rassismus und 'Judenfrage' stehen im Zentrum der 'Politischen Religion' des Nationalsozialismus. Auch hatten die Juden nicht wie die geistig Behinderten einen Anwalt in Gestalt des Bischofs von Münster, und so eskalierten die Maßnahmen gegen sie ungehindert: Am 15. September 1935 das "Gesetz zum Schutze des deutschen Blutes und der deutschen Ehre"; am 9./10. November 1938 das Pogrom (Beispiel: Brand der beiden Essener Synagogen; dazu Ernst Schmidt, Lichter in der Finsternis, Frankfurt 1980, 150 f., mit Abb.); am 1. September 1941 die Polizeiverordnung über die Kennzeichnung mit dem "Judenstern", ab Januar 1942 Deportation in die Vernichtungslager.

Der Antisemitismus war im deutschen Volk noch keineswegs verbreitet und verwurzelt, wie die NS-Führer es gern gehabt hätten; denn noch im Jahre 1943 (!) wird in dem maßgebenden Führerorgan der Hitlerjugend "Wille und Macht" (Jg. 11, 1943, Heft 6, S. 28 f.) von Dr. Klaus Schickert beklagt, "daß in weiten Kreisen der nichtjüdischen (deutschen) Intelligenz immer noch eine weitgehende Unpopularität antijüdischer Diskussion zu beobachten sei... Es gilt, dem Antijudaismus des deutschen Volkes (erstens) eine Grundlage zu schaffen, so breit wie irgend möglich und ihn (zweitens) in der Tiefe zu verankern, so fest wie irgend möglich". Mit anderen Worten: 10 Jahre antisemitische Propaganda seit 1933 haben es nicht zuwege gebracht, den Antisemitismus in Deutschland zu verwurzeln und populär zu machen (ähnliche Klagen auch in Goebbels' Tagebüchern)! Daniel Jonah Goldhagen (in: Hitlers willige Vollstrecker, München 1998) kennt diesen Aufsatz Schickerts nicht. In diesem Zusammenhang ist auch zu sehen, daß die Aversion zwischen Protestanten und Katholiken in den Jahrzehnten nach 1871 in manchen Regionen Deutschlands die Abneigung beider Gruppen gegen die Juden übertraf, der deutsche "Antisemitismus" also dadurch deutlich relativiert ist – auch wohl dadurch, daß er in Teilen Europas (Frankreich, Osteuropa) ausgeprägter war als in Deutschland. Im übrigen waren die deutschen Juden fast alle sozial integriert und trugen nicht Kaftan und Schläfenlocken, ein Hauptgrund ihres "Fremdseins" in Wien vor 1914.

Bis 1941 strebte das NS-Regime noch die Auswanderung der Juden an, was unmöglich wurde, als nach Beginn des Rußlandkrieges die Außengrenzen des Reiches sich schlossen. Als der fabrikmäßige Massenmord unter dem Deckmantel des Krieges im Osten begann, blieb er den meisten Deutschen bis Kriegsende verborgen: "Der systematische Charakter der Erschießungen und der fabrikmäßigen Ermordung der meisten nach Osten deportierten Juden entging der deutschen Öffentlichkeit, obwohl

sich die Deportationen weitgehend vor ihren Augen vollzogen und die völlige Ent-
eignung der jüdischen Mitbürger von der Bevölkerung widerspruchslos, von einer
fanatisierten Minderheit mit Genugtuung hingenommen wurde... Viele Zeitzeugen
vermochten sich die Wahrheit des Holocaust trotz so vieler propagandistischer Aus-
fälle und Drohungen gegen den jüdischen Bevölkerungsanteil nicht vorzustellen, und
es gab Motive genug, diese unbequeme Wahrheit bald wieder zu verdrängen" (Hans
Mommsen, in: Über Leben im Krieg, hg. von Ulrich Borsdorf/Mathilde Jamin, Reinbek 1989, 10).

Wo in Schule und Hitlerjugend das Judenthema zur Sprache kam, war – wenn hier
den Zeitzeugen zu glauben ist – nie von etwas so Unerhörtem wie dem Holocaust
die Rede. Publik wurde lediglich die Sprachregelung "Auswanderung" beziehungsweise "Umsiedlung" und "Arbeitslager". In Schule und Kirche hörten Jugendliche
nichts Gegenteiliges. Auch erzeugte das ungeheuerliche Kriegsgeschehen eine gewisse Gleichgültigkeit gegenüber dem scheinbaren Randthema "Juden": Die Tageszei-
tungen wurden immer voller mit den Todesanzeigen für gefallene Soldaten, während
gleichzeitig der Bombenkrieg die Städte verwüstete. Hinzu kam die langjährige antijüdische Hetze, über deren Wirkung auf Jugendliche ein Zeitzeuge berichtet: "Eine
Wirkung der Diffamierung des 'jüdischen Wesens' in der öffentlichen NS-Propaganda
war es zweifellos, daß ich mit dem Wort 'Jude' zum einen die diffuse Vorstellung eines
mir physisch-ästhetisch unsympathischen Menschentypus verband, zum anderen die
ebenfalls ganz vage Meinung, es handele sich dabei in Deutschland um eine minimal
kleine Anzahl von Menschen. Deutlich erinnere ich mich aber noch jener Mischung
von unterschwelliger Angst, Nicht-Verstehen und dem dumpfen Gefühl, hier geschehe
Unrecht, das mich beschlich, als ich mit einigen Mitschülern bei einem von der HJ und
der Schule organisierten, verpflichtenden Tageseinsatz in einem landwirtschaftlichen
Betrieb zur Feldarbeit abgeordnet wurde und wir am Ende eines Feldes, undeutlich
im herbstlichen Frühnebel eine Gruppe von hageren, offenbar frierenden Menschen
erkennen konnten, wobei uns eingeschärft wurde, wir dürften mit ihnen keinerlei Kontakte aufnehmen; irgendwie sickerte dann die Information durch, es handele sich um
Juden beim Zwangs-Arbeitseinsatz" (Wolfgang Klafki, in: Subjektivität und Schule,
hg. von Wilfried Breyvogel/Hartmut Wenzel, Essen 1983, 121).

Zur öffentlichen NS-Propaganda kam die christliche religiöse Unterweisung: "Im
Ganzen gesehen kann man von einer bestehenden, vielleicht sogar zunehmenden 'Entfremdung' der jungen Katholiken von den Juden sprechen, die aufgrund der skizzierten katholischen Katechetik nicht verwunderlich war. Nach eigenem Bekunden nahmen die Mitglieder der katholischen Jugendverbände die zunehmende Bedrohung der
jüdischen Bevölkerung zwar wahr, sie wurde aber gar nicht oder nur ganz am Rande
als Problem erkannt" (Georg Pahlke, Trotz Verbot nicht tot, Paderborn 1995, 417; die
von Pahlke zuvor S. 415-417 referierte katholische Katechetik beinhaltet den traditionellen theologischen Antijudaismus der Kirche). Das den Jugendlichen anerzogene
Gehorsamsdenken gegenüber Staat und Kirche tat ein Übriges, bei ihnen Kritik an
Obrigkeit und Kirche nicht aufkommen zu lassen. Zeitzeugen berichten fast übereinstimmend, daß der Anblick von Menschen mit dem Judenstern (ab Sept. 1941) sie
betroffen machte, aber kein Infragestellen der Maßnahme oder gar Protest und Widerstand auslöste.

Ich teile die Ansicht derjenigen Historiker, welche die Judenvernichtung, so wie sie 1942-1945 stattfand, für nicht von langer Hand geplant halten. Erwähnt sei hier nur die letzte mir bekannt gewordene Theorie, derzufolge Hitler sich in Reaktion auf die Atlantik-Charta (14. August 1941) zur Ermordung aller Juden entschlossen habe (Tobias Jersak, in: Historische Zeitschrift 268, 1999, 311-374; vgl. H. Mommsen; in: Geschichte und Gesellschaft 9, 1983, 381-420). Diese Verknüpfung ist m. E. nicht zwingend. Ich möchte einen anderen Vorschlag dazu machen, der sich aus dem Kern der NS-Ideologie ergibt: Blutmäßige "Reinhaltung", "Aufartung" und expansionistische Vermehrung der nordisch-germanischen Rasse. Die unerwartet hohen Verluste wertvollen "Blutes" (d. h. "rassischer Substanz") im Rußlandfeldzug bis Dezember 1941 scheinen den Diktator in tiefe Besorgnis gestürzt zu haben, einer bevölkerungspolitisch verheerenden Entwicklung tatenlos zusehen zu müssen: Tod viel zu vieler Soldaten, Rückgang der Geburtenrate auch durch die ungeplant lange Abwesenheit der Männer von ihren Familien. So konnte gerade das zustande kommen, was man zuvor aufs heftigste bekämpft hatte, die "Gegenauslese", daß nämlich "Lebensunwerte", "Untermenschen" und "Parasiten" – selbst in unwirtlichsten Reservaten – überlebten und sich vielleicht gar noch vermehrten, während der Bestand der nordisch-germanischen Rasse dramatisch zurückging.

Genau diese Angst läßt sich aus den Quellen der Jahre 1936-1942 erheben. So heißt es in den "Führerblättern der Hitler-Jugend" (Februar 1936, S. 13), nachdem zuvor die Rede war von der "in jedem Volk vorhandenen Schicht von Untermenschen: Verbrechern, Schwachsinnigen und Geisteskranken": "Der nordische Mensch ist Draufgänger, Soldat und Offizier. Er verachtet die Gefahr. Deshalb fordert jeder Krieg aus seinen Reihen die meisten Blutsopfer. Der Weltkrieg war für alle europäischen Völker eine furchtbare Gegenauslese ihres nordischen Blutes. Während sich so die rassische Zusammensetzung des deutschen Volkes zuungunsten der nordischen Rasse verschob ... stieg im letzten Jahrhundert innerhalb des Volksganzen der Anteil der Menschen mit schlechter Erbmasse ... ergab sich immer wieder, daß die höchstbegabten Schüler am wenigsten Geschwister hatten"; das Ganze nennt der Autor "eine bedrohliche Entwicklung".

Die gleiche Angst steigert sich im Sommer 1941: "Der Tod hält auf den Schlachtfeldern reiche Ernte, viele Männer kehren nicht mehr aus dem Krieg zurück, aber die entstehenden Lücken dürfen nicht offen bleiben, sie müssen mit jungem Leben gefüllt werden. Notwendiger als je vorher ist es heute, da unser Volk um sein Daseinsrecht kämpft, daß in der Heimat Kinder geboren werden, die des millionenfachen Einsatzes und Opfers wert sind" (Ingeborg Thomae, in: Sommerlager- und Heimabendmaterial für die Schulungs- und Kulturarbeit. Sommer 1941. BDM und BDM-Werk "Glaube und Schönheit", S. 14).

In die gleiche Richtung weist, daß das "Pflichtjahr" für volksschulentlassene Mädchen ausdrücklich den Zweck hatte, Familienmütter zu entlasten und so die Geburtenrate zu steigern, und dies im Kriegswinter 1942/43, als die "Blutverluste" eskalierten: "Dieses bevölkerungspolitische Moment ... Wir brauchen nun einmal für den Ausgleich der blutigen Verluste des Krieges, für den Ausgleich des Geburtenrückgangs ... heute so viel erbgesunde Kinder wie möglich ... Ja, das Pflichtjahr hat jetzt erst seinen eigentlichen Sinn bekommen" (Ernst Ferber, Fünf Jahre Pflichtjahr, in:

Völkischer Wille, vom 1. Februar 1943; zitiert nach Angela Vogel, Das Pflichtjahr für Mädchen, Frankfurt 1997, 268).

Vermutlich fiel im Dezember 1941 Hitlers Entscheidung für den Holocaust in der dann ab Anfang 1942 anlaufenden Form. Die "Gegenauslese" durfte einfach nicht sein. Wenn schon Hunderttausende deutscher Soldaten in Rußland starben oder in Gefangenschaft gerieten, mußte wenigstens der jüdischen "Gegenrasse" die Möglichkeit des Überlebens abgeschnitten werden. So unerläßlich wie die Steigerung der heimischen Geburtenrate, so notwendig erschien jetzt auch die Judenvernichtung, um die drohende Gegenauslese zu verhindern und den Trend umzukehren.

Das NS-Feierjahr und der "schöne Schein" des Dritten Reiches. – Die Lebenswelt auch und besonders der Jugend wurde wesentlich gestaltet durch die zahlreichen Riten und Feiern der neuen 'politischen' Religion: Schon vor 1914 (z. B. "Kaisers Geburtstag") und in der Jugendbewegung vor 1933 (z. B. bei Sonnwendfeiern) gab es eine suggestive Ästhetik, deren Versatzstücke nun gut verwendet werden konnten. Vom Gedenken an die Machtübernahme (30. Januar) über den Tag der Arbeit (1. Mai) bis zum Erntedankfest und zur Wintersonnenwende (21. Dezember) gab es nun im Jahreslauf viele Feiertage, die zum Teil pseudoreligiösen Charakter erhielten und gewollte Ähnlichkeiten mit kirchlicher Liturgie hatten. Es scheint das Fernziel gewesen zu sein, so die christlichen Feste allmählich zu verdrängen und abzulösen.

In den NS-Vorstellungen zur Jugenderziehung war ja schon lange das Prinzip verankert, über das emotional aufgeladene Gemeinschaftserlebnis Elemente der neuen Ideologie zu vermitteln, und so hatte denn einige Bedeutung die "appellative Herstellung von Sinnbezügen durch Rituale unter Förderung der Selbstbeteiligung (Lieder, Sprüche, Aktionen)" (Harald Scholtz, Erziehung und Unterricht unterm Hakenkreuz, Göttingen 1985, 161). Man kann geradezu von einer "Erlebnispädagogik" sprechen (A. Kahre, in: Fahne flattert, Münster 1996, 20).

Der zur HJ-Spitze zählende Obergebietsführer Cerff, Leiter des Kulturamtes der Reichsjugendführung in Berlin, verkündete, "der Nationalsozialismus ... erfasse Seele und Geist, Gefühl und Empfinden", und "die Feiergestaltung der HJ" müsse dem entsprechen: "Die Feier müsse gleichsam eine Entladung geistiger und seelischer Spannungen mit sich bringen. Wir brauchen in ihr die Kraft des überwältigenden Erlebens ... Ihre (d. h. der HJ) Feiern haben den Zweck, ihre Teilnehmer zu einem freudigen Ja-Sagen zu bewegen und ihnen eine freudige Kraft zu vermitteln" (Musik und Volk 3, 1935/36, S. 198). Aus heutiger Sicht war das freilich ein "Ritual der Unterwerfung" (Reiner Lehberger bei Benjamin Ortmeyer, Schicksale jüdischer Schülerinnen und Schüler in der NS-Zeit, Witterschlick/Bonn 1998, 608).

Die dabei verwendeten ästhetischen Mittel, der "schöne Schein" des Reiches, wirkten lange verführerisch, ja viele faszinierend. Die meisten mochten nicht die häßliche Rückseite sehen. Erst im Laufe des Krieges zerbröckelte die Fassade, und für jeden, der sehen wollte, kamen mehr und mehr Teile der Nachtseite zum Vorschein. Wie überwältigend die Rituale wirken konnten, berichtet als Zeitzeugin eine ehemalige BDM-Führerin des Jahrgangs 1924: "Bei einer Sonnwendfeier hatte ich meinen ersten Orgasmus. Da war ich zwölf" (bei Sibylle Hübner-Funk, Loyalität und Verblendung, Potsdam 1998, 66). Eine besondere NS-Schwachstelle war das christliche Weihnachtsfest, dem man lange – auch in der Hitlerjugend – Konkurrenz machte. Daß Schirach versichern mußte: "Die Weihnachtsfeiern der Hitlerjugend sind selbstverständlich so zu legen, daß der Abend des 24. Dezember ausschließlich der Familie vorbehalten bleibt" (Das Junge Deutschland 31, 1937, 47), und daß solche Beruhigungen anscheinend nötig waren, könnte auf Versuche auch in der HJ deuten, das christliche Fest auszuhebeln. Insgesamt gab es in der NS-Zeit manche Experimente dieser Art, wie die Fülle einschlägiger Druckschriften vor 1945 belegt.

Pseudosakralen Charakter hatten in gewisser Weise die (von August 1937 bis April 1944 erschienenen) "Wochensprüche", Kleinplakate zum Aushang (in Schulen, Amtszimmern, Gaststätten usw.) als Propagandamittel. Sie enthielten wegweisende Aussprüche Hitlers und anderer NS-Größen oder bedeutender Gestalten der deutschen Vergangenheit. Ihr Zweck war die ideologisch-weltanschauliche Festigung der Gesinnung. Die Plakate (etwas größer als das DIN A4-Format) vermieden verbale und bildliche Polemik, gaben sich seriös und ließen an die Verwendung von Bibelsprüchen und Losungsworten in den christlichen Konfessionen denken.

Vermittlung über die Medien: Film, Rundfunk, Ausstellungen, Literatur. – Zur Jugenderziehung bedienten sich Schule und Hitlerjugend – beide von oben gesteuert – in der ausgedehntesten Weise des Films. Alle Zeitzeugen erinnern sich so an zahlreiche Filme (z. B. in der "Jugendfilmstunde") und deren Wirkung auf sie, angefangen von "Hitler-Junge Quex" bis zu Propagandafilmen während der Kriegszeit, zum Beispiel "Ohm Krüger", aus dem das "Burenlied" in die HJ übernommen wurde.

Auch Ausstellungen waren in diesem Zusammenhang von Bedeutung. So gingen Millionen Deutsche in das "Sowjetparadies". Ehemalige Essener Schüler, zum Beispiel des Burggymnasiums, erinnern sich an ihren klassenweise erfolgenden Pflichtbesuch in den Essener Ausstellungshallen (Eröffnung am 26. September 1942), wo an Hand angeblich echter Exponate (z. B. T 34-Panzer, Granatwerfer, rekonstruierte ärmlichste Behausungen, GPU-Keller mit Folterwerkzeugen usw.) die Verlogenheit und das Verbrecherische des angeblichen Paradieses erkannt werden sollte. Der Gruseleffekt war beabsichtigt. Die Angst vor einem Übergreifen der Verelendung und Unterdrückung auf Mitteleuropa sollte Hitlers Angriffskrieg rechtfertigen.

An den Mittwochabenden gab es im Rundfunk die "Stunde der jungen Nation", "die in mitreißender Form die Jugend, die auf ihren Heimabenden im Gemeinschaftsempfang diese Sendung mithört, erziehen und begeistern, Anregungen vermitteln und ihr bei der Durchführung eines Heimabends helfen soll" (Meyers Lexikon, Sechster Band, Leipzig 1939,634).

Überall in den Städten und Dörfern hingen die roten "Stürmer-Schaukästen" mit Julius Streichers Hetzblatt. In kleineren Orten befanden sie sich meistens an der Außenfront des Ortsgruppenleiter-Büros, auch außen vor den Versammlungsräumen der NSDAP und SA. Da in kleineren Orten solche Räume auch für die Heimabende von HJ und BDM genutzt wurden, wirkten sie auch auf die Jugend ein. Als Standort beliebt waren die großstädtischen Umsteigehaltestellen der Straßenbahnen (z. B. in Essen vor dem Wasserturm), um den dort Wartenden – auch Schülern der Essener Schulen – die Wartezeit zu verkürzen. Die Hitlerjugend hat gelegentlich matte verbale Vorbehalte gegen diese Art von antisemitischer Propaganda geäußert, wirklich getan hat die HJ-Führung nichts dagegen.

Auf die Fülle von kriegsverherrlichender Literatur und politischer, das NS-Regime preisender Lyrik, ist hier nicht einzugehen. Beispiele bietet unten die Liste "Quellen".

17.2 Quellen

Wilhelm von *Polenz:* Der Büttnerbauer. Siebenzehnte Aufl., 25.-27. Tausend. – Berlin (Fleischel) 1918 (zuerst 1895). 479 S. – Ein 'völkischer' Bauernroman mit Zielrichtung gegen jüdische 'Wucherer' und die Sozialdemokratie; gleichermaßen in den katholischen Borromäusbibliotheken vertreten wie zur in der HJ empfohlenen Literatur gehörend.

Chamberlain, Houston Stewart: Die Grundlagen des neunzehnten Jahrhunderts. 2 Bde., München 1899. – Kein Werk von wissenschaftlichem Wert, doch von großer Wirkung in der NS-Zeit bis in die Schulbücher und die Reihen der HJ hinein. Seine Theorie vom alleinigen Kulturschöpfertum der nordischen Rasse bzw. der Arier, so haltlos sie war, wurde bei Hitler und anderen zu einem Hauptargument für den Anspruch auf Herrschaft in Europa und in der Welt.

Dinter, Artur: Die Sünde wider das Blut. – Hartenstein i. S. 1918. – Ein rassistisch-antisemitischer Roman, ein Bestseller in den zwanziger Jahren, der als angeblich wissenschaftlich erwiesen die Behauptung einer rassischen Zersetzung des deutschen Volkes durch die Juden propagierte. In "Mein Kampf" hat Hitler anscheinend dieses Werk benutzt. Dinter selbst fiel als völkisch-deutschchristlicher Sektierer 1928 in Ungnade und wurde als Gauleiter abgesetzt.

Moeller van den Bruck, Arthur: Das Dritte Reich. – Berlin 1923. – Der Autor vertritt einen konservativen Nationalismus (gegen Liberalismus, Parlamentarismus) und propagiert einen ständisch-hierarchisch gegliederten Staat, ein "Drittes Reich" (nach Bismarcks Zweitem Reich). Obwohl nicht rassistisch orientiert und bis zu seinem Tode (1925) auf Distanz zum Nationalsozialismus bleibend, griff dieser einige seiner Vorstellungen auf, so daß er – bis in die Kreise der HJ hinein – als Künder und Wegbereiter des NS-Reiches galt. Im Laufe der dreißiger Jahre rückte Moeller van den Bruck mehr und mehr in den Hintergrund.

Schirach, Baldur von: Die Feier der neuen Front. 2. Aufl. – München (Deutscher Volksverlag) [o. J., um 1938; zuerst 1929]. 32 S. – Völkisch-braune Lyrik und wolkiger Kitsch, bisweilen expressionistisch angehaucht. Die "Gedichte um den Führer" (S. 19-23) sind peinlicher Personenkult; "Ihr seid viel tausend hinter mir…" gehörte zum oft zitierten Repertoire der Hitlerjugend. Ein pseudoreligiöser Kult entstand auch um die beim mythischen Marsch auf die Feldherrnhalle in München (am 9. 11. 1923) erschossenen Demonstranten. Darauf bezieht sich Schirachs Gedicht S. 25: "… uns sind Altar die Stufen der Feldherrnhalle".

Zöberlein, Hans: Der Glaube an Deutschland. Ein Kriegserleben von Verdun bis zum Umsturz. 24. Aufl., 236.-255. Tausend. – München (Eher) 1937 (zuerst 1931). 890 S. – Gehörte zu den Lektüreempfehlungen in Schule und Hitlerjugend. Als Anführer eines "Werwolf"-Kommandos hinterließ Zöberlein am 28.-29. April 1945 in Penzberg eine Blutspur, indem er noch in letzter Minute angebliche Defätisten hinrichten ließ (Arno Rose, Werwolf 1944-1945, Stuttgart 1980, 288-294).

Schenzinger, Karl Aloys: Der Hitlerjunge Quex. Roman. – Berlin (Zeitgeschichte Verlag) 1941 (zuerst 1932). – Roman um den Hitlerjungen Herbert Norkus (26.7.1916-24.1.1932), der in Berlin von Kommunisten ermordet worden war. Für die Verfilmung dieses Buches schrieb Baldur von Schirach das Lied "Vorwärts, vorwärts schmettern die hellen Fanfaren" (vertont von Hans Otto Borgmann). Den – in vielen Auflagen gedruckten – Roman und den Film kannte seinerzeit jeder Hitlerjunge und jedes BDM-Mädchen.

Grimm, Hans: Volk ohne Raum. – München (Albert Langen) 1933 (zuerst 1926). 1299 S. – Beschreibt das Leben der Auslandsdeutschen in Südafrika und beklagt die angebliche Übervölkerung Deutschlands (z. B. S. 1248: "übervölkerte Heimat", "nicht ausreichendes Bauernland"; ähnlich S. 1249. 1252. 1259. 1265. 1269. 1280. 1285. 1290). Auch die frühe NS-Zeit spielt hinein (z. B. S. 1290: Schlageter, Marsch auf die Feldherrnhalle am 9. Nov. 1923). Grimms Roman "Volk ohne Raum" wurde in Schule und HJ zur Lektüre empfohlen.

Paul de *Lagarde*: Deutsche Schriften. – München (I. F. Lehmanns Verlag) 1924; Deutsche Schriften. In Auswahl hg. und eingeleitet von Wilhelm Rössle, Jena (Diederichs) 1944

Paul de *Lagarde*: Deutscher Glaube, deutsches Vaterland, deutsche Bildung. Das Wesentliche aus seinen Schriften ausgewählt und eingeleitet von Friedrich Daab. – Jena (Diedrichs) 1925

Paul de *Lagarde*: Ausgewählte Schriften. Zusammengestellt von Paul Fischer. – München (I. F. Lehmanns Verlag) 1924

Paul de *Lagarde*: Bekenntnis zu Deutschland. – Jena (Diedrichs) 1933

Paul de *Lagarde*: Schriften für Deutschland, hg. von August Messer. – Leipzig (Kröner) 1933

Paul de *Lagarde*: Ich mahne und künde. – Breslau (Hirt) [o. J.]. – Als nationalkonservativer Kulturphilosoph und politischer Schriftsteller wandte sich Lagarde (1827-1891) gegen Liberalismus und Materialismus, propagierte eine arteigene nationale christliche Kirche, frei von orientalischen Einflüssen und ohne paulinische "Verfälschungen". Nicht zuletzt wegen seines völkischen Antisemitismus wurde er vom Nationalsozialismus geschätzt und galt sowohl in der Jugendbewegung vor 1933 wie in der Hitlerjugend als Autor von hohem Rang. Dies zeigt sich z. B. daran, daß noch 1944 in Auswahl seine "Deutschen Schriften" erscheinen konnten; freilich beklagt er hier, "wie sehr Deutschland schon verjudet ist", spricht vom "giftigen Haß" des Juden "gegen das Christentum"; "unser Gott" ist nicht identisch mit Israels "Adonai, der uns ein Götze ist" (1944, S. 407. 410). Überhaupt kulminierte 1943/44 die antisemitische Propaganda: Ein Sündenbock wurde benötigt.

Rembrandt als Erzieher. Von einem Deutschen [= Julius *Langbehn*]. – Stuttgart (Kohlhammer) 1936. 380 S. – Als kulturkritischer Konservativer bekämpfte Langbehn (1851-1907) den Materialismus seiner Zeit und propagierte – unter

Berufung auf den nordisch-niederdeutschen Meister Rembrandt – eine geistige Erneuerung des deutschen Volkes. Ähnlich wie Lagarde, wenn auch nicht in dem Maße, war er im Nationalsozialismus angesehen. Einigen Einfluß hatte er auf die Jugendbewegung vor 1933. Vergleichsweise geringere Beachtung fand er in der Hitlerjugend, der wohl sein Antisemitismus zu differenziert war und die mit seinem aristokratischen Individualismus wenig anfangen konnte: "Bescheidenheit, Einsamkeit, Ruhe – gesunder Individualismus, volkstümlicher Aristokratismus, seelenvolle Kunst – das sind Heilmittel, welche der Deutsche auf sich anwenden muß, wenn er sich dem geistigen Elend der Gegenwart entziehen will" (S. 379).

Gott, Freiheit, Vaterland. Sprech-Chöre der Hitlerjugend. Hg. von Eugen Frieder *Bartelmäs* und Richard *Noethlichs*. – Stuttgart (Union Deutsche Verlagsgesellschaft) [1934]. 138 S. – Spiegelt die geistige Lebenswelt der HJ. Die Themen sind: Entdeckungsfahrt in die Ferne (z. B. S. 32: "Immer wieder wagend Wikingerfahrt... in dem neuentdeckten Land unsre Fahne zu hissen"); Kampf (S. 54: "Aus Blut und Boden entsteht unser Recht"; S. 116: "Deutscher sein heißt: Kämpfer sein!"); kämpfend sterben (S. 33: "Fallen müssen viele und in Nacht vergehn, eh am letzten Ziele groß die Banner wehn... Was zum Glück soll frommen, muß erblutet sein"); Tod und Ruhm, aus der Edda (S. 117: "Besitz stirbt, Sippen sterben, du selbst stirbst wie sie; eins weiß ich, das ewig lebt: Des Toten Tatenruhm"); Antisemitismus (S. 55: "Volk ohne Raum, Volk ohne Brot... Volksfremde Verführer die Heimat verderben, für Judas Ehre deutsche Menschen sterben... Deutschland soll leben, und wenn wir sterben müssen").

Rassenkunde des deutschen Volkes. Von Hans F.K. *Günther*, Professor der Sozialanthropologie an der Universität Jena. – 16. Auflage. – München (F.J. Lehmanns Verlag) 1934. 509 S. – Mit diesem und anderen ähnlichen Werken wurde der Autor zur bedeutendsten NS-Autorität in diesem Bereich ('Rasse-Günther'), nicht zuletzt in Schule und HJ. Vor allem definiert er die "leiblichen Merkmale" und "seelischen Eigenschaften" der nordischen, westischen (mediterranen), dinarischen, ostischen, ostbaltischen und fälischen Rasse. Bei deren Definition bedient er sich eines "Tasterzirkels" und "Gleitzirkels" (Abb. S. 31). Einleitend schränkt er seine Ergebnisse etwas ein: "Die Rassenkunde ist in der mißlichen Lage, den überaus größten Teil der europäischen Menschen für Mischlinge, für Bastarde erklären zu müssen" (S. 14). Von besonderer Bedeutung für seine Zeitgenossen war das Kapitel "Die seelischen Eigenschaften der nordischen Rasse". Hier gilt ihm als erwiesen die Existenz einer "nordischen Rassenseele" (S. 192). U. a. erscheint ihm glaubhaft, "daß sich zur Pferdezucht und Pferdepflege eigentlich nur Menschen nordischer Rasse eignen" (S. 195). Die Nordrasse ist besonders reich an "schöpferischen Menschen" (S. 197). Auch scheint die "blonde, langköpfige Rasse" dazu beigetragen zu haben, die leitenden Klassen zu liefern in Ägypten, besonders in Chaldäa und in Assyrien. Die Sache ist fast gewiß in Persien und Indien, und möglich sogar für das alte China" (S. 198). Als erwiesene Tatsache gilt dem Autor die Annahme: "Die oberen Bevölkerungsschichten haben mehr nordisches Blut in ihren Adern als der Durchschnitt der gesamten deutschen Bevölkerung", was auf "besondere Führereigenschaften der nordischen Rasse" schließen läßt (S. 200 f.). Auch "fällt in Deutschland der nordische oder vorwiegend nordische Mensch immer durch seine verhältnismäßig größere Reinlichkeit auf" (S. 214).

Hetzer, Hildegard: Grundvoraussetzungen der echten Feier. – Musik und Volk 2. Jahr, Heft 1 (Okt./Nov. 1934) 7-16. – Widerstände gegen das "Mitgerissenwerden" der feiernden Gemeinde liegen "vor allem im Bereiche des kritischen Denkens, des Intellektes... Die echte Feier... dient der Formung des Menschen im Sinne des völkischen Erziehungszieles" (S. 9). "Jede echte Feier führt über die Grenzen des eigenen Selbst hinaus, ist Hingabe an etwas, was außerhalb des eigenen Seins liegt"... diese "entspringt einer religiösen Grundhaltung, ohne die echte Feier unmöglich ist" (S. 13).

Reeg, Will: Sommer-Sonnenwende. Flammende Jugend am Feuer. Lieder, Gedichte, Sprüche, Chöre und Szenen am Feuer (Deutsche Feierstunden, Heft 4). – Mühlhausen i. Thür. (Danner) 1934. 64 S. – Unter den "Sprüchen vor dem Sprung übers Feuer" erscheint auch Goethes "Feiger Gedanken bängliches Schwanken... macht dich nicht frei... " und der Edda-Spruch "Besitz stirbt, Sippen sterben... Doch Nachruhm stirbt nimmermehr" (S. 35. 37). Üblich in diesem Zusammenhang ist auch das Lied "Flamme empor" (S. 11).

Rosenfelder, Karl: Der Vatikan als politische Macht. – Führerblätter der Hitler-Jugend, Ausgabe D.J., Dezember 1935, 7-18. – Der Verfasser behauptet einen "vatikanischen Vernichtungswillen" bzw. "römische Weltmachtansprüche" oder eine "Diktatur des Papsttums" (S. 7. 8. 17). Der "Weltherrschaftsgedanke des Vatikans" verbirgt sich hinter der "mystisch verklärten Bezeichnung 'Christkönigsherrschaft' " (S. 14). Besondere Bedeutung hat in diesem Zusammenhang das "Unfehlbarkeitsdogma" und der "Syllabus", "eine Verdammungsliste der sogenannten 'Irrtümer', die den päpstlichen Anspruch auf die Leitung der Welt und die menschliche Gesellschaft gefährden können oder gar in Abrede stellen" (S. 8). Gegen Deutschland, "das der Hauptträger des nordischen Protestes gegen die päpstlich-vatikanischen Machtansprüche ist" (S. 17), kämpft Rom u. a. mit seiner Förderung eines "politischen Katholizismus" und seinem Eintreten für den (vom Vatikan gesteuerten) "christlichen Ständestaat" in Europa. "So früh als möglich muß der junge deutsche Mensch erkennen, daß hinter der katholischen Weltreligion der Plan einer geistig-politischen Weltherrschaft des römisch geführten Vatikans steht" (S. 16).

Roth, Hermann: Rundfunk und Hitlerjugend. – Musik und Volk 2 (1934/1935) 177-181. – Zu den jeden Sonntag stattfindenden "Morgenfeiern". Durch die "Stunden der jungen Nation" hat die Hitlerjugend den Rundfunk "auch in den Dienst der politischen und weltanschaulichen Schulung" gestellt.

Vacano, O. W. von: Volk-Partei-Staat. – Führerblätter der Hitler-Jugend, Ausgabe D.J., Dezember 1935, 2-6. – "Das Volk ist ewig". Unser Volk ist, nach dem Rassenforscher Hans F.K. Günther, eine Mischung von sieben Rassen. Getrennt davon sind "die Hauptrassebestandteile des jüdischen Volkes, die uns als vorderasiatische und negerische blutsfremd sind".... Die "nordische Rasse" ist gefährdet, weshalb "ihre Förderung und Hochzucht für die Existenz unseres Volkes von höchster Bedeutung ist" (S. 3 f.). Gemäß den durch den Willen des Führers gestellten Aufgaben "ist auch jedem von uns HJ-Führern eindeutig seine Pflicht gesetzt" (S. 6).

Bohlmann, Erna: Das Mädel in der Kulturarbeit. – Musik und Volk 3 (1935/1936) 17-25. – Zur BDM-Kulturarbeit. "Haben wir es nicht selbst erlebt, daß der überfremdete Begriff der Schönheit der Frau viele Frauen anderer Art begehrter erscheinen ließ als die herbere, stillere Frau unserer nordischen Rasse, daß demzufolge manche Frau bester Art ohne Kinder blieb, während das charmantere Mädchen westischen Blutes oder die anschmiegsamere und molligere ostische Erscheinung, wenn nicht gar die großäugige Orientalin mehr als früher Mutter der jungen Generation wurden?" (S. 18). "Unser Tageslauf ist geformte Weltanschauung... Spruch und Lied an der Fahne, der Tischspruch... der fröhliche Kanon beim Kaffee und die Feierstunde am Abend – unser ganzer Tageslauf im Lager, in der Schule und auf Fahrt – vom Weckruf bis zum Abendlied unterm Sternenhimmel sind ein gewachsener Ausdruck unserer Weltanschauung... Die Führerin trägt ihn (diesen Lebensrhythmus) aus dem Lager in ihre Heimabende und auf ihre Mädelschaftsfahrten, und das BDM-Mädel übernimmt ihn in die eigene Familie" (S. 23).

Frenssen, Gustav: Der Glaube der Nordmark. 46. Auflage. – Stuttgart (Truckenmüller) 1936. 152 S. – Frenssen (1863-1945) propagiert hier eine Art germanische Urreligion (Naturmystik mit Pantheismus), die vom Christentum fast nichts übrig läßt und dessen jüdische Elemente ganz eliminiert; sozusagen Rosenberg und 'Rasse-Günther' auf niedrigerem Niveau (auf beide beruft er sich S. 145). Eine Leseprobe: "Der christliche Glaube sagt: Die Welt ist gottfeind und fremd und böse. Er verachtet und verwirft das Leben in der Welt, samt Augen- und Fleischeslust und alles, auch den Tod. Alles ist Gottvergessenheit, Irrtum, Sünde, Jammer, Vergängliches, Tod. Aber unser Glaube sagt: das All ist Gottes. Sein sind Wolken und Sterne, Lichter und Finsternisse, alles Wundern und Grausen der Welt, desgleichen der Mensch..." (S. 128 f.). – Noch 1942 erschien das 261.-270. Tausend dieses Buches, das von der SS gefördert wurde und offenbar viel als Geschenk Verwendung fand. Auch in Schule und Hitlerjugend war es bekannt, wurde aber eher belächelt. Freilich zeigen sich die Wirkungen Frenssens und seiner Gesinnungsgenossen allenthalben, z. B. auch in den künstlich germanisierten "Weihnachtsfeiern" in HJ und BDM.

Fritsch, Theodor: Handbuch der Judenfrage. Die wichtigsten Tatsachen zur Beurteilung des jüdischen Volkes. Vierzigste Auflage. – Leipzig (Hammer) 1936. 574 S. – In der NS-Zeit wichtigstes Nachschlagewerk zum Thema "Antisemitismus". In Schullehrbüchern und in der HJ-Literatur wurde daraus zitiert. Übereinstimmungen zwischen dem Werk von Theodor Fritsch (1852-1933) und "Mein Kampf" sind evident.

Klamroth, Inge: Denn unser Glaube heißt Licht. – Die Jungmädelschaft. Blätter für Heimabendgestaltung der Jungmädel, Folge 11/12 (Nov./Dez. 1936) 2-5. – Zur nordischen Weihnacht: "Unsere Vorfahren kannten noch nicht die Furcht vor dem Tode und vor der Vergeltung im Jenseits. Stolz und frei bekannten sich sich zu ihrem Leben... Die Ewigkeit nordischen Gottglaubens wurzelte in der Tat... In der nordischen Winternacht ist das Brauchtum dieses Festes begründet... Als Rom die nordische Freiheit brach und die Germanen unter das Kreuz zwang", lebten die alten Sitten ("das heilige Julfeuer", "Feuerräder" u. ä.) weiter. "Die christliche Religion wurde mit hineingenommen. Wenn sie im Laufe der Zeit alles andere überdeckte und viele den ursprünglichen Sinn dieses Festes vergaßen, dann müssen wir heute den Mut haben, dort wieder anzufangen, wo der Quell nordischer Art vor 2000 Jahren verschüttet wurde. Wir müssen mit allem, was artfremd und wesenfeindlich ist, brechen und Weihnachten wieder ganz zu dem machen, was es einst gewesen ist" (S. 3 f.). Es "strahlen am Weihnachtsbaum die Kerzen als Sinnbilder für die Lebenslichter unserer Ahnen und unserer Kinder, der Familie und Sippe" (S. 5). S. 32 heißt es dazu: "Der grundsätzliche Artikel 'Denn unser Glaube heißt Licht' ist nur für Dich (d. h. die Jungmädelführerin) selbst bestimmt. Für unsere jüngeren Mädel werden wir am besten die Märchen (d. h. "Frau Holle" u. ä.) gebrauchen können... Die Vorweihnachtsfeiern in den NSV-Kindergärten und Spielkreisen werden ähnlich aussehen... Dem älteren Mädel soll aber schon ganz stark hinter Märchen und Gleichnis der tiefe Sinn sichtbar werden, den nordischer Glaube und naturverbundene Frömmigkeit hineingelegt haben". "Die Art, in der wir unsere Julklapp- und Vorweihnachtsfeiern aufbauen, soll unseren Mädeln den Weg weisen können, auf dem sie weitergehen und sich teilweise auch in ihre häuslichen Feste einschalten können" (S. 32).

Der Kampf um die Erbmasse. Von Ludwig *Köppen* (Bannführer, Leiter des Hauptreferats Führerschulung im Amt für weltanschauliche Schulung der Reichsjugendführung der NSDAP.). – Führerblätter der Hitler-Jugend. Ausgabe D.J./Februar 1936, S. 11-15. – "Das deutsche Volk ist nicht reinrassig. Es stellt ein Gemisch von etwa einem halben Dutzend Rassen dar", deren wertvollste die nordische ist. In jedem Volk gibt es eine "Schicht von Untermenschen: Verbrecher, Schwachsinnige und Geisteskranke" (S. 12. 15). Statistisch ungewöhnlich hoch sind "die Geschwisterzahlen bei Hilfsschulinsassen, deren geistige Mängel in den meisten Fällen nichts anderes sind als erblicher Schwachsinn" (S. 13). Neben den erblich Schwachsinnigen und dem "Untermenschentum" in Gestalt von Verbrechern ist auch "das Judentum aus dem Erbgang des deutschen Volkes auszuschalten" ("Gesetz zum Schutze des deutschen Blutes und der deutschen Ehre, vom 15. September 1935"). "Nichts ist nämlich gefährlicher als eine Vermischung deutschen und jüdischen Blutes. Sie ist gleichbedeutend mit einer tödlichen Vergiftung der deutschen Erbmasse. In letzter Stunde will dies Gesetz verhindern, daß eine zunehmende Anzahl von Judenbastarden den deutschen Volkskörper verseucht" (S. 14 f.).

Naumann, Wilhelm: Feiergestaltung. Eine Nachbetrachtung zur Heldengedenkfeier. – Völkische Musikerziehung 2 (1936) 179-182. – Das gemeinsam gesungene einstimmige Lied hat große Bedeutung für die Gestaltung einer Feier, "wie sie als echter Ausdruck der marschierenden Kolonne in der HJ geschaffen und gepflegt wird. So wie das politische Lied das Volkslied unserer Zeit ist, so ist auch die Form der Feier aus der HJ unsere vaterländische Feier überhaupt, musische Erziehung aus soldatischem Geist geboren... in der Einstimmigkeit findet der Gedanke der Gemeinschaft seinen stärksten Ausdruck. Es sind die Lieder des Aufbruchs, in der HJ entstanden, die jeden zwingen, innerlich Tritt zu fassen" (S. 181 f.).

Weidenmann, Alfred: Jungzug 2. 50 Jungen im Dienst. 14.-20. Tausend. – Stuttgart (Loewes Verlag Ferdinand Carl) 1936. – Der neunzehnjährige Autor bietet hier eine idealtypische Darstellung der Sozialisation in der Hitlerjugend. Dieses für Leser ab 10 Jahren gedachte Buch erreichte in fünf Jahren eine Auflage von 70 000 Exemplaren. Es gehörte zur politisch erwünschten Literatur.

Vom deutschen Volk und seinem Lebensraum. Handbuch für die Schulungsarbeit in der HJ. Herausgeber: Fritz *Brennecke*, Bearbeiter: Paul *Gierlichs*. – München (Eher) 1937. 176 S. – Themen u. a.: "Die Minderwertigen" und "Rechtfertigung der Ausmerze" in dem Kapitel "Erb- und Rassenpflege". S. 16-19 referiert der Autor nach Günther die europäischen bzw. deutschen Rassen. "Der Hauptbestandteil unseres Volkes ist also nordischer Rasse (etwa 50 Prozent). Das soll nun nicht heißen, daß etwa die Hälfte des Volkes reinrassig nordisch sei. Sämtliche genannten Rassen (d. h. die nordische, ostische, dinarische, ostbaltische, fälische, westische Rasse) kommen vielmehr in Mischungen in allen Teilen unseres Vaterlandes vor. Der Umstand aber, daß der Großteil des Volkes nordischer Herkunft ist, berechtigt uns... einen nordischen Standpunkt einzunehmen".

Hieß, Josef: "Heiß auf!". Wimpel- und Lagersprüche für die junge Mannschaft. – Potsdam (Krämer) 1937. 35 S. – Zwei Beispiele: "Die Worte des Führers sind unser Gesetz... (wir) halten treu und gehorsam still, bis der Führer uns ruft. Wir tun, was er will!" (S. 9). "Deutsche von Etsch bis Belt. Kameraden, vergeßt nicht, wir sind das Herzvolk der Welt" (S. 12).

Knust, Hermann: Die Einheit von Denken, Dichten, Leben und Sterben bei Walter Flex. – Die deutsche Höhere Schule 4 (1937) 433-441. – "Biologische Erkenntnisse in seinem Weltbild fehlen gänzlich" (S. 435), gleichwohl ist bei ihm vorbildlich "die Tiefe des Vaterlandsgefühls und die Unbedingtheit der Todesbereitschaft für das erhabene Ziel", seine "heroische Todesverachtung" (S. 439 f.). Flex-Zitate gehören zum Repertoire von Schulbüchern und HJ-Publikationen.

Kotz, Alfred: Führen und Folgen. Ein Katechismus für Hitlersoldaten. 13. Aufl., Potsdam (Voggenreiter) 1937. 100 S. – Hitlersoldaten – zu denen auch die Hitlerjugend gehört (S. 98) - "sind immer auf dem Marsch, ob im Dienst ihrer Einheiten oder mit ihrer Verpflichtung im Leben" (S. 92 f.), ja, "die Nation ist eine ungeheure Kolonne, die da marschiert" (S. 16); denn "der Krieg ist der Vater aller Dinge" (S. 25), und das Dabeigewesensein (1914-1918) ist von zwanghafter Prägung: "Uns läßt die Front nicht mehr los" (S. 26). Das Marschieren wird schließlich fast zum Marsch der todgeweihten Gladiatoren: "So kommt folgerichtig von selber die höchste Steigerung unseres Lebensinhalts... vor die deutsche Nation hinzutreten, wenn der Führer befiehlt, die Arme zu erheben und zu rufen: 'Die dem Tode Geweihten grüßen dich, Adolf Hitler!' " (S. 100).

Im übrigen beruht die Gemeinschaft der Marschierenden "auf den Bindungen blutmäßiger, völkischer Art" (S. 90), und "der Fremdrassige ist eine Gefahr" (S. 82).

Soldaten von morgen. Vom Jungvolk zum Waffenträger. Von Otto *Lehmann*, Major a. D. – Oldenburg (Stalling) 1937. 174 S. - "Es war ein Verbrechen ohnegleichen, das unsere Nachkriegsideologen begingen, wenn sie den pazifistischen Gedanken von Staats wegen in Volk und Schule verbreiteten" (S. 7). Das Volk muß in jeder Hinsicht gerüstet werden "für den 'totalen Krieg'... Wir wollen ein Volk von Soldaten erziehen, ein hartes Männervolk, dessen Element das Handeln, nicht das Feilschen und Reden ist" (S. 10 f.). Das Werk wirbt beim "Jungvolk", d. h. bei den Hitlerjungen im Alter von 10-14 Jahren, für das Ziel, "hochwertige Qualitätssoldaten zu erziehen"; denn "eine deutsche Nation – herausgefordert zum Kampf ums Dasein, zum Kampf um Tod und Leben – braucht jeden gesunden Mann ohne Rücksicht auf sein Lebensalter" (S. 8 f.).

Wegner, Max (Hg.): Wir glauben! Junge Dichtung der Gegenwart. – Stuttgart (Truckenmüller) 1937. 126 S. – Darin u. a. das in der HJ bekannte Gedicht Herybert Menzels "In unseren Fahnen lodert Gott" (S. 112) und Max Wegners Gebet: "Du Führer bist für uns Befehl. Wir stehn in deinem Namen. Das Reich ist unseres Kampfes Ziel, ist Anbeginn und Amen... " (S. 120).

Zöberlein, Hans: Der Befehl des Gewissens. Ein Roman von der Nachkriegszeit und der ersten Erhebung. 14. Aufl., 281.-310. Tausend. München (Eher) 1937 (20. Aufl. 1943). – Gehörte zur empfohlenen Lektüre in Schule und HJ. Kennzeichnend für Zöberlein ist u. a. sein Antisemitismus (z. B. S. 297: "Auslese des Satans", S. 313: "mauschelnde Ostjuden"). Vgl. oben zu seinem Buch "Der Glaube an Deutschland".

Battenberg, Ludwig: HJ-Übungslager für Körperbehinderte und Entwicklungsgehemmte. Dargestellt am Beispiel des "Waldhauses Edenkoben" im Gebiet 25 (Saarpfalz). – Das Junge Deutschland 32 (1938) 155-168. – "Das HJ-Lager setzt in seiner Normalform mit seinem Grundsatz 'Gelobt sei, was hart macht!' gesunde Jungen und Mädel voraus" (S. 156). Bei der neuen Einrichtung handelt es sich "um ein Mittelstück zwischen Lager und Heilstätte" zur "Ertüchtigung" von "erbgesunden, aber durch Unfälle oder überstandene Krankheiten körperbehinderten Jugendlichen", bei denen die Möglichkeit besteht, sie in irgendeiner Form dem Berufsleben zuzuführen und daß sie "als vollwertiges Glied der Gemeinschaft auf eigenen Füßen stehen" (S. 168). In einem solchen Übungslager (optimale Stärke 60-80 Mann, Alter: 14-18 Jahre) obliegt "dem ältesten Sportlehrer (Lagerführer) die sportliche, disziplinäre und weltanschauliche Leitung" (S. 160). "Das HJ-Übungslager hat mit dem 'Lager' im allgemeinen gemeinsam die straffe soldatische Zucht, die planmäßige Tageseinteilung, das Kameradschaftsleben, das Führer-Gefolgschafts-Verhältnis und die weltanschauliche Ausrichtung der HJ" (S. 162). "Wir haben Bein- und Armamputierte, die im Boxen und Ringen manchem gesunden Kameraden überlegen sind, wir haben Schwerbehinderte gehabt, die vollkommen regelrecht ihr HJ-Leistungsabzeichen erworben haben" (S. 165).

Deutsche Weihnacht. Sonderdruck aus "Die neue Gemeinschaft. Das Parteiarchiv für nationalsozialistische Feier- und Freizeitgestaltung", hg. von der Reichspropagandaleitung, Amtsleitung Kultur. – München (Eher) [o. J., um 1938]. 64 S. – Das Erscheinen dieses Heftes wird damit begründet, "weil erfahrungsgemäß die Gestaltung einer nationalsozialistischen Weihnachtsfeier bisher am meisten Kopfzerbrechen gemacht hat" (Vorbemerkung auf dem Titelblatt). Der Autor des Heftes hat nicht die Absicht, "einen schulmeisterlich konstruierten faulen Julnachtskult vorzusetzen" (S. 6), macht aber Programmvorschläge, die nicht weit davon entfernt sind. U. a. erscheint Hans Baumanns in diesem Zusammenhang obligate Lied "Hohe Nacht der klaren Sterne" (S. 12. 54), das auch zum Repertoire der HJ gehörte.

Haiding, Karl: Weihnachten. – Musik in Jugend und Volk 1 (1937-1938) 566-572. – "Weihnachten ist wie jedes alte Fest auch die Zeit des Gedenkens, in der man sich der Ahnen erinnert. Nach germanischer Anschauung wohnen die toten Ahnen im Berge, nicht in furchtbarer Flammenqual und dafür büßend, daß sie auf Erden die Anordnungen einer Priesterschaft nicht befolgt haben, sondern in froher Gemeinschaft... Die Widersprüche der Volksüberlieferung... sind das Ergebnis fremder, artschädigender Einflüsse" (S. 572).

Hartmann, Heinrich: Der Feierraum. – Musik in Jugend und Volk 1 (1937-38) 452-460. – Mit konkreten Vorschlägen zur Gestaltung der Feierräume. Abschließend heißt es: "In diesen Hallen soll die Jugend noch nach Jahrhunderten erhoben und befreit werden und fern aller knechtischen Haltung zu einer Gemeinschaft heranwachsen" (S. 460).

Hermannsen, Walter: Geschlechtliche Erziehung der Fünfzehnjährigen. – Weltanschauung und Schule 2 (1938) 222-228. – Das Lager (z. B. HJ- und Landjahrlager) bietet gute Möglichkeiten der Erziehung zur "geschlechtlichen Sauberkeit"; denn "der harte Dienst, der nur durch ganz knappe Freizeit unterbrochen wird, nimmt die Kräfte der Jungen weitgehend in Anspruch" (S. 223) und ermöglicht "die Pflege der Willens- und Entschlußkraft" (Hitler), zu der auch "die Beherrschung des Geschlechtstriebes als Willensleistung" gehört (S. 226). Von geschlechtlicher Aufklärung ist hier nicht die Rede.

Adolf *Hitler* an seine Jugend. 41.-50. Tausend. – München (Eher) 1938. [83 ungezählte Seiten; hier für Zitatzwecke gezählt]. – Einleitende Vorbemerkung des Baldur von Schirach: "Meine Kameraden!... Bewahrt diese ewigen Worte in ehrfürchtigen und tapferen Herzen, denn dieses Werk ist unser aller frohe Botschaft!"; – S. 5: "... ihr, meine Jungen... ihr seid Blut von unserem Blut, Fleisch von unserem Fleisch, Geist von unserem Geist, ihr seid unseres Volkes Weiterleben"; – S. 10: "Wir wissen, es wird nichts im Völkerleben geschenkt. Alles muß erkämpft und erarbeitet werden"; S. 13. 55: "Sicher geht diese Welt einer großen Umwälzung entgegen. Und es kann nur die eine Frage sein, ob sie zum Heil der arischen Menschheit oder zum Nutzen des ewigen Juden ausschlägt. Der völkische Staat wird dafür sorgen müssen, durch eine passende Erziehung der Jugend dereinst das für die letzten und größten Entscheidungen auf diesem Erdball reife Geschlecht zu erhalten"; – S. 19: "... jenes unverdorbene Geschlecht zu erziehen, das mit klarem Verstande die ewige Gesetzlichkeit in der Entwicklung erkennt und bewußt wieder zurückfindet zum primitiven Instinkt"; – S. 20: "... der Kreis der Erziehung unseres Volkes... Der Knabe, er wird eintreten in das Jungvolk, und der Pimpf, er wird kommen zur Hitler-Jugend... und der Soldat des Volkes wird zurückkehren wieder in die Organisation der Bewegung... "; – S. 29: "Was wir brauchen, ist Instinkt und Wille"; – S. 29: "Was du besitzen willst, du mußt es dir immer wieder aufs neue erwerben, immer wieder mußt du aufs neue kämpfen"; – S. 43: "Wir wollen ein hartes Geschlecht heranziehen... "; – S. 54: "Glauben Sie, daß wir unsere Jugend... nur erziehen, um sie dann auf dem Schlachtfeld zusammenschießen zu lassen?"; – S. 58: "Jugend muß von Jugend geführt werden"; – S. 58: "Unser ganzes Leben verläuft zwischen Führung und Gefolgschaft"; – S. 82: "... unser alter Widersacher... Er mag sein Sowjetzeichen vor sich hertragen – wir aber werden in unserem Zeichen wieder siegen".

Das dichterische Wort im Werk Adolf *Hitlers*. – Wille und Macht. Führerorgan der nationalsozialistischen Jugend, Jg. 6 (1938), Sonderheft zum 20. April 1938 [unpaginiert, 51 S.]. – Darin Zitate aus verschiedenen Reden und vor allem aus "Mein Kampf"; z. B. S. 49: "Wer leben will, der kämpfe also... ".

Langemarck. Das Opfer der Jugend an allen Fronten. Eingeleitet durch Generalfeldmarschall Hermann Göring, Reichsjugendführer Baldur von Schirach, Reichskriegsopferführer Oberlindober. Hg. von Günter *Kaufmann* in Verbindung mit dem Arbeitsausschuß Langemarck beim Jugendführer des Deutschen Reichs. – Stuttgart (Belser) 1938 [155 gezählte Seiten und Anhänge]. – "Aus den Häusern von Langemarck prasselt ein verheerendes Infanteriefeuer mitten in die exerziermäßig vorgehenden Schützenlinien... Alles wird zusammengeschossen, es ist eine wahnsinnige Todesernte" (S. 109 zum Angriff der "Kinderregimenter"); dazu Baldur von Schirach (im unpaginierten Anhang): "Wer nicht an Euren Leichen gelobte, Euch zu gleichen, der ist kein Kamerad".

Kaufmann, Günter: Unfehlbarkeit im Haß. – Wille und Macht 6 (1938) Heft 3 (1. Februar) 10-14. – Erwiderung auf die Aussage von Papst Pius XI. in seiner Weihnachtsbotschaft, in Deutschland herrsche "Religionsverfolgung". Kaufmann garniert seine Entgegnung mit einer gehässigen Papst-Karikatur und behauptet: "Noch niemand ist in Deutschland behelligt worden, weil er in die Kirche gegangen ist". Den päpstlichen Anspruch der "Geltendmachung der Rechte und Gesetze Gottes" auch im weltlichen Bereich nennt er "eine neue geschickte Formel, mit der alles zu tarnen ist". Wenn der Nationalsozialismus "der geistig-politischen Vorherrschaft Roms Schach bietet" und sich gegen den "politischen Katholizismus" wende, sei das keine "Religionsverfolgung". Kaufmann ist 1938 leitender HJ-Führer in Berlin.

Langer, Norbert: Die deutsche Dichtung seit dem Weltkrieg. Von Paul Ernst bis Hans Baumann. – Karlsbad und Leipzig (Krafft) [um 1938]. 366 S. – Eine Art Pantheon der erwünschten Literatur und Dichtung von Heinrich Anacker und Hans Baumann bis Hans Zöberlein.

Lennartz, Franz: Die Dichter unserer Zeit. Einzeldarstellungen zur deutschen Dichtung der Gegenwart. 4. Aufl. – Stuttgart (Kröner) 1941. 455 S. – Enthält 300 nach dem Alphabet der Autoren geordnete Autorenporträts von Anacker, Beumelburg und Burte bis hin zu Zöberlein. Sie wurden so gewissermaßen kanonisiert.

Die politische Feier. Bearbeitet von Hans Werner von *Meyenn*. – Hamburg (Hanseatische Verlagsanstalt) 1938. 64 S. – Das entscheidend Neue am Nationalsozialismus ist, "daß, seit Adolf Hitler auftrat und dem Volk sein Lebensgesetz zeigte, im Mittelpunkt des Geschehens nicht mehr das Individuum, der einzelne Mensch, sondern die Gemeinschaft steht" ... Eine Feier ist "das ständig erneuerte Erlebnis dieser Gemeinschaft selbst und die Beschwörung der Kraft, die uns der Führer geschickt hat, um uns wieder Glauben zu lehren und damit zu neuem Leben zu führen. Diese Feier hat nichts anderes zur Aufgabe als die Besinnung auf den Glauben, der die Gemeinschaft unseres Volkes geschaffen hat, in dem dieses Volk ewig leben wird" (S. 7 f.). Die Einheit "Volk" ist als ständiger "Appell an jeden einzelnen" aufzufassen. "Daraus ergibt sich auch die niemals zu beendende ... Erziehungsaufgabe und Verkündigungspflicht dieser 'politischen' Lehre ... Daß ein jeder alle Dinge des täglichen Lebens, alle Fragen des einzelnen Daseins, wie etwa Beruf, Pflicht, Eigentum, Erwerb, Liebe, Ehe, Treue, Kameradschaft usw. ... unter dem Blickpunkt der alles begründenden und umfassenden Weltanschauung des Nationalsozialismus ausrichtet, das ist die Aufgabe der Feier, der 'politischen' Feier, die wir formen wollen" (S. 14 f.). Zum ersten Teil der "liturgischen Ordnung der politischen Feier" gehört das gemeinsam gesungene "Eingangslied" (S. 21. 39), welches "das Gemeinschaftsgefühl zum Ausdruck bringt" (S. 27). Danach folgt die "Verkündigung des Führerwortes, das nachher in der Ansprache erläutert wird" (S. 27. 41). Nicht fehlen darf auch das "Bekenntnislied" (S. 29).

Nowottny, Gerhard: Vorweihnacht. – Musik in Jugend und Volk 1 (1937-38) 573-575. – "Und kündet zur Sonnwendzeit der lohende, weithin leuchtende Holzstoß vom Lebensrecht und vom Lebenswillen unseres ganzen Volkes, so strahlen am Weihnachtsbaum die Kerzen als Sinnbilder für die Lebenslichter unserer Ahnen und unserer Kinder, der Familie und Sippe" (S. 575). Lieder wie "Hohe Nacht der klaren Sterne" vermitteln jene Weihnachtsstimmung, "die das Schönste und Tiefste an der deutschen Weihnacht ist!" (S. 574).

Schartau, Otto: Aufstieg und Niedergang des Juden. – Die Kameradschaft. Blätter für Heimabendgestaltung in der Hitlerjugend, Berlin 19. Oktober 1938, Folge 2, S. 8-13. – Eine geschichtsverfälschende Darstellung der Geschichte des jüdischen Volkes, eingeleitet durch eine gehässige Karikatur.

Schirach, Baldur von: Die Fahne der Verfolgten. 51.–55. Tausend. – Berlin (Andermann) [o. J., zuerst 1933 (1931?)]. In dieser Sammlung von Gedichten Schirachs befinden sich einige in der HJ oft zitierte Stücke; z. B. S. 26: "Es kann nicht jeder Feldherr sein, doch jeder sei Soldat! Ein jeder Mann in unsern Reihn ist General – der Tat!"; – S. 32 zum 9. November: "... uns sind Altar die Stufen der Feldherrnhalle"; – S. 38: "Dem Führer ... Ich glaub an Dich, denn Du bist die Nation... "; – S. 39: "Hitler. Ihr seid viel tausend hinter mir, und ihr seid ich und ich bin ihr... ".

Nationaler Feiertag des Deutschen Volkes. Hg. von der Reichspropagandaleitung der NSDAP., Amt "Kultur", und von dem Amt "Feierabend" der NSG "Kraft durch Freude", Abtlg. Volkstum/Brauchtum. Zusammengestellt von Otto *Schmidt* [ohne Ort und Jahr, um 1938]. 48 S. – Enthält "Vorschläge und Anregungen" bzw. "Beratungsmaterial" zur Feier des 1. Mai durch die NS-Gemeinschaft "Kraft durch Freude", wobei auch eine Beteiligung der Hitlerjugend empfohlen wird: "Wecken und Morgensingen" (S. 37).

Weihnachten! Die Mädelschaft. Blätter für Heimabendgestaltung im Bund Deutscher Mädel. Berlin. Dezember – Ausgabe 1938. Folge 3. Ausgabe A und B. Hg. von der Reichsjugendführung der NSDAP, Amt für weltanschauliche Schulung. 32 S. – In der an die BDM-Führerin gerichteten Einleitung heißt es u. a.: "Wie in den Mittwintertagen unsere Vorfahren in der Gemeinschaft der Sippe das Sonnenwendfeuer entzündeten und mit der Natur den Anbruch der lichten Zeit feierten, so stehen auch wir heute in der Gemeinschaft von Sippe und Volk und erleben die heilige Zeit".

Wir rufen. Gedichte der Hitler-Jugend im Land der roten Erde. Zusammengestellt von der Abteilung S der Gebietsführung Westfalen. Ausgestaltung und verantwortlich: Abteilung P der Gebietsführung Westfalen. – Bielefeld (NS-Volksblattverlag) [o. J., um 1938]. 21 Bl. – Blatt 7: "Fahne... Fahne ist Glaube, Fahne ist Kraft... "; – Blatt 11: "Lied... Keiner dabei, der den Führer verläßt! Lacht Kameraden: Unser Tod wird ein Fest!"; – Blatt 12: "Dir Deutschland... Wir werden die Fahnen tragen durch Zeit und Ewigkeit".

Der *Ahnenpaß*. Hg. vom Reichsbund der Standesbeamten Deutschlands E. V., Berlin [o. J., um 1939?]. 11 S. – Einleitend heißt es, "daß es oberste Pflicht eines Volkes ist, seine Rasse, sein Blut von fremden Einflüssen rein zu halten und die in den Volkskörper eingedrungenen fremden Blutseinschläge wieder auszumerzen... Arischer Abstammung (= "deutschblütig") ist demnach derjenige Mensch, der frei von einem, vom deutschen Volk aus gesehen, fremdrassigen Blutseinschlage ist. Als fremd gilt hier vor allem das Blut der... Juden und Zigeuner, das der asiatischen und afrikanischen Rassen und der Ureinwohner Australiens und Amerikas (Indianer), während z. B. ein Engländer oder Schwede, ein Franzose oder Tscheche, ein Pole oder Italiener... als verwandt, also als arisch gelten muß". Die gesetzliche Vorschrift des Nachweises der arischen Abstammung betrifft vor allem den öffentlichen Dienst, gilt aber auch für "Ärzte, Rechtsanwälte, Patentanwälte und höhere Schüler". Bezüglich der Übertritte von Juden zu christlichen Bekenntnissen gilt, daß sie "an der rassischen Zugehörigkeit zum Judentum nichts ändern".

Wir Jungen tragen die Fahne. Nationalsozialistische Morgenfeiern der Adolf-Hitler-Volksschule Stettin. Hg. von Rektor Albert *Krebs*. – Frankfurt (Diesterweg) 1939. 204 S. – "Die vorliegenden Morgenfeiern leiteten während des Schuljahres 1937/38 jeden Montag die Wochenarbeit der Oberklassen ein... Sie dienen der politischen und religiösen Erziehung... Die Feiern wollen unsere Jungen und Mädchen nicht nur geistig-weltanschaulich, sondern vor allem auch seelisch formen" (S. V-VIII).

Roth, Hermann: Die Feier. Sinn und Gestaltung. – Leipzig (Strauch) 1939. 147 S. – "Das Büchlein entstammt der Arbeit in der Hitler-Jugend" (S. 7). "Die Feiern sind Zeugnis der Seele einer Rasse, eines Volkes, einer Bewegung... sie sind von der Seele, dem Erleben und Glauben einer Gemeinschaft erfüllt" (S. 9). Obwohl wir es bei der "politischen Feier" des Nationalsozialismus "in keiner Weise mit theologisch-religiösen Fragen zu tun haben", sind unsere Feiern "gewiß auch Gottesdienste" (S. 19). Thema sind u. a. die "Feiern des Reiches" (30. Januar, 20. April, 1. Mai, Ernte, 9. November); Feiern des Jahreslaufes (Frühling, Sommer- und Wintersonnenwende); Gedenktage und besondere Anlässe (Norkus' Todestag am 24. Januar, Heldengedenktag, Langemarcktag am 11. November, Entlassungsfeiern u. a.); sonntägliche Feiern (Lager-, Morgen-, Abendfeiern).

Das *Volksspiel* im nationalsozialistischen Gemeinschaftsleben. Hg. vom Hauptkulturamt in der Reichspropagandaleitung der NSDAP. – München (Eher) [o. J., um 1939]. 182 S. – Dieses Werk, zu dessen Zielgruppen die Hitlerjugend und der Reichsarbeitsdienst gehören, beschränkt sich auf das Theaterspiel durch Laienkräfte.

Ziegler, Matthes: Soldatenglaube, Soldatenehre. Ein deutsches Brevier für HitlerSoldaten. 151.-240. Tausend. – Berlin (Nordland) 1940 (zuerst 1939). 72 S. – S. 15: Das Wissen von der Rasse ist "unser deutsches Evangelium" (Himmler); – S. 21: Das Leben ist "gerade wegen seines Kampf- und Todescharakters lebenswert"; – S. 41: "Einer bleibt von aller Kritik stets ausgeschlossen – das ist der Führer... Er hatte immer recht, und er wird immer recht haben" (Hess); – S. 45: "Ihr seid viel Tausend hinter mir, und ihr seit ich und ich bin ihr... " (von Schirach); – S. 53: " 'Führer, befiehl, wir folgen Dir!' ... darf der Führer von jedem Deutschen jedes Opfer verlangen"; – S. 69: "... Dein Tun und Lassen stets so einzurichten, daß Du allezeit dem Führer unter die Augen treten kannst!"; – S. 70: "Wenn einer von uns müde wird, der andre für ihn wacht... " (Herybert Menzel); – S. 72: "Nun laßt die Fahnen fliegen in das große Morgenrot, das uns zu neuen Siegen leuchtet, oder brennt zum Tod... " (Hans Baumann). – Zahlreiche Elemente dieses Werkes sind in der Hitlerjugend entstanden und waren dort verbreitet.

Die geistige Wehrerziehung der deutschen Jugend. Von Gert *Bennewitz*, Hauptbannführer. – Berlin (Junker und Dünnhaupt) 1940. – 32 S. – Zielgruppe dieser Schrift ist vor allem die Hitlerjugend. S. 16: "Als die deutsche Vergangenheit noch nicht so lebendig zu uns sprach, waren Winnetou und Old Shatterhand die Helden unserer Jugend... Was sind aber alle diese Indianerrequisiten... gegen die Nachbildung eines germanischen Schwertes... ? Der Mut Siegfrieds, die Treue Hagens, die Liebe Kriemhilds sagen uns mehr als die schönsten Geschichten anderer Völker. Wir hören hier die Seele unserer Rasse klingen". In der Schulung des BDM nehmen die edlen Frauengestalten der Heldensagen sowie die Feste und Feiern des Volkes einen besonderen Platz ein, "und besonders die Rassenkunde wird noch stärker betont" (S. 20 f.). Die "pazifistische Verseuchung" nach 1918 war von Übel (S. 29), und "wir müssen uns restlos von dieser liberal-christlichen Vorstellung, wonach der allgemeine 'Friede auf Erden' das höchste Glück... sei, losmachen". Ursache dieser "Zersetzungserscheinung" ist "die christlich-orientalische Liebesidee" bzw. deren Vordringen in den Lebensraum unserer germanischen Vorfahren. Auf sie mußte verheerend wirken "die paradiesische Vorstellung eines 'Lebens in Abrahams Schoß'"; denn sie waren ein Volk, "das sich auch das Weiterleben nach dem Tode nicht in einem Faulenzen der Seelen beim Halleluja-Gesang, sondern nur in einem ewigen Kampf in Walhalla vorstellen konnte!" (S. 24 f.). Schließlich war der Weltkrieg (1914-18) "die Geburtsstunde des Nationalsozialismus" (S. 18). Ziemlich allein steht Bennewitz mit seiner Kritik an der (in der HJ von der Jugendbewegung vor 1933 übernommenen) "Romantisierung" des Landsknechtstums als "Entartung der kriegerischen Tugend unseres Volkes" (S. 26); denn einschlägige (Pseudo-)Landsknechtslieder blieben in der HJ durchgehend beliebt.

Hansen, Henrich: Presse, Funk und Film, in: Erziehungsmächte und Erziehungshoheit im Großdeutschen Reich, hg. von Ministerialrat Rudolf Benze und Regierungsdirektor Gustav Gräfer, Leipzig (Quelle & Meyer) 1940, 312-319. – Vor 1933 haben Presse, Funk und Film eine negative Rolle gespielt "bei der Zersetzung des gesunden Rasseinstinktes und bei der Brechung des Wehrwillens". Jetzt haben diese Medien eine "erzieherische Wirkung" im Sinne des Nationalsozialismus (S. 312 f.).

Vorweihnachten. Hg. vom Reichsorganisationsleiter (Hauptschulungsamt) der NSDAP und dem Reichspropagandaleiter (Hauptkulturamt). Gesamtzusammenstellung Thea *Haupt*. – München (Eher) [um 1940]. 32 Bl. – Materialien zur Gestaltung der Vorweihnachtszeit für häusliche Aktivitäten der Mutter und der Kinder (im Alter von etwa 10-14 Jahren): Bastelvorschläge, Backrezepte, Kinderlieder, kleine Geschichten, "Lichtersprüche", bunte Bilder, ein stilisierter Baum (Symbol der "Sippe") u. a., dazu das obligate Lied "Hohe Nacht der klaren Sterne". Es soll eine Art Adventsstimmung erzeugt werden, doch sind alle christlich-religiösen Bezüge eliminiert.

Langenbucher, Hellmuth: Volkhafte Dichtung der Zeit. 5. Aufl. – Berlin (Junker und Dünnhaupt) 1940. – Eine Sammlung von Porträts einschlägiger Autoren (z. B. Hans Grimm, Heinrich Anacker, Hans Baumann, Baldur von Schirach) entsprechend der "Ausrichtung, die unser politisches Leben seit 1933 bestimmt und formt" und der inzwischen "endgültig gewordenen Säuberung des deutschen Kulturlebens von allen artfremden Verfälschungen" (S. 11). Die neue "Betrachtung und Darstellung der dichterischen Erscheinungen unserer Zeit" ist "der liberal-weltbürgerlichen entgegengesetzt" (S. 22).

Ley, Robert: Kampf auch für die Jugend. Europa wird jetzt befreit von den ewigen Blutsaugern der Menschheit. – Das Junge Deutschland 34 (Nr. 6, vom 1. Juni 1940) 121-125. – Polen ist vernichtet, aber noch werden die englischen und französischen Politiker "von den Juden wie öffentliche Dirnen ausgehalten". "Frankreich und England müssen sich, wenn sie weiter die Fahne des Juden und das Panier der Plutokraten hochhalten wollen, selber zum Kampfe stellen... Frankreichs und Englands Macht wird gebrochen werden... und der Jude wird seine Positionen in London und Paris aufgeben müssen" (S. 124 f.). Ley fand für seinen Antisemitismus stets offene Ohren bei den hohen HJ-Führern, mit denen er ja bei den Adolf-Hitler-Schulen eng kooperierte.

Feierstunden und offenes Singen. Material für die Kulturarbeit im Kriege, Heft 2. – Hg. vom Kulturamt der Reichsjugendführung für die kulturelle Schulung der Hitlerjugend. Für den Inhalt verantwortlich Siegfried *Raeck*) [Vorwort von Leni *Nölle*]. – Berlin [o. J., um 1940]. 64 S. – S. 7-14: "Vorschläge für zwei Feierstunden". Die Feierstunde ist dreistufig aufgebaut: Hinführung (gemeinsames Lied, Führerwort, Musik, Sprecher, Musik), Ansprache (Ansprache und Musik), Bekenntnis (Bekenntnis durch Sprecher, gemeinsames Lied). S. 15 ff.: "Gedichte, Sprüche und Lesungen, die zur Zusammenstellung von Feierstunden geeignet sind". Durchgehend werden auch Liedvorschläge gemacht.

Weihnachten. Material für die Kulturarbeit im Kriege, Heft 3. Hg. vom Kulturamt der Reichsjugendführung für die kulturelle Schulung der Hitler-Jugend. Für den Inhalt verantwortlich Oberbannführer Siegfried *Raeck*. Zusammenstellung Leni *Nölle*. – Berlin (Elsnerdruck) [o. J., 1940]. 64 S. – Erzählungen, Bastelvorschläge, Lieder (darunter wieder "Hohe Nacht der klaren Sterne") u. a., wobei der christlich-kirchliche Charakter der Advents- und Weihnachtszeit eliminiert ist.

Sparta. Der Lebenskampf einer nordischen Herrenschicht. Arbeitsheft der Adolf-Hitler-Schulen. Für Inhalt und Aufbau verantwortlich: Otto Wilhelm von *Vacano*. Mit Beiträgen von R. *Harder*, H. *Berve* (u. a.). – Kempten (Allgäuer Druckerei und Verlagsanstalt) 1940. 130 S. – In einer Vorbemerkung des HJ-Gebietsführers Kurt Petter heißt es: "Wir wollen dem Führer helfen, ein großes Reich aufzubauen. Sparta soll uns dabei ein mahnendes Beispiel sein". Darauf folgt, auf einer eigenen Seite, die seinerzeit jedem Gymnasiasten vertraute Inschrift auf dem Gedenkstein für den Heldentod der Spartiaten in der Schlacht gegen die Perser (bei den Thermopylen, 480 v. Chr.): "Wanderer, kommst du nach Sparta, verkündige dorten, du habest uns hier liegen gesehen, wie das Gesetz es befahl". In seiner letzten Ausgabe (vom 28. April 1945) kündigte der "Völkische Beobachter" an: "In der Reihe der Abendvorträge der Universität München spricht Universitätsprofessor Dr. Helmut Berve am Mittwoch, dem 2. Mai über Sparta" (zitiert nach Erich Kuby, Das Ende des Schreckens, München 1956, S. 137).

Du bist zwischen Enkel und Ahnherr gestellt. Anleitung zur sippenkundlichen Arbeit der Führerinnenschaft des Bundes Deutscher Mädel (Schriftenreihe für die Schulung in der Hitlerjugend, hg. von der Reichsjugendführung, Heft 1). Von Bannmädelführerin Anneliese *Bartel*. – Berlin (Volk und Reich Verlag) 1941. 51 S. – Darstellung in enger Anlehnung an Hans F.K. Günther und seine Theorie der "Aufartung" des deutschen Volkes über eine "Gattenwahl" nach erbgesundheitlich-rassischen Gesichtspunkten mit Hilfe einer "Ahnenliste" (S. 18, Abb. 4, eine "Ahnentafel" als Muster). Es ist stets "durch Urkunden zu belegen, daß die Ahnen des Nachweispflichtigen frei von fremdrassigem Blutseinschlag sind" (S. 19).

Walter *Hermannsen*/Karl *Blome*: Warum hat man uns das nicht früher gesagt? Ein Bekenntnis deutscher Jugend zu geschlechtlicher Sauberkeit (Politische Biologie, Heft 14). 2. Aufl. – München (Lehmanns Verlag) 1941. 75 S. – Heute ist weithin "das Geschlechtsleben zum 'Genuß' entartet", und die Frau wird als "Gegenstand der Lust" bewertet (S. 5. 14). Ungute "Aufklärung" durch die Straße, durch Lektüre des Alten Testaments, auch die kirchliche Bewertung der Sexualität als "Unkeuschheit" und "Sünde" (mit Höllenstrafe bedroht), was wie eine "Lasterschule" wirkt, dies alles ist zu ersetzen durch eine Erziehung zur "rassisch-völkischen" Verantwortung und Weltanschauung (S. 7. 41. 45. 48). "Selbstbefriedigung" ist "Selbstschwächung" und "Keimstoffvergeudung" (S. 11. 35. 45). Statt "dahinzudämmern, zu unterliegen... und in ihrer Manneskraft vor der Blüte geknickt zu werden" (S. 15), ist es "unsere Verpflichtung, uns den unversehrten Körper reinzuhalten, abzuhärten und reifen zu lassen für die höheren Aufgaben gegenüber unserem Volke und unserer Rasse" (S. 49). Eine "saubere Haltung in geschlechtlichen Dingen" arbeitet der "rassischen Entartung" entgegen und bannt "die Gefahr der Kinderlosigkeit" (S. 47). "Besonders der Turnlehrer wird nicht versäumen dürfen, den reiferen Jungen zu sagen, daß die Beherrschung des Geschlechtstriebes im Jugendalter eine wichtige Voraussetzung für sportliche Leistungen ist" (S. 40). "Deutschland kommt weiter mit einer Jugend, die hart und grundehrlich erzogen wird, als mit pflaumenweichen Tangojünglingen und -mädeln" (S. 47).

Kappe, Siegfried: Mitten im Ziel saßen die Bomben. Deutsche Kampfflugzeuge über England – Jäger greifen uns an. – Junge Welt. Ein Jahrbuch für unsere Jungen 5 (1941) 94-105. – Im Sinne 'wehrgeistiger Erziehung' wird das Kampferlebnis als "pfundig" und "schön" bewertet. Deutsche Verluste durch englische Jäger werden kommentiert mit "Aber das ist nun einmal so... Krieg".

Klauß, Hermann: Feierstunden der deutschen Schule. – Stuttgart (Franck'sche Verlagshandlung) 1941. 96 S. – Zum 30. Januar, 20. April, 1. Mai, 9. November, Muttertag, Tag des deutschen Volkstums, Vorweihnachtliche Feierstunde (Lichtfeier), Morgenfeiern in der Schule. U. a. auch zu den schuleigenen Feiern zum Schuleintritt und zur Schulentlassung. Aus dem Vorwort: "Die Feier soll zu einer Vertiefung der nationalsozialistischen Idee beitragen, denn jede Feierstunde ist Bekenntnis der Gemeinschaft"; vgl. S. 7: "Der Lehrer... ist Soldat in der kulturpolitischen Front des Nationalsozialismus... Die Aufgabe des deutschen Erziehers ist seelische Menschenformung".

Erziehung zur Wehrfreudigkeit. Von Obergebietsführer Ernst *Schlünder*. – Das Junge Deutschland 35 (1941) 193-197. – "Die Erziehung zur Wehrfreudigkeit ist ein Lebensgesetz der Hitler-Jugend schlechthin... Nach der Machtübernahme wurde die gesamte Hitler-Jugend ausgerichtet auf die Einsatzbereitschaft für den Führer und sein Reich". Am Ende seiner HJ-Zeit soll jeder Junge

1. schießen können,
2. geländegängig sein.

Sommerlager- und Heimabendmaterial für die Schulungs- und Kulturarbeit des BDM und BDM-Werk "Glaube und Schönheit". Sommer 1941 (Schulungsdienst für die Monate Juni-Juli-August 1941). (Vorwort von Gauführerin Inge *Thomae*). Hg. von der Reichsjugendführung Hauptamt III. – Berlin (Elsnerdruck) 1941. 82 und 7 S. – S. 14 f.: "Der Tod hält auf den Schlachtfeldern seine Ernte, viele Männer kehren nicht mehr aus dem Kriege zurück, aber die entstehenden Lücken... müssen mit jungem Leben gefüllt werden"... gleichwohl "ist es selbstverständlich, daß wir unseren Kindern keinen Vater geben können, der nicht deutschen Blutes ist. Wer sich leichtfertig oder gutgläubig mit einem Fremden einläßt, verrät sein Volk und versündigt sich an den Soldaten, die es heute an allen Fronten verteidigen. Seine Schuld ist zu groß, als daß sie je wieder gelöscht werden könnte".

Der Fremde. Von Ingeborg *Thomae-Klamroth*, Gauführerin. In: Sommerlager- und Heimabendmaterial für die Schulungs- und Kulturarbeit des BDM und BDM-Werk "Glaube und Schönheit", Sommer 1941, Berlin (Elsnerdruck) 1941, 19-22. – Eine kunstlose Erzählung mit auffälliger Tendenz: Martha Steffens, als ehemaliges Landdienstmädel auf einem einsam gelegenen Bauernhof zum Ersatz für den im Felde stehenden Bauern tätig, verhält sich abweisend gegenüber den Annäherungsversuchen eines "Fremden", der (wie 30 andere auf die Höfe des Dorfes verteilte Fremde) auf ihrem Hof als Knecht arbeitet; denn es ist "treulos" von uns unseren Soldaten im Felde gegenüber, wenn wir im Dorfgasthof mit den "Fremden" tanzen.

Baumann, Hans: Dafür kämpfen wir. – Wille und Macht 10 (1942) Heft 4 (April 1942) 1-5. – "Wieder ist unser Erdteil bedroht... Die Millionenheere, die heute über Weichsel, Elbe und Rhein brechen sollen, sind von einem eisigen Willen geführt... es geht darum, im notwendigsten Krieg aller Zeiten das Vaterland und Europa zu retten. Dafür kämpfen wir" (S. 1). "Volk ohne Raum? Schon unsere Kinder werden nicht mehr wissen, was Enge ist. Zu den Landschaften unserer Heimat kommt nun die unbegrenzte Weite" (S. 2). "Gegen den Satan, der dem Reich das verzerrte Antlitz in den Mongolen... gezeigt hat, der es heute in der Maske des Bolschewismus birgt, steht die Seele Europas" (S. 5; vgl. S. 2: "... das graue, stumpfe Gesicht der Gefangenen... sie kommen aus armseligen Hütten, die niemand mehr zu schmücken wagte, weil jeder Ordentliche als Schädling galt").

Biebl, Franz: Das neue weihnachtliche Liedgut. – Völkische Musikerziehung 8 (1942) 273-276. – "Das Weihnachten des Nationalsozialismus... Da es in seiner weltanschaulichen Ausrichtung keine Bindung mit der christlichen Feier hatte, konnten die zum großen Teil christlich gebundenen Lieder hier keine Verwendung mehr finden. Es wurde der mit christlichem Mantel zugedeckte Sinn wieder kenntlich gemacht. Die Bedeutung der Lichtwende trat wieder zutage... Das erste Lied, das... eine Überleitung bildet von der politischen Gemeinschaft zur Familiengemeinschaft, ist Hans Baumanns "Hohe Nacht". Hans

Baumann ist "der größte Liedersänger unserer Zeit". Eines seiner Weihnachts-
lieder ist "In allerliebster Nacht", das inzwischen weit verbreitet ist und "vielleicht imstande sein dürfte, das 'Stille Nacht' abzulösen" (S. 274).

Blome, Gretel und Karl: Ein Wort an junge Kameradinnen. 3. Aufl., Berlin (Verlag
Neues Volk) 1942. 16 S. (= Schriftenreihe des Rassenpolitischen Amtes der
NSDAP und des Reichsbundes Deutsche Familie, 18). – Das Gegenstück zu
Hermannsen-Blome (s. o.) und eine Ergänzung zu diesem Werk. Die Tendenz ist
ähnlich: Aus rassisch-völkischer Verantwortung "rein bleiben und reif werden"
für die (möglichst frühe und möglichst kinderreiche) Ehe. Aus dem Inhalt: "Ein
ordentlicher Junge ist auch Mädeln gegenüber kameradschaftlich und hilfsbe-
reit... Mit solchen Jungen könnt ihr viel Schönes und Nützliches beginnen:
Hausmusik, Volkstumsarbeit in einer HJ-Spielschar, lustiges und beschwing-
tes Tanzen nach deutscher Art, Vorlesen, Erzählen an Heimabenden"... meidet
einen "Herrn", der euch den Hof macht... "Solche lächerlichen und elenden
Gestalten müßt ihr durchschauen lernen, ihnen müßt ihr aus dem Wege gehen"
oder "schlagt ihnen mitten ins Gesicht" ("verteidigt eure Geschlechtsehre!").
"Wer sich freilich mit ihnen einläßt, wer sich an den frevelhaften Mißbrauch
des Arterhaltungstriebes gewöhnt... wer gar selbst zu einer schmutzigen Quelle im Blutstrom unseres Volkes wird oder unerwünschtes keimendes Leben töten will, der ist ein Verräter an Deutschlands Zukunft und unserer Rasse". Im
Hinblick auf euer "Geschlechts- und Liebesleben" gilt die Losung: "Halte Dein
Blut rein,/Es ist nicht nur Dein,/Es kommt von weit her/Es fließt weit hin,/Es
ist von tausend Ahnen schwer, /Und alle Zukunft ruht darin!/Halte rein das
Kleid/Deiner Unsterblichkeit!"

Dippel, Paul Gerhard (Hg.): Künder und Kämpfer. Die Dichter des neuen Deutschlands. – München (Deutscher Volksverlag) [1942]. 270 S. – Diese Sammlung
von Autorenporträts (jeweils mit Beispielen von Gedichten) ordnet sich ein in
"eine allgemeine kulturelle Besinnung auf die völkischen, rassischen und gemeinschaftsbildenden Werte, die jeder wahren Kunst das Gesicht geben" (S. 5).
Das Wesen dieser neuen Kunst ist "stählerne Romantik" (S. 6). Zu den "führenden Dichtern unserer Zeit" gehören z. B. Dietrich Eckart, Heinrich Anacker und
Hanns Johst. "Die Opferbereitschaft der Frontgeneration ersteht neu in dem von
der übernommenen Aufgabe durchglühten Männerbund, dessen Haltung (Herybert) Menzel einmaligen, allgemein-gültigen Ausdruck verlieh in dem Gedicht
'Der Kamerad', das seinem Namen wohl am ehesten weithin Klang gab: 'Wenn
einer von uns müde wird, der andre für ihn wacht'... " (S. 157).

Mädelführerin, das geht Dich an: Fremdarbeiterfrage – rassenpolitisch gesehen. Von
Walter *Groß*, Leiter des Rassenpolitischen Amtes der NSDAP. – Führerinnendienst, Gebiet Niedersachsen 8. Mädel-Ausgabe, Folge 7 (Juli 1942) 14-15. –
Bezüglich der "fremdvölkischen Arbeitskräfte", auch wenn sie "artverwandt"
sind, ist "unter allen Umständen eine über kameradschaftliche Zusammenarbeit
hinausgehende Annäherung zu vermeiden".

Kaufmann, Günter: Vorboten der neuen Ordnung. – Wille und Macht 10 (1942) Heft
10 (Oktober 1942) 1-21. – Erörterungen zur Gründung des Europäischen Ju-

gendverbandes in Wien im Herbst 1942. U. a. rühmt Kaufmann die "Todesverachtung" der Hitlerjungen im Kriegseinsatz. "Wer schon als 15- oder 16jähriger sein Fähnlein oder seine Gefolgschaft zusammenzuhalten... verstand, der ist im Feld der ideale Zugführer und später Kompanieführer geworden"... Sie haben, wie ein Regimentskommandeur vor der Presse erklärte, "Sewastopol eigentlich genommen, diese 19jährigen, die wir kurz vor Kriegsausbruch noch mit kurzen Hosen durch unsere Straßen marschieren sahen mit dem Lied auf den Lippen 'Unsere Fahne ist mehr als der Tod' " (S. 10). Kaufmann rühmt auch, "daß beispielsweise Tschechen und Niederländer, die Völker Belgiens, Dänen und Norweger, Letten und Esten in Wien mit eigenen Abordnungen... vertreten waren", um mit den Siegern "die künftige Neuordnung der wiederaufzubauenden Welt festzulegen!". In der Arbeitsgemeinschaft "Schulerziehung" des Wiener Kongresses "wurde der Wille des jungen Europa hervorgehoben, 'jeden fremdrassischen Einfluß zu beseitigen und jede Form einer internationalen demokratisch-freimaurerischen, bolschewistischen und jüdischen Einwirkung auszumerzen' " (S. 17 f.). Zu dem "neuen Europa", zu dem wirtschaftlich potenten "europäischen Großraum" mit unerhörten Möglichkeiten für die europäische Jugend, ist zu sagen, daß damit keine Degradierung der osteuropäischen Menschen verbunden ist, vielmehr werden "die Menschenrechte, die Adolf Hitler den Bauern der russischen Räume bringt", in die tägliche Wirklichkeit umgesetzt(S. 20).

Kaufmann, Günter: Frontberichte deutscher Jugendführer. – Wille und Macht 10 (1942) Heft 12 (Dez. 1942) 20-35. – Auszugsweiser Abdruck von Briefen ehemaliger HJ-Führer von der russischen Front. Thema: "ihr heroisches Kämpfen und Sterben". Die Feinde sind "asiatische Horden" (S. 24), sind "brutal, hinterlistig und zäh" (S. 31) oder "schmatzen" unkultiviert beim Essen (S. 26), während "das deutsche Mannestum hier an der Ostfront für diesen Ostgedanken des deutschen Volkes seinen großen Opfergang tut" und "um deutschen Volksboden im Osten kämpft" (S. 28 f.). "Herrliche Aufgaben warten auf uns (nach dem Kriege). Wir werden mit dem gleichen Schwung an sie herangehen, mit dem wir damals mit unserem 'Juda verrecke' und später 'Spießer an die Wand' über den Kurfürstendamm marschiert sind" (S. 34).

A.K.: Zukunftsland im Osten. – Jahrbuch der Hitlerjugend 1942, S. 180-181. – Die im Mittelalter bereits begonnene "Ostkolonisation" wird jetzt fortgesetzt: "Der Weg zum Osten liegt frei vor uns, nachdem die ruhmreiche deutsche Wehrmacht mit der Waffe in der Hand ihn geebnet hat. Von einem Volk ohne Raum sind wir ein Volk mit fast unbegrenzten raum- und volkspolitischen Wirkungsmöglichkeiten geworden... Deutsch für immer werden diese Gebiete erst dann sein, wenn deutsche Menschen ihr Zukunftsziel, wie der Führer sagt", erfüllt sehen " 'In der emsigen Arbeit des deutschen Pfluges, dem das Schwert nur den Boden zu geben hat' ".

Kindermann, Heinz (Hg.): Deutsche Wende. Das Lied der Jungen. – Leipzig (Reclam) [1942]. 80. – Abdruck einer Gedichtauswahl von Gerhard Schumann,

Baldur von Schirach, Heinrich Anacker, Herybert Menzel, Hans Baumann u. a., ein Kanon politisch erwünschter Poesie.

Petmecky, Adele: "Bilder aus dem Sowjetparadies". – Mädel – eure Welt 3 (1942) 275-282. – Es gab und gibt "Kinderausbeutung" in Rußland, "und heute ist es so weit, daß ... Kinder aufgerufen werden, in der zivilen Landesverteidigung den bolschewistischen Staat zu verteidigen; d. h. mit anderen Worten: Kindern werden Waffen in die Hand gedrückt" (S. 277). Die Kommunistin, die im Jahre 1936 zum Kampf für den Sieg des Kommunismus in der Welt aufruft, ist "eine verhetzte, entartete Bestie" (S. 278). "Das bolschewistische System, das seinen Frauen und Müttern die Waffe in die Hand drückt und sie zu Flintenweibern erniedrigt, spricht sich damit selber sein Urteil" (S. 279). "In den 300 großen Zwangsarbeitslagern der Sowjetunion ... leben ... zehn Millionen Menschen", und es gibt "Ausrottung unerwünschter Elemente und die Ausnutzung der Arbeitskraft bis zum letzten" (S. 280 f.).

Reber-Gruber, Auguste: Vierte Kriegsweihnachten. – Nationalsozialistische Mädchenerziehung 8 (1942) 193-194. – Das Licht der Weihnacht ist "das Licht der Zuversicht, des Glaubens an das sieghafte Leben". Das werdende Licht wird "uns in eine helle, starke Zukunft" leuchten. "So sicher wie unser Wissen um die Wiederkehr des Lichtes, das in Nacht und Eis neuen Frühling verspricht, sei aber unser Glaube an die Ewigkeit unseres Volkes".

Das *Sowjetparadies*. Ausstellung der Reichspropagandaleitung der NSDAP. Ein Bericht in Wort und Bild. 301.-400. Tausend. – Berlin (Eher) 1942. 48 S. – Die Ausstellung will durch "Originalmaterial" die "grauenvolle Wirklichkeit des Bolschewismus" und "das Elend und die Trostlosigkeit im 'Paradies der Bauern und Arbeiter'" wiedergeben (S. 3). Die Sowjetunion bereitete den Angriff auf Europa vor (S. 4). Marxismus und Bolschewismus sind eine "Erfindung des Judentums" (S. 16). Der "brutale Terror, den das Judentum mit Hilfe der GPU auf die Bevölkerung ausübt ... hat jene graue und willenlose Masse geschaffen, die mit blöder Stumpfsinnigkeit jeden Befehl ausführt ... die sadistischen Foltermethoden, die zur Vernichtung der angeblichen 'Schädlinge' zur Anwendung kommen. In der Ausstellung ist eine Genickschußzelle aus einem GPU-Keller im Original aufgebaut" (S. 29). "Mit der Bespitzelung, oft durch die eigene Familie, beginnt es; eines Nachts klopft die GPU an die Haustür und holt sich ihre Opfer. In engen Zellen gemartert, in zahllosen Verhören zermürbt, wird schließlich durch irgendeine der Foltermethoden ein Geständnis erpreßt ... Der Transport in die Zwangsarbeitslager ohne ausreichende Verpflegung, oft in bitterer Kälte, erlöst bereits einen großen Teil der Unglücklichen. Im Zwangsarbeitslager selbst werden die Gefangenen in engen Baracken zusammengepfercht ... Der erkrankte Zwangsarbeiter wird nun auf Hungerration gesetzt, um seinen Tod zu beschleunigen" (S. 33). "Armut, Elend, Verkommenheit, Hunger und Not, wohin man blickt ... entweder das deutsche Volk siegt und sichert damit den Weiterbestand der Welt und ihrer Kultur, oder es wird untergehen und mit ihm werden alle Völker der Erde in jene Barbarei gepreßt weden, die in Sowjet-Staat zu Hause ist" (S. 48).

Helmut *Stellrecht*: Glauben und Handeln. Ein Bekenntnis der jungen Nation. 111.-127. Tausend. – Berlin (Eher) 1942 [ohne Seitenzählung] 38 Bl. Ein bibliophiler Kurzkatechismus der NS-Lehre. – Thema Rasse: "Wer sich mit artfremder niederer Rasse vermischt, stößt Blut und Seele von sich" (Bl. 5); – Thema Sozialismus: "Gemeinnutz geht vor Eigennutz... Nicht jedem das Gleiche, sondern jedem das Seine" (Bl. 8); – Thema Mut: "Das Schönste und Erhabenste am Manne ist der Mut... Der Angriff wird zum Höhepunkt des Lebens" (Bl. 11); – Thema Härte: "Dem Gegner noch die leergeschossene Pistole ins Gesicht schleudern... ihn noch mitnehmen, wenn man selbst schon sterben muß" (Bl. 12 f.); – Thema Selbstbeherrschung: "Der Leib gehört in eine eiserne Zucht... Wir dürfen den sexuellen Trieb niemals Herr unserer Handlungen werden lassen. Er ist beim heranwachsenden Menschen nicht dazu da, um befriedigt zu werden... Dem jungen Menschen ist nicht seine Kraft gegeben, um sie im Bett zu verbrauchen" (Bl. 15); – Thema Disziplin: "Disziplin heißt, einen Befehl auszuführen, ohne daß man seine Gründe kennt und versteht" (Bl. 17); – Thema Treue: "In Treue folgten all die Millionen von Toten des Krieges ihren Führern. In Treue liegen sie mit ihnen vereint als Totenwall um Deutschland. In Treue folgen wir alle dem Führer und seinen Fahnen" (Bl. 22); – Thema Ordnung: "Aber auch im kleinen zeigt sich die Fähigkeit des Deutschen, Ordnung zu schaffen... Sie zeigt sich bei dem SA-Mann oder Hitlerjungen, dessen Tornister oder Spind peinlich sauber eingeräumt und gehalten sind" (Bl. 31); – Thema Ehrlichkeit: "Unehrlich ist der Jude. Er ist so geboren und bleibt voller Hinterhalt" (Bl. 32); – Thema Eigentum: "... der Typ des Schiebers und des Juden, der ohne eigenes Schaffen lebt und raffgierig... zusammenstiehlt, was andere erschufen. Ihn in Deutschland auszurotten, ist oberstes Gesetz" (Bl. 35); – Thema Gesetz und Recht: "Recht ist... das, was dem Volke dient" (Bl. 36). – Stellrecht war längere Zeit leitender HJ-Führer.

Verhalten gegenüber Ausländern und Kriegsgefangenen. – Führerdienst der Hitler-Jugend, Gebiet Niedersachsen 8, Hitler-Jugend. Folge 8 (1942) S. 4-6, und, mit gleichem Wortlaut, in: Führerinnendienst, Gebiet Niedersachsen 8, Folge 9, Mädel-Ausgabe, September 1942, S. 33-35. – Es ist "die Gefahr" zu vermeiden, "die Blutreinheit unseres Volkes zu schädigen" (S. 33). "Der Heldentod so vieler deutscher Männer verpflichtet jeden von uns auf das nachdrücklichste, die Kriegsgefangenen gänzlich unbeachtet zu lassen... Wer Beziehungen zu Kriegsgefangenen unterhält, begeht den schlimmsten Verrat an unserem Volk und macht sich deshalb strafbar" (S. 34).

Fischer, Eugen/*Kittel*, Gerhard: Das antike Weltjudentum. Tatsachen, Texte, Bilder. – Hamburg (Hanseatische Verlagsanstalt) 1943. 236 S. – Dazu Niels C. Lösch, Rasse als Konstrukt, Frankfurt 1997, 291 f.: "Es ist unzweifelhaft das schrecklichste und dümmste Buch, an dem Fischer je beteiligt war. Schrecklich, weil methodisch unglaublich dilettantisch-dumm, weil so ein Werk von einem intelligenten Menschen nur im Zustand der Altersborniertheit verfaßt werden konnte. Gerhard Kittel hatte eine Zusammenstellung von antiken Quellen über das Judentum unter tendenziös antisemitischer Perspektive verfaßt... lieferte Fischer für das Buch von Kittel zwei Abschnitte mit Bildkommentaren zu den

Mumien-Täfelchen" (ägyptisch, mit Abb. aus dem 2./3. Jh. n. Chr., bei denen Kittel vermutete, es handele sich bei den Abgebildeten wenigstens teilweise um Juden oder Proselyten). Kittel, evangelischer Theologe, war seit langem durch seinen theologischen Antijudaismus bekannt, Fischer (1874-1967) als national-konservativ denkender Anthropologe. Seine Annahme von den ursprünglichen "Hauptrassen" (nordisch, alpin, mediterran, dinarisch) zuzuordnenden geistigen Eigenschaften war ebenso spekulativ wie weithin akzeptiert. Sein angeblicher Nachweis der Gültigkeit der Mendelschen Regeln auch für "Rassenmischungen" des Menschen erwies sich als Fiktion. Bei dem altersbedingten Ausscheiden Fischers aus der Leitung des Berliner "Kaiser-Wilhelm-Instituts für Anthropologie, menschliche Erblehre und Eugenik" trat sein Lieblingsschüler Otmar Freiherr von Verschuer 1942 an seine Stelle. Dieser war nach dem Zweiten Weltkrieg an der Universität Münster tätig. – Zum Inhalt von Fischer-Kittel: S. 109-114: "Rassenkundliche Prüfung von achtzig Mumienportraits" (von Fischer verfaßt; ebenso S. 172-174: "Rassenkundliche Prüfung der antiken Judenkarikaturen"). Vor allem Fischers und Hans F.K. Günthers Arbeiten bildeten seit 1933 die theoretische Grundlage der NS-Rassenpolitik. Allerdings war Günther weit bekannter, auch in den Reihen der HJ und in der Schule. Kittel bietet in dem Buch "Das antike Weltjudentum" u. a. zahlreiche Zitate aus der rabbinischen Literatur der Spätantike (Talmud u. a.), um die Juden als "Menschenfeinde" zu erweisen (S. 80-89).

Deine Ehre ist die Treue zum Blute deines Volkes (Schriftenreihe für die Wochenendschulungen der Hitlerjugend, hg. von der Reichsjugendführung, Heft 3). Von Hauptdienstleiter Walter *Groß*, Leiter des Rassenpolitischen Amtes der NSDAP. – Berlin (Elsnerdruck) 1943. 32 S. – Im Sinne des von der BDM-Reichsreferentin Jutta Rüdiger stammenden Titelwortes bietet diese Schrift in Kurzform eine rassistische Deutung der Geschichte: Rassenmischung führt zum Niedergang eines Volkes. Zersetzend wirkte besonders das "Einsickern" jüdischen Blutes in Deutschland; z. B. "sie kleiden sich nach der Mode ihrer Umgebung, statt ihre fremdartigen östlichen Gewänder zu tragen" (S. 21). Die Heirat mit "rassefremden" Jüdinnen wurde zur "tödlichen Bedrohung Deutschlands" (S. 23). Rassenpolitisch problematisch ist besonders auch der kriegsbedingte "Einsatz fremdvölkischer Arbeitskräfte" (S. 29).

Weihnacht. 1943-1944. Hg. von Heinrich *Himmler*. – München (u. a.): SS-Hauptamt, 1943. 104 S. – Darin Erzählungen aus der germanischen Sagen- und Märchenwelt, Gedichte mit Durchhalteparolen (z. B. S. 32: "In des Dunkels schweren Gewalten/packst fester du nur dein Gewehr"), Lieder ohne christlichen Gehalt (z. B. "Hohe Nacht der klaren Sterne", "Wer jetzig Zeiten leben will"). In dem Lied "Es ist ein' Ros' entsprungen" ist "von Jesse war die Art" ersetzt durch "es ist von Wunderart" (S. 5). Dieses "Weihnachtsbuch" hat zum Thema "Die Gemeinschaftsfeier der Sonnenwende als Ausdruck unseres kämpferischen Glaubens an den Sieg über die dunklen Mächte" (S. 103). Aus Himmlers Vorwort: "Unerbittlich wirkt die feindliche Gewalt, gegen die wir unser Reich als Erbe unserer Ahnen und Verpflichtung für unsere Kinder zu wahren und zu mehren haben. Wiederum ruft die Zeit der Wintersonnenwende und Weihnacht zur Sammlung der Sippen und Familien. Wiederum gilt es, in der längsten Nacht des Jahres den Sieg der Sonne mit dem gläubigen Vertrauen unserer Vorfahren herbeizusehnen... Vielen hat die ehrlose Kriegführung des Feindes die Heimstätten zertrümmert, aber ihr habt weder den Mut noch den Glauben verloren... Im unerschütterlichen Vertrauen auf die Stärke unseres Volkes stehen wir in alter, stets gleicher Treue um unseren Führer. Heil Hitler. H. Himmler".

Kaufmann, Günter: Rufet die Geister! – Wille und Macht Jg. 11, Heft 4 (April/Juni 1943) 1-7. – S. 6: "Auch wir müssen uns entscheiden, wie Macchiavelli es in der Behandlung unterworfener Völker fordert:... entweder sie mit sanfter Hand gewinnen oder sie auslöschen. Nur dem jüdischen Volk gegenüber hat das deutsche Volk durch das teure Lehrgeld der Systemzeit den Beweis erhalten, daß der letzte Weg der einzig gangbare ist. – Ähnlich schon in: Der Dienst des Allgemeinen BDM in der HJ. Jahrgang 1923. Folge 4 Juli bis Sept. 1941, S. 11: "Alles artfremde Blut wird aus dem deutschen Volkskörper ausgemerzt... Die Juden sind dem Deutschen wesensfremd und widerwärtig". Es ist deshalb konsequent, "sie auszurotten". Das "Ausrotten" sahen wir schon oben bei Stellrecht.

Kaufmann, Günter (Hg.): Deine Jugend, mein Volk! Gedichte aus dem Großdeutschen Freiheitskampf. – Leipzig (Reclam) 1943. 160 S. – Diese Sammlung von "Kriegslyrik" wird vorgelegt, obwohl der Krieg noch nicht zu Ende ist bzw. jetzt seit drei Jahren in Gange ist. Diese drei Kriegsjahre "haben das Reich... zum Hüter des Kontinents bestimmt... In den Südosten zwang ihn der frevelnde Gegner, bis schließlich des Kontinents ärgster Feind, der unendliche Osten, zum Waffengang antrat... Die ganze Welt steht in Brand, nur die letzte Entscheidung steht noch aus" (S. 3). "Fast ausnahmslos sind die Gedichte dieser Sammlung in der Marschkolonne, im Bunker, auf hohem Meere oder im Sturmwind der Lüfte geboren. Sie alle kommen aus echtem soldatischen Lebensgefühl". Darin ist nichts von der Dichtungsart eines Heine oder Kerr, "die zur frechen Enthüllung oder Verzerrung neigen", oder von der Gebrauchslyrik der Jahrhundertwende mitsamt ihrer "jüdischen Überfremdung" (S. 6 f.). Zu den in diesem Sammelband erscheinenden Gedichtautoren zählen z. B. Herybert Menzel, Hans Baumann, Agnes Miegel, Baldur von Schirach, Gerhard Schumann.

Miltner, Franz: Sparta, Vorbild und Mahnung: Die Antike 19 (1943) 1-29. – Der Name "Sparta" erinnert an "die Kämpfer, welche in dem Strandpaß der Thermopylen in tagelangem Ringen den immer wieder anbrandenden Wellen der persischen Massen standhielten und, um ihren königlichen Feldherrn Leonidas geschart, bis zum Tode in ihrer Stellung ausharrten, auch als diese bereits vom Feinde umgangen und unhaltbar geworden war. Diese dreihundert Spartiaten sind in ihrem heldenmütigen Sterben das Sinnbild unbeugsamen Kriegertums... geworden" (S. 1 f.). Es "muß nordisches Rassengut als der Hauptbestandteil des Spartanertums angesehen werden" (S. 7). Ein Mangel ist allerdings die statische Außenpolitik Spartas, das keine "Vergrößerung und Ausweitung der eigenen Macht etwa durch unmittelbare Einbeziehung anderer Machtkörper" anstrebte, also auf Expansion verzichtete, vielmehr sich lediglich "einem Kampf um die Erhaltung des bestehenden Zustandes" hingab (S 28). "So ist uns Sparta im ruhmvollen Kämpfen und Sterben seiner Helden ein leuchtendes Vorbild, in der standesgebundenen Enge seines eigenbezogenen Wirkens eine unerbittliche Mahnung" (S. 29).

Schickert, Klaus: Kriegsschauplatz: Israel. – Wille und Macht 11 (1943) Heft 6 (Sept./Okt.) 27-32. – "... Deutschland unter jüdischer Herrschaft – das klingt (für unsere heutige Jugend) wie eine ferne Sage. Der Jude, ist das nicht ein Museumsstück, mit Neugier und etwas Verlegenheit anzuschauen, ein fossiles Wundertier mit dem gelben Stern an der Brust... Wie kann diese klägliche Erscheinung überhaupt gefährlich sein? Aber dort wird ja eine Zeitung (der "Stürmer") verkauft; sie verkündet... daß das Sündenregister der jüdischen Mordbrenner und Weltkriegshetzer lang ist und ungefähr alles umfaßt, was es an Untaten auf dieser Erde gibt... Als Dr. Goebbels in Berlin den Kampf gegen 'Isidor' führte... Das war erlebter Kampf, und deswegen ist der Jude für den alten Nazi ein fester Begriff geworden". Es gab "viele, denen der 'Stürmer' mißfallen hat und die doch den rechten Weg gefunden haben" (d. h. Antisemiten wurden). Manche "brauchten den Umweg des Buches. Adolf Bartels tat es ihnen an, oder Theodor Fritsch, oder der Rassegünther, oder Wilhelm Stapel"... "Nicht jeder hat in den seit 1933 vergangenen zehn Jahren alles gebilligt, was zur Lösung der Judenfrage geschah. Unser nun einmal angeborener Zug (zur "Menschlichkeit" und "Gefühlsduselei") hat die Stimmung großer Teile des deutschen Volkes beeinflußt... So kam es, daß das deutsche Volk... mit seinem Verständnis für die Vorgänge hinter der Wirklichkeit einherhinkte. Es verstand häufig nicht, wozu das gut sein sollte" (S. 27 f.). "Ahasver als Gegner fordert den ganzen Mann... Es gilt, dem Antijudaismus des deutschen Volkes eine Grundlage zu verschaffen, so breit wie irgend möglich, und ihn in der Tiefe zu verankern, so fest wie irgend möglich" (S. 29).

Der *Nibelungen* Kampf und Not (= Schulungsdienst der Hitler-Jugend. Sonderausgabe für Heimabendgestaltung. Ausgabe 7). Hg. von der Reichsjugendführung, Amt für weltanschauliche Schulung. – Berlin [o. J., um 1943/1944]. 40 S. – Je näher das Kriegsende rückte, desto mehr häuften sich auch in der HJ die Durchhalteparolen. Zu diesen gehörte der heroische, treue Kampf bis zum Tode mit dem Schwert in der Hand, von dem das Nibelungenlied berichtet. Hitler kannte diese Sage genau (s. zum Beispiel August Kubizek: Adolf Hitler, mein Jugendfreund, Graz 1953, 40).

Sander, Anneliese Ursula: Jugend und Film. – Berlin (Eher) 1944. 154 S. (Reprint unter dem Titel "Jugendfilm im Nationalsozialismus", besorgt von Hartmut Reese, Münster 1984). – S. 67-81: "Die Hitler-Jugend und der Jugendfilm". Betrachtet den Jugendfilm "als wichtiges publizistisches Führungsmittel zur Ausrichtung der jungen Generation" (S. 21; vgl. S. 68: "Politische Ausrichtung" und "Formung politischer Charaktere"). "Der Führer hat einmal zum Ausdruck gebracht, daß kein Deutscher jemals das Gefühl haben sollte, sich selbst überlassen zu sein", was auch für die "Freizeit" der Jugendlichen gilt; sie "darf erst recht nicht vergeudet werden" (S. 70). An der "Achtzehnjahrgrenze" für bestimmte Filme ist im Sinne des Reichslichtspielgesetzes vom 16. Februar

1934 (§ 11, Absatz 1, 2, 3; abgedruckt bei Sander, S. 94) auf jeden Fall fest-
zuhalten, auch bezüglich der "Marine- und Luftwaffenhelfer der Hitler-Jugend"
(S. 97). S. 109-134 die statistische Auswertung einer Umfrage von 1943: "Die
Stimme der Jugend". Hier ist u. a. bemerkenswert, daß der antisemitische Film
"Jud Süß" relativ wenig Anklang fand. S. 43-44 zu "Hitlerjunge Quex", S. 44 f.
zu "Kopf hoch, Johannes", S. 46 f. zu "Kadetten", S. 47-49 zu "Hände hoch"
(Handlungsort ist ein KLV-Lager am Fuß der Hohen Tatra, bei Sillein im Waag-
tal). Eine Rezension zu Sanders Buch schrieb Lore Reinmöller, in: Das Junge
Deutschland 38 (1944) 115 f.

BDM.-Führerinnen sprechen zu den Müttern. Von Bannmädelführerin J. *Schönauer*.
– Das Junge Deutschland 38 (1944) 138-140. – Zu den Erziehungsproblemen
bei Mädchen im Alter von 10-18 Jahren. Eine Gefahr ist: "Manche Mädel schlie-
ßen sich an halbwüchsige Burschen oder minderwertige Kriegsuntaugliche an
oder suchen sogar Umgang mit Ausländern und Kriegsgefangenen... Welcher
Frontsoldat möchte später ein Mädel heiraten, das sich mit den Feinden unseres
Volkes eingelassen hat, während er selbst an der Front mit dem Einsatz seines
Lebens kämpfte?".

Worum es geht. Worte an die Führer der H.J., nach einer Ansprache in der Akademie für Jugendführung am 14. Juli 1944. Von Reichsminister *Seyss-Inquart*. –
[o. O.] 1944. 50 S. – Zeigt eine bei NS-Führern ungewohnt geringe Siegeszuversicht, ist in seinen außenpolitischen Anschauungen differenzierter als etwa
Hitler, sieht auch Deutschlands Verhältnis zu den besetzten Gebieten ebenso
realistisch wie skeptisch: "Deutschland kämpft im Osten gegen den Bolschewismus für Europa – aber ohne Dank" (S. 30). "Wir müssen aber in aller Offenheit
auch eingestehen, daß wir uns durch die Besetzung nicht beliebt machen, obwohl wir wahrscheinlich den besetzten Gebieten viel Gutes bringen... haben
die Bewohner dieser besetzten Gebiete den Eindruck, daß sie geschulmeistert
werden... Wir haben den Satz verkündet: 'Deutschland kämpft für Europa'.
Dieser Satz wurde nicht geglaubt, da Europa meint, daß Deutschland für ein
von Deutschland beherrschtes Europa kämpft" (S. 41. 43). "Respekt hatten wir,
solange wir siegreich waren... Eine Chance verstanden wir den besetzten Gebieten nicht zu geben" (S. 42). "Ähnlich steht es mit der Idee des germanischen Reiches. Für dieses finden wir wenig innere Bereitschaft... Das germanische Reich bedeutet keine Einreihung der germanischen Völker in das deutsche
Reich trotz der notwendigen Gemeinsamkeiten nach außen, auf militärischem
und wirtschaftlichem Gebiet und der sich von selbst ergebenden gemeinsamen
Verkehrssprache" (S. 44 f.). Die zuhörenden HJ-Führer müssen den Eindruck
erhalten haben, daß der Reichskommissar für die Niederlande der Grenze zum
Defätismus nahe war.

Wie verhalten wir uns gegenüber fremdvölkischen Arbeitskräften und Kriegsgefangenen?
– Der HJ-Führer. Führerdienst des Gebietes Niedersachsen (8), Folge 1, Januar
1944, S. 25-27. – "Wie Unkraut werden die Eindringlinge wuchern, und unser
kinderarmes Volk wird eines Tages ein slawisches Gepräge tragen, wenn
wir uns nicht zur Wehr setzen. Was kein Feind mit den Waffen vermag,

kann die schleichende Gefahr des fremdvölkischen Arbeitseinsatzes mit sich bringen... Der deutsche Soldat kämpft für das deutsche Blutserbe und nicht für die Erhaltung und Vermehrung fremdrassiger Erbströme in unserem Volke". Es "muß die deutsche Jugend ihre Ehre dareinsetzen, unsere Dörfer wieder vom Fremdvolk zu säubern" (S. 25 f.).

17.3 Literatur

Das weit verzweigte Thema dieses Kapitels bewirkte auch eine entsprechend weit gefächerte, etwas ungleichartige Literaturliste. Hervorzuheben sind aus der Fülle der Autoren Vondung (1971), Walk (1981), Reichel (1991) Brockhaus (1997), Ley-Schoeps (1997), Bärsch (1998) und, trotz einiger formaler Mängel, Kratzer (1998), der in gelungener Art und Weise seine Kenntnisse als Zeitzeuge in die historische Arbeit einbringt.

Broszat, Martin: Der Nationalsozialismus. Weltanschauung, Programm und Wirklichkeit. – 2. Auflage, Stuttgart (Deutsche Verlags-Anstalt) 1960. 84 S.

Hamerski, Werner: "Gott" und "Vorsehung" im Lied und Gedicht des Nationalsozialismus. – Publizistik 5 (1960) 280-300

Stern, Fritz: The Politics of Cultural Despair. A Study in the Rise of German Ideology. – Berkeley (University of California Press) 1974 (zuerst 1961). 367 S. – Zu Paul de Lagarde, Julius Langbehn und Moeller van den Bruck.

Wulf, Joseph: Literatur und Dichtung im Dritten Reich. Eine Dokumentation. – Gütersloh (Mohn) 1963

Wulf, Joseph: Theater und Film im Dritten Reich. Eine Dokumentation. – Gütersloh (Mohn) 1964

Aley, Peter: Jugendliteratur im Dritten Reich. Dokumente und Kommentare. – Gütersloh (Bertelsmann) 1967. 262 S.

Leiser, Erwin: "Deutschland, erwache!". Propaganda im Film des Dritten Reiches. – Reinbek (Rowohlt) 1989 (zuerst 1968). 174 S.

Hildebrand, Klaus: Vom Reich zum Weltreich. Hitler, NSDAP und koloniale Frage 1919-1945. – München (Fink) 1969. 955 S.

Steinberg, Hans-Josef: Widerstand und Verfolgung in Essen 1933-1945. – Hannover (Verlag für Literatur und Zeitgeschehen) 1969 (1973 in 2. Aufl.). 422 S. – S. 167-172: "Zur Verfolgung der Juden in Essen".

Vondung, Klaus: Magie und Manipulation. Ideologischer Kult und politische Religion des Nationalsozialismus. – Göttingen (Vandenhoeck & Ruprecht) 1971. – Darin u. a. S. 16-24: "Jugendbewegung und Feier der Volksgemeinschaft"; S. 74-87: "Die Feiern im nationalsozialistischen Jahreslauf"; S. 87-97: "Die Morgenfeiern"; S. 118-121: "Das Bekenntnislied".

Bleuel, Hans Peter: Das saubere Reich. Theorie und Praxis des sittlichen Lebens im Dritten Reich. – Bern (Scherz) 1972. 304 S.

Koch, Friedrich: Sexualpädagogik und politische Erziehung. – München (List) 1975. 223 S. – S. 93-139: "Sexualpädagogik als ideologische Hilfsfunktion des Faschismus: Nationalsozialistische Sexualerziehung".

Erdmann, Karl Dietrich: Die Zeit der Weltkriege. 2. Teilband, Stuttgart (Klett) 1976. – S. 446-455: "Kunst, Literatur und Presse im nationalsozialistischen Deutschland".

Prümm, Karl: Das Erbe der Front. Der antidemokratische Kriegsroman der Weimarer Republik und seine nationalsozialistische Fortsetzung, in: Die deutsche Literatur im Dritten Reich, hg. von Horst Denkler und Karl Prümm, Stuttgart (Reclam) 1976, 138-164

Wippermann, Wolfgang: Der Kampf um den Lebensraum. Ein Mythos der Kolonial- und der Blut- und Boden-Literatur, in: Die deutsche Literatur im Dritten Reich, hg. von Horst Denkler und Karl Prümm, Stuttgart (Reclam) 1976, 165-182

Loewy, Ernst: Literatur unterm Hakenkreuz. Das Dritte Reich und seine Dichtung. Eine Dokumentation. 3. Aufl. – Frankfurt (Europäische Verlagsanstalt) 1977. 329 S.

Burghardt, Christina: Die deutsche Frau. Küchenmagd-Zuchtsau-Leibeigene im III. Reich, Geschichte oder Gegenwart? Analysiert anhand der Seite für "Die Deutsche Frau" aus dem "Völkischen Beobachter", Jahrgang 1938. – Münster (Verlag Frauenpolitik) 1978. 135 S.

Freimark, Peter/*Kopitzsch*, Wolfgang: Der 9./10. November 1938 in Deutschland. Dokumentation zur "Kristallnacht". – Hamburg (Landeszentrale für politische Bildung) 1978. 104 S.

Langer, Hermann: Die imperialistische Verführung der Jugend durch den faschistischen Rundfunk in den Jahren 1939-1941. – Beiträge zur Geschichte des Rundfunks 12 (1978) Heft 3, S. 49-66

Streit, Christian: Keine Kameraden. Die Wehrmacht und die sowjetischen Kriegsgefangenen 1941-1945. – Stuttgart (Deutsche Verlags-Anstalt) 1978. 445 S. (2. Aufl. Bonn: Dietz, 1991)

Thöne, Albrecht W.: Das Licht der Arier. Licht-, Feuer und Dunkelsymbolik des Nationalsozialismus. – München (Minerva) 1979. 106 S.

Cancik, Hubert: "Wir sind jetzt eins". Rhetorik und Mystik in einer Rede Hitlers (Nürnberg, 11. 9. 1936), in: Zur Religionsgeschichte der Bundesrepublik Deutschland, hg. von Günter Kehrer, München (Kösel) 1980, 13-48

Schröter, Hermann: Geschichte und Schicksal der Essener Juden. Gedenkbuch für die jüdischen Mitbürger der Stadt Essen. Hg. von der Stadt Essen. – Essen (Stadt Essen) 1980. 811 S.

Stollmann, Rainer: Nazi-Weihnacht, in: Terror und Hoffnung in Deutschland 1933-1945, hg. von Johannes Beck (u. a.), Reinbek (Rowohlt) 1980, 300-314

Majer, Diemut: "Fremdvölkische" im Dritten Reich. Ein Beitrag zur nationalsozialistischen Rechtssetzung und Rechtspraxis in Verwaltung und Justiz unter besonderer Berücksichtigung der eingegliederten Ostgebiete und des Generalgouvernements. – Boppard (Boldt) 1981. 1034 S.

Streit, Christian: Keine Kameraden. Das Schicksal der sowjetischen Kriegsgefangenen im II. Weltkrieg. – Journal für Geschichte 3 (1981), Heft 1, S. 10-16

Das Sonderrecht für die Juden im NS-Staat. Eine Sammlung der gesetzlichen Maßnahmen und Richtlinien – Inhalt und Bedeutung. Hg. von Joseph *Walk*, unter Mitarbeit von Daniel Cil Brecher (u. a.), mit Beiträgen von Robert M.W. Kempner und Adalbert Rückerl. – Heidelberg (Müller) 1981 (und 1996). 452 S.

Langer, Hermann: Zur faschistischen Manipulierung der deutschen Jugend während des zweiten Weltkrieges. – Jahrbuch für Geschichte 26 (1982) 335-365

Musial, Magdalene: Jugendbewegung und Emanzipation der Frau – Ein Beitrag zur Rolle der weiblichen Jugend in der Jugendbewegung bis 1933. – Diss. Essen 1982. 338 S. – S. 257-260 zum Thema "Sexualität" in der NS-Mädchenerziehung.

Stefan *George*: Werke. Ausgabe in vier Bänden. – München (dtv) 1983

Heyen, Franz-Josef (Hg.): Parole der Woche. Eine Wandzeitung im Dritten Reich, 1936-1943. – München (dtv) 1983. 142 S.

Otto, Bernd: Jugendbuch und Drittes Reich. Ein Massenmedium als Instrument der Verführung und Aufarbeitung (1933-1983). – Duisburg (Institut für Schulbuchforschung) 1983. 112 S.

Vondung, Klaus: Der literarische Nationalsozialismus. Ideologische, politische und sozialhistorische Wirkungszusammenhänge, in: Nationalsozialistische Diktatur 1933-1945. Eine Bilanz, hg. von Karl Dietrich Bracher (u. a.), Düsseldorf (Droste) 1983, 245-269

Krause-Vilmar, Dietfrid: Das Lager als Lebensform des Nationalsozialismus. Anmerkungen und Fragen (The Camp as a system of deformation of personality in National Socialism – annotations and questions). – Pädagogische Rundschau 38 (1984) 29-38

Reus, Gunter: "So braun wie die Erde ist das Gewand". Natur und Gesellschaft in der Lyrik des Dritten Reiches. – Diskussion Deutsch 15 (1984) 388-407

Hartung, Günter: Literatur und Ästhetik des deutschen Faschismus. Drei Studien. – Köln (Pahl-Rugenstein) 1984 (zuerst Berlin: Akademie-Verlag, 1983)

Worgull, Lothar: Der Krieg an der Heimatfront, in: Alltag in Hattingen 1933-1945. Eine Kleinstadt im Nationalsozialismus. Hg. von der Volkshochschule Hattingen, Essen (Klartext) 1985, 254-281 (S. 264-271: "Zivilarbeiter, Fremdarbeiter und Kriegsgefangene")

Hans-Uwe Otto/Heinz Sünker (Hg.): Soziale Arbeit und Faschismus. Volkspflege und Pädagogik im Nationalsozialismus. – Bielefeld (Kritische Texte-Verlag) 1986. 537 S. – Darin u. a. S. 361-387 Wolfgang *Ayaß*: "Wanderer und Nichtseßhafte – 'Gemeinschaftsfremde' im Dritten Reich".

Herbert, Ulrich: Apartheid nebenan. Erinnerungen an die Fremdarbeiter im Ruhrgebiet, in: "Die Jahre weiß man nicht, wo die man die heute hinsetzen soll". Faschismuserfahrungen im Ruhrgebiet. Lebensgeschichte und Sozialkultur im Ruhrgebiet 1930 bis 1960, hg. von Lutz Niethammer, Band 1 (2. Aufl.), Bonn (Dietz) 1986, 233-266

Johlmann, Barbara: Abtransport und ''Gnadentod'': Das Schicksal von Behinderten in und um Münster unter dem Nationalsozialismus, in: Schon fast vergessen. Alltag in Münster 1933-1945, hg. von Heinz-Ulrich Eggert. – Münster (Fahle) 1986, 53-100

Thamer, Hans-Ulrich: Verführung und Gewalt. Deutschland 1933-1945. – Berlin (Siedler) 1986. – S. 417-433: "Feier, Kult und Propaganda".

Witte, Karsten: Der Apfel und der Stamm. Jugend und Propagandafilm am Beispiel "Hitlerjunge Quex" (1933), in: Schock und Schöpfung, hg. von Willi Bucher und Klaus Pohl, Darmstadt (Luchterhand) 1986, 302-307

Kaminski, Winfred: Dienst am Volk als Abenteuer. Jugendliteratur im Dritten Reich, in: Leid der Worte. Panorama des literarischen Nationalsozialismus, hg. von Jörg Thunecke, Bonn (Bouvier) 1987, 207-226

Ulbricht, Justus H.: Der Mythos vom Heldentod. Entstehung und Wirkungen von Walter Flex' "Der Wanderer zwischen beiden Welten". – Jahrbuch des Archivs der deutschen Jugendbewegung 16 (1986-87) 111-156

Zimmermann, Michael: Die nationalsozialistische Vernichtungspolitik gegen Sinti und Roma. – Aus Politik und Zeitgeschichte (Beilage zur Wochenzeitung Das Parlament) 37 (1987) B 10-17, S. 31-45

Hoffmann, Hilmar: "Und die Fahne führt uns in die Ewigkeit". Propaganda im NS-Film. Band 1. – Frankfurt (Fischer) 1988. 253 S.

Bernett, Hajo: Vor 75 Jahren: Der Sturmangriff bei Langemarck. Ein Mythos der Nation und ein Symbol der Turn- und Sportführung. – Sozial- und Zeitgeschichte des Sports 3 (1989) Heft 3, S. 7-17

Herbert, Ulrich: Arbeiterschaft im "Dritten Reich". Zwischenbilanz und offene Fragen. – Geschichte und Gesellschaft 15 (1989) 320-351

Norbert *Hopster*/Alex *Moll*: Träume und Trümmer. Der Nationalsozialismus von 1933 bis 1945. – Bielefeld (Verlag für Regionalgeschichte) 1989. 248 S. – S. 124-141: "Feiern, Feste, Kulte: Das inszenierte Volk".

Kaminsky, Uwe: " ... waren ja auch Menschen" – Zwangsarbeiter im Revier, in: Über Leben im Krieg. Kriegserfahrungen in einer Industrieregion 1939-1945, hg. von Ulrich Borsdorf/Mathilde Jamin, Reinbek (Rowohlt) 1989, 111-122

Mommsen, Hans: Kriegserfahrungen, in: Über Leben im Krieg. Kriegserfahrungen in einer Industrieregion 1939-1945, hg. von Ulrich Borsdorf/Mathilde Jamin, Reinbek (Rowohlt) 1989, 7-14

Peukert, Detlev: Rassismus als Bildungs- und Sozialpolitik, in: Erinnerungen einer Profession, hg. von Renate Cogoy (u. a.), Münster (VOTUM) 1989, 111-124

Roer, Dorothee: Psychiatrie im Faschismus: das Schicksal der Kinder, in: Erinnerung einer Profession, hg. von Renate Cogoy (u. a.), Münster (VOTUM) 1989, 161-172

Rusinek, Bernd-A.: "Maskenlose Zeit". Der Zerfall der Gesellschaft im Krieg, in: Über Leben im Krieg. Kriegserfahrungen in einer Industrieregion, hg. von Ulrich Borsdorf/Mathilde Jamin, Reinbek (Rowohlt) 1989, 180-194

Handbuch der deutschen Bildungsgeschichte. Band V. 1918-1945. Die Weimarer Republik und die nationalsozialistische Diktatur. Hg. von Dieter Langewiesche und Heinz-Elmar Tenorth. – München (Beck) 1989. – Darin u. a. Erhard *Schütz*, S. 386-388: "Rundfunk im Dritten Reich".

Seubert, Rolf: "Jugend ist das Volk von morgen". Pädagogische Implikationen des Jugendfilms im Nationalsozialismus, in: Erinnerung einer Profession, hg. von Renate Cogoy (u. a.), Münster (VOTUM) 1989, 85-101

Voigt-Firon, Diana: Das Mädchenbuch im Dritten Reich. Weibliche Rollenangebote zwischen bürgerlichem Frauenbild, faschistischer Neuprägung und Staatsinteresse. – Köln (Pahl-Rugenstein) 1989. 140 S.

Zimmermann, Michael: Verfolgt, vertrieben vernichtet. Die nationalsozialistische Vernichtungspolitik gegen Sinti und Roma. – Essen (Klartext) 1989. 142 S.

Zimmermann, Michael: Die Deportation der Juden aus Essen und dem Regierungsbezirk Düsseldorf, in: Über Leben im Krieg. Kriegserfahrungen in einer Industrieregion 1939-1945, hg. von Ulrich Borsdorf/Mathilde Jamin, Reinbek (Rowohlt) 1989, 126-143

Ahren, Yizhak (u. a.): "Der ewige Jude" oder wie Goebbels hetzte: Untersuchungen zum nationalsozialistischen Propagandafilm. – Aachen (Alano) 1990. 112 S.

Buddrus, Michael: Zum antijüdischen Rassismus in der Hitlerjugend. – Jugendgeschichte, Heft 12 (1990) 13-22

Klönne, Arno: Völkisch-antisemitische Herkünfte des Nationalsozialismus, in: Opfer und Täter, hg. von Hubert Frankemölle, Bielefeld (Verlag für Regionalgeschichte) 1990, 13-25

Reichelt, Werner: Hitler und die NS-Liturgie. – Wuppertal (Hammer) 1990. 171 S.

Rusinek, Bernd-A.: Verfolgung und Widerstand in Düsseldorf 1933-1945, in: Verfolgung und Widerstand in Düsseldorf 1933-1945 (Hg.: Landeshauptstadt Düsseldorf – Der Oberstadtdirektor, Konzeption und Redaktion: Angela Genger), Düsseldorf 1990, 29-161. – S. 108-113: " 'Ost'. Zwangsarbeiter"; S. 126-133 zu den Sinti und Roma.

Sösemann, Bernd: Die Macht der allgegenwärtigen Suggestion – Die "Wochensprüche der NSDAP" als Propagandamittel. – Jahrbuch. Berliner Wissenschaftliche Gesellschaft 189 (1990) 227-248

Weinmann, Martin (Hg.): Das nationalsozialistische Lagersystem (CCP). – Frankfurt (Zweitausendeins) 1990

Augustinovic, Werner/*Moll*, Martin: Antisemitismus als Erziehungsinhalt. Ein Kinderbuch aus dem "Stürmer"-Verlag: Entstehung – Rezeption – Wirkung. – Publizistik 36 (1991) 343-358

Frauenleben im NS-Alltag, Bonn 1933-1945 [Ausstellungskatalog .] Hg. vom Seminar für Frauengeschichte, Universität Bonn und vom Frauen Museum Bonn unter der Leitung von Annette Kuhn (u.a.). Redaktion: Bettina *Bab*. – Bonn (Verlag Frauen Museum) 1991. 64 S.

Brücher, Bodo: Jugend und Film im Zweiten Weltkrieg, in: Deutsche Jugend im Zweiten Weltkrieg [Vorwort von Ingo Koch], Rostock (Verlag Jugend und Geschichte) 1991, 60-70

Czarnowski, Gabriele: Das kontrollierte Paar. Ehe- und Sozialpolitik im Nationalsozialismus. – Weinheim (Deutscher Studien Verlag) 1991. 320 S.

Herbert, Ulrich (Hg.): Europa und der "Reichseinsatz". Ausländische Zivilarbeiter, Kriegsgefangene und KZ-Häftlinge in Deutschland 1938-1945. – Essen (Klartext) 1991. 429 S.

Hildebrandt, Jens: Zum Aufbau von Vorbildern der Jugend in Veröffentlichungen der nationalsozialistischen Presse von Juli 1943 bis Mai 1945, in: Deutsche Jugend im Zweiten Weltkrieg [Vorwort von Ingo Koch], Rostock (Verlag Jugend und Geschichte) 1991, 79-82

Loiperdinger, Martin (Hg.): Märtyrerlegenden im NS-Film. – Opladen (Leske + Budrich) 1991

Lowry, Stephen: Pathos und Politik. Ideologie in Spielfilmen des Nationalsozialismus. – Tübingen (Niemeyer) 1991. 279 S.

Obst, Dieter: "Reichskristallnacht". Ursachen und Verlauf des antisemitischen Pogroms vom November 1938. – Frankfurt (Lang) 1991

Reichel, Peter: Der schöne Schein des Dritten Reiches. Faszination und Gewalt des Faschismus. – München (Hanser) 1991. 452 S.

Zimmermann, Michael: "Zigeunerforschung" im Nationalsozialismus. – Sozialwissenschaftliche Informationen 20 (1991) 104-110

Beck, Christoph: Sozialdarwinismus – Rassenhygiene, Zwangssterilisation und Vernichtung "lebensunwerten" Lebens: Eine Bibliographie zum Umgang mit behinderten Menschen im "Dritten Reich" – und heute. – Bonn (Psychiatrie-Verlag) 1992. 362 S.

Ketelsen, Uwe-K.: Literatur und Drittes Reich. – Schernfeld (SH-Verlag) 1992 (2. Aufl. 1994). 435 S.

Bernd *Ogan*/Wolfang W. *Weiß* (Hg.): Faszination und Gewalt. Zur politischen Ästhetik des Nationalsozialismus. – Nürnberg (W. Tümmels Verlag) 1992

Pini, Udo: Leibeskult und Liebeskitsch. Erotik im Dritten Reich. – München (Klinkhardt & Biermann) 1992. 400 S.

Jürgen *Hillesheim*/Elisabeth *Michael*: Lexikon nationalsozialistischer Dichter. Biographien – Analysen – Bibliographien. – Würzburg (Königshausen & Neumann) 1993. 490 S.

Krämer, Hans-Henning: Der Feind als Kollege – Kriegsgefangene und ausländische ZwangsarbeiterInnen. – St. Ingbert (Geschichtswerkstatt im VFG) 1993. 34 S.

Lilienthal, Georg: Die jüdischen "Rassenmerkmale". Zur Geschichte der Anthropologie der Juden. – Medizinhistorisches Journal 28 (1993) 173-198

Reiter, Raimond: Tötungsstätten für ausländische Kinder im Zweiten Weltkrieg. Zum Spannungsverhältnis von kriegswirtschaftlichem Arbeitseinsatz und nationalsozialistischer Rassenpolitik in Niedersachsen. – Hannover (Verlag Hahnsche Buchhandlung) 1993. 296 S.

Scholdt, Günter: Autoren über Hitler. Deutschsprachige Schriftsteller 1919-1945 und ihr Bild vom "Führer". – Bonn (Bouvier) 1993. 1012 S.

Traudisch, Dora: Mutterschaft mit Zuckerguß? Frauenfeindliche Propaganda im NS-Spielfilm. – Pfaffenweiler (Centaurus) 1993. 200 S.

Vogt, Bettina: Kriegsgefangenenlager in Münster am Beispiel des Lagers Kinderhaus, in: "Wer seine Geschichte nicht kennt...". Nationalsozialismus und Münster, hg. von Iris Horstmann (u. a.), Münster (agenda) 1993, 127-142

Weyrather, Irmgard: Muttertag und Mutterkreuz. Der Kult um die "deutsche Mutter" im Nationalsozialismus. – Frankfurt (Fischer) 1993. 224 S.

Jüdisches Leben in Essen 1800-1933 (Studienreihe der ALTEN SYNAGOGE – Band 1). Hg. ALTE SYNAGOGE. Redaktion: Michael *Zimmermann*/Claudia *Konieczek*. – Essen (Klartext) 1993. 210 S. – Darin u. a. S. 173-192 Ulrich *Herbert*: Von Auschwitz nach Essen. Die Geschichte des KZ-Außenlagers Humboldtstraße".

Kanzog, Klaus: "Staatspolitisch besonders wertvoll". Ein Handbuch zu 30 deutschen Spielfilmen der Jahre 1934 bis 1945. – München (discurs film Verlag Schaudig & Ledig) 1994

Lange, Gabriele: Das Kino als moralische Anstalt. Soziale Leitbilder und die Darstellung gesellschaftlicher Realität im Spielfilm des Dritten Reiches. – Frankfurt (Lang) 1994. 251 S.

Mendel, Annekatrein: Zwangsarbeit im Kinderzimmer. "Ostarbeiterinnen" in deutschen Familien von 1939 bis 1945. Gespräche mit Polinnen und Deutschen. – Frankfurt (dipa) 1994. 265 S.

Ingrid *Niemann*/Ludger *Hülskemper-Niemann*: Vom Geleitbrief zum gelben Stern. 450 Jahre jüdisches Leben in [Essen-]Steele. – Essen (Klartext) 1994

Rother, Thomas: Untermenschen, Obermenschen. Eine Reportage aus Deutschland. – Essen (Pomp) 1994. 224 S.

Seebacher, Johanna: "Vor Maschinen stelle ich keine deutschen Frauen". Ausländische Zwangsarbeiterinnen in Bonn 1939-1945, in: Frauenleben im NS-Alltag, hg. von Annette Kuhn, Pfaffenweiler (Centaurus) 1994. 97-131

Zimmermann, Michael: Von der Diskriminierung zum "Familienlager" Auschwitz. Die nationalsozialistische Zigeunerverfolgung. – Dachauer Hefte 5 (1994) 87-114

ALTE SYNAGOGE (Hg.): Entrechtung und Selbsthilfe. Zur Geschichte der Juden in Essen unter dem Nationalsozialismus (Studienreihe der ALTEN SYNAGOGE – Band 4). – Essen (Klartext) 1994. – Darin u. a. Michael *Zimmermann*: Die "Reichkristallnacht" 1938 in Essen (S. 66-97).

Der nationalsozialistische Völkermord an den Sinti und Roma. Vorwort und Hg.: Romani Rose. Bearbeitet von Edgar *Bamberger* (u. a.). 2. Aufl. Heidelberg (Dokumentations- und Kulturzentrum Deutscher Sinti und Roma) 1995. 189 S.

Bärsch, Claus-E.: Der Jude als Antichrist in der NS-Ideologie. Die kollektive Identität der Deutschen und der Antisemitismus unter religionspolitischer Perspektive. – Zeitschrift für Religions- und Geistesgeschichte 47 (1995) 160-188

Barbian, Jan-Pieter: Literaturpolitik im "Dritten Reich". Institutionen, Kompetenzen, Betätigungsfelder. – München (DTV) 1995 (zuerst Frankfurt 1993).

Donner, Wolf: Propaganda und Film im "Dritten Reich". – Berlin (TIP) 1995. 159 S.

Heusler, Andreas: Doppelte Entrechtung. Ausländische Zwangsarbeiterinnen in der Münchner Kriegswirtschaft 1939-1945, in: Zwischen den Fronten. Münchner Frauen in Krieg und Frieden 1900-1950, hg. von der Landeshauptstadt München (Buch zur Ausstellung; Idee und wiss. Leitung: Sybille Krafft), München (Buchendorfer Verlag) 1995, 308-323

Hornshøj-Møller, Stig: "Der ewige Jude". Quellenkritische Analyse eines antisemitischen Propagandafilms. – Göttingen (Institut für den wissenschaftlichen Film) 1995. 349 S.

Klemperer, Victor: Ich will Zeugnis ablegen bis zum letzten. Tagebücher 1933-1941. 1942-1945. Hg. von Walter Nowojski unter Mitarbeit von Hadwig Klemperer. 2 Bde. 3. Auflage. – Berlin (Aufbau-Verlag) 1995. 763 und 928 S.

Krausnick, Michael: Wo sind sie hingekommen? Der unterschlagene Völkermord an den Sinti und Roma. – Gerlingen (Bleicher) 1995. 251 S.

Lund, Allan A.: Germanenideologie im Nationalsozialismus. Zur Rezeption der 'Germania' des Tacitus im "Dritten Reich". – Heidelberg (Winter) 1995. 182 S.

Petersen, Sönke: Weihnachten und Silvester, in: Kriegsjahr 1944. Im Großen und im Kleinen, hg. von Michael Salewski und Guntram Schulze-Wegener, Stuttgart (Steiner) 1995, 211-232

Hermand, Jost: Der alte Traum vom neuen Reich. Völkische Utopien und Nationalsozialismus. 2. Auflage. – Weinheim (Beltz) 1995 (zuerst 1988) 387 S.

Sinti und Roma unter dem Nazi-Regime. I. Von der "Rassenforschung" zu den Lagern. Von Henri *Asséo* (u. a.). – Berlin (Edition Parabolis) 1996. 140 S. (Übers. aus dem Französischen).

Behrenbeck, Sabine: Der Kult um die toten Helden. Nationalsozialistische Mythen, Riten und Symbole, 1923 bis 1945. – Vierow (SH-Verlag) 1996. 688 S.

Graeb-Könneker, Sebastian: Autochthone Modernität. Eine Untersuchung der vom Nationalsozialismus geförderten Literatur. – Opladen (Westdeutscher Verlag) 1996. 312 S.

Holletz, Jenny: "Erlöst, die ihr nicht heilen könnt!". Rassistische Erziehung durch Filme, in: Das kalte Bild, hg. von Jürgen Felix (u. a.), Marburg (Schüren) 1996, 59-96

Stelzner-Large, Barbara: "Der Jugend zur Freude"? Untersuchungen zum propagandistischen Jugendspielfilm im Dritten Reich. – Weimar (Verlag und Datenbank für Geisteswissenschaften) 1996. 349 S.

Wirrer, Jan: "Ich war ein Blatt im unbegrenzten Raum, nun bist du Heimat mir und bist mein Baum". Anmerkungen zur panegyrischen Dichtung auf Adolf Hitler, in: Bücher haben ihre Geschichte, hg. von Petra Josting und Jan Wirrer, Hildesheim (Olms) 1996, 23-37

Zimmermann, Michael: Rassenutopie und Genozid. Die nationalsozialistische "Lösung der Zigeunerfrage". – Hamburg (Christians) 1996. 574 S.

Zimmermann, Michael: Die nationalsozialistische Zigeunerverfolgung. Ein Überblick unter besonderer Berücksichtigung des Ruhrgebietes, in: Zuwanderer – Mitbürger – Verfolgte. Berichte und Beiträge des Dezernats für gesellschaftliche und weltkirchliche Aufgaben, Bischöfliches Generalvikariat Essen. Schriftleitung: Baldur Hermans. Redaktion: Vera Bücker, Horst Großjung. Essen 1996, S. 40-74

Zinnecker, Andrea: Romantik, Rock und Kamisol. Volkskunde auf dem Weg ins Dritte Reich – die Riehl-Rezeption. – Münster (Waxmann) 1996. 388 S.

Brockhaus, Gudrun: Schauder und Idylle. Faschismus als Erlebnisangebot. – München (Kunstmann) 1997. 334 S.

"Alle sollen fröhlich sein!". Das "Dritte Reich" im Fest (Museums-Materialien Nr. 5, 1997). Recherche und Text: Jean-Christoph *Caron*. – Bielefeld (Universität, Fakultät für Geschichtswissenschaft, Berufswerkstatt Geschichte) - Lemgo (Stadtarchiv und Städtisches Museum) 1997. 12 S.

Die *Edda*. Götterdichtung, Spruchweisheit und Heldengesänge der Germanen. Übertragen von Felix Genzmer. Eingeleitet von Kurt Schier. – München (Eugen Diederichs) 1997. 472 S.

Foitzik, Doris: Rote Sterne, braune Runen. Politische Weihnachten zwischen 1870 und 1970. – Münster (Waxmann) 1997. 276 S.

Frankenberger, Tamara: Wir waren wie Vieh. Lebensgeschichtliche Erinnerungen ehemaliger sowjetischer Zwangsarbeiterinnen. – Münster (Westfälisches Dampfboot) 1997. 277 S.

Das Dritte Reich im Fest. Führermythos, Feierlaune und Verweigerung in Westfalen 1933-1945, hg. von Werner *Freitag* unter Mitarbeit von Christina *Pohl*. – Bielefeld (Verlag für Regionalgeschichte) 1997. 263 S.

Gajek, Esther: Nationalsozialistische Weihnacht. Die Ideologisierung eines Familienfestes durch Volkskundler, in: Politische Weihnacht in Antike und Moderne. Zur ideologischen Durchdringung des Festes der Feste. Hg. von Richard Faber und Esther Gajek (Würzburg: Königshausen und Neumann) 1997, 183-215

Graf, Werner: Lesen und Biographie. Eine empirische Fallstudie zur Lektüre der Hitlerjugendgeneration. – Tübingen (Francke) 1997. 219 S.

Hohmann, Joachim S.: Neueste Studien zum nationalsozialistischen Völkermord an Sinti und Roma. – Jahrbuch für Antisemitismusforschung 6 (1997) 292-301

Fremdarbeiter, Zwangsarbeiter und Kriegsgefangene auf der Zeche Emscher-Lippe, Datteln 1914-1918 und 1940-1945. Zusammengestellt von Reinhold *Grau*. [Datteln, ca. 1997] [87 Bl.]

Hochmuth, Anneliese: Spurensuche. Eugenik, Sterilisation, Patientenmorde und die v. Bodelschwinghschen Anstalten Bethel, 1929-1945. Hg.: Matthias Benath. – Bielefeld (Bethel-Verlag) 1997. 418 S.

Janka, Franz: Die braune Gesellschaft. Ein Volk wird formatiert. – Stuttgart (Quell) 1997. 520 S. (zuerst als Diss. Regensburg 1993. 340 S.). – Darin u. a. S. 364-404: "Die permanente Inszenierung" (z. B. zum Thema "Gemeinschaftserlebnis" und "Die nationalsozialistischen Feiern").

Kalusche, Martin: "Das Schloß an der Grenze". Kooperation und Konfrontation mit dem Nationalsozialismus in der Heil- und Pflegeanstalt für Schwachsinnige und Epileptische Stetten i. R. – Heidelberg (Selbstverlag des Diakoniewissenschaftlichen Instituts an der Universität Heidelberg) 1997. 412 S.

Karow, Yvonne: Deutsches Opfer. Kultische Selbstauslöschung auf den Reichsparteitagen der NSDAP. – Berlin (Akademie-Verlag) 1997. 301 S.

Klemp, Stefan: "Richtige Nazis hat es hier nicht gegeben". Nationalsozialismus in einer Kleinstadt am Rande des Ruhrgebiets. – Münster (LIT) 1997. 672 S. – S. 485-551: "Ausländische Zwangsarbeiter und Kriegsgefangene". – Zu Fröndenberg.

Klieme, Joachim: Ausgrenzung aus der NS-"Volksgemeinschaft". Die Neuerkeröder Anstalten in der Zeit des Nationalsozialismus 1933-1945. – Braunschweig (Selbstverlag des Braunschweigischen Geschichtsvereins) 1997

Michael *Ley*/Julius H. *Schoeps* (Hg.): Der Nationalsozialismus als politische Religion. – Bodenheim (Philo Verlagsgesellschaft) 1997. 280 S.

Ramsauer, Gerhard: Kirche und Nationalsozialismus in Tossens. Kirchenkampf 1933-1945 in einem Marschendorf des Oldenburger Landes. – Oldenburg (Isensee) 1997. 274 S. – S. 153-170: "Brauner Kult" (zur liturgischen Gestaltung von NS-Feiern).

Reters, Torsten: Liebe, Ehe und Partnerwahl zur Zeit des Nationalsozialismus. Eine soziologische Semantikanalyse. – Dortmund (Projekt-Verlag) 1997. 803 S.

Scheuing, Hans Werner: "… als Menschenleben gegen Sachwerte gewogen wurden". Die Geschichte der Erziehungs- und Pflegeanstalt für Geistesschwache Mosbach/Schwarzacher Hof und ihrer Bewohner 1933-1945. – Heidelberg (Winter) 1997. 525 S.

Schruttke, Tatjana: Die Jugendpresse des Nationalsozialismus. – Köln (Böhlau) 1997. 176 S. – S. 145-175: "Bibliographie der Jugendpresse".

Schwarze, Gisela: Kinder, die nicht zählten. Ostarbeiterinnen und ihre Kinder im Zweiten Weltkrieg. – Essen (Klartext) 1997. 336 S.

Wagner, Matthias: "Arbeit macht frei". Zwangsarbeit in Lüdenscheid 1939-1945. – Lüdenscheid (Heimatverein) 1997

Bärsch, Claus-E.: Die politische Religion des Nationalsozialismus. Die religiöse Dimension der NS-Ideologie in den Schriften von Dietrich Eckart, Joseph Goebbels, Alfred Rosenberg und Adolf Hitler. – München (Fink) 1998. 406 S.

Čistova, Bella E./*Čistov*, Kirill V. (Hg.): "Fliege, mein Briefchen, von Westen nach Osten … ". Auszüge aus Briefen russischer, ukrainischer und weißrussischer Zwangsarbeiterinnen und Zwangsarbeiter 1942-1944. – Frankfurt (Lang) 1998. 368 S.

Faulstich, Heinz: Hungersterben in der Psychiatrie 1914-1949. Mit einer Topographie der NS-Psychiatrie. – Freiburg (Lambertus) 1998. 756 S.

Kleesiek, Arndt: 'Siegfrieds Edelsitz' – Der Nibelungen-Mythos und die 'Siegfriedstadt' Xanten im Nationalsozialismus. – Münster (LIT) 1998. 157 S.

Kratzer, Wolfgang: Feiern und Feste der Nationalsozialisten. Aneignung und Umgestaltung christlicher Kalender, Riten und Symbole. – Diss. München 1998. 384 S. (und Anhänge)

Kroll, Frank-Lothar: Utopie als Ideologie. Geschichtsdenken und politisches Handeln im Dritten Reich. – Paderborn (Schöningh) 1998. 368 S.

Kühn, Michael: Unterrichtsfilm im Nationalsozialismus. Die Arbeit der Reichsstelle für den Unterrichtsfilm/Reichsanstalt für Film und Bild in Wissenschaft und Unterricht. – Mammendorf/Obb. (septem artes) 1998. 339 S.

Longerich, Peter: Politik der Vernichtung. Eine Gesamtdarstellung der nationalsozialistischen Judenverfolgung. – München (Piper) 1998. 772 S.

Weger, Tobias: Nationalsozialistischer "Fremdarbeitereinsatz" in einer bayerischen Gemeinde 1939-1945. Das Beispiel Olching (Landkreis Fürstenfeldbruck). – Frankfurt (Lang) 1998. 190 S.

Michael von *Cranach*/Hans Ludwig *Siemen* (Hg.): Psychiatrie im Nationalsozialismus. Die Bayerischen Heil- und Pflegeanstalten zwischen 1933 und 1945. – München (Oldenburg) 1999. 508 S.

Herbert, Ulrich: Der "Ausländereinsatz" in der deutschen Kriegswirtschaft 1939-1945, in: Zur Arbeit gezwungen, hg. von Rimco Spanier (u. a.), Bremen 1999, 13-21

Maiwald, Stefan/*Mischler*, Gerd: Sexualität unter dem Hakenkreuz, Hamburg (Europa) 1999. 287 S.

Rose, Romani (Hg.): "Den Rauch sahen wir täglich vor Augen". Der nationalsozialistische Völkermord an den Sinti und Roma. – Heidelberg (Wunderhorn) 1999. 379 S.

18 Sprache, Jargon und Slang in der Hitlerjugend. Beispiele einer Sonderform der LTI

18.1 Überblick

Für den folgenden Versuch eines Glossars stütze ich mich auf HJ-Quellen, auf einige Tagebücher und autobiographische Texte sowie auf Zeitzeugenerinnerungen überhaupt. Die Literatur zur "Sprache des Dritten Reiches" (*Lingua Tertii Imperii*) bietet für Ermittlungen zu dieser Sondersprache so gut wie keine Hilfe, so daß ich meinen Versuch nur zögernd unternehme. Eine – hier nicht mögliche – sehr viel weiter gehende Quellenauswertung könnte die Kenntnisse über die einschlägige Lebenswelt der Jugend unter Hitler noch wesentlich vertiefen.

Die Hitlerjugend-Sprache hat – soweit sie überhaupt definierbar ist – Anteil an der allgemeinen Sprache des Dritten Reiches und an dem Jargon und Slang im Reichsarbeitsdienst (RAD), in der Wehrmacht usw. Der allgemeine NS-Sprachschwulst (z. B. 'Blut und Boden') ist hier kein Thema, wohl aber muß auf Sprachmißbrauch und Lüge im HJ-Bereich geachtet werden; denn Lügen sind ein besonderes Merkmal der vom Nationalsozialismus geprägten Sprache. Das geht bis zu der letzten großen Lüge im Wehrmachtsbericht vom 2. Mai 1945: "An der Spitze der heldenmütigen Verteidiger der Reichshauptstadt ist der Führer gefallen". Zur Lüge kommt eine gewisse Verrohung der Sprache, die der Verrohung des Denkens entspricht.

Anständig. – Ria Penke, die BDM-Führerin des Obergaues Niedersachsen, fordert von den ihr unterstellten Mädchen u. a.: "Wir haben in Zucht und Disziplin in unserer Gemeinschaft zu stehen, anständig, klar und sauber zu leben" (Führerinnendienst, Obergau Niedersachsen, Sept. 1940, BDM-Ausgabe, S. 2). "Anständig" hat durch den Kontext einen neuen Sinn erhalten, etwa: Linientreu "restlosen Einsatz" zu leisten, wie es einem BDM-Mädel ansteht. Zum dienstlichen "Einsatz" gehört auch das Singen der üblichen rassistischen Lieder, wie "schon wanket Judas Thron!" (Wir Mädel singen, hg. von der Reichsjugendführung, Wolfenbüttel 1937, S. 171, und 1941, S. 179). In keinem BDM-Liederbuch steht, aber allenthalben inoffiziell gesungen wurde – und fast alle Zeitzeuginnen erinnern sich daran – "Krumme Juden ziehn dahin". Rassistische Haßgesänge widersprechen also nicht dem neuen Bedeutungsgehalt von "anständig". Das erinnert an die Bedeutung des gleichen Wortes in Himmlers Rede vom 4. Oktober 1943 vor SS-Gruppenführern in Posen (als Massenmörder "anständig" geblieben zu sein; der Wortlaut der Rede bei Robert Wistrich, Wer war wer im Dritten Reich, München 1983, 128). Der Bedeutungswandel von "anständig" ist auch bei dem hohen HJ-Führer Georg Usadel angedeutet: "Alle anständigen Volksgenossen sind Nationalsozialisten" (Zucht und Ordnung. Grundlagen einer nationalsozialistischen Ethik, Hamburg 1939, 74).

Ausrichten, Ausrichtung. – In den HJ-Quellen auf Schritt und Tritt zu finden. Ausgehend von der "Ausrichtung" einer angetretenen Formation meint es nun die NS-ideologische "Gleichschaltung": Alle sollen das Gleiche denken und fühlen. Wer "aus der Reihe tanzte", hatte in der Hitlerjugend nichts zu lachen.

BDM. – Diese Abkürzung reizte zu verspottenden Varianten von "Bund Deutscher Mädel": Bald deutsche Mutter, Bubi drück mich, Bubi deck mich, Bedarfsartikel deutscher Männer – zum Teil aggressiv-polemische Reaktionen auf die bekannte BDM-Prüderie (vgl. "BDM-Zicke" bei Irina Korschunow, Er hieß Jan, Zürich 1979, 92). Zur Sache zum Beispiel Nori Möding, in: Wir kriegen jetzt andere Zeiten, hg. von Lutz Niethammer/Alexander von Plato, Band 3, Berlin 1985, S. 301; Udo Pini, Leibeskult und Liebeskitsch, München 1992, 83; Andrea Böltken, Führerinnen im "Führerstaat", Pfaffenweiler 1995, 94; Sabine Hering, Makel, Mühsal, Privileg?, Frankfurt 1998, 77 f.

Dienst. – "Jede noch so unbedeutende Tätigkeit (in einem HJ-Lager) wurde zum 'Dienst' hochstilisiert ... Das war eine Methode, um 'Schwung' ins Lagerleben zu bringen und jedem Einzelnen ein Pflichtgefühl und scheinbare Mitverantwortung anzuerziehen" (Theo Wolsing, Untersuchungen zur Berufsausbildung im Dritten Reich, Kastellaun 1977, 142).

Drückeberger. – In der HJ war "Drückebergerei" verpönt (vgl. z. B. Adolf Schmidt-Bodenstedt, Hg., Landjahr, Leipzig 1937, 25; schon Hitler verwendete diesen Begriff gern, etwa in "Mein Kampf", München 1933, 211. 245). Während des Krieges wartete auf "Drückeberger" oft das Todesurteil (Inge Stolten, Das alltägliche Exil. Berlin 1982. 111).

Ehestandsbewegungen (d. h. "Pumpen" in Liegestütz). – Ältere Hitlerjungen konnten mit Begriff und Sache Bekanntschaft machen, wenn sie während der Ausbildungszeit als Luftwaffenhelfer oder in Wehrertüchtigungslagern von Unteroffizieren oder SS-Unterscharführern "geschliffen" wurden. Der Hitlerjugend war solcherart "Aufklärung" eher fremd.

Einsatz, sich einsetzen. – Gehört zu den in den HJ-Quellen häufigsten Wörtern. Die Erziehung zum Einsatzwillen bezweckte die blinde Bereitschaft, bei Bedarf zu nennende Ziele zu erreichen. Beispiel: Ernteeinsatz oder "Schippeeinsatz" am "Ostwall" gegen Kriegsende für den weiblichen RAD (Martin Kipp/Gisela Miller-Kipp, Erkundungen im Halbdunkel, Frankfurt 1995, 518). Der Einsatz ist immer "restlos" (Führerinnendienst, Obergau Niedersachsen, Sept. 1940, S. 2; ebd. Oktober 1940, S. 3; ähnlich allenthalben schon in Hitlers "Mein Kampf", München 1933, S. 187. 503. 661. 668. 687).

Entengang. – Watschelnde Fortbewegung in Hockstellung, eine Form des "Schleifens", die sich gelegentlich auch ein HJ-Lagermannschaftsführer in einem KLV-Lager erlaubte (Philipp Heine u. a. Hg., Das Dritte Reich im Gespräch, Hildesheim 1997, 28).

Feige. – Eine "Memme" zu sein, war in der Hitlerjugend ein schlimmer Vorwurf, der auch zu lebensgefährlichen Mutproben reizen konnte. Eine solche "Mutprobe" zeigt "Jungmädels Welt, Heim und Zelt" (hg. von Gerda Zimmermann und Gretel Both, Leipzig 1934, S. 33) im Bild: Zwei Jungmädel klettern waghalsig auf einen über einen reißenden Fluß ragenden Baumast. – Über die "feigen Itaker", die das Reich im Stich ließen, erregte man sich im Herbst 1943 auch in der HJ. Die Bewertungen zu "feige" entsprechen dem geringen Stellenwert des Intellekts im begrifflichen Umfeld von Feigheit (dazu Joachim C. Fest, Das Gesicht des Dritten Reiches, München 1963, 315).

Freiheit. – "Nur der Freiheit gehört unser Leben" sang die Hitlerjugend oft oder "Siehst du im Osten das Morgenrot, ein Zeichen der Freiheit", doch war es nur eine Scheinfreiheit; denn wer sich die Freiheit nahm, anderer Meinung zu sein als das

Regime, riskierte Kopf und Kragen. "Im Namen der Freiheit wurde Unfreiheit durchgesetzt und Entindividualisierung praktiziert... haben viele von uns der Ironie, die darin lag, daß wir von Freiheit stets nur in Reih und Glied sangen, während der Märsche uniformierter Kolonnen, erst entdeckt, als das Dritte Reich bereits vergangen war" (Zeitzeuge Hermann Graml, *1928, in: Sozialisation und Traumatisierung, hg. von Ute Benz und Wolfgang Benz, Frankfurt 1993, 76).

Fremde. – Zu den im Sommer 1940 als Hilfskräfte in Deutschland tätigen polnischen Arbeiterinnen und Arbeitern ("Fremdarbeiter") meint der Führerinnendienst, Obergau Niedersachsen, Sept. 1940, BDM-Ausgabe, S. 5: "Wir werden ihnen nie vergessen, daß sie einmal unser Volk vernichten wollten, daß sie deutsche Menschen geknechtet und gemordet haben... Wir werden sie daher immer als Fremde betrachten". Da ist die durch das Alte und Neue Testament geprägte Dimension der Mitmenschlichkeit und Nächstenliebe, auch gegenüber dem Fremden (als Mitgeschöpf Gottes), aufgegeben. Jetzt dominiert eine völkisch-rassistische Ethik.

Freundschaft/Kameradschaft. – In schroffer Abgrenzung zu bündischen Vorstellungen von Freundschaft wird in der Hitlerjugend nur Kameradschaft geduldet, sowohl unter Jungen wie im Verhältnis zwischen Jungen und Mädchen; dies teils aus Furcht vor Homoerotik, teils um Cliquenbildung zu vermeiden, gewiß auch aus Furcht vor dem anarchischen, unkontrollierbaren Element der Sexualität. In der katholischen Jugendseelsorge dachte man ähnlich, war jedoch gegenüber Jungenfreundschaften toleranter (zur Sache z. B. Max Nitzsche, Bund und Staat, Würzburg 1942, 57; Georg Pahlke, Trotz Verbot nicht tot, Paderborn 1995, 101).

Friede, friedliebend. – Hier wirkte Hitlers Sprachregelung stark in die HJ hinein. So hieß es zum Beispiel in seinem Tagesbefehl vom 1. Sept. 1939 (Kriegsbeginn): "Der polnische Staat hat die von mir erstrebte friedliche Regelung nachbarlicher Beziehungen verweigert; er hat statt dessen zu den Waffen gegriffen". Da ist die Rede von einem Frieden, der durch bedrohende Einschüchterung des Gegners erreicht wird. Ähnlich erwartet zum Beispiel der Führerinnendienst, Obergau Niedersachsen, November 1940, S. 6, im Sinne des "Führers", daß die Jugend "friedliebend und mutig zugleich" ist, wobei mutig soviel wie aggressiv ist. Zutreffend hieß es in einem Flugblatt der Münchener "Weißen Rose": "Jedes Wort, das aus Hitlers Munde kommt, ist Lüge: Wenn er Frieden sagt, meint er den Krieg" (Rudolf Lill, Hg., Hochverrat?, Konstanz 1999, 202; bei Lill ist der volle Text der Flugblätter abgedruckt).

Genickschußbremse. – So konnte ein dicker Haarknoten im Nacken vor allem von BDM-Führerinnen, für welche die typischen Jungmädel-Zöpfe nicht mehr passend erschienen, genannt werden (eine Abb. des Knotens in: Weltanschauung und Schule 1, 1936/37, S. 246). Sie mochten diese schlichte Frisur als Alternative zum "Bubikopf" (Nori Möding, in: "Wir kriegen jetzt andere Zeiten", hg. von Lutz Niethammer/Alexander von Plato, Band 3, Berlin 1985, 268 f.). Die russischen Hinrichtungsmethoden waren durch die NS-Propaganda in HJ und BDM bekannt.

Glaube. – In HJ-Quellen, in der politischen Dichtung und in den neuen Liedern ist "Glaube" regelmäßig nicht mehr im christlichen Sinne transzendental gerichtet, sondern auf die Immanenz bezogen (Volk und Rasse) oder ohne konkrete Zielrichtung als zuversichtliche innere Gestimmtheit artikuliert, etwa wie ein festes Vertrauen in die Heil bewirkende Führung des Reiches. Beispiel: Es "wehen unsere Lagerfahnen im Zeichen unseres Glaubens... Dann brennt in uns der Glaube und der Drang, unsere

Treue beweisen zu dürfen" (Adolf Schmidt-Bodenstedt, Hg., Das Landjahr, Leipzig 1937, 195; im Kontext ist unscharf die Rede von Rasse, Drittem Reich, Bauerntum, Heldentum und der Fahne als "heiligem Symbol"). Es handelt sich auch hier um die Umbiegung und Verfälschung eines christlichen Begriffs (zur Sache Heinrich Riedel, Kampf um die Jugend, München 1976, 166).

Hängolin (d. h. die Erektion verhindernd). – Aus der Soldatensprache übernommener gelegentlich auch in der Hitlerjugend erscheinender Begriff. Angeblich konnte ein den Geschlechtstrieb dämpfendes Mittel (Soda?, Brom?) den Mahlzeiten für Soldaten und Hitlerjungen beigemischt werden (zur Sache Rudi Brill, Tagebuch 1944/45, Bexbach/Saar 1979, 54; vgl. Heinz Küpper, Wörterbuch der deutschen Umgangssprache, Stuttgart 1993, 327).

Haltung. – Ein Schlüsselwort der Hitlerjugend, vor allem in der Verwendungsweise "innere Haltung", aber auch als "typisch disziplinierte Haltung" des marschierenden Jungvolks. Die "Haltung" des Hitlerjungen ist Resultat seiner weltanschaulichen Erziehung; sie ist "das ungeschriebene Gesetz der Hitler-Jugend", "die Ordnung in sich selbst und zur Umwelt"; "Haltung schließt ein, artecht und formtreu zu sein, wie der Kristall, redlich zu sein vor sich und anderen. Haltung ist Tatwahrheit und sichtbares Ethos in Verbundenheit zum Volk, ist die wertmäßige Grundlage in der Abwendung vom zersplitterten Ich zum sittlichen Wir des Volkes. Haltung schafft so den arteigenen und eigenartigen Wuchs des Hitlerjungentyps" (Karl Werner Gauhl, Statistische Untersuchungen über Gruppenbildung bei Jugendlichen, Marburg 1940, 173; dazu Obergebietsführer Georg Usadel, Entwicklung und Bedeutung der nationalsozialistischen Jugendbewegung, Bielefeld 1934, 31 f.; zur Sache auch Theo Wolsing, Untersuchungen zur Berufsausbildung im Dritten Reich, Kastellaun 1977, 97. 142). Überwiegend ist mit "Haltung" gemeint die straffe soldatische Grundhaltung des Hitlerjungen, der damit seine Einsatzbereitschaft zum Erreichen jeweils vorgegebener Ziele bekundet (vgl. Otto Schäfer, in: Nationalsozialistisches Bildungswesen 7, 1942, 23. 25. 28 f. 30; Völkische Musikerziehung 2, 1936, 231).

Härte, hart. – Ein weiteres Schlagwort und Schlüsselwort der HJ, propagiert unter anderem durch geflügelte Worte wie "Gelobt sei, was hart macht", "Landgraf, werde hart", "hart wie Kruppstahl", "Jungvolkjungen sind hart, schweigsam und treu" usw. Das schloß (christliches) Mitgefühl mit den schwächeren Gliedern der Gesellschaft (Ausnahme u. a.: verwundete Soldaten) teilweise und gegenüber "Fremdvölkischen" und "Untermenschen" völlig aus, und es verlangte, "das Schwächliche zu verachten" (Hans Möckelmann, Die körperliche Erziehung in den Entwicklungsstufen, Berlin 1942, 11, gemeint als Gegensatz zum "Heldischen und Ritterlichen"). "Härte" wurde geradezu zum "propagierten Jugendideal" (Jörg Wolff, Jugendliche vor Gericht im Dritten Reich, München 1992, 212; vgl. Friederike Niederdalhoff, "Im Sinne des Systems einsatzbereit... ", Münster 1997, 36). Verpönt und unterdrückt wurde alles Weiche, Gefühlige, Sentimentale, und vielleicht gerade deshalb stieß 1945/46 der amerikanische Song "Sentimental journey" besonders bei ehemaligen Hitlerjungen auf so große Resonanz. – Ein Gegenstück zur "Härte" ist "Humanitätsduselei" (oder "Gefühlsduselei"), ein Lieblingswort Hitlers zum Beispiel in "Mein Kampf" (München 1933, 145. 148. 195 f. 279. 292. 304. 687. 743), das auch in die HJ-Sprache Eingang fand und überhaupt in der NS-Zeit weit verbreitet war (siehe z. B. Hans-Günter Zmarzlik, Wieviel Zukunft hat unsere Vergangenheit?, München 1970, 21. 88).

Heiliger Geist. – In den Lagern der Hitlerjugend übliche Methode, einem Kameraden eine Lektion zu erteilen, der in irgendeiner Form "aus der Reihe getanzt" war. Das Opfer wurde nachts in seinem Bett heimgesucht, mit Koppeln und Schulterriemen geschlagen, mit Schuhcreme eingeschmiert und dergleichen (ein Beispiel bei Freyer, in: Der Deutsche Erzieher Jg. 1942,S. 257). In schweren Fällen hielt man ein "Femegericht" über den Delinquenten ab.

Heldenabitur. – Ein 1939/40 praktizierter vorgezogener erleichterter Abschluß der Höheren Schule für Kriegsfreiwillige (Jürgen Harms, Leerjahre, Wien 1994, 20).

Jawohl. – Ein auch für die Sprachwelt der Hitlerjugend belangvolles Wort. Es schloß Diskussionen und dialektisches Denken als bürgerliche Unsitte aus. Der Mensch "hatte anzutreten, zuzuhören und zu schweigen, zu gehorchen oder allenfalls Beifall zu bekunden. Seine Rede war das knappe 'Jawohl!' " (Horst Jochim, Geschichte des Deutschunterrichts, München 1973, 831). Selbst ein "Ja, aber" war nicht vorgesehen.

Jugendschutzlager (d. h. Jugend-KZ). – In der HJ war von dieser Einrichtung kaum die Rede. Wie bei "Schutzhaft" handelte es sich um einen verlogenen Begriff; denn das Lager sollte ja nicht die Jugend schützen, sondern diente "dem Schutz der Volksgemeinschaft durch Bewahrung der Unerziehbaren" (Walter Tetzlaff, Das Disziplinarrecht der Hitler-Jugend, Berlin 1944, 46). Ähnlich lügnerisch war die Bezeichnung "Protektorat" (Böhmen und Mähren) für die von Deutschland überfallene und besetzte Tschechei.

Kackstelzen. – Kam wie "lahmarschig" und Ähnliches der Fäkalsprache von der Wehrmacht in die Hitlerjugend (Beispiel: Franz Ritter, Hg., Heinrich Himmler und die Liebe zum Swing, Leipzig 1994, 163).

Kerl. – "Die Jugend hat keinen Respekt vor dem Wissen, sie achtet nur den Kerl", propagierte Baldur von Schirach (Die Hitler-Jugend. Idee und Gestalt, Leipzig 1936, 174) und prägte damit – ganz auf der Linie Hitlers – den Sprachgebrauch in der HJ. Das von den beiden führenden NS-Erziehungsphilosophen Ernst Krieck und Alfred Baeumler entworfene Konzept hatte die Quintessenz "Kerle statt Köpfe". "Nicht Bildung war gefragt, sondern die Erziehung zum politischen Soldaten, nicht selbständiges Denken, sondern 'Gläubigkeit und Opferbereitschaft', nicht das Individuum, sondern der sich in der 'Rassischen Gemeinschaft bewährende Typus' " (Hermann Langer, in: Studien zur Geschichte Mecklenburgs in der ersten Hälfte des 20. Jahrhunderts, Rostock 1992, S. 80 f.). Besonders oft erschien unser Wort in der abgegriffenen Form "ein ganzer Kerl" (Beispiel: Gustav Adolf Scheel, in: Erziehungsmächte und Erziehungshoheit im Großdeutschen Reich, Leipzig 1940, 193; vgl. Heinrich Kupffer, Swingtime, Berlin 1987, 34).

Kinderlandverschickung. – Als Begriff übernommen von der Erholungsverschickung einzelner jüngerer Kinder (veranstaltet von NSV und Hitlerjugend) in den dreißiger Jahren, wurde sie als "Erweiterte Kinderlandverschickung" zu einer Institution im Bombenkrieg 1940-1945. Das Wort verniedlicht etwas die Tatsache, dass es in vielen Jungenlagern wie in einer Kadettenanstalt zuging.

Lager. – Auch ein Schlüsselwort für die Lebenswelt der Hitlerjugend. Es gab 1933-45 Dutzende von Lagertypen (Sommerlager, Ausleselager, Führerlager, Schulungslager, Wehrertüchtigungslager usw.), wobei "Lager" oft für "Lehrgang" steht, aber mit einem bezeichnenden Unterschied: Hier ging es um körperliche Ertüchtigung

und geistige Ausrichtung und Formierung, alles auf dem Wege über eine Gemeinschaftserziehung (Erziehung für und durch die Gemeinschaft). Im Grunde erstrebte
der Nationalsozialismus einen völkisch-soldatischen Staat, eine Art Kaserne vor allem der Jugend. Für Hitler, den sein Weltkriegserlebnis nachhaltig beherrschte und
der als Privatmann (im Zweireiher, mit Hut und Stock) seltsam linkisch wirkte, war
der Friede in gewisser Weise eine Zeit des Sammelns der Kräfte im Feldlager zur Vorbereitung auf den nächsten Krieg (zur Revision des November 1918), eines Krieges,
in dem er aufblühte und sozusagen wieder zu seiner normalen Existenzform fand. Zu
Recht sprechen Martin Stahlmann und Jürgen Schiedeck ("Erziehung zur Gemeinschaft – Auslese durch Gemeinschaft". Zur Zurichtung des Menschen im Nationalsozialismus, Bielefeld 1991, 118) in diesem Zusammenhang vom " 'Modell des Lagers'.
Das Lager fungierte als Grundeinheit, in der sich die Volksgemeinschaft verwirklichte.
Das hieß: alle Schulung, Weiterbildung und Indoktrination fand in Form von Lagern
statt; jedermann mußte damit rechnen, gelegentlich in ein Lager abkommandiert zu
werden... So fungierte das Lager als Grundfigur der Gemeinschaft". Deshalb ist das
Buch von Gudrun Schwarz "Die nationalsozialistischen Lager" (Frankfurt 1990) im
Titel mißglückt, denn es befaßt sich ausschließlich mit den vom Regime für seine
Gegner eingerichteten Lagern.

Lagerlied. – Zu einem richtigen Lager gehörte ein "Lagerlied" (d. h. ein 'Unikat'
nur für ein bestimmtes Lager), dies selbst da und dort in Konzentrationslagern. Auch
manche KLV-Lager verfügten über ein solches Lied (Beispiel: "Wilde Rosen blühen
am Wegesrand" des Essener Burggymnasiums 1941 im Lager Jinetz/Jince, zwischen
Pilsen und Prag gelegen). Diese Lieder sollten eine Art 'Wir-Gefühl' herstellen und
die Gruppensolidarität stärken. – Zu den KZ-Liedern Thomas Geve, Geraubte Kindheit, Konstanz 1993, 134.

Lamafü/Lamäfü. – So wurden oft in vereinfachender Sprache intern die Lagermannschaftsführer und Lagermädelschaftsführerinnen von KLV-Lagern genannt.
Ähnlich "Lalei" (Lagerleiter) und "Alei" (Anstaltsleiter eine Napola). Die Sprachwelt
der Jugendlichen war voll von solchen griffigen, "zackigen" Abkürzungen.

Latschen. – In der Hitlerjugend eine abwertende Bezeichnung des Wandervogel-
Wanderns vor 1933. Deren schwärmerischer Fahrtenstil wurde als "Limonadenhaltung" abgetan (so der HJ-Obergebietsführer Johannes Rodatz, zitiert bei Anne Lüttgens, Die Entwicklung der pädagogischen Konzeption des Deutschen Jugendherbergswerks von 1909-1945, Detmold, o. J., S. 174 f.)

Leistungsmarsch. - In der HJ praktiziert, auch zur Erlangung von bestimmten "Leistungsabzeichen". Zum Beispiel absolvierten KLV-Klassen des Essener Burggymnasiums solche Leistungsmärsche im damaligen Protektorat Böhmen und Mähren von
Jince nach Příbram (1941) und von Poděbrady nach Kolin (1943). Bei solchen Märschen sang man auch die aus der bündischen Jugend vor 1933 bekannten "Klotzlie-
der".

Liebe/Liebeslieder. – Wie in HJ und BDM "Kameradschaft" den Begriff "Liebe"
verdrängte beziehungsweise gar nicht erst aufkommen ließ, so gab es offiziell auch
keine "Liebeslieder", wie sie für den "Zupfgeigenhansl" noch selbstverständlich waren. Im offiziellen BDM-Liederbuch "Wir Mädel singen" (Wolfenbüttel 1937) gibt es
nur die Abteilungen: "Tageslauf im Lager, Fahrt und Rast, Aus allen Gauen, Volk und

Land, Arbeit und Stand". Für Mädchen und Jungen unter 18 Jahren war "Liebe" nicht vorgesehen und fast ein Unwort.

Luftwaffenhelfer (HJ). – Das Regime liebte solche Wortverbindungen: Schulhelferinnen, Fronthelfer, Wehrmachthelferinnen usw., die aber sämtlich auch Lügen beinhalten; denn während des Zweiten Weltkrieges – als solche sprachliche Neubildungen aufkamen – "halfen" die in den jeweiligen Bereichen Tätigen nicht (etwa als Hilfskräfte zur Assistenz von Hauptamtlichen), sondern stopften die allenthalben entstehenden personellen Lücken und traten vor allem an die Stelle nicht verfügbarer Soldaten, sei es an Flakgeschützen, Flakscheinwerfern, beim Schanzen oder in den Stäben und Büros der Wehrmacht (Details zum Beispiel bezüglich der BDM-Schulhelferinnen in: Führerinnendienst, Obergau Niedersachsen, Folge 7, Sept. 1941, S. 14).

Maskenball (d. h. schnell wechselndes "Antreten" in verschiedener Dienstkleidung). – Wie anderes auch aus der militärischen Rekrutenausbildung in die Lebenswelt der HJ eingedrungen. So kam es vor, daß übereifrige Lagermannschaftsführer in der KLV im Rahmen der üblichen "Ordnungsübungen" solche Maskenbälle veranstalteten (ein Beispiel bei Gerhard E. Sollbach, Heimat ade!, Hagen 1998, 35). Üblicher war es während der Ausbildungszeit von Luftwaffenhelfern (HJ), praktiziert durch den militärischen Ausbilder.

Menschenmaterial. – Wiederholt spricht der Reichsjugendführer Baldur von Schirach von "Menschenmaterial", mit dem die HJ "arbeitet" (Die Hitler-Jugend. Idee und Gestalt, Leipzig 1936, 26. 103). Ähnlich zum Beispiel der HJ-Bannführer Albert Wojirsch (in: Das Junge Deutschland 30, 1936, Nr. 10, vom 10. Oktober 1936): "... so stellt diese Auslese das Menschenmaterial dar, das wir zur Wiedererneuerung unseres Volkskörpers mit Grund und Boden versehen müssen" (in den Gemeinschaftssiedlungen des Landdienstes der HJ). Ähnlich Otto Schäfer (in: Nationalsozialistisches Bildungswesen 7, 1942, 23 ("Schülermaterial") und schon Hitler in "Mein Kampf" (München 1933, S. 424. 482. 510. 529. 649. 673). Die Wortwahl entlarvt die Menschenverachtung des Systems. Zur Sache zutreffend Benjamin Ortmeyer (Schicksale jüdischer Schülerinnen und Schüler in der NS-Zeit, Witterschlick/Bonn 1998, 83): "Hitlers Ideal ist der widerspruchslos Gehorchende".

Meute. – Ein Begriff aus der HJ-Subkultur, bedeutete etwa "Haufe" oder "Blase". Das Wort diente auch zur Bezeichnung von 'wilden' Jugendgruppen außerhalb der Hitlerjugend. – Belege zum Beispiel bei Gisela Ehrenberg (Deutschlands Hoffnung, München 1979, 100) und Rudi Brill (Tagebuch 1944/45, Bexbach 1979, 43).

Muttersöhnchen. – Neben "feige" einer der schlimmsten möglichen Tadel in der Hitlerjugend. Er unterstellte fehlende Härte und fehlendes Stehvermögen (vgl. Harald Scholtz, in: "etwas erzählen", hg. von Inge Hansen-Schaberg, Hohengehren 1997, 40). Ein Beispiel: Hitlerjungen, die auf große Fahrt gehen, wollen nicht von ihren Müttern zur Bahn gebracht und dort verabschiedet werden. "Sie wollen nur auf sich selbst gestellt sein als Soldaten in ihrer Gemeinschaft. Sie wollen nicht abhängig sein, wollen nicht 'bemuttert' werden" (HJ erlebt Deutschland, Leipzig 1935, 8). Dergleichen konnte den Ruf eines Hitlerjungen bei seinen Kameraden beschädigen.

Negerpimmel. – Eine billige (markenfreie?) dunkelrote Blutwurst. Von der Soldatensprache her kommend auch in der Hitlerjugend im Gebrauch (Friedrich Pechtold, Der Pimpf, Sulzbach 1987, 68; Klaus Montanus, Die Putbusser, Frankfurt 1995, 6). In diesen Zusammenhang gehört auch "Negerschweiß" für (Ersatz-)Kaffee und "Fraß" für "Essen", "Mahlzeit" (Rudi Brill, Tagebuch 1944/45, Bexbach 1979, 50. 124).

Offiziersmatratzen. – Üblich in der Soldatensprache und gelegentlich auch bei älteren HJ-Angehörigen (Luftwaffenhelfer) als sexualneidisch abwertende Bezeichnung für Nachrichtenhelferinnen ("Blitzmädchen") und Stabshelferinnen.

Pavianmähne. – Aus HJ-Sicht abwertend für unsoldatisch länger als üblich getragene Haare von männlichen Jugendlichen (z. B. bei Jan Kurz, "Swinging Democracy", Münster 1995, 143). Ebenso dafür auch "Perser". Der HJ-Obergebietsführer Johannes Rodatz (Erziehung durch Erleben, Berlin 1938, 29) spricht ähnlich verächtlich von "langbemähnten Wandervögeln"(vgl. "bündische Mähne" bei H.-P. Bothien, Die Jovy-Gruppe, Münster 1995, 166). Ein anderer hochrangiger Hitlerjugendführer weiß von "diesen langhaarigen Swing- und Dandy-Typen, die heute das Gros der französischen Jugend ausmachen" (in: Wille und Macht, Jg. 10, Heft 10, Oktober 1942, S. 8). In solchen Äußerungen wird eine Tendenz zur Dehumanisierung der HJ-Gegner deutlich beziehungsweise der nicht mit den Vorstellungen der Staatsjugend konform gehenden Jugendlichen. Dazu paßt, daß die Widersacher der Hitlerjugend überhaupt als "vertiert, entmenscht" und "vertiertes Untermenschentum" gelten (Willi Ruder, in: Deutsche Jugend, hg. von Will Vesper, Berlin 1934, 188. 192; Ruder war als hoher HJ-Führer Leiter der Abteilung Schulung im Gebiet 13 der Hitlerjugend).

Pflichtlieder. – In regelmäßigen Abständen wurden von oben her den unteren Dienststellen von HJ und BDM Auflagen übermittelt, in ihren Formationen bestimmte Lieder einzuüben. Diese Pflichtlieder "expressed the beliefs, prejudices, and goals that Nazi leaders wanted drilled into the consciousness of rank-and-file-Germans" (Vernon L. Lidtke, in: Essays, on Culture and Society in Modern Germany, edited by Gary D. Stark and Bede Karl Lackner, Arlington 1982, 189).

Puddingabitur. – Eine in HJ, BDM und sonst übliche Bezeichnung für den Abschluß des hauswirtschaftlichen Zweiges einer Mädchenoberschule, ein Zeugnis, das nicht zum Universitätsstudium berechtigte. Zur Sache Meyers Lexikon, V, Leipzig 1938, 1342, und Richard Grunberger, A Social History of the Third Reich, London 1971, 286.

Reibungslos. – Eines der häufigsten NS-typischen Wörter, auch in der Hitlerjugend, etwa zur Bezeichnung der "reibungslosen Durchführung" eines HJ-Lagers (Adolf Schmidt-Bodenstedt: Landjahr, Leipzig 1937, 11): "Zur reibungslosen Durchführung des Lagers gehört peinlichste Sauberkeit sowohl wie strengste Ordnung und ferner zuchtvolles Einfügen in die Gemeinschaft"; vgl. Walter Enßlen (in: Weltanschauung und Schule 1, 1936/37, S. 229, im Zusammenhang mit den Abläufen in einem HJ-Landjahrlager): "... wenn während eines Streites beispielsweise über die Aufteilung einer Arbeit unter mehreren Jungen der Gruppenführer dazukommt und ... die zu verrichtende Arbeit schnell und reibungslos aufteilt; oder wenn ein Störenfried durch ein Wörtchen des Lager- oder Gruppenführers unschädlich gemacht wird". Das erinnert an das Funktionieren einer gut geölten Maschine. Unfreiwillig entlarvend ist auch "einen Störenfried *unschädlich* zu machen".

Reichsparteitag, innerer. – War einem Jugendlichen besonders feierlich zumute, bei einem erhebenden Moment jedweder Art, konnte er sagen: "Das ist wie ein innerer Reichsparteitag".

Rein. – Das Wort erhält in der Lebenswelt von HJ und BDM zum Teil den Sinn "rassisch rein", etwa in dem viel zitierten Poem des NS-Dichters Will Vesper: "Halte Dein Blut rein./Es ist nicht nur Dein./Es kommt von weit her./Es fließt weithin./Es ist von tausend Ahnen schwer,/und alle Zukunft strömt darin./Halte rein das Kleid/Deiner Unsterblichkeit!" Da ist auch, wie üblich, der christlich-religiöse Gehalt von "Unsterblichkeit" ersetzt durch die nach NS-Lehre "ewige" Existenz der nordisch-germanischen Rasse und des deutschen Volkes (das Gedicht ist zitiert und interpretiert in: Führerinnendienst, Obergau Niedersachsen, BDM-Ausgabe, Sept. 1940, S. 4; ebd. S. 4-5 ist "sauber" im Sinne von rassisch-moralisch rein, d. h. weltanschaulich linientreu, verwendet; vgl. zum Begriff "Sauberkeit" auch Eva Rechlin, Vaterland – Deine Kinder, Stuttgart 1963, 79 f. 149). – Daneben hält sich das Wort "rein" in der Tradition von Walter Flex' "Rein bleiben und reif werden" (Der Wanderer zwischen beiden Welten, Kiel 1993, 50), verengt auf die sexuelle Enthaltsamkeit der Hitlerjugend, (z. B. bei Baldur von Schirach, in: Nationalsozialistische Monatshefte, 6. Jg., Heft 58, Januar 1935, S. 7). – Abseits steht der panegyrische Hitler geltende Vers "du bist so stark und bist unendlich rein" im HJ-"Lied der Getreuen" (Wir sahen den Führer, Berlin 1941, S. 62), in welchem dem "Führer" wie einem Messias kultisch gehuldigt wird. "Rein" meint da eine Art von überirdischer Qualität.

Rücksichtslos. – Gehört wie "restlos" zum bevorzugten Vokabular in Hitlers "Mein Kampf" (München 1933, S. 229. 272. 371. 392, 401. 541. 588. 648) und von daher auch in der Hitlerjugend üblich, zum Beispiel bei Otto Schäfer (in: Nationalsozialistisches Bildungswesen 7, 1942, 28: "Erziehung zur Härte, zu rücksichtslosem körperlichen Einsatz") oder Baldur von Schirach (Revolution der Erziehung, München 1943, 23, im Abdruck einer Rede vom 1. 1. 1935): "Mit rücksichtsloser Entschlossenheit werden die Reichsjugendführung, die Gebietsführer, Gebietsjungvolkführer und Obergauführerinnen alle Elemente ausschalten, die ... das zukünftige deutsche Volk in seiner Entwicklung ungünstig beeinflussen". Hier erinnert "ausschalten" an "unschädlich machen", das wir im gedanklichen Umfeld von "reibungslos" registrierten.

Säcke. – Im HJ-Slang ist "Sack" mitunter soviel wie Typ, Kerl (z. B. bei Klaus Montanus, Die Putbusser, Frankfurt 1995, 6). Tadelnd ist "faule Säcke" (Rudi Brill, Tagebuch 1944/45, Bexbach 1979, 18). Im BDM-Jargon sind "Säcke" etwas undisziplinierte, noch nicht an die Lagerdisziplin angepaßte Jungmädel (Lydia Schürer-Stolle, So sind wir, Berlin 1937, 21. 25). Überwiegend schwingt in "Säcke" die Bedeutung "schlaff" mit.

Sauhaufen. – Aus der Soldatensprache kommend in der HJ als Schimpfwort ganz üblich, zum Beispiel wenn das "Antreten" nicht zackig genug erfolgt (bei Rudi Brill, Tagebuch 1944/45, Bexbach 1979, 9).

Schlapp, Schlappmachen, Schlappschwanz. – Ein "schlapper" (d. h. körperlich und charakterlich nicht strafferer) Schüler fiel unter den die Schülerauslese an höheren Schulen betreffenden Erlaß von 1935; ein ausführlich erläutertes Beispiel bei Dietrich Scholle (u. a.), Zur Geschichte des Freiherr-vom-Stein-Realgymnasiums, in: 75 Jahre Freiherr-vom-Stein-Gymnasium Lünen, 1907-1982, Lünen 1982, S. 89 ff. – "Schlappmachen" war in der HJ verpönt (Adolf Schmidt-Bodenstedt, Hg., Landjahr, Leipzig 1937, 24). Ein Bannführer beschimpfte am 4. Juli 1936 in Memmingen Hitlerjungen, die zugleich noch einer evangelischen Jugendgruppe angehörten: "Ihr seid Trottel, ihr seid Schlappschwänze!" (Heinrich Riedel, Kampf um die Jugend, München 1976,

172), also ideologische 'Schlaffis', nach heutigem Sprachgebrauch. Von Jungvolkjungen im Alter von 10-14 Jahren, die seinerzeit bei "Ordnungsübungen" ebenfalls oft derart angebrüllt wurden, dürften die noch nicht in die Pubertät Gekommenen die wörtliche Bedeutung dieser Beschimpfung gar nicht verstanden haben. Auch erfuhren Wörter aus dem Genital- und Fäkalbereich durch ihre häufige Benutzung einen gewissen Abschliff. – Andere übliche Prädikate waren "Saftheini" (z. B. bei Irina Korschunow, Er hiess Jan, Zürich 1979, 26) oder "Flasche" (Jürgen Henningsen, in: Zeitschrift für Pädagogik 28, 1982, 349: "daß beim Jungvolk Flaschen zur Sau gemacht wurden").

Schlurf. – Er stellte in jeder Beziehung das Gegenteil eines zackigen Hitlerjungen dar (Jan Kurz, "Swinging Democracy", Münster 1995, 72).

Schrumpfgermane/-Germanin. – Spöttische Bezeichnung für klein gewachsene Hitlerjungen und BDM-Mädchen. Eine Ironisierung des nationalsozialistischen Germanen-Rassismus?

Schweinehund. – In der Hitlerjugend ebenso zu Hause wie in der Soldatensprache (z. B. bei Franz-Josef Schmeling, Vom Krieg ein Leben lang geprägt, Osnabrück 1997, 136 f. 180; vgl. Hardy Krüger, Junge Unrast, München 1983, 78: "innerer Schweinehund").

Sexuell. – Laut Baldur von Schirach gibt es in der Hitlerjugend kein "sexuelles Problem". Man halte sich diesbezüglich an Walter Flex' Grundsatz "Bleib rein und werde reif" (Nationalsozialistische Monatshefte, 6. Jg., Heft 58, Januar 1935, S. 6-7). Otto Schäfer zufolge (in: Nationalsozialistisches Bildungswesen 7, 1942, 29) besteht "die sexuelle und gesellschaftliche Erziehung" der Napola-Jungmannen darin, daß sie gelegentlich bei Veranstaltungen mit Mädchen des BDM und der Mädchen-Napola zusammentreffen beziehungsweise zusammenarbeiten. Bei solchen sehr sporadischen und oberflächlichen Kontakten konnten die Jungmannen wohl nur erfahren, daß Mädchen Kleider statt Hosen tragen und Zöpfe haben. Von "sexueller" Aufklärung war da keine Spur. Hier wird ein Verdrängungsmechanismus sichtbar.

Tangojüngling. – Die Hitlerjugend verabscheute "pflaumenweiche Tangojünglinge und -Mädel" (Walter Hermannsen/Karl Blome, Warum hat man uns das nicht früher gesagt?, München 1941, 47; vgl. Adolf Görtz, Stichwort: Front, Leipzig 1987, 77; Jan Kurz, "Swinging Democracy", Münster 1995, 74). Ähnlich lehnt der HJ-Obergebietsführer Johannes Rodatz eine "Limonadenhaltung" ab (zitiert bei Anne Lüttgens, Die Entwicklung der pädagogischen Konzeption des Deutschen Jugendherbergswerks, Detmold 1982, 174). In einem Spottlied auf die HJ während des Zweiten Weltkrieges heißt es: "Kurze Haare, große Ohren,/So ward die HJ geboren./Lange Haare, Tangoschnitt-/da kommt die HJ nicht mit!" (Gerrit Helmers/Alfons Kenkmann, "Wenn die Messer blitzen und die Nazis flitzen", Lippstadt 1984, 176). Wie der Haarschnitt mißfiel auch die saloppe Kleidung mancher Jugendlichen außerhalb der Hitlerjugend und wurde von dieser als "Räuberzivil' angegriffen (Richard Grunberger, A Social History of the Third Reich, London 1971, 283).

Wandern/Wanderlieder. – Das vor 1933 in den Jugendbünden übliche freie Wandern ging nach 1933 in der Hitlerjugend stark zurück. Man fuhr nun ins Lager und führte dort ein quasi-soldatisches Leben. Auch die eigentlichen Wanderlieder wurden kaum noch gesungen (zur Sache Wilhelm Münker, Geschichte des Jugendherbergswerkes von 1933 bis 1945, Bielefeld 1946, 31).

Waschlappen. – Ein in der HJ beliebtes Schimpfwort wie "Schlappschwanz" und Ähnliches. "Jeder kleine Unterführer brüllte seine Untergebenen an: 'Ihr Waschlappen!'. Von oben nach unten eine Hierarchie des Brüllens" (Klaus-Henning Schroeder, Davids' Enkel, Schwerin 1991, 65).

Wehrgeistige Erziehung. – Hier wird der Mißbrauch der Sprache besonders deutlich; denn es geht allenthalben nicht um Verteidigung ("Wehr"), sondern um die Erziehung zur einschüchternden Aggressivität. Die Lüge begann schon mit dem Kaufboykott jüdischer Geschäfte im April 1933 in Gestalt von Plakaten: "Deutsche! Wehrt Euch! Kauft nicht bei Juden!" und "Deutsche, verteidigt Euch gegen die jüdische Greuelpropaganda, kauft nur bei Deutschen!"; denn in Wahrheit war das Ganze die erste Stufe einer rassistischen Aggression, bei der die Opfer als Täter hingestellt wurden. Vorbild war schon Hitler in "Mein Kampf" (München 1933, S. 70: "Indem ich mich des Juden erwehre, kämpfe ich für das Werk des Herrn", ein Satz, der oft in der HJ zitiert wurde). Ebenso wurde das Pogrom vom 9./10. November 1938 als "Notwehrhandlung" gegen ein angebliches internationales jüdisches Komplott deklariert. In diesem Sinne spricht auch Hans Mommsen (in: Der Judenpogrom 1938, hg. von Walter H. Pehle, Frankfurt 1988, 180) von Hitlers Behauptung, "der Krieg sei ein unvermeidlicher Abwehrkampf gegen das Weltjudentum, das die Ausrottung des deutschen Volkes betreibe".

Zackig. – Das Wort war schon in der Jugendbewegung vor 1933 in Gebrauch (Johannes Jürgensen, Die bittere Lektion, Stuttgart 1984, 9; vgl. Georg Pahlke, Trotz Verbot nicht tot, Band 3, Paderborn 1995, 337), erhielt seine überragende Bedeutung aber erst 1933-1945 in der Hitlerjugend. Es gab "zackiges" Marschieren, Singen usw., mit dem Gegensatz "lässig" oder ähnlich (z. B. Walter Enßlen, in: Weltanschauung und Schule 1, 1936-37, S. 227; Kurt Walther, in: Völkische Musikerziehung 7, 1941, 2; Wir sahen den Führer, Berlin 1941, 44; zur Sache Robert Götz, Ich wollte Volkslieder schreiben, Köln 1975, 77; Emmerich Talos, u. a. Hg., NS-Herrschaft in Österreich 1938-1945, Wien 1988, 255; Helga Gotschlich, Reifezeugnis für den Krieg, Berlin 1990, 58). Das Wort läßt an die ruckartig-eckigen Bewegungen einer Marionette denken, die jedem Kommando exakt gehorcht. Der hohe HJ-Führer Georg Usadel (Entwicklung und Bedeutung der nationalsozialistischen Jugendbewegung, Bielefeld 1934, 32) schwärmt geradezu von dem mit "zackig" und "drahtig" bezeichneten Typ: "Es liegt in diesem Typ etwas Selbständiges, Rasches, Lebendiges und Sieghaftes... Am schönsten und reinsten kommt das beim Jungvolk zum Ausdruck, weil hier im Knaben zu dieser typischen disziplinierten Haltung noch die natürliche Anmut des rein Knabenhaften hinzutritt... zu einem solchen Vorbeimarsch, mit der Linken am Koppelschloß und den rechten Arm zum deutschen Gruß emporgestreckt, während die Augen rechts genommen werden, gehört eine starke Beherrschung des Körpers". Je zackiger die Kolonne marschiert und singt, desto stärker ist die Entindividualisierung vorangetrieben und desto größer ist die Verfügbarkeit des nun einheitlichen Marschoder Truppenkörpers. – Das Gegenteil im HJ-Jargon ist ein "lahmer Haufen" oder "Sauhaufen".

Zimperlichkeit. – In den mehrwöchigen Führerinnenschulen des BDM gilt: "Der Frühsport wird auch bei schlechtestem Wetter durchgeführt, und Zimperlichkeit gibt es nicht" (Elfriede Zill, BDM-Hauptreferentin, in: Mädel im Dritten Reich, hg. von Hilde Munske, Berlin 1935, 25). Bei den Mädchen gab es weniger "Ordnungsübungen" als bei den Jungen und kaum "Schleifen", dementsprechend auch weniger derbe Beschimpfungen. Erziehungsziel war aber auch hier das abgehärtete, straffe, körperlich und geistig einsatzbereite "Mädel".

18.2   Quellen

Der Neue *Brockhaus*. Allbuch in vier Bänden. – Leipzig (Brockhaus) 1936-1938 (1942²). – Zusammen mit den 9 Bänden "Meyers Lexikon" ein unverzichtbares Hilfsmittel bei der Ermittlung des allgemeinen und besonderen Sprachgebrauchs der NS-Zeit. Nützlich auch: Der Sprach-Brockhaus, Leipzig 1940. 762 S.

Meyers Lexikon. Achte Auflage. I-IX. – Leipzig (Bibliographisches Institut) 1936-1942. – Dieses auch als 'Nazi-Meyer' bekannte unvollständige Werk hat hohen Quellenwert. Kriegsbedingt konnten die letzten Bände nicht mehr erscheinen.

18.3   Literatur

Von Klemperer (1947) gingen starke Anstöße aus, die bis heute nachwirken. Unerwartet geringe Hilfe bietet Küpper (1993). Besonders wertvoll ist die umfassende Darstellung von Schmitz-Berning (1998), obwohl sie auf Jargon und Slang der Hitlerjugend kaum eingeht. Kenntniszuwachs ist zu erwarten von einer Auswertung erhaltener Tagebücher von Zeitzeugen und sonstiger autobiographischer Texte. Mein oben vorgelegter Versuch konnte nur ein allererster Anfang sein.

Eggebrecht, Axel: Braundeutsch, in: Vor den Toren der Wirklichkeit. Deutschland 1946-47 im Spiegel der Nordwestdeutschen Hefte, ausgewählt und eingeleitet von Charles Schüddekopf, Berlin (Dietz) 1980, 321-329

Klemperer, Victor: LTI. Notizbuch eines Philologen. 13. Aufl., Leipzig (Reclam) 1995 (3. Auflage Halle 1957; zuerst 1947)

Berning, Cornelia: Vom "Abstammungsnachweis" zum "Zuchtwart". Vokabular des Nationalsozialismus. – Berlin (de Gruyter) 1964

Dolf *Sternberger* (u. a.): Aus dem Wörterbuch des Unmenschen. Neue erweiterte Ausgabe (3. Aufl.). – Hamburg (Claassen) 1968

Bork, Siegfried: Mißbrauch der Sprache. – Bern 1970. 140 S.

Klose, Werner: Sprache der Aggression. I: Hitlerjugend (Sprachhorizonte. Arbeitsunterlagen für den Sprach- und Literaturunterricht, 22; 2 Teile: Textheft und Begleitheft). – Dortmund (Crüwell) 1974

Sauer, Wolfgang Werner: Der Sprachgebrauch von Nationalsozialisten vor 1933. – Hamburg (Buske) 1978

Ach, Manfred/*Pentrop*, Clemens: Hitlers "Religion". Pseudoreligiöse Elemente im nationalsozialistischen Sprachgebrauch. – München (Arbeitsgemeinschaft für Religions- und Weltanschauungsfragen). 2. Auflage 1979 (1991⁴). 116 S.

Hoppe, Gabriele: Ein Ende des Endes der "Sprache des Nationalsozialismus" – für eine neue "Wörterbuchphilologie"? – Diskussion Deutsch 14 (1983) 689-692

Kinne, Michael: Zum Sprachgebrauch der deutschen Faschisten. Ein bibliographischer Überblick. – Diskussion Deutsch 14 (1983) 518-521

Maas, Utz: "Als der Geist der Gemeinschaft eine Sprache fand". Sprache im Nationalsozialismus. Versuch einer historischen Argumentationsanalyse. – Opladen (Westdeutscher Verlag) 1984. – Darin u. a. S. 91-120: " 'Dein Körper gehört Deiner Nation'. Texte aus der Hitlerjugend"; S. 121-144: " 'Vor der Fahne der Jugend sind alle gleich'. Eine Rede des Reichsjugendführers von Schirach 1938"; S. 208-250: "Sprache im Nationalsozialismus und ihre Analyse.

Sauer, Wolfgang Werner: Schlag nach bei Berning? Anmerkungen zur Renaissance der 'Vokabularien zur ns Sprache'. – Diskussion Deutsch 15 (1984) 319-324

Maas, Utz: Analyse einer Rede des "Reichsjugendführers" Baldur von Schirach aus dem Jahre 1938. – Rhetorik 4 (1985) 133-145

Brackmann, Karl-Heinz/*Birkenhauer*, Renate: NS-Deutsch. "Selbstverständliche" Begriffe und Schlagwörter aus der Zeit des Nationalsozialismus. – Straelen (Straelener Ms.-Verlag) 1988. 223 S.

Sauer, Wolfgang Werner: Der "Duden" im "Dritten Reich", in: Sprache im Faschismus, hg. von Konrad Ehlich. – Frankfurt (Suhrkamp) 1989, 104-119

Küpper, Heinz: Wörterbuch der deutschen Umgangssprache. – Stuttgart (Klett) 1993 (Nachdruck von 1987). 959 S.

Bohleber, Werner/*Drews*, Jörg (Hg.): "Gift, das du unbewußt eintrinkst...". Der Nationalsozialismus und die deutsche Sprache. – Bielefeld (Aisthesis) 1994. 133 S.

Müller, Senya: Sprachwörterbücher im Nationalsozialismus. Die ideologische Beeinflussung von Duden, Sprach-Brockhaus und anderen Nachschlagewerken während des "Dritten Reichs". – Stuttgart (M&P, Verlag für Wissenschaft und Forschung) 1994. 299 S.

Sauer, Christoph: Sprachwissenschaft und NS-Faschismus. Lehren aus der sprachwissenschaftlichen Erforschung des Sprachgebrauchs deutscher Nationalsozialisten und Propagandisten für den mittel- und osteuropäischen Umbruch?, in: Die Sprache der Diktaturen und Diktatoren, hg. von Klaus Steinke, Heidelberg (Winter) 1995, 9-96

Zabel, Hermann: Vorbemerkungen zum Thema "Sprache im Nationalsozialismus", in: Hagen unterm Hakenkreuz, hg. von Jochen Becker/Hermann Zabel, Hagen (Padligur) 1995, 15-18

Schmitz-Berning, Cornelia: Vokabular des Nationalsozialismus. – Berlin (de Gruyter) 1998. 710 S.

19 Die Lebenswelt der Jungen und Mädchen in den Lagern der "Erweiterten Kinderlandverschickung" (KLV-Lager)

19.1 Überblick

Beginn und organisatorische Leitung. – Am Anfang der "Erweiterten Kinderland-verschickung" (allgemein und so auch hier vereinfachend "KLV" genannt) steht ein streng vertrauliches Rundschreiben des Reichsleiters Martin Bormann vom 27. September 1940, gerichtet an alle obersten Reichs- und Parteistellen:

"Der Führer hat angeordnet, daß die Jugend aus Gebieten, die immer wieder nächt-liche Luftalarme haben, auf der Grundlage der Freiwilligkeit in die übrigen Gebiete des Reiches geschickt wird ... Die Unterbringung erfolgt, soweit wie möglich, schul-bzw. klassenweise. Die Lehrkräfte der Heimatschulen werden zu einem erheblichen Teil bei der Unterbringungsaktion mit eingesetzt und sorgen für eine Aufnahme des Schulunterrichts in ausreichendem Maße in den Unterbringungsorten. Die Unterbrin-gung erfolgt in Jugendherbergen, Gaststätten und anderen geeigneten Räumen... Mit der Durchführung dieser Maßnahme hat der Führer Reichsleiter Baldur von Schi-rach beauftragt, zu dessen Unterstützung insbesondere die NSV, die Hitler-Jugend und der NS-Lehrerbund tätig sein werden. Die NSV übernimmt die Verschickung der vorschulpflichtigen Kinder und der Kinder der ersten vier Schulklassen. Die Hitler-Jugend übernimmt die Unterbringung der Kinder vom fünften Schuljahr an. Die Un-terbringung beginnt am Donnerstag, dem 3. Oktober 1940... Die Gauleiter haben ferner eine einheitliche Werbung und Propaganda bei den Eltern zwecks freiwilli-ger Meldung der Kinder für die Landverschickung durchzuführen... Eine öffentliche Propaganda, insbesondere durch die Presse, hat nicht zu erfolgen. Beim Eintreffen der Jugendtransporte kann in der örtlichen Presse des Empfangsortes kurz berichtet werden. Nach einer Anordnung des Führers ist jedoch hierbei nicht von einer Evakuie-rung, sondern lediglich von einer Landverschickung der Großstadtjugend zu sprechen. Rückfragen sind an Reichsleiter von Schirach zu richten".

Diese Anordnung – sie hatte sozusagen Gesetzeskraft – ist typisch für Hitlers Re-gierungsstil. Er pflegte auch wichtigste Dinge oft nur mündlich, im Gespräch mit Bormann, zu regeln, der alles Weitere zu veranlassen hatte. Federführend als zen-trale Dienststelle war die Reichsjugendführung. Dienststelle KLV, Hauptabteilung III, Berlin-Charlottenburg, Kaiserdamm 45. Seit dem 1. Juni 1942 war der Hauptbann-führer Eberhard Grüttner "Chef der Dienststelle KLV der Reichsjugendführung" (Die Hitler-Jugend im Kriege, 23. Bericht, Februar 1943, S. 10).

Vorläufer der KLV. – Insgesamt vier Vorläufer der im Oktober 1940 beginnenden KLV-Aktion lassen sich ausmachen:

1. Die von der NSV als Trägerin der Wohlfahrtspflege seit 1933 organisierte (ihrer-seits an ältere bis ins 19. Jh. zurückreichende Vorläufer anknüpfende) "Kinder-landverschickung" (dazu vgl. Willi Feiten, Der nationalsozialistische Lehrerbund, Weinheim 1981, 191), bei der die HJ eine gewisse Mitwirkung leistete, die sie

im Eigenlob überbewertete (Baldur von Schirach, Die Hitler-Jugend, Berlin 1936, 113. 122. 233).

2. Die seit der Jahrhundertwende zahlreich entstandenen privaten reformpädagogischen Landerziehungsheime. Von Schirach war als Junge selbst Schüler einer solchen Einrichtung.

3. Die Schullandheime; so konnte in einer "Vorbemerkung der Schriftleitung" zu O. Freyer (in: Der Deutsche Erzieher, Jg. 1942, S. 255) die KLV als "die umfangreiche Verwirklichung der revolutionären Erziehungsform, wie sie in der Schullandheimbewegung des NSLB... schon seit vielen Jahren gefordert und praktisch erprobt worden ist", betrachtet werden.

4. Der allgemeine HJ-Lagerbetrieb in Gestalt von Sommerlagern, Schulungslagern, Ausleselagern usw.

Die Darstellung und Bewertung der KLV vor 1945. – Vorab ist zu sehen, daß der Aufenthalt der Jugendlichen in den KLV-Lagern im Sinne der "Zweiten Durchführungsverordnung zum Gesetz über die Hitler-Jugend (Jugenddienstverordnung)" vom 25. März 1939 als Erfüllung der "Jugenddienstpflicht" galt. So heißt es im Erlaß des Jugendführers des Deutschen Reiches vom 12. August 1941 (abgedruckt bei Edgar Randel, Die Jugenddienstpflicht, Berlin 1942, S. 110): "In den Lagern der KLV werden die dort untergebrachten Jungen und Mädel nach den Erziehungsgrundsätzen der Hitler-Jugend körperlich, geistig und sittlich im Geiste des Nationalsozialismus zum Dienst am Volk und zur Volksgemeinschaft erzogen. Das Gemeinschaftsleben der Jugendlichen dient damit der Erfüllung ihrer Jugenddienstpflicht". Ähnlich W. Knopp (in: Das Junge Deutschland 38, 1944, 105): "Das Gemeinschaftsleben in den Lagern der Erweiterten Kinderlandverschickung ist ebenfalls Dienst in der Hitler-Jugend und unterliegt den Bestimmungen der Jugenddienstverordnung vom 25. März 1939".

Die beteiligten HJ-Führer rühmten regelmäßig ihr eigenes Tun, zum Beispiel Albert Müller (Sozialpolitische Erziehung, Berlin 1943, 28: "größtes Erholungswerk aller Zeiten") oder der Autor eines Artikels in: Die Hitler-Jugend im Kriege, Nr. 28, September 1943, S. 6: "Das größte Sozialwerk aller Zeiten". Eine rühmende zusammenfassende Darstellung der KLV gab es auch in der Ausstellung "Jugend im Reich", die im Januar 1942 in der Berliner Nationalgalerie gezeigt wurde (Weltanschauung und Schule 6, 1942, 42).

Gerhard Dabel (in: Das Junge Deutschland 36, 1942, 231) sagt zur Sache: Neben dieser Gefahr (durch Luftangriffe) "ist der Hauptgrund für die erweiterte Betreuung der Jugend die gewaltige Anspannung, welcher die deutschen Familien heute in der Heimat unterworfen sind. Die KLV hat vor allem den erwerbstätigen Müttern oftmals die schwere Last und Sorge abnehmen können, neben der anstrengenden Arbeit für das Wohl und die Gesundheit ihrer Kinder sorgen zu müssen". Dieser "Hauptgrund" unterliegt Zweifeln; denn überwiegend mußten Mütter mit Kleinkindern oder schulpflichtigen Kindern in der ersten Kriegshälfte nicht berufstätig sein. Von diesem Grund weiß denn auch von Schirach selbst nichts, auch nicht in seiner Autobiographie (Ich glaubte an Hitler, Hamburg 1967, 269-271 zum KLV-Thema). Dabel will also wohl – wie seine Kollegen – die KLV als soziale Wohltat herausstreichen. Entlarvend sprach der seinerzeitige Volksmund von "Kinderlandverschleppung", wodurch dokumentiert wird, wie unglaubwürdig die angebliche Dominanz einer sozialen Zielsetzung erschien. Die etwas verniedlichende und verharmlosende amtliche Bezeichnung

"Kinderlandverschickung" wurde so bloßgestellt. Intern wurde übrigens offen gesprochen vom schulischen Zurückbleiben "infolge des Luftkrieges und der Verschickung" (Reichsarbeitsgemeinschaft für Jugendbetreuung, Mitteilungsdienst, Folge 5, Januar 1945, S. 6). Gewiß ist zahlreichen Kindern durch die KLV das Leben gerettet worden, doch kann dabei nicht vergessen werden, daß gleichzeitig viele Hunderttausend "nichtarische" Kinder ins Gas geschickt wurden.

Die tatsächlichen Ziele der KLV. – Gewiß wäre es ohne die gegnerischen Luftangriffe nicht zur KLV gekommen. Ebenso sicher ist aber, daß die Hitler-Jugend Hitlers "Anordnung" als Chance erkannte, die von ihr seit längerem – über eine Bedeutungsminderung der Schule – angestrebte "Einheit der Erziehung" wenigstens teilweise zu realisieren; denn das abgeschlossene Lager-Milieu mit seinem straffen Dienstbetrieb und der kontinuierlichen NS-Erziehung war eine unverhoffte Möglichkeit, früher als erwartet die Maxime des Reichserziehungsministers Rust zu realisieren: "Nationalsozialist wird man nur in Lager und Kolonne". Auch die seinerzeitige BDM-Führerin Melita Maschmann wußte, daß die erzieherischen Möglichkeiten in einem Lager weit besser waren als im normalen Dienstbetrieb (Fazit, Stuttgart 1979, 94). Ja, die Begeisterung der HJ-Führung ging so weit, daß man schon 1942 hier eine "Erziehungsform" sah, "die auch in Zukunft (d. h. nach dem Krieg; Anm. des Verf.) nicht mehr aus der deutschen Volkserziehung wegzudenken ist" (Gerhard Dabel, in: Das Junge Deutschland 36, 1942, 233). So ist der Bewertung von Fritz Steiner (Diss. Innsbruck 1998, S. 2) zuzustimmen: "Das Programm der KLV sah bei Kürzung des Unterrichts vor, in den Lagern das NS-Gedankengut intensiv, fernab von jedem anderen Einfluß, an die Schülerinnen und Schüler heranzubringen und aus ihnen gefestigte Nationalsozialisten zu bilden. Diese schulische Maßnahme sollte auch nach dem 'Endsieg' beibehalten werden. Der 'Schutz der zukünftigen Soldaten und Gebärerinnen' in den KLV-Lagern war ein weiteres Ziel".

Offensichtlich gehörte zu der von der HJ betriebenen 'Revolution der Erziehung' eine neuartige Kombination von Schule und Lager, eine "Lagerschule", für welche die KLV ein willkommener Erprobungsort war (dazu Harald Scholtz, Erziehung und Unterricht unterm Hakenkreuz, Göttingen 1985, 9; vgl. ders., in: Universitas 43, 1988, 471). Hinzu kam, dass KLV-Lager in den besetzten Gebieten Europas gewissermaßen auch wie Vorposten die Macht des Deutschen Reiches repräsentierten: "So dienten die KLV-Lager in den okkupierten oder verbündeten Ländern nicht vorrangig der Bewahrung vor dem Bombenterror, sie bedeuteten eine Repräsentanz des Reiches, ersetzten militärische Besetzer, waren also eine Art Jugendgarnison, welche den Eltern kein Mitspracherecht über den Aufenthalt ihres Kindes zubilligte" (Harald Scholtz, in: Universitas 43, 1988, 471).

Die Hitlerjugend erstrebt die Führung in der KLV. – Die zielstrebige Machtausweitung der HJ läßt sich in ihren einzelnen Schritten verfolgen. Zunächst heißt es noch: "Die HJ hatte den Transport und die Lagerbetreuung der Jugend übernommen, der NSLB stellte die Lagerleiter und wählte die Lehrkräfte aus, die in die Lager als Unterrichtende abgeordnet wurden" (Weltanschauung und Schule 6, 1942, 42; allerdings wird hier bereits der Anteil der NSV verschwiegen!). Im Jahre 1944 ist dann bereits enthüllend die Rede von "Lagerleitung und Lagerführung, also Schule und Hitler-Jugend" (C. Janicke, in: Das Junge Deutschland 38, 1944, 117), wobei der HJ-Lagerführer offenbar nicht mehr wie bis 1943 dem Lagerleiter unterstellt, sondern ihm gleichgestellt ist. Schließlich kann durch Erich Fehlberg (in: Das Junge Deutschland 38, 1944, 142) schlankweg gesprochen werden von "den von der Hitler-Jugend geführten KLV-Lagern".

Der Bedeutungsverlust des NSLB infolge seiner Stillegung im Februar 1943 schlug also voll auf den Status des Lehrer-Lagerleiters durch, so daß von Schirach "alle Machtbefugnisse der KLV" an sich ziehen konnte und beim Reichserziehungsministerium nur noch eine eher formale staatliche Schulaufsicht über die KLV-Lager lag (Willi Feiten, Der nationalsozialistische Lehrerbund, Weinheim 1981, 192); vgl. Erich Fehlberg, in: Das Junge Deutschland 38, 1944, 143, zu der ab 1. 7. 1944 neuen Institution des "Gebietslagerleiters", der jeweils dem "Gebietsbeauftragten KLV" der Hitlerjugend zugeordnet wurde; dieser Gebietslagerleiter war ein Lehrer, formal dem Reichserziehungsminister unterstellt, aber anscheinend nur noch begrenzt handlungsfähig. Energische Lehrer-Lagerleiter konnten allerdings verschiedentlich 'vor Ort' auch gegenüber der HJ das Heft in der Hand behalten.

1943/44 wurden in allen west- und norddeutschen Großstädten sowie in Berlin die Eltern durch die angebliche Schließung aller Schulen genötigt, ihre Kinder in die KLV zu geben (dazu Erich Fehlberg, in: Das Junge Deutschland 38, 1944, 141: "... findet ein Schulunterricht am Heimatort grundsätzlich nicht statt"). Da aber auch in den großen Städten nicht alle Schulen zerstört oder kriegsbedingt umfunktioniert waren, wurde dann im Nachhinein doch wieder notgedrungen da und dort für die trotz Druck zu Hause gebliebenen Jugendlichen Schulunterricht angeboten, "sofern Schulräume und Lehrkräfte hierzu zur Verfügung stehen und die erforderlichen luftschutzmäßigen Sicherungen getroffen worden sind" (Fehlberg, S. 142). Solche Nachrichten lösten bei den Eltern der KLV-Kinder Rückkehrwünsche aus, die von der zuständigen HJ-Stelle regelmäßig abschlägig beschieden wurden. Hinzu kam der Umstand, daß an den meisten von der totalen Verlegung betroffenen Schulen ein hoher Prozentsatz der Schüler privat zu Schulen in relativ bombensicheren Kleinstädten evakuiert war (zur Lage in Essen z. B. Gabriele Lang, in: Mädchenbildung in Deutschland, hg. von Wilfried Breyvogel, Essen 1996, 191).

Zum Innenleben der KLV-Lager. – Sehr nachteilig wirkte sich aus, daß nur in den Kernfächern unterrichtet werden konnte. So hatten etwa in einem aus zwei Schulklassen bestehenden Lager zwei Lehrer alle Fächer zu bedienen (Beispiel: KLV-Lager des Essener Burggymnasiums in Jince, Böhmen, im Sommer 1941). Zwangsläufig mußten Lehrer dabei auch in Fächern unterrichten, für die sie keine Fakultas hatten. Der Unterricht litt auch unter den zahlreichen zum Teil epidemischen Erkrankungen der Kinder an Scharlach, Diphterie und anderem, samt der damit verbundenen Quarantäne. Grundsätzlich gilt: "Die Erziehung zu weltanschaulich gefestigten Nationalsozialisten war das erklärte Ziel der Kinderlandverschickungslager. Der schulische Unterricht war auf das Allernotwendigste beschränkt, und die außerschulische Erziehung wurde der HJ bzw. dem BDM überlassen" (Fritz Steiner, Erweiterte Kinderlandverschickung im "Reichsluftschutzkeller" Tirol, Diss. Innsbruck 1998, 312).

Die Lagermannschaftsführer und Lagerunterführer der HJ waren meist selbst höhere Schüler und gewöhnlich für jeweils drei Monate im Einsatz. Nicht wenige kamen von NS-Eliteschulen (Napola, AHS), was zur Folge hatte, daß manche Jungenlager sich in eine Art Kadettenanstalt verwandelten. Aber auch so gab es ein Leben nach Tages- und Wochendienstplan, der am Schwarzen Brett aushing. Die Abläufe waren geregelt und durchorganisiert vom morgendlichen Wecken mit der Trillerpfeife, Frühsport, Flaggenhissen (dazu eine informative Abb. z. B. bei Gabriele Lang, in: Mädchenbildung in Deutschland, hg. von Wilfried Breyvogel, Essen 1996, 163) usw. bis zum abendlichen Flaggeeinholen auf dem Appellplatz. Es wurde eine Unmenge von Liedern gelernt und gesungen, die zum Teil ein hohes Maß an politisch-weltanschaulicher Indoktrination vermittelten. Dazu kamen die Heimabende (mit weltanschaulicher Schulung), Ausmärsche, Geländespiele, nächtliche Lagerfeuer, Schweigemärsche, sonntägliche Morgenfeiern und die traditionellen NS-Feiertage (vom 30. Januar, dem Tag der 'Machtübernahme', über Hitlers Geburtstag am 20. April bis zum 9. November und zur Wintersonnenwende). In Mädchenlagern ging es etwas sanfter zu (z. B. morgendliches Wecken z. T. durch eine Singgruppe auf den Fluren, weniger Kampflieder und "Ordnungsübungen").

Sowohl in Jungen- wie in Mädchenlagern gab es unnachsichtige Abstrafungen für jeden und jede, die tatsächlich oder vermeintlich "aus der Reihe tanzte", etwa Lagerkeile, Lageracht, 'Hl. Geist', 'Femegericht', manches zweifellos Ausdruck einer "abscheulichen Quälsucht gegenüber Außenseitern und Schwachen" (dazu Katharina Rutschky, in: Zeitschrift für Pädagogik 29, 1983, 505). Solches wurde von der Lagerleitung beziehungsweise Lagerführung durchaus toleriert, ja sogar befürwortet, selbst eine Grausamkeit wie der "hl. Geist" (nächtliches Verprügeln mit Koppeln und Schulterriemen usw.), wie die Quellen belegen (O. Freyer, in: Der Deutsche Erzieher, Jg. 1942, S. 257). Erst 1944 kam es in einer maßgeblichen HJ-Quelle wenigstens zum Vorschlag eines Verbots des "hl. Geistes" (bei Walter Tetzlaff, Das Disziplinarrecht der Hitler-Jugend, Berlin 1944, 152, innerhalb eines Anhangs "Entwürfe zum Disziplinarrecht der Hitler-Jugend. Dritte Durchführungsverordnung zum Gesetz über die Hitler-Jugend"; das Kriegsende kam indes schneller als diese geplante "Dritte Durchführungsverordnung"). Daß auch offenkundige Brutalität von einem KLV-Lagerleiter nicht im geringsten als solche empfunden wurde, belegt ein Bericht der oben genannten Quelle (Der Erzieher, Jg. 1942, S. 257): Hier wird als absolut normales Geschehen berichtet, wie sich ein Junge "bei der Hechtrolle über sechs Mann einmal den Arm gebrochen hatte".

In manchen KLV-Lagern außerhalb des Reichsgebietes lebten die Insassen fast wie auf einer Insel (mit Ausgehbeschränkung, Postzensur, Verbot des Telefonierens mit den Eltern, kaum Kontakte zur nichtdeutschen Bevölkerung; über Radio und Zeitung verfügte allenfalls ein Lehrer in seinem Zimmer, usw.). Ab 19. September 1941 mußten auch die Juden im Protektorat Böhmen und Mähren den gelben Stern tragen (Kárný 1997, 85). Niemand erklärte den erstaunten Schülerinnen und Schülern, wenn sie in tschechischen Städten "Sternträger" sahen, was es damit auf sich hatte.

Es gab KLV-Lager, die Religionsunterricht (außerhalb des Lagers!) ermöglichten, die Regel war es aber nicht (zur Sache besonders Georg Braumann in verschiedenen seiner unten aufgelisteten Arbeiten; zu kirchlichen Vorbehalten gegen die KLV siehe Heinz Boberach, Hg., Meldungen aus dem Reich, Neuwied 1965, 234; Gerhard Kock 1997, 280 f.). Von Schirach hatte einmal in einer Rede an die deutschen Eltern hoch und heilig versprochen: "Ich habe nichts dagegen, daß außerhalb dieses Dienstes jeder Jugendliche religiös dort erzogen wird, wo das seine Eltern wollen oder er selber es will. An den Sonntagen wird während der Kirchzeit grundsätzlich kein Dienst angesetzt werden, so daß jedem Gelegenheit gegeben ist, die Kirchen seiner Konfession besuchen zu können" (Das Junge Deutschland 31, 1937, 47). Tatsächlich war aber in den Hunderten von KLV-Lagern außerhalb des Reichsgebietes aus den verschiedensten Gründen ein sonntäglicher Kirchbesuch nur schwer oder gar nicht möglich.

Zur heutigen Bewertung der KLV-Lager. – Viele Zeitzeugen erinnern sich freundlich an ihre KLV-Zeit, andere haben ungute Erinnerungen, bei den meisten ist die heutige Bewertung differenziert: Sie werten als positiv, daß ihr Erfahrungshorizont sich weitete, daß sie Selbsthilfe und Anpassungsfähigkeit erlernten, daß sie, oft aus beengten häuslichen Verhältnissen kommend und ohne zuvor reisen zu können, jetzt staunend ferne, fremde, großartige Landschaften kennenlernten, daß sie als Stadtkinder auf Märschen oder Wanderungen die Natur in allen ihren Formen erlebten, daß sie neben politischen Kampfliedern auch viele für sie schöne Volks- und Heimatlieder lernten und immer wieder mit Freude sangen – so weit, so gut. Sie werten negativ, daß sie oft jahrelang vom Elternhaus abgeschnitten waren, daß ihre Post zensiert wurde und ihre persönliche Freiheit – was immer sie darunter verstanden – stark eingeengt war, daß sie nicht selten unter Heimweh und Krankheiten litten und die Zukunft im Grunde unsicher und düster war, daß sie ab Herbst 1943 in die absurde Situation gerieten, selbst in bis dahin als sicher geltenden Regionen (z. B. in der Steiermark) durch von Süden her anfliegende Bomberverbände oft Fliegeralarm zu haben und daß in ihrer Nähe die Flak schoß, daß sie in den Wirren des Frühjahrs 1945 nach Auflösung der Lager nicht selten in schwierige oder gefährliche Situationen gerieten und nur mit Mühe oder lange nach Kriegsende in die Heimat zurückkehrten, daß der schulische Neubeginn oder der Einstieg ins Berufsleben 1945/46 sehr erschwert war. Nicht wenige sind sich bewußt, daß es unangemessen ist, "von idyllischen Bergbächen und Singstunden in einem besetzten 'Protektorat'" zu schwärmen (dazu Gabriele Lang, in: Mädchenbildung in Deutschland, hg. von Wilfried Breyvogel, Essen 1996, 160), da Deutsche den Tschechen zu Recht als feindliche Besatzer galten.

Auffällig wenig Zeitzeugen erinnern sich an Details der politischen Indoktrination, obwohl sie doch allgegenwärtig war, z. B. bei den täglichen Flaggenritualen morgens und abends mit dem Singen entsprechender Lieder und dem Rezitieren markiger Sprüche. Aber auch dem Fisch im Wasser ist dessen Nässe nicht bewußt (vgl. zur Sache Gabriele Lang, a. O., S. 165). Nur wenige ehemalige Lagerinsassen sind sich darüber im Klaren, "daß nur der Staat wirklich fürsorglich ist, der gar nicht erst einen Krieg anzettelt" (Sylvelin Wissmann, Es war eben unsere Schulzeit, Bremen 1993, 292), daß die sogenannte "Fürsorgemaßnahme" insofern "eine zynische Propagandalüge war" (Benjamin Ortmeyer, Schicksale jüdischer Schülerinnen und Schüler in der NS-Zeit, Witterschlick/Bonn 1998, 685 f.).

Bedenkenswert sind schließlich auch Aussagen von Zeitzeugen, die während des Krieges lange in Lagern lebten, daß sie nach 1945 Mühe hatten, ein selbstverantwortliches Leben in der "Freiheit" zu führen. Das Lagerleben konnte durch langjährige Gewohnheit fast 'süchtig' machen.

19.2 Quellen

Die *Kinderlandverschickung* der HJ. – Das Junge Deutschland 28 (1934) 181 und
   ebd. 28 (1934) 253. 285-286. – "Erholungspflege" für "die erbbiologisch wertvollen erholungsbedürftigen Jungen und Mädel", denen "durch Landaufenthalt

oder im Zeltlager Stärkung und Kräftigung an Leib und Seele zuteil wird". Es handelt sich bei dieser Maßnahme, von der mehr als 50 000 Kinder erfaßt wurden, um eine "Stützung des blutmäßig wertvollen Teiles" des deutschen Volkes. Die Verschickungsdauer betrug 4 Wochen. "Hitler-Jugend-Führer und BDM-Führerinnen übernehmen in den Zügen und in den Aufenthaltsorten die Betreuung dieser Kinder". Dies ist ein Vorläufer der 1940 beginnenden "Erweiterten KLV", die ebenfalls "Nichtarier" ausschloß.

Haack, Ilse: Erfolgreiche Jugenderholungspflege! – Das Junge Deutschland 34 (1940) 178-181. – "Die Kinder-Landverschickung ist für Kinder (Knaben bis zu 15, Mädchen bis zu 13 Jahren) gedacht, die organisch gesund, jedoch erholungsbedürftig... sind". Sie ist ein "Kernstück völkischer Wohlfahrtspflege... Die Zahl der seit 1933 entsandten Kinder und Jugendlichen beträgt 4 286 941". – Dieser Aufsatz befindet sich in Nr. 8 (1. August 1940) des Jahrgangs 34 von "Das Junge Deutschland", erschien also kurz vor Beginn der "Erweiterten KLV" im Herbst 1940.

Weihnachten. Material für die Kulturarbeit im Kriege, Heft 3. Hg. vom Kulturamt der Reichsjugendführung für die kulturelle Schulung der Hitler-Jugend. Für den Inhalt verantwortlich Oberbannführer Siegfried *Raeck*. – Zusammenstellung Leni *Nölle*. – Berlin (Elsnerdruck) [o. J., 1940]. 64 S. – Zum KLV-Thema S. 34-41: "Vorweihnacht und Weihnachten im Lager"; S. 47-49: "Vorschlag für eine vorweihnachtliche Feier des Lagers"; S. 49-59: "Die Weihnachtsfeier".

Richtlinien für die Ernährung in den Lagern der erweiterten Kinderlandverschickung. Hg. von der NSDAP. Hitler-Jugend-Reichsjugendführung, Dienststelle Kinderlandverschickung. – Berlin 1940. 52 S. – Mit detaillierten Vorschriften und Ratschlägen, u. a. zum Thema "Wildgemüse" (S. 40-44), "Anbau und Verwendung von Kräutern in den Lagern der erweiterten KLV" (S. 44-47), "Cebion-Aktion" (S. 51).

Die erweiterte Landverschickung von Kindern aus Großstädten. Von Heinrich *Schultz*, Oberbannführer in der Reichsjugendführung. – Das Junge Deutschland 34 (1940) 261-262. – "Der Führer hat der Partei den Auftrag gegeben, die Verschickung von Kindern aus Großstädten auf das Land... in verstärktem Maße durchzuführen, um sowohl die Jugendlichen vor gesundheitlichen Schäden zu bewahren, die ihnen durch häufigere Fliegeralarme und den Aufenthalt in ungenügenden Luftschutzkellern entstehen können, als auch eine ungehinderte Weiterführung des Schulunterrichts und der Gemeinschaftserziehung sicherzustellen. Die Unterbringung der verschickten Kinder in den Aufnahmegauen erfolgt bei den 6- bis 10jährigen Jugendlichen in den herkömmlichen Familienpflegestellen und bei den 10- bis 14jährigen Jungen und Mädeln in Gemeinschaftslagern, die in Jugendherbergen, Schullandheimen, Hotelbetrieben, Gaststätten usw. eingerichtet werden... Die Durchführung des Schulunterrichts in den Lagern erfolgt durch beauftragte Lehrer des NSLB, die aus den Großstädten mitgekommen sind und zugleich die Gesamtverantwortung für das Lager tragen. Ihnen zur Seite stehen Unterführer der HJ... Auf allen Gebieten ist Vorsorge getroffen, um der erweiterten Landverschickung als einer großen großen sozialen Maßnahme der Kriegszeit vollen Erfolg zu gewährleisten".

Erweiterte Kinderlandverschickung, *Anweisungen* für die Jungen- und Mädellager. 2. veränd. Ausgabe. Hg. von der Dienststelle Reichsleiter v. Schirach. – Berlin-Charlottenburg (Reichsjugendführung) 1941 (zuerst 1940; 1943[4]). 61 S. – Die Unterschiede der einzelnen Auflagen lassen erkennen, daß die HJ erfolgreich bemüht war, ihren Einfluß auf Kosten der Lagerleiter-Lehrer zu erweitern.

Gerhardt, Barbara: Wissen als Eroberung. Anregungen aus einem Lager der Kinderlandverschickung. – Weltanschauung und Schule 5 (1941) 134-138. – "Die großen schulischen Erfolge in den Lagern der Kinderlandverschickung werden von den Beteiligten außer auf die größere körperliche Gesundheit und Gesammeltheit der Kinder darauf zurückgeführt, daß derselbe Lehrer, der den Unterricht führt, auch die Schularbeiten lenkt" (S. 134).

Kessel, Helma: Hamburger Kinderlandverschickung. – Nationalsozialistische Mädchenerziehung 7 (1941) 149-151. – Bericht über die KLV in Bayreuth. Die Autorin sieht sich in der Tradition der "Schullandheim-Arbeit". "Sobald die Eltern erfuhren, daß Lehrkräfte der eigenen Schule die Betreuung übernehmen wollten, schwanden alle Bedenken, hatten sie uns doch des öfteren schon ihre Kinder für den Schulheim-Aufenthalt anvertraut". Allerdings: "Betrübend waren die Erfahrungen, die wir mit manchen Eltern machen mußten... Sie erfaßten nicht den Sinn dieses hohen Unternehmens, bestanden nur auf ihren sogenannten Rechten". "Wir Lehrerinnen tragen die Gesamtverantwortung für die Führung des Lagers". Im übrigen vermutet die Autorin, daß die "Erziehungsform" der KLV-Lager "sich auf die Weiterentwicklung der Schule auswirken" kann, daß also diese Gemeinschaftserziehung sozusagen Modellcharakter hat. – Zur Beruhigung der Eltern gab es u. a. "Die Prager Burg. Elternbrief der Erweiterten Kinderlandverschickung in Böhmen und Mähren" (1941-1943), Bundesarchiv ZSg 140/86.

Nachrichtenblatt KLV. Erscheint nach Bedarf. Verbindlich für alle Lagerleiter(innen), Lagermannschaftsführer, Lagermädelführerinnen und Wirtschaftsleiter. – Verteiler: Lagerleiter(in), Lagermannschaftsführer, Lagermädelführerin, Wirtschaftsleiter. – Nachrichtlich an: Gauleitung, Gaubeauftragter, Gauamtsleitung NSV, Gebietsführer, Gebietsmädelführerin, O.-Abt., Pr.-Abt., Verwaltungsabteilung, Gebietsbeauftragter (Inspekteure einschl.), Rücklage, Dienststelle KLV. – Das "Nachrichtenblatt KLV" erschien in den einzelnen "Gebieten" der HJ. – Bundesarchiv ZSg 140/104.

Neeck, Elisabeth: Brief an unsere Leserinnen aus der Kinderlandverschickung. – Nationalsozialistische Mädchenerziehung 7 (1941) 176-177. – Bericht über ein KLV-Lager von Potsdamer Kindern an der pommerschen Küste (66 Mädchen, 10-13 Jahre alt; 3 BDM-Führerinnen).

Schulungsdienst der Hitler-Jugend. Sonderausgabe für die Heimabendgestaltung der Lager der erweiterten Kinderlandverschickung [undatierte Einzelhefte, um

1942/43]. Themen einzelner Hefte z. B.: "In allem aber bist du Pimpf!"; – "Unsere Märchen"; – "Nordische Göttersagen"; – "Nur der Freiheit gehört unser Leben"; – "Von Schelmen und lustigem Volk". – Eine mit dem Lesestoff "Nordische Göttersagen" verbundene Intention läßt das diesem Heft vorausgeschickte Titelwort erkennen: "Treu leben, todtrotzend kämpfen, lachend sterben! (Edda)", das offenbar der "wehrgeistigen Erziehung" vierzehnjähriger Jungen dienen sollte.

Unser Lager. Richtblätter für die Dienstgestaltung in den Lagern der KLV. Verbindlich für Lagerleiter, Lagerleiterin, Lagermannschaftsführer und Lagermädelschaftsführerin. – Herausgeber: Reichsjugendführung, Dienststelle KLV, Hauptabteilung III, Berlin-Charlottenburg, Kaiserdamm 45. Schriftleitung und verantwortlich für die Hefte April-Mai 1943 und Oktober 1944 Oberbannführer Gerhard *Dabel*, für weitere Hefte Oberbannführer Kurt *Sandstede*. Zuständig für die Mädelarbeit Hauptmädelführerin Gretel *Seelig* (und, im Heft Oktober 1944, Mädel-Gruppenführerin Ehrengard von *Krosigk*). – Als "Sonderausgabe 'Unser Lager' 1/45" erschien im Januar 1945 ein "Jahresdienstbuch 1945". Es wurde "aus kriegsbedingten Gründen der Papierersparnis" zugestellt nur "den Führungskräften der KLV-Lager: Hauptlagerleiter(-innen), Hauptlagermannschaftsführer(-mädelführerinnen), Lagerleiter(-innen), Lagermannschaftsführer(-mädelführerinnen)", um diesen "eine vorausschauende Planung ihrer Dienstgestaltung" zu ermöglichen (d. h. bezüglich Morgenfeiern, Heimabende, Dienstunterricht, Sport, Erlernen von Pflichtliedern, Terminkalender, Tagebuch usw., alles bis Dezember 1945). In einer allen Exemplaren beiliegenden gedruckten Anlage wird u. a. um "Anregungen zur Ausgestaltung des Jahresdienstbuches in den kommenden Jahren" gebeten. – Von mir eingesehen wurden die Hefte Februar-Juni 1943, Oktober-Dezember 1943, März-Juli 1944, Oktober 1944, ferner die Sonderausgabe 1/45 und das Jahresdienstbuch 1945. – "Unser Lager" erschien ab 1941.

Erziehungs- und Erlebnisformen in der KLV. – Von Heinrich *Barnhöfer*, z. Z. KLV-Lager Tatra-Lomnitz. – Der Deutsche Erzieher, Jg. 1942, 284-285. – "Die politische Erziehung wurde besonders betont und gepflegt" (u. a. durch Morgenfeiern und Heldengedenkfeiern)... Diese Form der Erziehung zum bewußten Erleben der Lagergemeinschaft bildet die Vorstufe zum Erleben der Volksgemeinschaft. Und dies betrachte ich als die Krönung aller KLV-Erziehung: das 'Erleben der Volksgemeinschaft in kindgemäßer Form'."

Dabel, Gerhard: Lehrer als Lagerleiter. – Das Junge Deutschland 36 (1942) 41-43. – "Reichsleiter von Schirach, als der vom Führer Beauftragte für die erweiterte Kinderlandverschickung (KLV), wies dem NSLB die Aufgabe zu, aus den Reihen der Lehrerschaft die Lagerleiter für die KLV zu stellen... Ein KLV-Lager umfaßt zwischen 20 bis 300 Jungen oder Mädel im Jungvolk- bzw. Jungmädelalter... Verantwortlicher Führer ist der 'Lagerleiter'... Im Schulunterricht größerer Lager treten ein bis fünf 'Lagerlehrer' hinzu. – Hitler-Jugend und BDM stellen geeignete Führer und Führerinnen, die als 'Lagermannschaftsführer' bzw. 'Lagermädelschaftsführerinnen' die Betreuung und Führung ihrer Jungen und Mädel im Hitler-Jugend-Dienst, in der Freizeit, auf Fahrten, beim Basteln, Singen, Ordnungsdienst usw. übernehmen. Sie erhalten ihre Weisungen durch eine vorher besuchte KLV-Führerschule und durch den Inspekteur des Aufnahmegebietes, sind aber dem Lagerleiter als oberstem Verantwortlichen des Lagers unterstellt... Gewiß sind bei dreitausend Lagern auch Widerstände, die im Persönlichen liegen, aufgetreten"... Die gesamte organisatorische Durchführung u. Wirtschaftsleitung wurde "den Dienststellen der Hitler-Jugend ("Gebietsbeauftragter für die KLV") übertragen". "Im Rahmen der straffen Führung der Lager" bedarf es ins Jugendliche zu übertragender "soldatischer Grundsätze". Besonders Lehrer, die alte Weltkriegsteilnehmer waren, vermochten es schnell, "die Jungen... zu einer zuchtvollen Gemeinschaft zu formen". Die KLV-Lager haben "mit der Erzieher-Gemeinschaft Schule-Hitlerjugend für die Gesamterziehung der deutschen Jugend neue Wege aufgezeigt".

Zwei Jahre Erweiterte Kinderlandverschickung. Von Gerhard *Dabel*, Oberbannführer in der Reichsjugendführung. – Das Junge Deutschland 36 (1942) 231-233. – "Im Juni 1942 konnte bereits die millionste Verschickung im Rahmen der Erweiterten Kinderlandverschickung stattfinden". "Hauptgrund" dieser Aktion ist nicht die Luftkriegsgefahr, sondern die Entlastung der erwerbstätigen Mütter. Es mußte "aus der Erfahrung der Hitler-Jugend bei der Durchführung von Zeltlagern, Wanderungen und Fahrten eine neue Art der Jugenderziehung außerhalb des Heimatortes gefunden werden. Das Ergebnis war das KLV-Lager... muß dem Pimpfen und Jungmädel im KLV-Lager in einer Zeit von über sechs Monaten das Elternhaus ersetzt werden"... "In einer künftigen Friedensentwicklung" muß sich "die fast ausschließliche Verwendung von höheren Schülern" ändern zugunsten von berufstätigen HJ-Führern, die jetzt (wegen ihrer Berufstätigkeit) nicht zur Verfügung stehen. Dagegen können gute Schüler oder Schülerinnen "auch ohne große Nachteile einen dreimonatigen Einsatz ohne Unterricht vertragen". "Zwei Jahre KLV-Lager haben Grundlagen geschaffen für eine Erziehungsform, die auch in Zukunft nicht mehr aus der deutschen Volkserziehung wegzudenken ist". – Akzeptiert man die Zahlangabe Dabels ("die millionste Verschickung"), könnte man einer Gesamtzahl von 2,8 Millionen Verschickungen zustimmen (Gerhard Dabel in seiner KLV-Dokumentation von 1981, S. 24), doch ist von der kritischen Diskussion bei Gerhard Kock (1997, S. 134-143) auszugehen, der auf die Zahl 850 000 kommt. Es ist weiterer Diskussionsbedarf. Für Kocks Ansatz spricht eher die hier weiter unten genannte Quelle "Leistungen der KLV-Lager" (1943); vgl. aber auch unten Albert Müller (1943).

Effinger, Alfred: Die Schule im Lager. Wirkungen der KLV. – Das Junge Deutschland 36 (1942) 233-236. - Der Lagerleiter "untersteht 'in lagermäßiger Hinsicht den Gebietsbeauftragten'" (der HJ). Es "ist die Schulaufsicht aus den Händen der Schulräte in die besonderer Inspekteure des NSLB gelegt worden... In gewissem Sinne kann sich die Dienstgestaltung des Lagers an Richtlinien halten; sie sind von der Reichsjugendführung erlassen worden" (Inhalt u. a.: Morgenfeier, politische Zeitungsschau). Die Lehrerschaft ist in den Lagern "mit Hitler-Jugend-Führern und Kindern zu einer Erziehungsgemeinschaft zusammengeschmolzen, die wir nicht mehr missen möchten".

Erweiterte Kinderlandverschickung (KLV) [Vorschriftensammlung,   hg.   von
der Reichsjugendführung, Dienststelle KLV, Hauptabteilung III, Berlin-
Charlottenburg, Kaiserdamm 45] = Gruppe 31 (= S. 3107 ff.) in: Vorschriftenhandbuch der Hitler-Jugend, hg. von der Reichsjugendführung, 3 Bde.,
Berlin 1942. – Inhalt: 31 I Aufbau der Erweiterten KLV; 31 II Durchführung
der Erweiterten KLV; 31 III Werbung und Pressearbeit; 31 IV Erfassung
und Entsendung; 31 V Transport; 31 VI Unterbringung; 31 VII Führung und
Inspektion; 31 VIII Lagerordnung; 31 IX Dienstgestaltung; 31 X Schulfragen;
31 XI Gesundheitsführung in der KLV; 31 XII Bewirtschaftung-Verpflegung;
31 XIII Lagerbedarf; 31 XIV Erholungswerk der Hitler-Jugend. – Zu diesem
Vorschriftenhandbuch siehe Gerhard Dabel in seiner KLV-Dokumentation von
1981, S. 24 f.

Die KLV-Lager als neue Erziehungsform. Von O. *Freyer*, KLV.-Lager Kuchl (Salzburg). – Der Deutsche Erzieher, Jg. 1942, 255-258. – Bericht eines Lehrers über
die "KLV-Lagererziehungsarbeit". Sie ist "die umfangreiche Verwirklichung
der revolutionären Erziehungsform, wie sie in der Schullandheimbewegung des
NSLB... schon seit vielen Jahren gefordert und praktisch erprobt worden ist".
Im Hinblick auf die "Lagergemeinschaftserziehung" heißt es z. B.: "Es galt zunächst in straffster Disziplin den Innendienst durchzuführen. Punkt 7 Uhr wurde geweckt. Um 8 Uhr begann der Stubenappell. Dann standen die Jungen vor
ihren tadellos gebauten Betten in strammer Haltung, während der Unterführer
meldete... Das Lager regierte sich selbst! Das war der höchste Triumph der
Einzel- und der Lagererziehung. Es ist schon etwas Großes, wenn 13jährige
Jungen ohne große Beanstandungen durch den Lagerleiter von morgens früh
bis abends spät ihren Dienstplan tadellos durchführen, auch dann, wenn das
Lager zeitweise nicht einmal einen Lagermannschaftsführer besitzt" (S. 255 f.).
Mit Zustimmung des Lagerleiters "machte die Lagergemeinschaft jeden passend, der sich in der Rolle eines Außenseiters gefiel oder etwas tat, was dem
Lager zur Unehre gereichen konnte". So erhält den (Heiligen) "Geist" der "Ego-
ist, der eingebildete Fent, der alles Besserwissende, der große Angeber, der
schäbige Kriecher und der gemeine unkameradschaftliche Patron", der "überall aneckt" und sich nicht freiwillig bessert (S. 257). Die Lagergemeinschaftserziehung wird vielleicht mit ein Weg sein "zum Ziel, den jungen deutschen
Menschen im Sinne nationalsozialistischer Erzieherideen zu formen und der
dann parallel läuft mit den Wegen der nationalsozialistischen Erziehungsanstalten und den Adolf-Hitler-Schulen".

KLV und Erzieher. Von Gauamtsleiter Dr. Heinrich *Küster*, Gauwalter des NS-
Lehrerbundes. – Der Deutsche Erzieher Jg. 1942, S. 312-313. – Die KLV wurde "vom Führer seinerzeit befohlen, und im Auftrage der Partei als Trägerin
der Aktion von der NS-Volkswohlfahrt, dem NS-Lehrerbund und der Hitler-
Jugend in kameradschaftlicher Zusammenarbeit durchgeführt... Das Wesentliche aber, der eigentliche Erfolg der KLV-Aktion... ist die Erziehung zur Gemeinschaft, die Formung des jungen Menschen... die freiwillige Unterordnung unter das oberste Gesetz unseres Reiches: 'Der einzelne ist nichts, das
Volk ist alles'... Die Lagererziehung, wie sie in der Erweiterten Kinderlandver-

schickung durchgeführt wird, ist nach Umfang und Inhalt erstmalig. Sie kann und wird in der Zukunft immer klarer durchdacht und geformt und dadurch zu immer größeren Erfolgen geführt werden".

Schmidt, Adolf: Jugend im Reich. Hg. mit Genehmigung und Unterstützung der Dienststelle Kinderlandverschickung. – Berlin (Junge Generation Verlag) [1942]. 144 S. – Ein Bildband mit Bildern, "welche ein HJ-Führer, der zugleich Lehrer ist, in zwei Jahren aus seiner Arbeit gestaltete". Die Fotos sollen "festhalten, was der Führer den Kindern seiner Soldaten, Arbeiter und aller anderen Volksgenossen trotz des Krieges schenkte" (S. 4). Die KLV ist "die größte soziale Aktion während des Krieges" (S. 3). S. 5-12 einige erzählende Berichte über die Lebenswelt der "Pimpfe und Jungmädel".

Leistungen der KLV-Lager. – Die Hitler-Jugend im Kriege, 27. Bericht (Juni 1943) 5-7; 28. Bericht (Sept. 1943) S. 6. – "Sinn und Wert dieser sozialen Großtat der Partei liegt nicht nur in der Verschickung von Kindern aus luftgefährdeten Gebieten... eine weit größere Bedeutung liegt in der Tatsache, daß die KLV-Lager... sich als Erziehungsstätten erwiesen haben, die in ihrer organischen Kopplung von schulischer Erziehung und Hitler-Jugend-Dienst zu einem hervorragenden Ergebnis der Gesamtentwicklung der Jungen und Mädel führen... Der Sinn für Disziplin und das Gemeinschaftsgefühl wird frühzeitig gefördert und ausgeprägt... das KLV-Lager wurde eine Erziehungsstätte auf nationalsozialistischer Grundlage" (S. 5); S. 5-6 zur "Schulung der Führerschaft" (KLV-Reichsschule). – Juni 1943, S. 6 zur "Betreuung und Lagerausrichtung": "Die Einrichtung der KLV-Lager bietet erstmalig die Möglichkeit, in großem Rahmen und für längere Zeit Jugendliche total zu erfassen" (u. a.: Morgenfeier, Heimnachmittag, politische Schulungsstunde). – Nr. 28 (Sept. 1943), S. 6: "Das größte Sozialwerk aller Zeiten ist die 'Erweiterte Kinderlandverschickung'... 400 000 Jungen und Mädel wurden von Herbst 1940 bis Februar 1943... verschickt... 2500 Gebäude... standen in dieser Zeit zur Aufnahme der Kinder... bereit... Inzwischen hat sich die Zahl der in den KLV-Lagern erfaßten Jugendlichen insbesondere infolge der Schulverlegung sehr erheblich gesteigert".

Müller, Albert: KLV. – Das Junge Deutschland 37 (1943) 52-53. – "Die 'Erweiterte Kinderlandverschickung' bildet nach dem Willen des Führers ein Kernstück der Betreuung der deutschen Jugend. Am 27. September 1940 erhielt Reichsleiter Baldur von Schirach den Auftrag, die Organisation in kürzester Zeit aufzubauen. Schon acht Tage später verlassen die ersten Sonderzüge das Entsendegebiet. Das Jahr 1941 erlebt dann die Entstehung des größten Erholungswerkes aller Zeiten. Unmittelbarer Anlaß war die Sorge des Führers um das Wohl der Jugend in den luftgefährdeten Gebieten. Unabhängig davon sollen alle an der Front kämpfenden Väter und die im Rüstungseinsatz stehenden Mütter Gewißheit haben, daß ihre Kinder auch unter den Umständen des Krieges geschützt und betreut werden... Aus Belgien, Flandern und den Niederlanden konnten über 3000 Jugendliche im Rahmen der KLV vornehmlich in süddeutschen Gauen untergebracht werden... Insgesamt haben zu diesem Zeitpunkt (Ende 1942)

600 000 Jungen und Mädel die Lager der Erweiterten Kinderlandverschickung durchlaufen".

Lager der reichsdeutschen Kinderlandverschickung in Ungarn. Budapest (KLV-Dienststelle. Verantwortlich: Otto *Thomas*) [1943]. [ohne durchlaufende Seitenzählung, 66 Bl.]. – Eine Auflistung mit Angabe der Entsendegaue (Entsendegebiete) und Aufnahmegebiete. Verzeichnet sind nicht nur die einzelnen Lager, sondern auch die Namen der Lagerleiter (Lagerleiterinnen) und die jeweilige Belegstärke.

Lager der Erweiterten Kinderlandverschickung im Generalgouvernement. – Krakau (KLV-Dienststelle. Verantwortlich: Otto *Thomas*) [1943]. [ohne Seitenzählung, 14 Bl.]. – Eine Auflistung mit Angabe der Entsendegaue und Aufnahmedistrikte. Verzeichnet sind nicht nur die einzelnen Lager, sondern auch die Namen der Lagerleiter (Lagerleiterinnen) und die jeweilige Belegstärke.

Die Erweiterte Kinderlandverschickung. Von Regierungsdirektor Heinrich *Wallrabenstein*, Gauwalter im NSLB, Frankfurt (Oder). – Deutsche Schulerziehung. Jahrbuch des Deutschen Zentralinstituts für Erziehung und Unterricht, Jg. 1941/42 (Berlin 1943) 93-98. – "Am 28. September 1940 hat der Führer für die Jugend in den luftgefährdeten Gebieten eine großzügige freiwillige Landverschickung angeordnet. Der von ihm zum verantwortlichen Leiter der gesamten Aktion bestimmte Reichsleiter für die Jugenderziehung der NSDAP, Baldur von Schirach, erließ am 2. Oktober 1940 eine Durchführungsanweisung für die KLV, die Anordnungen des Reichserziehungsministers, des Reichsernährungsministers, des Reichsgesundheitsführers, des Reichswalters des NS-Lehrerbundes und des Reichsschatzmeisters der NSDAP zur Folge hatte ... Für den gesamten HJ-Dienst sind die 'Lagermannschaftsführer' ('Lagermädelschaftsführerinnen') eingesetzt, die dem Gebietsführer des Aufnahmegaues bzw. dem von ihm eingesetzten HJ-Gebietsbeauftragten unterstellt sind ... Der Schulunterricht in den Lagern und dessen Beaufsichtigung wurde dem NS-Lehrerbund und seinem Reichswalter, Gauleiter Fritz Wächtler, übertragen. Die verantwortliche Führung der Lager liegt bei den vom NS-Lehrerbund zu bestimmenden Lagerleitern. Sie unterstehen ebenso wie die Lagerlehrer dem NSLB-Gauwalter des Aufnahmegaues und dem von der NSLB-Gauwaltung des Entsendegaues eingesetzten NSLB-Inspekteur ... Für die technische Durchführung des Lagers werden vom Lagerleiter im Einvernehmen mit den Lagermannschaftsführern laufend 'Führer vom Dienst' ('Mädel vom Dienst') bestimmt" (S. 93 f.). "Im KLV-Lager wird der junge Mensch in seiner Ganzheit erfaßt und erzogen ... War für die KLV-Aktion ursprünglich nur der Sicherheits- und Erholungsfaktor bestimmend, so hat sie sich im Ablauf und Ergebnis als eine wahrhaft sozialistische Leistung und eine revolutionäre Schulungs- und Erziehungstat erwiesen" (S. 98).

Bartel, Otto Ernst: Der Kriegseinsatz der Hitler-Jugend. – Berlin (Deutscher Rechtsverlag) 1944. 137 S. – S. 42-48: "Die Kinderlandverschickung".

Dabel, Gerhard: Erhaltet unserer Jugend ihre Kindheit. – Unser Lager Nr. 10 (Okt. 1944) S. 577-580. – "Aus zwingender Not heraus hat sich der Führer vor vier Jahren entschlossen, seine deutsche Jugend vor dem Luftterror der bestialischen Feinde in Sicherheit zu bringen". Teil der KLV-Lebenswelt ist das "Gebiet der vormilitärischen Ausbildung", doch "darf der Pimpf gar nicht wissen, daß er vormilitärisch erzogen wird. Sein Tarnen, Spähen und sein Luftgewehrschießen sollen ureigenste Bestandteile seines Jungenlebens sein".

Fehlberg, Erich, Bannführer in der Reichsjugendführung: Die geschlossene Schulverlegung. – Das Junge Deutschland 38 (1944) 141-144. – Die "geschlossene Schulverlegung" wird seit 1943 durchgeführt. Seitdem "findet ein Schulunterricht am Heimatort grundsätzlich nicht statt" und es ist "der Übergang von einer der zu verlegenden Schulen auf eine andere Schule des Heimatortes oder dessen unmittelbare Umgebung unzulässig" (S. 141). "Die verlegten Schulen werden zu einem KLV-Hauptlager, die einzelnen Klassen im allgemeinen zu einem KLV-Lager zusammengefaßt" (S. 142). "Mit Wirkung vom 1. Juli 1944 wurden bei den Gebietsbeauftragten KLV die Dienststellen der Gebietslagerleiter eingerichtet. Die Gebietslagerleiter sind Bearbeiter aller sich aus der KLV ergebenden Schulfragen" (S. 143). "In Berücksichtigung vieler Elternwünsche und zugleich aus schulorganisatorischen Gründen wurde... die Einrichtung der Stammschulen und Stammlager geschaffen... Die Einrichtung der KLV-Stammlager/Stammschulen stellt eine neue Schulform im Rahmen der Erweiterten Kinderlandverschickung dar" (S. 144). Im Zusammenhang mit der Schulverlegung gilt: "Die sechs- bis zehnjährigen Schüler und Schülerinnen werden in Familienpflegestellen untergebracht und von der NSV betreut. Jugendliche, die mehr als zehn Jahre zählen, finden in den von der Hitler-Jugend geführten KLV-Lagern Unterkunft" (S. 142).

Fehlberg, Erich, Bannführer in der Reichsjugendführung: Unterricht und Erziehung in der KLV. – Das Junge Deutschland 38 (1944) 38-40 (vgl. ebd. 37, 1943, 104: "Die Leistungen der KLV-Lager"). – Zur Vorbereitung der Lehrkräfte auf ihre Aufgaben wurde "in Podiebrad (Böhmen) eine KLV-Schule für Lagerführer (-führerinnen) errichtet... Die Erziehung in den KLV-Lagern vollzieht sich nach den Grundsätzen der nationalsozialistischen Gemeinschaftserziehung... Konkurrierende Erziehungsfaktoren sind ausgeschaltet... Ein einheitlicher Erziehungswille lenkt die Jugendlichen" (S. 98). "Feierstunden, Heimabende und sportliche Spiele dienen der Gesinnungsbildung. Inwieweit die großen Eigenschaften der Ehre, Treue, Tapferkeit usw. von nachhaltiger Wirkung sind, hängt entscheidend von der Persönlichkeit des Erziehers ab" (S. 39). "Im KLV-Lager bestimmt noch ein anderer Bildungsfaktor die Erziehung des Jugendlichen: der Einfluß der Landschaft" (auf die großstädtische Jugend)... "Eine entscheidende Voraussetzung zum Aufstieg unseres Volkes liegt aber in der Rückführung großer Bevölkerungsteile auf das Land. Nach siegreichem Abschluß des Krieges bedarf dieses Problem einer unaufschiebbaren Lösung. Neben dem Landdienst der Hitler-Jugend wird die KLV für diese Aufgabe vorbereitend wirken können... Schon heute kann die Feststellung getroffen werden, daß nicht nur die schulischen Leistungen der Jugendlichen, sondern deren ganze Entwicklung höher zu werten ist, als das unter den Verhältnissen der Heimatschule möglich war" (S. 40).

Janicke, Chrimhild: Die Berufsberaterin in der KLV. – Das Junge Deutschland 38 (1944) 117-118. – "Grundsätzlich kommen die verschickten Jugendlichen nach ihrer Schulentlassung im Heimatbezirk in die Berufsausbildung, wobei die Mädel zuerst ihr Pflichtjahr abzuleisten haben". So "wurde es notwendig, daß die Berufsberater... in die Lager der KLV fuhren". Vorbereitend wurde vorab schriftliches Material in die Lager geschickt, "wo Lagerleitung und Lagerführung, also Schule und Hitler-Jugend", sich damit beschäftigen konnten.

Liebenow, R.: Gesundung im Jugendkrankenhaus. – Das Junge Deutschland 38 (1944) 94-97. – "So sind die Hilfskrankenhäuser der KLV bewußt jugendgemäß ausgestattet. Der Jugendliche soll das Gefühl haben, in ein Heim der Hitler-Jugend zu kommen, und nicht in ein Krankenhaus. Dies beginnt schon beim Eintritt in die Anstalt. Der Eingang und die Flure sollen Kernsprüche der nationalsozialistischen Weltanschauung als Wandschmuck zeigen, daneben Bilder aus der Jugendbewegung" (S. 95).

Das Disziplinarrecht der Hitler-Jugend. Von Walter *Tetzlaff*, Hauptbannführer und Landgerichtsrat, HJ-Richter in der Reichsjugendführung. – Berlin (Deutscher Rechtsverlag) 1944. 198 S. – S. 139-142: "Lagerordnung der Erweiterten Kinderlandverschickung (Mitteilungsblatt für die Erweiterte Kinderlandverschickung vom 1. 6. 1941)". – "Grundsatz unserer Lagerführung der Erweiterten Kinderlandverschickung ist die Erziehung des Pimpfen und des Jungmädels zur nationalsozialistischen Volksgemeinschaft" (S. 139). "Der Lagerleiter ist für die gesamte Disziplin im Lager verantwortlich" (S. 142).

Dienstvorschrift KLV/10 (Der Beauftragte des Führers für die Erweiterte Kinderlandverschickung). Der Acht Jahres-Schulungsplan der Hitler-Jugend. 1. Ausgabe – 1945. 42 S. – "Die Dienstvorschrift ist verbindlich für die in der Erweiterten Kinderlandverschickung eingesetzten Führungskräfte (gez. von Schirach). Ihre Herausgabe erfolgt in Zusammenarbeit zwischen der Dienststelle KLV und Amt WS der Reichsjugendführung. Der Chef des Amtes WS gez. Griesmayer. Der Chef der Dienststelle KLV i. V. Dabel. – S. 42 ist anhangweise vermerkt: "Verantwortlich: Bannführer Andersen". S. 4-8: "Die Grundthemen im Jahreslauf"; S. 9-42: "Die Monatsthemen in den verschiedenen Jahrgängen". Differenziert jeweils nach "DJ. JM." (d. h. Deutsches Jungvolk, Jungmädel) und "HJ. MB" (d. h. Hitler-Jugend, Mädelbund), also für die 10 bis 14jährigen und die 14 bis 18jährigen Jugendlichen, werden die Grundgedanken und Hauptinhalte der NS-Weltanschauung als Lehr- und Lernstoff vermittelt für die Zeit von 1945 bis 1952/1953. – Aus dem Inhalt: Der "Grundgedanke unserer Weltanschauung" ist "Blut und Boden" (S. 4). – "Das ewige Leben" liegt "allein im Volk" (S. 5). – "Der größte Freudentag unseres Volkes ist der Geburtstag des Führers... (Er ist) Schöpfer und Führer des germanischen Reiches deutscher Nation" (S. 6). – Juli-Thema: "Kampf als Lebensgesetz... das Bekenntnis zum Kampf und Krieg" (Hitler: "Wer leben will, der kämpfe also... "). – "Die weltanschauliche Schulung der Hitler-Jugend will nationalsozialistische Fanatiker erziehen" (S. 8). – "Das deutsche Volk steht in eiserner Disziplin hinter dem Führer und folgt ihm" (S. 9). – "Die Zukunft des deutschen Volkes liegt im Osten... Dort soll ein Wehrbauerntum den mit dem Schwert wiedergewonnenen Boden für alle Zeiten sichern" (S. 15). – "Die Geschichte beweist uns die Notwendigkeit eines großen starken Deutschen Reiches als Ordnungsmacht in Europa... Unter der Führung Adolf Hitlers entstand das Volksreich aller Deutschen, das in Zukunft hineinwachsen und sich zum großgermanischen Reich formen wird" (S. 26). – "Deutschland überwindet das Judentum"... Der Jude "beherrschte den Staat und das deutsche Volk... Der nationalsozialistische Staat schuf Gesetze, die das Eindringen jüdischen Blutes in den deutschen Volkskörper für alle Zeiten verhüten" (S. 27). – "Dein Körper gehört nicht dir, sondern der Nation" (S. 29). – "Mädel, sei gesund an Leib und Seele... Wir sind es unseren Soldaten schuldig, die in dem Glauben fallen, daß gesunde Jungen und Mädel bereit stehen, um das Werk, das sie nicht beenden konnten, fortzuführen... Als Ehepartner wählt das deutsche Mädel nur den deutschen Mann. Wir lehnen daher jeden engen persönlichen Verkehr mit Fremdvölkischen ab. Wer sich mit Fremdvölkischen einläßt, handelt ehrlos und gefährdet die rassische Art unseres Volkes" (S. 30. 32). – "Führer, wir gehören dir" (S. 38). – "Ihr müßt lernen, hart zu sein... Alles Leben ist Kampf... In diesem Kampf siegt das Gesunde und Starke... Der Kampf ist der Vater aller Dinge" (S. 40 f.).

Junge Heimat. Die Lesestunde im KLV-Lager. Hg. von der Dienststelle Kinderlandverschickung (Reichsjugendführung, Berlin), 1941-1945

Stadtarchiv Essen. Akten zur Kinderlandverschickung 1941-1945, betreffend u. a. das Burggymnasium Essen und die KLV-Lager in Zürs und Lech (Vorarlberg). – Eingesehen wurden die Konvolute 45-20869; 45-3747b; 45-4035. – Zu den KLV-Lagern des Burggymnasiums 1941-1943 im damaligen Protektorat Böhmen und Mähren sind nennenswerte Archivalien nicht vorhanden. – Ich nenne die Essener Stadtarchiv-Akten an dieser Stelle, weil sie in gewisser Weise eine Brücke von den gedruckten Quellen zur Sekundärliteratur der Nachkriegszeit bilden.

19.3 Literatur

Auch nach den neuesten Arbeiten zum Thema von Kressel (1996), Schlegel (1996), Kock (1997), Sollbach (1998) und Steiner (1998), die einen beträchtlichen Kenntniszuwachs brachten, bleiben manche Fragen offen, auch deshalb, weil die KLV – wie die HJ überhaupt – ein nach vielen Seiten offenes Forschungsgebiet ist, das sich nur mit einiger Willkür eingrenzen läßt.

So ist noch bezüglich der Gesamtzahl der betroffenen Jugendlichen Diskussionsbedarf. Immerhin sieht es jetzt so aus, daß sich diese Zahl bei etwa 850 000 einpendeln könnte. Aber auch eine starke Erhöhung dieser Zahl ist noch möglich.

Erforderlich wäre, in Fortführung der Arbeit von Naasner und Schmidt (1995), die Erstellung von aktuellen Findlisten zu allen nennenswerten KLV-Aktenbeständen in allen in Frage kommenden Staats- und Stadtarchiven sowie (regional zusammengefaßt) in Schularchiven, ferner eine nach Ländern geordnete Gesamtliste aller 1940-

1945 belegt gewesenen KLV-Lager, samt Belegschulen, Belegstärken und Belegzeiten. Z. B. die Sahrhage-Bestände im Staatsarchiv Hamburg sind sehr ergiebig. Auf dieser Basis könnte mit Aussicht auf Erfolg die tatsächliche Gesamtzahl der verschickten Kinder ermittelt werden. Bis dahin hat die Zahl 850.000 nur Vorläufigkcitscharakter.

Am dringendsten wäre vielleicht die bisher kaum geleistete Erforschung der KLV-Lebenswelt. Sie könnte möglicherweise bei der Beantwortung der Frage helfen, warum die allermeisten Jungen und Mädchen in HJ und BDM fast widerstandslos sich für abwegige Ideen vereinnahmen ließen und Hitlers Fahnen folgten. Zur Lebenswelt gehört auch die oft nichtdeutsche Umwelt. Wie sahen und erlebten deutsche Schüler und Schülerinnen sie, wie dachten Nichtdeutsche über die deutsche Jugend, wenn etwa eine uniformierte Jungvolkkolonne Kampflieder singend durch einen tschechischen Ort marschierte?

Bei fast allen Veröffentlichungen zur KLV vermisse ich den Entwurf eines detaillierten Bildes des nichtdeutschen politischen und sozialen Umfeldes. So hätte beispielsweise die wertvolle Arbeit von Bollmann (1993) noch gewinnen können durch eine Einbeziehung von "Die Hitler-Jugend im Kriege", Nr. 27, Juni 1943 (S. 3-4 zu Dänemark; vgl. auch "Das Dritte Reich im Überblick", hg. von Martin Broszat und Norbert Frei, München 1996, S. 148 f.).

In Kürze werden kaum noch Zeitzeugen leben, die befragt werden könnten. Einen gewissen Ersatz bieten autobiographische Texte aller Art. Angemessen kritisch ausgewertet würden sie manche Wissensstücke füllen.

Gerhard Dabel (1981) hat wertvolle Anstöße gegeben, die nachhaltig gewirkt haben. Doch hätte er besser daran getan, bei seiner Dokumentation mit professionellen Historikern zu kooperieren; denn wenn Akteure der NS-Zeit ihre eigene Geschichte darstellen wollen, gerät sie zu leicht apologetisch. Dieser Gefahr ist Dabel nicht entgangen. Mithin ist seine Sammlung, so erwünscht und wertvoll im Detail sie ist, doch im Ganzen nur mit angemessener Kritik zu benutzen. Schon das Titelbild wirkt etwas verharmlosend und rechtfertigend, und zu oft sind Fakten mit verteidigender Meinung untermischt. Dabels Leistung ist trotz ihrer großen Verdienste nur unter Berücksichtigung der Kritik von Jost Hermand, Als Pimpf in Polen, Frankfurt 1994, 11-14, und Kressel (1996, S. 15 f.) zu benutzen. Kritisches zu Dabel ferner bei Kock (1997) und in: Kinderlandverschickung (Begleitbroschüre zur Ausstellung) Berlin 1995/96, S. 42 f. 56. Zur Kenntnis zu nehmen ist auch die Kritik an Dabel bei Gabriele Lang (in: Mädchenbildung in Deutschland, hg. von Wilfried Breyvogel, Essen 1996, S. 160): "In der Auffassung der Organisatoren erschien die KLV als ein 'großes Werk' zur 'Rettung unserer Jugend vor dem angloamerikanischen Bombenterror', und selbst eine Dokumentation deckt die Hintergründe kaum auf und leistet keine kritische Befragung... muß aber auch angemahnt werden, daß die gleiche Partei, die sich so plötzlich der KLV annahm, einen furchtbaren Weltkrieg verschuldet hat, den die auch durch die KLV geretteten Kinder zu weiteren 'Großtaten' überleben sollten. Eine Verharmlosung der Bestrebungen der nationalsozialistischen Partei mit einem solchen Projekt wie der KLV können wir uns... nicht leisten".

Kocks grundsolides Werk von 1997, vollgepackt mit einer Menge gelehrter Anmerkungen, die des Autors Quellenkenntnis belegen, ist nicht frei von Versehen, und es leuchtet kaum die Lebenswelt der Jugendlichen in den Lagern aus. Was war zum Beispiel mit den zahllosen Liedern? Welche wurden gesungen und zu welchen Gelegenheiten, und welches Weltbild sollten sie vermitteln? Wie erfolgte die "weltanschauliche Schulung"? Wieviel rassistische Indoktrination wurde geboten?

Ehrentreich, Alfred: Pädagogische Odyssee. Im Wandel der Erziehungsformen. – Weinheim (Beltz) 1967. 432 S.

Brandes, Detlef: Die Tschechen unter deutschem Protektorat. Teil I-II. – München (Oldenbourg) 1969-1975. – Teil I, S. 204 zu einem Sprengstoffanschlag auf ein mit 84 deutschen Kindern belegtes KLV-Lager in Lettowitz (Stapoleitstelle Brünn) in der zweiten Septemberhälfte 1941. – Einer Zeitzeugen-Mitteilung zufolge gab es im Keller des KLV-Lagers Jince des Essener Burggymnasiums (Sommer 1941) ein Waffenlager des tschechischen Widerstandes.

Ueberhorst, Horst (Hg.): Elite für die Diktatur. Die Nationalpolitischen Erziehungsanstalten 1933-1945. Ein Dokumentarbericht, Düsseldorf 1969. – S. 375-384: "Dienst in der Kinderlandverschickung und als Luftwaffenhelfer".

Scholtz, Harald: NS-Ausleseschulen. Internatsschulen als Herrschaftsmittel des Führerstaates. – Göttingen (Vandenhoeck & Ruprecht) 1973. 427 S. – S. 283-298: "Die Instrumentalisierung der Internatserziehung in den 'Deutschen Heimschulen' und in der 'Erweiterten Kinderlandverschickung' (KLV)".

KLV-Rundbriefe . – Dokumentations-Arbeitsgemeinschaft und Freundeskreis KLV (Erweiterte Kinder-Land-Verschickung). Nr. 1-78 (Freiburg i. Br./Bochum) 1975-1999. Hg. von Gerhard Dabel (u. a.). – In diesen "Rundbriefen" befinden sich neben vielen wertvollen Beiträgen auch einige Texte, in denen ohne angemessene historiographische Distanz die KLV aus NS-Sicht einseitig bewertet und unkritisch verteidigt wird.

Ehrentreich, Alfred: Erfahrungen aus der Kinderlandverschickung. – Informationen zur erziehungs- und bildungshistorischen Forschung 14 (1980) 109-122

Grönhoff, Johann: Die Kinder-Landverschickung der Kieler Stadtjugend im Zweiten Weltkrieg. – Mitteilungen der Gesellschaft für Kieler Stadtgeschichte 67 (1979-1980) 127-132

Willmot, Louise: National Socialist Organisations for Girls. A Contribution to the Social and Political History of the Third Reich. – Diss. (Ph.D.) Oxford University, Somerville College. 2 Bde. (maschinenschriftlich) 1980. 413 Bl. – S. 246-248: "The Childrens Evacuation Project" (KLV).

Gerhard *Dabel* im Auftrag der Dokumentations-Arbeitsgemeinschaft KLV e. V.: KLV. Die Erweiterte Kinder-Land-Verschickung. KLV-Lager 1940-1945. – Freiburg (Schillinger) 1981. 319 S. – Zu Dabel siehe oben.

Feiten, Willi: Der nationalsozialistische Lehrerbund. – Weinheim 1981. – S. 190-192: "Aktionsbereich Kinderlandverschickung".

Stachura, Peter D.: The German Youth Movement 1900-1945. An Interpretative and Documentary History. – London (Macmillan) 1981. 246 S. – S. 156-157 zur Kinderlandverschickung (KLV).

Heinz von der *Wall*: Noch schmetterten die Siegesfanfaren. Eine Jugend in Südoldenburg. Tagebuchaufzeichnung 1939-1941. – Cloppenburg (Janssen) 1981. 160 S. – Der Autor berichtet ausführlich über seine Zeit als Hitlerjugendführer in einem KLV-Lager im Jahre 1941 (S. 100-159).

Ellendorf, Ellen: Die KLV-Lagermädelführerinnenschule in Slenitz an der Sasau, ehemalig Protektorat Böhmen/Mähren. – KLV-Mitteilungen, Ausgabe Nr. 0 [April 1984], S. 7-12 (vgl. ebd. Nr. 0, S. 21-24)

Lüttgens, Anne: Die Entwicklung der pädagogischen Konzeption des Deutschen Jugendherbergswerks von 1909-1945. – Detmold (Verlag Deutsches Jugendherbergswerk) 1982. – Darin u. a. S. 199: "Kindererholungsstätten der KLV".

Ehrentreich, Alfred: Experiment Kinderlandverschickung. – Jahrbuch des Archivs der deutschen Jugendbewegung 14 (1982-83) 387-391

Larass, Claus: Der Zug der Kinder. KLV – Die Evakuierung 5 Millionen deutscher Kinder im 2. Weltkrieg. – München (Meyster) 1983. 271 S.

Post, Gustav: Über meine KLV-Zeit. – KLV Mitteilungen, Ausgabe Nr. 0 [April 1984], S. 13-16

Ehrentreich, Alfred: Dresdner Elegie. Schule im Krieg. Die Kinderlandverschickung im 3. Reich. – Brackwede (Pendragon) 1985. 63 S.

Ehrentreich, Alfred: 50 Jahre erlebte Schulreform – Erfahrungen eines Berliner Pädagogen. Herausgegeben und mit einer Einführung von Wolfgang Keim. – Frankfurt (Lang) 1985

Matthias von *Hellfeld*/Arno *Klönne*: Die betrogene Generation. Jugend in Deutschland unter dem Faschismus. Quellen und Dokumente. – Köln (Pahl-Rugenstein) 1985 (2. Aufl. 1987). 352 S. – S. 228-230 zur Kinderlandverschickung (KLV).

Scholtz, Harald: Erziehung und Unterricht unterm Hakenkreuz. – Göttingen (Vandenhoek & Ruprecht) 1985. 206 S. – Zur KLV S. 102-104. 176-178.

Braumann, Georg: Die evangelische Kirche Westfalens und ihre Evakuierten in Ostpommern 1943-1945. – Billerbeck (maschinenschriftlich, Selbstverlag) 1986. 268 S.

Braumann, Georg: Die evangelische Kirche und ihre Evakuierten aus Westfalen außerhalb des Altreichs (außer Elsaß) 1941-1945. Der Beauftragte der Deutschen Evangelischen Kirche für den kirchlichen Dienst an den umquartierten Pfarrer Erich Schult 1944-1945. Die evangelische Kirche Westfalens und ihre evakuierten Heime 1943-1945. Nachtrag zu "Die evangelische Kirche Westfalens und ihre Evakuierten in Ostpommern 1943-1945. – Billerbeck (maschinenschriftlich, Selbstverlag) 1986.

Reiner Lehberger/Hans-Peter de Lorent (Hg.): "Die Fahne hoch". Schulpolitik und Schulalltag in Hamburg unterm Hakenkreuz. – Hamburg (ergebnisse Verlag) 1986. – Darin u. a. S. 370-381 Reiner *Lehberger*: "Kinderlandverschickung".

Pott, Gudrun Patricia: Die "Erweiterte Kinderlandverschickung" (KLV) in Hamburg 1940-1945. – Hamburg (Universität, unveröffentlichte Magisterarbeit) 1986

Arens, Rudolf P.: Die Geschichte des KLV-Lagers Telgart Slo/166 in der Slowakei im Kriegsjahr 1941. – München (Selbstverlag) 1987. 91 S.

Braumann, Georg: Die evangelische Kirche Westfalens und ihre Evakuierten in Baden 1940-1945. Die evangelische Kirche Westfalens und ihre Evakuierten im Elsaß 1944. Sonstiges. – Billerbeck (maschinenschriftlich, Selbstverlag) 1987. [300 S.?]

Wer erinnert sich an die KLV? – Humann Kurier [Mitteilungsblatt des Carl Humann-Gymnasiums, Essen-Steele] Nr. 4 (Okt. 1987) S. 9

Braumann, Georg: Evakuierte Westfalen und ihre evangelische Kirche 1940-1945. – Jahrbuch für Westfälische Kirchengeschichte 81 (1988) 139-192

Wissmann, Sylvelin: Kinder-Land-Verschickung. Die erweiterte Bremer K.L.V. im Zweiten Weltkrieg 1941-1945. Bremen 1988 (Veröff. der "Schulgeschichtlichen Sammlung Bremen", Heft 2)

Sommer, Wilhelm: Kinder und Jugendliche im Nationalsozialismus (Lesehefte Geschichte für Sekundarstufe I). – Stuttgart (Klett) 1989. 64 S. – S. 53-57: "Bombenkrieg und Kinderlandverschickung".

Wierling, Dorothee: "Leise versinkt unser Kinderland" – Marion Lubien schreibt sich durch den Krieg, in: Über Leben im Krieg. Kriegserfahrungen in einer Industrieregion 1939-1945, hg. von Ulrich Borsdorf/Mathilde Jamin, Reinbek (Rowohlt) 1989, 67-84

Bilgeri, Ricarda: Kinderlandverschickung. – Bregenz (Lingenhöle) 1990. 132 S.

Der Krieg frißt eine Schule. Die Geschichte der Oberschule für Jungen am Wasserturm in Münster 1938-1945, hg. von Heinz-Ulrich *Eggert*. Mit dem Nachtrag: Abgeschnitten von zu Hause. Die Auflösung des KLV-Lagers Bad Wiessee und die Rückkehr der Jungen nach Münster im Sommer 1945. – 2. Auflage. – Münster (Eigenverlag Schriftproben, Wilhelm-Hittorf-Gymnasium) 1990. 250 S. – Zum KLV-Thema S. 143-181. 200-246.

Groehler, Olaf: Bombenkrieg gegen Deutschland (1940-1945). – Berlin (Akademie-Verlag) 1990. 456 S. – S. 264-283: "Völkerwanderung in Deutschland. Evakuierungen" (vor allem zur "Kinderlandverschickung").

Mitteilungsblatt des Vereins der Lehrer und ehemaligen Schüler des Burggymnasiums Essen e. V. – Essen (Burggymnasium) Nr. 1 (Januar 1983) – 12 (September 1991). – Zum Thema "Kinderlandverschickung (KLV)" in: Nr. 11 (Februar 1990) 28, und 12 (September 1991) 17-20.

Scholz, Lothar: Der verratene Idealismus. Kindheit und Jugend im Dritten Reich. – Frankfurt (Haag + Herchen) 1990. 286 S. – S. 59-89: "1940. Kinder-Landverschickung in den Warthe-Gau".

Schwarze, Hans Dieter: Geh aus, mein Herz. Erinnerungen an eine Jugend 1926-1945. – Münster (Aschendorff) 1990. 242 S. – S. 110-118: "Kinderlandverschickungsballade".

Braumann, Georg: Evakuierte Westfalen und ihre katholische Heimatkirche. – Billerbeck (maschinenschriftlich, Selbstverlag) 1991. 448 S.

Matthäus, Wolfgang: "Das Ziel der weiblichen Erziehung hat unverrückbar die kommende Mutter zu sein" – Die Malwida-von-Meysenbug-Schule in Kassel in der Zeit des Nationalsozialismus, in: "Erziehung zu nationalsozialistischer Weltanschauung und Staatsgesinnung"? Höhere Schulen im Nationalsozialismus, hg. von Ulrike Krautheim (u. a.), Frankfurt (Diesterweg) 1991, 20-59. – S. 47-53: "Krieg-Kinderlandverschickung (KLV)".

Micke, Alex: [Erinnerungen eines Essener Gymnasiasten (Jahrg. 1929) an seine KLV-Zeit 1941 ("Protektorat Böhmen und Mähren") und 1943-1945 (Vorarlberg)]. – Mitteilungsblatt des Vereins der Lehrer und ehemaligen Schüler des Burggymnasiums Essen e. V., Nr. 12 (Sept. 1991) 17-20

Böge, Volker/*Deide-Lüchow*, Jutta: Bunkerleben und Kinderlandverschickung. Eimsbütteler Jugend im Krieg. – Hamburg (Dölling und Galitz) 1992. 222 S.

Meldungen aus Münster 1924-1944. Geheime und vertrauliche Berichte von Polizei, Gestapo, NSDAP und ihren Gliederungen, staatlicher Verwaltung, Gerichtsbarkeit und Wehrmacht über die politische und gesellschaftliche Situation in Münster. Eingeleitet und bearb. von Joachim *Kuropka*. – Münster (Regensberg) 1992. 691 S. – S. 349-350. 385-392 zur "Kinderlandverschickung".

Landenberger, Annemarie: Als Hamburger Lehrerin in der Kinderlandverschickung – Tagebuch 1943. – Hamburg (Verlag Verein für Hamburgische Geschichte) 1992. 70 S.

Spee, Frank von: Die Hamburger Kinderlandverschickung (KLV) in den Jahren 1942-1945. Eine Studie zum Lageralltag. – Hamburg 1992 (unveröffentlichte Magisterarbeit).

Will, Sabine: Die Kinderlandverschickung aus Hamburg-Bergedorf und das diesbezügliche Lagerleben in den Aufnahmegebieten während des Zweiten Weltkrieges. – Hamburg 1992 (unveröffentlichte Examensarbeit).

Bollmann, Klaus H.: Dänemark, die besonders bemerkenswerte KLV. Die KLV-Lager der Erweiterten Kinderlandverschickung in Dänemark Mai 1942 bis November 1944. Versuch einer ergänzenden Dokumentation. – Bremen (Selbstverlag) 1993. 213 S.

Hermand, Jost: Als Pimpf in Polen. Erweiterte Kinderlandverschickung 1940-1945. – Frankfurt (Fischer) 1994 (zuerst 1993). 151 S.

Hestermann, Ottheinrich: Schulzeit im Dritten Reich. – Oldenburg (Isensee) 1993. – S. 81-84 zur "Kinderlandverschickung".

Wissmann, Sylvelin: Es war eben unsere Schulzeit. Das Bremer Volksschulwesen unter dem Nationalsozialismus. – Bremen (Selbstverlag des Staatsarchivs Bremen) 1993. 398 S. – Zur Kinderlandverschickung S. 274-284 und in dem Kapitel "1943 und 1944 – Schule im totalen Krieg" (S. 294-319); S. 321-323: "Die Rückkehr der evakuierten Kinder".

Blessing, Elmar: Die Evakuierung der Stuttgarter Schulen im Zweiten Weltkrieg, unter besonderer Berücksichtigung der Mittelschule Ostheim. – Zeitschrift für Württembergische Landesgeschichte 53 (1994) 301-340

Braumann, Georg: Evangelische Rheinländer in der Evakuierung 1941-1945 [maschinenschriftlich]. – Bochum 1994. – S. 458 eine Liste weiterer einschlägiger Arbeiten des Verfassers.

Hagemeier, Anke (u. a.): Der Kinderzug, in: Detmold in der Nachkriegszeit. Dokumentation eines stadtgeschichtlichen Projekts, hg. von der Stadt Detmold. – Bielefeld 1994, 537-550

Kock, Lisa: "Man war bestätigt und konnte was!"'. Der Bund Deutscher Mädel im Spiegel der Erinnerungen ehemaliger Mädelführerinnen. – Münster (Waxmann) 1994. 300 S. – S. 290-293: "Kinderlandverschickung".

Michael, Berthold: Schule und Erziehung im Griff des totalitären Staates. Die Göttinger Schulen in der nationalsozialistischen Zeit von 1933 bis 1945. – Göttingen (Vandenhoeck & Ruprecht) 1994. 214 S. (und Anhang I-XVI). – S. 261-264 zur Kinderlandverschickung (KLV).

Trapp, Joachim: Kölner Schulen in der NS-Zeit. Köln (Böhlau) 1994. 163 S. – S. 135-137 zur Kinderlandverschickung (KLV).

Jüngling, Thomas: Schule und Schulalltag im Schatten des Bombenkrieges, in: Kriegsjahr 1944. Im Großen und im Kleinen, hg. von Michael Salewski/Guntram Schulze-Wegener, Stuttgart (Steiner) 1995, 267-286 (S. 281-284 zum Thema KLV).

Kinderlandverschickung 1940-1945. "Wen der Führer verschickt, den bringt er auch wieder gut zurück". Eine Ausstellung des Kunstamtes Steglitz in Zusammenarbeit mit dem Arbeitskreis "Nationalsozialismus in Steglitz". Begleitbroschüre zur Ausstellung 6. Dezember 1995 bis 26. Januar 1996. – Berlin-Steglitz (Ingeborg-Drewitz-Bibliothek). – Darin u. a. Harald Scholtz: "Das Lager — Medium antibürgerlicher Erziehung" (S. 7-9).

Klassenreise in die Vergangenheit. Ehemalige der Mädchen-Mittelschule (Münster/Westf.) ließen Kinderlandverschickung Revue passieren. – Münster (Westfälische Nachrichten vom 15. 9. 1995)

Kock, Gerhard: Die Erweiterte Kinderlandverschickung, in: Hagen unterm Hakenkreuz, hg. von Jochen Becker/Hermann Zabel, Hagen (Padligur) 1995, 369-396

Bundesarchiv: Sammlung Dokumentations-Arbeitsgemeinschaft und Freundeskreis KLV (Erweiterte Kinder-Land-Verschickung) e. V. – Bestand ZSg. 140. Bearbeitet von Walter *Naasner* und Axel *Schmidt*. – Koblenz 1995. 16 S.

Pahlke, Georg: Trotz Verbot nicht tot. Katholische Jugend in ihrer Zeit. Band III: 1933-1945. – Paderborn (BDKJ Verlag) 1995. – S. 271-273 zur katholischen Jugendpastoral im Landjahr und in den Lagern der Kinderlandverschickung.

Zündende Lieder – verbrannte Musik. Folgen des Nazifaschismus für Hamburger Musiker und Musikerinnen. Völlig neu bearbeitete Auflage hg. von Peter *Petersen* und der Arbeitsgruppe Exilmusik am Musikwissenschaftlichen Institut der Universität Hamburg. – Hamburg (VSA-Verlag) 1995. 262 S. – S. 41-44: "Musikerziehung in Kinderlagern. Bericht einer Hamburgerin".

Zelnhefer, Siegfried [zum KLV-Lager Oberfichtenmühle, Rednitzhembach bei Schwabach, wohin Nürnberger Kinder verschickt wurden]. – KLV-Rundbrief 67 (1995) 51-54

"Unsere Fahne flattert uns voran...". Jugend im Nationalsozialismus in Bremerhaven und Wesermünde. Bearbeitet und hg. von Klaus *Zisenis* und Gerth *Schmidt*. – Bremerhaven (Wirtschaftsverlag NW) 1995. 112 S. – S. 83-87: "Kinderlandverschickung".

Juchter, Friedrich: Formeln, Fahnen, Flakgeschütze. Eine bewegte Schulzeit von 1934-1947. – Bremerhaven (Verlag: Heimatbund der Männer vom Morgenstern) 1996. 296 S. – S. 58-78: "Im KLV-Lager Berchtesgaden"; S. 109-129 zum KLV-Lager "Garmisch-Partenkirchen" der Bremer Horst-Wessel-Schule.

Gehrken, Eva: Nationalsozialistische Erziehung in den Lagern der Erweiterten Kinderlandverschickung 1940 bis 1945. – Braunschweig-Gifhorn 1997

Kressel, Carsten: Evakuierungen und Erweiterte Kinderlandverschickung im Vergleich. Das Beispiel der Städte Liverpool und Hamburg. – Frankfurt (Lang) 1996. 255 S.

Lang, Gabriele: Kinderlandverschickung klingt so nett. Die Schülerinnen der Maria-Wächtler-Schule in den Kriegsjahren 1941-1945, in: Mädchenbildung in Deutschland. Die Maria-Wächtler-Schule in Essen 1896-1996, hg. von Wilfried Breyvogel, Essen (Klartext) 1996, 151-173

KLV. Kinderlandverschickung 1941 in Böhmen und Mähren. Sechs Monate mit der Humboldt-Oberschule [Essen] im Protektorat [Böhmen-Mähren]. Erinnerungen von Erich *Maylahn* [maschinenschriftlich]. – Essen (Erich Maylahn) 1996. 15 S.

Maylahn, Erich: Meine KLV-Zeit. – KLV-Rundbrief 69 (Sept. 1996) 34-41; 70 (Dez. 1996) 6-13; 71 (April 1997) 8-15

Von der Nordseeküste in die Kinderlandverschickung 1940-1945. Zeitgeschichtliche Dokumentation. Zusammengestellt und bearbeitet von Martha *Schlegel*. – Oldenburg (Isensee) 1996. 526 S.

Deutsche Politik im "Protektorat Böhmen und Mähren" unter Reinhard Heydrich 1941-1942. Eine Dokumentation. Hg. von Miroslav *Kárný* (u. a.). – Berlin (Metropol) 1997. 303 S.

Keim, Wolfgang: Erziehung unter der Nazi-Diktatur. Band I: Antidemokratische Potentiale, Machtantritt, Machtdurchsetzung; Band II: Kriegsvorbereitung, Krieg und Holocaust. – Darmstadt (Wiss. Buchgesellschaft) 1995-1997. – II, 153-160: "Erweiterte Kinderlandverschickung – humanitäre und faschistische Maßnahme?".

Schneider, Michael: Kinderlandverschickung, in: Handbuch der Geschichte des bayerischen Bildungswesens III, hg. von Max Liedtke, Bad Heilbrunn 1997, 388-400

Kock, Gerhard: "Der Führer sorgt für unsere Kinder...". Die Kinderlandverschickung im Zweiten Weltkrieg. – Paderborn (Schöningh) 1997. 390 S.

Krause, Michael: Flucht vor dem Bombenkrieg. "Umquartierungen" im Zweiten Weltkrieg und die Wiedereingliederung der Evakuierten in Deutschland 1943-1963. – Düsseldorf (Droste) 1997. 358 S. – S. 45-69: "Die 'Erweiterte Kinderlandverschickung'".

Maylahn, Erich: Petersilie, Schnittlauch, Estragon. – KLV-Rundbrief 72 (Juni/Juli 1997) 57-60. – Zu den "Richtlinien für die Ernährung in den Lagern der Erweiterten Kinderlandverschickung".

Micke, Alexander: Ein Jahr in der "Kinderlandverschickung" – 1944. – Wien (maschinenschriftliches Manuskript) 1997. 12 S. – Zu KLV-Lagern des Essener Burggymnasiums in Zürs, Lech und Kitzbühel.

Moser, Hans: Kinderlandverschickung (KLV) im Gau Tirol-Vorarlberg. – Die Briefmarke. Philatelistische Fachzeitschrift 45,3 (März 1997) 44-49

Rahms, Helene: Zwischen den Zeilen. Mein Leben als Journalistin im Dritten Reich. – Bern (Scherz) 1997. 237 S. – S. 133-135 zum Besuch der Autorin in einem KLV-Lager in Tabor (Protektorat Böhmen und Mähren), worüber sie in der NS-Zeitung "Das Reich" berichtete. Sie interviewt den tschechischen Direktor der Schule, wo – in einem eigenen Klassenraum – die deutschen Kinder unterrichtet werden.

Rick, Horst: Erlebnisbericht eines Uelzener Schülers aus dem Jahre 1943. Neuverfaßt nach Tagebuchaufzeichnungen und Erinnerungen. – KLV-Rundbrief 71 (April 1997) 30-36; 72 (Juni-Juli 1997) 25-36

Saitenmacher, Walter: Erinnerungen an die Kinderlandverschickung (aus Kassel, nach Damm und Gladenbach). – KLV-Rundbrief 71 (April 1997) 24-29

Braumann, Georg, in Verbindung mit ehemaligen Mitschülern: Striktes Gehorchen und freies Denken. Die altsprachliche Klasse des Staatlichen Gymnasiums Bochum 1941-1945 mit Oberschul-Parallelklasse 1943-1946. – Bochum (Hg.:

Gymnasium am Ostring, Bochum, zusammen mit der Vereinigung ehemaliger Schülerinnen und Schüler) 1998. 286 S. – S. 75-173 zur KLV.

Dörr, Margarete: "Wer die Zeit nicht miterlebt hat . . . ". Frauenerfahrungen im Zweiten Weltkrieg und in den Jahren danach. Band 2: Kriegsalltag. – Frankfurt (Campus) 1998. – S. 326-336: "Kinderlandverschickung (KLV)".

Hüttermann, Wilhelm: KLV-Lager Schwa. 104. Ein Bericht aus vierundfünfzigjähriger Erinnerung. KLV-Rundbrief 73 (Januar 1998) 29-34

Hupertz, Peter: Meine Zeit von 1940-1945. Höhere Schule [in Essen], Deutsches Jungvolk, Katholische Jugend, KLV und Hitlerjugend. – Gummersbach 1998 (maschinenschriftliches Manuskript). 13 S.

Kock, Gerhard: Kinderlandverschickung: "Der Führer sorgt für unsere Kinder". – Damals. Das aktuelle Magazin für Geschichte und Kultur 30 (1998) Heft 12 (Dez.), S. 68-73

McLeod (geb. Kellner), Ruth: Erinnerung an Deutschland. Die Kinder-Landverschickung. – KLV-Rundbrief 75 (Dez. 1998) 12-15

Maylahn, Erich: KLV-Zeiten einer Berliner Schülerin. – KLV-Rundbrief 75 (Dez. 1998) 20-43; 76 (Juni 1999) 18-31; 77 (Sept. 1999) 17-34; 78 (Dez. 1999) 15-43

Maylahn, Erich: Tirol-Vorarlberg. Aufnahmegau der Erweiterten Kinderlandverschickung. – KLV-Rundbrief 73 (Januar 1998) 26-28

Sollbach, Gerhard E.: Heimat ade! Kinderlandverschickung in Hagen 1941-1945. – Hagen (Lesezeichen Verlag) 1998. 190 S.

Steiner, Fritz: Erweiterte Kinderlandverschickung im "Reichsluftschutzkeller" Tirol. NS-Sozialisation, Schule, HJ/BDM, KLV-Lager in Tirol 1938-1946. – Diss. Innsbruck 1998 [maschinenschriftlich]. 356 S. – U.a. zum Essener Burggymnasium.

Maylahn, Erich: KLV, Kinderlandverschickung 1943-1945 in Tirol. Mit der Humboldtoberschule [Essen] im Zillertal und in Kitzbühel. Fakten und Erinnerungen [maschinenschriftlich]. – Essen (Erich Maylahn) 1999. 259 S. – U.a. zum Essener Burggymnasium.

Klee, Katja: Evakuierte in Bayern 1939-1952. – München (Oldenbourg) 1999. 327 S. – S. 44-70: " 'Verdeckte Evakuierung'. Kinderlandverschickung und Erweiterte Kinderlandverschickung".

Liedtke, Max (Hg.): Für Hitler erzogen? Briefe und Notizen des Edgar Winzen aus der Kinderlandverschickung Leutenberg in Thüringen 1944/45. – Münster (Waxmann) 1999. 173 S.

Rudolph, Ursula, und Mitschülerinnen: Aus der KLV-Lagerchronik Frankenberg/Eder. – KLV-Rundbrief 77 (Sept. 1999) 37-51; 78 (Dez. 1999) 44-55.

20 Die Wehrertüchtigungslager (WE-Lager) der Hitlerjugend und die Werbung von Kriegsfreiwilligen

20.1 Überblick

Die verlustreichen Kämpfe des Rußlandfeldzuges im Herbst und Winter 1941/42 waren vermutlich der auslösende Grund dafür, daß "1942 aus dem Nichts 143 Wehrertüchtigungslager entstanden" (Die Hitler-Jugend im Kriege, 28. Bericht, Sept. 1943, S. 5). Der Bedarf an gut ausgebildeten Reserven wuchs in 1942/43 sprunghaft. 1943 gab es bereits 200 solcher Lager, später weit mehr. Vorläufer waren anscheinend die sogenannten "Lehrgänge der HJ für Wehrertüchtigung" (Details zu diesem Vorläufer-Typ in: Das Junge Deutschland 34, 1940, 286).

Jetzt, vom Jahre 1942 an, ging man mit aller Professionalität vor: Ausbildung im Geländedienst (d. h. infanteristisches Operieren in Feld und Wald, Busch und Gräben, allerdings dabei ohne Schußwaffen), Schießdienst (d. h. regelmäßiges intensives Schießen mit Infanteriegewehren auf einem Schießstand), Weltanschauliche Schulung (Schwerpunkt: Rassismus). Ausbildungsziel war der Erwerb des "K.-Scheins" (Kriegsausbildungsschein) und von "HJ-Leistungsabzeichen". In den letzten Monaten und Wochen des Krieges wurden die Teilnehmer in manchen Lagern auch an weiteren leichten Infanteriewaffen (z. B. Panzerfaust) ausgebildet.

Die Teilnehmer waren 15-16 Jahre alt und wurden in der letzten Kriegszeit nach Absolvierung des Lagers in der Regel unverzüglich zum Arbeitsdienst oder zur Wehrmacht (bzw. gegen Kriegsende auch zum Volkssturm) einberufen. Die Teilnahme am WE-Lager war (polizeilich erzwingbare) Pflicht im Sinne der Jugenddienstverordnung vom 25. März 1939 (identisch mit der Zweiten Durchführungsverordnung zum Gesetz über die Hitler-Jugend vom 1. Dezember 1936; Abdruck der Texte z. B. bei Gerhart Wehner, Die rechtliche Stellung der Hitler-Jugend, Dresden 1939, Anhang S. 1-8); vgl. zur Sache auch Oliver Lück, in: Jugendgeschichte, Heft 12, 1990, S. 43 f.; Wolfgang Keim, Erziehung unter der Nazi-Diktatur, Band II, Darmstadt 1997, 149 f.; ein Zeitzeugenbericht in: Das Ende des Schreckens, hg. von Erich Kuby, München 1956, 135 f.

Die Werbung von Kriegsfreiwilligen war besonders in den WE-Lagern sehr intensiv und, soweit es die SS betraf, mit welcher die HJ auf verschiedenen Feldern zusammenarbeitete, aggressiv. Zum Beispiel auch bei Luftwaffenhelfern in den Flakbatterien wurde viel geworben, wo vor allem Offiziersbewerber gesucht wurden. Einigermaßen sicher vor dem Werben der SS – diese hatte bei den meisten Jugendlichen keinen guten Ruf – waren im letzten Kriegsjahr diejenigen, die eine Kriegsfreiwilligenmeldung zu einem anderen Teil der Wehrmacht, womöglich mit einen "Annahmeschein" als Offiziersbewerber, vorweisen konnten. Es gab besondere "Kriegsfreiwilligenmeldescheine der Hitler-Jugend", die beim jeweiligen Standortbüro der HJ abgegeben werden konnten (zur Sache Karl Heinz Jahnke/Michael Buddrus, Deutsche Jugend 1933-1945, Hamburg 1989, 386: "Richtlinien des Oberkommandos der Wehrmacht zur Erfassung der Kriegsfreiwilligen des Jahrgangs 1928, vom 25. 8. 1944).

Bekannt ist Hitlers erfreute Antwort auf die Meldung des Reichsjugendführers Axmann, 70 Prozent des Jahrgangs 1928 hätten sich als Kriegsfreiwillige gemeldet

(Anworttelegramm vom 8.10.1944; abgedruckt bei Jahnke-Buddrus, a.O., S.392 f.):
"Meine Hitler-Jugend! mit Stolz und Freude habe ich eure Meldungen als Kriegsfreiwillige des Jahrgangs 1928 entgegengenommen. In der Stunde der Bedrohung des
Reiches durch unsere haßerfüllten Feinde habt ihr ein leuchtendes Beispiel kämpferischer Gesinnung und fanatischer Einsatz- und Opferbereitschaft gegeben... Der Lohn
des Opfers unseres jungen heldenmütigen Geschlechts wird im Sieg zur stolzen und
freien Zukunft unseres Volkes und nationalsozialistischen Reiches führen".

Die Kriegsfreiwilligen durften eine kleine rote Kordel auf der Schulterklappe ihrer
Ausgehuniform tragen.

Im Januar 1945 wurde der Jahrgang 1929 aufgerufen, sich kriegsfreiwillig zu melden (ein diesbezüglicher Aufruf z. B. in: Befehlsblatt des Führers der Hitler-Jugend im
Gebiet Kurhessen, Folge 3/1945, datiert: "Reinhardswaldschule, 25. Januar 1945").

20.2 Quellen

Kriegsausbildung der Hitler-Jugend im Schieß- und Geländedienst. Ausgabe 1941.
Mit Ausz. aus "HJ im Dienst" und Neugliederung der Gefolgschaften, Scharen und
Kameradschaften im Geländedienst. – Berlin (Bernard & Graefe) 1941 (vorher 1939
und 1940, je 145 S.). 151 S.

Einberufen zum Wehrertüchtigungslager. Ein Wegweiser von der Einberufung bis
zur Entlassung. Bearbeitet von Oberbannführer Ernst *Heyl*. Hg. mit Genehmigung
der Reichsjugendführung der NSDAP. – Stuttgart (Schöberl) 1943. 55 S. – Bis S. 34
großformatige Fotos aus der Lebenswelt der WE-Lager. S. 35-55: "Richtlinien von
der Einberufung bis zur Entlassung". – Aus dem (unpaginierten) Teil bis S. 34: "Neben der praktischen Ausbildung im Gelände- und Schießdienst erhält die Lagermann-
schaft eine politische und weltanschauliche Ausrichtung. Heim- und Singabend gehören zum Dienstplan. Erlebnisberichte von Ritterkreuzträgern verbinden die Jugend
mit der kämpfenden Front"; – "Die Schüler werden... zwar klassenweise, jedoch auf
verschiedene Lager verteilt einberufen. Die Mischung zwischen Schüler und Jungarbeiter in den Lagern entspricht unseren selbstverständlichen nationalsozialistischen
Grundsätzen"; – "In dreiwöchigen Lehrgängen erhält der älteste Jahrgang der Hitler-
Jugend vor seiner Einberufung zum Arbeitsdienst noch einmal eine Ausrichtung für
seinen politischen und soldatischen Einsatz"; – "Die Teilnahme an einem Wehrertüchtigungslager unterliegt der Jugenddienstpflicht. Wer unentschuldigt und grundlos der
Einberufung nicht Folge leistet, wird bestraft oder mit Hilfe der Polizei dem Lehrgang zugeführt"; – S. 40 f. eine Liste der zum Lager mitzubringenden "Bekleidungs-
stücke und Ausrüstungsgegenstände"; – Auf der Kammer des WE-Lager zu übernehmen der "Lagerdienstanzug, Geländebluse, Geländehose, Schnürstiefel, Kragenbinde,
Feldmütze" (S. 41); – "Ausbilder sind Angehörige der Wehrmacht und Waffen-SS"
(S. 43); – "Der Erwerb des 'K-Scheines der Hitler-Jugend' und die Erfüllung der Prüfung für das HJ-Leistungsabzeichen sind das Ziel der dreiwöchentlichen Ausbildung".
Letzterem voran geht eine schriftliche "Weltanschauliche Prüfung" (S. 52 f.).

Was leisten die Wehrertüchtigungslager? Erfahrungen eines Lagerführers. Von
Oberstammführer Franz *Greiser* (Führer eines WE-Lagers des Gebietes Berlin in
Glöwen, Westprignitz). – Das Junge Deutschland, 37. Jg., Heft 3 (15.3.1943), S. 71-
73. – "Ein für alle Wehrertüchtigungslager verbindlicher Dienstplan der Reichsju-

gendführung... garantiert einen einheitlichen Ausbildungsstand des gesamten Jahrgangs... Die Ausbildung im Gelände steht im Mittelpunkt des gesamten Dienstes. Sie ist waffenlos... Die weltanschauliche Erziehung wird im Wehrertüchtigungslager in erster Linie vom Lagerführer wahrgenommen, der in Aussprachestunden, Morgenfeiern und Heimabenden die Herzen der Jungen auf den Entscheidungskampf unseres Volkes anspricht... Der 'Kriegsausbildungsschein' der Hitler-Jugend, der von fast allen Lehrgangsteilnehmern erworben wird, beurteilt die Gelände- und Schießausbildung".

Griesmayr, Gottfried: Weltanschauliche Erziehung im Wehrertüchtigungslager. – Das Junge Deutschland 37 (1943) 294-295. – "Das Wehrertüchtigungslager ist eine echte nationalsozialistische Schöpfung... es will allein den Jungen zum nationalsozialistischen Soldaten erziehen... Der Krieg unserer Zeit ist ein weltanschaulicher Krieg, eine schicksalhafte Auseinandersetzung zwischen Rassen... Von jeher stand die nordische Rasse im Kampf gegen den Erzfeind der Menschheit: gegen das Judentum. Die reinste Erscheinung des Judentums ist der Bolschewismus... Das bolschewistische System hat alle Kräfte des russisch-asiatischen Raumes für das Ziel der jüdisch-bolschewistischen Weltherrschaft eingesetzt... Heute können wir nur bestehen, wenn unser Volk eine wahrhafte Gemeinschaft nationalsozialistischer Fanatiker ist... Die Hitler-Jugend ist die totale Erziehungsstätte der deutschen Jugend... (und der Führer ist) die größte erzieherische Persönlichkeit unserer Geschichte". Ziel der Schulung in der ersten Woche des WE-Lagers "ist die Erweckung eines leidenschaftlichen Hasses gegen die Widersacher des Reiches und Europas... Lagardes schönes Wort, daß 'Völker Gedanken Gottes sind', und Arndts herrliches Bekenntnis: 'Ein Volk zu sein, ist die Religion unserer Zeit', bilden die Grundelemente der nationalsozialistischen Jugenderziehung... Im Lichte unserer Weltanschauung sieht der Junge das deutsche Volk als Aufgebot der arischen Rasse im Kampf gegen den jüdischen Erzfeind. Hier wächst sein Entschluß, die Welt des Judentums zu zerschlagen und die Kulturgüter des Abendlandes zu verteidigen".

Was leisten die Wehrertüchtigungslager? Bericht des Inspekteurs. Von Oberbannführer Gerhard *Hein*, Träger des Eichenlaubes zum Ritterkreuz des Eisernen Kreuzes. – Das Junge Deutschland, 37. Jg., Heft 3 (15. 3. 1943) 68-71. – Der Junge wird "geländegängig", und es "ist die Geländeübung der Höhepunkt des Wehrertüchtigungslagers". Der größte Teil der Lagerführer besteht "aus ehemaligen Bann- oder Stammführern (Offizieren der Wehrmacht oder Waffen-SS)... Als Unterführer sind dem Lagerführer Feldwebel, Unteroffiziere und gute Mannschaften unterstellt, die die Wehrmacht und Waffen-SS zum Zweck der Ausbildung abkommandieren". Es "wurde in die Wehrertüchtigungslager auch die weltanschauliche Ausrichtung aufgenommen... Aus der Jugend des Führers gehen seine treuesten Soldaten hervor".

Bartel, Otto Ernst: Der Kriegseinsatz der Hitler-Jugend. – Berlin (Deutscher Rechtsverlag) 1944. 137 S. – S. 26-33: "Die Wehrertüchtigung der Hitler-Jugend".

Mehr tun als unsere Pflicht. Aus der Neujahrsbotschaft 1944. Von Reichsjugendführer Artur *Axmann*. – Das Junge Deutschland 38, Nr. 1, 15. Januar 1944, S. 1-3. – "Die feindlichen Parolen zur Verschleppung und Zwangserziehung der deutschen Jugend können unsere Kraftanstrengung für den Kriegseinsatz des Jahres 1944 nur auf das höchste beflügeln... Die weltanschauliche Erziehung wird durch den monatlich einmal stattfindenen weltanschaulichen Appell der Jugend eine Vertiefung erfahren.

An diesem Tage wird die Hitler-Jugend für ihre Bewegung marschieren und aus vollem Herzen die alten und neuen Lieder des Kampfes singen ... Von der Front bei Catania meldete ein englischer Berichter über junge deutsche Kriegsfreiwillige nach London: 'Die Stellungen, die sie hatten, konnten nur genommen werden, nachdem sie alle bis zum letzten Mann gefallen waren ... Jene Kriegsfreiwilligen sind als junge und begeisterte Nationalsozialisten im unerschütterlichen Glauben an die Sendung des Führers und den Sieg gefallen. Dieser Glaube muß auch uns beseelen". Vgl. Axmann in: "Völkischer Beobachter" vom 28. März 1945 (zitiert nach Erich Kuby, Das Ende des Schreckens, München 1956, 64), zum Tag der Verpflichtung der Jugend: "Aus der Hitlerjugend ist die Bewegung der jungen Panzerbrecher entstanden ... Leidenschaftlich bekennt die Jugend: Wir kapitulieren nie ... Es gibt nur Sieg oder Untergang. Seid grenzenlos in der Liebe zu eurem Volk und ebenso grenzenlos im Haß gegen den Feind ... Eure größte Ehre sei aber eure unerschütterliche Treue zu Adolf Hitler".

München, Theo: Kriegsfreiwillig. – Das Junge Deutschland 38 (1944) 178-180. – Die Förderung des wehrhaften Geistes durch die Hitlerjugend findet ihren Abschluß in den Wehrertüchtigungslagern. Im Kriegsfreiwilligenbekenntnis sieht die HJ-Führung "einen ihrer schönsten Erziehungserfolge". Die (aus Kriegsfreiwilligen bestehende) SS-Division Hitler-Jugend "hat sich bereits an der Invasionsfront hervorragend bewährt ... In den Lehrgängen der WE-Lager wird ein besonderer Abend den Kriegsfreiwilligen gewidmet". Diese "erhalten ... das Recht, als Zeichen ihrer Kriegsfreiwilligkeit auf den Schulterklappen eine besondere Kordel zu tragen". Wer Kriegsfreiwillige als "Kriegsmutwillige" verhöhnt, zersetzt die Wehrkraft. Auf feindliche "Hetzpropaganda" geht die Behauptung zurück, "diejenigen, die sich freiwillig zur SS meldeten, seien halbe Selbstmörder".

Kriegsfreiwillige der Hitler-Jugend. Probleme ihrer Erziehung und Führung. Von Herbert *Reinecker*, Oberbannführer in der Reichsjugendführung. – Das Junge Deutschland 38 (1944) 4-6. – "Der junge Rekrut, der siebzehnjährige deutsche Junge, der aus der Hitler-Jugend in den Waffendienst entlassen wird, ist von Natur aus kostbarster soldatischer Rohstoff". Nach einer intensiven Ausbildung durch frontbewährte Führer einer Einheit der Waffen-SS entsteht eine junge Truppe, "der die Ideale der Hitler-Jugend voranfliegen ... Die Kriegsfreiwilligen der Hitler-Jugend haben den 'Helden' nicht in der Tasche, sie besitzen aber wohl alle Voraussetzungen, gute Soldaten zu werden, und das in einem Maße, der die Anglo-Amerikaner heute schon zwingt, die Hitler-Jugend nicht nur als einen politischen, sondern auch als einen militärischen Faktor ernst zu nehmen ... Mögen die jungen Amerikaner ihre Schlagersongs singen, es heißt doch etwas, aus einer Kompanie junger Kriegsfreiwilliger der Hitler-Jugend die alten Kampflieder schallen zu hören".

Das Disziplinarrecht der Hitler-Jugend. Von Walter *Tetzlaff*, Haupbannführer und Landgerichtsrat, HJ-Richter in der Reichsjugendführung. – Berlin (Deutscher Rechtsverlag) 1944. 198 S. – S. 142-144: "Disziplinarbestimmungen für die Wehrertüchtigungslager der Hitler-Jugend".

20.3 Literatur

Holzträgers Buch (1991) ist ein lesenswertes Werk von hoher Authentizität. Der Autor (*1927) ist Zeitzeuge und war 1945 in einem WE-Lager der Hitlerjugend in den Zit-

tauer Bergen (östlich von Dresden). Einer der von ihm dokumentarisch zitierten Zeitzeugen erfuhr im Sommer 1944 in einem WE-Lager in Niederösterreich "durch Belau-
schen tuschelnder HJ-Führer von den Judenmorden" (S. 88); ein auch deshalb wichtiges Zeugnis, weil es wahrscheinlich macht, daß erst recht die HJ-Führungsspitze
in Berlin lange vor dem Kriegsende von den KZ-Verbrechen wußte – was sie später
bestritt.

Matthias von *Hellfeld*/Arno *Klönne*: Die betrogene Generation. Jugend in Deutschland unter dem Faschismus. Quellen und Dokumente. – Köln (Pahl-Rugenstein)
1985 (2. Aufl. 1987). 352 S. – S. 216-218. 230-233 zu den Wehrertüchtigungslagern der HJ.

Karl Heinz *Jahnke*/Michael *Buddrus*: Deutsche Jugend 1933-1945. Eine Dokumentation. – Hamburg (VSA-Verlag) 1989. 496 S. – Zur Wehrertüchtigung S. 313-
315. 328-331. 333 f. 339 f. 343 f. 350 f. 352 f. 355 f. 357 f. 365-367. 399.

Lück, Oliver: Einige ausgewählte Aspekte zur Lage der deutschen Jugend unter
den Bedingungen des totalen Krieges 1943-1945. –Jugendgeschichte, Heft 12,
(1990) 43-52

Schubert-Weller, Christoph: Hitler-Jugend. Vom "Jungsturm Adolf Hitler" zur
Staatsjugend des Dritten Reiches. – Weinheim (Juventa) 1993. – S. 201-205:
"Die Wehrertüchtigungslager".

Ullmann, Carsten: Zu Aspekten der vormilitärischen Ausbildung der männlichen
deutschen Jugend in den ersten beiden Perioden des zweiten Weltkrieges. – Jugendgeschichte, Heft 12 (1990) 37-42

Holzträger, Hans: Die Wehrertüchtigungslager der Hitler-Jugend 1942-1945. Ein
Dokumentarbericht. – Ippesheim (Verlag des Arbeitskreises für Geschichte und
Kultur der deutschen Siedlungsgebiete im Südosten Europas) 1991. 115 S. und
5 S. Abb.

III.

Dritter Teil: Verweigerung und Widerstand, Überwachung und Strafverfolgung

21 Jugendgruppen außerhalb der HJ, unangepaßte und widerständige Jugendliche

21.1 Überblick

Der von Hitler angezettelte Krieg zeitigte Konsequenzen im Bereich der Jugendsozialisation, die dem Regime durchaus unerwünscht waren: Es kamen von verschiedensten Seiten Klagen über eine "Verwahrlosung" von Jugendlichen, deren Väter als Soldaten fern von der Heimat waren und deren Mütter allein die Erziehung von heranwachsenden, bisweilen renitenten Mädchen und Jungen schwer fiel. Diesen konnte nicht entgehen, daß auch die Autorität der Lehrer und Pfarrer zurückging. Die älteren HJ-Führer, welche bis 1939 noch einen wenn auch straffen, so doch mitunter noch attraktiven Dienstbetrieb unterhalten hatten, mußten zum Reichsarbeitsdienst und zur Wehrmacht; immer jüngere unerfahrene Nachfolger sollten sie ersetzen. Sie glichen meist ihr Autoritätsdefizit durch forschen Kommandoton aus, was vielen Jugendlichen nicht gefiel. Ein unfähiger HJ-Scharführer oder Gefolgschaftsführer, zu dessen Heimabenden nur noch wenige kamen, verlor schnell den Respekt und die soziale Kontrolle über seine Gefolgschaft oder Schar.

Zunächst schmolz die zu Kriegsanfang noch nahe an hundert Prozent reichende Erfassungskraft der Staatsjugend ab. Viele Jugendliche verhielten sich zunehmend passiv gegenüber den an sie gestellten Ansprüchen oder paßten sich nicht wie gewünscht in die ihnen zugedachte Sozialisationsschablone ein. Es entwickelte sich eine – immer noch unpolitische – *Resistenz*. Nur eine statistisch gesehen extrem kleine Minderheit ging einen Schritt weiter zu versteckter oder offener politischer Opposition, weniger zum Regime als zur HJ. Die große Fülle der nach 1945 entstandenen einschlägigen Literatur erweckt leicht grundverkehrte Vorstellungen von der Gesamtzahl und Bedeutung dieser kleinen und kleinsten Gruppen. Vielleicht wurde hier teilweise auch zur kollektiven Selbstentlastung so fokussiert.

Die vergleichsweise größten Freiheiten nahmen sich heraus Kinder aus der oberen Mittelschicht und dem Arbeitermilieu. Jene, weil sie von Haus aus eher Liberalität und Intellektualität gewohnt waren, diese weil sie die oft platten Scheinheiligkeiten und hohlen Phrasen instinktiv durchschauten und respektlos als solche einstuften.

Von wirklichem politischen Widerstand war das freilich noch weit entfernt. So ist auch von den sich da und dort bildenden 'wilden Cliquen', die sich in der total erfaßten und formierten Gesellschaft kleine Freiräume erhalten wollten – und das gilt auch von den Resten der alten "Bünde" – kaum bekannt, daß sie etwa den Wehrdienst verweigert hätten. Es kann deshalb zu Recht gesprochen werden von "the tiny minority in active opposition" (Michael Buddrus, in: Generations in Conflict, edited by Mark Roseman, Cambridge 1995, 248). Die Münchener "Weiße Rose" ist geradezu ein Sonderfall, eine Ausnahme von fast singulärer Qualität: Eine Gruppe, die – was selten genug war – das Verbrechertum des Regimes durchschaut hatte und es zu stürzen versuchte.

Wo Führer der ehemaligen bündischen und der konfessionellen Jugend hinreichend politisch verdächtig waren, ging man ebenfalls gnadenlos gegen sie vor. Aber das waren insgesamt eher Einzelfälle. Wo sich sporadisch bündische Gruppen illegal halten, noch "Fahrten" machen und ihre Lieder singen konnten, ließen sie es in der Regel dabei bewenden und planten keine politischen Attentate oder dergleichen. Ähnlich war es mit den kirchlichen Jugendgruppen, soweit sie überlebten: Sie wollten, daß sich die Kirche defensiv gegen Zumutungen des Staates behauptete, weithin Beifall fand jedoch die Beseitigung der Arbeitslosigkeit, die Revision des Versailler Vertrages, der außenpolitische Erfolg, ja auch der Kriegserfolg. Beispielsweise gehörte der Kriegsheld Werner Mölders zu den Idealgestalten der katholischen Jugend! Ein Aufstand gegen des Regime wurde nicht einmal angedacht. Wie den deutschen kirchlichen Würdenträgern, so leuchtete auch den konfessionell orientierten Jugendlichen ein, daß gegen den atheistischen Bolschewismus Hitlers Feldzug legitim war. Nicht von ungefähr haben sich noch nach Kriegsende (!) Vertreter der kirchlichen Hierarchie von der Münchener "Weißen Rose" distanziert (Georg Pahlke, Trotz Verbot nicht tot, Band III, Paderborn 1995, 447; vgl. ebd. S. 468).

Es sind keine bedeutenden politisch-oppositionellen Aktionen von den verschiedenen Jugendgruppen außerhalb der HJ bekannt: Edelweißpiraten, Kittelbachpiraten, Essener "Stenze", Hamburger Swingjugend (samt "Tangojünglingen"), Leipziger "Meuten", Wiener "Schlurfs", Dortmunder "Latscher". Das Regime verfolgte sie, weil sie nicht zackig-marionettenhaft wie die Hitlerjugend funktionieren wollten, weil sie 'aus der Reihe tanzten' – eine schwere Sünde aus der Sicht der NS-Ideologen, welche die Gründe der fehlenden Akzeptanz völkischer Ideale nicht verstehen konnten. Daß am 10. November 1944 eine Gruppe von 13 illegalen "Edelweißpiraten" in Köln-Ehrenfeld öffentlich gehenkt wurde, ist ein Sonderfall, um den noch eine Debatte kreist, ob diese Gruppe vom NS-Regime zu Recht als "kriminell" eingestuft wurde oder ob sie zum politischen Widerstand gezählt werden muß.

Auffällig ist, dass es resistente 'wilde Cliquen' fast nur in Großstädten gab (Reinisch-westfälische Industrieregion von Köln bis Dortmund, Hamburg, Leipzig, München). In größeren Städten oder Stadtkonglomeraten war wohl die soziale Kontrolle durch Polizei und Hitlerjugend schwieriger und das (zeitweilige) Abtauchen leichter.

Bei einem kritischen Überblick über die Literatur fällt auf, daß eine bestimmte *Grauzone* bisher kaum beachtet wurde: Zahlreiche Jugendliche, die sonst durchaus unauffällig im Fluß der NS-Sozialisation mitschwammen, versuchten da und dort kleine Abgrenzungen: Sie schwänzten HJ-Termine; gingen zur Messe, obwohl gleichzeitig HJ-Dienst angesetzt war; sangen Lieder der verbotenen bündischen Jugend (ohne Kontakte mit deren Resten zu haben); sie nahmen an seelsorgerischen Treffen mit Geistlichen ihrer Konfession teil (was den Ruch des Verschwörerischen haben konnte), Sie trugen ihre HJ-Uniformen nur, wenn dies unumgänglich war; legten als "Luftwaffenhelfer (HJ)" die vorgeschriebene HJ-Armbinde ab, sobald sie die Flakstellung verließen; sie unterhielten sich freundlich mit den russischen Kriegsgefangenen ('Hiwis', Hilfswillige), die in den Flakbatterien untergeordnete Hilfsdienste leisteten, obwohl der Umgang mit ihnen streng verboten war; sie trugen (ein Hauch von Rebellion?) ein Edelweißabzeichen am Revers oder an der Uniformmütze; in Zivilkleidung unterwegs steckten sie sich mitunter auffällig einen Kamm oben in den Kniestrumpf, was als Signal von Nonkonformität galt.

War solches Verhalten in einer Grauzone schon Widerstand? Sicher nicht; denn die allermeisten Jugendlichen freuten sich nach wie vor über Siege der Wehrmacht und erregten sich über den "Bombenterror" gegen deutsche Städte. Sie mißbilligten die dem kirchlichen Leben auferlegten Einschränkungen, taten aber als Soldaten pflichtbewußt ihren Dienst und wurden darin auch von den Kirchen bestärkt.

Wenn es aber kein Widerstand war, was war es dann? Das Beharren auf einem freien, privaten, jugendgemäßen Lebensstil? Eine partielle Resistenz gegen als unangemessen empfundene zu weitgehende Ansprüche des Regimes, dies verbunden mit einem Einverstandensein im Großen und Ganzen ohne grundsätzliches Infragestellen? Hier sind noch begriffliche Klärungen erforderlich, was "Widerstand" ist.

Wenig ist bekannt über das widerständige Selbstbewußtsein *deutscher Jugendlicher jüdischen Glaubens* in den Jahren nach 1933. Hier hat Arnold Paucker Klärungsversuche unternommen, in: Jüdische Selbstwahrnehmung, hg. von Hans Otto Horch/Charlotte Wardi, Tübingen 1997, 111-128; zur Sache siehe auch Löhken-Vathke 1993 und Keim 1997.

Die grundsätzliche Einstellung der Hitlerjugend gegenüber allen Abweichlern und Gegnern bringt das auf einem eigenen Vorsatzblatt ganzseitig erscheinende Leitmotiv und Motto der unten genannten Arbeit von Gauhl (1940) zum Ausdruck: "Was gegen unsere Einheit ist, muß auf den Scheiterhaufen! (Baldur von Schirach)".

21.2   Literatur

Aus der Fülle der folgenden Literaturliste einzelne Titel hervorzuheben, ist schwer. Indes ist sehr lesenswert – mit einigen Vorbehalten – Paulus Buscher, Das Stigma, Koblenz 1988, eine interessante Mischung von Sachbuch und Autobiographie. Wirklich umfassend informiert Alfons Kenkmann, Wilde Jugend, Essen 1996. Eindrucksvoll auch Rudolf Lill, Hg., Hochverrat? Neue Forschungen zur "Weißen Rose", Konstanz 1999 (S. 193-208 Abdruck der Flugblätter; S. 209-215 Abdruck des "Gutachtens von Professor Dr. Richard Harder zu den Flugblättern der 'Weißen Rose' ").

Neuhäusler, Johann: Kreuz und Hakenkreuz. Der Kampf des Nationalsozialismus gegen die katholische Kirche und der kirchliche Widerstand. – 2 Teile, München (Verlag: Katholische Kirche Bayerns) 1946

Hermlin, Stephan: Die erste Reihe. – Dortmund (Weltkreis) 1975 (zuerst Berlin: Verlag neues Leben, 1951). 163 S.

Scholl, Inge: Die weisse Rose. 3. Aufl. – Frankfurt (Verlag der Frankfurter Hefte) [1953]. 110 S. (erweiterte Neuausgabe Frankfurt: Fischer, 1982)

Paetel, Karl O.: Das Bild vom Menschen in der deutschen Jugendführung. – Bad Godesberg (Voggenreiter) 1954. 62 S. – S. 48-54: "Jugendbewegung im Widerstand".

Klönne, Arno: Hitlerjugend. Die Jugend und ihre Organisation im Dritten Reich. – Hannover (Goedel) 1960 (zuerst 1956). – S. 87-97: "Opposition und Widerstand gegen NS und HJ innerhalb der Jugend".

Klönne, Arno: Gegen den Strom. Bericht über den Jugendwiderstand im Dritten Reich. 2. unveränderte Auflage. – Hannover (Goedel) 1960 (zuerst 1957) 180 S.

Dieter Frhr. von *Lersner*: Die Evangelischen Jugendverbände Württembergs und die Hitler-Jugend 1933/1934. – Göttingen (Vandenhoeck & Ruprecht) 1958. 72 S.

Katholische Jugend in der NS-Zeit, unter besonderer Berücksichtigung des Katholischen Jungmännerverbandes. Daten und Dokumente. Zusammengestellt von Heinrich *Roth*, Domvikar in Münster. – Düsseldorf (Verlag Haus Altenberg) 1959. 240 S. – S. 11 zum Burggymnasium Essen.

Oertel, Ferdinand: Jugend im Feuerofen. Aus der Chronik des Kampfes der katholischen Jugend im Dritten Reich. – Recklinghausen (Paulus Verlag) 1960. 192 S.

Priepke, Manfred: Die evangelische Jugend im Dritten Reich, 1933-1936. – Hannover (Goedel) 1960. 244 S.

Pross, Harry: Jugend, Eros, Politik. Die Geschichte der deutschen Jugendverbände. – München (Scherz) 1964. 524 S. – Darin u. a. S. 438-446 zum Jugendwiderstand in der NS-Zeit.

Graml, H.: Katholische Jugendorganisation und Hitlerjugend, in: Gutachten des Instituts für Zeitgeschichte, Band II, Stuttgart (Deutsche Verlags-Anstalt) 1966, 14-19

Jugend contra Nationalsozialismus. Rundbriefe und Sonderinformationen deutscher Jugend. Zusammengestellt von Hans *Ebeling* und Dieter *Hespers*. 2. Auflage. – Frechen (Bartmann) 1968. 246 S.

Wacker, Laurence D.: Hitler Youth and Catholic Youth 1933-1936. A Study in Totalitarian Conquest. – Washington, D.C. (The Catholic University of America Press) 1971. 203 S.

Horn, Daniel: Youth Resistance in the Third Reich: A Social Portrait. – Journal of Social History 7 (Fall 1973) 26-50

Kneip, Rudolf: Jugend der Weimarer Zeit. Handbuch der Jugendverbände 1919-1938. – Frankfurt (dipa) 1974. 379 S. – Darin auch zu den verschiedenen Gruppen des Jugendwiderstandes.

Schellenberger, Barbara: Katholische Jugend und Drittes Reich. Eine Geschichte des Katholischen Jungmännerverbandes 1933-1939 unter besonderer Berücksichtigung der ehemaligen Rheinprovinz. – Mainz (Matthias-Grünewald-Verlag) 1975. 202 S.

Riedel, Heinrich: Kampf um die Jugend. Evangelische Jugendarbeit 1933-1945. – München (Claudius) 1976. 381 S.

Stern, Annemarie: Lieder gegen den Tritt. Politische Lieder aus fünf Jahrhunderten. 3. Aufl. – Oberhausen (Asso) 1976. – S. 309-423: "Parodien aus den Jahren 1933-1945".

Schepping, Wilhelm: Das Lied als Corpus delicti in der NS-Zeit, in: Beiträge zur Musikgeschichte der Stadt Düsseldorf, hg. von Julius Alf, Köln (Arno Volk Verlag) 1977, 109-132

Horn, Daniel: The Struggle for Catholic Youth in Hitler's Germany: An Assessment. – The Catholic Historical Review 65 (1979) 561-582

Kleinöder, Evi: Verfolgung und Widerstand der Katholischen Jugendvereine. Eine Fallstudie über Eichstätt, in: Bayern in der NS-Zeit. Herrschaft und Gesellschaft im Konflikt. Teil A. Hg. von Martin Broszat und Elke Fröhlich, München (Oldenburg) 1979, 175-236. – Mit detaillierter Darstellung des Verhältnisses zur Hitlerjugend.

Eberts, Erich: Arbeiterjugend 1904-1945. Sozialistische Erziehungsgemeinschaft – Politische Organisation. – Frankfurt (dipa) 1980 (1981²). 216 S.

Focke, Harald/*Reimer*, Uwe: Alltag der Entrechteten. Wie die Nazis mit ihren Gegnern umgingen. – Reinbek (Rowohlt) 1980. 245 S.

Gruchmann, Lothar: Jugendopposition und Justiz im Dritten Reich. Die Probleme bei der Verfolgung der "Leipziger Meuten" durch die Gerichte, in: Miscellanea. Festschrift für Helmut Krausnick, hg. von Wolfgang Benz (u. a.), Stuttgart (Deutsche Verlags-Anstalt) 1980, 103-130

Halle, Anna Sabine: "Die Gedanken sind frei…". Eine Jugendgruppe 1935-1941 (Beiträge zum Thema Widerstand, 14). – Berlin (Gedenk- und Bildungsstätte Stauffenbergstraße) 1980. 31 S. (1982² mit geändertem Titel: "Die Gedanken sind frei…". Eine Jugendgruppe der Berliner Quäker 1935-1941)

Klönne, Arno: Jugendopposition gegen HJ und NS-Staat, in: Terror und Hoffnung in Deutschland 1933-1945, hg. von Johannes Beck (u. a.), Reinbek (Rowohlt) 1980, 435-449

Klönne, Arno: Zur "bündischen Opposition" im Dritten Reich. Hinweise auf Quellen und Materialien. – Jahrbuch des Archivs der deutschen Jugendbewegung 12 (1980) 123-128

Lessing, Hellmut/*Liebel*, Manfred: Jungen vor dem Faschismus. Proletarische Jugendcliquen und Arbeitsdienst am Ende der Weimarer Republik, in: Terror und Hoffnung in Deutschland 1933-1945, hg. von Johannes Beck (u. a.), Reinbek (Rowohlt) 1980, 391-420

Peukert, Detlev: Edelweißpiraten, Meuten, Swing. Jugendsubkulturen im Dritten Reich, in: Sozialgeschichte der Freizeit, hg. von Gerhard Huck, Wuppertal (Hammer) 1980 (2. Aufl. 1982), 307-327

Peukert, Detlev: Die Edelweißpiraten. Protestbewegungen junger Arbeiter im Dritten Reich. Eine Dokumentation. – Köln (Bund-Verlag) 1980 (2. Aufl. 1988). 240 S.

Schmidt, Ernst: Lichter in der Finsternis. Widerstand und Verfolgung in Essen 1933-1945. Erlebnisse – Berichte – Forschungen – Gespräche. 2. Aufl. – Frankfurt (Röderberg) 1980. 397 S. – S. 345-363: "Essener Arbeiterjugend im antifaschistischen Kampf"; vgl. S. 145-148: "Der Hitlerjunge und der Pfarrerssohn Friedel Bredt".

Vinke, Hermann: Das kurze Leben der Sophie Scholl. – Ravensburg (Otto Maier) 1980

Goeb, Alexander: Er war sechzehn, als man ihn hängte. Das kurze Leben des Widerstandskämpfers Bartholomäus Schink. – Reinbek (Rowohlt) 1991 (zuerst 1981)

Hellfeld, Matthias von: Edelweißpiraten in Köln. Jugendrebellion gegen das 3. Reich. Das Beispiel Köln-Ehrenfeld. – Köln (Pahl-Rugenstein) 1981

Klönne, Arno: Jugendprotest und Jugendopposition. Von der HJ-Erziehung zum Cliquenwesen der Kriegszeit, in: Bayern in der NS-Zeit, Band IV, Teil C, hg. von Martin Broszat, München (Oldenbourg) 1981, 527-620

Hellmut *Lessing*/Manfred *Liebel*: Wilde Cliquen. Szenen einer anderen Arbeiterjugendbewegung. – Bensheim (päd. extra buchverlag) 1981

Boberach, Heinz: Jugend unter Hitler. – Düsseldorf (Droste) 1982. 174 S. – S. 147-172: "Von der Ächtung zum Konzentrationslager. Jugend in Widerstand und Verfolgung".

Eickels, Klaus van: Hitlerjugend und "Neudeutschland" auf der Gaesdonck, in: Nazis und Nachbarn, hg. von Dieter Galinski (u. a.), Reinbek (Rowohlt) 1982, 75-92

Müller, Manfred: Jugend in der Zerreißprobe. Persönliche Erinnerungen und Dokumente eines Jugendpfarrers im Dritten Reich. – Stuttgart (Quell) 1982. 160 S.

Muth, Heinrich: Jugendopposition im Dritten Reich. – Vierteljahrshefte für Zeitgeschichte 30 (1982) 369-417

Peukert, Detlev: Volksgenossen und Gemeinschaftsfremde. Anpassung, Ausmerze und Aufbegehren unter dem Nationalsozialismus. – Köln (Bund-Verlag) 1982. 332 S.

Brücher, Bodo/*Hartmann*, Günter: Hebt unsere Fahnen in den Wind! Bilder aus der Geschichte der Sozialistischen Arbeiterjugendbewegung in Ostwestfalen und Lippe. – Bonn (Neue Gesellschaft) 1983. 191 S. – S. 99-104 zum Widerstand der SAJ unter Hitler.

Lieder der bündischen Hunde. Hg. von Horst *Fritsch* unter Mithilfe von Arno *Klönne*. – Liederblätter deutscher Jugend, 26. Heft (Heidenheim an der Brenz: Südmarkverlag Fritsch, 1983), S. 37-69

Klönne, Arno: Jugendwiderstand, Jugendopposition und Jugendprotest im Dritten Reich. Ein Plädoyer für eine neue Geschichtsaufarbeitung. – Jahrbuch des Archivs der deutschen Jugendbewegung 14 (1982-1983) 65-76

Mölich, Georg: Jugendopposition gegen den Nationalsozialismus. Anmerkungen zu neueren Beiträgen. – Jahrbuch des Archivs der deutschen Jugendbewegung 14 (1982-83) 307-321

Heiduk, Franz: Beiträge zur Geschichte der Jugendopposition in Schlesien 1933-1945. – Archiv für schlesische Kirchengeschichte 42 (1984) 17-49

Gerrit *Helmers*/Alfons *Kenkmann*: "Wenn die Messer blitzen und die Nazis flitzen". Der Widerstand von Arbeiterjugendcliquen und -banden in der Weimarer Republik und im "Dritten Reich". – Lippstadt (Leimeier) 1984. 267 S.

Holler, Eckard: Ästhetik des Widerstandes und politisches Engagement in der bündischen Jugend. Drei Thesen zur bündischen Jugend, in: Künstliche Paradiese der Jugend, hg. von Peter Ulrich Hein, Münster (Lit) 1984, 74-99

Katholische Jugend im Nationalsozialismus. Essener Schlaglichter [Buch zur Ausstellung, Alte Synagoge Essen]. Redaktion: Baldur *Hermans*. Hg.: Alte Synagoge Essen, Bischöfliches Jugendamt, Katholisches Stadtsekretariat Essen. – Essen 1984. 65 S. – Darin u. a. Barbara *Schellenberger*: "Für die HJ ein ernst zu nehmender Gegner. Katholische Jugendverbände im NS-Staat" (S. 4-7). Der Band thematisiert u. a. die Resistenz katholischer Schüler des Burggymnasiums gegen die Hitlerjugend.

Krefeld, Franz Josef: Geschichte der Jugendarbeit von den Anfängen bis zur Gegenwart. – Weinheim (Beltz) 1984. – S. 122-128: "Legale und halblegale Jugendarbeit außerhalb der Hitlerjugend".

Maas, Utz: "Als der Geist der Gemeinschaft eine Sprache fand". Sprache im Nationalsozialismus. Versuch einer historischen Argumentationsanalyse. – Opladen (Westdeutscher Verlag) 1984. – S. 145-164: " 'Wir gliedern uns nicht ein'. Rebellion – gegen die HJ und mit ihr".

Müller, Thorsten: Ich war ein Widerstand, in: Widerstand und Verweigerung in Deutschland 1933 bis 1945, hg. von Richard Löwenthal/Patrik von zur Mühlen, Bonn (Dietz) 1984, 202-210

Peukert, Detlev: Protest und Widerstand von Jugendlichen im Dritten Reich, in: Widerstand und Verweigerung in Deutschland 1933 bis 1945, hg. von Richard Löwenthal/Patrik von zur Mühlen, Bonn (Dietz) 1984, 177-201

Schepping, Wilhelm: Oppositionelles Singen in der NS-Zeit. – Hirschberg. Monatsschrift des Bundes Neudeutschland 37 (1984) 103-114

Theilen, Fritz: Edelweißpiraten. Hg. und mit einer Dokumentation von Matthias von *Hellfeld*. – Frankfurt (Fischer) 1984

Tigges, Paul: Jugendjahre unter Hitler. Auf der Suche nach einer verlorenen Zeit. Erinnerungen – Berichte – Dokumente. – Iserlohn (Sauerland-Verlag) 1984. 223 S. – S. 48-50: "Katholische Jugend und Hitlerjugend im Kreis Olpe"; S. 146-187: "Katholische Jugend in der Verweigerung".

Eilers, Rolf (Hg.): Löscht den Geist nicht aus. Der Bund Neudeutschland im Dritten Reich. Erlebnisberichte. – Mainz (Grünewald) 1985. 269 S.

Matthias von *Hellfeld*/Arno *Klönne*: Die betrogene Generation. Jugend in Deutschland unter dem Faschismus. Quellen und Dokumente. – Köln (Pahl-Rugenstein) 1985 (2. Aufl. 1987). 352 S. – S. 268-295: "Jugendliche in Opposition".

Jahnke, Karl-Heinz: Jugend im Widerstand 1933-1945. – Frankfurt (Röderberg) 1985 (zuerst 1970) 248 S.

Josef *Minzenbach*/Martin *Stadelmaier*: Widerstand der Arbeiterjugend gegen den Nationalsozialismus, in: Dem Morgenrot entgegen... 80 Jahre Arbeiterjugendbewegung. Quellen und Materialien zur Geschichte der sozialistischen Jugend, hg. von Werner Nüßlein und Martin Stadelmaier, Bonn 1985, 62-68

Peukert, Detlev: Edelweißpiraten, Meuten, Swing. Jugendsubkulturen im Dritten Reich, in: "Die Formung des Volksgenossen", hg. von Ulrich Herrmann, Weinheim (Beltz) 1985, 216-231

Piepel, Klaus: Die katholische Jugend Rheines im Dritten Reich. – Rheine gestern, heute, morgen 15 (3/1985) 186-198 (vgl. Piepel ebd. S. 199-217)

Schellenberger, Barbara: Katholischer Jugendwiderstand, in: Der Widerstand gegen den Nationalsozialismus, hg. von Jürgen Schmädeke und Peter Steinbach, 3. Aufl., München (Piper) 1985, 314-326

Buscher, Paulus: Bündische Jugend in Illegalität und Widerstand, in: Schock und Schöpfung, hg. von Willi Bucher und Klaus Pohl, Darmstadt (Luchterhand) 1986, 314-319

Demand, Markus: Jugendliche in der Auseinandersetzung mit dem Nationalsozialismus: Der katholische Schülerbund Neudeutschland in Münster 1933-1945, in: Schon fast vergessen. Alltag in Münster 1933-1945, hg. von Heinz-Ulrich Eggert, Münster (Fahle) 1986, 101-138

Klönne, Arno: Jugendliche Subkulturen im Dritten Reich, in: Schock und Schöpfung, hg. von Willi Bucher und Klaus Pohl, Darmstadt (Luchterhand) 1986, 308-313

Krolle, Stefan: "Bündische Umtriebe". Die Geschichte des Nerother Wandervogels vor und unter dem NS-Staat. Ein Jugendbund zwischen Konformität und Widerstand. 2. Aufl. – Münster (Lit) 1986. 155 S.

Lange, Horst H.: Jazz: eine Oase der Sehnsucht, in: Schock und Schöpfung, hg. von Willi Bucher und Klaus Pohl, Darmstadt (Luchterhand) 1986, 320-323 (vgl. ebd. S. 324-325)

Reiner Lehberger/Hans-Peter de Lorent (Hg.): "Die Fahne hoch". Schulpolitik und Schulalltag in Hamburg unterm Hakenkreuz. – Hamburg (ergebnisse Verlag) 1986. – Darin u. a. S. 399-405 Uwe *Storjohann*: "Swing-Jugend an der Bismarck-Schule".

Land der Hoffnung – Land der Krise. Jugendkulturen im Ruhrgebiet 1900-1987. Begleitbuch zur gleichnamigen Ausstellung. Hg. von Wilfried *Breyvogel*/Heinz-Hermann *Krüger*. – Berlin/Bonn (Dietz) 1987. 287 S. – Darin u. a. Beiträge von Heidi Behrens-Cobet, Werner Thole und Arno Klönne.

Goldhammer, Karl-Werner: Katholische Jugend Frankens im Dritten Reich. Die Situation der katholischen Jugendarbeit unter besonderer Berücksichtigung Unterfrankens und seiner Hauptstadt Würzburg. – Frankfurt (Lang) 1987

Hellfeld, Matthias von: Bündische Jugend und Hitlerjugend. Zur Geschichte von Anpassung und Widerstand, 1930-1939. – Köln (Verlag Wissenschaft und Politik) 1987, 301 S.

Krüger, Heinz-Hermann: Jugend und Jugendopposition im Dritten Reich, in: Erziehung im Nationalsozialismus, hg. von Kurt-Ingo Flessau, Köln (Böhlau) 1987, 9-22

Mann, Reinhard: Protest und Kontrolle im Dritten Reich. Nationalsozialistische Herrschaft im Alltag einer rheinischen Großstadt. – Frankfurt (Campus) 1987. – S. 223-227 zu oppositionellen und verbotenen Jugendgruppen; S. 261-266: "Abhören ausländischer Sender" ("Rundfunkverbrechen").

Pommerin, Reiner: Demokraten und Pazifisten oder Rowdies und Rebellen? Die Einschätzung der "Edelweiß-Piraten" im britischen Außenministerium 1944/45. – Geschichte im Westen 2 (1987) 135-144

Reineke, Augustinus: Jugend zwischen Kreuz und Hakenkreuz. Erinnerungen und Erlebnisse, Ereignisse und Dokumente. 2. Aufl. – Paderborn (Bonifatius) 1987

Buscher, Paulus: Das Stigma. – Koblenz (Bublies) 1988. 416 S. und 32 S. "Dokumentarischer Anhang"

Dumbach, Annette E./*Newborn*, Jud: Wir sind euer Gewissen. Die Geschichte der Weißen Rose. – Stuttgart (Kreuz Verlag) 1988. 266 S.

Christian *Gerbel* (u. a.): Die "Schlurfs". Verweigerung und Opposition von Wiener Arbeiterjugendlichen im "Dritten Reich", in: NS-Herrschaft in Österreich 1938-1945, hg. von Emmerich Talos (u. a.), Wien (Verlag für Gesellschaftskritik) 1988, 243-268

Klönne, Arno: Zur Geschichte der bündischen Lieder. "Was kann das Leben bei Hitler uns geben, wir wollen bündisch sein ... ". – Der Eisbrecher – Zeitschrift der Bündischen Jugend (Stuttgart) Heft 1/1988, S. 8-12

Klönne, Arno: Jugendbündische Gegenkultur in Zeiten der Staatsjugend, in: Typisch deutsch: Die Jugendbewegung. Beiträge zu einer Phänomengeschichte, hg. von Joachim H. Knoll/Julius H. Schoeps, Opladen (Leske + Budrich) 1988, 177-190

Piehl, Kurt: Latscher, Pimpfe und Gestapo. Die Geschichte eines Edelweißpiraten I. Hg. und mit einem Vorwort versehen von Hans Müller. 3. Auflage. – Frankfurt (Brandes & Apsel) 1994 (zuerst 1988) 255 S.

Piehl, Kurt: Rebellen mit dem Edelweiß. Von den Nazis zu den Yankees. Die Geschichte eines Edelweißpiraten II. – 2. Aufl. – Frankfurt (Brandes & Apsel) 1992 (zuerst 1988) 275 S.

Beilmann, Christel: Eine katholische Jugend in Gottes und dem Dritten Reich. Briefe, Berichte, Gedrucktes 1930-1945. Kommentare 1988/89. Mit einem Nachwort von Arno Klönne. – Wuppertal (Hammer) 1989. 400 S.

Karl Heinz *Jahnke*/Michael *Buddrus*: Deutsche Jugend 1933-1945. – Eine Dokumentation. – Hamburg (VSA-Verlag) 1989. 496 S.

Mikuscheit, Achim: Sozialistische Arbeiterjugend unter dem Hakenkreuz, in: Rote Jugend im schwarzen Revier, hg. von Heidi Behrens-Cobet, Essen (Klartext) 1989, 89-103

Peters, Martin: "Piraten vom Burgplatz… ". Randale im Kantpark, in: Tatort Duisburg. Widerstand und Verfolgung im Nationalsozialismus, hg. von Rudolf Tappe (u. a.), Essen (Klartext) 1989, 393-409

Polster, Bernd (Hg.): "Swing Heil". Jazz im Nationalsozialismus. – Berlin (TRANSIT) 1989

Rusinek, Bernd-A.: Gesellschaft in der Katastrophe. Terror, Illegalität, Widerstand – Köln 1944/45. – Essen (Klartext) 1989. 466 S.

Sommer, Wilhelm: Kinder und Jugendliche im Nationalsozialismus (Lesehefte Geschichte für die Sekundarstufe I). – Stuttgart (Klett) 1989. 64 S. – S. 27-36: "Jugendopposition".

Sie hielten stand. Sturmschar im Katholischen Jungmännerverband Deutschlands, hg. von Bernd *Börger* und Hans *Schroer*. – Düsseldorf (Haus Altenberg) 1990. 288 S.

Kircheisen, Sabine: Jugendliche Opposition gegen den Hitlerfaschismus – Die Leipziger Meuten 1937-1939. – Jugendgeschichte, Heft 12 (1990) 23-29

Klönne, Arno: Jugendliche Opposition gegen Hitler-Jugend und NS-Staat, in: Der deutsche Widerstand 1933-1945. – 2. Aufl., hg. von Klaus-Jürgen Müller, Paderborn (Schöningh) 1990, 182-207

Rusinek, Bernd-A.: Verfolgung und Widerstand in Düsseldorf 1933-1945, in: Verfolgung und Widerstand in Düsseldorf 1933-1945 (Hg.: Landeshauptstadt Düsseldorf – Der Oberstadtdirektor; Konzeption und Redaktion: Angela Genger), Düsseldorf 1990, 29-161. – S. 102-107 zu den "Edelweißpiraten".

Breyvogel, Wilfried (Hg.): Piraten, Swings und Junge Garde. – Jugendwiderstand im Nationalsozialismus. – Bonn (Dietz) 1991. 352 S. – Darin u. a. Beiträge von Frank Bajohr, Hartmut Wenzel, Christel Beilmann, Matthias von Hellfeld, Silvia Klein, Alfons Kenkmann, Inge Jens, Rainer Pohl, Bernd-A. Rusinek, Arno Klönne, Carola Stern. – Die Informationen – auch durch einschlägige Bildquellen – betreffen schwerpunktmäßig den Raum Köln, Düsseldorf, Essen, Hamburg und München.

Hanssler, Bernhard: Katholische Jugendarbeit während des Dritten Reiches in Ulm, in: Die Weiße Rose. A Nottingham Symposium, ed. by Hinrich Siefken, Nottingham 1991, 37-50

Kenkmann, Alfons: "Fahrtenstenze" und "Edelweißpiraten" – die Erfahrungswelt jugendlicher Segerother Arbeiter in der NS-Zeit, in: Essens wilder Norden. Segeroth – ein Viertel zwischen Mythos und Stigma. Hg. von Frank Bajohr und Michael Gaigalat, 2. Auflage. – Hamburg (Ergebnisse Verlag) 1991, 28-34

Kenkmann, Alfons: Unruhe an der "Heimatfront" – Edelweißpiraten in Krefeld 1942/43, in: Deutsche Jugend im Zweiten Weltkrieg [Vorwort von Ingo Koch], Rostock (Verlag Jugend und Geschichte) 1991, 83-89

Rusinek, Bernd A.: Jugend im "Totalen Krieg" 1944/45, in: Deutsche Jugend im Zweiten Weltkrieg [Vorwort von Ingo Koch], Rostock (Verlag Jugend und Geschichte) 1991, 53-59

Die Weiße Rose. Student Resistance to National Socialism 1942/1943. Forschungsergebnisse und Erfahrungsberichte. A Nottingham Symposium, ed. by Hinrich *Siefken*. – Nottingham (University of Nottingham) 1991. 200 S.

Brenner, Heinz A.: Dagegen. Bericht über den Widerstand von Schülern des Humanistischen Gymnasiums Ulm/Donau gegen die deutsche nationalsozialistische Diktatur. – Leutkirch im Allgäu (Rud. Roth) [1992]. 116 S.

Meldungen aus Münster 1924-1944. Geheime und vertrauliche Berichte von Polizei, Gestapo, NSDAP und ihren Gliederungen, staatlicher Verwaltung, Gerichtsbarkeit und Wehrmacht über die politische und gesellschaftliche Situation in Münster. Eingeleitet und bearb. von Joachim *Kuropka*. – Münster (Regensberg) 1992. 691 S. – S. 309-346: "Jugend" (zur Hitlerjugend und zum Jugendwiderstand).

Lust, Gunter: "The Flat Foot Floogee... treudeutsch, treudeutsch". Erlebnisse eines Hamburger Swingheinis 1936 bis 1966. Bearb. und Vorwort von Jens Michelsen,hg. vom Bezirksamt Eimsbüttel (Eimsbütteler Lebensläufe, Bd. 1). – Hamburg (Dölling und Galitz) 1992. 160 s.

Wolff, Jörg: Jugendliche vor Gericht im Dritten Reich. Nationalsozialistische Jugendstrafrechtspolitik und Justizalltag. – München (Beck) 1992. 416 S. – S. 288-293: "Banden, Cliquen, Blasen".

Buscher, Paulus: Aus der Erfahrung des Jugendwiderstandes: dj. 1.11 (1936-1945), in: Resistance to National Socialism. Second Nottingham Symposium, ed. by Hinrich Siefken and Hildegard Viereck, Nottingham 1993, 127-163

Gasten, Elmar: Aachen in der Zeit der nationalsozialistischen Herrschaft 1933-1944. – Frankfurt (Lang) 1993. 380 S. – S. 292-301: "Unüberbrückbare Gegensätze – HJ und konfessionelle Jugend".

Hess, Wolfgang: Der Günther-Wolff-Verlag in Plauen und die bündische Jugend im III. Reich. – Plauen (Vogtland-Verlag) 1993. 70 S.

Juden im Widerstand. Drei Gruppen zwischen Überlebenskampf und politischer Aktion, Berlin 1939-1945 [Buch zur Ausstellung]. Hg. von Wilfried *Löhken* und Werner *Vathke*. – Berlin (Edition Hentrich) 1993. 208 S. – S. 83-158 zu der Widerstandsgruppe um Herbert Baum (von Eric *Brothers* und Michael *Kreutzer*); S. 159-205: "Nicht mitgehen, sondern weggehen!'. Chug Chaluzi – eine jüdische Jugendgruppe im Untergrund" (von Christine *Zahn*).

Meyers, Fritz: "... das Fähnlein steht im Spind". Lieder aus dem Souterrain des Dritten Reiches. – Der Niederrhein 60 (1993) 4-14

Retzlaff, Birgit: Arbeiterjugend gegen Hitler. Der Widerstand ehemaliger Angehöriger der Sozialistischen Arbeiterjugendbewegung gegen das Dritte Reich. – Werther i. W. (Paegelit) 1993. 281 S.

Schepping, Wilhelm: Oppositionelles Singen Jugendlicher im Dritten Reich, in: Resistance to National Socialism. Second Nottingham Symposium, ed. by Hinrich Siefken and Hildegard Viereck, Nottingham 1993, 89-109

Schepping, Wilhelm: Singen als "Vergehen gegen Volk und Staat" – Willi Graf und das bündische Lied. – Hirschberg. Monatsschrift des Bundes Neudeutschland 46 (1993) 793-816

Vieregg, Hildegard: Christlicher Widerstand gegen das NS-Regime: Willi Graf, in: Resistance to National Socialism. Second Nottingham Symposium, ed. by Hinrich Siefken and Hildegard Viereck, Nottingham 1993, 39-65

Lexikon des deutschen Widerstandes. Hg. von Wolfgang *Benz* und Walter H. *Pehle*. – Frankfurt (Fischer) 1994. 429 S. – Darin u. a. S. 98-112 Jürgen *Zarusky*: "Jugendopposition".

Heinrich Himmler und die Liebe zum Swing. Erinnerungen und Dokumente, hg. von Franz *Ritter*, Leipzig (Reclam) 1994. 277 S.

Peter *Steinbach*/Johannes *Tuchel* (Hg.): Lexikon des Widerstandes 1933-1945. – München (Beck) 1994. 238 S.

Bothien, Horst-Pierre: Die Jovy-Gruppe. Eine historisch-soziologische Lokalstudie über nonkonforme Jugendliche im "Dritten Reich". – Münster (Lit) 1995. 271 S.

Jutta von *Freyberg* (u. a.): "Wir hatten andere Träume". Kinder und Jugendliche unter der NS-Diktatur. Herausgeber: Studienkreis Deutscher Widerstand. – Frankfurt (Verlag für Akademische Schriften) 1995. 214 S.

Jahnke, Karl Heinz: Hans und Sophie Scholl, in: Was aus Deutschland werden sollte. Konzepte des Widerstands, des Exils und der Alliierten, hg. von Reinhard Kühnl/Eckart Spoo, Heilbronn (Distel) 1995, 65-69

Jahnke, Karl Heinz: Schwere Jahre. Arbeiterjugend gegen Faschismus und Krieg 1933-1945. – Essen (Neue-Impulse-Verlag) 1995. 104 S.

Kater, Michael H.: Gewagtes Spiel. Jazz im Nationalsozialismus. – Köln (Kiepenheuer & Witsch) 1995. 453 S.

Klönne, Arno: Jugend im Dritten Reich. Die Hitler-Jugend und ihre Gegner. – München (Piper) 1995 (vorher Köln: Eugen Diederichs Verlag, 1982). 310 S. – S. 184 zum Essener Burggymnasium, an dem noch 1935 120 Schüler in katholischen Jugendverbänden aktiv waren, was dem HJ-Standortführer sehr mißfiel.

Freiheit lebet nur im Liede. Das politische Lied in Deutschland. Eine Ausstellung des Bundesarchivs in Verbindung mit dem Deutschen Volksliedarchiv Freiburg i. Br. – Katalog: Tilman *Koops* (u. a.). 2. Aufl. Koblenz (Bundesarchiv) 1995. – S. 100-109: "Lieder des Widerstandes gegen den Nationalsozialismus".

Kurz, Jan: "Swinging Democracy". Jugendprotest im 3. Reich. – Münster (Lit) 1995. 192 S.

Nerohm: Die letzten Wandervögel. Burg Waldeck und die Nerother. Geschichte einer Jugendbewegung. – Baunach (Deutscher Spurbuch Verlag) 1995. 207 S.

Pahlke, Georg: Trotz Verbot nicht tot. Katholische Jugend in ihrer Zeit. Band III: 1933-1945. Hg.: Diözesanvorstand des Bundes der Deutschen Katholischen Jugend (BDKJ). – Paderborn (BDKJ Verlag) 1995

Schilde, Kurt: Im Schatten der "Weißen Rose". Jugendopposition gegen den Nationalsozialismus im Spiegel der Forschung (1945 bis 1989). – Frankfurt (Lang) 1995. 404 S.

Carsten, Francis L.: Widerstand gegen Hitler. Die deutschen Arbeiter und die Nazis. – Frankfurt (Insel) 1996. 311 S. – U. a. S. 196-199 zum Jugendwiderstand.

"... dann machen wir es alleine". Beiträge zur Geschichte der Stadt Harsewinkel. Hg. von der Stadt Harsewinkel. Mit Beiträgen von Manfred *Beine* (u. a.). – Harsewinkel (Stadt Harsewinkel) 1996. 627 S. – S. 377-384: "Katholische Jugendarbeit" (Konfrontation mit der Hitlerjugend).

Fasse, Norbert: Katholiken und NS-Herrschaft im Münsterland. Das Amt Velen-Ramsdorf 1918-1945. – Bielefeld (Verlag für Regionalgeschichte) 1996. 895 S.

Jahnke, Karl Heinz: Beispiel und Herausforderung. Arno Klönnes Forschung über den Jugendwiderstand im Nationalsozialismus, in: Kultur und Gesellschaft der Bundesrepublik Deutschland, hg. von Peter Ulrich Hein und Hartmut Reese, Frankfurt (Lang) 1996, 79-85

Kenkmann, Alfons: Jugendliche "Arbeitsbummelanten" und die Akteure der sozialen Kontrolle gegen Ende des "Dritten Reiches" und während der Besatzungszeit, in: Jugend zwischen Selbst- und Fremdbestimmung, hg. von Burkhard Dietz (u. a.), Bochum (Winkler) 1996, 273-287

Kenkmann, Alfons: Wilde Jugend. Lebenswelt großstädtischer Jugendlicher zwischen Weltwirtschaftskrise, Nationalsozialismus und Währungsreform. – Essen (Klartext) 1996. 479 S. – Ein Schwerpunkt der Darstellung ist der Großraum Essen (S. 163 zum Burggymnasium).

Klönne, Arno: Jugendliche Opposition im "Dritten Reich". Hg. von der Landeszentrale für politische Bildung Thüringen. – Erfurt 1996. 88 S.

Nelles, Dieter: Die anarchistische Jugend in Wuppertal 1929-1945. Entstehung, Milieu und Zusammensetzung der Wuppertaler SAJD, in: Jugend zwischen Selbst- und Fremdbestimmung, hg. von Burkhard Dietz (u. a.), Bochum (Winkler) 1996, 233-254

Das 20. Jahrhundert der Gaudigs. Chronik einer Arbeiterfamilie im Ruhrgebiet. Nach Erzählungen von Theo Gaudig (u. a.) zusammengestellt von Ludger *Fittkau*. – Essen (Klartext) 1997. 160 S.

Housden, Martyn: Resistance and conformity in the Third Reich. – London (Routledge) 1997. – S. 68-92: "Youth: rebels for which cause?"

Keim, Wolfgang: Erziehung unter der Nazi-Diktatur. Band I: Antidemokratische Potentiale, Machtantritt, Machtdurchsetzung; Band II. Kriegsvorbereitung, Krieg und Holocaust. – Darmstadt (Wiss. Buchgesellschaft) 1995-1997. – II, 346-367: "Jugendopposition und -widerstand zwischen antifaschistischer Aktion, Behauptung nicht-nazistischer Milieus und jüdischem Überlebenskampf" (S. 363-367: "Jüdischer Jugendwiderstand zum Überleben").

Klemp, Stefan: "Richtige Nazis hat es hier nicht gegeben". Nationalsozialismus in einer Kleinstadt am Rande des Ruhrgebiets. – Münster (LIT) 1997. 672 S. – S. 422-426: "Widerstand von Jugendlichen".

Mehringer, Hartmut: Widerstand und Emigration. Das NS-Regime und seine Gegner. – München (DTV) 1997. 345 S. – S. 107-112: "Nationalrevolutionäre/Bündische Jugend"; S. 138-140: "Jugendliche Cliquen und ihre Bekämpfung"; S. 182-187: "Studentischer Widerstand: Die 'Weiße Rose' "; S. 238-242: "Jugendopposition im Krieg".

Paucker, Arnold: Zum Selbstverständnis jüdischer Jugend in der Weimarer Republik und unter der nationalsozialistischen Diktatur, in: Jüdische Selbstwahrnehmung. La prise de conscience de l'identité juive, hg. von Hans Otto Horch/Charlotte Wardi, Tübingen (Niemeyer) 1997, 111-128

Schmidt, Fritz: Ein Mann zwischen zwei Welten. Eberhard Koebels politische Entwicklung, seine ersten Jahre in der Emigration und seine Wirkung auf illegale dj. 1.11. – Edermünde (Freudenstein) 1997. 136 S.

Siekmann, Birgit: Die evangelische Jugendarbeit im Rheinland und das Evangelische Jugendwerk Deutschlands. Strukturprobleme evangelischer Jugendverbände unter den Machtansprüchen des nationalsozialistischen Staates und der deutsch-christlichen Reichskirche. – Frankfurt (Lang) 1997. 361 S.

Steinhoff, Marc: Widerstand gegen das Dritte Reich im Raum der katholischen Kirche. – Frankfurt (Lang) 1997. – S. 136-139: "Widerstand der katholischen Jugend".

Nikola *Henke* (u. a.): "Elisabeth Lange. Eine Frau aus Detmold im Umfeld der 'Weißen Rose'", in: Nationalsozialismus in Detmold, hg. von der Stadt Detmold, bearb. von Herman Niebuhr und Andreas Ruppert, Bielefeld (Aisthesis) 1998, 849-856

Hirzel, Susanne: Vom Ja zum Nein. Eine schwäbische Jugend, 1933-1945. – Tübingen (Klöpfer und Meyer) 1998. 261 S.

Kenkmann, Alfons: Edelweißpiraten zwischen Stalingrad und Währungsreform. Brüche oder Kontinuität in den Erfahrungswelten einer jugendlichen Subkultur, in: Jugend vor einer Welt in Trümmern. Erfahrungen und Verhältnisse der Jugend zwischen Hitler- und Nachkriegsdeutschland, hg. von Franz-Werner Kersting, Weinheim (Juventa) 1998, 115-130

Widerstand als Hochverrat [Mikrofiche-Edition .] Bearbeitet von Jürgen *Zarusky* und Hartmut *Mehringer*. – München (Saur) 1998

Hochverrat? Neue Forschungen zur "Weißen Rose". Hg. von Rudolf *Lill*. – Konstanz (Universitätsverlag Konstanz) 1999. 217 S.

Schepping, Wilhelm: "Lieder des 'politischen Katholizismus' im Dritten Reich", in: Lieder in Politik und Alltag des Nationalsozialismus, hg. von Gottfried Niedhart und George Broderick, Frankfurt (Lang) 1999, 231-278

22 Jugendüberwachung und Strafverfolgung

22.1 Überblick

Hitlerjugendführer als Erziehungsberechtigte. – Eine Wirkung des 1939 beginnenden Krieges, mit der das Regime am wenigsten gerechnet hatte, war die Zertrümmerung der Familie, deren Wert als Keimzelle der Volkserneuerung und Volksvermehrung man ja gerade hochhalten wollte. Besonders die heranwachsenden Jugendlichen waren betroffen; denn sehr oft weilten Väter und ältere Brüder im Felde, und vor allem in der zweiten Kriegshälfte waren jüngere Geschwister in einem KLV-Lager, während die Mutter zur Berufstätigkeit verpflichtet wurde. So fehlten vielen jungen Menschen in ihrem schwierigsten Alter nicht selten Rückhalt und Geborgenheit.

Die Hitlerjugend hatte schon Mitte der dreißiger Jahre mit dem Aufbau einer eigenen Gerichtsbarkeit begonnen: Seit dem 7. Juli 1934 gab es eine "Dienstordnung der HJ", seit 1935 im Personalamt der Reichsjugendführung ein Referat "HJ-Gerichtsbarkeit", das 1936 zu einem Hauptreferat wurde. Am 8. Oktober 1936 wurde von der Reichsjugendführung eine "HJ-Disziplinarordnung" erlassen. Besonders seit der "Polizeiverordnung zum Schutze der Jugend" vom 9. März 1940 wurde es von Bedeutung, daß auf der Basis des HJ-Gesetzes vom 1. 12. 1936 (demzufolge der HJ die gesamte Erziehung der Jugend außerhalb von Elternhaus und Schule oblag) zunehmend betont wurde, daß der Hitlerjugendführer auch öffentlich-rechtlich "Erziehungsberechtigter" war und daß er in dieser Eigenschaft nicht volljährig sein mußte (zur Sache Herbert Vornefeld, in: Das Junge Deutschland 34, 1940, 97 f.). Im Laufe des Krieges wurde – vermutlich wegen der anschwellenden Zahl einschlägiger Fälle – die Disziplinargewalt mehr und mehr nach unten delegiert, und "am 11. März 1943 übertrug der Reichsjugendführer die Ausübung der Disziplinargewalt der Führer der Gebiete den Leitern der Abteilungen HJ-Gericht der Gebiete" (Walter Tetzlaff, Das Disziplinarrecht der Hitler-Jugend, Berlin 1944, 21). Nun gab es ein flächendeckendes neues Netz von Erziehungsgewalt bis herunter zum kleinen HJ-Führer vor Ort.

Die Polizeiverordnung zum Schutze der Jugend vom 9. März 1940.. – Sie wurde erlassen wegen der Veränderung der Lebensverhältnisse durch den Krieg und fußte auf der Verordnung über die Polizeiverordnungen der Reichsminister vom 14. November 1938 (siehe: Das Junge Deutschland 34, 1940, Nr. 5, vom 1. Mai 1940, S. 97-103 = Abdruck mit Kommentar aus HJ-Sicht von Herbert Vornefeld; vgl. Führerinnendienst Niedersachsen, BDM-Ausgabe, Folge 3, März 1942, S. 8; Abdruck auch bei Karl Heinz Jahnke/Michael Buddrus, Deutsche Jugend 1933-1945, Hamburg 1989, S. 323-325). Die einzelnen Verbote betrafen unter anderem: Besuch öffentlicher Lokale, Alkoholgenuß, öffentliches Rauchen, öffentliche Tanzlustbarkeit. – Entscheidender Gesichtspunkt war: "Wenn Väter und Brüder im Felde die größten persönlichen Opfer bringen, so ist es Ehrenpflicht jedes einzelnen Jungen und Mädels, sich körperlich und haltungsmäßig so zu führen, daß jeder Jahrgang, der vielleicht noch zur Verteidigung des Reiches aufgerufen wird, stark und gesund dasteht, und zwar noch straffer und gefestigter als im Frieden" (Herbert Vornefeld, in: Das Junge Deutschland 34, 1940, 101).

Bei der Feststellung der Verbotsübertretung wird insbesondere der "Streifendienst der HJ" tätig. Allerdings: "Während es selbstverständlich ist, daß ältere HJ-Führer auch gegen Mädel Feststellungen treffen, wenn dieselben als BDM-Angehörige kenntlich sind, so werden die BDM-Führerinnen jedoch regelmäßig Abstand nehmen, Jungen zu stellen" (Herbert Vornefeld, a. O., S. 102).

Der Jugenddienstarrest und der Jugendarrest. – Durch seinen Erlaß vom 17. September 1940 schuf der Reichsjugendführer als neue Dienststrafe den Jugenddienstarrest", eine Kurzzeitstrafe für HJ-Mitglieder vom vollendeten 14. Lebensjahr an (z. B. für Verunglimpfung der HJ), die in Arrestzellen der Ortspolizei vollstreckt wurde: Einige Tage oder an Wochenenden, bei Wasser und Brot (zu Details siehe unten bei den "Quellen" Luer 1940). – Mit dem "Jugendarrest" (Verordnung zur Ergänzung des Jugendstrafrechts vom 4. Oktober 1940; der Text bei Albert Müller, Die Betreuung der Jugend, Berlin 1943, 109-111; zur Sache siehe unten bei den "Quellen" Freisler 1940) wurde zum Beispiel unentschuldigtes Fernbleiben vom Arbeitsplatz bestraft. Die Vollstreckung der Strafe erfolgte "in den Räumen der Reichsjustizverwaltung", also wohl im nächsten Gefängnisgebäude, und konnte an Wochenenden ("Wochenendkarzer") oder als zusammenhängende Kurzzeitstrafe getätigt werden. Der Jugendarrest galt nicht als "kriminelle Strafe", sollte jedoch "aufrüttelnd" wirken. Mancherorts gab es Schwierigkeiten beim Strafvollzug. Zum Beispiel in Wien erschien im Sommer 1941 "mindestens die Hälfte der Jugendlichen nicht zum Antritt des Arrestes" (Emmerich Talos u a. Hg., NS-Herrschaft in Österreich 1938-1945, Wien 1988, 258).

Fürsorgeerziehung. – Durch die Fürsorgeerziehungsbehörden wurden Minderjährige erfaßt, "wenn eine Verwahrlosung droht oder bereits eingetreten ist, d. h. wenn andere Erziehungsmaßnahmen nicht mehr geeignet sind, ihn im Sinne der Volksgemeinschaft zu erziehen... Die Fürsorgeerziehungsheime sind weder Strafanstalten noch Erziehungshäuser im alten Sinne, sondern dienen zur Erziehung zur Gemeinschaft, und zwar nicht durch Zwangsmaßnahmen, sondern durch Erziehung zur Leistung, zur Arbeitsfreudigkeit und Kameradschaftlichkeit" (Albert Müller, Die Betreuung der Jugend, Berlin 1943, 52). In der Fürsorgeerziehung "befinden sich häufig an sich gesunde Jugendliche, die nur wegen der Verhältnisse ihres Elternhauses in die Fürsorgeerziehung gelangt sind" (Edgar Randel, Die Jugenddienstpflicht, Berlin 1942, 24).

Hitler schaltete sich direkt in die Fürsorgeerziehung ein durch eine Anordnung vom 30. August 1941 (der Text abgedruckt bei Karl Heinz Jahnke/Michael Buddrus, Deutsche Jugend 1933-1945, Hamburg 1989, S. 339): "Dem Führer wurde heute berichtet, daß Zöglinge nach Vollendung ihres 19. Lebensjahres aus der Fürsorgeerziehung ausscheiden müssen, auch wenn das Ziel der Fürsorgeerziehung als nicht erreicht angesehen wird. Der Führer wünscht, daß solche Zöglinge dann keinesfalls freigelassen werden; sie sollen ohne weiteres sofort auf Lebenszeit ins KZ kommen".

Im Januar 1945 berichtete die "Reichsarbeitsgemeinschaft für Jugendbetreuung" (Mitteilungsdienst, Folge 5, Januar 1945, S. 11 f.) über einen neuen Weg, "Verwahrlosungserscheinungen" in der Jugend zu Leibe zu rücken, nämlich die Fürsorgezöglinge in einem "Arbeitserziehungslager" zusammenzufassen, das im Sommer 1944 einem niederschlesischen Rüstungsbetrieb angegliedert wurde und unter der sehr strengen Leitung von HJ-Führern stand: 5.15 Uhr Wecken, bis 17.30 Uhr Arbeitseinsatz im Werk, danach straffer HJ-Dienst. Das gehört in den Zusammenhang der allgemeinen

Errichtung von "Arbeitserziehungslagern" für Fürsorgezöglinge ab Januar 1944, vor allem für "hartnäckige Arbeitsbummelanten" (ebd., S. 12).

Die Zusammenarbeit von Hitlerjugend und Polizei. – Besonders während des Krieges nahm die Kooperation der HJ mit Himmlers Polizei und SS zu. Zahlreiche Beispiele dazu bietet der Erlaß des Reichsführers SS und Chefs der Deutschen Polizei Heinrich Himmler über die Zusammenarbeit von Polizei und HJ bei der Bekämpfung von Jugendgefährdung und Jugendkriminalität vom 30. Januar 1944 (abgedruckt bei Karl Heinz Jahnke/Michael Buddrus, Deutsche Jugend 1933-1945, Hamburg 1989, S. 376-379). Ein Zeichen dieser engen Zusammenarbeit ist, daß SS, Polizei und Sicherheitsdienst (SD) ihren Nachwuchs bevorzugt aus der Hitlerjugend holen: "Die Hitler-Jugend hat bereits seit 1938 als Nachwuchsorganisation für die allgemeine SS und die Waffen-SS die Sondereinheit 'Hitler-Jugend-Streifendienst' geschaffen... Für den Nachwuchs der Polizei und des SD soll ebenfalls planmäßig in den Reihen der Hitler-Jugend geworben und ausgelesen werden. So können z. B. bewährte BDM-Führerinnen in die weibliche Kriminalpolizei eintreten oder Sachbearbeiterinnen im SD werden" (W. Knopp, in: Das Junge Deutschland 38, 1944, 105 f.; ebd. S. 106 zur "Berufslaufbahn der zukünftigen Überwachungssachbearbeiter der Hitler-Jugend in den Gebieten": Sie sollen in Zukunft Stellen in der Sicherheitspolizei bzw. im SD erhalten). Die Hitlerjugend sollte also planmäßig zur Auslese des Nachwuchses für Himmlers Formationen dienen.

"Polizeiliche Jugendschutzlager" (Jugend-KZ) für männliche Jugendliche (Moringen am Solling, nördlich von Kassel, seit 15. 8. 1940) und für weibliche Minderjährige (Uckermark bei Fürstenberg in Mecklenburg, nahe dem Frauen-KZ Ravensbrück, seit 1. 6. 1942). – Die Einweisung in diese Lager als ultimative Maßnahme der Fürsorgeerziehung in schwierigen, hoffnungslos erscheinenden Fällen erfolgte auf unbestimmte Zeit. Der Grund war bei Jungen (angebliche hartnäckige) Asozialität und Arbeitsverweigerung, bei Mädchen oft Geschlechtsverkehr mit "Fremdvölkischen" (Albert Müller, Die Betreuung der Jugend, Berlin 1943, 52. 57; zur Sache Karl Heinz Jahnke/Michael Buddrus, Deutsche Jugend 1933-1945, Hamburg 1989, S. 367 f.; Detlev Peukert, in: Erinnerung einer Profession, hg. von Renate Cogoy u. a., Münster 1989, 117 ff.; Martin Weinmann, Hg., Das nationalsozialistische Lagersystem, Frankfurt 1990, S. XLVII-XLVIII; Franz Ritter, Hg., Heinrich Himmler und die Liebe zum Swing, Leipzig 1994, 18; Diethard Aschoff, in: Vestische Zeitschrift 94/96, 1995-1997, 364 f.).

Zweck der Jugendschutzlager war nicht der Schutz der Jugend, sondern der "Schutz der Volksgemeinschaft durch Bewahrung der Unerziehbaren" (Walter Tetzlaff, Das Disziplinarrecht der Hitler-Jugend, Berlin 1944, 46), wobei die Grenze zwischen pubertärer Aufmüpfigkeit und (vermeintlicher oder tatsächlicher) Unerziehbarkeit willkürlich gezogen wurde und auch rassenbiologische Gesichtspunkte eine Rolle spielten.

Rechtsentartung. – Der Rechtsverfall in Hitlers Reich hatte einen Hauptgrund: Viele nationalkonservativ denkende Universitätsjuristen und die Elite der Justiz konnten sich mit der demokratischen Weimarer Republik nicht recht anfreunden und leisteten dem autoritären Führungsstil des neuen Herrn keinen nennenswerten Widerstand, obwohl des Diktators Verachtung der Juristen und Juristerei bekannt war und mithin Schlimmes zu befürchten stand. Für die NS-Sicht der Dinge galt: "Wie der größte

Teil der alten Eliten waren auch die Juristen für das Regime nur das, was Lenin als 'nützliche Idioten' bezeichnet hatte" (Marlis Steinert, Hitler, München 1994, 614).

Wohin der Zug fuhr, wußte man in der Hitlerjugend schon früh: "Es kann kein deutsches Recht außerhalb der Einheitsanschauung des Nationalsozialismus geben. Es kann kein deutsches Recht geben, das über dem Willen des Führers stünde, denn dieser Wille des Führers kommt aus den innersten Tiefen unseres gesamten völkischen Daseins", Zitat eines Satzes von Dr. jur. Hans Frank, Reichsführer des NS-Juristenbundes und Präsident der Akademie für Deutsches Recht, in: Führerblätter der Hitler-Jugend, Ausgabe D.J., Juni 1936, S. 1). Das in der NS-Zeit entstehende Volksgesetzbuch der Akademie für Deutsches Recht ging nicht mehr vom Prinzip der Rechtsgleichheit der Rechtssubjekte aus, sondern knüpfte das Recht an deren Status (Deutsche, Fremdvölkische, Juden), ließ also rassenbiologische Voreingenommenheiten in die Jurisprudenz eindringen und das Recht so entarten: "Recht ist, was dem Volke nützt".

Ein im Jahre 1944 in Planung befindliches vom Kriegsende eingeholtes "Gemeinschaftsfremdengesetz" zielte darauf ab, "auf die gesamte Gesellschaft zu übertragen, was das Jugend-KZ (d. h. Moringen und Uckermark) hier modellhaft durchgeprobt hatte" (Detlev Peukert, in: Erinnerung einer Profession, hg. von Renate Cogoy, Münster 1989, 119 f.): Wer volksgemeinschaftlich in irgendeiner Form 'aus der Reihe tanzte' oder nicht der völkisch-gesellschaftlichen Norm entsprach (z. B. durch seine Lebensführung, außergewöhnliche Verstandesmängel, Liederlichkeit, Neigung zum Betteln oder zur Landstreicherei), sollte polizeilich überwacht und gegebenenfalls in eine Fürsorgeanstalt oder ins KZ eingewiesen werden. Wurde er straffällig, wartete auf ihn Kastration (beziehungsweise Sterilisation) oder die Hinrichtung, alles "überhaupt nicht mehr auf eine Tat bezogen, sondern auf das unterstellte Bedürfnis der fiktiven 'Volksgemeinschaft' " (Peukert, a. O., S. 120; zur NS-Rechtsperversion allgemein siehe auch Bernd Rüthers, Entartetes Recht, München 1988).

Das Desaster der Erziehungspolitik kommt unfreiwillig wenigstens andeutungsweise in einem "nur für den Dienstgebrauch bestimmten" internen Bericht zum Vorschein (Reichsarbeitsgemeinschaft für Jugendbetreuung. Mitteilungsdienst, Folge 5, Januar 1945, 12 S.), der hier wegen seiner Ausführlichkeit nicht referiert werden kann. Durch ein Netz von Kontrollen und eine Regelungssucht, ja Regelungswut, versuchte man vergeblich, den erzieherischen Bankrott zu vermeiden. Alfred Rosenberg schrieb in seinem 1930 zuerst erschienenen "Mythus des 20. Jahrhunderts" (München 1943, S. 674), daß "eine übermäßig große Polizei in einem Staate nicht auf dessen starkes Gefüge, sondern auf seine Morschheit schließen läßt". Wie Recht er doch hatte!

22.2 Quellen

Grundlagen eines nationalsozialistischen Jugendrechts. Von Staatssekretär Dr. *Freisler*, M.d.R., Preußischer Staatsrat. – Das Junge Deutschland 29 (1935) 241-246. – Der Reichsjugendführer stellte fest, daß vor 1914 sich "die bürgerliche Jugendbewegung in sich abschloß und deshalb in eine lebens- und volksfremde Romantik abgedrängt wurde". Die kommende Gesetzgebung wird vom "Gedanken des ewigen Volkes" ausgehen und von einer "sozialistisch-korporativen Gemeinschaftsertüchtigung und -erziehung". Neben den Erziehungsinstanzen Familie und Schule gibt es nun "die körperschaftliche Selbsterziehungsgemeinschaft der Jugend, der HJ und des BDM", und aus deren Zusammenwirken "müssen für die Jugend Stolz und Ehrbegriff erwachsen; die Jugend will, soll und muß rein, sauber und stark sein. Ein sehr wesentlicher Teil des Jugendrechts ist infolgedessen auch das 'Jugendehrrecht' ". Dessen negative Seite ist sozusagen das"Jugendstrafrecht". Zu den "Grundlagen unserer Arbeit" gehört hier die "völkische Lebensanschauung".

Picker, Henry: Jugendliche Berufskriminalität und ihre Bekämpfung durch die Hitler-Jugend. – Das Junge Deutschland 29 (1935) 292-298. – Die Hitlerjugend, die "durch ihre Erziehungsarbeit Gesicht und Haltung der deutschen Jugend neu geformt" hat, bekämpft durch ihre "Sozialen Ämter" die Kriminalität und beteiligt sich an der Berufsberatung der Arbeitsämter. Es hat sich auch gezeigt, "daß der HJ-Dienst auf Grund der ihn tragenden starken Weltanschauung, straffen Disziplin und starken Ehrauffassung in vielen Fällen geradezu als 'moralisches Korsett' gewirkt hat", ja, es ist "in dem Gros der HJ-Angehörigen ein außerordentlich starkes Gefühl für persönliche Sauberkeit erzeugt worden" (S. 294 f.). Im übrigen hatte der Reichsjugendführer für die HJ von vornherein "die persönliche Sauberkeit des einzelnen als conditio sine qua non der Mitgliedschaft" bestimmt (S. 297). Kriminell am gefährlichsten sind die jugendlichen Gelegenheitsarbeiter. Sie waren "die Hetzer und Anführer bei Ausschreitungen und die zersetzenden Elemente in den nationalen Verbänden... Die Abwehr dieser kriminellen jugendlichen Gelegenheitsarbeiter kann deshalb seitens der HJ nur in einer rücksichtslosen Ausmerzung der Betreffenden aus der HJ-Gemeinschaft bestehen" (S. 298). Das kommende Jugendstrafrecht muß am Begriff der Ehre orientiert sein und die Selbsterziehung und Disziplin der Jugend stärken.

Anderlahn, Hanns: Führung – Erziehung – Strafe. – Das Junge Deutschland 31 (1937) 52-58. – In der Hitlerjugend versteht sich der junge Mensch als disziplinierter Teil eines großen Ganzen: "Dadurch unterscheidet sich die Hitler-Jugend von allen früheren Jugendbewegungen, die immer bürgerlich, proletarisch, konfessionell, lebensreformerisch, sozialistisch oder konservativ waren" und nicht zum "Bund aller Bünde" zusammenwuchsen (S. 53). – Im Zuge der Umgestaltung des Jugendstrafrechts wird – in Kooperation mit der HJ – ein "Jugendarrest" (ohne die ehrenrührigen Folgen einer Gefängnisstrafe) eingerichtet werden. "Erst wenn es sich erweist, daß Erbanlagen, Gesinnung oder Grad der Verwahrlosung die Entwicklung des Jugendlichen in die Bahn des Verbrechens treiben, oder wenn die Tat an sich im Interesse der Volksgemeinschaft eine 'Strafe' erforderlich macht", soll es zur Einweisung in "besondere Jugendgefängnisse" (als "Erziehungseinrichtung") kommen, dies im Zusammenwirken von HJ und Justizbehörde.

Schaffstein, Friedrich: Ausleserecht gegen Minderwertigenfürsorge. Zur Neuordnung von Jugendstraf- und Pflegerecht. – Das Junge Deutschland 31 (1937) 539-545. – "Der optimistische Glaube an das Gute im Jugendlichen... findet seine Grenze in den erbbiologischen Einsichten und darf deshalb niemals zu weichlicher Sentimentalität entarten", und es ist "das Jugendrecht kein Schutzrecht für Minderwertige" (S. 542). Es gibt eine "ständige Gefahr der Ansteckung der wertvollen durch die minderwertigen Elemente... Deshalb ist es dringend notwendig, gerade in diesem Bereich den nationalsozialistischen Grundsatz der Typensonderung und Auslese durchzuführen" (S. 543). Es "ist die Fürsorgeerziehung zu entlasten von den eigentlich asozialen, erheblich psychopathischen oder sonst biologisch unbrauchbaren Typen... durch die Erziehungsmaßnahme des (in Verbindung mit der HJ zu handhabenden) Jugendarrests (sind) solche Fälle zu erfassen, in denen zwar ein kräftiger 'Denkzettel', nicht aber eine systematische Fürsorgeerziehung oder eine wirkliche Freiheitsstrafe notwendig ist... Die HJ und die NSV werden ihre Jugendhilfearbeit zunächst auf den erbbiologisch gesunden und für die Volksgemeinschaft besonders wertvollen Teil der gefährdeten Jugend konzentrieren müssen, während bei den anormalen und biologisch Minderwertigen... den konfessionellen Verbänden ein weites Betätigungsfeld übrig bleibt" (S. 544).

Rechtspflege und Jugenderziehung. Von Dr. jur. Roland *Freisler*, Staatssekretär im Reichsjustizministerium. – Das Junge Deutschland 32 (1938) 97-103. – Zu den Aufgaben der Rechtspflege gehört es, die Jugend zu behüten vor Sittlichkeitsvergehen und Täter "unschädlich zu machen" und "für immer hinter den Mauern der Sicherungsverwahrung" verschwinden zu lassen (S. 97 f.). In der Selbsterziehungsgemeinschaft der Hitlerjugend ist die Kriminalität auffallend gering; denn hier wirkt "die Pflege des Ehrbewußtseins in der lebendigen Kameradschaft" (S. 101). Das kommende Jugendstrafrecht darf nicht das "Erbgut der Jugendlichen" übersehen, muß aber auch "die Macht des Willens" akzeptieren bzw. die Möglichkeit der Besserung über den "Jugendarrest" (ohne Eintragung ins Strafregister) und die damit verbundene "Schockwirkung auf das Ehrgefühl" (S. 102).

Gerigk, Herbert: Was ist mit Jazzmusik? – Die Musik XXX,2 (April-Sept. 1938) 686. – Unterscheidet zwischen einer "entartet-negroiden" und einer auch weiterhin "sanktionierten" Form des Jazz. "Auch unsere Reichssender bieten ja nach wie vor Jazz in beträchtlichem Umfange", Jazz, der "wieder salon- und dielenfähig unter der neuen Bezeichnung 'Swing'" wurde. Es wäre vor allem notwendig, die ungerechtfertigte Behauptung zu unterlassen, daß die teilweise im Handwerklichen beachtlichen Tanzkompositionen negroider Herkunft seien. Die Neger, die solche komplizierten Gebilde schaffen könnten, müßten uns... mit Achtung erfüllen. Sie sind aber gar nicht vorhanden". Vielmehr liegen die Wurzeln des Jazz "im Abendland (bei den Angelsachsen)".

Rauch, Herbert: Zur Neugestaltung des Jugendstrafrechts. Ein Bericht. – Das Junge Deutschland 32 (1938) 453-455. – Befürwortet die zu erwartende Einführung des "Jugendarrests", da er als Alternative zu einer "kurzfristigen Gefängnisstrafe" die Lücke zwischen Erziehungsmitteln und Strafe füllt und guten Erziehungserfolg verspricht.

Das modernste nationalsozialistische Erziehungsmittel. Von Reichsjugendführer Artur *Axmann*. – Das Junge Deutschland 34 (1940) 277-279. – Begrüßt den neuen "Jugendarrest" als "Zuchtmittel" zwischen Gefängnisstrafe und Geldstrafe. Zur Erziehungsaufgabe der Hitlerjugend gehört auch "die Abwehr des schädlichen

Einflusses auf die Gemeinschaft der Jugend. Das ist eine Aufgabe, die mit den HJ-Führern besonders auch der Streifendienst der Hitler-Jugend in enger Zusammenarbeit mit der SS erfüllt". Der Jugendarrest ist ein warnender "letzter Zuruf" vor drastischeren Maßnahmen, etwa die "Fürsorgeerziehung" (d. h. "Anstaltserziehung"). "Unerziehbare, Schwersterziehbare und erbbiologisch Minderwertige gehören überhaupt nicht in die Fürsorgeerziehung; sie sind aus der Gemeinschaft der Jugend auszuscheiden". Ergänzend zum "Jugendarrest" wird jetzt als neue HJ-Dienststrafe der "Jugenddienstarrest" eingeführt. "Der Reichsführer SS und Chef der Deutschen Polizei, Pg. Himmler", hat sich bereit erklärt, "den Vollzug des Jugenddienstarrestes bis auf weiteres zu übernehmen".

Der Jugendarrest und die Neugestaltung des Jugendstrafrechts. Der Erfolg der Gemeinschaftsarbeit von Jugendführung und Rechtspflege. Von Staatssekretär Dr. jur. Roland *Freisler*. – Das Junge Deutschland 34 (1940) 241-250. – Der Ministerrat für die Reichsverteidigung hat am 4. Oktober 1940 die "Verordnung zur Ergänzung des Jugendstrafrechtes" erlassen, die u. a. den "Jugendarrest" einführt. "Diesen Jugendarrest kann der Richter (im Rahmen und in der Form der polizeilichen Strafverfügung die Polizei) als Wochenendkarzer bis zu vier Wochenenden und als einwöchigen bis einmonatigen Jugendarrest verhängen. Er darf nicht 'Mit Bewährungsfrist ausgesetzt' werden. Der Jugendarrest zählt nicht als kriminelle Strafe ... Er soll aber – ohne die Ehre des Jugendlichen anzuzweifeln – ... warnend und aufrüttelnd wirken". Er findet "im 'Jugenddienstarrest' der Hitler-Jugend seine Parallele".

Gauhl, Karl Werner: Statistische Untersuchungen über Gruppenbildung bei Jugendlichen mit gleichgeschlechtlicher Neigung unter besonderer Berücksichtigung der Struktur dieser Gruppen und der Ursache ihrer Entstehung. Diss. Marburg 1940. 177 S. – Der Verfasser ist als HJ-Führer in "Überwachungs- und HJ-Gerichtsarbeit" tätig (S. 16). Als ganzseitiges Leitwort und Motto seiner Arbeit erscheint S. 7: "Was gegen unsere Einheit ist, muß auf den Scheiterhaufen! (Schirach, Idee, S. 85)". "Den Kernpunkt dieser Arbeit bilden die statistischen Untersuchungen über akut gewordene Homosexualität in Jugendgruppen" (S. 15). Diesbezüglich gilt: "Böse ist, was eine Gemeinschaft als böse und gegen ihre Interessen gerichtet empfinden muß" (S. 92). Ein Hauptthema ist die bündische und konfessionelle Jugend (z. B. S. 59-61 zu "tusk" = Eberhard Köbel). Bei Jungen katholischer Herkunft erhebt der Autor als verbreitete Auffassung, "es sei die größte und schwerste Sünde, ein Mädchen etwa zu küssen. Demgegenüber sei Unkeuschheit mit Jungen nur eine harmlose Sache. Dies drücke sich auch aus in der Buße für derartige Vergehen, die ihnen nach der Beichte auferlegt worden sei" (S. 92). In diesem Zusammenhang ist die Rede von Afterverkehr, Schenkelverkehr und Onanie. Aus gutem Grund fördert die HJ in ihren Formationen die "Kameradschaft" und wendet sich gegen (Cliquenbildung fördernde) "Freundschaft" (S. 27-31) und ist für geschlechtliche Aufklärung, verbunden mit der Erziehung zu der Einsicht, in der Homosexualität (samt Onanie) "eine Befleckung seiner eigenen Ehre und darüber hinaus noch die Befleckung seines Blutes und seiner Rasse" zu sehen (S. 172). Die Wahrung

der eigenen "Geschlechtsehre" gehört zur "Haltung" (d. h. zum "ungeschriebe-
nen Gesetz der HJ") eines Hitlerjungen (S. 173).

Der Jugenddienstarrest. Eine neue Dienststrafe der Hitler-Jugend. Von Gebietsführer
Heinrich *Luer*. – Das Junge Deutschland 34 (1940) 250-254. – Mit dem Erlaß
vom 17. Sept. 1940 hat der Jugendführer des Deutschen Reichs die Dienststrafe
'Jugenddienstarrest' eingeführt... "Er kann in drei Formen verhängt werden:

1. Wochenendarrest von Sonnabendmittag bis Sonntagabend,
2. Wiederholung des Wochenendarrestes bis zu drei Wochenenden nacheinander,
3. Zusammenhängender Arrest von drei bis acht Tagen".

Zur Vollstreckung nimmt die HJ "die Hilfe der Staatspolizei" (Chef: Reichsführer SS Himmler) in Anspruch. Mögliche Strafgründe sind z. B. Verunglimpfung
der HJ, Kameradendiebstahl, Mitteilungen des Streifendienstes der HJ (z. B.
bei einem Verhalten, das "eines Hitlerjungen unwürdig ist"). "Die neue Dis-
ziplinarmaßnahme ist beschränkt auf männliche Jugendliche vom vollendeten
14. Lebensjahr an" und wird von der Ortspolizei vollstreckt, wobei im Interesse
eines heilsamen erzieherischen Schocks die Strafe dem Vergehen "auf dem Fu-
ße folgen" soll. Der Jugendliche muß die Strafe in HJ-Uniform und "bei Wasser
und Brot" absitzen (Einschaltung von warmen Mahlzeiten bei einem Arrest von
3-8 Tagen).

Polizeiverordnung zum Schutze der Jugend vom 9. März 1940. Ein Erlaß und unsere
Stellungnahme. – Das Junge Deutschland 34 (1940) 91-92. – S. 91 Abdruck des
vollständigen Wortlauts. Danach wird "Haft bis zu drei Wochen" angedroht,
wenn Jugendliche unter 18 Jahren z. B. in der Öffentlichkeit rauchen, wenn sie
nach 21 Uhr Kinos besuchen, sich während der Dunkelheit "herumtreiben", in
Gaststätten Branntwein trinken. Ermittlungsdienst leistet hier u. a. der "Streifendienst" der HJ.

Die Durchführung der Jugenddienstpflicht. Von Heinrich *Schulz*, Oberbannführer,
Hauptabteilungsleiter in der Behördenabteilung der Reichsjugendführung. –
Das Junge Deutschland 34 (1940) 198-201. – Erläuterungen vor allem zu § 1
der Jugenddienstverordnung (= 2. Durchführungsverordnung zum Gesetz über
die Hitler-Jugend vom 25. März 1939), demzufolge "alle Jugendlichen von 10-
18 Jahren 'verpflichtet sind, in der HJ Dienst zu tun' und damit ohne weiteres die Obliegenheiten, die ihnen aus diesem Dienst erwachsen, übernehmen
müssen". Bis auf weiteres gelten auch die Vorschriften der 'Disziplinarordnung
der HJ' vom 8. Oktober 1936 einschließlich der Erweiterung vom 20. Januar
1939 bzw. neuerlich der 'Dienststrafordnung' der HJ für die Dauer des Krieges"
(2. April 1940). "Zu den 'Pflichten der Jugendlichen in der HJ' gehört, nicht nur
den Anforderungen des 'planmäßigen Dienstes', sondern auch denjenigen nachzukommen, die sich aus den 'besonderen Einsatzbefehlen'... ergeben... also
Ernteeinsatz, Hilfseinsatz bei Behörden, Reichsbahn, Reichspost, Wehrmacht,
Sammelaktionen usw.". Verstöße werden streng geahndet.

Gebote und Verbote. Zur Polizeiverordnung zum Schutze der Jugend vom 9. März
1940. Von Herbert *Vornefeld* (Rechtsdienststelle im Sozialen Amt der Reichsjugendführung). – Das Junge Deutschland 34 (1940) 97-103. – Erziehungsberechtigte im Sinne dieser Verordnung sind HJ-Führer, auch wenn sie noch nicht
volljährig sind. Z. B. bedeutet das, "daß jeder HJ-Führer im gesamten Reich
einen Jugendlichen, der in Uniform raucht, stellen und zur Meldung bringen
kann... Dem Streifendienst der HJ steht... das Recht zur Feststellung der Per-
sonalien aller Jugendlichen zu".

Vornefeld, Herbert: Der Jugendarrest und die Aufrechterhaltung der Arbeitsdisziplin.
– Das Junge Deutschland 34 (1940) 273-276. – Um die "Leistungsfähigkeit
der Heimatfront sicherzustellen" durch "Aufrechterhaltung der Arbeitsleistung"
kann mit Jugendarrest bestraft werden etwa bei unbegründeter Verweigerung
der Arbeit, z. B. gesetzlich zulässiger Mehrarbeit, Verletzung der Gehorsams-
pflicht, Störungen des Betriebsfriedens.

Klemer, Gerhard: Jugendstrafrecht und Hitler-Jugend. Stellung und Aufgabe der
Hitler-Jugend in der Jugendstrafrechtspflege. – Berlin (Deutscher Rechtsverlag)
1941. 110 S. – "Die nationalsozialistische Anschauung geht nicht von den Rechten des Einzelnen aus, sondern vom Wohle des Volksganzen" (S. 16). "Schon
bei dem gegenwärtigen Rechtszustand kann von einer recht umfangreichen Zusammenarbeit von Justiz und HJ berichtet werden. Die für die Mitwirkung der
HJ auf dem Gebiete des gesamten Jugendrechts zuständige Stelle ist die des
Rechtsreferenten" (S. 36). Insgesamt hat die HJ-Erziehung (Details z. B. S. 22)
einen günstigen Einfluß auf die Jugendkriminalität (S. 44). "Im Jahre 1934 wurde vom Chef des Personalamtes der RJF die erste Disziplinarordnung als sogenannte 'Dienstordnung' veröffentlicht. Ende 1936... die 'Disziplinarordnung'
(Reichsbefehl vom 29. 3. 1939). Sie ist mit wenigen Änderungen, die im Frühjahr 1939 vorgenommen wurden, bis Anfang 1940 in Kraft gewesen und lediglich für die Dauer des gegenwärtigen Krieges durch die 'Dienststrafordnung der
Hitler-Jugend für die Dauer des Krieges' ersetzt worden" (S. 58). Zu den bisherigen Dienststrafen trat durch Erlaß des Jugendführers des Deutschen Reiches
vom 17. 9. 1940 der "Jugenddienstarrest". "Er hat den Zweck, schwerste Verstöße gegen die Disziplin der HJ zu ahnden, bei denen ein Ausscheiden oder
Ausschluß aus der HJ noch nicht erforderlich erscheint, die Verhängung einer
der sonstigen Dienststrafen aber nicht ausreichen würde" (S. 60; der Wortlaut
dieses Erlasses sowie einer diesbezüglichen Verfügung des RJM S. 63). Schwer
erziehbare Jugendliche, Jugendliche bei deren Erziehung das Elternhaus versagt, sowie "geistig oder körperlich unbrauchbare, insbesondere erbbiologisch
minderwertige Jugendliche" gehören in die Heimerziehung (S. 73; vgl. S. 102:
"Unterbringung biologisch unbrauchbarer Jugendlicher in Heil- und Pflegeanstalten"; dazu S. 12: "Kriminelle Veranlagung").

Kriminalität und Gefährdung der Jugend. Lagebericht bis zum Stande vom 1. Januar
1941 (Streng vertraulich! Nur für den Dienstgebrauch!). Hg. vom Jugendführer
des Deutschen Reichs. Bearbeitet von Bannführer W. *Knopp*, unter Mitarbeit
von Stammführer Amtsgerichtsrat Dr. Rätz. – Berlin (Druck: Wilhelm Limpert)

[1941]. 228 S. – U. a. zu den Themen: Homosexualität (vor allem in der bündischen Jugend), Cliquen- und Bandenbildung, Verwahrlosung der (männlichen
und weiblichen) Jugend. – Während in der HJ die Homosexualität auf "Einzelfälle" begrenzt ist (S. 115), ist sie in der bündischen Jugend bzw. in der Jugendbewegung vor 1933 überhaupt verbreitet, wie bereits Blüher zu entnehmen ist
(S. 99 ff. 110. 117). Die HJ ist keine "Nachfolgeorganisation der früheren Bünde" (S. 100). Ohnehin "bleibt auch das Erlebnis der Bündischen in einer falsch
verstandenen, unklaren und lächerlichen Romantik hängen, angefangen beim
schillerkragentragenden Blaublümleinsucher bis zur wilden Räuber- und Kosa-
kenromantik der Nerother, vielfach mit gefährlichen Auswirkungen und Tendenzen bolschewistischer Natur, und endend oft im Strichjungentum" (S. 105).
Es "hat seit Jahren ein scharfer Kampf der Hitler-Jugend gegen die Bündische
Jugend eingesetzt, mit dem Ziel, sie nicht nur als Herd der politischen Zersetzung, sondern auch als Hauptgefahrenherd für die homosexuelle Verseuchung
der Jugend zu vernichten" (S. 99; vgl. S. 116 mit gleichem Bezug: "Vernichtung,
Ausmerzung"): S. 124-138 zu verschiedenen "Kriminell-asozialen Gruppen"
und "Politisch-oppositionellen Cliquen": Kaufbeuren ("Stöpsel-Klub"), Breslau (Swing-Gruppen), Magdeburg ("Bande 'Zur Spinne'"), München ("Blasen"), Leipzig ("Meuten"), Karlsbad ("Schlangenkompanie"), Duisburg ("wilde Gruppen"), Hattingen/Essen ("Edelweißpiraten", "Edelweißklub", "Essener
Stenze"), Köln ("Navajos"), Hamburg ("Swingjugend", "Lotterclub", "Lotter-
boys"), Frankfurt a. M. ("Harlem-Club", "O. K.-Gang"). Weiteres in der S. 122
abgedruckten "Dienstvorschrift für den HJ-Streifendienst" (westdeutsche "Kittelbachpiraten", Leipziger Meute "Hundestart"; vgl. S. 127). "Die Cliquen bilden mit ihrem zügellosen Treiben auch dadurch eine besondere Gefahr, daß sie
eine erhebliche Anziehungskraft für alle nicht ganz charakterfesten Jugendlichen, auch HJ-Angehörige, haben, denen die straffe Disziplin und die Anforderungen des HJ-Dienstes nicht passen. Es muß daher ein rücksichtsloses Eingrei-
fen, auch wenn der Tatbestand von Strafbestimmungen nicht erfüllt sein sollte,
sowie die Schaffung von Jugend-Erziehungs- und Arbeitslagern für Unbelehr-
bare gefördert werden" (S. 124). S. 167 f.: "Nachteile von Lagern für weibliche Jugendliche" (zum "schlechten Einfluß sittlich gefährdeter oder verdorbe-
ner Mädchen" in Landdienst-, Landjahr- und Arbeitsdienstlagern). S. 168 f. zum
häufigen "instinkt- und würdelosen Verhalten deutscher Mädchen und Frauen"
gegenüber Kriegsgefangenen und ausländischen Zivilarbeitern.

Würtenberger, Thomas: Die Neugestaltung des deutschen Jugendstrafrechts. – Die
Erziehung 16 (1941) 98-108. – Zum "Jugendarrest", in einer "Verordnung zur
Ergänzung des Jugendstrafrechtes" am 4. Oktober 1940 vom Ministerrat für
die Reichsverteidigung erlassen: Kein Strafregistereintrag; "Wochenendkarzer"
oder "Dauerarrest", beides in Einzelhaft. – Fast gleichzeitig "hat die Reichsjugendführung mit Erlaß vom 14. Sept. 1940 im 'Jugenddienstarrest' eine neue
Dienststrafe der HJ geschaffen", zu vollstrecken von den Organen der Staatspolizei "als Wochenendarrest, als Wiederholung des Wochenendarrestes bis zu
drei Wochenenden nacheinander und als zusammenhängender Arrest von drei
bis acht Tagen" (S. 107).

Nitzsche, Max: Bund und Staat. Wesen und Formen der bündischen Ideologie. – Würzburg (Triltsch) 1942. 68 S. – Vom NS-Standpunkt aus wird ein kritisches Gesamtbild der bündischen Jugend und ihrer geistigen Voraussetzungen (Georgekreis, neuer Nationalismus) entworfen, um die Gegner der Hitlerjugend besser zu erkennen und bekämpfen zu können. Zu den Themen gehören: Eberhard Köbel (tusk) und seine Deutsche Jungenschaft vom 1.11.29, die deutsche Jungentrucht (Karl Müller), der Nerother Jungenbund (Robert und Karl Ölbermann), das Graue Korps (Sebastian Faber). Die Bünde nehmen "gegenvölkischen Charakter" an und unterliegen "gegenvölkischen Tendenzen" (S. 48. 52). Im Sinne "jugendbündischer Homoerotik" (S. 53 ff.) ersetzen sie "Kameradschaft" durch "Freundschaft", preisen die zweckfreie Bewährung "des herrscherlichen und heldischen Menschen" im Kampf, verfallen in eine "pervertierte Todesromantik" (S. 51 f.) oder in den Wahn einer Verselbständigung der männlichen Kraft zum "Hypermännlichen" (S. 67). Gegen die "Unfruchtbarkeit und Impotenz des bündischen Denkens" stellt die HJ "Bestrebungen, die in einem tragbaren Rahmen den Gedanken einer gemeinsamen Erziehung (Coeducation) von Junge und Mädel zum Ziel haben und hierin dem Aufbau eines von innen heraus gesunden Familienlebens dienen" (S. 67).

Würtenberger, Thomas: Zur Einführung der unbestimmten Verurteilung im deutschen Jugendstrafrecht. – Die Erziehung 17 (1942) 24-30. – Es "hat nunmehr durch die Verordnung über die unbestimmte Verurteilung Jugendlicher vom 10. IX. 1941 eine neue Einrichtung, nämlich das unbestimmte Strafurteil, Eingang in das Jugendstrafrecht gefunden... Vor allem gilt es, jene Jugendlichen, die in sich den Keim der Entwicklung zum Berufs- und Gewohnheitsverbrecher tragen, schon in den ersten Anfängen ihrer Verbrecherlaufbahn zu erfassen". Eine Rolle spielt dabei auch "der Gedanke der Erziehung des jugendlichen Rechtsbrechers". Die "unbestimmte Verurteilung" erlaubt, einem erkennbar ungebesserten jugendlichen Straftäter die Strafzeit zu verlängern, was "so lange bedeutungsvoll sein (wird), als die angestrebte besondere Bewahrung unerziehbarer Jugendlicher noch nicht voll verwirklicht ist" (S. 30).

Jugendstrafrecht im Kriege. – Die Hitler-Jugend im Kriege, 26. Bericht (Mai 1943) 8-10. – Nach der "Verordnung zum Schutze gegen jugendliche Schwerverbrecher vom 4. Oktober 1939 haben nunmehr auch Jugendliche mit der vollen Schärfe des Gesetzes zu rechnen, wenn sie das 16. Lebensjahr vollendet haben... Weit wesentlicher ist jedoch die Einführung des Jugendarrests (4. Oktober 1940)... Fast zur gleichen Zeit wurde für die Disziplinargerichtsbarkeit der Hitler-Jugend eine ähnliche Maßnahme eingeführt: der Jugenddienstarrest der Hitler-Jugend... Eine Verordnung vom 10.9.1941 ermöglichte die sogenannte unbestimmte Verurteilung" ... in Fällen, "in denen sowieso eine längere Gefängnisstrafe, nebenher aber auch eine weitere Gesamterziehung notwendig ist. Damit wurde die Fürsorgeerziehung von einem Teil der Jugendlichen entlastet, die für die anderen Zöglinge doch nur eine Gefährdung bedeuten würden... Nicht eigentlich als Maßnahme des Jugendstrafrechts, dennoch aber als unbedingt hierher gehörig ist die Einführung der 'Polizeilichen Jugendschutzlager' zu nennen. Bereits Ende 1939 schuf der Reichsführer SS und Chef der Deutschen Polizei für diejenigen Jugendlichen, die als unerziehbar nicht mehr in die Fürsorgeerziehung gehören, das Jugendschutzlager Moringen für männliche Jugendliche im Alter von grundsätzlich mindestens 16 Jahren. Die Einweisung erfolgt lediglich auf Anordnung des Reichskriminalpolizeiamtes. Die Einrichtung hat sich bewährt, so daß im Sommer 1942 mit dem Jugendschutzlager Uckermark eine Paralleleinrichtung auch für die weibliche Jugend geschaffen wurde".

Die Betreuung der Jugend. Überblick über eine Aufgabe der Volksgemeinschaft. Im Auftrage der Reichsarbeitsgemeinschaft für Jugendbetreuung bearbeitet von Albert *Müller*, Oberbannführer in der Reichsjugendführung. – Berlin (Eher) 1943. 112 S. – S. 31-33 zu den "Disziplinarmitteln" der HJ (z. B. Verwarnung, Jugenddienstarrest, Ausschluß). S. 34 f. zum "Streifendienst" der HJ. – S. 57: Bei Erfolglosigkeit oder Aussichtslosigkeit jugendfürsorgerischer Maßnahmen kann die Polizei durch Unterbringung des Jugendlichen im polizeilichen Jugendschutzlager "den letzten Versuch machen, ihn für ein freies Leben zu erziehen, und zwar durch straffe Lagerzucht und Appell an sein Ehrgefühl. Das polizeiliche Jugendschutzlager für männliche Minderjährige (in Moringen am Solling), in dem z. Z. etwa 620 Zöglinge untergebracht sind, wurde im Jahr 1940, das für weibliche Minderjährige (Uckermark bei Fürstenberg in Mecklenburg, mit z. Z. etwa 200 Zöglingen) im Juni 1942 eingerichtet. Die Minderjährigen werden u. a. auf Grund einer kriminalbiologischen Untersuchung, nach Art und Entwicklungsstand ihrer Gefährdung, in verschiedene Blocks eingeteilt und entsprechend verschieden behandelt. Aus Moringen wurden bisher insgesamt 124 Zöglinge entlassen, davon 47 zur Wehrmacht, 10 zu den Angehörigen, 25 in das halboffene Heim des Bayerischen Landesverbandes für Wander- und Heimatdienst Herzogsägmühle, 18 in Heil- und Pflegeanstalten, 10 in ein Konzentrationslager. Von den zur Wehrmacht Entlassenen hat sich bisher ein Minderjähriger, von den nach Herzogsägmühle Entlassenen haben sich zwei Minderjährige nicht bewährt (Stichtag für die Zahlen ist der 31. 8. 42)". – S. 58-60 zur "Polizeiverordnung zum Schutze der Jugend" (9. 3. 1940). S. 62-64 zum "Jugendarrest". S. 64 zur "Unbestimmten Verurteilung". – S. 85-112: "Auswahl der gesetzlichen Bestimmungen, Verordnungen und Erlasse über die Jugendbetreuung" (Abdruck): Das Gesetz über die Hitler-Jugend. Vom 1. Dezember 1936. – Erste Durchführungsverordnung zum Gesetz über die Hitler-Jugend (Allgemeine Bestimmungen). Vom 25. März 1939. – Zweite Durchführungsverordnung zum Gesetz über die Hitler-Jugend (Jugenddienstverordnung). Vom 25. März 1939. – Dienststrafordnung der Hitler-Jugend für die Dauer des Krieges. Vom 19. Mai 1941. – Zusätzliche Anordnung des Reichsjugendführers. Vom 11. März 1943. – Jugenddienstarrest (Erlaß des Jugendführers des Deutschen Reiches vom 9. 1. 1942). – Reichsgesetz für Jugendwohlfahrt. Vom 9. Juli 1922 (§ 62-76: "Die Fürsorgeerziehung"). – Jugendgerichtsgesetz. Vom 16. Februar 1923 (§ § 39 und 40 geändert unter Berücksichtigung der Verordnung zur Ergänzung des Jugendstrafrechts vom 4. Oktober 1940). – Verordnung zur Ergänzung des Jugendstrafrechts. Vom 4. Oktober 1940. – Verordnung zur Durchführung der Verordnung zur Ergänzung des Ju-

gendstrafrechts. Vom 28. November 1940. – Jugendarrest und Jugenddienstarrest. Runderlaß des RMfWEV vom 18. 6. 1942. – Verordnung über die unbestimmte Verurteilung Jugendlicher. Vom 10. Sept. 1941 (vom Ministerrat für die
Reichsverteidigung erlassen mit Gesetzeskraft). – Verordnung zum Schutze gegen jugendliche Schwerverbrecher. Vom 4. Okt. 1939.

Der Kriegseinsatz der Hitler-Jugend, von Regierungsrat Otto Ernst *Bartel*, Hauptab-
teilungsleiter beim Jugendführer des Deutschen Reichs. – Berlin (Deutscher
Rechtsverlag) 1944. 137 S. – S. 23-25: "Der Einsatz im Streifendienst zum
Schutze der deutschen Jugend".

Das Überwachungswesen der Hitler-Jugend. Bekämpfung der Jugendgefährdung
und Jugendkriminalität. Von W. *Knopp*, Oberbannführer in der Reichsjugendführung. – Das Junge Deutschland 38 (1944) 97-106. – Die gegenwärtige
diesbezügliche Situation wird bestimmt durch den Reichsbefehl der Reichsjugendführung vom 26. August 1943 betreffend "Aufgaben, Aufbau und
Einsatz der Überwachungsdienststellen"; ferner durch den Runderlaß des
Reichsführers SS und Chefs der Deutschen Polizei vom 30. Januar 1944 über
die "Zusammenarbeit zwischen Polizei und Hitler-Jugend bei der Bekämpfung
der Jugendgefährdung und Jugendkriminalität". Dieser Runderlaß wurde
durch Erlaß des Jugendführers des Deutschen Reichs vom 1. April 1944
bekanntgegeben und ergänzt. – Gegenstände sind u. a.: Überwachung des
öffentlichen Auftretens der Jugend, Überwachung des Jugendfahrtenwesens,
Abwehr von Störungen der Jugenddienstpflicht, Bekämpfung von Cliquen-
bildungen, Bekämpfung sittlicher Verfehlungen. "Polizei und Hitler-Jugend
unterrichten sich gegenseitig über die ihnen bekannt werdenden Straftaten
von allen Jugendlichen im Alter von 10 bis 18 Jahren und von Angehörigen
und Führern der Hitler-Jugend jeden Alters" (S. 104). "Die Hitler-Jugend hat
bereits seit 1938 als Nachwuchsorganisation für die allgemeine SS und die
Waffen-SS die Sondereinheit 'Hitler-Jugend-Streifendienst' geschaffen ("Diese
Sondereinheit führt keine Überwachungsaufgaben mehr durch. Diese werden
allein von den 'Überwachungsdienststellen der Hitler-Jugend' und ihren
'Hitler-Jugend-Streifen' wahrgenommen"). Innerhalb dieser Sondereinheit
erfüllen besondere 'Feuerwehrscharen' ihre Kriegseinsatzpflicht in den Reihen
der Feuerwehr und Feuerlöschpolizei. Für den Nachwuchs der Polizei und des
SD soll ebenfalls planmäßig in den Reihen der Hitler-Jugend geworben und
ausgelesen werden. So können z. B. bewährte BDM-Führerinnen bevorzugt in
die weibliche Kriminalpolizei eintreten... Die enge Zusammenarbeit zwischen
Polizei und Überwachungsdienststellen der Hitler-Jugend wird besonders
deutlich in der Berufslaufbahn der zukünftigen Überwachungssachbearbeiter
der Hitler-Jugend in den Gebieten. Diese werden nach Beendigung des Dienstes
in der Waffen-SS und nach Ablauf einer je zweijährigen Fachausbildung bei
der Hitler-Jugend und der Sicherheitspolizei zunächst eine Reihe von Jahren in
der Hitler-Jugend tätig sein, um dann als Führer in die Sicherheitspolizei bzw.
den SD übernommen zu werden" (S. 105 f.).

Das Diziplinarrecht der Hitler-Jugend. Entwicklung, gegenwärtiger Stand, Ausgestaltung. Von Walter *Tetzlaff*, Hauptbannführer und Landgerichtsrat, HJ-Richter in der Reichsjugendführung. – Berlin (Deutscher Rechtsverlag) 1944. 198 S. – S. 28-30 eine Liste der "Einzelbestimmungen des materiellen HJ-Disziplinarrechts", betreffend u. a.: "Befehle sind ohne Wenn und Aber durchzuführen... Haarschnitt soll kurz sein... Polen und Kriegsgefangenen gegenüber ist in jeder Beziehung größter Abstand zu wahren... Verbotenes Schrifttum der bündischen Jugend" (z. B. Eberhard Köbel; Liederbücher der bündischen Jugend). – Es gibt keine besonderen "Strafeinheiten" oder "Straflager" der HJ (S. 34. 54). – Zum "Jugenddienstarrest" S. 41 f. 55 f. 95-97. 101. – S. 46 zu den "polizeilichen Jugendschutzlagern": "Die Einweisung auf unbestimmte Zeit erfolgt bei gemeinschaftsfremden (asozialen und kriminellen) Minderjährigen, bei denen die Mittel der öffentlichen Jugendhilfe versagt haben oder von vornherein keinen Erfolg versprechen... Die Unterbringung im Jugendschutzlager ist ein letzter Versuch, solche Jugendlichen durch straffe Lagerzucht zu erziehen und dient andererseits dem Schutze der Volksgemeinschaft durch Bewahrung der Unerziehbaren". – Der "Anhang" S. 109-189 enthält u. a.: "Dienststrafordnung der Hitler-Jugend für die Dauer des Krieges (Neufassung)" (S. 109-123); "Jugenddienstarrest" (S. 129-131). – Innerhalb des Anhangs ("Vorschriften zum Disziplinarrecht der Hitler-Jugend") S. 148-149: "Jugendschutzlager".

Mitteilungsdienst. Hg. vom Leiter der Reichsarbeitsgemeinschaft für Jugendbetreuung, Berlin-Charlottenburg, Kaiserdamm 45/46 ("Erscheint nach Bedarf"). Verantwortlich für den Inhalt: Hauptgefolgschaftsführer Dr. Klemer. – Eingesehen wurden von mir Folge 3 (April 1944), Folge 4 (Dez. 1944), Folge 5 (Januar 1945). – Die Hefte bieten eine Art Tour d'horizon zum Thema. Zu den Gegenständen, die jeweils kurz erörtert werden oder über die berichtet wird, gehören: Arbeitserziehungslager, Cliquenbildung, Details der "Jugenddienstpflicht", "Schutz der Jugend vor fremdvölkischen Arbeitskräften" (Gefährdung deutscher Mädchen), "Betreuung der Sechs- bis Zehnjährigen" und "Aktivierung der Kindertagesstättenarbeit der NSV". Aus Heft 4 (Dez. 1944): "Die erzieherische Einflußmöglichkeit der Schulen hat ständig abgenommen (Schließung der Schulen in Luftnotgebieten, Inanspruchnahme der Schulgebäude für kriegswichtigste Zwecke, Mangel an Lehrkräften)... Das Fehlen der elterlichen Erziehungsgewalt (Arbeit der Mütter – Einberufungen der Väter) bedeutet für viele Kinder eine Gefährdung in politischer, erzieherischer und pflegerischer Hinsicht... Auflösung des Elternhauses (Vater im Felde, Mutter im Kriegseinsatz)... Die Schulen sind geschlossen, die Kinder sind aber nicht bzw. nur teilweise verschickt und zum großen Teil bereits wieder in die Städte zurückgekommen. Eine zwangsmäßige Verschickung ist nach wie vor nicht erwünscht. Dadurch treiben sich 50 % dieser Kinder beschäftigungslos auf der Straße herum... der Einfluß des Elternhauses ist im Schwinden begriffen... Die Gefahr der Verwilderung der Jugend... und damit eines Anwachsens der Jugendkriminalität ist daher nicht von der Hand zu weisen" (S. 1. 2. 4. 7); ebd. S. 5 zur "politischen Erziehungsarbeit" in Kindergruppen. – Heft 5 (Jan. 1945) S. 10 f.

zur "Arbeitsbummelei" von Jugendlichen; ebd. S. 12 ausführlich zum Thema "Arbeitserziehungslager" für Jugendliche.

Meldungen aus dem Reich. Auswahl aus den geheimen Lageberichten des Sicherheitsdienstes der SS 1939-1944, hg. von Heinz *Boberach*. – Neuwied (Luchterhand) 1965. 511 S.

Meldungen aus dem Reich 1938-1945. Die geheimen Lageberichte des Sicherheitsdienstes der SS. Hg. und eingeleitet von Heinz *Boberach*. 17 Bde. (und 1 Registerband). – Herrsching (Pawlak) 1984. – Darin u. a. Band I, S. 101-105: "Erziehung in Schule und Hitlerjugend"; Registerband S. 337-338. 355-357 zu HJ und BDM.

22.3 Literatur

Wegen ihrer zusammenfassenden Darstellung und des hohen Informationswertes sind hier besonders hervorzuheben die Arbeiten von Hellfeld/Klönne (1985. 1987) und Jörg Wolff (1992).

Gruchmann, Lothar: Jugendopposition und Justiz im Dritten Reich. Die Probleme bei der Verfolgung der "Leipziger Meuten" durch die Gerichte, in: Miscellanea. Festschrift für Helmut Krausnick, hg. von Wolfgang Benz (u. a.), Stuttgart (Deutsche Verlags-Anstalt) 1980, 103-130

Jugendkriminalität und Jugendopposition im NS-Staat. Ein sozialgeschichtliches Dokument hrsg. und eingeleitet von A. *Klönne*. – Münster (Lit) 1981. 228 S.

Peukert, Detlev: Arbeitslager und Jugend-KZ: Die "Behandlung Gemeinschaftsfremder" im Dritten Reich, in: Die Reihen fast geschlossen, hg. von Detlev Peukert (u. a.), Wuppertal (Hammer) 1981, 413-434

KZ Moringen. Männerlager, Frauenlager, Jugendschutzlager. Eine Dokumentation. Hg. von der Gesellschaft für christlich-jüdische Zusammenarbeit Göttingen e. V. und dem evangelisch-lutherischen Pfarramt Moringen. Redaktion: Hannah *Vogt*. – Göttingen [1983]. 66 S.

Matthias von *Hellfeld*/Arno *Klönne*: Die betrogene Generation. Jugend in Deutschland unter dem Faschismus. Quellen und Dokumente. – Köln (Pahl-Rugenstein) 1985 (2. Aufl. 1987) 352 S. – S. 296-342: "Kontrolle und Repression Jugendlicher".

Wolff, Jörg: Hitlerjugend und Jugendgerichtsbarkeit 1933-1945. – Vierteljahrshefte für Zeitgeschichte 33 (1985) 640-667

Hans-Uwe Otto/Heinz Sünker (Hg.): Soziale Arbeit und Faschismus. Volkspflege und Pädagogik im Nationalsozialismus. – Bielefeld (Kritische Texte-Verlag) 1986. 537 S. – Darin u. a. S. 321-344 von Martin *Guse* (u. a.): "Das Jugendschutzlager Moringen – Ein Jugendkonzentrationslager".

Hans-Uwe Otto/Heinz Sünker (Hg.): Soziale Arbeit und Faschismus. Volkspflege und Pädagogik im Nationalsozialismus. – Bielefeld (Kritische Texte-Verlag) 1986. 537 S. – Darin u. a. S. 345-359 Harry *Hubert*: Jugendstrafrecht im Nationalsozialismus".

Hepp, Michael: Vorhof zur Hölle. Mädchen im "Jugendschutzlager" Uckermark, in: Opfer und Täterinnen, hg. von Angelika Ebbinghaus, Nördlingen (GRENO) 1987 [und Frankfurt: Fischer, 1997], S. 191-216

Martin *Guse*/Andreas *Kohrs*: Zur Entpädagogisierung der Jugendfürsorge in den Jahren 1922-1945, in: Soziale Arbeit und Faschismus, hg. von Hans-Uwe Otto und Heinz Sünker, Frankfurt (Suhrkamp) 1989, 228-249 (S. 234-244: "Die Jugendkonzentrationslager Moringen und Uckermark zwischen 'Erziehungsbewahrung' und Vernichtung").

Peukert, Detlev: Rassismus als Bildungs- und Sozialpolitik, in: Erinnerung einer Profession. Erziehungsberatung, Jugendhilfe und Nationalsozialismus, hg. von Renate Cogoy (u. a.), Münster (VOTUM) 1989, 111-124. – S. 111. 116-120 zum Jugendkonzentrationslager Moringen.

Handbuch der deutschen Bildungsgeschichte. Band V. 1918-1945. Die Weimarer Republik und die nationalsozialistische Diktatur. Hg. von Dieter Langewiesche und Heinz-Elmar Tenorth. – München (Beck) 1989. – Darin Detlev J.K. *Peukert* S. 326-332 zu "Auslese" und "Ausmerze" in der NS-Sozialpädagogik und im NS-Jugendrecht.

Böseler, Uwe: Katholische Jugend vor Hitlers Richtern. Der Dortmunder Prozeß von 1937. Nachwort von Arno Klönne. – Münster (Lit) 1990. 243 S.

Schwarz, Gudrun: Die nationalsozialistischen Lager. – Frankfurt (Campus) 1990. 268 S. – S. 84-86: "Jugendschutzlager".

Weinmann, Martin (Hg.): Das nationalsozialistische Lagersystem (CCP). – Frankfurt (Zweitausendeins) 1990

Dörner, Christine: Erziehung durch Strafe. Die Geschichte des Jugendstrafvollzugs von 1871-1945. – Weinheim (Juventa) 1991. 321 S.

Dudek, Peter: Nationalsozialistische Jugendpolitik und Arbeitserziehung. Das Arbeitslager als Instrument sozialer Disziplinierung, in: Politische Formierung und soziale Erziehung im Nationalsozialismus, hg. von Hans-Uwe Otto und Heinz Sünker, Frankfurt (Suhrkamp) 1991, 141-166

Wolff, Jörg: Jugend und Strafrecht im Nationalsozialismus. – Zeitschrift für neuere Rechtsgeschichte 13 (1991) 41-66

Guse, Martin (Hg.): "Wir hatten noch gar nicht angefangen zu leben". Eine Ausstellung zu den Jugend-Konzentrations-Lagern Moringen und Uckermark 1940-1945. – Moringen (Lagergemeinschaft und Gedenkstätteninitiative KZ Moringen) 1992. 47 S.

Wolff, Jörg: Jugendliche vor Gericht im Dritten Reich. Nationalsozialistische Jugendstrafrechtspolitik und Justizalltag. – München (Beck) 1992. 416 S.

Muth, Heinrich: Das "Jugendschutzlager" Moringen. – Dachauer Hefte. Heft 5: Die vergessenen Lager. – München (DTV) 1994, 223-252

Heinrich Himmler und die Liebe zum Swing. Erinnerungen und Dokumente, hg. von Franz *Ritter*, Leipzig (Reclam) 1994. 277 S. – Darin S. 18-19. 192-194 zu den Jugend-KZ Moringen und Uckermark.

Gestapo gegen Schüler. Die Gruppe "Christopher" in Bruchsal. Von Otto B. *Roegele*, unter Mitarbeit von Franz Schmitt. – Konstanz (Universitätsverlag) 1994.136 S.

Jureit, Ulrike: Erziehen, Strafen, Vernichten. Jugendkriminalität und Jugendstrafrecht im Nationalsozialismus. – Münster (Waxmann) 1995. 117 S.

Kurz, Jan: "Swinging Democracy". Jugendprotest im 3. Reich. – Münster (LIT) 1995. 192 S. – S. 143-153 zu Repressionsmaßnahmen (Jugendarrest, Jugendschutzlager, Arbeits- und Erziehungslager).

Cheng, Yat-Che: Die Ausnahme bestimmte die Regel. Das antirechtsstaatliche Strafrecht des Nationalsozialismus. – Frankfurt (Lang) 1996. 243 S.

Neugebauer, Manuela: Der Weg in das Jugendschutzlager Moringen. Eine entwicklungspolitische Analyse nationalsozialistischer Jugendpolitik. – Mönchengladbach (Forum Verlag Godesberg) 1997. 207 S.

Widerstand als "Hochverrat" 1933-1945. Die Verfahren gegen deutsche Reichsangehörige vor dem Reichsgericht, dem Volksgerichtshof und dem Reichskriegsgericht. Erschließungsband zur Mikrofiche-Edition. Im Auftrag des Instituts für Zeitgeschichte bearbeitet von Jürgen *Zarusky* und Hartmut *Mehringer*. – München (Saur) 1998. 780 S. – Hier nicht unmittelbar nützlich, weil der Jugendwiderstand in der Regel auf niedrigerer justizieller Ebene verfolgt wurde, aber doch wertvoll durch Parallel- und Hintergrundinformationen. Nur drei Prozent war christlich-bürgerlicher Widerstand, die Masse der überlieferten Akten betrifft den kommunistischen und sozialdemokratischen Widerstand.

Telp, Jan: Ausmerzung und Verrat. Zur Diskussion um Strafzwecke und Verbrechensbegriffe im Dritten Reich. – Frankfurt (Lang) 1999. 295 S.

IV.

Vierter Teil: Hitlerjugend, Mädchen und junge Frauen im Kriegseinsatz

23 Die Themen im Überblick

1. Luftwaffenhelfer und Marinehelfer (Jahrgänge 1926-1928)
2. Wehrmachthelferinnen, Flakwaffenhelferinnen
3. Luftschutzeinsatz, Einsatz nach Bombenangriffen
4. Hitlerjugend (Jahrgänge 1929-1930) als "Fronthelfer" beim Bau von Schanzanlagen an den Reichsgrenzen
5. Die 12. SS-Panzerdivision Hitler-Jugend (1943-1945)
6. Hitlerjugend im Volkssturm (Beispiel: "Ruhrkessel" und Berlin); HJ-"Panzerjagdkommandos"
7. Hitlerjugend als "Werwolf": Mord und Sabotage hinter der gegnerischen Front

1. *Luftwaffenhelfer und Marinehelfer (Jahrgänge 1926-1928).* – Von politischem Widerstand der Jugendlichen und ihrer Eltern gegen die "Anordnung über den Kriegshilfeinsatz der deutschen Jugend in der Luftwaffe" vom 26. Januar 1943 ist nichts bekannt. Es gab Besorgnisse, aber keine Rebellion. Dabei war von der zweiten Einberufungswelle ab Dezember 1943 auch der Jahrgang 1928 betroffen, also Jungen, die gerade ihren 15. Geburtstag hinter sich hatten.

Diese Anordnung (Abdruck bei Karl Heinz Jahnke/Michael Buddrus, Deutsche Jugend 1933-1945, Hamburg 1989, 359-361) ist unterzeichnet vom Reichsminister der Luftfahrt und Oberbefehlshaber der Luftwaffe Reichsmarschall Hermann Göring, dem Leiter der Partei-Kanzlei Martin Bormann, dem Reichsminister des Inneren Wilhelm Frick und dem Jugendführer des Deutschen Reiches Artur Axmann. Daraus wird deutlich, welche Stellen in den umständlichen Vorfeldverhandlungen mit diesem Thema befaßt waren. Im Artikel 1 der Anordnung heißt es, daß "alle Schüler der höheren und mittleren Schulen, die das 15. Lebensjahr vollendet haben, bis zur Einberufung zum Reichsarbeitsdienst oder zur Wehrmacht als Luftwaffenhelfer für den Kriegshilfeinsatz zur Verfügung" stehen; auch wenn zunächst nur der Jahrgang 1927 gezogen wurde, war also die Einberufung der nächsten Welle schon vorgesehen. Im übrigen galt nach Artikel 9 der Anordnung die Tätigkeit der Luftwaffenhelfer als Erfüllung ihrer "Jugenddienstpflicht" gemäß der "Jugenddienstverordnung" vom 25. März 1939 (identisch mit der "Zweiten Durchführungsverordnung" zum Gesetz über die Hitler-Jugend vom 1. Dezember 1936). Fast scheint es, als ob hier eine vorausschauende Planung am Werk war.

Der Einsatz sollte erfolgen "am Schulort und in dessen unmittelbarer Umgebung" (Artikel 1), ein Versprechen, das oft nicht eingehalten wurde. So wurde eine Luftwaffenhelfer-Einheit von Münster (Westf.) nach Auschwitz verlegt (Heinz-Ulrich Eggert, Hg., Der Krieg frißt eine Schule, Münster 1990, 125-128). Vorgesehen war auch "die Fortführung der Unterrichtserteilung" ("mindestens achtzehn Stunden in der Woche", Artikel 8). Auch das stand bald nur noch auf dem Papier. –"Marinehelfer" waren übrigens nichts anderes als Helfer bei der Küstenflak. – Im Laufe des Jahres 1944 wurde der Kreis der als Luftwaffenhelfer Einzuziehenden über die Schüler hinaus auch auf Lehrlinge erweitert. Über die Gesamtzahl der eingesetzten Luftwaffenhelfer gibt es nur Schätzungen (zuletzt dazu Alfred Kurt, Offenbacher Luftwaffenhelfer, Offenbach 1994, 186). Vielleicht waren es etwa 200 000. Insgesamt bestätigt der aus NS-Sicht erfolgreiche Einsatz dieser

"Helfer" weitgehend die Wirkung der HJ-Erziehung beziehungsweise der Jugendsozialisation überhaupt. Erst in der Schlußphase des Krieges kam es zu Desertionen von Luftwaffenhelfern, aber das waren z.B. Elsässer, ein Sonderfall also (Hans-Dietrich Nicolaisen, Gruppenfeuer und Salventakt, Band I, Büsum 1993, 292-300; vgl. Schäfer 1997, 101).

Luftwaffenhelfer wurden nicht Soldaten im rechtlichen Sinn, hatten also keinen Kombattanten-Status. So wurden sie in der letzten Kriegsphase zum RAD oder zur Wehrmacht entlassen; manche mußten zur Überbrückung der Wartezeit bis zur Einberufung für 4-6 Wochen in ein Wehrertüchtigungslager. Soweit sie noch als Luftwaffenhelfer zum Fronteinsatz kamen – z.B. im Erdkampf gegen Panzer – erhielten sie meist den Soldatenstatus, um eine Behandlung als Partisanen zu vermeiden. Als HJ-Angehörige unterstanden sie der HJ-Disziplinarordnung und außerdem der Disziplinarstraffordnung für Luftwaffenhelfer (Walter Tetzlaff, Das Disziplinarrecht der Hitler-Jugend, Berlin 1944, 22). – Eine Kuriosität: Als noch nicht Achtzehnjährige und als Nicht-Wehrmachtsangehörige durften sie nur jugendfreie Filme sehen (A.U. Sander, Jugend und Film, Berlin 1944, 97), wobei man wissen muß, das seinerzeit nicht jugendfreie Filme aus heutiger Sicht von unüberbietbarer Harmlosigkeit waren.

Die Ausbildung der Luftwaffenhelfer fand ohne Vorlauf direkt in Kampfbatterien statt. Die HJ-Sozialisation wirkte hier nach, insofern ein Verbot der Kommunikation mit den (seit 1944 in vielen Flakbatterien tätigen) kriegsgefangenen russischen "Hilfswilligen" ('Hiwis') nicht grundsätzlich in Frage gestellt wurde. Diese hausten wie Parias am Rande der Stellungen in einer eigenen Baracke und hatten untergeordnete Hilfsdienste zu leisten (z. B. Kartoffeln schälen, Latrinen leeren, Gräben ziehen, Munition schleppen; dazu z. B. Franz-Josef Schmeling, Vom Krieg ein Leben lang geprägt, Osnabrück 1997, 134-139).

Die Tätigkeit der Luftwaffenhelfer (1943-1945) ist vergleichsweise gut dokumentiert durch viele unten aufgelistete Arbeiten Ehemaliger. Allerdings muß man wissen, daß die in solchen Publikationen sehr zahlreich abgedruckten Fotos so gut wie nie während der Kampfhandlungen entstanden, also gestellt sind oder ein oft idyllisches Bild suggerieren. Im Mai 1945 waren die dem Jahrgang 1928 Angehörenden die jüngsten Soldaten und Veteranen des Zweiten Weltkrieges. Sie hatten als Fünfzehnjährige Geschütze zu bedienen, in einem Alter also, in dem auf der Rampe in Auschwitz Jugendliche vor ihrem 16. Geburtstag als noch nicht arbeitsverwendungsfähig ins Gas geschickt wurden (Imre Kertész, Roman eines Schicksallosen, Berlin 1996, S. 90. 98). An solchen Absurditäten war das NS-Regime nicht arm. Ja, der Luftwaffenhelfer selbst war in gewisser Weise ein groteskes Mischwesen: "Das totalitäre Wunschdenken ging auf die Erzeugung eines 'Homunculus' hin, der zugleich Soldat, Schüler und Hitler-Junge war. Natürlich identifizierten sich die Jugendlichen mit der ihnen angebotenen Erwachsenenrolle, wollten Soldaten sein und waren aus der Sicht der Führung doch nur Menschenmaterial" (Harald Scholtz, in: Universitas 43, 1988, 472). Der Materialverschleiß war nicht gering, denn die Quellen berichten über den "Heldentod" vieler Luftwaffenhelfer. Aber auch dafür hatte man vorgesorgt: "Die Bestimmungen für den LwH-Einsatz enthalten genaue Richtlinien für die Überführung und Beisetzung... Danach erhält die Reichsbahn pro... Kilometer 0,25 Reichsmark für eine derartige Überführung ersetzt. Die Überführung hat auf dem billigsten Wege zu erfolgen, nämlich in einem gut abgedichteten Holzsarg, dessen Boden mit einer 5-10 cm starken Saugschicht aus Torfmull oder Sägespänen bedeckt sein muß. Den Angehörigen wird für Sarg- und Beerdigungskosten ein Betrag von 150 Reichsmark erstattet, und für die Beschaffung eines Grabsteins werden weitere 50 RM gewährt" (Schätz 1972, 40-41). Der politisch bewußtere Teil der Luftwaffenhelfer nabelte sich von der Hitlerjugend ab (Detlev Peukert, in: Erinnerung einer Profession, hg. von Renate Cogoy u. a., Münster 1989, 115) – ohne indes an Fahnenflucht zu denken; ja, die meisten meldeten sich kriegsfreiwillig, schon, um so dem aggressiven Werben der SS zu entgehen.

Zu den verheerenden mentalen und psychischen Folgen der NS-Sozialisation kamen äußere Probleme nach Kriegsende: Beim Wiederbeginn der Schulen im Sommer/Herbst 1945 hatten es Jugendliche aus bürgerlichen und akademischen Elternhäusern viel leichter, wieder Tritt zu fassen, während Söhne aus bildungsferneren Kreisen oft aufgaben und ohne Abitur ins Berufsleben gingen. Fast alle aber entwickelten für geraume Zeit eine tiefe Skepsis gegen Politik und politische Parteien.

2. *Wehrmachthelferinnen, Flakwaffenhelferinnen.* – Seit Mitte des Jahres 1940, als fast das halbe Europa von den Deutschen besetzt war, dann nach dem verlustreichen Winter 1941/42 und vor allem nach Stalingrad im Frühjahr und Sommer 1943 sollten zunehmend auch Mädchen und junge Frauen Soldaten für den Frontdienst frei machen. Fast alle Schreibstubensoldaten mußten ihren Platz räumen. An ihre Stelle traten – benannt nach den verschiedenen Funktionen – Fernsprecherinnen, Fernschreiberinnen, Funkerinnen, Nachrichtenhelferinnen ('Blitzmädel', nach dem Blitz-Abzeichen auf ihrem Uniform-Ärmel), Flugmeldehelferinnen, Luftwarnhelferinnen, Stabshelferinnen. Die häufigste und zusammenfassende Bezeichnung war "Wehrmachthelferinnen". Je näher das Kriegsende rückte, desto mehr Mädchen wurden – rekrutiert beziehungsweise angeworben durch die NS-Frauenschaft und den BDM – für diese Dienste beansprucht. Aus dem weiblichen Reichsarbeitsdienst wurden seit Herbst 1943 Mädchen überstellt und als "Flakwaffenhelferinnen" eingesetzt, die Horchgeräte und Scheinwerfer zu bedienen hatten (Will Decker, in: Das Junge Deutschland 38, 1944, 87). Anfang des Jahres 1945 gab es insgesamt etwa 500000 Wehrmachthelferinnen und annähernd 100000 RAD-Maiden im Wehrmachtseinsatz (Norbert Westenrieder, "Deutsche Frauen und Mädchen!", Düsseldorf 1984, 121).

In einer Rede vor der NS-Frauenschaft im Jahre 1935 hatte Hitler noch getönt, in Deutschland werde es nie "Frauenbataillone" geben wie in marxistischen Ländern: "Ich würde mich schämen, ein deutscher Mann zu sein, wenn jemals im Falle eines Krieges auch nur eine Frau an die Front müßte!". Nun war durch den Luftkrieg überall in Deutschland "Front", und der Diktator mußte sich revidieren. Im März 1945 befahl er gar die "probeweise Aufstellung eines Frauenbataillons" ("Ob Mädchen oder Frau, ist ganz wurscht, eingesetzt muß alles werden", sagte er in diesem Zusammenhang während einer "Mittagslage", Westenrieder, a. O., S. 112. 122; zur Sache auch Martin Kipp/Gisela Miller-Kipp, Erkundungen im Halbdunkel, Frankfurt 1995, 188).

Die Werbung für die Tätigkeit von Mädchen in der Wehrmacht war nicht so erfolgreich, wie erhofft, auch deshalb nicht, weil sich gegen bestimmte Gruppen von

ihnen, die zum Beispiel in Stäben tätig waren, in den unteren Rängen der Solda-
tenschaft und im Volksmund ein Gruppenvorurteil bildete: Man nannte sie abschät-
zig "Offiziersmatratzen", wobei wohl auch Sexualneid eine Rolle spielte; denn die
Mädchen waren jung und ansehnlich in ihren adretten Uniformen und unerreichbar
oberhalb der Sphäre gemeiner Soldaten tätig.

3. *Luftschutzeinsatz, Einsatz nach Bombenangriffen.* – Vor allem die freiwilligen
"Feuerwehrscharen" der Hitlerjugend wurden seit 1942 in verschiedener Form eingesetzt, etwa als "Melder", "Brandwache" oder als "Schnellkommandos" zum Lö-
schen und Bergen nach Luftangriffen. BDM-Mädchen taten Dienst auf den Ret-
tungsstellen und bei der Hilfe für geschädigte Familien. "Allein in Essen waren bei
den schweren Angriffen im März 1943 zu Hilfeleistungen eingesetzt: 2105 Hitlerjungen und 1650 Mädel. Eine ganze Anzahl von ihnen haben bei ihren Einsätzen
leichte und schwere Verwundungen davongetragen. Sechs Hitlerjungen sind dabei gefallen" (Die Hitler-Jugend im Kriege, 28. Bericht, Sept. 1943, S. 4; vgl. ebd.
20. Bericht, Sept. 1942, S. 3, und ebd. 22. Bericht, Januar 1943, S. 2; Gustav Memminger, Hg., Die Jugend des Führers Adolf Hitlers, Leipzig 1942, 228; Günter
Kaufmann, in: Wille und Macht 10, 1942, Heft 10, Okt. 1942, S. 10; Will Decker,
in: Das Junge Deutschland 38, 1944, S. 87).

Beispielcharakter hat eine ausführliche Statistik zur Gesamtsituation in Essen bei
Ernst Schmidt, Lichter in der Finsternis, Frankfurt 1980, 387 ff.: "Essener Kriegs-
tote im Zweiten Weltkrieg (1939-1945)... Opfer des Zweiten Weltkrieges 1939-
1945, die auf Essener Friedhöfen begraben wurden... Abgeworfene Bomben auf
Essen und Übersicht der Personenschäden 1941-1945; Anzahl der Fliegeralarme in
Essen und Statistik der Luftangriffe auf die Stadt 1939-1945; Großangriffe der alliierten Luftstreitkräfte auf Essen 1939-1945; Schädenbilanz der Luftangriffe auf Essen 1939-1945". Die Gesamtzahl der Luftalarme 1939-1945 betrug 1162, der Angriffe 242, davon größere Angriffe 30. Großangriffe fanden statt am 5. März 1943,
12. März 1943, 3. April 1943, 1. Mai 1943, 28. Mai 1943, 25. Juli 1943, 26. März
1944, 27. April 1944, 30. September 1944, 23. Oktober 1944, 25. Oktober 1944,
29. November 1944, 12. Dezember 1944, 23. Februar 1945, 11. März 1945. – Essen
galt 1947 als meist zerstörte Großstadt Deutschlands und als europäisches Hiroshi-
ma (A. Kenkmann, Wilde Jugend, Essen 1996, 239).

Da die Beschreibung des Bombenkrieges hier nicht unter Entlastungsverdacht stehen kann, sei in diesem Zusammenhang noch erwähnt, daß nach gegenwärtigem
Kenntnisstand durch die auf das deutsche Reichsgebiet niedergehenden Bomben
etwa 500 000 Menschen starben, 800 000 verwundet wurden und 7,5 Millionen ihre Wohnungen verloren. Der Diktator hat nie eine bombardierte Stadt besucht oder
gar vor Ort sein Mitgefühl bekundet. Dergleichen war ihm fremd.

Es kann nicht unerwähnt bleiben, daß auch für die englischen und amerikanischen
Bomberbesatzungen die Angriffe sehr verlustreich waren. Es werden heute Zahlen
von 48 000 Engländern und 43 742 Amerikanern genannt (Adelbert Weinstein, in:
Frankfurter Allgemeine Zeitung vom 13. 2. 1998).

4. *Hitlerjugend (Jahrgänge 1929-1930) als "Fronthelfer" beim Bau von Schanzanlagen an den Grenzen des Reiches.* – Zum Beispiel begann die Arbeit an einem "Westwall" (in Gestalt von Panzergräben, Schützengräben und Infanterie-
Stellungen) im September 1944 unter der Federführung der Gauleiter von Essen

bis Aachen, die zu Reichsverteidigungskommissaren ernannt worden waren. Je nach den örtlichen Gegebenheiten kamen neben der Hitlerjugend unter anderem auch Einheiten des Reichsarbeitsdienstes, Volkssturmeinheiten, Kriegsgefangene und Strafgefangene zum Einsatz. Die Jungen erhielten 1 Reichsmark Sold pro Tag und nach Abschluß ihrer Arbeit eine Art Ehrenurkunde. Für die HJ erfolgte der Einsatz organisatorisch nach den einzelnen Bannen, unter der Leitung des jeweiligen Bannführers. Die Panzergräben sollten oben etwa 8 Meter breit und 4 Meter tief (unten spitz zulaufend) werden.

Die Verhältnisse vor Ort waren teilweise chaotisch, weil sich zum Beispiel viele Schanzer unerlaubt entfernten und Tiefflieger die Arbeiten behinderten. Es wird nicht überliefert, daß die Befestigungsanlagen irgendwo das gegnerische Vordringen nennenswert behindert hätten. Zeitzeugenberichte zur Sache zum Beispiel bei Erich Kuby, Das Ende des Schreckens, München 1956, 127 f.; Arno Klönne, Gegen den Strom, Hannover 1960, 112 f.; Friedrich Pechtold, Der Pimpf, Sulzbach 1987, 68; Sigrid Bremer, Muckefuck und Kameradschaft, Frankfurt 1989, 61-64; Herbert Reinoß, Hg., Letzte Tage in Ostpreußen, München 1983, 218; vgl. auch Bernd-A. Rusinek, Gesellschaft in der Katastrophe, Essen 1989, 61-64.

Die HJ-Führerschaft versuchte bis zuletzt, den Jugendlichen Mut zu machen. So heißt es im "Befehlsblatt des Führers der Hitler-Jugend im Gebiet Kurhessen" (Folge 2/45, Reinhardswaldschule, 20. Januar 1945) unter anderem: "Ich sehe Euch im Schneetreiben beim Bau von Artillerie-Stellungen, ich sehe Euch im Schlamm stehend die MG-Nester ausheben und trotz der Härte die Freude an dieser Arbeit aus den Augen strahlen... Die kämpfende Front grüßt Euch durch ihren Oberbefehlshaber West, Generalfeldmarschall von Rundstedt: '... Die Fronthelfer der Hitler-Jugend haben meine Erwartungen in hohem Maße erfüllt. Durch das Opfer ihrer gefallenen und verwundeten Kameraden haben sie die erste Frontbewährung erbracht. Aus den Reihen dieser meiner jungen Fronthelfer werden die Divisionen erstehen, mit denen der Endsieg erkämpft werden wird... Heil dem Führer!'. Die Grüße unserer kämpfenden Front erwidern wir durch unsere Haltung und weiterhin vorbildliche Einsatzbereitschaft. Heil Hitler! Euer Aug. Schmidt, Hauptbannführer".

5. *Die 12. SS-Panzerdivision Hitler-Jugend.* – Die im Juli 1943 (zunächst als Panzergrenadier-Division) in Belgien aus jungen Freiwilligen aufgestellte Division wurde aus den Ausbildungslagern der HJ und Angehörigen der "Leibstandarte-SS 'Adolf Hitler' ", die ihrerseits meist aus der HJ gekommen waren, zusammengestellt, weshalb sie am 22. Oktober 1943 den Namen "Hitler-Jugend" bekam.

Nach der Landung der Alliierten in der Normandie (6. Juni 1944) wurde die Division unverzüglich bei Caen eingesetzt, kämpfte sehr verlustreich und wurde in der zweiten Augusthälfte in die Etappe verlegt. Nach Beginn der deutschen Ardennenoffensive (16. Dezember 1944) erneuter Einsatz, dann, im Januar 1945, Rückzug bis zur Reichsgrenze. Schließlich – nach Auffrischung im Raum Köln – Anfang Februar nach Ungarn verlegt. Nach schweren Rückzugsgefechten war der Krieg für die Truppe Anfang Mai 1945 zu Ende in Österreich, an der Enns beziehungsweise bei Linz (Werner Haupt, Deutsche Spezialdivisionen 1935-1945, Friedberg 1995, S. 168 f.). Weit mehr Informationen als Haupts Abriß bietet Craig William Hedegaard Luther, The Twelfth SS Panzer Division Hitler Youth, Diss. Santa Barbara,

Calif., 1987. Luthers Arbeit gibt ein notwendiges Korrektiv zu teilweise glorifizie-
renden und beschönigenden deutschen Publikationen (siehe z. B. S. 181-194: "Of
Fright and Fury: The Murder of Canadian Prisoners by the 12 th SS Panzer Division, June 7-17, 1944").

6. *Hitlerjugend im Volkssturm (Beispiel: "Ruhrkessel" und Berlin); "Panzerjagdkommandos" der HJ.* – In der ersten Aprilhälfte wurde die Heeresgruppe B unter Generalfeldmarschall Model (15. Armee und 5. Panzerarmee) im "Ruhrkessel" von den
amerikanischen und englischen Streitkräften eingeschlossen. Am 8. April reichte
dieser Kessel nordsüdlich etwa von Dortmund bis Siegburg, ostwestlich von Me-
schede bis Düsseldorf/Duisburg. Noch in diesen Tagen erwog Model, wie auch die
Berliner Partei-Kanzlei unter Martin Bormann, Werwolf-Aktionen durch Hitlerjungen mit Panzerfäusten im Rücken der Gegner (Walter Görlitz, Model, München
1993, 257 f.), verfolgte diesen Plan dann aber nicht weiter.

Mitte April wurden seine Truppen unter Aufgabe von Essen, Gelsenkirchen und
Bochum nach Süden hinter die Ruhr zurückgedrängt, und ebenfalls Mitte dieses
Monats wurde der Kessel in nordsüdlicher Richtung halbiert. Model lehnte Kapi-
tulationsaufforderungen des Generals Matthew Ridgeway ab, ließ aber am 17. April
seine Truppen sich auflösen, indem er ihnen zur Wahl stellte, sich nach Hause
durchzuschlagen oder sich einzeln dem Gegner zu ergeben. Durch diese Auflösung seiner Heeresgruppe vermied er eine formelle Kapitulation (Charles Whiting,
Die Schlacht um den Ruhrkessel, München 1985, 126-132; Hermann Weiß, Hg.,
Biographisches Lexikon zum Dritten Reich, Frankfurt 1998, 321). Am 21. April
erschoß er sich, um der Gefangennahme zu entgehen.

In Models "Ruhrkessel" gab es auch Einheiten des "Deutschen Volkssturms". Dieser war begründet worden durch einen Führererlaß vom 25. 9. 1944, demzufolge
Männer von 16-60 Jahren (darunter also auch HJ-Angehörige), die bisher nicht eingezogen waren, in diesen Einheiten – unter vorläufiger Weiterführung ihrer Berufstätigkeit – dienen sollten. Der Erlaß wurde in der Nacht vom 18. zum 19. 10. 1944
in allen Orten Deutschlands plakatiert und erschien im Reichsgesetzblatt 1944, Teil
I, Nr. 53, S. 253, am 20. 10. 1944 (Abdruck z. B. bei Franz W. Seidler, Deutscher
Volkssturm, München 1989, 253 f.). Sozusagen federführend waren die Gauleiter
in ihren jeweiligen Gauen beziehungsweise in deren Auftrag die Kreis- und Ortsgruppenleiter. So sollten die Ortsgruppenleiter in ihren Ortsgruppen nach Möglichkeit je eine Kompanie aufstellen. Kompanie- und Bataillonsführer wurden ehemalige Offiziere des Ersten Weltkriegs oder wegen schwerer Verwundungen nicht mehr
fronttaugliche Offiziere des Zweiten Weltkriegs.

Die Volkssturmmänner sollten zwar weiter an ihren Arbeitsstellen verbleiben, jedoch regelmäßig zu Einsatzübungen zusammenkommen. Sie galten als Soldaten
im Sinne des Wehrgesetzes und trugen deshalb am unteren linken Ärmel ihrer Zivilkleidung (oder provisorischen Uniform, auch die Winteruniform der HJ wurde
verwendet) eine Armbinde: "Deutscher Volkssturm. Wehrmacht". Ihre Bewaffnung
war unzulänglich: Beutegewehre mit wenig Munition, sowie da und dort "Panzer-
fäuste" und Maschinengewehre.

Zum sogenannten "Dritten Aufgebot" des Volkssturms, das vorerst in Reserve bleiben sollte, gehörten auch sechzehnjährige Hitlerjungen, soweit sie nicht in den ersten Monaten des Jahres 1945 schon zum RAD oder zur Wehrmacht gezogen wa-

ren beziehungsweise die Wartezeit bis dahin durch ein 4-6 wöchiges Wehrertüchtigungslager zu überbrücken hatten. Dem Volkssturm angegliedert waren mancherorts auch separate HJ-Einheiten ("HJ-Bataillone").

Eine regionale Besonderheit war das dem "Deutschen Volkssturm" eingegliederte paramilitärische "Freikorps Sauerland", von dem einzelne Gruppen noch bis zum 16. April im Raum Hattingen kämpften (Willy Timm, Freikorps "Sauerland", Unna 1993, 68). Eines seiner Bataillone hatte zum Beispiel als Standort den Ennepe-Ruhr-Kreis (eine der fünf Kompanien dieses Bataillons befand sich in Hattingen). Zu den Bataillonsführern des Freikorps gehörte zunächst auch der HJ-Gebietsführer von Süd-Westfalen, Hugo Bald, den dann der HJ-Oberbannführer Hans Hufenbach ablöste, der für die vormilitärische Ausbildung der Hitlerjugend im Gebiet Westfalen-Süd zuständig war.

Als weitere regionale Besonderheit sei erwähnt, daß im Gau Tirol-Vorarlberg der Volkssturm den traditionellen Namen "Standschützen" behielt (K.-G. Klietmann, in: Zeitschrift für Heereskunde, Heft 310, 1983, 157 f.; Franz W. Seidler, "Deutscher Volkssturm", München 1989, 113 f.). In den ersten Monaten des Jahres 1945 wurden in die dortigen Standschützenverbände auch noch viele Hitlerjungen des Jahrgangs 1929 eingegliedert, die sich dort in KLV-Lagern befanden. So berichten Zeitzeugen.

Zum 3. Aufgebot des Volkssturms gehörten eine Reihe von "Panzervernichtungsbrigaden". Sie sollten einem Befehl der Reichsjugendführung zufolge in den einzelnen HJ-Gebieten aufgestellt werden und jeweils untergliedert in "Bataillonen", "Panzerjagdkommandos" und "Panzernahkampftrupps" operieren (Dokumente vom 23. März und 22. April 1945 bei Karl Heinz Jahnke/Michael Buddrus, Deutsche Jugend 1933-1945, S. 406-410). Einige dieser Panzervernichtungseinheiten kamen noch zum Einsatz (eine Abb. bei Seidler, a. O., S. 353). Es sei dabei angemerkt, daß der Kampf mit der Panzerfaust fast ein Selbstmordkommando war; denn der Feuerstrahl beim Abfeuern verriet regelmäßig die Position des Schützen, der so ein leichtes Ziel des oder der Gegner wurde (zur Sache Frank Grube/Gerhard Richter, Alltag im Dritten Reich, Hamburg 1982, 192).

Größere HJ-Kampfgruppen kamen in den letzten Kriegswochen auch in verschiedenen Stadtteilen Berlins zum Einsatz und wurden zum Teil dort noch sinnlos geopfert beziehungsweise verlängerten den Kampf, in dessen Verlauf noch sehr viele Zivilisten durch Granaten und Bomben starben. Einzelheiten dazu zum Beispiel im "Panzerbär. Kampfblatt für die Verteidiger Gross-Berlins" vom 29. April 1945, abgedruckt bei Ernst Günther Schenck, Das Notlazarett unter der Reichskanzlei, Neuried 1995, 219-227. Zur Sache auch Siegfried Heimann, in: Vom Lagerfeuer zur Musikbox, redigiert von Christa Jančik u. a., Berlin 1985, 113; Karl Heinz Jahnke/Michael Buddrus, Deutsche Jugend 1933-1945, Hamburg 1989, 410. – Das "Kriegstagebuch des Oberkommandos der Wehrmacht", hg. von Percy E. Schramm (Band 8, Bonn, o. J., S. 1272) meldete zum 30. April 1945: "Das heroische Ringen um das Zentrum der Reichshauptstadt hält mit unverminderter Heftigkeit an. In erbitterten Häuser- und Straßenkämpfen halten Truppen aller Wehrmachtteile, Hitler-Jugend und Volkssturm den Stadtkern, leuchtendes Sinnbild deutschen Heldentums".

7. *Hitlerjugend als "Werwolf": Mord und Sabotage hinter der gegnerischen Front.* – Noch in den letzten Wochen des Krieges scheint die Hitlerjugend allenthalben – allerdings ohne großes Echo – zu Werwolfaktionen aufgerufen worden zu sein. Eine Anschauung davon gibt ein erhaltenes Flugblatt: "Niedersächsische Hitler-Jugend! Überall – ran an den Feind". Es ruft "jeden Pimpf im feindbesetzten Raum" zum "fanatischen Haß" auf und dazu, dem Gegner durch Sabotage und Guerilla-Aktivitäten zu schaden, wo man ihn treffe (Abdruck eines Faksimiles bei Heinz Boberach, Jugend unter Hitler, Düsseldorf 1982, 139 f.). Nicht ohne Grund hatten die Alliierten eine gewisse Furcht vor solchen Anschlägen; denn zumindest Vorbereitungen wurden auf Veranlassung Himmlers seit September 1944 getroffen. Chef der geplanten Werwolf-Organisation war der hohe SS-Ofizier Hans Prützmann. Zu seinem Stab gehörten Wehrmachtsoffiziere, HJ-Führer und eine Referentin für den vorgesehenen weiblichen Werwolf.

Nach dem Werwolf-Mord an dem Aachener Bürgermeister Franz Oppenhoff (am 25. März 1945) propagierte Joseph Goebbels über einen Rundfunksender die bis zur Selbstvernichtung gehende Bekämpfung aller Bolschewisten, Briten und Amerikaner auf deutschem Boden: "Haß ist unser Gebet und Rache unser Feldgeschrei" (Hermann Weiß, in: Enzyklopädie des Nationalsozialismus, hg. von Wolfgang Benz u. a., München 1997, 803).

Die Handreichung für die niedersächsische HJ – in Gestalt des oben genannten Flugblattes – gab zahlreiche konkrete Anregungen und machte Vorschläge zur destruktiven Sabotage: Einfüllen von Zucker in Benzintanks, Eingraben von Nagelbrettern in Straßen, unauffällig anzubringende Drahtseile hinter Straßenkurven ausspannen, Blockieren von Eisenbahnschienen mit Steinen usw.

Insgesamt gab es da und dort einige wenige Einzelaktivitäten des Werwolf, aber auch nicht ansatzweise eine reichsweite Bewegung von irgendwelcher Bedeutung. Nur einmal, am 10. April 1945, meldete der Wehrmachtbericht: "Im Rücken des Feindes verbliebene Kampftruppen überfallen die amerikanischen Versorgungskolonnen und fügen durch diese Kleinkriegstaktik dem Gegner hohe Verluste zu" (zitiert nach Arno Rose, Werwolf 1944-1945, Stuttgart 1980, 316). Letztlich war der "Werwolf", wie ähnlich die "Alpenfestung" nur ein Phantom.

23.1   Quellen

Schulemann, Erika: Als "Blitzmädel" in Frankreich. – Mädel – eure Welt! 3 (1942) 83-88. – Bericht über die Ausbildung als Nachrichtenhelferin (Fernschreiberin und Fernsprecherin) und den Einsatz im besetzten Frankreich.

Kranz, Erna: Mädel im totalen Krieg. – Das Junge Deutschland 37, 1943, 84-86. – U. a. zum freiwilligen Sonntagsdienst von BDM-Mädchen als Straßenbahnschaffnerinnen, im Bahnhofsdienst, bei der Lazarettbetreuung, in Kindergärten, im BDM-Osteinsatz und zum Dienst als Wehrmachthelferin.

Kugler, Werner: Hitlerjungen als Luftwaffenhelfer. – Das Junge Deutschland 37 (1943) 86-88. – "Durch den Einsatz bei der Luftwaffe werden die Lw.-Helfer im rechtlichen Sinne nicht Soldat. Sie gelten auch während des Kriegshilfseinsatzes als Schüler... Zur Heranziehung wurde aus Gründen der Sicherheit und Versorgung die Grundlage der Notdienstverordnung (RGBl. I S. 1441) gewählt... Auch während des Einsatzes gehören die Jugendlichen zur Hitler-Jugend. Es gilt dieser Kriegseinsatz als Erfüllung der Jugenddienstpflicht... Der Dienst der Hitler-Jugend erstreckt sich wie auch sonst in den Einheiten auf weltanschauliche Schulung (Morgenfeiern, Heimabende, Arbeitsgemeinschaften) und Leibesübungen... Die in über zwei Jahren bei der Durchführung der Erweiterten Kinderlandverschickung erprobte und bewährte Form der Gemeinschaftserziehung wurde damit auf den jüngsten Kriegseinsatz der Hitler-Jugend übertragen... Vorgesetzte der Lw.-Helfer... sind die militärischen Diziplinarvorgesetzten. Daneben bestehen die Vorgesetztenverhältnisse des Lehrers und der Hitler-Jugend im Rahmen ihres Dienstes. Die Lw.-Helfer unterliegen als Wehrmachtsgefolge, zu dem sie aus völkerrechtlichen Gründen erklärt werden müssen, den militärischen Strafgesetzen", indes nur eingeschränkt. Es "sind alle Schutzbestimmungen des Jugendstrafrechtes auf die Lw.-Helfer anwendbar. Für die Ahndung disziplinarer Vergehen ist eine besondere Disziplinarstrafordnung geschaffen... Die Lw.-Helfer erhalten eine tägliche Barvergütung von 0,50 RM. Beim Ausscheiden erhält jeder Lw.-Helfer über 16 Jahre für jeden angefangenen Monat der Dienstleistung nach Vollendung des 16. Lebensjahres 15 RM... Alkohol- und Tabakportionen werden an die Lw.-Helfer nicht ausgegeben. Sie empfangen dafür Vitamindrops oder Süßigkeiten".

Bartel, Otto Ernst: Der Kriegseinsatz der Hitler-Jugend. Berlin 1944. – Im "Anhang" (S. 70-137) Abdruck der einschlägigen Gesetze, Verordnungen, Erlasse usw.

23.2 Literatur

Auffallend gut ist das Thema "Luftwaffenhelfer" durch viele wertvolle Arbeiten erschlossen; ich erwähne nur die einschlägigen Bücher von Nicolaisen und Schörken. Das war vorgegeben. Ein von mir auswählend gesetzter Schwerpunkt ist der Raum Essen/Hattingen sowie Münster. Beide Regionen sind typisch für bestimmte Aspekte des Zweiten Weltkrieges (Luftkrieg, Luftwaffenhelfer usw.). Für den Raum Münster verdient Eggert (1990) besondere Beachtung, bezüglich Essen sind die informativen Aufsätze von Norbert Krüger hervorzuheben. Eine gute Einführung in den Kriegseinsatz der deutschen Jugend im sechsten Kriegsjahr (1944/45) bietet Jahnke (1993).

Mews, Karl: Vom 60. zum 70. Geburtstag, in: Beiträge zur Geschichte von Stadt und Stift Essen 65 (1950) 5-11. – Die detaillierte Chronik eines Zeugen der Ereignisse im Raum Essen im März/April 1945.

Neumann, Wilhelm: Vom Bombenkrieg und seinen Folgen, in: Beiträge zur Geschichte von Stadt und Stift Essen 65 (1950) 35-41

Spethmann, Hans: Die Eroberung des Ruhrgebietes im Frühjahr 1945, in: Beiträge zur Geschichte von Stadt und Stift Essen 65 (1950) 43-91

Heyn, Erich: Zerstörung und Aufbau der Großstadt Essen. Mit 15 Bildern und 22 Abbildungen und Karten. – Bonn (Selbstverlag des Geographischen Instituts der Universität Bonn) 1955. – S. 12-20: "Die Zerstörung der Stadt im Zweiten Weltkrieg".

Das Ende des Schreckens. Dokumente des Untergangs, Januar bis Mai 1945, hg. von Erich *Kuby*. – München (Süddeutscher Verlag) 1956. – S. 62. 63-64. 92-93. 140-141. 153-154 zum Kampfeinsatz der HJ; S. 96 f. 139 zum "Werwolf"; S. 135 f. zur Situation in den 'Wehrertüchtigungslagern" der Hitlerjugend.

Auerbach: Die Organisation des "Werwolf", in: Gutachten des Instituts für Zeitgeschichte, [Band I.] München (Institut für Zeitgeschichte) 1958, 353-355

Juethe, Erich: Hattingen im 2. Weltkrieg, 1939-1945. Berichte und Schilderungen. I. Luftkrieg, Flüchtlinge, Endkampf. – Hattingen (Selbstverlag des Heimatvereins) 1960. 103 S.

Sabel, Karl: Essen, wie es fiel und sich wieder erhob. – Essen (Stadtbibliothek) 1962. – Ein zusammenfassender Abdruck von Berichten in der WESTDEUTSCHEN ALLGEMEINEN des ersten Halbjahrs 1961 betreffend die zahlreichen Luftangriffe auf Essen 1943-1945 und die erste Nachkriegszeit.

Flak. Die Geschichte der deutschen Flakartillerie und der Einsatz der Luftwaffenhelfer. Von Horst-Adalbert *Koch*, unter Mitwirkung von Steuerberater Dr. Heinz Schindler, ehem. Luftwaffenoberhelfer und Archivrat a. D. Georg Tessin, Bundesarchiv (Militärarchiv). 2. Aufl. – Bad Nauheim (Podzun) 1965 (zuerst 1954). 680 S.

Die Amis kommen. Eine Dokumentation über das Kriegsende 1945 im Ruhrkessel. Zusammengestellt von Karl *Peukert*. – Hagen 1965

Gersdorff, Ursula von: Frauen im Kriegsdienst, 1914-1945. – Stuttgart (Deutsche Verlags-Anstalt) 1969. – Darin u. a. S. 60-68: "Helferinnen bei der Wehrmacht"; S. 68-71: "Kriegshilfsdienst und Luftwaffeneinsatz der Reichsarbeitsdienstmaiden"; S. 71-74: "Wehrmachthelferinnenkorps".

Ueberhorst, Horst (Hg.): Elite für die Diktatur. Die Nationalpolitischen Erziehungsanstalten 1933-1945. Ein Dokumentarbericht. – Düsseldorf (Droste) 1969. S. 375-384: "Dienst in der Kinderlandverschickung und als Luftwaffenhelfer".

Whiting, Charles: Die Schlacht um den Ruhrkessel. 2. Aufl. – Rastatt (Moewig) 1985 (zuerst München: Molden, 1970; Übers. aus dem Englischen). 158 S.

Whiting, Charles: Werewolf. The Story of the Nazi Resistance Movement 1944-1945. – London (Leo Cooper) 1972. 208 S.

Schätz, Ludwig: Schüler-Soldaten. Die Geschichte der Luftwaffenhelfer im Zweiten Weltkrieg. 2. Aufl. – Darmstadt 1974 (zuerst 1972). 160 S.

Krüger, Norbert: Der Luftangriff auf Essen am 12./13. März 1943. – Das Münster am Hellweg 27 (1974) 33-52; vgl. auch zur Sache Norbert Krüger: "Wenn Sie nicht ins KZ wollen ... ". Häftlinge in Bombenräumkommandos, in: Aus Politik und Zeitgeschichte 27 (1977) B 16, S. 25-37 (zum Bombenräumen in Essen).

Mit Fünfzehn an die Kanonen. Eine Fallstudie über das Schicksal der als Luftwaffenhelfer (LwH) eingesetzten Oberschüler in den Sperrfeuerbatterien (Flak Abt. 514) rund um Aachen während der anglo-amerikanischen Luftoffensive der Jahre 1943/44. Hg. von Paul *Emunds*. – Aachen (Selbstverlag der U Ia des Kaiser-Karls Gymnasiums) 1975

Görlitz, Walter: Der Feldmarschall und sein Endkampf an der Ruhr. 6. Auflage. – München (Universitas/Herbig) 1993 (zuerst Wiesbaden: Limes, 1975). 292 S.

Krüger, Norbert: "... dem Rufe des Führers begeistert folgend... ". Essener Schüler und Lehrlinge als Luftwaffenhelfer im Totalen Krieg. Ein Überblick. – Das Münster am Hellweg 28 (1975) 17-43. 49-74. – Auch zu Schülern des Burggymnasiums.

Emunds, Paul: Luftwaffenhelfer im Einsatz. Oberschüler während der anglo-amerikanischen Luftoffensiven im Großraum Aachen. – Aus Politik und Zeitgeschichte (Beilage zur Wochenzeitung Das Parlament) 45 (1976) 33-54

Springenschmid, Karl: Die letzten Lützows. Wie 420 ostpreußische Hitlerjungen 1945 aus Kampf und Einsatz gerettet wurden. – Vaterstetten (Arndt) 1977. 158 S. (2. Aufl. 1981. 94 S.)

Antosch, Karl: Klassenweiser Milieuwechsel höherer Schüler in den Jahren 1943-1945. Pädagogisch-politsoziologische Untersuchung zur Beschulung unter besonders schweren Bedingungen, zur kulturellen Betätigung unter diesen Voraussetzungen, sowie zur sozialpolitischen Konfrontation. – Diss. Freilassing (maschinenschriftlich) 1978. XX, 490 Bl.

Morgan, Dagmar G.: Weiblicher Arbeitsdienst in Deutschland (Diss. Mainz). – Darmstadt 1978. 473 S. – S. 397-440 zum Kriegseinsatz als Nachrichtenhelferinnen bei der Luftverteidigung.

Der Arbeitsdienst der weiblichen Jugend in Mecklenburg. Gesammelt und zusammengestellt von Liselotte *Schroeter*. – Kiel (Selbstverlag) 1979. 160 S. – S. 152-159: "Luftwaffeneinsatz der Arbeitsmaiden". – Unkritisch.

Euler, Helmuth: Die Entscheidungsschlacht an Rhein und Ruhr 1945. – Stuttgart (Motorbuch Verlag) 1980. 276 S.

Paul, Wolfgang: Der Heimatkrieg 1939 bis 1945. – Esslingen (Bechtle) 1980. – S. 202-214: "Schüler für die Heimatflak".

Rose, Arno: Werwolf 1944-1945. Eine Dokumentation. – Stuttgart (Motorbuch Verlag) 1980. 358 S.

Willmot, Louise: National Socialist Organisations for Girls. A Contribution to the Social and Political History of the Third Reich. – Diss. (Ph.D.) Oxford University, Somerville College. 2 Bde. (maschinenschriftlich) 1980. 413 Bl. – S. 357-373 zum Dienst der RAD-Maiden als Luftwaffenhelferinnen.

Mammach, Klaus: Der Volkssturm. Das letzte Aufgebot 1944/45. – Köln (Pahl-Rugenstein) 1981. 215 S.

Nicolaisen, Hans-Dietrich: Der Einsatz der Luftwaffen- und Marinehelfer im 2. Weltkrieg. Darstellung und Dokumentation. – Büsum (Selbstverlag) 1981. 667 S.

Boberach, Heinz: Jugend unter Hitler. – Düsseldorf (Droste) 1982. 174 S. – S. 103-146: "Vom Geländespiel zum Luftschutzkeller und zur Panzerfaust. Jugend im Zweiten Weltkrieg".

Holmsten, Georg: Kriegsalltag 1939-1945 in Deutschland. – Düsseldorf (Droste) 1982. 128 S. – S. 35-45: "Jugend im Kriege – 'Die Fahne ist mehr als der Tod' ".

Kösters, Hans G.: Essen Stunde Null. Die letzten Tage März/April 1945. – Düsseldorf (Droste) 1982

Luftwaffenhelfer im Osten. Essener Schüler 1944/45 an der Oder. Eine Zusammenstellung von Norbert *Krüger*. – Das Münster am Hellweg 35 (1982) 79-112

Siebeck, Wolfram: Die verschwendete Zeit. Nur nicht auffallen. Als Flakhelfer in der 3. Batterie des 301. Flakbataillons. – DIE ZEIT Nr. 30 (23. Juli 1982) S. 38

Wolfgang *Trees*/Charles *Whiting*: Unternehmen Karneval. Der Werwolf-Mord an Aachens Oberbürgermeister Oppenhoff. – Aachen (Triangel) 1982. 333 S.

Bomben auf Münster. Ausstellung über die Luftangriffe auf Münster im Zweiten Weltkrieg [Katalog von Wilfried *Beer*/Hans *Galen*]. – Münster (Aschendorff) 1983. 216 S.

Beer, Wilfried: Im Inferno des Bombenkrieges (Geschichte original – am Beispiel der Stadt Münster, 9). – Münster 1983

Hawkins, Ian: Münster, 10. Oktober 1943. Alliierte und deutsche Kampfflieger und Betroffene in der Stadt schildern die schrecklichen Ereignisse während des Luftangriffs. – Münster (Aschendorff) 1983. 210 S. – Mit Augenzeugenberichten von Jugendlichen (Luftwaffenhelfer u. a.).

Klietmann, K.-G.: Der Deutsche Volkssturm in Tirol-Vorarlberg. Uniform und Abzeichen der Tiroler Standschützen 1944/45. – Zeitschrift für Heereskunde, Heft 310 (1983) 157-158

Krüger, Norbert: "Abends fiel der Tod vom Himmel". – Neue Ruhr-Zeitung vom 2. März 1983 (Nr. 51); "Es heult und kracht". – Neue Ruhr-Zeitung vom 3. März 1983 (Nr. 52); "Den Rest für Hitler!". – Neue Ruhr-Zeitung vom 4. März 1983 (Nr. 53). – Zu den Luftangriffen auf Essen im März 1943.

Krüger, Norbert: Schüler bei der Flak – ein Überblick, in: Festschrift des Gymnasiums Wuppertal-Barmen Siegesstraße, 1863-1983. – Wuppertal 1983, 26-28

Ernst A. *Itschert* (u. a.): "Feuer frei – Kinder!". Eine mißbrauchte Generation – Flak-helfer im Einsatz. – Saarbrücken (Buchverlag Saarbrücker Zeitung) 1984. 224 S.

Krüger, Norbert: Die März-Luftangriffe auf Essen. Vorgeschichte, Verlauf, Folgen. – in: Essen unter Bomben. Märztage 1943, hg. von der Alten Synagoge Essen, Essen (Klartext) 1984, 13-37

Mues, Willi: Der große Kessel. Eine Dokumentation über das Ende des Zweiten Welt-krieges zwischen Lippe und Ruhr/Sieg und Lenne. 3. Aufl. – Erwitte/Lippstadt (Selbstverlag) 1984. 621 S.

Spieckermanns, Anna: Als Flakwaffenhelferin im Einsatz. Ein Bericht. – Feministi-sche Studien, 3. Jahrgang (November 1984) Nr. 2, S. 27-38

Westenrieder, Norbert: "Deutsche Frauen und Mädchen!". Vom Alltagsleben 1933-1945. – Düsseldorf (Droste) 1984. 140 S. – S. 116-122 zum Dienst von Mäd-chen als "Wehrmachthelferinnen", "Nachrichtenhelferinnen", "Flakwaffenhel-ferinnen", "Luftwaffenhelferinnen".

Böddeker, Günter: Der Untergang des Dritten Reiches. Mit den Berichten des Ober-kommandos der Wehrmacht vom 6. Januar - 9. Mai 1945 und einer Bilddoku-mentation. – München (Herbig) 1985. 287 S. – S. 141-152: "Alpenfestung und Werwolf".

Kirche und Schule im nationalsozialistischen Marburg [Hg. vom Magistrat der Uni-versitätsstadt Marburg]. Enthält: Friedrich *Dickmann*: Der Kirchenkampf 1933/34 in der Evangelischen Presse Marburgs. Ein Beitrag zur Geschichte ört-licher Publizistik. – Hanno *Schmidt*: Am Ende stand das Wort "Umsonst". Na-tionalsozialismus an Marburger Schulen. – Marburg (Magistrat der Stadt Mar-burg) 1985. 308 S. – U. a. S. 121-124 zum Verhältnis Ev. Jugend – Hitlerjugend. – S. 286-306 zum Thema "Luftwaffenhelfer".

Dotzer, Xaver: Dokumentation und Erlebnisse Eichstätter Schüler der Geburtsjahr-gänge 1926-1928 als Luftwaffenhelfer im 2. Weltkrieg. – Eichstätt (Willibald-Gymnasium) 1985. 77 S.

Matthias von *Hellfeld*/Arno *Klönne*: Die betrogene Generation. Jugend in Deutsch-land unter dem Faschismus. Quellen und Dokumente. – Köln (Pahl-Rugenstein) 1985 (2. Aufl. 1987). 352 S. – S. 189-248: "Die Hitler-Jugend im Krieg" (zu den "Luftwaffenhelfern" und "Wehrmachthelferinnen", zu "Panzervernichtungs-trupps" der HJ, "Hitlerjungen als Werwölfe", S. 233-238. 240-241. 244-248).

Müller, Rolf-Dieter: "Blitzmädels" und "Trümmerfrauen" – Der Kriegsalltag der Frauen 1944/45, in: Wer zurückweicht, wird erschossen!, hg. von Rolf-Dieter Müller (u. a.), Freiburg i. Br. (Dreisam) 1985, 49-58

Nicolaisen, Hans-Dietrich: Die Flakhelfer. Luftwaffenhelfer und Marinehelfer im 2. Weltkrieg. – Berlin (Ullstein) 1985. 301 S.

Nöstlinger, Martin: Martin Wimmer und der totale Krieg. Fünfzehnjährige als Luftwaffenhelfer. Zeitgeschichtliches Nachwort von Univ.-Professor Dr. Norbert Schausberger.– Wien (Dachs-Verlag) 1985. 176 S.

Schörken, Rolf: Luftwaffenhelfer und Drittes Reich. Die Entstehung eines politischen Bewußtseins. 2. Aufl. – Stuttgart (Klett-Cotta) 1985 (zuerst 1984) 260 S.

Überschär, Gerd R.: "Volkssturm" und "Werwolf" – Das letzte Aufgebot in Baden, in: Wer zurückweicht wird erschossen! Kriegsalltag und Kriegsende in Südwestdeutschland 1944/45, hg. von Rolf-Dieter Müller (u. a.), Freiburg i. Br. (Dreisam) 1985, 23-37

Willmot, Louise: Women in the Third Reich: The Auxiliary Military Service Law of 1944. – German History 2 (Oxford, Summer 1985) 10-20

Beck, Earl R.: Under the Bombs. The German Home Front 1942-1945. – Lexington, Kentucky (The Univ. Pr. of Kentucky) 1986. 252 S.

Reiner Lehberger/Hans-Peter de Lorent (Hg.): "Die Fahne hoch". Schulpolitik und Schulalltag in Hamburg unterm Hakenkreuz. – Hamburg (ergebnisse Verlag) 1986. – Darin u. a. S. 382-398 Hans-Dietrich *Nicolaisen*: "Hamburger Schüler als Luftwaffenhelfer".

Schörken, Rolf: Jugendästhetik bei den Luftwaffenhelfern, in: Schock und Schöpfung, hg. von Willi Bucher und Klaus Pohl, Darmstadt (Luchterhand) 1986, 326-330

Krüger, Norbert: Die Zerstörung des Ruhrgebietes am Beispiel der Märzangriffe auf Essen 1943, in: Aus der Bedrohung zum Handeln. Dokumentation des 7. Medizinischen Kongresses zur Verhinderung des Atomkrieges, Essen (November 1987) S. 159-165 [Exemplar der Stadtbibliothek Essen].

Luther, Craig William Hedegaard: The Twelfth SS Panzer Division "Hitler Youth": Its Origins, Training and Destruction, 1943-1944 (France; Germany). Diss. (Ph.D.) Santa Barbara (University of California) 1987. 341 S. (maschinenschriftlich). Buchausgabe: Blood and Honor. The History of the 12 th SS Panzer Division "Hitler Youth", 1943-1945 (San Jose, Calif.: R. James Bender Publishing)

Festung Vorarlberg. Ein Bericht über das Kriegsgeschehen 1945 in Vorarlberg von Georg *Schelling* (u. a.). 3. Aufl. – Bregenz (Teutsch) 1987

Weyer, Martin: "Wenn Hitler das wüßte!". Erfahrungen von Luftwaffenhelfern 1944-1945, in: Land der Hoffnung – Land der Krise. Jugendkulturen im Ruhrgebiet 1900-1987, hg. von Wilfried Breyvogel/Heinz-Hermann Krüger, Berlin/Bonn (Dietz) 1987, 122-127

Emunds, Paul: Die Batterie an der Vennbahn. – Eilendorf (Schriftenreihe des Heimatvereins Eilendorf, Band 1) 1988. 100 S.

Müller, Werner: Die Geschütze, Ortungs- und Feuerleitgeräte der Schweren Flak. Bedient von Soldaten, Luftwaffenhelfern, Flakwaffenhelferinnen, RAD-Männern und Maiden. – Friedberg/H. (Podzun-Pallas) 1988. 224 S.

Schröder, Wulf: Luftwaffenhelfer 1943/44. Erlebnisse einer Gruppe Flensburger Schüler im Zweiten Weltkrieg. – Flensburg (Gesellschaft für Flensburger Stadtgeschichte e. V.) 1988. 141 S.

Siebenborn, Kerstin: Der Volkssturm im Süden Hamburgs 1944/45. – Hamburg (Verlag Verein für Hamburgische Geschichte) 1988. 146 S.

Böhm, Wilhelm/*Klement*, Ekkehard: Zwischen Schulbank und Kanonen. Die Luftwaffenhelfer der Oberschule Schweinfurt in den Jahren 1943 bis 1945. – Schweinfurt (Vermischte Schriften des Alexander-von-Humboldt-Gymnasiums Schweinfurt) 1989. 140 S.

Karl Heinz *Jahnke*/Michael *Buddrus*: Deutsche Jugend 1933-1945. Eine Dokumentation. – Hamburg (VSA-Verlag) 1989, 496 S.

Krause, Rudolf: Noch vierzig Kilometer bis Stettin. – 1945 – Kampf eines Panzerjagdkommandos in Pyritz/Pommern. – Lübeck (pojkart Verlag, Harry Turné) 1989. 71 S. – Der Autor neigt zu unkritischer Glorifizierung.

Krüger, Norbert: Die Bombenangriffe auf das Ruhrgebiet im Frühjahr 1943, in: Über Leben im Krieg. Kriegserfahrungen in einer Industrieregion 1939-1945, hg. von Ulrich Borsdorf/Mathilde Jamin, Reinbek (Rowohlt) 1989, 88-100

Rempel, Gerhard: Hitler's Children. The Hitler Youth and the SS. – Chapel Hill (The University of North Carolina Press) 1989. 345 S. – S. 233-254: "The Final Sacrifice" (zum HJ-Einsatz im Volkssturm und in Panzerjagdkommandos sowie zum "Werwolf").

Seidler, Franz W.: "Deutscher Volkssturm". Das letzte Aufgebot 1944/45. – München (Herbig) 1989. 416 S.

Tewes, Ludger: Jugend im Krieg, von Luftwaffenhelfern und Soldaten 1939-1945. – Essen (Hobbing) 1989. 382 S.

Beer, Wilfried: Kriegsalltag an der Heimatfront. Alliierter Luftkrieg und deutsche Gegenmaßnahmen zur Abwehr und Schadensbegrenzung, dargestellt für den Raum Münster. – Bremen (Hauschild) 1990. 320 S.

Der Krieg frißt eine Schule. Die Geschichte der Oberschule für Jungen am Wasserturm in Münster. 1938-1945, hg. von Heinz-Ulrich *Eggert*. 2. Auflage. – Münster (Eigenverlag Schriftproben, Wilhelm-Hittorf-Gymnasium) 1990. 250 S. – Zum Thema "Luftwaffenhelfer" S. 104-142.

Groehler, Olaf: Bombenkrieg gegen Deutschland (1940-1945). – Berlin (Akademie-Verlag) 1990. 456 S. – S. 92-105: "Bomben auf die Kruppstadt" (Essen); vgl. zu Essen bes. auch S. 121.

Lück, Oliver: Einige ausgewählte Aspekte zur Lage der deutschen Jugend unter den Bedingungen des totalen Krieges 1943-1945. –Jugendgeschichte, Heft 12 (1990) 43-52

Hohn, Uta: Die Zerstörung deutscher Städte im Zweiten Weltkrieg. – Dortmund (Dortmunder Vertrieb für Bau- und Planungsliteratur) 1991. 339 S.

Reißenauer, Franz: Schule in der Diktatur – Das Dossenberger-Gymnasium Günzburg von 1933 bis 1945. – Günzburg 1991. 327 S. – S. 194-198: "Einsatz als Luftwaffenhelfer".

Johannes *Heising*/Erhard *Horn*: Flakhelfer. Grevener Schüler im Zweiten Weltkrieg. – Greven (Heimatverein Greven) 1992. 120 S.

Meldungen aus Münster 1924-1944. Geheime und vertrauliche Berichte von Polizei, Gestapo, NSDAP und ihren Gliederungen, staatlicher Verwaltung, Gerichtsbarkeit und Wehrmacht über die politische und gesellschaftliche Situation in Münster. Eingeleitet und bearb. von Joachim *Kuropka*. – Münster (Regensberg) 1992. 691 S. – S. 350. 392-397 zu den "Luftwaffenhelfern".

Schaar, Torsten: Zum Einsatz Mecklenburger Schüler als Luftwaffen-und Marinehelfer 1943 bis 1945, in: Studien zur Geschichte Mecklenburgs in der ersten Hälfte des 20. Jahrhunderts, Rostock (Verlag Jugend und Geschichte) 1992, 56-76

Dülk, Franz/*Fickentscher*, Fritz: Feuerglocke. Luftwaffenhelferschicksale. Schüler-Soldaten aus nordbayerischen Schulen, vor allem aus der Oberschule für Jungen in Kitzingen am Main und den Höheren Lehranstalten von Würzburg, sowie aus den Berufsschulen in Kitzingen und in Würzburg, bei der Luftabwehr zum Schutz der Kugellager-Produktion in Schweinfurt und zur Verteidigung der Industrie-Anlagen in Leuna und um Brüx. – Kitzingen (Verlag Feuerglocke) 1993. 418 S.

Hestermann, Ottheinrich: Schulzeit im Dritten Reich. – Oldenburg (Isensee) 1993. – S. 99-132: "Luftwaffenhelfereinsatz".

Jahnke, Karl Heinz: Hitlers letztes Aufgebot. Deutsche Jugend im sechsten Kriegsjahr 1944/45. – Essen (Klartext) 1993. 190 S.

Nicolaisen, Hans-Dietrich: Gruppenfeuer und Salventakt. Schüler und Lehrlinge bei der Flak, 1943-1945. – 2 Bde., Büsum (Selbstverlag) 1993. 1792 S. (mit durchgehender Seitenzählung).

Schubert-Weller, Christoph: Hitler-Jugend. Vom "Jungsturm Adolf Hitler" zur Staatsjugend des Dritten Reiches. – Weinheim (Juventa) 1993. – S. 210-211: "12. Panzerdivision 'Hitlerjugend' ".

Timm, Willy: Freikorps "Sauerland" im Deutschen Volkssturm. Südwestfalens letztes Aufgebot 1944/45. – Unna (Verlag Hellweg-Bücherei) 1993. 77 S.

Banny, Leopold: Dröhnender Himmel und brennendes Land. Der Einsatz der Luft-waffenhelfer in Österreich 1943-1945. Unter Mitarbeit von Othmar Tuider. – Lackenbach (Selbstverlag) 1994. 430 S.

Bergander, Götz: Dresden im Luftkrieg. Vorgeschichte, Zerstörung, Folgen. – Köln (Böhlau) 1994. 435 S. – S. 48-61: "Flak in Dresden" (auch zum Einsatz der Luftwaffenhelfer).

Blank, Ralf: Die Stadt Hagen im Bombenkrieg, in: Hagen – Kriegsjahre und Nach-kriegszeit, 1939-1948, hg. von Gerhard E. Sollbach, Hagen (Lesezeichen-Verlag Hobein) 1994, 8-26. – Darin S. 10-11: "Luftwaffenhelfer und Flakhel-ferinnen"; S. 11-12: "Januar 1944: Der Schülerjahrgang 1928 muß zur Flak"; S. 12-13: "Flakhelferinnen"; S. 13-14: "Aus Berlin zur Flakgruppe Hagen: Ein Frauenschicksal im Krieg" (Reichsarbeitsdienst-Maiden als Scheinwerferbedie-nung in der Flakgruppe Hagen).

Kurt, Alfred: Offenbacher Luftwaffenhelfer im Kriegseinsatz bei der Flakgruppe Frankfurt 1943-1945. Schießen – Schule – Schikanen – Schabernack. – Offen-bach (Offenbacher Geschichtsverein) 1994. 194 S.

Michael, Berthold: Schule und Erziehung im Griff des totalitären Staates. Die Göt-tinger Schulen in der nationalsozialistischen Zeit von 1933 bis 1945. – Göt-tingen (Vandenhoeck & Ruprecht) 1994. 214 S. (und Anhang I-XVI). – Darin u. a. S. 177-182 zum Einsatz der Luftwaffenhelfer; S. 182-184 zum "Grenzein-satz der Hitler-Jugend" (d. h. Schanzarbeiten an den Reichsgrenzen); S. 186-187 zum Thema "Volkssturm".

Trapp, Joachim: Kölner Schulen in der NS-Zeit. – Köln (Böhlau) 1994. 163 S. – S. 137-139: "Luftwaffenhelfer".

Agde, Günter: Die Greußener Jungs. Hitlers Werwölfe, Stalins Geheimpolizisten und ein Prozeß in Thüringen. Eine Dokumentation. – Berlin (edition reiher im Dietz Verlag) 1995. 283 S.

Vor fünfzig Jahren. Ein Tagebuch. Redaktion: Eckhard *Fuhr*. – Frankfurt (Frankfur-ter Allgemeine Zeitung) 1995. 98 S.

Haupt, Werner: Deutsche Spezialdivisionen 1935-1945. Gebirgsjäger, Fallschirmjä-ger, Waffen-SS. – Friedberg (Podzun-Pallas) 1995. – S. 168-169: "12. SS-Panzerdivision 'Hitlerjugend' ".

Holzträger, Hans: Kampfeinsatz der Hitler-Jugend im Chaos der letzten Kriegsjahre. – Dinklage (AKG-Verlag) 1995. 133 S. und (unpaginiert) 29 S. Anhänge

Kolbe, Wilhelm: Luftwaffenhelfer der Flakartillerie am Wasserstraßenkreuz Minden 1943-1945. Ein Rückblick nach 50 Jahren (Sonderdruck aus: Mitteilungen des Mindener Geschichtsvereins 67, 1995, 117-147). – Burscheid (Verlag Dr. W.A. Kolbe) 1995

Rolf-Dieter *Müller*/Gerd R. *Überschär*: Kriegsende 1945. Die Zerstörung des Deutschen Reiches. – Frankfurt (Fischer) 1995. 259 S. – S. 42-49 zum "Volkssturm"; S. 49-51 zum "Werwolf".

Pahlke, Georg: Trotz Verbot nicht tot. Katholische Jugend in ihrer Zeit. – Band III: 1933-1945. – Paderborn (BDKJ Verlag) 1995. – S. 284-286: "Luftwaffenhelfer im Einsatz".

Schenck, Ernst Günther: Das Notlazarett unter der Reichskanzlei. Ein Arzt erlebt Hitlers Ende in Berlin, mit noch unveröffentlichten Dokumenten und 3 Karten. – Neuried (ars una) 1995. 263 S. – Darin S. 219-227 Abdruck der letzten Ausgabe des "Panzerbär" vom 29. April 1945, "Kampfblatt für die Verteidiger Groß-Berlins" (u. a. mit Berichten zum Kampfeinsatz von HJ und RAD).

Witte, Peter: Eduard Dunker – Der Soldat und der Feldmarschall [Model], in: Hagen unterm Hakenkreuz hg. von Jochen Becker/Hermann Zabel, Hagen (Padligur) 1995, 406-416 zur Rolle Models als Festungskommandant des 'Ruhrkessels'.

Maritta *Horwath*/Horst *Schreiber*: Von der Schulbank ans Geschütz. Die Luftwaffenhelfer in Tirol und Vorarlberg 1943-1945. – Innsbruck (Studien Verlag) 1996. 158 S.

Juchter, Friedrich: Formeln, Fahnen, Flakgeschütze. Eine bewegte Schulzeit von 1934 bis 1947. – Bremerhaven (Verlag: Heimatbund der Männer vom Morgenstern) 1996. 296 S.

Schmitz, Peter (u. a.): Die deutschen Divisionen 1939-1945. Heer/Landgestützte Kriegsmarine/Luftwaffe/Waffen-SS. Band 3: Die Divisionen 11-16. – Osnabrück (Biblio) 1996. – S. 71-75: "12. SS-Panzer-Division 'Hitlerjugend' ".

Seidler, Franz W.: Blitzmädchen. Die Geschichte der Helferinnen der deutschen Wehrmacht im Zweiten Weltkrieg. – Bonn (Bernard & Graefe) 1996. 166 S.

Krause, Michael: Flucht vor dem Bombenkrieg. "Umquartierungen" im Zweiten Weltkrieg und die Wiedereingliederung der Evakuierten in Deutschland 1943-1963. – Düsseldorf (Droste) 1997. 358 S. – S. 26-32: "Alliierte Bombenangriffe auf Deutschland"; S. 33-35: "Die Bilanz der Zerstörung".

Schmeling, Franz-Josef: Vom Krieg ein Leben lang geprägt. Ehemalige Luftwaffen- und Marinehelfer antworten 50 Jahre danach. – Selbstverlag (Vertrieb: Osnabrück, H.Th. Wenner) 1997. 247 S.

Rohleder, Karl Heinz: Von der Schulbank an die Kanonen, in: Leben und Lernen in Hilchenbach, hg. im Auftrag des Fördervereins des Jung-Stilling-Gymnasiums von Georg Sallen, Hilchenbach (Jung-Stilling-Gymnasium) 1997, 82-93

Wegner, Bernd: Hitlers Politische Soldaten. Die Waffen-SS 1933-1945. Leitbild, Struktur und Funktion einer nationalsozialistischen Elite. 5. Aufl. – Paderborn (Schöningh) 1997. 479 S. – S. 285-288 zur SS-Division Hitlerjugend.

V.

Fünfter Teil: Die deutsche Jugend nach dem Ende des Zweiten Weltkrieges

24 Nachwirkungen der NS-Sozialisation und die Umerziehung durch die Sieger, Fragen nach Schuld und Verantwortung

24.1 Überblick

Der Schock im Mai 1945 und erste Reaktionen der Jugend. – Tieferes Nachdenken löste das Kriegsende bei den wenigsten Jugendlichen der HJ-Generation aus. Die meisten waren durch den Realitätsschock eher verstört und politisch wie betäubt und versuchten, irgendwie weiterzuleben. Schuldgefühle oder Scham kamen noch kaum auf beziehungsweise wurden schnell wieder verdrängt. Es fehlte dafür eine entscheidende Voraussetzung: Man war in einem Staat aufgewachsen, in dem der Bürger kaum mitentscheiden und Verantwortung übernehmen konnte, in dem Kritik unerwünscht und eine demokratische Wahl kein Thema war. Man hatte – auch als junger Mensch – zu gehorchen gehabt. "Zur politischen Kritikfähigkeit wurde niemand erzogen... Im NS-Staat genügte es, auf seinem ihm zugewiesenen Platz seine Pflicht zu erfüllen. Blindes Gehorchen war angesagt" (Franz-Josef Schmeling, Vom Krieg ein Leben lang geprägt, Osnabrück 1997, 10).

Ein Gefühl von Mitverantwortlichkeit für das bis zum Kriegsende Geschehene kam so zunächst kaum auf. Man machte sich noch nicht bewußt, daß man der Regierung, nachdem sie einmal gewählt war, eigentlich immer nur akklamiert hatte, also insofern durchaus Mitschuld trug. Erst nach geraumer Zeit kam es zu einer moralischen Sensibilisierung und der Bereitschaft, sich schonungsloser Einsicht zu öffnen. Der Scherbenhaufen, vor dem die Jugend stand, und die Sorge um die nackte Existenz lenkten allerdings fürs Erste ab von einer Gewissenserforschung und gestatteten kein Meditieren über die Ursachen der ungeheuren Katastrophe.

Wer sich nicht persönlich der Mitwirkung bei Verbrechen bewußt war, wähnte sich ganz schuldlos und fragte sich meist auch gar nicht, ob er sie nicht durch Protest oder Einschreiten hätte verhindern können. Was geschehen war, so dachten sehr viele, geschah ja auf Befehl von Vorgesetzten oder einer anonymen Obrigkeit. Wohl begriff man allmählich angesichts grauenhafter KZ-Bilder das Verbrecherische des Regimes, stellte sich aber fremd und distanzierte sich von ihm innerlich, ohne ihm eine Träne nachzuweinen. Ja, bei manchen Jugendlichen kam sogar Freude auf, das Desaster überlebt zu haben; denn immerhin: "Von den größtenteils 1944/45 einberufenen 15-17jährigen Jungen der Jahrgänge 1927-1929 sind fast sechzigtausend umgekommen" (Karl Heinz Jahnke, Hitlers letztes Aufgebot, Essen 1993, 35; vgl. W. Klose, Generation im Gleichschritt, Oldenburg 1982, 286: 852 000 Gefallene der HJ-Jahrgänge 1921-1930), und der Zweite Weltkrieg hatte insgesamt etwa 55 Millionen Menschen das Leben gekostet. Andererseits drangen Leid und Tod der Millionen Opfer des NS-Regimes vorerst noch wenig ins Bewußtsein der Deutschen, während sich viele gar noch bedauernd an für sie schöne Dinge und Erlebnisse erinnerten, die nun unwiederbringlich dahin waren – auch dies ein Zeichen seelischer Verwüstung.

Zeitzeugen sind nicht immer völlig ehrlich, wenn es um die Analyse ihrer ganz oder teilweise auf die NS-Sozialisation zurückzuführenden Vorurteile geht. Eine bemerkenswerte Ausnahme stellt die Selbstbefragung dar, die Jürgen Henningsen in einem autobiographischen Text unternommen hat (Zeitschrift für Pädagogik 28, 1982, 341-354: "Vielleicht bin ich heute noch ein Nazi"; vgl. dazu Benjamin Ortmeyer, Schicksale jüdischer Schülerinnen und Schüler in der NS-Zeit, Witterschlick/Bonn 1998, 512). Aus vielen Autobiographien lassen sich ähnliche Sachverhalte ermitteln, wie sie Henningsen anspricht (z. B. Gruppenvorurteile gegen "alles Kranke, Kaputte, Verkrüppelte, Unsportliche", "Brillenträger sind Krüppel", usw.). Vermutlich gehen manche heutige rassistische Vorurteile noch auf die NS-Zeit zurück. Es trifft wohl zu: "Den psychohistorischen Nachwirkungen und Spätfolgen der nationalsozialistischen Sozialisation mußte und muß sich allerdings die bundesrepublikanische Gesellschaft bis zur Gegenwart immer wieder neu stellen" (Adelheid Gräfin zu Castell Rüdenhausen, in: Handbuch der deutschen Bildungsgeschichte. Band V, hg. von Dieter Langewiesche und Heinz-Elmar Tenorth, München 1989, 107).

Das Schlagwort von der sich jetzt formierenden "skeptischen Generation" (Helmut Schelsky) vereinfacht die Dinge, enthält aber einen richtigen Kern. Sehr viele junge Menschen verschließen sich mißtrauisch gegen Versprechungen und große Worte, die unter Glaubwürdigkeitsverdacht stehen, und wägen erst kühl den gegenwärtigen Nutzen ab, bevor sie Vertrauen fassen. Vielleicht hat sogar die stark zugenommene Kirchenferne vieler Deutschen hier eine ihrer Wurzeln, sicher aber die noch lange nach 1950 fehlende Wehrbereitschaft (dazu Fritz Ernst, Im Schatten des Diktators, hg. von Diethard Aschoff, Heidelberg 1996, 70).

Der beginnende Kalte Krieg zwischen den Großmächten trug bei zu dem Angebot einer "Jugendamnestie" seitens der Alliierten in Westdeutschland (1947), die erleichtert gemerkt hatten, daß keineswegs Teile von HJ und BDM "Werwolf"-Aktionen gegen die Besatzungsmächte unternahmen, daß der Werwolf vielmehr nur ein Phantom war, das sich unter dem grellen Licht der nach 1945 bekannt werdenden Wahrheiten auflöste. Wer nach dem 1. Januar 1919 geboren war, galt nun als amnestiert, falls er nicht an Kriegsverbrechen beteiligt war. Diese pauschale Entlastung berücksichtigte wohl auch die Tatsache, daß die Mitgliedschaft in HJ und BDM Zwangscharakter hatte. Jedenfalls entspannte sie die Situation, konnte aber nicht verhindern, daß Ende der sechziger Jahre eine neue Generation die Väter wegen ihres Verhaltens unter Hitler angriff (zur Sache Alexander von Plato, in: Generations in Conflict, ed. by Mark Roseman, Cambridge 1995, 221).

Die bald nach 1945 beginnende "Umerziehung" (Reeducation) der Jugend durch die Westalliierten war lange nicht so erfolgreich wie die Musik von AFN (Jazz, Swing, Blues), die viel HJ-Ungeist aus den jungen Köpfen blies. Immerhin gab es zahlreiche Internierungs- bzw. Umerziehungslager, in denen man zum Beispiel höheren Führerinnen und Führern der Hitlerjugend, die vom "automatischen Arrest" betroffen waren (4.6.45), demokratisches Denken und demokratische Lebensformen beizubringen versuchte. Hier geben einige Autobiographien der Betroffenen interessante Aufschlüsse. Die Unterschiedlichkeit der Erfolge solcher Umerziehungsbemühungen bezeugt zum Beispiel der ehemalige hohe Führer Otto Würschinger, letzter Chef des Organisationsamtes der Reichsjugendführung, der im untergehenden Berlin eine HJ-Kampfgruppe befehligte. Er wurde nach 1945 leitendes Mitglied im "Internationalen Bund Jugendsozialwerk" der sich mit (umerzieherischer) Jugend-, Sozial- und Bildungsarbeit befaßte. Das hinderte ihn aber nicht, zusammen mit Gottfried Griesmayr ein Buch zur

Ehrenrettung der Hitlerjugend zu schreiben, das auch NS-Positionen verteidigte (Idee und Gestalt der Hitler-Jugend, Leoni 1980), weshalb es als jugendgefährdend indiziert werden mußte (Rudolf Stefen, Hg., Gesamtverzeichnis, Band I, Baden-Baden 1989, S. 62; vgl. zu Würschinger auch DIE ZEIT vom 29. 11. 1996).

In der ersten Nachkriegszeit benutzte die Militärregierung in Westdeutschland einen Fragebogen (mit 131 Fragen), in dem jeder junge Bewerber um einen Studienplatz oder ein öffentliches Amt genau Auskunft geben mußte, ob und wie er sich, auch in sozialen Diensten, in der NS-Zeit engagiert hatte. Eine ehemalige kleine BDM-Führerin "beschloß" daraufhin, "in ihrem Leben niemals wieder einen Finger für die Allgemeinheit zu rühren" (Eva Sternheim-Peters, in: Jugend vor einer Welt in Trümmern, hg. von Franz-Werner Kersting, Weinheim 1998, 238) – was gut ein Motiv der Skepsis der Nachkriegsjugend erkennen läßt.

Selbstmitleid und erste Rechtfertigungsversuche: Die verführte, betrogene und mißbrauchte Generation. – Einige Jahre nach dem Zweiten Weltkrieg fanden die allermeisten Angehörigen der HJ-Generation kaum noch etwas Gutes an dem vergangenen Regime. Als brauchbare Selbstrechtfertigung und Entlastung schien sich anzubieten, daß "die Nazis" die jugendliche Begeisterungsfähigkeit und den Idealismus der Jugend mißbraucht und die Jugend verführt und belogen hätten, besonders mit der Behauptung, das Lebensrecht unseres Volkes müsse gegen böse Feinde verteidigt werden.

Die sich irregeleitet fühlende Jugend übersah dabei, daß sie sich überwiegend gern verführen ließ, daß sie keineswegs nur gewaltsam zum Werkzeug des Regimes wurde. Gewiß, die ausgelegten Köder waren verlockend: Ein neues, bisweilen rauschhaftes Wir-Gefühl, Kameradschaft, Abenteuer und Romantik, Aufstiegschancen durch das scheinbare Niederreißen sozialer Barrieren, eine vorerst nicht gleich als solche erkennbare Scheinemanzipation der Mädchen im BDM. Alles das zog wie ein Magnet. Gewiß: "Im Dritten Reich hatte das Böse die Eigenschaft verloren, an der die meisten Menschen es erkennen – es trat nicht mehr als Versuchung an den Menschen heran" (Hannah Arendt, Eichmann in Jerusalem, München 1964, 189). War aber das Böse nicht unmittelbar identifizierbar, sondern getarnt als "banal" oder versteckt hinter hehren Zielen, die man guten Glaubens anstrebte, dann konnte man sich auch selbst als "Opfer" verstehen.

Immerhin: Sich selbstmitleidig *auch* als Opfer zu sehen – und sich so verstohlen zu den wirklichen Opfern zu gesellen –, das erlaubte, wenn es auch nur als Teilwahrheit durchging, eine Teilrechtfertigung, und es schien die Verantwortung für die eigene Geschichte zu relativieren. Andere Rechtfertigungsversuche liefen darauf hinaus, Befehlsnotstand ("wir wurden nicht gefragt, hatten keine Wahl, konnten eh nichts machen"), Gruppendruck (d. h. man habe aus der damaligen 'political correctness' nicht ausscheren können) oder das "Recht auf den politischen Irrtum" zu reklamieren.

Allerdings hatte es seine Probleme, einfach zu sagen "Wir wußten es nicht besser"; denn das hieß zuzugeben, daß man der "gezielten Verblödung der Massen durch professionelle Agitation" erlegen war (dazu Benjamin Ortmeyer, Schicksale jüdischer Schülerinnen und Schüler, Witterschlick/Bonn 1998, 556). Schließlich blieb die Möglichkeit, alles Unheil von Hitler als monströsem Dämon ausgehen zu lassen. Hier konnte der auch Historikern nicht fremde Gedanke "Ohne Hitler kein Holocaust" scheinbar Beistand leisten. Aber dieser Satz hat auch eine Kehrseite: Hitler allein hätte ohne Helfer den Rassengenozid nicht realisieren können.

Aus der Zeitzeugenschaft erwächst aber auch ein starkes Motiv, die Kausalitäten der NS-Verbrechen zu ergründen; denn es ist zutreffend festgestellt worden, "daß der Hauptanteil an der Erforschung des Nationalsozialismus gerade von Vertretern dieser (HJ-) Jahrgänge getragen wurde" (Friedhelm Boll, in: Partei und soziale Bewegung, hg. von Dieter Dowe, Bonn 1993, 38), also von den Historikern, die vor 1945 zu jung waren, um strafrechtlich schuldig werden zu können, die aber vielleicht gerade wegen ihrer Zeitzeugenschaft sich an die kritische Aufklärungsarbeit machten.

Keine Kollektivschuld. – Im Grunde erst in den später sechziger und in den siebziger Jahren entstanden neue tiefgehende Verstehensbemühungen. Das Bewußtsein, irgendwie doch – wenn auch zumeist nur als Mitläufer – vor 1945 mitgemacht zu haben, ließ das Gewahrwerden einer Mitverantwortung aufkommen, und zwar in dem Sinne: "Die Deutschen bleiben für Hitler verantwortlich" oder "Ein Volk entkommt seiner Geschichte nicht". Obwohl nur der einzelne Mensch als sittliches Subjekt Träger von Schuld sein kann, sah man schließlich doch durch die Teilhabe des Einzelnen an einer überpersonalen Gemeinschaft (Volk, Staat) eine gewisse transpersonale Mitschuld gegeben. Diese artikulierte sich zumeist nicht als eine den Einzelnen belastende juristische Haftung, sondern als (historische) Verantwortung, die Geschichte kritisch aufklärend ("historisierend") aufzuarbeiten und daraus für die Zukunft zu lernen. Der Weg ging also weg von der Annahme einer Kollektivschuld hin zu einer kollektiven Verantwortung dafür, daß sich so etwas wie der im Namen Deutschlands geschehene rassistische Völkermord (samt dem völkisch-rassistischen Denken im Vorfeld dieses Geschehens) nicht wiederhole.

Es geht also nicht um den Versuch, Schuldlosen eine Schuld einzureden, denn "Wer in Deutschland soll denn heute noch – abgesehen von wenigen Greisen – eine persönliche Schuld tragen?" (Avi Primor, in: Frankfurter Allgemeine Zeitung vom 9. 12. 1998), sondern um die (Mit-)Verantwortung jedes deutschen Staatsbürgers für die Geschichte seines Landes.

Die heutige Geschichtswissenschaft spricht zu Recht vom "nationalsozialistischen" Völkermord an den Juden. Die Quellen belegen, daß noch 1943 im deutschen Volk kein Antisemitismus verwurzelt war. Hitler und seine Täterclique benötigten deshalb den Deckmantel des Krieges zur Realisierung ihres Massenmordes, den sie geflissentlich vor dem deutschen Volk geheimhielten. Es kann also nicht das Stillhalten unter einer Diktatur als Einverständnis mit all ihren Maßnahmen verstanden werden. Wenn es keine Kollektivschuld gibt, konnte man nicht von denen, die vor 1945 nicht Widerständler waren, sondern ihr obrigkeitsbestimmtes Leben lebten, ohne individuell schuldig zu werden, erwarten, daß sie in Sack und Asche gingen.

Auf einem anderen Blatt stehen Schmerz und Scham, Deutscher zu sein angesichts der im deutschen Namen begangenen Untaten. Sie gehören noch zum gegenwärtigen nationalen Bewußtsein (von "Kollektivscham" sprach Theodor Heuss), sind aber nicht beliebig vermittelbar an weitere Generationen, für die das NS-Geschehen in immer größere Ferne rückt. Auf Dauer angemessen ist die Trauer – vor allem am "Volkstrauertag" – um die Opfer des Nationalsozialismus und die Toten beider Weltkriege, eine Trauer, die mit dem Leid dieser Opfer mitfühlt.

Wer ist ein "Täter"? Täterschaft der Jugend? – Welche "Täter"-Begriffe sind gegenwärtig im Gespräch? Es heißt etwa: "Alle Deutschen, sofern sie nicht im Widerstand waren, waren aus der Sicht der Opfer Täter, und die Wehrmacht allzumal" (Klaus Rehbein bei Benjamin Ortmeyer, Schicksale jüdischer Schülerinnen und Schüler, Witterschlick/Bonn 1998, 587). Auch spricht man – völkisch wertend – vom "Volk der Täter", vom "Land der (ehemaligen) Täter", gelegentlich gar von Enkeln und Nachfahren der Täter, als ob sie von diesen eine Erbschuld zu übernehmen hätten. Da und dort werden alle nach 1945 Geborenen für unschuldig erklärt, denn kein nach dem Krieg geborener Deutscher sei Täter von Geburt an (was den Umkehrschluß nahelegt: Alle vor 1945 Geborenen sind "Täter"). Aber liegt dem nicht eine manichäische Dichotomie zugrunde, eine schematische Einteilung in unschuldige Opfer und schuldige Täter? Ist etwa ein Mann wie Roman Herzog (*5. 4. 1934), bei Kriegsende 11 Jahre alt, ein Täter? Was ist mit dem "spätgeborenen" Helmut Kohl (*3. 4. 1930)? Was mit Hitlerjungen und Luftwaffenhelfern wie Erich Loest (*24. 4. 1926), Günter Grass (*16. 10. 1927) und Manfred Rommel (*1928), was mit Soldaten wie Heinrich Böll (*1917), Helmut Schmidt (*1918) und Richard von Weizsäcker (*1920)? Was überhaupt mit Soldaten, die nach eigenem Verständnis im Sinne der Haager Landkriegsordnung (samt den Genfer Konventionen) Wehrmachtsmitglieder waren und sich keiner Verbrechen schuldig fühlen? War die ganze Wehrmacht verbrecherisch? War Konrad Adenauers "Ehrenerklärung für die Soldaten der früheren deutschen Wehrmacht" (geltend für alle, die "als Soldaten ehrenvoll für Deutschland gekämpft haben", abgegeben vor dem Deutschen Bundestag im Dezember 1952) völlig abwegig? Da ist weiterer Diskussionsbedarf.

Doch könnte bei solchen Diskussionen auch gefragt werden, ob nicht Hitlerjungen und Soldaten – wenn man sie denn "Täter" nennen will – nicht wenigstens teilweise auch Opfer waren. In dem Sinne nämlich, daß man sie, die wenig Möglichkeiten zur Falsifikation hatten, pausenlos belog, angefangen von der Lüge betreffend den angeblichen polnischen Überfall auf den Sender Gleiwitz im Sommer 1939 bis zu Hitlers Heldentod in Berlin (vgl. ähnlich z. B. Werner Klose, Stafettenwechsel, Zürich 1983, 104: "So waren sie Täter und Opfer zugleich"). Es bleibt aber die bestürzende Frage: Hätten aus den Hitlerjungen Typen wie der KZ-Chef Rudolf Höß werden können? Es bleibt auch die Frage: Haben die Soldaten und Luftwaffenhelfer der Hitlerjugend, die guten Glaubens bis zum Ende das Vaterland verteidigen zu müssen glaubten, den verbrecherischen Krieg unnötig verlängert? Hätten sie desertieren müssen? Sind sie durch das Weiterkämpfen unter der Fahne des Dritten Reiches schuldig geworden? Bis heute gilt ein Mann wie Adolf Heusinger, vor 1945 Chef der Operationsabteilung im Oberkommando des Heeres und in den sechziger Jahren zum höchsten Soldaten der Bundeswehr und zum ranghöchsten Offizier der NATO aufgestiegen, als "Vorbild für die Bundeswehr" (Volker Rühe). Zu Recht?

Welche Rolle spielte also die Jugend vor 1945? Gehört sie zum Kreis der "Täter"? In der Regel versteht sie sich, wie zum Beispiel Klaus von Dohnanyi (*1928), als "persönlich unschuldig". In der Tat konnten Kinder und Jugendliche schon von ihrem Alter her in der Regel nicht "Täter" sein, weil sie keine Gewalt über andere hatten und noch nicht als Funktionsträger in politischer oder militärischer Verantwortung Entscheidungen zu fällen hatten. Sie gehörten Jahrgängen an, die "nicht mehr persönlich in die Handlungen des Regimes verstrickt waren", so Hans Mommsen zu Martin

Broszat (*1926) in: Geschichte und Gesellschaft 17, 1991, 141. Sicher ist vielleicht: Die Kinder der Mörder sind eben nicht Mörder, sondern Kinder (Elie Wiesel).

Jedoch könnte man fragen, ob nicht bereits die braunen Kolonnen marschierender und üble Kampflieder singender Hitlerjungen, die zweifellos zur Kulisse der NS-Szenerie gehörten, auf ihre Weise schuldig wurden. So bekannte der ehemals begeisterte Hitlerjunge Günter Grass im Jahre 1995: "Mit dem Älterwerden wächst die Scham über das, was ich bis zu meinem siebzehnten Lebensjahr mitgegrölt, mitgemacht habe, gottlob ohne in Verbrechen verwickelt worden zu sein" (Frankfurter Allgemeine Zeitung vom 7. 10. 1995). War solches ein Beitrag zu dem geistigen Klima, in dem Auschwitz möglich wurde? Allerdings: Auch schändliche Taten von HJ und BDM im Zusammenhang mit dem Pogrom vom 9./10. Nov. 1938 sind überliefert (z. B. bei Dieter Obst, "Reichskristallnacht", Frankfurt 1991, 263-270), und vieles könnte noch ermittelt werden.

Nach Lage der Dinge scheint eine abstufende Bewertung sinnvoll: Es ist zu unterscheiden einerseits zwischen jungen Pimpfen ohne Durchblick, die kaum begriffen, was vorging und welche Rolle sie in dem Geschehen spielten, und andererseits den HJ-Führern, welche die Jungen und Mädchen marschieren und ihre Lieder singen ließen. Während bei jenen die Einsichts- und damit Schuldfähigkeit gegen Null ging, mußten die Führer spätestens bei Kriegsbeginn erkennen können, wohin die Reise ging. Ähnlich das Verhältnis junger Soldat und General: Die Reichsjugendführung in Berlin und die Generalität trifft – geht man von einer Abstufung der Verantwortung aus – ein gerütteltes Maß an Mitschuld. Mit einem Wort: Die Zustimmung der meisten urteilsfähigen erwachsenen Deutschen zu Hitler bis 1939 oder gar bis Stalingrad (Januar 1943), ihr verstörtes oder feiges Wegsehen und überhaupt ihr Mittun begründet zumindest eine moralische Mitverantwortung. Hier wiegt das moralische Versagen der kirchlichen, universitären und militärischen Eliten besonders schwer, da sie am ehesten über Handlungsmöglichkeiten gegen das Wüten der Diktatur verfügten. Es ist kaum darüber nachgedacht worden, was zum Beispiel eine feierliche Exkommunikation aller katholischen NS-Größen hätte bewirken können. Das Beispiel des Grafen Galen hätte eigentlich Mut machen sollen. Weitere Beispiele belegen, daß die NS-Hierarchie vor energischem öffentlichen Widerstand zurückwich. So ist bekannt, daß im März 1943 mehrtägige Demonstrationen der "Mischehen" – Partner in Berlin Erfolg hatten (Nathan Stoltzfuß, in: Geschichte und Gesellschaft, 21, 1995, Heft 2).

Die 'weißen Jahrgänge' (d. h. die Geburtsjahrgänge 1928-1936), die vor 1945 nicht mehr regulär zur Wehrmacht eingezogen wurden und in den fünfziger Jahren auch nicht mehr zur Bundeswehr einrücken mußten) sind auf Grund ihrer NS-Sozialisation wertvolle Zeitzeugen. Denn "wer wie ich zu Beginn der NS-Diktatur drei Jahre und bei Kriegsende fünfzehn Jahre alt war, der war noch zu jung, um in Schuld verstrickt zu werden, aber schon alt genug, um die Schrecken der Diktatur zu erfahren und wahrzunehmen" (Helmut Kohl, in: Frankfurter Allgemeine Zeitung vom 17. 9. 1998, S. 44). – Im übrigen ist Kohls Aussage von der "Gnade der späten Geburt" mitunter unrichtig verstanden worden. Er wollte damit nicht von Verstrickungen freisprechen, war sich vielmehr der Verpflichtung bewußt, aus dem Miterleben der "deutschen Katastrophe" die notwendigen Konsequenzen zu ziehen, wie er sich auch bei anderer Gelegenheit zur fortdauernden Haftung für die NS-Verbrechen bekannt hat (Ulrich von Hehl, in: Historisches Jahrbuch 117, 1997, 425; vgl. Harald Scholtz, in:

Die lebensgeschichtliche Dimension der Pädagogik, hg. von Inge Hansen-Schaberg, Hohengehren 1997, 44).

Was wußten Jugendliche vor 1945 von den NS-Verbrechen? – Sie wußten nicht mehr als die Erwachsenen, eher weniger, weil sie an deren Gesprächen oft nicht teilhatten. Die Judenvernichtung war "Geheime Reichssache", auf deren Verrat die Todesstrafe stand; denn das Regime wußte offenbar genau, daß ein rassistischer Genozid nicht die Zustimmung der deutschen Bevölkerung finden konnte. Es gab insgesamt in den Medien nur sorgsam gefilterte Informationen, auch für Jugendliche, die überdies oft in KLV-Lagern und in den Barackenlagern des RAD und der Luftwaffenhelfer noch isolierter lebten als der normale Bürger. Auch mochte das Regime – dies zeigen z. B. die HJ-Quellen deutlich – der Jugend nur geschönte, idealisierende Vorstellungen der deutschen Kriegsführung zumuten, um nicht ihre Kriegsbegeisterung zu gefährden. So ist es glaubwürdig, wenn die heute befragten ehemaligen Hitlerjungen und BDM-Mädchen erklären, die Namen Auschwitz, Sobibor, Treblinka usw. und was dort geschah erst nach dem Krieg erfahren zu haben. Wissen konnten Jugendliche, daß es Konzentrationslager gab (eines war allen bekannt, denn "ab nach Dachau" lautete eine gängige Redensart; eine andere: "Wer so redet, kommt ins KZ"), wissen auch, daß die Juden unter Druck allmählich emigrierten, daß am 9./10. November 1938 die Synagogen brannten, daß ab September 1941 der "Judenstern" getragen wurde und schließlich alle Juden aus der deutschen Öffentlichkeit verschwanden.

Es gab aber lange kaum Zweifel an der verschleiernden offiziellen Sprachregelung, sie würden "evakuiert", "umgesiedelt", "abgeschoben" oder kämen zum "Arbeitseinsatz" in "Arbeitslager" (Letzteres auch Hitler selbst im engsten Kreise bei Tisch, nach dem Zeugnis seiner Sekretärin Traudl Junge). Dahin konnten sie wohl auch Menschentransporte in verschlossenen Güterwagen einordnen: "Man sah für Augenblicke während des Krieges auf einem Bahnhof dunkle, verzweifelte Augen aus einem vergitterten Güterwagenfenster blicken" (Klaus von Bismarck, in: Siegreich bis zum Untergang, hg. von Hermann Glaser, Freiburg 1983, 98). Immerhin wußten alle von in Deutschland gelegenen Konzentrationslagern und daß Deutsche, die von dort zurückkehrten, schwiegen wie ein Grab.

Von Zeitzeugen ist meist zu hören, daß aus "Feindsendern" nichts über "Vernichtungslager" zu erfahren war, wohl aber gelegentlich Berichte über Massenerschießungen oder einzelne Massenmorde, die sich aber nicht zum Gesamtbild eines Holocaust verdichteten. Solche kamen auch nur sporadisch, nicht kontinuierlich, und in Ermanglung von Programmzeitschriften konnte jemand nur zufällig darauf stoßen. Auch konnte sich leicht die Vermutung aufdrängen, es handele sich um gegnerische Gräuelpropaganda.

Sicheren Boden betritt man bei den heutzutage veröffentlicht vorliegenden Rundfunkansprachen Thomas Manns (Deutsche Hörer! Europäische Hörer! Radiosendungen nach Deutschland, Frankfurt 1986). Hier ist im Juni 1942 die Rede von "nahezu achthundert Holländern jüdischen Geblüts, die damals verhaftet, nach Mauthausen gebracht und dort vergast wurden" (S. 71); "Ausrottung der Juden" (Juni 1942, S. 81); "Züge voller Juden", "die auf offener Strecke hielten, hermetisch verschlossen und dann durchgast wurden" (27. Sept. 1942, S. 82); "Fast eine Million sind exekutiert oder ermordet worden, und Zehntausende hält die Hölle der Konzentrationslager" (27. Juni 1943, S. 104); "Weißt du, der du mich jetzt hörst, von Maidanek bei Lublin in Polen,

Hitlers Vernichtungslager? Es war kein Konzentrationslager, sondern eine riesenhafte Mordanlage... Auschwitz und Birkenau... " (14. Januar 1945, S. 136 f.).

Wer dies hören konnte, war informiert. Wenn Mann allerdings sagte, "Das christliche Gegenstück zu den Massenvergasungen (von Geisteskranken, Alten und Schwerverwundeten in einer Anstalt) sind die 'Begattungstage', wo beurlaubte Soldaten mit BDM-Mädchen zu tierischer Stundenehe zusammenkommandiert werden, um Staatsbastarde zu zeugen" (S. 49), so mußte das als unzutreffende Gräuelpropaganda eingeordnet werden und warf, aus der Perspektive seiner Hörer, den Schatten des Verdachts auch auf seine den Holocaust betreffenden Aussagen; denn diese "Begattungstage" sind eine Mär von gleicher Qualität wie die Legende von den 1000 BDM-Mädchen, die angeblich auf einem Parteitag schwanger geworden seien. – Im übrigen fällt bei Mann auf, daß die volle grausige Wahrheit (samt Ortsangaben und dem Begriff "Vernichtungslager") erst spät zu Ohren der Hörer kam, als das Deutsche Reich bereits dem Untergang entgegentaumelte und die Auschwitzer Vergasungsanlagen auf Befehl Himmlers bereits zerstört waren.

Gewiß ist, daß seit 1943/44 viele Deutsche – über Prozentzahlen gibt es nur Schätzungen – über die massenhafte Ermordung von Juden und sonstigen "Untermenschen" irgendwo im Osten Bescheid wußten, und dies umso eher, je höher sie in der NS-Hierarchie standen. Selbst der Präsident der Reichsvertretung der deutschen Juden, der Rabbiner Leo Baeck, erfuhr erst 1943 im Ghetto Theresienstadt, daß seine nach Auschwitz kommenden Schicksalsgenossen dort vergast wurden. In der Tat war der Holocaust, wie er in seinem ganzen Ausmaß 1945 bekannt wurde, so ungeheuerlich für die menschliche Vorstellungskraft, daß selbst die Alliierten und auch amerikanische Juden nur zögernd den seit 1942 nach und nach durchsickernden Berichten glauben mochten. – Informationen zur Sache z. B. bei Eugen Kogon, Der SS-Staat, München 1974, 392 f.; Joseph Walk (Hg.), Das Sonderrecht für die Juden im NS-Staat, Heidelberg 1981, 408-411; Jürgen Henningsen, in: Zeitschrift für Pädagogik 28, 1982, 344 f.; Wolfgang Klafki, in: Subjektivität und Schule, hg. von Wilfried Breyvogel/Hartmut Wenzel, Essen 1983, 120-122; Elke Rottgardt, Elternhörigkeit, Hamburg 1993, 18 f.; DER SPIEGEL 21/1996 (vom 29. 5. 1996) S. 48-77; Hans Dieter Jaene, Wie wir Hitler fanden, Berlin 1998, 234-237. 339.

Goldhagen und seine These vom eliminatorischen Antisemitismus der Deutschen. – Das wissenschaftliche Echo auf Goldhagens Buch "Hitlers willige Vollstrecker" war überwiegend negativ: Er habe seine Quellen unkritisch und selektiv verwertet; er habe übersehen, daß der Antisemitismus seit dem vorigen Jahrhundert in Europa verbreitet und in einigen Ländern heftiger als in Deutschland gewesen sei; daß in Deutschland der Gegensatz zwischen Protestanten und Katholiken, Preußen und Bayern stärker gewesen sei als der zwischen nichtjüdischen und jüdischen Deutschen; daß die Juden in den hundert Jahren vor 1933 überwiegend assimiliert und friedlich mit ihrer nichtjüdischen Umgebung zusammenlebten; daß über dem farbigen Ausmalen der Nazischergen-Gräuel versäumt wurde, den Holocaust aus der konkreten historischen Situation des Jahres 1941/42 heraus zu erklären; daß Hitlers Antisemitismus durch seine österreichische Herkunft geprägt worden sei usw.

Zwar spricht Goldhagen nicht ausdrücklich von der "Kollektivschuld" der Deutschen, doch läuft seine Darstellung faktisch auf diese These hinaus; denn ein angeblich im deutschen Volkscharakter angelegter, sozusagen historisch angeborener, jahrhundertelang in der deutschen Geschichte teils latent teils ausbrechend nachzuweisender Antisemitismus, bedeutet eine verallgemeinernde kollektive Verurteilung der Deutschen, ein verdammendes völkisches Vorurteil ähnlich jenem vom "Volk der Täter". Seine These führt den Autor zwangsläufig zu der Annahme, die deutsche Geschichte habe als Einbahnstraße unausweichlich zu Auschwitz führen müssen.

Goldhagen vernachlässigt allenthalben Fakten und Gesichtspunkte, die gegen seine Theorie sprechen. So unterscheidet er nicht zwischen einem in Europa seit dem frühen 19. Jahrhundert vorhandenen antijüdischen kulturellen Snobismus – z. B. oft ein Thema in Witzblättern – und dem aggressiven Antisemitismus. Er scheint zu meinen, die "Reichskristallnacht" vom 9./10. November sei in Deutschland eine Art Freudenfest gewesen, während in Wahrheit weithin tiefes Unbehagen, Verstörtheit und Bedrücktsein zu Tage kam. Er will nicht wahrhaben, daß böse Verhaltensweisen und die Neigung zum Tun des Bösen nicht einem bestimmten Nationalcharakter zu Eigen, sondern gemeinmenschlich sind (so schon die Bibel, Genesis 8,7; jeder Mensch ist aber auch Genesis 4,7 und Isaias 55,7 zufolge in seiner Entscheidung frei, das Gute zu tun). Die Zwanghaftigkeit einer irgendwie gearteten völkischen Erbsünde existiert also nicht.

Von daher versteht sich, daß Goldhagen das berühmte Milgram-Experiment (Stanley Milgram, Das Milgram-Experiment. Zur Gehorsamsbereitschaft gegenüber Autorität, Reinbek 1982; zuerst New York 1974) nur ganz am Rande abwertend ("im Labor zustande gekommen", S. 40) streift und daß er das lesenswerte einschlägige Buch von Morton Rhue ("Die Welle", Wien 1989; zuerst New York 1981 unter dem Titel "The Wave") einfach ignoriert. Er macht im übrigen auch nicht den Versuch einer Erklärung der Tatsache, daß unter den NS-Schreibtischtätern und -Schergen kaum fromme, gläubige Christen zu finden sind.

Vielleicht am schwersten fällt gegen seine These ins Gewicht, dass er NS-Quellen ignoriert, die seine Annahmen widerlegen; denn Goebbels bemerkt in seinen Tagebüchern enttäuscht, die Deutschen hätten den antijüdischen Maßnahmen des Regimes leider nicht applaudiert. Das ist bekannt und jetzt nicht weiter zu thematisieren. Als hochrangige neue Quelle nenne ich hier den Aufsatz eines Dr. Klaus Schickert, der in dem maßgebenden HJ-Führerorgan "Wille und Macht" (Band 11, Jg. 1943, Heft 6, Sept./Okt. 1943, S. 28 f.) wortreich und bedauernd feststellt, der Antisemitismus habe im deutschen Volk noch keine Wurzeln geschlagen, und dies im Herbst des Jahres 1943! Goldhagens Feststellung "Im Hinblick auf die Juden waren sich NS-Führung und Volk einig: 'Gegen die Juden sind augenblicklich alle Deutschen' " (S. 524) ist also unzutreffend. – Zur weiteren Kritik an Goldhagen weise ich nur noch auf Eric A. Johnson, in: Historische Zeitschrift 265, 1997, 254-259, und Dieter Pohl, in: Vierteljahrshefte für Zeitgeschichte 45, 1997, 1-48.

Befremden muß im übrigen, daß in Goldhagens Buch für die deutschsprachige Ausgabe mildernde Korrekturen vorgenommen wurden, wohl um es dem deutschen Publikum gefälliger zu machen. Bemerkenswert ist schließlich auch, daß Goldhagen auf Kritik an seinem Werk schon vor deren Veröffentlichung Einfluß zu nehmen versuchte, um deren Autor "zu einer 'fairen' Rezension zu bewegen und ihm vorab eine Kopie zukommen zu lassen, damit er reagieren könne" (Frankfurter Allgemeine Zeitung vom 19. 4. 1999 und 4. 11. 1997), ein in der scientific community verpöntes Verfahren.

Schirach und die Hitlerjugend im Nürnberger Prozeß (1945/46). – Im Nürnberger Hauptprozeß wurden als verbrecherische Organisationen verurteilt SS, SD, Gestapo und das Führerkorps der NSDAP, nicht aber die Reichsregierung, der Generalstab, das Oberkommando der Wehrmacht (samt der Wehrmacht überhaupt), die SA und die Hitlerjugend (einschließlich BDM). Daraus zu schließen, die HJ sei ein harmloser Verein gewesen, wäre grundverkehrt. Die einschlägigen Quellen belegen, wie oben reichlich zu sehen war, eine starke rassistisch-antisemitische Grundströmung in der HJ-Führung (ähnlich auch Michael Buddrus, in: Jahrbuch des Archivs der deutschen Jugendbewegung 17, 1988-92, 363: "die massive antijüdisch-rassistische Ausrichtung der HJ"), und Schirach selbst hat sich deutlich genug in diesem Sinne geäußert, zum Beispiel in seiner Wiener Rede zur Gründung des Europäischen Jugendverbandes am 14. September 1942 (abgedruckt bei Michael Wortmann, Baldur von Schirach, Köln 1982, 211-213; dazu Wortmann: "antisemitische Haßtiraden").

Zwar bekannte Schirach als einziger neben Speer im Nürnberger Prozeß Mitschuld, bestritt allerdings, von den Vernichtungslagern des Ostens gewußt zu haben – was ihm nicht geglaubt werden kann. Auch entlastet seine Übernahme der Verantwortung für die Jugenderziehung in keiner Weise die Hitlerjugend von dem in ihr grassierenden Rassismus. Er sagte in Nürnberg, gefragt, was für ihn heute Auschwitz bedeutet:

> "Es ist der größte und satanischste Massenmord der Weltgeschichte ... Den Mord befohlen hat Adolf Hitler ... Er und Himmler haben gemeinsam dieses Verbrechen begangen, das für immer ein Schandfleck unserer Geschichte bleibt. Es ist ein Verbrechen, das jeden Deutschen mit Scham erfüllt. Die deutsche Jugend trägt daran keine Schuld. Sie dachte antisemitisch, aber sie wollte nicht die Ausrottung des Judentums ... Die jungen Menschen, die heute ratlos zwischen den Trümmern ihrer Heimat stehen, haben von diesen Verbrechen nichts gewußt, und sie haben sie nicht gewollt. Sie sind unschuldig an dem, was Hitler dem jüdischen und dem deutschen Volk angetan hat ... Ich habe diese Generation im Glauben an Hitler und in der Treue zu ihm erzogen ... Es ist meine Schuld ... daß ich die Jugend dieses Volkes für einen Mann erzogen habe, die ihn so sah wie ich. Es ist meine Schuld, daß ich die Jugend erzogen habe für einen Mann, der ein millionenfacher Mörder gewesen ist ... Die junge Generation ist schuldlos. Sie wuchs auf in einem antisemitischen Staat mit antisemitischen Gesetzen. Die Jugend war an diese Gesetze gebunden, sie verstand deshalb unter Rassenpolitik nichts Verbrecherisches ... Hitler ist tot. Ich habe ihn nicht verraten ... Ich war nicht sein Mitläufer, ich war auch kein Opportunist. Ich war Nationalsozialist aus Überzeugung von Jugend auf; als solcher war ich auch Antisemit. Hitlers Rassenpolitik war ein Verbrechen ... Die Jugend ist ohne Schuld" (Internationales Militärtribunal: Der Prozeß etc., Band XIV, S. 476 f.; Abdruck bei Michael Wortmann, Baldur von Schirach, Köln 1982, 13 f.).

Schirachs Aussage ist aus heutiger Sicht durchgehend fragwürdig und nicht nachvollziehbar, zum Beispiel weil sie alle Schuld auf Hitler und Himmler schiebt. Zur Kritik siehe z. B. Gabriele Rosenthal, in: Die Hitlerjugend-Generation, hg. von Gabriele Rosenthal, Essen 1986, 98 f.; zutreffend urteilen auch Matthias von Hellfeld/Arno Klönne, Die betrogene Generation, Köln 1987, 343 f.: "Die Denkfiguren, von denen Schirachs Erklärung in Nürnberg geprägt war, sind in vieler Hinsicht typisch, und sie enthalten im Kern bereits jene Legenden, die zur Frage nach der Jugend im Dritten Reich bis heute hin vielfach als Antwort gegeben werden. Da erscheint die Erziehung in der Hitler-Jugend als eine 'normale', an den anerkannten Werten der Nation orientierte, jugendgemäße Angelegenheit; da wird am Charakter der HJ als 'Jugendbewegung' nicht gezweifelt; da wird allgemeine Begeisterung der Jugendlichen für die HJ unterstellt; schließlich tritt Hitler als der zu spät durchschaute Verführer auf, und die eigene Schuld wird darin gesehen, daß man als oberster Jugendführer an Hitler 'geglaubt' habe. Das faschistische System von Führung und Gefolgschaft wird nicht in Frage gestellt – es war nur leider der falsche Führer".

In dem am 1. Oktober 1946 verkündeten Urteil hieß es: "Die Hitlerjugend legte besonderen Wert auf militärischen Geist, und ihr Ausbildungsprogamm betonte die Wichtigkeit der Wiedergewinnung der Kolonien, die Notwendigkeit, Lebensraum zu gewinnen, und die edle Bestimmung der deutschen Jugend, für Hitler zu sterben. Trotz der kriegsähnlichen Tätigkeit der Hitlerjugend hat es jedoch nicht den Anschein, als ob von Schirach in die Ausarbeitung des Hitlerischen Planes für territorielle Ausdehnung durch Angriffskriege verwickelt war, oder als ob er an der Planung oder Vorbereitung irgendeines der Angriffskriege beteiligt war" (Internationales Militärtribunal: Der Prozeß etc., Band XXII, S. 642; Abdruck bei Michael Wortmann, Baldur von Schirach, Köln 1982, 16). Die zwanzig Jahre Haft erhielt von Schirach nicht für seine Tätigkeit als Reichsjugendführer, doch ist deutlich daß die Richter "die HJ und ihren Führer mit manchem Vorbehalt von der Anklage freisprachen" (Wortmann, a. O., S. 16; zutreffend zur Sache auch Matthias von Hellfeld, in: Jahrbuch des Archivs der deutschen Jugendbewegung 14, 1982-83, 382-386). Schirach, den Thomas Mann am 24. Oktober 1942 boshaft einen "poetasternden Fettknaben vorgeschrittenen Alters" nannte (Deutsche Hörer! Europäische Hörer. Radiosendungen nach Deutschland, Darmstadt 1986, 83), war nach seiner Entlassung aus der Haft nur noch ein Schatten seiner selbst. "Ghostwriter schrieben für ihn nach Tonbandprotokollen seine Lebenserinnerungen, in denen er sich noch einmal, unter dem bezeichnenden Titel 'Ich glaubte an Hitler' (1967) rechtfertigte. Doch seine Rückschau war weithin nur eine Sammlung von Nichtigkeiten, Klatsch und Hintertreppengeschichten über Hitler und die braune Prominenz... Dabei wurde eben jetzt die Generation der Hitlerjungen und BDM-Mädchen von ihrer eigenen so lange verdrängten Vergangenheit eingeholt und begann der Zwist zwischen der jungen Nachkriegsgeneration und den von Schirach, direkt oder indirekt, mitgeprägten Jahrgängen der Älteren, die scheinbar gefestigte Gesellschaft der Republik in eine schwere Identitätskrise zu stürzen... Doch wer immer geglaubt haben mochte, Schirach wolle oder könne einen Anstoß zu kritischer Selbstreflexion geben, sah sich getäuscht... verbrachte seine letzten Lebensjahre einsam, krank und fast vergessen, von zwei alternden BDM-Mädchen... gepflegt in Kroev an der Mosel, wo er am 8. August 1974 starb" (Wortmann, a. O., S. 17 f.).

Die Erinnerung weiterreichen und aus der Geschichte lernen. – Die Erinnerung an das 1933-1945 Geschehene darf nicht verschüttet werden, ist immer wieder geduldig freizulegen und unaufdringlich bereitzuhalten. Dies nicht als "Moralkeule", sondern als helfendes abrufbares Angebot für den, der aus der Geschichte lernen will. Hier stehen die Historiker ebenso in der Verantwortung wie die heutige Jugend, welche die deutsche Geschichte annehmen und damit leben muß. Die Kenntnis der Ereignisse von 1933 bis 1945 kann gar nicht genau genug sein, denn nur historisches Detailwissen führt zum tieferen Verstehen und weckt Mitgefühl für die Millionen Opfer.

Der in unserem Zusammenhang oft zitierte Satz "Vergessenwollen verlängert das Exil, und Erinnerung ist das Geheimnis der Erlösung" des chassidischen Mystikers Israel ben Elieser Baal Schem Tob (18. Jh.) hat vor allem einen innerjüdischen geschichtstheologischen Bezug und ist deshalb als leitender Gesichtspunkt der das Dritte

Reich betreffenden Erinnerungsarbeit nicht ohne weiteres brauchbar. Gefragt ist eher die kritische historische Aufklärung.

24.2 Literatur

Einzugehen ist hier nur auf Kautz (1998). Er bietet eine ebenso witzige wie ernst gemeinte Verteidigung von Goldhagens Buch "Hitlers willige Vollstrecker" (1998, zuerst New York 1996) gegen dessen deutsche Kritiker, Historiker von Rang und Namen: Hans Mommsen, Eberhard Jäckel, Hans-Ulrich Wehler. Er nennt sie "die drei Großhistoriker der HJ- und Flakhelfer-Generation", "Flakhelfer-Historiker", "die drei von der Flak", "Historiker der Flakhelfer-Generation" und spricht im gleichen Zusammenhang von der "Flakhelfer-Generation" und der "Geschichtsschreibung der ehemaligen Hitlerjungen und Flakhelfer" (S. 31. 42-44. 60. 65. 74). Er rügt bei ihnen ein Defizit emotionalen Betroffenseins vom Leid der Holocaust-Opfer ("Herzenskälte", S. 14). Selbst den "Flakhelfer-Historiker Helmut Kohl" verschont er nicht mit seiner Kritik (S. 49).

Ursächlich erscheinen ihm die lebensgeschichtlichen Voraussetzungen der genannten Autoren (d. h. ihre Zugehörigkeit zur HJ und den Luftwaffenhelfern) und der Einfluß von ihren in den Nationalsozialismus verstrickten akademischen Lehrern (Theodor Schieder, Werner Conze, Gerhard Ritter).

Meine Bemerkung: Die Lektüre von Goldhagens Buch löst beim Leser ein hohes Maß emotionaler Betroffenheit und Mitgefühl mit den Opfern aus, weshalb sein Werk zu Recht gerade auch bei deutschen Lesern ein großer Erfolg wurde. Andererseits: Der kühl-distanziert erscheinende professionelle Schreibstil eines deutschen Historikers beweist nicht die unterstellte "Herzenskälte". Und: Die Lebensgeschichte (als Zwangsmitglied der Hitlerjugend und Flakhelfer auf Grund eines Einberufungsbefehls) determiniert keineswegs die wissenschaftliche Urteilsbildung des Gelehrten. – Der Wert von Goldhagens Buch liegt in der moralischen und mitfühlenden Erschütterung, die es bei einem großen Leserpublikum ausgelöst hat, weniger in seinen wissenschaftlichen Resultaten.

Schneider, Reinhold: Das Unzerstörbare. Religiöse Schriften. – Frankfurt (Insel) 1978. 524 S. – S. 212-218: "Das Unzerstörbare. An die Jugend" (datiert: 26. 7. 1945).

Siemsen, Anna: Organisation der Jugend, in: Vor den Toren der Wirklichkeit. Deutschland 1946-47 im Spiegel der Nordwestdeutschen Hefte, ausgewählt und eingeleitet von Charles Schüddekopf, Berlin (Dietz) 1980, 282-288

Egel, Karl Georg: Besuch bei internierten Nationalsozialisten, in: Vor den Toren der Wirklichkeit. Deutschland 1946-47 im Spiegel der Nordwestdeutschen Hefte, ausgewählt und eingeleitet von Charles Schüddekopf, Berlin (Dietz) 1980, 156-158

Zahn, Peter von: Verrat an der deutschen Jugend, in: Vor den Toren der Wirklichkeit. Deutschland 1946-47 im Spiegel der Nordwestdeutschen Hefte, ausgewählt und eingeleitet von Charles Schüddekopf, Berlin (Dietz) 1980, 88-91

Schullze, Erich (Hg.): Gesetz zur Befreiung vom Nationalsozialismus und Militarismus. 2. Aufl. – München (Biederstein) 1947

Cube, Hellmut von: Jugend in der Quarantäne. – Der Ruf. Unabhängige Blätter der jungen Generation (München), 3. Jahrgang 1948, Nr. 12, S. 9

Internationaler Militärgerichtshof (IMT): *Der Prozeß* gegen die Hauptkriegsverbrecher vor dem internationalen Militärgerichtshof, Nürnberg 14. November 1945-1. Oktober 1946. Amtlicher Wortlaut in deutscher Sprache. 24 Bde., Nürnberg 1947-1949; Nachdruck: München (Delphin) 1984; Bd. 25-42 (Dokumentenbände) München-Zürich 1989

Knut *Pipping* (u. a.): Gespräche mit der deutschen Jugend. Ein Beitrag zum Autoritätsproblem. – Helsingfors 1954. 438 S.

Spranger, Eduard: Pädagogische Perspektiven. Beiträge zu Erziehungsfragen der Gegenwart. 3. Aufl. – Heidelberg (Quelle & Meyer) 1955. 139 S. – S. 47-57 zur Hitlerjugend und zur Situation der deutschen Jugend nach 1945.

Schelsky, Helmut: Die skeptische Generation. Eine Soziologie der deutschen Jugend. – Frankfurt (Ullstein) 1975 (zuerst Düsseldorf 1957). 409 S.

Klönne, Arno: Die Hitlerjugendgeneration. Bemerkungen zu den politischen Folgen der Staatsjugenderziehung im Dritten Reich. – Politische Studien. Monatsschrift der Hochschule für Politische Wissenschaften München 10 (1959) 93-99

Weniger, Erich: Die Epoche der Umerziehung, 1945-1949. – Westermanns Pädagogische Beiträge 11 (1959) 403-412. 517-525; 12 (1960) 9-13. 74-79

Schrenck-Notzing, Caspar: Charakterwäsche. Die amerikanische Besatzung in Deutschland und ihre Folgen. – Stuttgart (Seewald) 1965. 320 S.

Bungenstab, Karl-Ernst: Umerziehung zur Demokratie? Re-education-Politik im Bildungswesen der US-Zone 1945-1949. – Düsseldorf (Bertelsmann) 1970. 250 S.

Milgram, Stanley: Das Milgram-Experiment. Zur Gehorsamsbereitschaft gegenüber Autorität. – Reinbek (Rowohlt) 1982 (amerik. Originalausg. New York 1974)

Wilhelm, Hans-Heinrich: Wie geheim war die "Endlösung"?, in: Miscellanea. Festschrift für Helmut Krausnick, hg. von Wolfgang Benz (u. a.), Stuttgart (Deutsche Verlags-Anstalt) 1980, 131-148

Umerziehung und Wiederaufbau. Die Bildungspolitik der Besatzungsmächte in Deutschland und Österreich. Hg. von Manfred *Heinemann*. – Stuttgart (Klett-Cotta) 1981. 326 S.

Die Welle. Bericht über einen Unterrichtsversuch, der zu weit ging. Von Morton *Rhue* [Pseudonym von Todd Strasser]. Aus dem Amerikanischen von Hans-Georg Noack. – Wien (Buchgemeinschaft Donauland) 1989. 140 S. (zuerst Ravensburg 1984; Originalausgabe New York 1981 unter dem Titel "The Wave")

Henningsen, Jürgen: Vielleicht bin ich heute noch ein Nazi. – Zeitschrift für Pädagogik 28 (1982) 341-354 (Abdruck in: "Die Formung des Volksgenossen", hg. von Ulrich Herrmann, Weinheim: Beltz, 1985, S. 333-345)

Casdorff, Claus Hinrich (Hg.): Weihnachten 1945. Ein Buch der Erinnerungen. – München (DTV) 1984. 241 S.

Maschke, Günter: Die Verschwörung der Flakhelfer, in: Inferiorität als Staatsräson. Sechs Aufsätze zur Legitimität der BRD, hg. von H.-J. Arndt (u. a.), Krefeld (Sinus) 1985, 93-118

Weizsäcker, Richard von: Rede zum 8. Mai 1985. – Frankfurter Allgemeine Zeitung vom 9. 5. 1985

Mann, Thomas: Deutsche Hörer! Europäische Hörer! Radiosendungen nach Deutschland. – Darmstadt (Verlag Darmstädter Blätter) 1986. 233 S.

Bude, Heinz: Deutsche Karrieren. Lebenskonstruktionen sozialer Aufsteiger aus der Flakhelfer-Generation. – Frankfurt (Suhrkamp) 1987. 207 S.

Mommsen, Hans: Was haben die Deutschen vom Völkermord an den Juden gewußt?, in: Der Judenpogrom 1938, hg. von Walter H. Pehle, Frankfurt (Fischer) 1988, 176-200

Arendt, Hannah: Nach Auschwitz. Essays & Kommentare 1. Hg. von Eike Geisel und Klaus Bittermann. Aus dem Amerikanischen übersetzt von Eike Geisel. – Berlin (TIAMAT) 1989

Siebenschön, Leona: Die Einzelgänger. Die skeptische Generation heute. – München (Heyne) 1989

Wollenberg, Jörg (Hg.): "Niemand war dabei und keiner hat's gewußt". Die deutsche Öffentlichkeit und die Judenverfolgung 1933-1945. – München (Piper) 1989

Klönne, Arno: Deutsche Jugend im Zweiten Weltkrieg – Lebensbedingungen, Erfahrungen, Mentalitäten, in: Deutsche Jugend im Zweiten Weltkrieg [Vorwort von Ingo Koch], Rostock (Verlag Jugend und Geschichte) 1991, 25-32

Adelheid von *Saldern*: Opfer oder (Mit-)Täterinnen? Kontroversen über die Rolle der Frauen im NS-Staat. – Sozialwissenschaftliche Informationen 20 (1991) 97-103

Wember, Heiner: Umerziehung im Lager. Internierung und Bestrafung von Nationalsozialisten in der britischen Besatzungszone Deutschlands. – Essen (Klartext) 1991. 430 S.

Boll, Friedhelm: Hitler-Jugend und skeptische Generation. Sozialdemokratie und Jugend nach 1945, in: Partei und soziale Bewegung. Kritische Beiträge zur Entwicklung der SPD seit 1945, hg. von Dieter Dowe, Bonn (Dietz) 1993, 33-57

Jahnke, Karl Heinz: Deutsche Jugend beim Übergang vom Krieg zum Frieden 1944-1946, in: Deutsche Jugend zwischen Krieg und Frieden 1944-1946, hg. von Ingo Koch, Rostock (Verlag Jugend und Geschichte) 1993, 6-21

Pfeiler, Jürgen: Zur Internierung von Jugendlichen in der Sowjetischen Besatzungszone ab 1945. Bemerkungen zu einem düsteren Kapitel deutscher Nachkriegsgeschichte an Beispielen aus dem Kreise Beeskow-Storkow, in: Deutsche Jugend zwischen Krieg und Frieden 1944-1946, hg. von Ingo Koch, Rostock (Verlag Jugend und Geschichte) 1993, 122-129

Schilde, Kurt: Jugend '45 – Einstellungen von Jugendlichen 1944-46. Ergebnisse einiger zeitgenössischer Studien, in: Deutsche Jugend zwischen Krieg und Frieden 1944-1946, hg. von Ingo Koch, Rostock (Verlag Jugend und Geschichte) 1993, 102-111

Schörken, Rolf: Jugend 1945. Politisches Denken und Lebensgeschichte. – Frankfurt (Fischer) 1994 (zuerst Opladen: Leske + Budrich, 1990). 215 S.

Boll, Friedhelm: Auf der Suche nach Demokratie. Britische und deutsche Jugendinitiativen in Niedersachsen nach 1945. – Bonn (Dietz) 1995. 244 S.

Buddrus, Michael: A generation twice betrayed: youth policy in the transition from the Third Reich to the Soviet Zone of Occupation (1945-1946), in: Generations in Conflict, ed. by Mark Rosemann, Cambridge (University Press) 1995, 247-268

Dudek, Peter: "Der Rückblick auf die Vergangenheit wird sich nicht vermeiden lassen". Zur pädagogischen Verarbeitung des Nationalsozialismus in Deutschland (1945-1990). – Opladen (Westdeutscher Verlag) 1995. 346 S. – S. 78-90: "Die Folgen der NS-Sozialisation – Einstellungen und Wertorientierungen Jugendlicher in den vierziger und fünfziger Jahren".

Alexander von *Plato*: The Hitler Youth generation and its role in the two post-war German states, in: Generations in Conflict, ed. by Mark Roseman, Cambridge (University Press) 1995, 210-226

Reese, Dagmar: The BDM generation: a female generation in transition from dictatorship to democracy, in: Generations in Conflict, ed. by Mark Roseman, Cambridge (University Press) 1995, 227-246

Goldhagen, Daniel Jonah: Hitlers willige Vollstrecker. Ganz gwöhnliche Deutsche und der Holocaust. Berlin (Siedler) 1998 (amerikanische Originalausgabe: New York 1996). 779 S.

Heinemann, Manfred (u. a.): Wiederaufbau: Re-education von 1945-49, in: Handbuch der Geschichte des bayerischen Bildungswesens III, hg. von Max Liedtke, Bad Heilbrunn 1997, S. 474-690

Hehl, Ulrich von: Kampf um die Deutung. Der Nationalsozialismus zwischen "Vergangenheitsbewältigung", Historisierungspostulat und "Neuer Unbefangenheit". – Historisches Jahrbuch, 117. Jahrg. 1997, 2. Halbband, S. 406-436

Pohl, Dieter: Die Holocaust-Forschung und Goldhagens Thesen. – Vierteljahrshefte für Zeitgeschichte 45 (1997) 1-48

Vogt, Adolf: "Werwölfe" hinter Stacheldraht. Das Interniertencamp Recklinghausen-Hillerheide (1945-1948). – Vestische Zeitschrift 94/95/96 (1995/1996/1997) 395-472

C... K... : "Recklinghausen und Paderborn lagen hinter mir, und ich wollte sie nie wiedersehen, aber vergessen würde ich sie auch nie!". Aus den Lebenserinnerungen einer 1945-1946 internierten ehemaligen BDM-Führerin. Bearbeitet von Adolf *Vogt*. – Vestische Zeitschrift 94/95/96 (1995/1996/1997) 473-501

Finkelstein, Norman G./*Birn*, Ruth Bettina: Eine Nation auf dem Prüfstand. Die Goldhagen-These. Einleitung von Hans Mommsen. – Hildesheim (Claassen) 1998. 200 S. (Übers. aus dem Amerikanischen)

Kautz, Fred: Gold-Hagen und die "Hürnen Sewfriedte". Die Holocaust-Forschung im Sperrfeuer der Flakhelfer. – Hamburg (Argument-Verlag) 1998. 133 S.

Arno *Klönne*/Jürgen *Reulecke*: "Restgeschichte" und "Neue Romantik". Ein Gespräch über Bündische Jugend in der Nachkriegszeit, in: Jugend vor einer Welt in Trümmern. Erfahrungen und Verhältnisse der Jugend zwischen Hitler- und Nachkriegsdeutschland, hg. von Franz-Werner Kersting, Weinheim (Juventa) 1998, 87-103.

25 Rechtfertigungsliteratur, vor allem von NS-Jugendführern und -Jugendführerinnen: Dokumentationen, Monographien, Autobiographien, Aufsätze

25.1 Überblick

Nur nach einigem Zögern habe ich mich entschließen können, dieses Kapitel meinem "kritischen Überblick" einzufügen; denn die in der folgenden Literaturliste erscheinenden Titel sind sämtlich mehr oder weniger NS-apologetisch, und das tiefe Mißtrauen der Zeitgeschichtsforschung gegenüber solchen rechtslastigen Texten ist berechtigt. Immerhin haben einige Werke – angemessen kritisch gelesen – wenigstens teilweise einen gewissen Quellenwert, zum Beispiel durch den Abdruck von Faksimiles. Bei Autobiographien ist die Grenzziehung zwischen Rechtfertigungsliteratur und einigermaßen selbstkritischen Texten ehemaliger HJ-Führerinnen und -Führer nicht immer sicher. So könnt man verschiedener Meinung sein, ob Melita Maschmanns "Fazit" (1963) nicht eher in diesem als im nächsten Kapitel aufzulisten sei.

Rechtfertigende Texte sind mitunter nicht auf den ersten Blick als solche zu erkennen, zumal wenn sie ihren Stoff scheinbar objektiv darbieten; denn es gehört eine Menge Sachkenntnis dazu, festzustellen, ob aus NS-Sicht weniger Vorzeigbares einfach weggelassen ist und etwa in einer seriös wirkenden "Dokumentation" unauffällig fehlt. Manche Arbeiten sind allerdings so unverblümt NS-nostalgisch, daß sie fast unverändert auch vor 1945 hätten erscheinen können. Solche Literatur verrät sich nicht selten unabsichtlich, wenn sie auf den obersten "Führer" zu sprechen kommt. Dann heißt es nicht "Hitler" oder "der Diktator", sondern "*Adolf* Hitler", und im ausdrücklichen Zusatz des Vornamens schwingen noch Respekt und Ehrfurcht mit.

Auch finden sich in solchen Texten kaum je Trauer, Mitgefühl, Zorn, Scham oder gar Reue und (Mit-)Schuldbewußtsein angesichts der Millionen Opfer der NS-Diktatur, statt dessen vielmehr oft Larmoyanz, Selbstgerechtigkeit oder hartnäckige Uneinsichtigkeit. So mußte Andrea Böltken (Führerinnen im "Führerstaat", Pfaffenweiler 1995, 140) feststellen: "Keine der untersuchten Führerinnen fühlte sich für die Verbrechen des NS-Regimes, dem sie so inbrünstig gedient hatten, verantwortlich oder gar mitschuldig ... In aller Unschuld verkündeten sie, sie hätten sich schließlich 'nur' um den Frauen- und Sozialbereich, um die Mädchen oder um 'bindungslose Waisenkinder' gekümmert. Mit dem Krieg, der 'Euthanasie', der Verfolgung politischer Gegner, der 'Volkstumspolitik' im Osten, der Ausgrenzung, Verfolgung und Vernichtung des europäischen Judentums, der Roma und Sinti und all der anderen Opfer des NS-Regimes hätten sie nichts zu tun gehabt". Doch sprechen, wie sich zeigte, HJ- und BDM-Quellen offen vom "Auslöschen" und "Ausrotten" der Juden, auch von "Juda den Tod!" oder "Juda verrecke!".

Bisweilen sagen sie gar, wie die langjährige Reichsreferentin für den Bund Deutscher Mädel, die BDM-Chefin Dr. Jutta Rüdiger: "so lange wie ich atmen kann, kämpfe ich für die Ehre der Hitlerjugend" (69. KLV-Rundbrief, Sept. 1996, S. 56; vgl. ebd. 68, Dez. 1995, S. 52: "Ehre der Hitler-Jugend"). Hat eine Organisation, die den Namen eines Massenmörders trägt, der "den größten und satanischsten Massenmord der Weltgeschichte" beging (von Schirach im Jahre 1946), noch eine Ehre?

Die Rechtfertigungsliteratur ehemaliger Jugendführer und -Führerinnen beschönigt und verharmlost allenthalben. Neben verklärender Schönfärberei finden sich grobe Unrichtigkeiten und selektives Verschweigen, wobei die Autoren darauf zu vertrauen scheinen, daß die historischen Details nur noch wenigen bekannt sind und daß also leicht vernebelt werden kann. Aber halbe Wahrheiten können schlimmer sein als ganze Lügen. Nicht von ungefähr erscheint so in der NS-apologetischen Literatur allenthalben "das strahlende, lachende, klar-blickende, reine, geradegewachsene, erfolgreiche, aufopfernde usw. BDM-Mädchen" der NS-Quellen (zur Sache Martin Klaus, Mädchenerziehung zur Zeit der faschistischen Herrschaft in Deutschland, Materialband, Frankfurt 1983, S. 119; zur lügenhaften Legendenbildung bezüglich des BDM vgl. z. B. auch Martin Klaus, Mädchen im Dritten Reich, Köln 1983, 86 f.). Andererseits wird die finstere Nachtseite des Nationalsozialismus zumeist ignoriert.

Mit gutem Grund habe ich einschlägige Kapitel der unten aufgelisteten Tendenzliteratur nicht im vorderen Teil meines Werkes bei den entsprechenden Kapiteln aufgeführt (z. B. zur KLV, Wehrertüchtigung, Osteinsatz, Kriegseinsatz); denn ihre historiographische Brauchbarkeit konvergiert gegen Null. Auch gegen die in dieser Literatur vertretenen abwegigen Ansichten zu argumentieren, würde sie nur aufwerten und ihr eine unangemessene Publizität verschaffen. Als Beispiel kann hier dienen Jutta Rüdiger, Die Hitler-Jugend und ihr Selbstverständnis im Spiegel ihrer Aufgabengebiete, Schnellbach 1998 (zuerst 1983); zutreffend urteilt hier Lisa Kock ("Man war bestätigt und man konnte was!". Der Bund Deutscher Mädel im Spiegel der Erinnerungen ehemaliger Mädelführerinnen, Münster 1994, 17): "Fast vierzig Jahre nach Kriegsende dokumentiert die nunmehr über siebzigjährige Psychologin ihre heute noch ungebrochene innere Übereinstimmung mit der nationalsozialistisch-ideologischen Weltanschauung und der Erziehungsarbeit des BDM. In der Darstellung Rüdigers finden die Ergebnisse und Aufdeckungen, die die Forschung nach 1945 bis heute geleistet hat, keine Berücksichtigung. Unbeirrt und – wie sie es selber ausdrückt – 'gläubig' beharrt Rüdiger auf Positionen, die Distanzlosigkeit zur eigenen Vergangenheit und Unfähigkeit zur kritischen Reflexion verraten. Ihre Dokumentationen sind als Rechtfertigungsliteratur einzuordnen".

Der Rechtfertigung dient im übrigen die verschiedentlich kolportierte Legende: "Wir wollten nach dem Krieg mit den Fehlentwicklungen der Partei aufräumen" (Jutta Rüdiger im Dezember 1996; ähnlich Günter Kaufmann, Jugendbewegung im 20. Jahrhundert, Rosenheim 1997, 42 f.). Als ob Hitler mit Kritikern je anders hätte verfahren wollen, als er es bei seinem Massenmord an der Röhm-Gruppe (1934) tat! Glauben Rüdiger und Kaufmann, der Massenmörder Hitler hätte je Einsicht und Reformbereitschaft zeigen können? Oder wollten sie ihr Reformgebäude über den Leichenbergen der Vernichtungslager errichten? Wer solchem Nonsens nicht zustimmt, gehört vermutlich zu "unseren ständigen Schmähern", von denen Rüdiger an gleicher Stelle spricht. – Mit Bezug auf den ehrenden Nachruf auf Artur Axmann (+ 24. 10. 1996), der auch von Jutta Rüdiger unterzeichnet ist, spricht Dietrich Strothmann von "unverbesserlichen Altnazis" (DIE ZEIT vom 15. Nov. 1996). Dem ist nichts hinzuzufügen.

Nur zustimmen muß man auch dem Urteil über die Rechtfertigungsliteratur von Arno Klönne (in: Hans-Uwe Otto/Heinz Sünker, Hg., Soziale Arbeit und Faschismus, Bielefeld 1986, 468): "In den letzten Jahren erschienen etliche Buchveröffentlichungen ehemaliger Hitler-Jugendführer über die NS-Staatsjugendorganisation, in denen etwa folgendes Bild vermittelt wird: Die HJ sei 'Die Vollendung der deutschen Jugendbewegung aus der Zeit vor 1933' gewesen, habe deren 'Zersplitterung überwunden' und alle sozialen Abstände und Konflikte zugunsten der 'einen Volksjugend' aufgehoben. Von dieser 'historischen Leistung' der HJ zehre noch heute die gesellschaftliche Ausgeglichenheit der Bundesrepublik. Diese 'Einheit der Jugend in der HJ' habe sich ganz und gar freiwillig hergestellt; die HJ habe es 'niemals nötig gehabt, irgendeinen Zwang auszuüben'. Die HJ sei nie 'Staatsorganisation geworden, sondern Jugendbewegung geblieben', sie habe sich von jeder 'Obrigkeitshörigkeit' und jedem 'politischen Mißbrauch' ferngehalten: 'Was eine lebendige, begeisterungsfähige und engagierte Gemeinschaft mit Selbstführung der Jugend sein kann, erfuhr die deutsche Jugend in Stadt und Land bis hin zum kleinsten Dorf erstmals durch die HJ im Dritten Reich. Das gab es vorher nicht und nachher nicht wieder' (Griesmayr/Würschinger, 1979). Solcherart Glorifizierungen finden ihr Publikum"; zur Sache und zu Jutta Rüdiger siehe auch Wolfgang Keim, Erziehung unter der Nazidiktatur, Band II, Darmstadt 1997, 153.

25.2 Liste der Rechtfertigungsliteratur

Hierl, Konstantin: Im Dienst für Deutschland, 1918-1945. – Heidelberg (Vowinckel) 1954. – Zum RAD.

Friese, Hildegard: Unsere Siedler im Kreis Welun. – Wört über Ellwangen/Jagst (Heimatliebe-Verlag) 1965. 58 S. – Zum BDM-Osteinsatz.

Schirach, Baldur von: Ich glaubte an Hitler. – Hamburg (Mosaik) 1967

Heindl, Hans: Die Briefe des HJ-Führers oder die Gründung eines eigenen Staates. Eine Dokumentation. – Mainz (Eggebrecht) 1968 [unpaginiert, 19 Bl.]

Berg, Walther von: HJ im Zerrspiegel? – Nation Europa, XIX. Jg., Heft 1, Januar 1969, S. 29-36

Ehrhardt, Arthur: "Hitlerjugend" – mit Abstand gesehen. – Nation Europa, XIX. Jahrg., Heft 1, Januar 1969, S. 37-40

Paysen, Roswitha: Als ich "zwanzig" war. Erinnerungen an meinen Jahrgang an der Akademie für Jugendführung vom 15. 4. bis zum 15. 10. 1943. – 2. Aufl. – Norderstedt (Nordland-Verlag) 1974

Stellrecht, Helmut: Adolf Hitler, Heil und Unheil. Die verlorene Revolution. – Tübingen (Grabert) 1974. 333 S.

Arbeitsdienst für die weibliche Jugend – Antworten nach 40 Jahren. Befragung ehemaliger Arbeitsdienstführerinnen. Zusammenfassung der Antworten aus den Jahren 1971-75. Bearbeitet von Elisabeth *Eckert*. – Bad Honnef (Elisabeth Eckert) 1978. 75 S.

Scholtz-Klink, Gertrud: Die Frau im Dritten Reich. Eine Dokumentation. – Tübingen (Grabert) 1978

Taege, Herbert: ... Über die Zeiten fort. Das Gesicht einer Jugend im Aufgang und Untergang. 2. Aufl. – Lindhorst (ASKANIA) 1988 (zuerst 1978)

Der Arbeitsdienst der weiblichen Jugend in Mecklenburg. Eine Chronik. Gesammelt und zusammengestellt von Liselotte *Schroeter*. – Kiel (Selbstverlag) 1979. 160 S.

Blohm, Erich: Hitler-Jugend, soziale Tatgemeinschaft. 2. Auflage, Vlotho (Verlag für Volkstum und Zeitgeschichtsforschung) 1979 (zuerst Witten 1977). 395 S.

Wiebke *Stelling*/Wolfram *Mallebrein*: Männer und Maiden. Leben und Wirken im Reichsarbeitsdienst in Wort und Bild. – Preußisch Oldendorf (Schütz) 1979. 215 S.; eine 2. Aufl. kam 1985, doch erscheint hier nur noch Wolfram Mallebrein als Autor auf dem Titelblatt: Wolfram Mallebrein: Männer und Maiden. Leben und Wirken im Arbeitsdienst des Deutschen Reiches und in anderen europäischen Staaten in Wort und Bild. – Preußisch Oldendorf (Schütz) 1985. 215 S.

Gottfried *Griesmayr*/Otto *Würschinger*: Idee und Gestalt der Hitler-Jugend. 3. Auflage. – Leoni (Druffel) 1980. 324 S. – Als "jugendgefährdend" indiziert (Rudolf Stefen, Hg., Gesamtverzeichnis, Band 1, Baden-Baden 1989, S. 62).

Meyer, Hubert: Kriegsgeschichte der 12. SS-Panzerdivision "Hitlerjugend". – Osnabrück (Munin) 1982 (4. Aufl. 1998)

Die Hitler-Jugend und ihr Selbstverständnis im Spiegel ihrer Aufgabengebiete. Studienausgabe, hg. von Jutta *Rüdiger*. – Lindhorst (ASKANIA) 1983. 326 S. und "Anhang" (S. 1-93); 4. Auflage, Lizenz: Verlag Siegfried Bublies, Schnellbach, 1998 (unverändert gegenüber der Ausgabe von 1983). – Sie berichtet zum Beispiel über die KLV (S. 289-298) und über den "Osteinsatz" der HJ und des BDM (S. 283-285), alles ohne angemessene historische Distanz und Kritik. – Bezüglich der 'ethnischen Säuberung' der 1939 eroberten westpolnischen Gebiete durch den BDM in Kooperation mit der SS "rechtfertigte, ja verherrlichte (sie) noch 1983 ihr eigenes diesbezügliches Engagement, ohne mit einem einzigen Wort auf die Opfer, also Polen, Russen oder die jüdische Bevölkerung, einzugehen" (Wolfgang Keim, Erziehung unter der Nazidiktatur. Band II, Darmstadt 1997, S. 151 f.).

Heindl, Hans: Die totale Revolution oder Die Neue Jugend im Dritten Reich. 3. Auflage. Augsburg (Selbstverlag) 1984. 62 S.

Lauterbacher, Hartmann: Erlebt und mitgestaltet. Kronzeuge einer Epoche 1923-1945. Zu neuen Ufern nach Kriegsende. – Preußisch-Oldendorf (Schütz) 1984. 376 S.

Rüdiger, Jutta: Der Bund Deutscher Mädel. Eine Richtigstellung. – Lindhorst (Askania) 1984. 208 S.

Der Bund Deutscher Mädel in Dokumenten. Materialsammlung zur Richtigstellung. Zusammengestellt von Jutta *Rüdiger*. Herausgeber: Arbeitsgemeinschaft für Jugendforschung GBR, Lindhorst. – Lindhorst (ASKANIA) 1984. 364 S.

Herr, Gertrud: Inhaltsreiche Jahre aus dem Leben einer BDM-Führerin, 1930-1945. – Lausanne (KRITIK-Verlag) 1985 (und Aalborg: Nordland Forlag, o. J.) 85 S. – Als "jugendgefährdend" indiziert (Jugend, Medien, Schutz-Report, Dez. 1997, S. 39). – Unter anderem S. 51-54 zur KLV. S. 56 spricht sie vom "Vernichtungswillen unserer Feinde", während der millionenfache NS-Massenmord für sie kein Thema ist.

Klüver, Max: Die Adolf-Hitler-Schulen. Eine Richtigstellung. – 3. Aufl. Plön (Verlag Dr. Max Klüver) 1985 (1. Auflage Lindhorst: ASKANIA, 1979) 215 S.

Melcher, Hermann: Die Gezeichneten. Das Erleben eines 16jährigen Kriegsfreiwilligen der Waffen-SS beim Endkampf um Prag und in sowjetischer Kriegsgefangenschaft 1945-1950. – Leoni (Druffel) 1985. 512 S.

Fritsch, Hildegard: Land mein Land. Bauerntum und Landdienst, BDM-Osteinsatz, Siedlungsgeschichte im Osten. – Preußisch Oldendorf (Schütz) 1986. 175 S.

Rüdiger, Jutta (Hg.): Zur Problematik von Soldatinnen. Der Kampfeinsatz von Flakwaffenhelferinnen im Zweiten Weltkrieg – Berichte und Dokumentationen. – Lindhorst (ASKANIA) 1987. 112 S.

Kuhnt, Werner: In Pflicht und Freude. Das Erlebnis Hitlerjugend. Eine Bilddokumentation. 2. Aufl. – Leoni (Druffel) 1989 (zuerst 1988). 351 S.

Linde, Hertha (Hg.): So waren wir. Bildband zur Geschichte des BDM. – Essen (Heitz & Höffkes) 1990. 240 S.

Melcher, Hermann: Die Gefolgschaft. Jugendjahre im Dritten Reich in Heidelberg 1933-1945. – Berg (Verlagsgemeinschaft Berg, Abt. Druffel-Verlag) 1990. 320 S.

Reinecker, Herbert: Ein Zeitbericht, unter Zuhilfenahme des eigenen Lebenslaufs. – Erlangen (Straube) 1990. 316 S.

Porsch, Werner: Vor und nach der Stunde Null. Erlebnisse 1943 bis 1952. – Berlin (Frieling) 1992. 206 S.

Kaufmann, Günter: Baldur von Schirach, ein Jugendführer in Deutschland. Richtigstellung und Vermächtnis. – Füssen (Selbstverlag Günter Kaufmann) 1993. 127 S.

Schorn, Günter: "Uns geht die Sonne nicht unter ... " – Eine Jugend in Deutschland. – Selbstverlag (Satz und Druck: Heitz & Höffkes, Essen) 1993. 203 S.

Axmann, Artur: "Das kann doch nicht das Ende sein". Hitlers letzter Reichsjugendführer erinnert sich. – Koblenz (Bublies) 1995. 571 S.

Sichelschmidt, Gustav: Verschwiegen und vergessen. Nationale deutsche Autoren im
20. Jahrhundert. – Berg am Starnberger See (VGB-Verlagsgesellschaft Berg
mbH) 1997. 220 S.

Kaufmann, Günter: Kinderlandverschickung (erw. KLV): Die Lebensrettung Jugend-
licher im Krieg. Ein Beispiel, wie der Zeitgeist die Geschichte verfälscht... –
KLV Rundbrief der Dokumentations-Arbeitsgemeinschaft KLV Nr. 72 (Juni-
Juli 1997) 49-56

Kaufmann, Günter: Jugendbewegung im 20. Jahrhundert. Ein Kapitel ihrer Geschichte im Rückblick: Hitlerjugend. – Rosenheim (Deutsche Verlagsgesellschaft)
1997. 56 S.

Woche, Klaus-Rainer: Gestern war's noch besser. Rückschau und Ausblick eines
Deutschen vom Jahrgang 1927. – Berg am Starnberger See (Druffel) 1997.
384 S.

Kaufmann, Günter: Hitler-Jugend Dokumentation. Auf Teufel komm raus. Unwahr-
heiten und Lügen über die nationalsozialistische Jugendbewegung. Eine Richtigstellung. – Berg am Starnberger See (Vowinckel) 1999. 192 S.

Owings, Alison: Eine andere Erinnerung. Frauen erzählen von ihrem Leben im "Dritten Reich". Aus dem Amerikanischen, mit einer Vorbemerkung von Elke Fröhlich. – Berlin (Ullstein) 1999. 601 S. – Enthält u. a. auch rechtlastige Lebenserinnerungen.

Rüdiger, Jutta: Ein Leben für die Jugend. Mädelführerin im Dritten Reich. Das Wirken der Reichsreferentin des BDM (Bund Deutscher Mädel). – Preußisch Oldendorf (Deutsche Verlagsgesellschaft) 1999. 231 S.

26 Lebensgeschichtliche Texte von Angehörigen der HJ-Generation betreffend die Jahre 1933-1945

26.1 Überblick

Es trifft zu, was Elke Fröhlich (im Anhang zu Johannes Leeb, "Wir waren Hitlers Eliteschüler", Hamburg 1998, S. 192) zum historiographischen Nutzen von autobiographischen Texten sagt, daß sie als "späte subjektive Erinnerungen von untergeordnetem Quellenwert" sind. Das ist konkret bezogen auf die "historisch-wissenschaftliche Exploration des damaligen NS-Eliteschultyps", hat aber auch weitergehende Gültigkeit. Der immerhin noch vorhandene Quellenwert ist überdies recht unterschiedlich und – vor allem bei autobiographischen Romanen – nicht leicht und nur mit angemessener Kritik zu erheben. Ein gewisser Wert ist jedenfalls da, und er besteht nicht nur im Wiedererkennungserlebnis von Lesern der HJ-Generation. Vor allem bei der vergleichenden Zusammenschau zahlreicher lebensgeschichtlicher Berichte ist aus der Fülle übereinstimmender Aussagen etwa zu Details des Alltagslebens 1933-1945 ein farbiges Bild der Zeitgeschichte zu gewinnen.

Nicht alle Autoren ringen sich zu einer radikalen, entblößenden Selbstrechenschaft über ihr Mitmarschieren, Mitsingen und Mittun unter Hitler durch, die meisten bemühen sich aber doch wenigstens, sich über ihre NS-Sozialisation klar zu werden und ihre eigene damalige Rolle kritisch zu sehen. Gewiß sollte keine Nachsicht gegenüber NS-Rudimenten in der Mentalität von Autobiographen geübt werden, aber wer auch einigermaßen redliches Bemühen um Selbstkritik von vornherein als verlogen bezeichnet, setzt sich dem Verdacht der Selbstgerechtigkeit aus; denn die heute Lebenden und hart Urteilenden sind selbst nie in der Lage jener Autobiographen gewesen.

Es sollte vielleicht stärker als bisher der Wert gesehen werden, den – bei allen kritischen Vorbehalten – sehr viele Autobiographien für die Erforschung der NS-Sozialisation der Jugend haben, angefangen von Elternhaus und Schule bis zur Universitätsausbildung und zur "weltanschaulichen Schulung" in der Hitlerjugend. Die letzten Werke dieser Art sind in Kürze geschrieben, und vielleicht wird man es bedauern, nicht mehr davon zu haben.

Ich verzichte auf eine einführende Vorbemerkung zu der folgenden Titelliste. Die Gefahr allzu subjektiver Bewertung ist hier nicht von der Hand zu weisen, und von literarischer Kritik verstehe ich zu wenig. Wer will, mag also selbst auf Entdeckungsreise gehen. Dabei kann dem Leser die ergänzende Liste "Sekundärliteratur" von Nutzen sein. – Im übrigen enthält meine Aufzählung auch einige wenige autobiographische Texte christlicher Autoren, die im NS-Sprachgebrauch als "Mischlinge" galten und in der Regel nicht Mitglieder der Staatsjugend waren.

26.2 Autobiographien, autobiographische Romane, Tagebücher; Oral History

Siemsen, Hans: Die Geschichte des Hitlerjungen Adolf Goers. – Düsseldorf (Komet) 1947 (und Berlin 1981; zuerst London 1940). 223 S. – Im Exil geschrieben.

Altner, Helmut: Totentanz Berlin. Tagebuchblätter eines Achtzehnjährigen. – Offenbach (Bollwerk) 1947. 245 S.

Generation ohne Sicherheit. Hg. von der Arbeitsgemeinschaft "wir alle", Jugendpflege- und Gruppenschrifttum. Wiesbaden (Koehler) 1947. 121 S.

Körber, Hilde (Hg.): Kindheit und Jugend 1942-1947. Briefe und Aufzeichnungen junger Menschen. – Berlin (Herbig) 1948

Meichsner, Dieter: Versucht's noch mal mit uns. – Hamburg (Rowohlt) 1948. 207 S.

Jugend unterm Schicksal. Lebensberichte junger Deutscher 1948-1949, hg. von Kurt *Haß*. – Hamburg (Wegner) 1950. 245 S.

Gregor, Manfred: Die Brücke. Roman. 9. Auflage. – München (Heyne) 1986 (zuerst München: Desch, 1958). 176 S.

Stephan, Klaus: So wahr mir Gott helfe. Roman. – München (Desch) 1958. 454 S.

Wagner, Günter: Die Fahne ist mehr als der Tod. Roman einer Generation. – Hamburg (Claassen) 1958. 323 S.

Grass, Günter: Die Blechtrommel. Roman. – Frankfurt (Fischer) 1964 (zuerst 1959); Katz und Maus (1961); Hundejahre (1963). – In dieser "Danziger Trilogie" sind auch Erlebnisse des Schülers, Hitlerjungen und Flakhelfers Grass romanhaft-autobiographisch verarbeitet. – Vgl. Günter Grass: Über das Selbstverständliche, Neuwied (Luchterhand) 1968, 169: "Im Jahre 1927 wurde ich in Danzig geboren. Als 14jähriger war ich ein Hitlerjunge; als 16jähriger wurde ich Soldat... ich war zu jung, um ein Nazi gewesen zu sein, aber alt genug, um von einem System... mitgeprägt zu werden... Ohne Verdienst unbelastet, wuchs ich in die Nachkriegszeit hinein" (aus einer 1967 während einer Israel-Reise gehaltenen Rede).

Fraschka, Günter: Das letzte Aufgebot. Vom Sterben der deutschen Jugend. – Rastatt (Pabel) 1960. 462 S.

Klönne, Arno: Fahrt ohne Ende. Geschichte einer Jungenschaft. – Colmar-Freiburg (Alsatia) [o. J., um 1960?]. 187 S.

McKee, Ilse: Tomorrow the World. – London (J.M. Dent & Sons Ltd) 1960. 199 S.

Noll, Dieter: Die Abenteuer des Werner Holt. – Gütersloh (Bertelsmann) [o. J., zuerst Bremen: Schünemann, 1960/63, in 2 Bänden]

Kardorff, Ursula von: Berliner Aufzeichnungen aus den Jahren 1942 bis 1945. – München (Biederstein) 1962. 324 S.

Knebel, Hajo: Jahrgang 1929. Roman. – München (Bergstadtverlag Wilh. Gottl. Korn) 1962. 360 S.

Noack, Hans-Georg: Die Webers – eine deutsche Familie – 1932-45. – Ravensburg (Otto Maier) 1980 (zuerst unter dem Titel "Stern über der Mauer", Baden-Baden: Signal, 1962)

Küpper, Heinz: Simplicius 45. Roman. – Köln (Middelhauve) 1963. 214 S.

Maschmann, Melita: Fazit. Kein Rechtfertigungsversuch. 2. Aufl. – Stuttgart (Deutsche Verlags-Anstalt) 1963 (und zahlreiche weitere Auflagen). 224 S. – Dazu Lisa Kock, "Man war bestätigt und man konnte was!", Münster 1994, 235-247; vgl. Ortmeyer 1998, 352-360.

Rechlin, Eva: Vaterland – Deine Kinder. – Stuttgart (Schwabenverlag) 1963. 154 S.

Wächter, Norbert: Um Deutschlands willen ... Ein Buch vom politischen Rebellieren und Dienen. – München (Olzog) 1963. 159 S.

Gallwitz, Esther: Freiheit 35 oder Wir Mädel singen falsch. – Freiburg (Herder) 1964. 156 S.

Seuffert, Josef: Franz muß in den Krieg. Ein Junge in Hitlers Armee. – Düsseldorf (Haus Altenberg) 1964. 171 S.

Granzow, Klaus: Tagebuch eines Hitlerjungen, 1943-1945. – Bremen (Schünemann) 1965. 185 S.

Grund, Josef C.: Flakhelfer Briel, "und sie werden nicht mehr frei ihr ganzes Leben". – Nürnberg (Sebaldus) 1965. 172 S.

Krüger, Horst: Das zerbrochene Haus. Eine Jugend in Deutschland. – München (dtv) 1968 (zuerst Gütersloh 1966). 134 S.

Richter, Hans Peter: Die Zeit der jungen Soldaten. – Freiburg (Alsatia) 1967. 137 S.

Richter, Hans Peter: Damals war es Friedrich. 10. Aufl. – München (dtv) 1979 (zuerst Olten: Walter, 1969). 123 S.

Winkler, Horst: Einer vom Jahrgang 22. Autobiographie. 4. Aufl. – Berlin (Verlag der Nation) 1974 (zuerst 1970). 488 S.

Zmarzlik, Hans-Günter: Wieviel Zukunft hat unsere Vergangenheit? Aufsätze und Überlegungen eines Historikers vom Jahrgang 1922. – München (Piper) 1970. 281 S. – S. 16-31: "Einer vom Jahrgang 1922. Rückblick in eigener Sache".

Kempowski, Walter: Tadellöser & Wolff. Ein bürgerlicher Roman. – München (Hanser) 1977. 476 S.

Gehrts, Barbara: Nie wieder ein Wort davon? 2. Auflage. München (dtv) 1979 (zuerst Stuttgart: Union, 1975).

Jugend im Dritten Reich, hg. von Hermann *Glaser* und Axel *Silenius*. – Frankfurt (Tribüne) 1975. 124 S.

Burger, Horst: Warum warst du in der Hitler-Jugend? Vier Fragen an meinen Vater. – Reinbek (Rowohlt) 1995 (zuerst Reutlingen 1976) 158 S.

Lentz, Georg: Muckefuck. Roman. – München (Bertelsmann) 1976. 332 S.

Koehn, Ilse: Mischling zweiten Grades. Kindheit in der Nazizeit. – Reinbek (Rowohlt) 1979 (zuerst amerikanisch, 1977). 255 S.

Richter, Hans Peter: Wir waren dabei. Ein authentischer Bericht über das Dritte Reich, wie es wirklich war. – Würzburg (Arena) 1979 (zuerst 1977) 156 S.

Ringler, Ralf Roland: Illusion einer Jugend. Lieder, Fahnen und das bittere Ende. Hitler-Jugend in Österreich. Ein Erlebnisbericht. – St. Pölten (Verlag Niederösterreichisches Pressehaus) 1977. 223 S.

Seiffert, Dietrich: Einer war Kisselbach. Roman. – Recklinghausen (Bitter) 1977 (und Reinbek: Rowohlt, 1980). 160 S.

Damals war ich vierzehn. Berichte und Erinnerungen von Winfried *Bruckner* (u. a.). – Wien (Jugend und Volk) 1978. 124 S.

Drewitz, Ingeborg: Gestern war heute. Hundert Jahre Gegenwart. – Düsseldorf (Claassen) 1978. 382 S.

Finckh, Renate: Mit uns zieht die neue Zeit. Mit einem Nachwort von Inge Aicher-Scholl. – Baden-Baden (Signal) 1978. 192 S. (2. Auflage unter dem Titel "Sie versprachen uns die Zukunft. Eine Jugend im Nationalsozialismus", Würzburg: Arena, 1995. 220 S.)

Paul, Wolfgang: Das Feldlager. Jugend zwischen Langemarck und Stalingrad. – Esslingen (Bechtle) 1978. 428 S.

Baer, Frank: Die Magermilchbande. Roman. – Frankfurt (Fischer) 1995 (zuerst Hamburg: Knaus, 1979). 332 S.

Bayer, Ingeborg (Hg.): Ehe alles Legende wird. – Baden-Baden (Signal) 1979

Brill, Rudi: Tagebuch 1944/45. – Bexbach/Saar (Selbstverlag) [1979]. 133 S.

Ehrenberg, Gisela [= Gisela Bleibtreu-Ehrenberg :] Deutschlands Hoffnung. Roman. – München (Steinhausen) 1979. 288 S.

Fuchs, Ursula: Emma oder die unruhige Zeit. – Modautal-Neukirchen (Anrich) 1979

Hardey, Evelyn: … damals war ich fünfzehn. – Reutlingen (Ensslin & Laiblin) 1979. 156 S.

Korschunow, Irina: Er hieß Jan. – 2. Aufl., Zürich (Benziger) 1979. 152 S.

Sybil Gräfin *Schönfeldt*: Sonderappell. – Wien (Überreuter) 1979. 192 S.

Wendelgard von *Staden*: Nacht über dem Tal. Eine Jugend in Deutschland. 2. Aufl. – Düsseldorf (Diederichs) 1979. 156 S. (danach weitere Auflagen)

Borkowski, Dieter: Wer weiß, ob wir uns wiedersehen. Erinnerungen an eine Berliner Jugend. – Frankfurt (Fischer) 1980. 222 S.

Brückner, Peter: Das Abseits als sicherer Ort. Kindheit und Jugend zwischen 1933 und 1945. – Berlin (Wagenbach) 1980. 155 S.

Döbler, Hannsferdinand: Kein Alibi. Ein deutscher Roman, 1919-1945. – Berlin (Ullstein) 1980. 351 S.

Max von der *Grün*: Wie war das eigentlich? Kindheit und Jugend im Dritten Reich. 8. Auflage. – Darmstadt (Luchterhand) 1980. 263 S.

Heer, Hannes (Hg.): Als ich 9 Jahre alt war, kam der Krieg. Ein Lesebuch gegen den Krieg. – Reinbek (Rowohlt) 1983 (zuerst Köln: Prometh, 1980). 252 S.

Maaß, Winfried: Die Fünfzigjährigen. Porträt einer verratenen Generation. – Hamburg (Hoffmann und Campe) 1980. 216 S.

Oker, Eugen: ... und ich der Fahnenträger. Eine wahre Satire. – München (Nymphenburger Verlagshandlung) 1980. 176 S.

Ziem, Jochen: Der Junge. Eine Entwicklung in sieben Bildern. – München (Verlag Autoren-Edition) 1980. 163 S.

Biewend, Edith: Muß selbst den Weg mir weisen. Roman. – München (Ehrenwirth) 1981. 351 S.

Böll, Heinrich: Was soll aus dem Jungen bloß werden? Oder: Irgendwas mit Büchern. – Bornheim (Lamuv) 1981. 96 S.

Bredow, Ilse Gräfin von: Deine Keile kriegste doch. 3. Auflage. – Bern (Scherz) 1981. 253 S.

Hillenbrand, Karl: Kottenbacher Geschichten oder Der Krieg fand eigentlich woanders statt. – Bern (Scherz) 1981. 283 S.

Köhler, Jochen: Klettern in der Großstadt. Geschichten vom Überleben zwischen 1933-1945. – Berlin (Wagenbach) 1981. 248 S.

Loest, Erich: Durch die Erde ein Riß. Ein Lebenslauf. – Hamburg (Hoffmann & Campe) 1981

Stolze, Stephan: Innenansicht. Eine bürgerliche Kindheit 1938-1945. Mit einem Vorwort von Sebastian Haffner. – Frankfurt (Suhrkamp) 1981. 185 S.

Heinz von der *Wall*: Noch schmetterten die Siegesfanfaren. Eine Jugend in Südoldenburg. Tagebuchaufzeichnung 1939-1941. – Cloppenburg (Janssen) 1981. 160 S.

Bernhard, Thomas: Ein Kind. – Salzburg (Residenz) 1982

Dufner, Wolfram: Frühe Wegweisungen. Chronik einer alemannischen Jugend 1926-1950. – Konstanz (Verlag des Südkurier) 1982. 174 S.

Hannsmann, Margarete: Der helle Tag bricht an. Ein Kind wird Nazi. – Hamburg (Knaus) 1982. 255 S.

Helbig, Ludwig: "Und sie werden nicht mehr frei, ihr ganzes Leben!". Eine kleinbürgerliche Kindheit und Jugend im Dritten Reich: 2. Auflage. – Weinheim (Beltz) 1983 (zuerst 1982) 91 S.

Reich-Ranicki, Marcel (Hg.): Meine Schulzeit im Dritten Reich. Erinnerungen deutscher Schriftsteller. 5. Aufl. – München (dtv) 1993 (zuerst Köln 1982). 259 S.

Stolten, Inge: Das alltägliche Exil. Leben zwischen Hakenkreuz und Währungsreform. – Berlin (Dietz) 1982. 167 S.

Siegreich bis zum Untergang. Anfang und Ende des Dritten Reiches in Augenzeugenberichten. Mit einer Einführung von Hermann *Glaser*. – Freiburg (Herder) 1983. 367 S.

Klafki, Wolfgang: Zwischen Führerglauben und Distanzierung. Autobiographisches zur politischen Identitätsbildung in Kindheit und Jugend unter dem Nationalsozialismus, in: Subjektivität und Schule, hg. von Wilfried Breyvogel und Hartmut Wenzel, Essen (Neue Deutsche Schule Verlagsgesellschaft) 1983, 100-126

Krüger, Hardy: Junge Unrast. Roman. – München (Bertelsmann) 1983. 574 S.

Letzte Tage in Ostpreußen. Erinnerungen an Flucht und Vertreibung. Hg. von Herbert *Reinoß*. – München (Langen-Müller) 1983. 335 S.

Steinbach, Lothar: Ein Volk, ein Reich, ein Glaube? Ehemalige Nationalsozialisten und Zeitzeugen berichten über ihr Leben im Dritten Reich. – Bonn (Dietz) 1983. 254 S. – Vgl. dazu Benjamin Ortmeyer, Schicksale jüdischer Schülerinnen und Schüler in der NS-Zeit, Witterschlick/Bonn 1998, 487-495.

Cyrus, Hannelore: Für Führer, Volk und Vaterland. Frauen im Faschismus, in: Geborsten und vergiftet ist das Land, hg. von Barbara Riedl, Köln (Pahl-Rugenstein) 1984, 10-32

Fuchs, Gerd: Die Amis kommen. Ein Hitlerjunge erlebt das Kriegsende. – Reinbek (Rowohlt) 1996 (zuerst 1984). 128 S.

Marcks, Marie: "Marie, es brennt!". Autobiographische Aufzeichnungen. – München (Frauenbuch Verlag/Weismann Verlag) 1984 [unpaginiert, 96 S.].

Okopenko, Andreas: Kindernazi. Roman. – Salzburg (Residenz) 1984. 131 S.

Schellbach, Hans: Karlik. Zeitgeschichtlicher Roman über die Hitler-Jugend. Mit einem Vorwort von Heinz Galinski. – Dülmen (Laumann) 1984. 431 S.

Sombart, Nicolaus: Jugend in Berlin, 1933-1943. Ein Bericht. – Frankfurt (Fischer) 1996 (zuerst München: Hanser, 1984). 302 S.

Aicher, Otl: Innenseiten des Kriegs. – Frankfurt (Fischer) 1985. 220 S.

Engelmann, Bernt: Im Gleichschritt marsch. Wie wir die Nazizeit erlebten, 1933-1939. – Gütersloh (Bertelsmann) [o. J.].

Engelmann, Bernt: Bis alles in Scherben fällt. Wie wir die Nazizeit erlebten, 1939-1945. – Gütersloh (Bertelsmann) [o. J.].

Heck, Alfons: A Child of Hitler. Germany in the Days When God Wore a Swastika. – Frederick, CO (Renaissance House) 1985. 207 S.

Kirsten-Herbst, Ruth: Mädchen an der Front. Eine Flakhelferin erzählt. – Gütersloh (Schulte + Gerth Asslar) 1985. 172 S.

Klafki, Wolfgang: Zwischen Führerglauben und Distanzierung. Autobiographisches zur politischen Identitätsbildung in Kindheit und Jugend unter dem Nationalsozialismus, in: "Die Formung des Volksgenossen", hg. von Ulrich Herrmann, Weinheim (Beltz) 1985, 314-332

" ... vergessen kann man die Zeit nicht, das ist nicht möglich ... ". Kölner erinnern sich an die Jahre 1929-1945. Hg. von der Stadt Köln, bearbeitet im Historischen Archiv von Horst *Matzerath*. 2. Aufl. – Köln (Stadt Köln, Historisches Archiv) 1985

Nöstlinger, Martin: Martin Wimmer und der totale Krieg. Fünfzehnjährige als Luftwaffenhelfer. – Wien (Dachs-Verlag) 1985. 176 S.

Siebeck, Wolfram: Als sich die Disziplin zu lockern begann. Meine Kindheit unter dem Hakenkreuz, in: "Die Formung des Volksgenossen", hg. von Ulrich Herrmann, Weinheim (Beltz) 1985, 303-307

Edvardson, Cordelia: Gebranntes Kind sucht das Feuer. – München (Hanser) 1986. 134 S.

Niethammer, Lutz: Heimat und Front. Versuch, zehn Kriegserinnerungen aus der Arbeiterklasse des Ruhrgebietes zu verstehen, in: "Die Jahre weiß man nicht, wo man die heute hinsetzen soll". Faschismuserfahrungen im Ruhrgebiet. Lebensgeschichte und Sozialkultur im Ruhrgebiet 1930 bis 1960, hg. von Lutz Niethammer. Band 1 (2. Aufl.), Bonn (Dietz) 1986, 163-232

Gabriele *Rosenthal* (Hg.), unter Mitarbeit von Claudia Gather (u. a.): Die Hitlerjugend-Generation. Biographische Thematisierung als Vergangenheitsbewältigung. – Essen (Blaue Eule) 1986. 463 S.

Stern, Carola: In den Netzen der Erinnerung. Lebensgeschichten zweier Menschen. – Reinbek (Rowohlt) 1990 (zuerst 1986). 256 S.

Cranz, Martin: Ich, ein Deutscher ... Dülmen (Laumann) 1987. 601 S.

Finckh, Renate: Nachwuchs. Roman. – Gerlingen (Bleicher) 1987. 234 S.

Görtz, Adolf: Stichwort: Front. Tagebuch eines jungen Deutschen, 1938-1942. – Halle (Mitteldeutscher Verlag) 1987. 360 S.

Kupffer, Heinrich: Swingtime. Chronik einer Jugend in Deutschland 1937-1951. – Berlin (Frieling) 1987. 143 S.

Lauer, Heinrich: Kleiner Schwab – Großer Krieg. Roman. – Innsbruck (Wort und Welt Verlag) 1987

Gert *Otto*/Gunter *Otto*: Anmerkungen zu G. von G., in: Religion und Biographie, hg. von Albrecht Grözinger und Henning Luther. – München (Kaiser) 1987, 13-29

Pechtold, Friedrich: Der Pimpf. Eine Familie erlebt den Krieg im Kölner Land und in Coburg. – Sulzbach/Taunus (Friedrich Pechtold) 1987. 127 S.

Rosenthal, Gabriele: "... wenn alles in Scherben fällt... ". Von Leben und Sinnwelt der Kriegsgeneration. Typen biographischer Wandlungen. – Opladen (Leske + Budrich) 1987

Sester, Hans: Als Junge im sogenannten Dritten Reich. Ein Bericht aus Köln und Orten der Evakuierung. – Frankfurt (Hans-Alfred Herchen) 1987. 121 S.

Sternheim-Peters, Eva: Die Zeit der großen Täuschungen. Mädchenleben im Faschismus. – Bielefeld (AJZ-Druck & Verlag) 1987. 471 S. (und Köln: Verlag Wissenschaft und Politik) 1992. 382 S.

Borth, Fred: Nicht zu jung zum Sterben. Die "Hitler-Jugend" im Kampf um Wien 1945. – Wien (Amalthea) 1988. 360 S.

Bremer, Sigrid: Muckefuck und Kameradschaft. Mädchenzeit im Dritten Reich. Von der Kinderlandverschickung bis zum Studium 1946. 3. Auflage 1989. – Frankfurt (R.G. Fischer) 1989 (zuerst 1988) 126 S.

Dolata, Werner: Chronik einer Jugend. Katholische Jugend im Bistum Berlin, 1936-1949. – Hildesheim (Bernward) 1988. 356 S.

Greiffenhagen, Martin: Jahrgang 1928. Aus einem unruhigen Leben. – München (Piper) 1988. 198 S.

Verführung, Distanzierung, Ernüchterung. Kindheit und Jugend im Nationalsozialismus. Autobiographisches aus erziehungswissenschaftlicher Sicht. Hg. von Wolfgang *Klafki*. – Weinheim (Beltz) 1988. 263 S.

Meixner-Wülker, Emmy: Zwiespalt. Jugend zwischen NS-Erziehung und Verfolgung. – Hamburg (VSA-Verlag) 1988. 173 S.

Schwarze, Gisela: Minke Minke. Eine literarische Dokumentation 1939-1949. – Sigmaringendorf (regio Verlag Glock und Lutz) 1988. 108 S.

Zinkl, Herbert: Lausige Zeiten. Eine Jugend zwischen 1934 und 1945. – Graz (Styria) 1988. 239 S.

Berger, Franciska: Tage wie schwarze Perlen. Tagebuch einer jungen Frau, Oberösterreich 1942-1945. – Grünbach (Edition Geschichte der Heimat, Franz Steinmaßl) 1989. 207 S.

Braunburg, Rudolf: Hinter Mauern. Eine Jugend in Deutschland. Roman. – Reinbek (Rowohlt) 1989. 286 S.

Cwojdrak, Günther: Kontrapunkt. Tagebuch 1943-1944. Neu betrachtet 1986. – Berlin (Aufbau-Verlag) 1989. 128 S.

Everwyn, Klas E.: Jetzt wird alles besser. Eine Jugend zwischen Krieg und Nachkriegszeit. – Würzburg (Arena) 1989. 152 S.

Unter Hakenkreuz und Bombenhagel. Die Irreführung einer Generation in Beispielen von Augenzeugenberichten aus Wuppertal, hg. von Klaus *Goebel*. – Wuppertal (Born) 1989 (1990^2).

Simoneit, Ferdinand: "... mehr als der Tod". Die geopferte Jugend. – München (Universitas) 1989. 318 S.

Zeitler, Klaus: Jahrgang 1929. Eine Jugend in Deutschland. – Erlangen (Straube) 1989. 338 S.

Gotschlich, Helga: Reifezeugnis für den Krieg. Abiturienten des Jahrgangs 39 erinnern sich. – Berlin (Verlag der Nation) 1990. 295 S.

Harig, Ludwig: Weh dem, der aus der Reihe tanzt. Roman. – Frankfurt (Fischer) 1993 (zuerst München: Hanser, 1990). 272 S.

Kranz, Gisbert: Eine katholische Jugend im Dritten Reich. Erinnerungen 1921-1947. – Freiburg (Herder) 1990. 185 S.

Gabriele *Rosenthal* (Hg.): "Als der Krieg kam, hatte ich mit Hitler nichts mehr zu tun. Zur Gegenwärtigkeit des "Dritten Reiches" in Biographien. – Opladen (Leske + Budrich) 1990. 256 S.

Scholz, Lothar: Der verratene Idealismus. Kindheit und Jugend im Dritten Reich. – Frankfurt (Haag + Herchen) 1990. 286 S.

Schwarze, Hans Dieter: Geh aus, mein Herz. Erinnerungen an eine Jugend 1926 bis 1945. – Münster (Aschendorff) 1990. 242 S.

Szczesny, Gerhard: Als die Vergangenheit Gegenwart war. Lebenslauf eines Ostpreußen. – Berlin (Ullstein) 1990. 203 S.

Müncheberg, Hans: Gelobt sei, was hart macht. Aus dem Leben eines Zöglings der Nationalpolitischen Erziehungsanstalt Potsdam. Roman. – Berlin (Morgenbuch Verlag) 1991. 312 S.

Schroeder, Klaus-Henning: Davids' Enkel. Eine Jugend in Schwerin. – Schwerin (Demmler) 1991. 237 S.

Adorf, Mario: Der Mäusetöter. Unrühmliche Geschichten. – Köln (Kiepenheuer & Witsch) 1992

Brenner, Heinz A.: Dagegen. Bericht über den Widerstand von Schülern des Humanistischen Gymnasiums Ulm/Donau gegen die deutsche nationalsozialistische Diktatur. – Leutkirch im Allgäu (Rud. Roth) [1992]. 116 S.

Bruyn, Günter de: Zwischenbilanz. Eine Jugend in Berlin. – Frankfurt (Fischer) 1996 (zuerst 1992) 381 S.

"Restloser, verzehrender Einsatz für Deutschland". Eine Schulklasse erlebt den Zweiten Weltkrieg. Das Rundbuch des Abiturjahrgangs 1940 der "Adolf-Hitler-Oberschule" Böblingen. Herausgegeben, durch Dokumente ergänzt und erläutert von der *Geschichtswerkstatt* am Goldberg-Gymnasium Sindelfingen. 2. Auflage. – Stuttgart (Silberburg) 1992. 211 S. – Darin: "Zweiter Teil: Wie ein Weltbild entsteht. Der Einfluß von Umfeld, Schule und Hitlerjugend auf die Verfasser des Rundbuchs".

Krohmer, Fritz: Verwischte Spuren. – Erdmannhausen (Stark) 1992. 150 S.

Müller, Heiner: Krieg ohne Schlacht. Leben in zwei Diktaturen. – Köln (Kiepenheuer & Witsch) 1992.

Kindheit und Jugend unter Hitler. Von Helmut *Schmidt* (u. a.). – München (Goldmann) 1994 (zuerst Berlin: Siedler, 1992). 282 S.

Schröder, Hans Joachim: Die gestohlenen Jahre. Erzählgeschichten und Geschichtserzählung im Interview: Der Zweite Weltkrieg aus der Sicht ehemaliger Mannschaftssoldaten. – Tübingen (Niemeyer) 1992. 1028 S.

Antholz, Heinz: Zur (Musik-)Erziehung im Dritten Reich. Erinnerungen, Erfahrungen und Erkenntnisse eines Betroffenen. – Augsburg (Wißner) 1993. 212 S.

Gabriel , Schnürsenkel und Endsieg. – Jahrbuch Westfalen 1993, 22-25

Knef, Hildegard: Der geschenkte Gaul. Bericht aus meinem Leben. 12. Aufl. – Frankfurt/M; Berlin (Ullstein) 1993. 368 S.

Nosbüsch, Johannes: Als ich bei meinen Kühen wacht' … Geschichte einer Kindheit und Jugend in den dreißiger und vierziger Jahren. – Landau (Pfälzische Verlagsanstalt) 1993. 327 S.

Paul-Horn, Ina: Faszination Nationalsozialismus? Zu einer politischen Theorie des Geschlechterverhältnisses. – Pfaffenweiler (Centaurus) 1993. 157 S.

Queiser, Hans R.: "Du gehörst dem Führer!". Vom Hitlerjungen zum Kriegsberichter. Ein autobiographischer Bericht. – Köln (Informationspresse – C.W. Leske Verlag) 1993. 254 S.

Storjohann, Uwe: "Hauptsache: Überleben". Eine Jugend im Krieg 1936-1945. – Hamburg (Dölling und Galitz) 1993. 219 S.

Wehner, Günter: Die Schlacht um Berlin April/Mai 1945 – Aus der Sicht von Schüleraufsätzen des Jahres 1946, in: Deutsche Jugend zwischen Krieg und Frieden 1944-1946, hg. von Ingo Koch, Rostock (Verlag Jugend und Geschichte) 1993, 65-68

Wierling, Dorothee: Von der HJ zur FDJ? – Bios. Zeitschrift für Biographieforschung und Oral History 6 (1993) 107-118

Wolf, Christa: Kindheitsmuster. Roman. 3. Aufl. – München (dtv) 1995 (zuerst Hamburg: Luchterhand, 1993). 520 S.

Bergau, Martin: Der Junge von der Bernsteinküste. Erlebte Zeitgeschichte 1938-1948. Mit einem Vorwort von Michael Wieck und mit Dokumenten über die jüdischen Todesmärsche 1945. – Heidelberg (Winter) 1994. 276 S.

Eppler, Erhard: Als Wahrheit verordnet wurde. Briefe an meine Enkelin. 4. Auflage. – Frankfurt (Insel) 1995 (zuerst 1994). 184 S.

Gielsdorf, Edgar: Vom Christkind eine Landsknechtstrommel. Ein Hitler-Junge zieht Bilanz. – Köln (Lüttgau) 1994. 261 S.

Harms, Jürgen: Leerjahre. Eine Jugend unter Hitler und Stalin. – Wien (Verlag für Gesellschaftskritik) 1994. 211 S.

Lembcke, Rudolf: Parchimer Jugend 1944/1945. Vom Zeitzeugen erinnert und kommentiert. Teil I: Oberschule, Wehrertüchtigungslager und Marinehelfereinsatz. – Parchimer Heimathefte Nr. 20. – Barsbüttel (hg. vom Kulturkreis Mecklenburg e. V., Sitz Hamburg) 1994. 39 S.

Schikore, Klaus: Kennungen. Landmarken einer Wandlung. 2. Aufl. – Aachen (Karin Fischer Verlag) 1994 (zuerst 1993). 191 S.

Altpeter, Gerda: Dem Holocaust entkommen. Biographische Rückschau einer Christin jüdischer Herkunft aus Essen, mit einem Anhang ausgewählter Briefe. – Düsseldorf (Archiv der Evangelischen Kirche im Rheinland) 1995. 270 S. – Die Autorin war nach NS-Verständnis "Mischling 1. Grades" (S. 79; der Vater war evangelischer Christ jüdischer Herkunft.)

Appel, Reinhard (Hg.): Es wird nicht mehr zurückgeschossen... Erinnerungen an das Kriegsende 1945. – Bergisch-Gladbach (Lingen) 1995. 392 S.

Cramer, Friedrich: Kindheit, Jugend und Krieg. Erinnerungen. – Frankfurt (Insel) 1995. 300 S.

Forte, Dieter: Der Junge mit den blutigen Schuhen. Roman. – Frankfurt (Fischer) 1995. 304 S.

Niethammer, Roswitha: Dem Teufel vor die Schmiede. Meine Kindheit im Dritten Reich. – Gerlingen (Bleicher) 1995. 169 S.

Markus [= Jörg Mark-Ingraban von Morgen :] Mein Leben unter braunen Clowns. Eine Jugend in Deutschland. – Oldenburg (Lappan) 1995. 329 S.

Montanus, Klaus: Die Putbusser. Kadetten unter dem Hakenkreuz. Ein Napola-Schüler erzählt. – Frankfurt (R.G. Fischer) 1995. 416 S.

Prinz, Friedrich: Szenenwechsel. Eine Jugend in Böhmen und Bayern. – München (Beck) 1995. 210 S.

Saul, Rudolf: Wegen politischer Unzuverlässigkeit von der Hitlerjugend ausgeschlossen. Meine Jugendzeit unter dem Nationalsozialismus. Dokumentationen und Berichte aus der Zeit der Terrordiktatur Hitlers vom 30. Januar 1933 bis zum 8. Mai 1945. – Holzwickede (Rudolf Saul) 1995. 135 S. – S.37 zum Essener Burggymnasium.

Wellershoff, Dieter: Der Ernstfall. Innenansichten des Krieges. – Köln (Kiepenheuer & Witsch) 1995. 325 S.

Bent, Rudi: Hafersuppe. Erinnerungen 1939-1948. – Paderborn (Snayder) 1996. 125 S.

Beyerlein, Luise: Jahrgang 1925. Ein Rückblick in das zweite Viertel des 20. Jahrhunderts. Niedergeschrieben im Winter 1993/94 in Neustadt a. d. Aisch. – Neustadt (Degener) 1996. 96 S.

Bormann, Martin: Leben gegen Schatten. Gelebte Zeit – geschenkte Zeit, Begegnungen – Erfahrungen – Folgerungen. – Paderborn (Bonifatius) 1996. 254 S.

Degenhardt, Franz Josef: Zündschnüre. Roman. – Berlin (Aufbau Taschenbuch Verlag) 1996. 217 S.

Döll, Heinz: Aufgewachsen im Nationalsozialismus, 1933-1939, in: Zeitzeugen berichten, 1933-1945. Nationalsozialismus und Krieg. Eine Rückschau, hg. vom Förderkreis Dokumentation, Bremen (Johann Heinrich Döll Verlag) 1996, 97-131

Düsseldorf, Karl: Kindheit und Jugend 1929-1939 in Wuppertal: Persönliche Eindrücke und Rückblicke von Walter Scherf, in: Jugend zwischen Selbst- und Fremdbestimmung, hg. von Burkhard Dietz (u. a.), Bochum (Winkler) 1996, 179-202

Gröper, Reinhard: Erhoffter Jubel über den Endsieg. Tagebuch eines Hitlerjungen 1943-1945. – Sigmaringen (Thorbecke) 1996. 329 S.

Waltraut *Haack*, geb. Hoyer: "Man könnte darüber aufregende Romane schreiben... " – Ein Lebensbericht 1921-1996, in: Mädchenbildung in Deutschland, hg. von Wilfried Breyvogel, Essen 1996, 121-128

Just, Georg: Wir Kindersoldaten der Jahrgänge 1928-30. Nur das Chaos durfte ich miterleben. – Bocholt (Privatdruck) 1996. 182 S. (mit neuem Titel "Es war nicht der Krieg allein. Erinnerungen eines Schlesiers" erschienen in Münster: Waxmann, 1998. 160 S.)

"... und es ging böse zu... ". Abiturienten 1939. Ein Rundbrief im zweiten Weltkrieg. Hg. von Helmut *Krause* (u. a.). – Marburg (Rathaus-Verlag) 1996. 117 S.

Leysen, André: Hinter dem Spiegel. Eine Jugend in Flandern. – München (Goldmann) 1996 (zuerst niederländisch 1995). 249 S.

Ochs, Günter: Meine gestohlene Zeit... 50 Jahre danach! Erlebnisse eines Jugendlichen am Ende des Zweiten Weltkrieges. Gefangenschaft – Gefängnis - Straflager II – KZ Buchenwald. I. Buch. 3. Auflage. – Darmstadt (Eigenverlag) 1996. 279 S.

Perchinig, Elisabeth: Zur Einübung von Weiblichkeit im Terrorzusammenhang. Mädchenadoleszenz in der NS-Gesellschaft. – München (Profil) 1996. 241 S. – S. 131-212: "Interviews" (Oral history).

Rehberg, Dieter: Auf den Spuren einer Kindheit. Jahrgang 1930. – Hannover (Reichhold) 1996. 133 S.

Thorun, Walter: Kindheit und Jugend zwischen Kohle und Stahl. Erinnerungen eines Zeitzeugen aus Lütgendortmund. – Bochum (Kracht) 1996. 119 S.

Zeitzeugen berichten, 1933-1945. Nationalsozialismus und Krieg. Eine Rückschau. Hg. vom Förderkreis Dokumentation Bremen (Johann Heinrich Döll Verlag) 1996. Zu den 16 Teilnehmern des Gesprächskreises, aus dem heraus die einzelnen Beiträge dieses Sammelbandes entstanden, gehört z. B. Klaus Düwel (Jg. 1928), Luftwaffenhelfer von 1944-1945.

Hans Graf von der *Goltz*: Unwegsames Gelände. Erinnerungen. – Wien (Zsolnay) 1997. 347 S.

Graf, Werner: Lesen und Biographie. Eine empirische Fallstudie zur Lektüre der Hitlerjugendgeneration. – Tübingen (Francke) 1997. 219 S.

Philipp *Heine* (u. a. Hg.): Das Dritte Reich im Gespräch. Zeitzeugen berichten, Studierende fragen. – Hildesheim (Universitätsbibliothek) [ca. 1997]. 107 S.

Geschichte im Gespräch: Kriegsende 1945 und Nachkriegszeit in Münster. Berichte von Zeitzeuginnen und Zeitzeugen, bearbeitet von Sabine *Heise*, hg. von Franz-Josef Jakobi und Roswitha Link. – Münster (agenda) 1997

Real, Willy: Zwischen Zuversicht und Entartung. Erinnerungen an ein Studium der Geisteswissenschaften in den Jahren vor und nach der nationalsozialistischen Machtergreifung 1930 bis 1935. – Hamburg (Kovač) 1997. 130 S.

Schäfer, Harald: Napola. Die letzten vier Jahre der Nationalpolitischen Erziehungsanstalt Oranienstein bei Diez an der Lahn 1941-1945. Eine Erlebnis-Dokumentation. – Frankfurt (R.G. Fischer) 1997. 260 S.

Schmeling, Franz-Josef: Vom Krieg ein Leben lang geprägt. Ehemalige Luftwaffen- und Marinehelfer antworten 50 Jahre danach. – Selbstverlag (Vertrieb: Osnabrück, H. Th. Wenner) 1997. 247 S.

Scholtz, Harald: Forscher-Lebenserfahrungen, in: "etwas erzählen". Die lebensge-schichtliche Dimension in der Pädagogik, hg. von Inge Hansen-Schaberg, Ho-hengehren (Schneider) 1997, 37-44

Sieg, Martin: Im Schatten der Wolfsschanze. Hitlerjunge auf der Suche nach Sinn – Autobiographische Skizze eines Zeitzeugen. – Münster (LIT) 1997. 233 S.

Venohr, Wolfgang: Erinnerung an eine Jugend. – München (Herbig) 1997. 239 S.

Walb, Lore: Ich, die Alte – ich, die Junge. Konfrontation mit meinen Tagebüchern 1933-1945. – Berlin (Aufbau-Verlag) 1997. 369 S.

Weizsäcker, Richard von: Vier Zeiten. Erinnerungen. – Berlin (Siedler) 1997. 479 S.

Spiegel am Horizont. Rückschau und Betrachtungen aus der ersten Hälfte des 20. Jahrhunderts, erzählt von Seniorinnen und Senioren aus Billerbeck, Not-tuln, Schapdetten und Appelhülsen. Hg. von Anna-Katharina *Frohne* und Hans-Hermann *Westermann*. – Coesfeld (Volkshochschule) 1997. 304 S.

Braumann, Georg, in Verbindung mit ehemaligen Mitschülern: Striktes Gehorchen und freies Denken. Die altsprachliche Klasse des Staatlichen Gymnasiums Bo-chum 1941-1951, mit Oberschul-Parallelklasse 1943-1946 (Hg.: Gymnasium am Ostring Bochum). – Bochum 1998. 286 S.

Bronnen, Barbara (Hg.): Geschichten vom Überleben. Frauentagebücher aus der NS-Zeit. – München (Beck) 1998. 251 S.

Buch, Wolfgang von: Wir Kindersoldaten. Mit einem Vorwort von Richard von Weiz-säcker. – Berlin (Siedler) 1998. 314 S.

Hempel, Wolfgang: "ein kleiner Nazi bis zum letzten Tag". Meine frühe Jugend in der Nazizeit und das Kriegsende, in: Jugend vor einer Welt in Trümmern. Erfahrun-gen und Verhältnisse der Jugend zwischen Hitler- und Nachkriegsdeutschland, hg. von Franz-Werner Kersting, Weinheim (Juventa) 1998, 263-269

Jaene, Hans Dieter: Wie wir Hitler fanden. Familiengeschichten für Spätgeborene. – Berlin (Frieling) 1998. 348 S.

Jurzek, Wilhelm: Von der Hitlerjugend zum "Berliner Gespräch". Meine Erinnerun-gen als Politologe und Zeitzeuge, in: Jugend vor einer Welt in Trümmern. Erfah-rungen und Verhältnisse der Jugend zwischen Hitler- und Nachkriegsdeutsch-land, hg. von Franz-Werner Kersting, Weinheim (Juventa) 1998, 151-160

Zeitzeugenberichte über Jugend und Elternhaus, Schule, Studium, Jungvolk und HJ, vorwiegend aus dem Raum Dortmund, Bochum, Castrop, Hagen und Hamm als Grundlage der Alltagsgeschichte, insbesondere für die Zeit des Dritten Reiches. Skriptum, hg. von Friedrich *Keinemann*. – Bad Sassendorf (Selbstverlag) 1998. 386 S.

Kleindienst, Jürgen (Hg.): Gebrannte Kinder. Kindheit in Deutschland 1939-1945. Band 1: 61 Geschichten und Berichte von Zeitzeugen. – Berlin (JKL Publi-kationen) 1998. 367 S.

Kleindienst, Jürgen (Hg.): Wir wollten leben. Jugend in Deutschland 1939-1945. 40 Geschichten und Berichte von Zeitzeugen. – Berlin (JKL Publikationen) 1998. 340 S.

Leeb, Johannes: "Wir waren Hitlers Eliteschüler". Ehemalige Zöglinge der NS-Ausleseschulen brechen ihr Schweigen. – Hamburg (Rasch und Röhring) 1998. 212 S.

Nationalsozialismus in Detmold, hg. von der Stadt Detmold, bearbeitet von Hermann *Niebuhr* und Andreas *Ruppert*. – Bielefeld (Aisthesis) 1998. – Darin Zeitzeugenerinnerungen, u. a. S. 392-419 Henrike *Hampe*: " 'Das war für uns 'ne Ehre… ', Detmolder Mädchen in Uniform"; S. 821-826: " 'Bund Deutscher Mädel' ('BDM') November 1995 in der Volkshochschule" (Moderation: Elisabeth *Sauermann*); S. 827-830 Peter *Pahmeyer*: "Hitlerjugend".

Pahmeyer, Peter/van *Spankeren*, Lutz: Die Hitlerjugend in Lippe (1933-1939). Totalitäre Erziehung zwischen Anspruch und Wirklichkeit. – Bielefeld (AISTHESIS) 1998. 320 S.

Kleinau, Klaus: Im Gleichschritt, marsch! Der Versuch einer Antwort, warum ich von Auschwitz nichts wußte. Lebenserinnerungen eines NS-Elite-Schülers der Napola Ballenstedt. – Hamburg (VSA-Verlag) 1999. 109 S.

Schmidt, Ernst: Vom Staatsfeind zum Stadthistoriker. Rückblick auf mein bewegtes Leben. – Essen (Klartext) 1998. 192 S.

Schörken, Rolf: Singen und Marschieren. Erinnerungen an vier Jahre Jungvolk 1939 bis 1943. – Geschichte in Wissenschaft und Unterricht 49 (1998) 447-460

Spendel, Günter: Jugend in einer Diktatur. Erinnerungen eines Zeitzeugen 1933-1945. – Asendorf (Mut) 1998. 64 S.

Sternheim-Peters, Eva: Von der Hochschulreife zum Hauptdiplom. Ein weiblicher Bildungsweg in Krieg und Nachkriegszeit, in: Jugend vor einer Welt in Trümmern. Erfahrungen und Verhältnisse der Jugend zwischen Hitler- und Nachkriegsdeutschland, hg. von Franz-Werner Kersting, Weinheim (Juventa) 1998, 233-255

Walser, Martin: Ein springender Brunnen. – Frankfurt (Suhrkamp) 1998. 415 S.

Geyer, Dietrich: Reußenkrone, Hakenkreuz und Roter Stern. Ein autobiographischer Bericht. – Göttingen (Vandenhoeck & Ruprecht) 1999. 152 S.

Kugelmeier, Clemens: Zwischen Hell und Dunkel. Ein Überlebensweg durch ein Vierteljahrhundert. 2 Bde. – Frankfurt (Fouqué) 1999. 633 und 433 S.

Massaquoi, Hans-Jürgen: "Neger, Neger, Schornsteinfeger!". Meine Kindheit in Deutschland. – Bern (Fretz und Wasmuth) 1999. 416 S.

Owings, Alison: Eine andere Erinnerung. Frauen erzählen von ihrem Leben im Dritten Reich (Übers. aus dem Amerikanischen). Mit einer Vorbemerkung von Elke Fröhlich. – Berlin (Ullstein) 1999. 601 S.

Schmidt, Ilse: Die Mitläuferin. Erinnerungen einer Wehrmachtsangehörigen. – Berlin (Aufbau Verlag) 1999. 191 S.

26.3 Sekundärliteratur

Marcks, Marie/*Müller*, Wolfgang: "Dann geh doch in den Widerstand!". Gespräch über ein Tagebuch, in: Terror und Hoffnung in Deutschland 1933-1945, hg. von Johannes Beck, Reinbek (Rowohlt) 1980, 281-292

Lohr, Stephan: Zwei deutsche Lebensläufe. Ein Gespräch mit Peter Brückner und Hannsferdinand Döbler. – Die Horen, 27. Jahrgang, Band 3 (Herbst 1982) Ausgabe 127, S. 101-114

Schörken, Rolf: Jugendalltag im Dritten Reich – Die "Normalität" in der Diktatur. Anmerkungen zu einigen Erinnerungsbüchern, in: Geschichte im Alltag – Alltag in der Geschichte, hg. von Klaus Bergmann/Rolf Schörken, Düsseldorf (Schwann) 1982, 236-246

Cloer, Ernst (Hg.): Das Dritte Reich im Jugendbuch. Fünfzig Jugendbuchanalysen und ein theoretischer Bezugsrahmen. – Braunschweig (Agentur Pedersen, Westermann) 1983. 448 S.

Rutschky, Katharina: Erziehungszeugen. Autobiographien als Quelle für eine Geschichte der Erziehung. – Zeitschrift für Pädagogik 29 (1983) 499-517

Cloer, Ernst (u. a.): Das Dritte Reich im Jugendbuch. Zwanzig neue Jugendbuchanalysen. – Weinheim (Beltz) 1988.

Scholtz, Harald: Schule unterm Hakenkreuz. Zum Aufarbeiten von Erinnerungen. – Universitas 43 (1988) 466-473

Kudera, Sabine: Erfahrungen des Nationalsozialismus in kleinbürgerlichen Gruppen: HJ-Identifikation, Lebensverlauf und heutiges politisches Bewußtsein bei Männern in der 1930er Kohorte, insbesondere HJ-Führern und "Eliteschülern", in: Biographisches Wissen. Beiträge zu einer Theorie lebensgeschichtlicher Erfahrung, hg. von Peter Alheit/Erika Hoerning (Frankfurt: Campus) 1989, 70-98

Hausmann, Christopher: Heranwachsen im "Dritten Reich". Möglichkeiten und Besonderheiten jugendlicher Sozialisation im Spiegel autobiographischer Zeugnisse. – Geschichte in Wissenschaft und Unterricht 41 (1990) 607-618

Peitsch, Helmut: "Deutschlands Gedächtnis an seine dunkelste Zeit". Zur Funktion der Autobiographie in den Westzonen Deutschlands und den Westsektoren von Berlin 1945 bis 1949. – Berlin (Ed. Sigma Bohn) 1990. 478 S.

Vorländer, Herwart (Hg.): Oral History. Mündlich erfragte Geschichte. Acht Beiträge. – Göttingen (Vandenhoeck & Ruprecht) 1990. 163 S.

Waldeck, Ruth: "Heikel bis heute" – Frauen und Nationalsozialismus. Überlegungen zur weiblichen Selbstdefinition als Opfer anhand von Christa Wolfs Roman "Kindheitsmuster", in: Töchter-Fragen, NS-Frauen-Geschichte, hg. von Lerke Gravenhorst und Carmen Tatschmurat, Freiburg (Kore) 1990, 293-308

Gröschel, Roland: Einige methodenkritische Bemerkungen zur Anwendung der Oral History in der Erforschung von Lebenswelten und Erfahrungen Jugendlicher im Zweiten Weltkrieg, in: Deutsche Jugend im Zweiten Weltkrieg [Vorwort von Ingo Koch], Rostock (Verlag Jugend und Geschichte) 1991, 93-98

Bernhard *Haupert*/Franz Josef *Schäfer*: Jugend zwischen Kreuz und Hakenkreuz. Biographische Rekonstruktion als Alltagsgeschichte des Faschismus. – Frankfurt (Suhrkamp) 1991. 352 S.

Klafki, Wolfgang: Typische Faktorenkonstellationen für Identitätsbildungsprozesse von Kindern und Jugendlichen im Nationalsozialismus im Spiegel autobiographischer Berichte, in: "Du bist nichts, Dein Volk ist alles". Forschungen zum Verhältnis von Pädagogik und Nationalsozialismus, hg. von Christa Berg und Sieglind Ellger-Rüttgardt, Weinheim (Deutscher Studien Verlag) 1991, 159-172

Schörken, Rolf: Jugend 1945. Politisches Denken und Lebensgeschichte. – Frankfurt (Fischer) 1994 (zuerst Opladen: Leske + Budrich, 1990). 215 S.

Sieder, Reinhard: Ein Hitlerjunge aus gutem Haus. Narrativer Aufbau und Dekonstruktion einer Lebensgeschichte, in: Biographien in Deutschland, hg. von Wolfram Fischer-Rosenthal und Peter Alheit, Opladen (Westdeutscher Verlag) 1995, 330-359

Paulus, Julia: "Stolpersteine auf dem langen Weg zur Demokratie". Ein Kommentar zu den Erinnerungen von Eva Sternheim-Peters, in: Jugend vor einer Welt in Trümmern. Erfahrungen und Verhältnisse der Jugend zwischen Hitler- und Nachkriegsdeutschland, Weinheim (Juventa) 1998, 257-260.

27 Autobiographien deutscher Autoren jüdischen Glaubens (und einiger jüdischer Autoren europäischer Länder außerhalb Deutschlands)

Es ist unerläßlich, in Fortführung des vorangehenden Teils auch einige bedeutende Texte jüdischer Autoren aufzulisten, um das Gesamtbild zu vervollständigen. Die hier verzeichneten Schriftsteller wuchsen unter Hitler oder in seinem Einflußbereich auf und erlitten die ihnen vom Regime zugedachten Schicksale. Auch hier sind keine Bewertungen oder gar Angaben zum Inhalt der Werke möglich gewesen. Angesichts der insgesamt sehr großen Zahl lebensgeschichtlicher Bücher hätte das den Rahmen dieses Buches überdehnt.

Titelliste

Millu, Liana: Der Rauch über Birkenau. Mit einem Vorwort von Primo Levi (Übers. aus dem Italienischen, Florenz 1986; zuerst 1947). – München (Kunstmann) 1997. 190 S.

Geve, Thomas: Geraubte Kindheit. – Konstanz (Südverlag) 1993 (israelische Originalausgabe: Jerusalem 1958). 255 S.

Levi, Primo: Ist das ein Mensch? Ein autobiographischer Bericht. – München (dtv) 1994 (zuerst italienisch 1958). 207 S.

Bacon, Jehuda: Mit der Neugier von Kindern, in: Auschwitz. Zeugnisse und Berichte, hg. von H.G. *Adler* (u.a.). Hamburg (Europäische Verlagsanstalt). 6. Auflage 1995 (zuerst 1962), S. 123-125

König, Joel: David. Aufzeichnungen eines Überlebenden. – Frankfurt (Fischer) 1988 (und 1993; zuerst Göttingen 1967).

Becker, Rolf: Jahrgang 1928, in: Jahr und Jahrgang 1928. Von Günther Gillessen (u.a.), Hamburg (Hoffmann und Campe) 1968, 109-152. – Zur Stadt Essen.

Karmel, Ilona: Aurelia Katz und die anderen. Roman. – Frankfurt (Insel) 1997. 525 S. (zuerst 1969 in amerikanischer Sprache).

Kertész, Imre: Roman eines Schicksallosen. – Berlin (Rowohlt) 1996 (zuerst ungarisch 1975). 287 S.

Giordano, Ralph: Die Bertinis. Roman. 2. Auflage. – Frankfurt (Fischer) 1988 (zuerst 1982). 783 S.

Auf den Spuren der Vergangenheit. Erinnerungen an die Rückkehr in ein Land, das einst Heimat war. Von Anne *Ranasinghe* (Colombo). – Tribüne 27. Jahrg., Heft 107 (1988) 185-196. – Zur Stadt Essen.

Weinberg, Werner: Wunden, die nicht heilen dürfen. Die Botschaft eines Überlebenden. – Freiburg (Herder) 1988. 192 S.

Zeller, Frederic: Als die Zeit zu Ende ging. Eine Berliner Kindheit im Dritten Reich. – Bielefeld (Haux) 1993 (zuerst englisch 1989). 348 S.

Perel, Sally: Ich war Hitlerjunge Salomon. – Berlin (Nicolai) 1992 (Übersetzung aus der französischen Ausgabe von 1990). 196 S.

Klüger, Ruth: Weiter leben. Eine Jugend. – München (dtv) 1997 (zuerst Göttingen: Wallstein, 1992). 284 S.

Ortmeyer, Benjamin (Hg.): Berichte gegen Vergessen und Verdrängen von 100 überlebenden jüdischen Schülerinnen und Schülern über die NS-Zeit in Frankfurt am Main. 3. Aufl. – Witterschlick/Bonn (Wehle) 1995. 179 S.

Brigitte *Pimpl*/Erhard Roy *Wiehn* (Hg.): Was für eine Welt. Jüdische Kindheit und Jugend in Europa 1933-1945. Ein Lesebuch. – Konstanz (Hartung-Gorre) 1995. 171 S.

Ignatz *Bubis*, mit Peter Sichrovsky: "Damit bin ich noch längst nicht fertig". Die Autobiographie. – Frankfurt (Campus) 1996. 292 S.

Aschoff, Diethard: "Jeden Tag sahen wir den Tod vor Augen". Der Auschwitzbericht der Recklinghäuserin Mine Winter. – Vestische Zeitschrift 94/95/96 (1995/1996/1997) 321-386

Brie, Horst: Davids Odyssee. Eine deutsche Kindheit, eine jüdische Jugend. – Berlin (edition ost) 1997. 469 S.

Friesel, Evyatar: Ballade des äußeren Lebens. Memoiren. Aus dem Amerikanischen übers. – Leipzig (Universitätsverlag) 1997. 260 S.

Frister, Roman: Die Mütze oder der Preis des Lebens. Ein Lebensbericht (zuerst hebräisch, Tel Aviv 1993). – Berlin (Siedler) 1997. 477 S.

Lasker-Wallfisch, Anita: Ihr sollt die Wahrheit erben. Breslau, Auschwitz, Bergen-Belsen. – Bonn (Weidle) 1997. 221 S.

Strauss, Herbert A.: Über dem Abgrund. Eine jüdische Jugend in Deutschland, 1918-1943. – Frankfurt (Campus) 1997. 309 S. (Übersetzung aus dem Amerikanischen)

Anne *Frank* Tagebuch. – Frankfurt (Fischer) 1998. 316 S.

Gay, Peter: My German Question. Growing up in Nazi Berlin. – New Haven (Yale Univ. Press) 1998. 208 S.

Müller, Wolfgang: Als jüdische Schülerin in Detmold: Karla Raven, geb. Frenkel, in: Nationalsozialismus in Detmold, hg. von der Stadt Detmold, bearbeitet von Hermann Niebuhr und Andreas Ruppert, Bielefeld (Aisthesis) 1998, 838-843

Friedländer, Vera: Man kann nicht eine halbe Jüdin sein. 2. Aufl. – Kiel (Agimos) 1998. 284 S.

Owings, Alison: Eine andere Erinnerung. – Berlin (Ullstein) 1999. 601 S.

Reich-Ranicki, Marcel: Mein Leben. – Stuttgart (Deutsche Verlags-Anstalt) 1999. 566 S.

VI.

Sechster Teil: Ergänzende Informationen

28 Ergänzende Informationen

1. *Das "Gesetz über die Hitler-Jugend" vom 1. Dezember 1936*, dazu die Erste Durchführungsverordnung ("Allgemeine Bestimmungen") vom 25. März 1939, sowie die Zweite Durchführungsverordnung ("Jugenddienstverordnung"), ebenfalls vom 25. März 1939. Abdrucke, zum Teil mit Erläuterungen und Interpretationen, zum Beispiel in: Das Junge Deutschland 31, 1937, 1-6; Günter Kaufmann, Das kommende Deutschland, Berlin 1940, 268-273; A. Kluger, Die Deutsche Volksschule im Großdeutschen Reich, Breslau 1940, 46-52; Edgar Randel, Die Jugenddienstpflicht, Berlin 1942, 106-108; Albert Müller, Die Betreuung der Jugend, Berlin 1943, 85-87. – Dieses Gesetz sicherte dem Regime die totale Erfassung, geistige Ausrichtung und Verfügbarkeit der Jugend.

2. *Das Parteiprogramm der NSDAP vom 24. Februar 1920*
Abdrucke, zum Teil kommentiert, zum Beispiel bei Alfred Rosenberg, Das Wesensgefüge des Nationalsozialismus, München 1933, 74-76; Werner May, politischer Katechismus für den jungen Deutschen in Schule und Beruf, Breslau 1935, 8-26; A. Kluger, Die Deutsche Volksschule im Großdeutschen Reich, Breslau 1940, 6-9; Meyers Lexikon. Achter Band, Leipzig 1940, 123 f. – Dieses Parteiprogramm galt schon um 1930 aus der Sicht liberaler Kritik als "zweideutig, vieldeutig, vielfältig schillernd, bunt, verworren und trügerisch", doch wurde dabei verkannt, "daß die Systemlosigkeit nicht die Schwäche, sondern – im Gegenteil – die Stärke der sogenannten nationalsozialistischen Ideologie war" (Jost Hermand, Der alte Traum vom neuen Reich, Weinheim 1995, 361).
Für die Hitlerjugend war jedenfalls dieses Parteiprogramm – neben Hitlers "Mein Kampf" – die Basis ihrer geistigen Ausrichtung, "um den Typ des in Haltung, Arbeit und Leben vorbildlichen Kämpfers zu formen"; und es ist "nötig, daß das Programm, dieser Wegweiser in die deutsche Zukunft, der Hitler-Jugend bei ihrer weltanschaulichen Schulung als Grundlage dient... Denn hat der Jungvolkführer die Grundgedanken des Programms nicht begriffen und vor allem zu seinen eigenen gemacht, so wird auch jede weitere Schulung nur Stückwerk bleiben, und bei weltanschaulich gebundenen großen Entscheidungen wird der betreffende Führer versagen" (Gernot Ulrich Sporn, in: Führerblätter der Hitler-Jugend. Ausgabe D.J./Dezember 1935, S. 28).

3. *Texte, Weisungen, Erlasse und Anordnungen Hitlers*

Hitler, Adolf: Mein Kampf. 2 Bde. (mit durchlaufender Seitenzählung). – München (Eher) 1933 (zuerst 1925/27). 782 S. – Die von mir benutzte Ausgabe.

Picker, Henry: Hitlers Tischgespräche im Führerhauptquartier. Entstehung, Struktur, Folgen des Nationalsozialismus. – Berlin (Ullstein) 1997 (zuerst Frankfurt: Athenäum, 1951). 760 S.

Hitlers Zweites Buch. Ein Dokument aus dem Jahr 1928. Eingeleitet und kommentiert von Gerhard L. *Weinberg*. – Stuttgart (Deutsche Verlags-Anstalt) 1961. 228 S.

Hitlers Weisungen für die Kriegführung 1939-1945. Dokumente des Oberkommandos der Wehrmacht. Hg. von Walther *Hubatsch*. – Frankfurt (Bernard & Graefe) 1962 (1983²)

Domarus, Max: Hitler. Reden und Proklamationen. Kommentiert von einem deutschen Zeitgenossen. 4. Auflage. 2 Teile in 4 Bänden. – Leonberg (Pamminger) 1988 (zuerst 1973).

Adolf Hitler. Monologe im Führerhauptquartier. Die Aufzeichnungen Heinrich *Heims*, hg. von Werner *Jochmann*. – Hamburg (Knaus) 1980. 491 S.

Hitler. Sämtliche Aufzeichnungen, 1905-1924, hg. von Eberhard *Jäckel*, zusammen mit Alex *Kuhn*. – Stuttgart (Deutsche Verlags-Anstalt) 1980

Hitler. Reden, Schriften, Anordnungen. Februar 1925 bis Januar 1933. Hg. vom Institut für Zeitgeschichte. 6 Bde. und Ergänzungsband (Der Hitler-Prozeß 1924). – München (Saur) 1992 ff. – Die Einzelbände hg. von Clemens *Vollnhals* u. a.

"Führer-Erlasse" 1939-1945. Edition sämtlicher überlieferter, nicht im Reichsgesetzblatt abgedruckter, von Hitler während des Zweiten Weltkrieges schriftlich erteilter Direktiven aus den Bereichen Staat, Partei, Wirtschaft, Besatzungspolitik und Militärverwaltung. Zusammengestellt und eingeleitet von Martin *Moll*. – Stuttgart (Franz Steiner) 1997. 556 S.

4. *Kontrastbild zum Hitler-Mythos und Hitler-Kult in der Staatsjugend: Der 'historische' Hitler aus der Sicht seiner engsten Umgebung (Tagebücher von NS-Größen vor 1945, Memoirenliteratur nach 1945), in Hitler-Biographien und in Monographien zum Dritten Reich.*

Dem 'historischen' Hitler und seinem personalen Kern kommt man gewiß nicht nahe aus der Schlüssellochperspektive seiner Fahrer, Diener und Sekretärinnen; war er doch ein Meister der Verstellung und probte und inszenierte sorgfältig seine öffentlichen Auftritte. Für sich genommen besagen einzelne Aussagen seiner nächsten Umgebung, zumal wenn sie isoliert für sich stehen und nicht vielfach verifizierbar sind, wenig bis nichts und werden deshalb auch in der Historiographie vernachlässigt. Doch sind einige 'Invarianten' unverkennbar.

Ziemlich einig ist sich die Zeitgeschichtsschreibung jedenfalls darüber, daß der Diktator als Privatmann Züge eines verklemmten Kleinbürgers mit spießiger Moral trug, der, im Zweireiher spazierengehend linkisch mit seinem Spazierstock wedelte – fast wie einem Chaplin-Film entsprungen. Seine notorische Humorlosigkeit strahlte ebenso in die Hitlerjugend aus wie seine Risikobereitschaft (als "Vabanque-Spieler"); denn riskante "Mutproben" waren in HJ und BDM verbreitet!

Daß Hitler faul und träge war und das Lotterleben eines Bohemien führte, wie oft behauptet wird, trifft nicht zu. Seine Tageseinteilung war unbürgerlich, aber die Summe der Aktivitäten in seinen letzten 25 Lebensjahren ist extrem hoch. Dagegen spricht nicht, daß er das Manuskript seiner Reden, die er zu halten hatte, oft erst "fünf Minuten vor zwölf" diktierte; denn jeder Schreibtischarbeiter weiß, daß selbst schwierige Briefe oder Texte, über die man zuvor lange (in scheinbarer Muße) nachgedacht hat, beim Schreiben (oder Diktieren) flüssig aufs Papier kommen.

Tatsächlich war der Diktator "ein Mensch rastloser Arbeit" (Henry Picker, Hitlers Tischgespräche, Berlin 1997, 28).

Eine auch in der Hitlerjugend verbreitete Legende war, daß der Führer entsagungsvoll "darauf verzichtet, sich selber zu leben" (Adolf Mertens, Schulungslager und Lagererziehung, Dortmund 1937, 38). Einer der ehemals höchsten HJ-Führer denkt in diesem Zusammenhang an den Zölibat der katholischen Kirche: "Der Führer bietet ein Beispiel für eine Bindungslosigkeit, um sich einer Aufgabe ganz hinzugeben und die letzte Konzentration dafür zu sichern" (Helmut Stellrecht, Neue Erziehung, Berlin 1943, 210).

Am stärksten wirkte in die Hitlerjugend hinein die gezielte Überhöhung Hitlers zu einem quasigöttlichen Wesen und zum Messias. Helmut Stellrecht (a. O., S. 85) weiß, um die Person des Führers "wächst schon der Mythus, das Unbegreifliche, das Autorität schafft und wirkliche Ehrfurcht heischt. Seine Person ist deshalb eine der stärksten formenden Kräfte bei der Heranbildung der neuen Generation".

Typisch für den Hitlerkult in der Staatsjugend ist ein ausschmückender Bericht des Pressechefs der NSDAP Otto Dietrich über einen Unwetter-Flug mit Hitler am 8. April 1932 vom Mannheimer Flugplatz aus. Trotz des "Tobens der Elemente" besteigt Hitler das kleine Flugzeug, um einen Redetermin einzuhalten: "Wir reiten durch die Luft in den brodelnden Hexenkessel hinein... Bald setzen wir über Fallböen hinweg, bald peitschen wir durch Wolkenfetzen hindurch, bald zieht uns ein unsichtbarer Strudel in die Tiefe... Und doch welches Gefühl der Geborgenheit in uns in diesem Aufruhr der Elemente. Die absolute Ruhe des Führers überträgt sich auf uns alle" (in: Wir folgen. Jahrbuch der Jungmädel 1943. – München: Eher, 1943, Begleittext zur Woche vom 12.-18. April). Modell der Erzählung ist offensichtlich der neutestamentliche Bericht "Stillung des Seesturms" (Markusevangelium 4, 35-41, mit Parallelen Mt 8, 23-27 und Lk 8, 22-25): Während eines Sturms auf dem See Genesaret ruht Jesus gelassen schlafend hinten im Boot.

Lutz Graf *Schwerin von Krosigk*: Es geschah in Deutschland. Menschenbilder unseres Jahrhunderts. – Tübingen (Wunderlich) 1951. 384 S.

Kubizek, August: Adolf Hitler. Mein Jugendfreund. – Graz (Stocker) 1953. 352 S.

Hierl, Konstantin: Im Dienst für Deutschland, 1918-1945. – Heidelberg (Vowinckel) 1954

Dietrich, Otto: 12 Jahre mit Hitler. – München (Isar Verlag) 1955. 285 S.

Rosenberg, Alfred: Letzte Aufzeichnungen. Ideale und Idole der nationalsozialistischen Revolution. – Göttingen (Plesse) 1955. 343 S.

Das politische Tagebuch Alfred *Rosenbergs* 1934/35 und 1939/40. Hg. von Hans-Günther *Seraphim*. – München (dtv) 1964 (zuerst Göttingen 1956). 266 S.

Im Hauptquartier der deutschen Wehrmacht, 1939-1945. Grundlagen, Formen, Gestalten. Von Walter *Warlimont*, Stellvertretender Chef des Wehrmachtführungsstabes. – Frankfurt (Bernard & Graefe) 1962. 570 S.

Winkler, Hans-Joachim: Legenden um Hitler. – Berlin (Colloquium) 1963. 79 S.

Wiedemann, Fritz: Der Mann der Feldherr werden wollte. Erlebnisse und Erfahrungen des Vorgesetzten Hitlers im 1. Weltkrieg und seines späteren persönlichen Adjutanten. – Velbert (blick + bild Verlag für politische Bildung) 1964. 270 S.

Jäckel, Eberhard: Hitlers Weltanschauung. Entwurf einer Herrschaft. – Tübingen (Wunderlich) 1969 (u. ö.)

Speer, Albert: Erinnerungen. – Frankfurt (Ullstein) 1969. 611 S.

Schieder, Theodor: Hermann Rauschnings "Gespräche mit Hitler" als Geschichtsquelle. – Opladen (Westdeutscher Verlag) 1972. 91 S. – Vgl. Hermann Weiß, Hg., Biographisches Lexikon zum Dritten Reich, Frankfurt 1998, 366: "Für die alliierte Gegenpropaganda größtenteils erfunden... als Fälschung enttarnt".

Boldt, Gerhard: Hitler – Die letzten zehn Tage. – Frankfurt (Ullstein) 1973. 206 S.

Hoffmann, Heinrich: Hitler, wie ich ihn sah. Aufzeichnungen seines Leibfotografen. – München (Herbig) 1974. 232 S.

Schirach, Henriette von: Der Preis der Herrlichkeit. Erfahrene Zeitgeschichte. – München (Herbig) 1975. 255 S.

Speer, Albert: Spandauer Tagebücher. – Frankfurt (Ullstein) 1975. 672 S.

Ein anderer Hitler. Bericht seines Architekten Hermann *Giesler*. Erlebnisse, Gespräche, Reflexionen. – Leoni (Druffel) 1977.

Haffner, Sebastian: Anmerkungen zu Hitler. – Frankfurt (Fischer) 1997 (zuerst München: Kindler, 1978). 189 S.

Wagener, Otto: Hitler aus nächster Nähe. Aufzeichnungen eines Vertrauten 1929-1932. Hg. von Henry A. Turner. – Kiel (Arndt) 1987 (zuerst Berlin: Ullstein, 1978). 483 S.

Below, Nicolaus v.: Als Hitlers Adjutant, 1937-1945. – Mainz (v. Hase & Koehler) 1980.

Kershaw, Ian: Der Hitler-Mythos. Volksmeinung und Propaganda im Dritten Reich. Mit einer Einführung von Martin Broszat. – Stuttgart (Deutsche Verlags-Anstalt) 1980. 215 S.

Linge, Heinz: Bis zum Untergang. Als Chef des Persönlichen Dienstes bei Hitler. Hg. von Werner Maser. – München (Herbig) 1980. 312 S.

Speer, Albert: Der Sklavenstaat. Meine Auseinandersetzung mit der SS. – Stuttgart (Deutsche Verlags-Anstalt) 1981. 423 S.

Feuersenger, Marianne: Im Vorzimmer der Macht. Aufzeichnungen aus dem Wehrmachtführungsstab und Führerhauptquartier 1940-1945. 2. Aufl. – München (Herbig) 1999 (zuerst 1982). 285 S.

Boor, Wolfgang de: Hitler. Mensch, Übermensch, Untermensch. Eine kriminalpsychologische Studie. – Frankfurt (R.G. Fischer) 1985. 449 S.

Schroeder, Christa: Er war mein Chef. Aus dem Nachlaß der Sekretärin von Adolf Hitler. Hg. von Anton Joachimsthaler. – München (Langen-Müller) 1985. 400 S.

Kempka,Erich: Die letzten Tage mit Adolf Hitler, erweitert und erläutert von Erich Kern. 4. Auflage. – Rosenheim (Deutsche Verlagsgesellschaft) 1991. 324 S.

Die Tagebücher von Joseph *Goebbels*. Im Auftrag des Instituts für Zeitgeschichte und in Verbindung mit dem Bundesarchiv hg. von Elke *Fröhlich*. Teil I: Sämtliche Fragmente und Aufzeichnungen 1924-1941. 4 Bde. (und Registerband). – München (Saur) 1987; Die Tagebücher von Joseph Goebbels. Teil II. Diktate 1941-1945. 15 Bde. (und Registerband). – München (Saur) 1993-1996

Joseph *Goebbels*, Tagebücher 1924-1945. Hg. von Ralph Georg *Reuth*. 5 Bde. – München 1992. 2304 S.

Stahlberg, Alexander: Die verdammte Pflicht. Erinnerungen 1932-1945. 8. Aufl. – Berlin (Ullstein) 1997 (zuerst 1987). 464 S.

Eitner, Hans-Jürgen: Hitler. Das Psychogramm. – Berlin (Ullstein) 1994. 296 S.

Steinert, Marlis: Hitler. – München (Beck) 1994 (Übers. aus dem französ. Original von 1991). 749 S.

Fest, Joachim C.: Hitler. – Frankfurt (Propyläen) 1995. 1190 S.

Knopp, Guido: Hitler. Eine Bilanz. – Berlin (Siedler) 1995. 320 S.

Schenck, Ernst Günther: Das Notlazarett unter der Reichskanzlei. Ein Arzt erlebt Hitlers Ende in Berlin, mit noch unveröffentlichten Dokumenten. – Neuried (ars una) 1995. 263 S.

Hamann, Brigitte: Hitlers Wien. Lehrjahre eines Diktators. – München (Piper) 1996. 652 S.

Wippermann, Wolfgang: Hitler und die Historiker. Der Diktator entzieht sich einer biographischen Deutung. – Evangelische Kommentare 1996, Heft 1, S. 35-38

Lukacs, John: Hitler. Geschichte und Geschichtsschreibung. – München (Luchterhand) 1997 (Übers. aus dem Englischen). 367 S.

Kershaw, Ian: Hitler. 1889-1936. – Stuttgart (Deutsche Verlags-Anstalt) 1998 (Übers. aus dem Englischen). 976 S.

Völklein, Ulrich (Hg.): Hitlers Tod. Die letzten Tage im Führerbunker. – Göttingen (Steidl) 1998. 196 S.

5. *Einige sachdienliche Handbücher und Nachschlagewerke zum Nationalsozialismus (einschließlich Hitlerjugend), zum Dritten Reich, zum Zweiten Weltkrieg und zum Holocaust*

Vorbemerkung: Es fehlt an Nachschlagewerken zu den beachtlichen, aber nicht im Vordergrund stehenden Akteuren des Dritten Reiches. Ein Beispiel: Während über von Schirach und Axmann in zahlreichen Nachschlagewerken mehr oder weniger das Gleiche zu lesen ist und zudem die großen Konversationslexika zuverlässig Auskunft geben, fehlt es völlig an Informationen über drittrangige (durch Dienststellung und Veröffentlichungen einflußreiche) Leute wie Georg Usadel, Helmut Stellrecht, Günter Kaufmann und Jutta Rüdiger, die seinerzeit Millionen von Jugendlichen in ihrem Sinne beeinflußten. So könnte ein Lexikon, das etwa auch die Nomenklatur der leitend in der Berliner Reichsjugendführung tätigen Personen (samt ihren Veröffentlichungen und Aktivitäten) verzeichnet, der Zeitgeschichtsforschung recht nützlich sein.

Quellen zu Nr. 5

Der Neue *Brockhaus*. Allbuch in vier Bänden. – Leipzig (Brockhaus) 1936-1938

Meyers Lexikon. Achte Auflage. I (A-Boll) – IX (Rakett-Soxhlet). – Leipzig (Bibliographisches Institut) 1936-1942

Literatur zu Nr. 5

Buchheim, Hans: Das Dritte Reich. Grundlagen und politische Entwicklung. 4. Auflage. München (Kösel) 1960. 89 S.

Kriegstagebuch des Oberkommandos der Wehrmacht (Wehrmachtführungsstab) 1940-1945. Geführt von Helmut *Greiner* und Percy E. *Schramm*. Im Auftrag des Arbeitskreises für Wehrforschung hg. von Percy E. Schramm (Bearbeiter: Hans-Adolf *Jacobsen* u. a.). 8 Bde. – Bonn (Bernard & Graefe). Sonderausgabe [o. J.; Vorwort 1964 datiert]

Aleff, Eberhard (Hg.): Das Dritte Reich. 9. Auflage. – Hannover (Fackelträger) 1979 (zuerst 1970). 302 S.

Kogon, Eugen: Der SS-Staat. Das System der deutschen Konzentrationslager. – München (Kindler) 1974. 409 S. – S. 266-268: "Kinder und Jugendliche in den KL".

Mommsen, Hans: Der Nationalsozialismus. Kumulative Radikalisierung und Selbstzerstörung des Regimes, in: Meyers enzyklopädisches Lexikon, Bd. 16 (Mannheim 1976) 785-790

Der Große *Ploetz*. Auszug aus der Geschichte. – Freiburg (Ploetz) 1992. 1688 S. (32. Aufl. 1998. 2048 S.)

Wistrich, Robert: Wer war wer im Dritten Reich. Anhänger, Mitläufer, Gegner aus Politik, Wirtschaft, Militär, Kunst und Wissenschaft. – München (Harnack) 1983 (zuerst englisch 1982). 319 S.

Piekalkiewicz, Janusz: Der Zweite Weltkrieg, mit einem Vorwort von Sebastian Haffner. – Herrsching (Pawlak) 1986. 1119 S.

Das große Lexikon des Dritten Reiches. Hg. von Christian *Zentner* und Friedemann *Bedürftig*. – München (Südwest Verlag) 1985. 686 S.

Das große Lexikon des Zweiten Weltkriegs. Hg. von Christian *Zentner* und Friedemann *Bedürftig*. – München (Südwest Verlag) 1988. 656 S.

Hilde *Kammer* (u. a.): Nationalsozialismus. Begriffe aus der Zeit der Gewaltherrschaft 1933-1945. – Reinbek (Rowohlt) 1994. 284 S. (Neuausgabe 1999)

Münch, Ingo von (Hg.): Gesetze des NS-Staates. Dokumente eines Unrechtssystems. Zusammengestellt von Uwe *Brodersen*. 3. Aufl. – Paderborn (Schöningh) 1984. 263 S. – Darin u. a. Gesetz zur Wiederherstellung des Berufsbeamtentums vom 7. 4. 1933 (S. 26-28). Erlaß über das Protektorat Böhmen und Mähren vom 16. 3. 1939 (S. 51-54); Gesetz über die Hitlerjugend vom 1. 12. 1936 (S. 82); Zweite Durchführungsverordnung dazu (Jugenddienstverordnung) vom 25. 3. 1939 (S. 82-85); Polizeiverordnung über die Kennzeichnungspflicht von Juden vom 1. 9. 1941 (S. 139-140); Gesetz gegen die Überfüllung deutscher Schulen und Hochschulen vom 25. 4. 1933 (S. 175-176); Verordnung über außerordentliche Rundfunkmaßnahmen vom 1. 9. 1939 (S. 229-230).

Peters, Ludwig: Volkslexikon Drittes Reich. Die Jahre 1933-1945 in Wort und Bild. 2. Aufl. – Tübingen (Grabert) 1994. 943 S. – Hält teilweise nicht ausreichend Distanz ein zu NS-Standpunkten und ist deshalb nur mit angemessener Kritik zu benutzen.

Broszat, Martin/*Frei*, Norbert (Hg.): Das Dritte Reich im Überblick. Chronik, Ereignisse, Zusammenhänge. 5. Auflage. – München (Piper) 1996. 335 S.

Knopp, Guido: Hitlers Helfer. – München (Bertelsmann) 1996. 352 S.

Enzyklopädie des Nationalsozialismus, hg. von Wolfgang *Benz* (u. a.). – München (DTV) 1997. 900 S.

Bedürftig, Friedemann: Lexikon Drittes Reich. – München (Piper) 1997. 400 S.

Ämter, Abkürzungen, Aktionen des NS-Staates. Handbuch für die Benutzung von Quellen der nationalsozialistischen Zeit. Amtsbezeichnungen, Ränge und Verwaltungsgliederungen, Abkürzungen und nichtmilitärische Tarnbezeichnungen. Im Auftrag des Instituts für Zeitgeschichte bearb. von Heinz *Boberach* (u. a.). – München (Saur) 1997. 416 S.

Friedlander, Henry: Der Weg zum NS-Genozid. Von der Euthanasie zur Endlösung. – Darmstadt (Wiss. Buchges.) 1997 (amerikanisches Original: 1995) 640 S.

Weiß, Hermann (Hg.): Biographisches Lexikon zum Dritten Reich. – Frankfurt (Fischer) 1998. 502 S.

6. *Beispiele didaktischer Materialien für Unterricht und Studium zum Thema "Jugend unter Hitler"*

Vorbemerkung: Hier zeichnen sich die Beiträge von Scholtz und Schörken durch besondere Qualität aus. Sehr instruktiv ist z. B. auch Winter (1982), wenngleich hier die teilweise Nähe von kirchlichen und NS-Positionen (bezüglich Antijudaismus u. a.) nicht angemessen thematisiert wird.

Dammeyer, Manfred: Nationalsozialistische Filme im historisch-politischen Unterricht. – Aus Politik und Zeitgeschichte 27, 1977, B 16, S. 3-24

Altendorf, Wolfgang: In der Hitlerzeit, wie hat man da gelebt? Alltag des Kleinstadtjungen Harald, 1933-1939. – Freudenstadt (Verlag Wolfgang Altendorf) 1978. 51 S.

Harald *Focke*/Uwe *Reimer*: Alltag unterm Hakenkreuz. Wie die Nazis das Leben der Deutschen veränderten. Ein aufklärendes Lesebuch. – Reinbek (Rowohlt) 1979.

Harald *Focke*/Uwe *Reimer*: Alltag der Entrechteten. Wie die Nazis mit ihren Gegnern umgingen. – Reinbek (Rowohlt) 1980

Winter, Konrad: Leben im "Dritten Reich". Deutschland unter nationalsozialistischer Herrschaft. – Freiburg (Herder) 1982. 110 S. – Darin u. a. S. 38-50: "Jugend und Schule im Nationalsozialismus"; S. 68-75: "Brauner Kult"; S. 87-92: "Die Kirchen im Nationalsozialismus".

Scholtz, Harald: Nationalsozialistische Machtausübung im Erziehungsfeld und ihre Wirkungen auf die junge Generation. Drei Kurseinheiten der Fernuniversität Gesamthochschule Hagen. – Hagen (Fernuniversität-Gesamthochschule, Fachbereich Erziehungs- und Sozialwissenschaften) 1981 (Loseblatt-Ausgabe). – Kurseinheit 1: Einführung in die erziehungshistorische Analyse politischer Machtausübung; Kurseinheit 2: Die Nutzung von Erziehung und Bildung für die politische Machtausübung;

Kurseinheit 3: Die Auswirkungen der Umstrukturierung des Erziehungsfeldes in den Institutionen und bei den Jugendlichen.

Das Dritte Reich. Geschichte und Struktur. Schwerpunkt-Materialien (für Grund- und Leistungskurse der Sekundarstufe II). Hg. von Rolf *Schörken*. – Stuttgart (Klett) 1982. 176 S.

Erziehung zum Kriege – Jugend im 3. Reich. Text und Gestaltung: Rainer *Rohrbach*. Fotos: Städtisches Museum Göttingen. – Göttingen (Städtisches Museum) 1983. 25 S.

Sommer, Wilhelm: Kinder und Jugendliche im Nationalsozialismus (Lesehefte Geschichte für die Sekundarstufe I). – Stuttgart (Klett) 1989. 64 S.

Wimmer, Fridolin: Das historisch-politische Lied im Geschichtsunterricht. Exemplifiziert am Einsatz von Liedern des Nationalsozialismus und ergänzt durch eine empirische Untersuchung über die Wirkung dieser Lieder. – Frankfurt (Lang) 1994. 322 S. – S. 43-76: "Politische Lieder im Nationalsozialismus" (S. 72-76: "Lieder der Hitler-Jugend").

Wimmer, Fridolin: "Unsere Fahne flattert uns voran". Nationalsozialistische Lieder. – Geschichte lernen, Heft 50 (März 1996, 9. Jahrgang) S. 55-59

Wimmer, Fridolin: Politische Lieder im Nationalsozialismus. – Geschichte in Wissenschaft und Unterricht 48, 1997, 82-100. – S. 97-100: "Lieder der Hitler-Jugend".

Epilog: Versuch einer Antwort auf einige Fragen

Mein Unternehmen einer Gesamtdarstellung von "Erziehung, Lebenswelt und Kriegs-einsatz der deutschen Jugend unter Hitler", also eines sehr weit verzweigten Themas, mag vermessen erscheinen, aber ein zusammenschauender "Überblick" erlaubt viel-leicht eher das Erkennen der hier wichtigsten Fragen und den Versuch einer Antwort darauf. Die Spezialisierung und Differenzierung der gegenwärtigen Zeitgeschichts-forschung ist so weit fortgeschritten, daß aus dem Blickwinkel sehr spezieller Mo-nographien meist nur Teilantworten möglich sind, die noch dazu oft mit erheblichen Unsicherheiten belastet sind.

Die in der Einleitung angesprochenen Fragen sind für den aufmerksamen Leser im Grunde bereits beantwortet, insofern der Inhalt der hier breit referierten Quellen kaum eine Antwort schuldig bleibt. Im Grunde läuft alles auf die zentrale Frage hin-aus, warum die deutsche Jugend fast widerstandslos Hitlers Fahnen folgte. Konkreter gefragt: welche erzieherischen lebensweltlichen Prägungen fanden während der NS-Zeit statt, welche das Verhalten der Jugend bestimmten, und welche geistigen Voraus-setzungen haben diese Prägungen schon im zeitlichen Vorfeld, in den Jahrzehnten vor 1933?

In der kurzen Zeit der (mit dem drückenden Versailler Vertrag belasteten) Wei-marer Republik vor 1933 konnte sich eine republikanische Gesinnung und konnten sich demokratische Traditionen wenig entwickeln und festigen. Die Obrigkeitsgläu-bigkeit und das Untertanenbewußtsein überdauerten die kurze Spanne 1918-1933. Ei-ne noch in demokratischen Kinderschuhen stehende Gesellschaft war verstört durch den ungewohnten Parteienstreit, der bald als Gezänk und Hader empfunden wurde und die Rückkehr autoritärer Gesellschaftsstrukturen ersehnen ließ. Kritisches Hin-terfragen und bürgerliche Zivilcourage wurden von nationalkonservativen Kreisen oft als destruktiv und "zersetzend" etikettiert. Kurz und gut: Als oberste Bürgertugend galt vor und dann auch nach 1933 der Gehorsam. Ja, gerade die bürgerliche geistige Elite Deutschlands "hatte selbst kein reales Verhältnis zur Politik außer dem des Un-tertanen" (Eugen Kogon, Der SS-Staat, München 1974, 395). Dergleichen schlug voll auf die Jugenderziehung unter Hitler durch. Ein Zeitzeuge erinnert sich: "Mit Angst durchsetzter Gehorsam war für uns schon im Alter von zwölf oder dreizehn Jahren et-was völlig Selbstverständliches" (Rolf Schörken, in: Geschichte in Wissenschaft und Unterricht 49, 1998, 455).

Die Situation in den Kirchen vor und nach 1933 war nicht anders als in der beam-teten Elite in Schulen und Universitäten. Vom paternalistischen Rassismus gegenüber den Missionsobjekten in Afrika (Jos. Drammer, 1901) bis zum christlichen Antijudais-mus und Antisemitismus tritt aus den Quellen ein breites Meinungsspektrum zu Tage, das fast nahtlos zu entsprechenden NS-Positionen paßte. Die besonders katholischer-seits angeprangerte "Pest des Laizismus" war nichts anderes als das selbstbewußte Beanspruchen und Wahrnehmen demokratischer Rechte durch den mündigen Bürger, der sich der Einbindung in die starren ständestaatlichen Strukturen eines christlichen "Reiches" widersetzte. Es gab, wie wir sahen, im Verhältnis zwischen dem National-sozialismus und den Kirchen großflächige Zonen gemeinsamer Anschauungen, Inter-essen und Prinzipien. Das Gehorsamsprinzip hatte dabei einen besonderen Rang.

Angesichts dieser Interessenlage war es kein Wunder, daß Rom im Beamtengesetz vom 7. 4. 1933 Gutes sah und daß seitens der Kirchen zum Beispiel gegen das Pogrom am 9./10. November 1938 kein Protest laut wurde. Gewiß waren auch Einschüchterung und Angst verantwortlich dafür, daß von den Kanzeln geschwiegen wurde; denn beide christlichen Kirchen dachten fast nur an ihre Selbstbehauptung und Verteidigung gegenüber dem im Laufe der dreißiger Jahre immer aggressiver werdenden Zugriff des NS-Regimes. Der kirchlichen Jugend wurde zum passiven Erdulden, nirgends zum politischen Widerstand geraten und schon gar nicht zum öffentlichen Einsatz für rassisch Verfolgte.

Kein Vertreter der geistigen Elite des Landes in Kirchen, Schulen und Universitäten ist aufgestanden und hat der Jugend den angeblichen polnischen Überfall auf den Gleiwitzer Sender am 31. 8. 1939 als Hitlers durchsichtigen Vorwand bezeichnet, um seinen Krieg vom Zaun zu brechen. Statt dessen wurde überwiegend Kriegsbegeisterung geschürt und aufgerufen zum "Kampf für das Vaterland" in einem uns aufgezwungenen Krieg gegen die mißgünstigen Feinde des Reiches. Weder Kirchen noch Lehrer wiesen die Jugend mahnend auf Tod und Leid von Millionen Menschen im Ersten Weltkrieg hin und warnten öffentlich vor dem Wahnsinn eines neuen europäischen Krieges. Die Lehrer glaubten sich als Beamte zum Gehorsam verpflichtet, und die Kirchen dachten an den von Paulus (Römerbrief, Kapitel 13) gebotenen Obrigkeitsgehorsam. Ihnen galt Hitler bis zu seinem Tod als rechtmäßige Obrigkeit. Auch den angeblichen Präventivkrieg des Diktators gegen ein scheinbar das christliche Abendland bedrohendes atheistisches Rußland haben – vor allem nach den großen Anfangserfolgen – viele Wortführer der geistigen Elite begrüßt und auch die Jugend darauf eingestimmt. Opportunismus grassierte.

Auf der anderen Seite die Jugend: Die lebensweltliche suggestive Ästhetik in Feiern, Liedern und schönen Worten sprach sie besonders an. Die sakrale Überhöhung der völkischen Politik (mit dem "Führer" als quasimessianischer Gestalt) faszinierte viele. Die Hitlerjugend überbot zunächst noch das verführerische, scheinbar sinnstiftende Angebot der bündischen Jugend. Der jugendliche Erlebnishunger wurde gestillt, und die Mädchen erfuhren eine (Schein-)Emanzipation im BDM. Jungen und Mädchen wähnten sich freier denn je wegen ihrer "Selbstführung" durch kleine und kleinste "Führer" und "Führerinnen", obwohl diese in Wahrheit von oben gesteuert wie Marionetten agierten und ihnen nur eine Scheinbedeutung zuteil wurde. Die (scheinbare) Bedeutungsaufwertung der Staatsjugend gab dem einzelnen Jugendlichen jedoch das Gefühl, bei einem säkularen Geschehen aktiv mitwirken zu können und im Dienst einer großen Sache zu stehen, die über das eigene kleine Ich hinauswies.

Die neue "Volksgemeinschaft" war nur ein Trugbild, weil – wie die Zeitgeschichtsforschung längst ermittelt hat – die herkömmlichen Klassenunterschiede bestehen blieben, aber sie faszinierte die Jugend, sie ließ sich – und das vor allem ist ihre Schuld – überwiegend gern verführen. Für viele war es lustvoll, im zackigen Marschtritt einer singenden HJ-Kolonne die eigene Identität (samt kritischem Verstand) aufgehen zu lassen im Wir-Gefühl einer neuartigen Gruppenidentität. Der traditionelle Obrigkeitsgehorsam war hier sublimiert zum willigen Funktionieren als Glied einer überindividuellen Gemeinschaft. Dem entsprach das Erziehungsziel: Der autoritätsgläubige, rassestolze, kämpferisch-einsatzbereite, bis hin zu heroischer Todesverachtung opferwillige junge Mensch.

Ja, es entwickelte sich in der Jugend eine Art Sendungsbewußtsein, aufgesogen aus der allgegenwärtigen ideologischen Beeinflussung, die den jungen Menschen unmerklich umfloß wie das Wasser den Fisch, der sich der Nässe seines Lebenselements nicht bewußt ist. Fast alles war – jedenfalls außerhalb des oft abschirmenden Elternhauses – erfüllt und durchdrungen von der neuen 'political correctness'.

Eine ehemalige junge BDM-Führerin erinnert sich als Zeitzeugin (bei Ingeborg Bayer, Hg., Ehe alles Legende wird, Baden-Baden 1979, 213): "Weshalb wir so lückenlos funktionierten, weshalb wir von unserem Sendungsbewußtsein so durchdrungen waren, hatte viele Gründe. Unsere Erziehung geschah systematisch und umfassend, sie durchdrang nahezu alle Bereiche – Schule, Freizeit, Elternhaus. Wir waren 'erfaßt' von ihr, von früh bis spät. Die Schlagworte dieser Erziehung verinnerlichten wir sehr rasch, die Parolen aus Hitlers 'Mein Kampf' umrieselten uns ständig... Die Schule stand voll und ganz im Dienst der Idee, der Unterricht begann morgens mit einem zackigen 'Heil Hitler', und es gab kaum ein Fach, das nicht mit nationalsozialistischem Gedankengut durchsetzt gewesen wäre... Wir ertrugen diesen Krieg ohne zu murren, man hatte ihn uns aufgedrängt, so lehrte man uns. Wir lebten eine Idee. Sie war unser Mantel, wenn uns kalt war, wenn wir Hunger hatten und pro Person drei Kartoffeln auf den Teller gezählt bekamen. Sie wärmte uns, wenn wir in den Kellern saßen und auf die Bomben horchten. Wir verachteten die, die beteten, wenn der Putz von den Wänden rieselte – wir waren programmiert, Helden zu sein, und so waren wir es, auch wenn manches, was wir taten, nur noch als absolute Hirnlosigkeit bezeichnet werden kann".

Die zentrale Frage, warum die deutsche Jugend fast widerstandslos Hitlers Fahnen folgte, habe ich zu beantworten versucht. Eine weitergehende Frage wäre, unter welchen Bedingungen sich das 1933-1945 Geschehene wiederholen könnte. Zumindest Teilantworten ergeben sich unmittelbar aus der rationalen Analyse der Jugenderziehung unter Hitler. Man erkennt die Fehlentwicklungen und ihre Ursachen. Aus dieser Erkenntnis erwächst die Verantwortung für die Zukunft.

Vergleichsweise belanglos sind da andere Antworten der HJ-Quellen auf bislang nicht gestellte Fragen, zum Beispiel wie man in der Hitlerjugend nach Stalingrad noch den "Endsieg" retten wollte: Durch Barfußgehen, um Leder für die Frontsoldaten zu sparen!

Schließlich ergaben sich aus meiner endoskopischen Inaugenscheinnahme bislang vernachlässigter Quellen (Texte der HJ und ihres internen Dienstbetriebes) mögliche Antworten auch auf zwei bedeutende Fragen, die sich zu Beginn meiner Arbeit gar nicht stellten. Einmal auf die Frage, wie tief der Antisemitismus vor 1945 im deutschen Volk verwurzelt war. Antwort: Noch 1943 wurde in der Hitlerjugendführung wortreich beklagt, daß diese Verwurzelung bisher nicht gelungen sei! Dem entsprechen ähnliche – inzwischen bekannte – bedauernde Feststellungen, die Goebbels gelegentlich seinen Tagebüchern anvertraute. Das paßt wenig zu der Annahme eines kollektiven eliminatorischen Antisemitismus. Schluß daraus: Die Realität entspricht nicht klappsymmetrisch dem ideologischen Tenor von NS-Quellen. Freilich bleibt auch eine Teilrealisierung noch grauenhaft genug!

Zur zweiten Frage: Wann genau und wie konkret motiviert gab der Diktator den Befehl zum Massenmord in den KZ-Lagern, die dadurch zu Vernichtungslagern wurden? Hier boten, wie sich zeigte, die HJ-Quellen als erwägenswerte Antwort: Die unerwartet hohen Verluste des deutschen Heeres im Spätherbst und Winter 1941/42 waren geeignet, die schon immer vorhandene Angst vor einer "Gegenauslese" (Kontraselektion) durch die "Gegenrasse" im Dezember 1941 eskalieren zu lassen. Während bestes nordisch-germanisches "Menschenmaterial" dahinschmolz, durfte der Gegenrasse keine Chance gelassen werden, wenn auch nur "als Keimzelle eines neuen jüdischen Aufbaues" (Heydrich auf der Wannseekonferenz; so auch Hitler selbst in eine Geheimrede am 26. 5. 1944: "Keimzellenbildung", in: Miscellanea. Festschrift H. Krausnick, 1980, 135) zu überleben, sich zu vermehren und den Rassenkampf letztlich vielleicht noch zu gewinnen.

Für meinen Vorschlag spräche, daß Hitlers Motiv nicht einigermaßen mühsam im außenpolitischen Bereich (Atlantik-Charta!) gesucht werden müßte, sondern aus dem rassistischen Zentrum der NS-Ideologie käme. In der Tat war Hitler, was die Juden betraf, von einer fast hysterischen Vernichtungsangst besessen: Mein Kampf, München 1933, S. 629-633. 703-705. 751 (vgl. ebd. S. 767); ähnlich Werner Jochmann, Hg., Adolf Hitler, Monologe, Hamburg 1980, S. 242. 279. 300 (zum 28./29. 1. 1942; 17. 2. 1942; 26./27. 2. 1942), und Henry Picker, Hitlers Tischgespräche, Berlin 1997, S. 482: "Schade sei nur, daß auch dieser Krieg wieder unter den Besten unseres Volkes vernichtende Auslese halte" (am 25. 5. 1942; vgl. ebd. S. 136). Da ermöglicht die Formulierung "auch dieser Krieg" den Anschluß an die entsprechenden Gedankengänge in den Hitlerjugend-Quellen, die ebenfalls bei ihrer Theorie der rassischen "Gegenauslese" vom Ersten Weltkrieg ausgingen. Im übrigen findet sich das Junktim von Krieg und Judenvernichtung auch in Hitlers Reichstagsrede vom 30. 1. 1939 (Domarus III, 1058).

Abkürzungsverzeichnis

Abb. = Abbildung(en)

AHS = Adolf-Hitler-Schule(n)

amer. = amerikanisch

ANSt = Arbeitsgemeinschaft nationalsozialistischer Studentinnen

a. O. = am (angeführten) Ort

Aufl. = Auflage

Bd., Bde. = Band, Bände

BDM, BdM = Bund Deutscher Mädel

bearb., Bearb. = bearbeitet, Bearbeiter, Bearbeiterin

bes. = besonders

Bl. = Blatt, Blätter

bzw. = beziehungsweise

ca. = circa

chr. = christlich

DAF = Deutsche Arbeitsfront

ders. = derselbe

d. h. = das heißt

Diss. = Dissertation

DJ = Deutsches Jungvolk

ebd. = ebenda

engl. = englisch

ev. = evangelisch

f., ff. = (und) folgende (Seite, Seiten)

FAD = Freiwilliger Arbeitsdienst

Gestapo = Geheime Staatspolizei

Hg. hg. = Herausgeber, Herausgeberin, herausgegeben

HJ = Hitler-Jugend, Hitlerjugend

Jg. = Jahrgang

Jh. = Jahrhundert

JM = Jungmädel

kath. = katholisch

KLV = (Erweiterte) Kinderlandverschickung

KPD = Kommunistische Partei Deutschlands

KZ = Konzentrationslager

LBA = Lehrerbildungsanstalt

LwH = Luftwaffenhelfer

MdR = Mitglied des Reichstages

M.-Ringführerin = Mädel-Ringführerin

NAPOLA, NPEA = Nationalpolitische Erziehungsanstalt

NS = Nationalsozialismus, nationalsozialistisch

NSDAP = Nationalsozialistische Deutsche Arbeiterpartei

NSG Kraft durch Freude = Nationalsozialistische Gemeinschaft Kraft durch Freude

NSKK = Nationalsozialistisches Kraftfahrerkorps

NSLB = Nationalsozialistischer Lehrerbund

NSStB = Nationalsozialistischer Studentenbund

NSV = Nationalsozialistische Volkswohlfahrt

O.-Abt. = Organisationsabteilung

o. J. = ohne Jahr, ohne Angabe des Erscheinungsjahres

o. O. = ohne Ort, ohne Angabe des Erscheinungsortes

Pr. = Press

Pr.-Abt. = Propaganda-Abteilung

Pg., PG = Parteigenosse (der NSDAP)

RAD = Reichsarbeitsdienst

RADwJ = Reichsarbeitsdienst für weibliche Jugendliche

RBWK = Reichsberufswettkampf

RGBl = Reichsgesetzblatt

RJF = Reichsjugendführung

RMfWEV = Reichsministerium für Wissenschaft, Erziehung und Volksbildung

RJM = Reichsjustizministerium, Reichsjustizminister

RM = Reichsmark

S. = Seite(n)

SA = Sturmabteilung

SAJD = Sozialistische Arbeiterjugend Deutschlands

SD = Sicherheitsdienst

s. o. = siehe oben

SS = Schutzstaffel

Stapo = Staatspolizei

u. = und

u. a. = und andere, unter anderem

u. ä. = und ähnlich, und Ähnliches

Übers., übers. = Übersetzung, übersetzt

Univ. = Universität, University

unveränd. = unverändert

u. ö. = und öfter

usw. = und so weiter

vgl. = vergleiche

wiss. = wissenschaftlich(e)

WS = Weltanschauliche Schulung

z. B. = zum Beispiel

z. T. = zum Teil

Abbildungen und Faksimiles

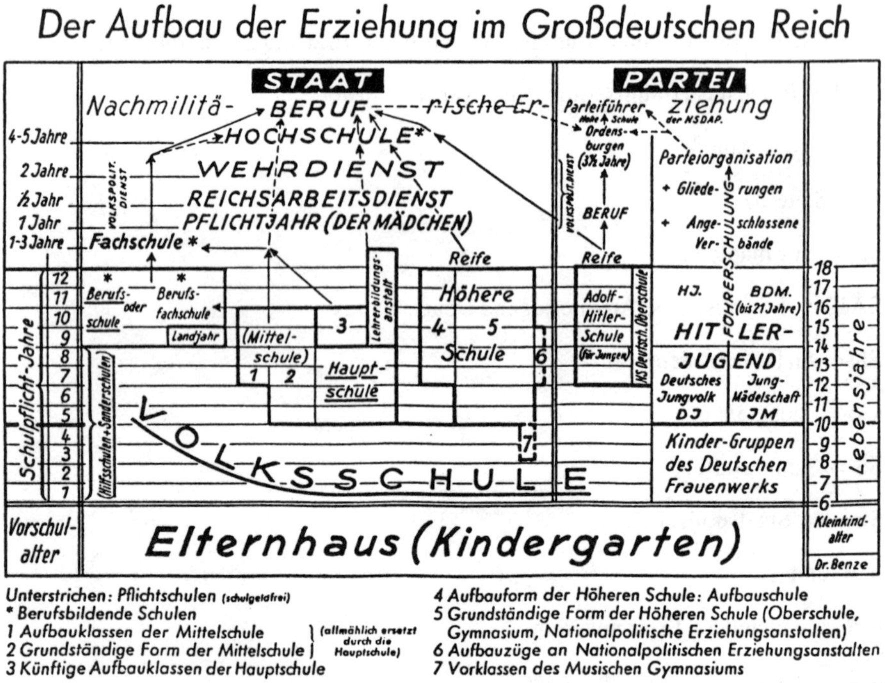

Der Aufbau der Erziehung im Großdeutschen Reich

		STAAT				PARTEI		
	Nachmilitä-	BERUF	rische Er-		Parteiführer	ziehung		

Nachmilitä-BERUF---rische Er-   Parteiführer ziehung der NSDAP.

4-5 Jahre — HOCHSCHULE* — Ordens-burgen (3½ Jahre)

2 Jahre — WEHRDIENST — Parteiorganisation

½ Jahr — REICHSARBEITSDIENST — + Gliede-rungen

1 Jahr — PFLICHTJAHR (DER MÄDCHEN) — BERUF — + Ange-schlossene

1-3 Jahre — Fachschule * — Ver-bände

VOLKSPOL. DIENST

POLIZEI-DIENST

FÜHRERSCHULUNG

Reife   Reife

Schulpflicht-Jahre									Lebensjahre
12	Berufs- oder schule	Berufs-fachschule		Höhere	Adolf-Hitler-Schule (für Jungen)	H.J.	BDM. (bis 21 Jahre)	18	
11								17	
10		Landjahr	(Mittel-	3	4 — 5		HIT—LER-	16	
9			schule)		Schule			15	
8			1 2	Haupt-	6	KS Deutsch. Oberschule	JUG END	14	
7				schule		Deutsches Jung-	13	
6						Jungvolk Mädelschaft	12	
5						DJ JM	11	
4					7	Kinder-Gruppen	10	
3						des Deutschen	9	
2						Frauenwerks	8	
1							7	

Lehrerbildungsanstalt

(Hilfsschulen + Sonderschulen)

VOLKSSCHULE

Vorschul-alter	Elternhaus (Kindergarten)	Kleinkind-alter

Dr. Benze

Unterstrichen: Pflichtschulen (schulgeldfrei)
* Berufsbildende Schulen
1 Aufbauklassen der Mittelschule } (allmählich ersetzt durch die Hauptschule)
2 Grundständige Form der Mittelschule
3 Künftige Aufbauklassen der Hauptschule

4 Aufbauform der Höheren Schule: Aufbauschule
5 Grundständige Form der Höheren Schule (Oberschule, Gymnasium, Nationalpolitische Erziehungsanstalten)
6 Aufbauzüge an Nationalpolitischen Erziehungsanstalten
7 Vorklassen des Musischen Gymnasiums

Abb. 1: Die Organisation der NS-Jugenderziehung (Stand von 1943).

Abb. 2: Titelbild in einem Kinderbuch zum Vorlesen: Klein-Adolf, dargestellt wie in zeitgenössischen frommen Bildern der Jesusknabe, als künftiger Erlöser (1933).

Mein Führer! (Das Kind spricht):

    Ich kenne dich wohl und habe dich lieb
                         wie Vater und Mutter.
    Ich will dir immer gehorsam sein
                         wie Vater und Mutter.
    Und bin ich erst groß, dann helfe ich dir
                         wie Vater und Mutter,
    und freuen sollst du dich an mir
                         wie Vater und Mutter!

Abb. 3: Aus einem Anfänger-Lesebuch der Volksschule von 1936.

„Die Judennaſe iſt an ihrer Spitze gebogen. Sie ſieht aus wie ein Sechſer…"

Abb. 4: Rassistisch-antisemitische Erziehung in der Schule. Darstellung in einem auch für jugendliche Leser gedachten Werk (1938).

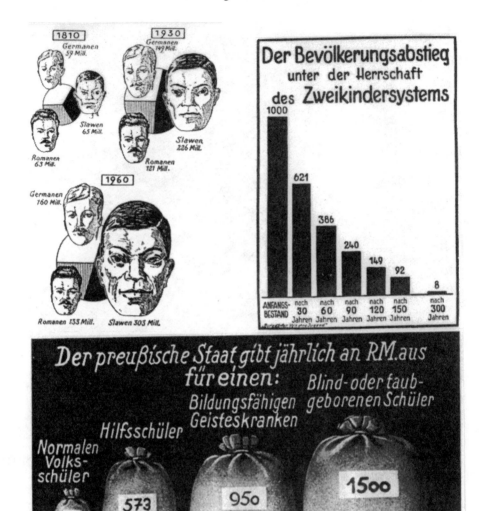

Abb. 5: Rassistische Furcht vor "Überfremdung" und "Gegenauslese". Schulbuch-Diagramme von 1943. Üblich war auch die "Bevölkerungspyramide" mit Kennzeichnung eines drastischen "Geburtenausfalls" 1914-1918.

Abb. 6: Unter Verwendung der christlichen Legende vom Ewigen Juden, der immerzu über die Erde wandert, wird das Judentum dargestellt als "Weltfeind Nr. 1", als die Menschen verführender und die Welt verderbender Satan, der für alles Böse auf der Erde verantwortlich ist. Das antisemitische Bild illustriert einen Aufsatz "Die Geschichte vom ewigen Juden" in der seinerzeit verbreiteten Schülerzeitung "Hilf mit!" (1939).

Der Aufbau der Höheren Schule

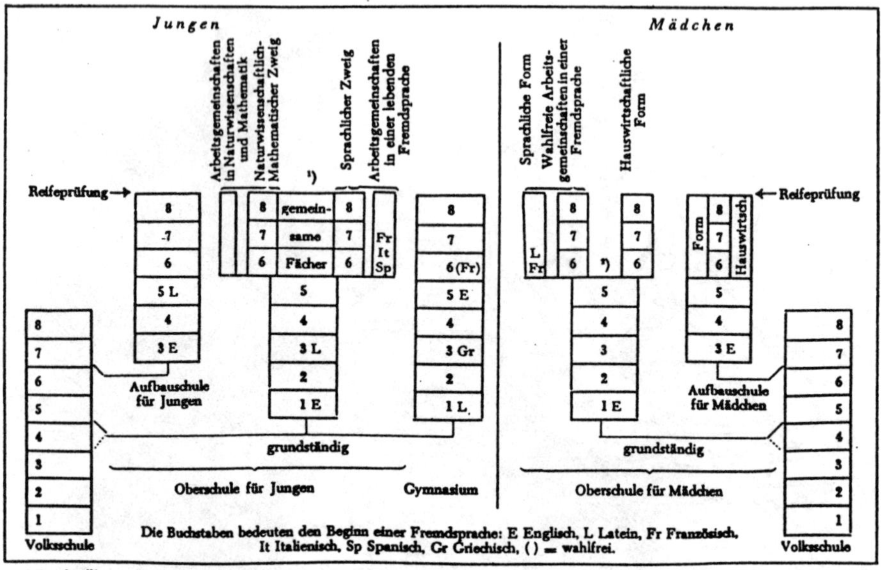

¹) Für die Übergangszeit bis zum Ausbau des mittleren Schulwesens wird die 6. Klasse nur in den Arbeitsgemeinschaften gegabelt. Für die Kriegsdauer ist diese Einschränkung auch auf die 7. und 8. Klasse ausgedehnt worden.   ²) Vgl. Seite 53—57.

Abb. 7: Der Aufbau der höheren Schule im NS-Erziehungssystem (Stand von 1943).

Heilig und unantastbar ist uns das Blut.

Halte Dein Blut rein.
Es ist nicht nur Dein.
Es kommt weit her.
Es fließt weit hin.
Es ist von tausend Ahnen schwer
und alle Zukunft strömt darin.
Halte rein das Kleid
Deiner Unsterblichkeit.

(Will Vesper)

Abb. 8: Pseudosakraler Rassekult in einem Biologie-Schulbuch von 1943.

Abb. 9: Antisemitismus in einem Biologie-Schulbuch von 1943. Die Bilderklärung betont die angebliche "Rasseeigentümlichkeit in Haltung und Gebärden" von "Ostjuden".

Abb. 10: Die "Ordensburg" Sonthofen (Architekt: Hermann Giesler).

Abb. 11: Die "Hohe Schule der NSDAP" am Chiemsee. Entwurf des Architekten Herman Giesler. Erläuterungen dazu bei Alfred Rosenberg, in: Die Kunst im Deutschen Reich 3(1939), S. 17; vgl. Alfred Rosenberg: Letzte Aufzeichnungen, Göttingen 1955, S. 283 f., und: Das politische Tagebuch Alfred Rosenbergs, hg. von Günther Seraphim, München 1964, S. 133, 135 f..

Abb. 12: Antisemitismus im "Bilderbuch für Groß und Klein" von Elvira Bauer (1936): Ausschluß der jüdischen Schüler aus den Schulen.

HOHE WACHT

Abb. 13: Zeichnung von "Fidus" (Pseudonym des Hugo Höppener, 1868-1948), Titelbild zu "Freideutsche Jugend. Zur Jahrhundertfeier auf dem Hohen Meißner 1913". Fidus war völkisch orientiert und dachte zivilisationskritisch und lebensreformerisch. Als Illustrator stellte er auch idealisierte nackte Menschen dar, wobei für ihn Nacktheit und Asexualität sich nicht ausschlossen. In der Jugendbewegung vor 1933 wurde er von vielen geschätzt, nach 1933 in der HJ ignoriert, obwohl er sich dem Nationalsozialismus andiente.

Abb. 14: Antisemitismus im "Bilderbuch für Groß und Klein" von Elvira Bauer (1936): "Des Führers Jugend".

489

Das Gesetz über die Hitler-Jugend

Vom 1. Dezember 1936

(Reichsgesetzbl. I, Nr. 113, vom 3. Dezember 1936, S. 993)

Von der Jugend hängt die Zukunft des deutschen Volkes ab. Die gesamte deutsche Jugend muß deshalb auf ihre künftigen Pflichten vorbereitet werden.

Die Reichsregierung hat daher das folgende Gesetz beschlossen, das hiermit verkündet wird.

§ 1

Die gesamte deutsche Jugend innerhalb des Reichsgebietes ist in der Hitler-Jugend zusammengefaßt.

§ 2

Die gesamte deutsche Jugend ist außer in Elternhaus und Schule in der Hitler-Jugend körperlich, geistig und sittlich im Geiste des Nationalsozialismus zum Dienst am Volk und zur Volksgemeinschaft zu erziehen.

§ 3

Die Aufgabe der Erziehung der gesamten deutschen Jugend in der Hitler-Jugend wird dem Reichsjugendführer der NSDAP. übertragen. Er ist damit "Jugendführer des Deutschen Reichs". Er hat die Stellung einer Obersten Reichsbehörde mit dem Sitz in Berlin und ist dem Führer und Reichskanzler unmittelbar unterstellt.

§ 4

Die zur Durchführung und Ergänzung dieses Gesetzes erforderlichen Rechtsverordnungen und allgemeinen Verwaltungsvorschriften erläßt der Führer und Reichskanzler.

Berlin, den 1. Dezember 1936.

Der Führer und Reichskanzler
Adolf Hitler
Der Staatssekretär und Chef der Reichskanzlei
Dr. Lammers

Erste Durchführungsverordnung zum Gesetz über die Hitler-Jugend

(Allgemeine Bestimmungen)

Vom 25. März 1939

Auf Grund des § 4 des Gesetzes über die Hitler-Jugend vom 1. Dezember 1936 (Reichsgesetzblatt I S. 993) bestimme ich:

§ 1

(1) Der Jugendführer des Deutschen Reichs ist ausschließlich zuständig für alle Aufgaben der körperlichen, geistigen und sittlichen Erziehung der gesamten deutschen Jugend des Reichsgebiets außerhalb von Elternhaus und Schule. Die Zuständigkeit des Reichsministers für Wissenschaft, Erziehung und Volksbildung auf den Gebieten des Privatunterrichts und des sozialen Bildungswesens bleibt unberührt.

(2) Auf den Geschäftsbereich des Jugendführers des Deutschen Reichs gehen aus dem Geschäftsbereich des Reichs- und Preußischen Ministeriums für Wissenschaft, Erziehung und Volksbildung über:

alle Angelegenheiten der Jugendpflege, des Jugendherbergswesens sowie der Unfall- und Haftpflichtversicherung im Interesse der Jugendpflege.

Die Frage der Zuständigkeit für das Landjahr bleibt einer besonderen Regelung vorbehalten.

(3) Der Jugendführer des Deutschen Reichs untersteht mit der Hitler-Jugend der Finanzhoheit der Nationalsozialistischen Deutschen Arbeiterpartei.

§ 2

(1) In der Hitler-Jugend besteht die Stamm-Hitler-Jugend.

(2) Wer seit dem 20. April 1938 der Hitler-Jugend angehört, ist Angehöriger der Stamm-Hitler-Jugend.

(3) Jugendliche, die sich mindestens ein Jahr in der Hitler-Jugend gut geführt haben und ihrer Abstammung nach die Voraussetzungen für die Aufnahme in die Nationalsozialistische Deutsche Arbeiterpartei erfüllen, können in die Stamm-Hitler-Jugend aufgenommen werden. Die näheren Anordnungen erläßt der Reichsjugendführer der Nationalsozialistischen Deutschen Arbeiterpartei mit Zustimmung des Stellvertreters des Führers.

(4) Die Aufnahme in die Stamm-Hitler-Jugend kann bei Personen über 18 Jahre, die in der Führung oder der Verwaltung der Hitler-Jugend eingesetzt werden sollen, sofort erfolgen.

(5) Gliederung der Nationalsozialistischen Deutschen Arbeiterpartei ist nur die Stamm-Hitler-Jugend.

(6) Die Zugehörigkeit zur Stamm-Hitler-Jugend ist freiwillig.

§ 3

Der Reichsminister des Innern bestimmt im Einvernehmen mit dem Ju-

Abb. 15 – 17: Das Gesetz über die Hitler-Jugend (1936) und die beiden Durchführungsverordnungen dazu (1939).

gendführer des Deutschen Reichs, dem Stellvertreter des Führers und dem Reichsminister der Finanzen die dem Jugendführer des Deutschen Reichs nachgeordneten staatlichen Dienststellen.

Berlin, den 25. März 1939.

Der Führer und Reichskanzler
Adolf Hitler

Der Stellvertreter des Führers
R. Heß

Der Reichsminister und Chef der Reichskanzlei
Dr. Lammers

Zweite Durchführungsverordnung zum Gesetz über die Hitler-Jugend
(Jugenddienstverordnung)
Vom 25. März 1939

Auf Grund des § 4 des Gesetzes über die Hitler-Jugend vom 1. Dezember 1936 (Reichsgesetzblatt I S. 993) bestimme ich:

§ 1
Dauer der Dienstpflicht

(1) Der Dienst in der Hitler-Jugend ist Ehrendienst am Deutschen Volke.

(2) Alle Jugendlichen vom 10. bis zum vollendeten 18. Lebensjahr sind verpflichtet, in der Hitler-Jugend Dienst zu tun, und zwar:

1. die Jungen im Alter von 10 bis 14 Jahren im „Deutschen Jungvolk" (DJ.),
2. die Jungen im Alter von 14 bis 18 Jahren in der „Hitler-Jugend" (HJ.),
3. die Mädchen im Alter von 10 bis 14 Jahren im „Jungmädelbund" (JM.),
4. die Mädchen im Alter von 14 bis 18 Jahren im „Bund Deutscher Mädel" (BDM.).

(3) Schüler und Schülerinnen der Grundschule, die das 10. Lebensjahr bereits vollendet haben, werden bis zum Verlassen der Grundschulklassen vom Dienst in der Hitler-Jugend zurückgestellt.

(4) Schüler und Schülerinnen der Volksschule, die das 14. Lebensjahr bereits vollendet haben, bleiben bis zu ihrer Schulentlassung Angehörige des Deutschen Jungvolks oder des Jungmädelbundes.

§ 2
Erziehungsgewalt

Alle Jungen und Mädchen der Hitler-Jugend unterstehen einer öffentlich-rechtlichen Erziehungsgewalt nach Maßgabe der Bestimmungen, die der Führer und Reichskanzler erläßt.

§ 3
Unwürdigkeit

(1) Der Zugehörigkeit zur Hitler-Jugend unwürdig und damit von der Gemeinschaft der Hitler-Jugend ausgeschlossen sind Jugendliche, die

1. ehrenrührige Handlungen begehen,
2. wegen ehrenrühriger Handlungen vor Inkrafttreten dieser Verordnung aus der Hitler-Jugend ausgeschlossen worden sind,
3. durch ihr sittliches Verhalten in der Hitler-Jugend oder in der Allgemeinheit Anstoß erregen und dadurch die Hitler-Jugend schädigen.

(2) Von der Zugehörigkeit zur Hitler-Jugend sind ferner Jugendliche ausgeschlossen, solange sie behördlich verwahrt werden.

(3) Der Jugendführer des Deutschen Reichs kann Ausnahmen zulassen.

§ 4
Untauglichkeit

(1) Jugendliche, die nach dem Gutachten einer HJ.-Gesundheitsstelle oder eines von der Hitler-Jugend beauftragten Arztes für den Dienst in der Hitler-Jugend untauglich oder bedingt tauglich befunden worden sind, müssen entsprechend dem ärztlichen Gutachten ganz oder teilweise von dem Dienst in der Hitler-Jugend befreit werden.

(2) Die Zusammenarbeit mit den Gesundheitsämtern und die Durchführung sonstiger gesundheitlicher Maßnahmen regelt der Jugendführer des Deutschen Reichs im Einvernehmen mit dem Stellvertreter des Führers und dem Reichsminister des Innern.

§ 5
Zurückstellung und Befreiung

(1) Auf Antrag des gesetzlichen Vertreters oder des zuständigen HJ.-Führers können Jugendliche jeweils bis zur Dauer eines Jahres vom Dienst in der Hitler-Jugend befreit oder zurückgestellt werden, wenn sie

1. in ihrer körperlichen Entwicklung erheblich zurückgeblieben sind oder
2. nach dem Urteil des Schulleiters ohne die Befreiung die Anforderungen der Schule nicht erfüllen können.

(2) In Einzelfällen kann auch dann einem Antrag auf Zurückstellung oder Befreiung vom Dienst in der Hitler-Jugend stattgegeben werden, wenn die Voraussetzungen des Abs. 1 nicht gegeben sind, aber andere dringende Gründe vorliegen, die das einstweilige oder dauernde Fernbleiben eines Jugendlichen vom Dienst in der Hitler-Jugend rechtfertigen.

(3) Die weiteren Anordnungen erläßt der Jugendführer des Deutschen Reichs.

§ 6
Deutsche Staatsangehörige nichtdeutschen Volkstums

(1) Jugendliche deutscher Staatsangehörigkeit, bei denen beide Eltern-

Abb. 16: Fortsetzung von Abb. 15

teile oder der Vater nach ihrem Volkstumsbekenntnis zur dänischen oder polnischen Volksgruppe gehören, sind auf Antrag derjenigen, denen die Sorge für ihre Person zusteht, von der Zugehörigkeit zur Hitler-Jugend zu befreien; steht das Recht und die Pflicht für die Person des Jugendlichen zu sorgen, mehreren zu, und stellt nicht jeder von ihnen den Antrag, so kann der Jugendliche befreit werden. Uneheliche Jugendliche können auf Antrag derjenigen, denen die Sorge für ihre Person zusteht, von der Zugehörigkeit zur Hitler-Jugend befreit werden, wenn die Mutter nach ihrem Volkstumsbekenntnis zur dänischen oder polnischen Volksgruppe gehört; sie sind zu befreien, wenn der Vormund dem Antrag zustimmt.

(2) Der Antrag ist an die untere Verwaltungsbehörde zu richten. Die höhere Verwaltungsbehörde stellt fest, ob das Bekenntnis zur dänischen oder polnischen Volksgruppe vorliegt. Die näheren Verwaltungsvorschriften erläßt der Reichsminister des Innern im Einvernehmen mit dem Jugendführer des Deutschen Reichs.

(3) Der Reichsminister des Innern übt die Aufsicht über die Jugendorganisationen der dänischen und polnischen Volksgruppen aus. Neugründungen bedürfen seiner Genehmigung.

(4) Ein Zwang zum Beitritt zu irgendeiner Jugendorganisation der dänischen oder polnischen Volksgruppe darf von keiner Seite ausgeübt werden.

§ 7
Blutmäßige Anforderungen

Juden (§ 5 der Ersten Verordnung zum Reichsbürgergesetz vom 14. November 1935, Reichsgesetzbl. I S. 1333) sind von der Zugehörigkeit zur Hitler-Jugend ausgeschlossen.

§ 8
Deutsche Staatsangehörige mit Wohnsitz im Ausland

Jugendliche deutscher Staatsangehörigkeit, die ihren Wohnsitz im Ausland haben und sich nur vorübergehend im Deutschen Reich aufhalten, sind zum Dienst in der Hitler-Jugend nicht verpflichtet.

§ 9
Anmeldung und Aufnahme

(1) Alle Jugendlichen sind bis zum 15. März des Kalenderjahres, in dem sie das 10. Lebensjahr vollenden, bei dem zuständigen HJ.-Führer zur Aufnahme in die Hitler-Jugend anzumelden. Treten bei einem Jugendlichen die Voraussetzungen für die Aufnahme in die Hitler-Jugend nach diesem Zeitpunkt ein (z. B. Entlassung aus der behördlichen Verwahrung, Erwerb der Reichsangehörigkeit, dauernde Niederlassung im Deutschen Reich), so ist der Jugendliche innerhalb eines Monats nach Eintritt der genannten Voraussetzungen anzumelden.

(2) Zu der Anmeldung ist der gesetzliche Vertreter des Jugendlichen verpflichtet.

(3) Die Aufnahme in die Hitler-Jugend erfolgt zum 20. April eines jeden Jahres.

(4) Der Jugendführer des Deutschen Reichs erläßt die näheren Anordnungen über die Anmeldung und Aufnahme in die Hitler-Jugend.

§ 10
Entlassung

(1) Aus der Hitler-Jugend werden entlassen:

1. Jugendliche nach Ablauf der im § 1 festgesetzten Zeit und Mädchen, die in den Ehestand treten,
2. Jugendliche, bei denen festgestellt wird, daß sie nach den Bestimmungen dieser Verordnung von der Zugehörigkeit zur Gemeinschaft der Hitler-Jugend ausgeschlossen sind,
3. Jugendliche, gegen die nach der Disziplinarordnung der Hitler-Jugend auf Ausscheiden erkannt wird.

(2) Auf Ziffer 2 und 3 findet § 3 Abs. 3 entsprechende Anwendung.

(3) Führer und Führerinnen bleiben nach Ablauf der im § 1 festgesetzten Zeit Angehörige der Hitler-Jugend. Ihre Entlassung erfolgt durch besondere Anordnung. Auf ihren Antrag sind sie zu entlassen.

§ 11
Ruhen der Zugehörigkeit zur Hitler-Jugend

(1) Für die Dauer des aktiven Wehrdienstes ruht die Zugehörigkeit zur Hitler-Jugend.

(2) Angehörige des Reichsarbeitsdienstes dürfen sich im Dienst der Hitler-Jugend nicht betätigen.

Berlin, den 25. März 1939.

§ 12
Strafbestimmungen

(1) Ein gesetzlicher Vertreter wird mit Geldstrafe bis zu 150 Reichsmark oder mit Haft bestraft, wenn er den Bestimmungen des § 9 dieser Verordnung vorsätzlich zuwiderhandelt.

(2) Mit Gefängnis und Geldstrafe oder mit einer dieser Strafen wird bestraft, wer böswillig einen Jugendlichen vom Dienst in der Hitler-Jugend abhält oder abzuhalten versucht.

(3) Die Strafverfolgung tritt nur auf Antrag des Jugendführers des Deutschen Reichs ein. Der Antrag kann zurückgenommen werden.

(4) Jugendliche können durch die zuständige Ortspolizeibehörde angehalten werden, den Pflichten nachzukommen, die ihnen auf Grund dieser Verordnung und den zu ihr ergangenen Ausführungsbestimmungen auferlegt worden sind.

§ 13
Schlußvorschriften

Für die Jugendlichen der Jahrgänge 1921 bis 1929, die bisher der Hitler-Jugend noch nicht angehören, bestimmt der Jugendführer des Deutschen Reichs den Zeitpunkt der Anmeldung und Einberufung zur Hitler-Jugend.

Der Führer und Reichskanzler
Adolf Hitler

Der Stellvertreter des Führers
R. Heß

Der Reichsminister und Chef der Reichskanzlei
Dr. Lammers

Abb. 17: Fortsetzung von Abb. 15–16

Elterntag:

Zwei Kameraden mit Armbinden als „Auskunft" am Bahnhof.

Die eintreffenden Eltern werden zu einem gemeinsamen Sammelplatz geleitet. Beim Betreten des Lagers haben sie sich in das Lagerbuch einzuschreiben. Der Lagerleiter begrüßt sie und spricht persönlich mit ihnen.

Besichtigung des Lagers von 9 bis 12 Uhr.

Abb. 18: "Elterntag" im Hitlerjugendlager. Die Eltern sind dargestellt als schon etwas vertrottelte ältere Leute ohne rechtes Verständnis für das "Jugendreich" der HJ. Sie sind im Grunde hier unerwünscht oder doch fehl am Platz. Im weiteren Zusammenhang werden generell die "Alten" als "Jubelgreise" verspottet, und es heißt: "Husch, husch ins Grab, die Würmer warten schon!" (S. 153 des im "Bildnachweis" genannten Werkes).

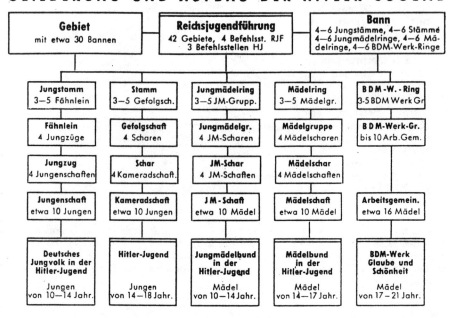

Abb. 19: Gliederung und Aufbau der Hitler-Jugend (Stand von 1943).

Abb. 20: *Jungmädel (BDM) im Zeltlager (vor 1935). In den späteren Jahren der NS-Herrschaft wurden von der Reichsjugendführung BDM-Lager nur noch in festen Unterkünften, z.B. in Jugendherbergen, erlaubt.*

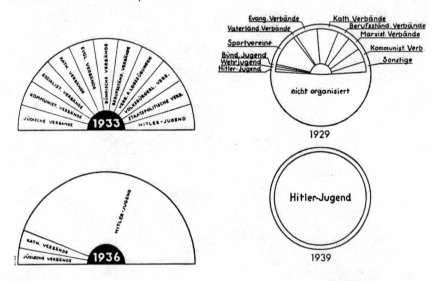

Abb. 21: Die Hitlerjugend unterdrückt und verdrängt ihre Konkurrenten.

Spiegel unserer Zeit:
Die ersten vier Seiten eines Poesiealbums
Mit Zeichnungen von Arno Eichler

Seite 1
Die BDM-Kameradin trägt sich ein:

Es kann nicht jeder Feldherr sein,

ein jeder sei Soldat.

Ein jeder Mann in unserm Reich'n,

sei General der Tat.

(Schirach)

Seite 2
Noch eine BDM-Kameradin trägt sich ein:

Man soll nicht sein Reich

verschämt.

sondern soll darinnen

dienen.

(A. Hitler)

Abb. 22–23: *Der aus NS-Sicht überholten kirchlichen Jugenderziehung wird die neue "fortschrittliche" Erziehung in Hitlerjugend und Schule gegenübergestellt.*

Seite 3
Der Pfarrer trägt sich ein:

Geh einfach Gottes Pfad,
lass nichts sonst Führe sein,
so gehst Du recht und grad,
und gingst Du ganz allein.

Dein Konfirmator

Seite 4
Der Schulleiter trägt sich ein:

Ein Wille muß uns beherrschen,
eine Einheit müssen wir bilden,
eine Disziplin muß uns zusammenschmieden,
ein Gehorsam, eine Unterordnung muß uns alle
erfüllen,

Denn über uns steht die Nation.

Alle sind sich einig —
nur einer stört —

Abb 23: Fortsetzung von Abb. 22

Abb. 24: Rassistische Karikatur innerhalb eines antisemitischen Artikels der HJ-Zeitschrift "Die Kamerad-schaft" vom 19. Oktober 1938.

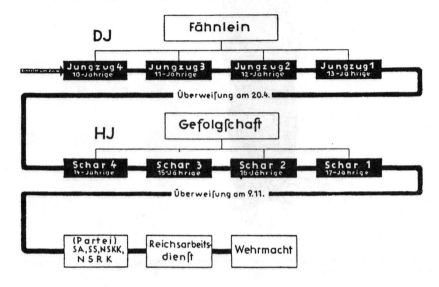

DIE ORGANISATION DES JAHRGANGSWEISEN AUFBAUES

Abb. 25: Die Organisation des jahrgangsweisen Aufbaues der Hitlerjugend.

Abb. 26: Goebbels spricht anläßlich einer Kundgebung der Hitlerjugend auf dem Burgplatz in Essen am 4. August 1935. Im rechten Bildhintergrund das Burggymnasium; es wurde bei einem Luftangriff im März 1943 zerstört.

Abb. 27: Sonnenwendfeier des BDM.

Abb. 28: "Jugend kennt keine Gefahren" propagierte ein sehr bekanntes HJ-Lied. Aber diese "lustige Klet-terei" (so die Bildunterschrift von 1934) der BDM-Mädchen war zweifellos lebensgefährlich.

Abb. 29: Rassistisch-antisemitische Illustration zum Bänkelgesang in einem Hitlerjugendlager:" ... Die Haare kraus, die Nase krumm,/ trieb er sich dreist im Land herum/ ... Da ging's dem armen Michel schlecht,/ er war der reinste Judenknecht/ ... Doch schließlich ward ihm mal zuviel/ dies teuflisch-abgefeimte Spiel:/ Er gab der Sippschaft und dem Jidd'/einen Tritt, einen Tritt!"

Abb. 30: HJ und BDM beim Sonnenwendfeuer.

Organisationsplan der Reichsjugendführung im Krieg.

Abb. 31: *Organisationsplan der Reichsjugendführung im Krieg (Stand von 1940).*

UNSER DIENST

Unterlagen zur Dienstgestaltung für die Hitler-Jugend
Monat März 1945
Monatsthema: Volk und Rasse

Abb. 32: Die hinter solchen Bildern stehende Ideologie hat maßgeblich für die Hitlerjugend ihr Chef Artur Axmann formuliert: "Das deutsche Schwert hat den Osten befreit. Nun folgt der Bauer mit dem Pflug." (Das Junge Deutschland 36, 1942, S. 2f.). Der rassenbiologische Imperialismus ist zentrales Element der NS-Ideologie noch im März 1945!

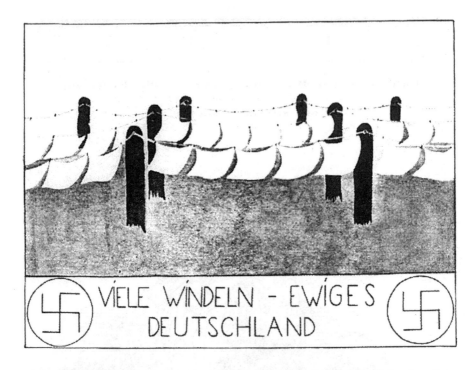

Abb. 33: Werbung für Kinderreichtum zur Rechtfertigung einer "Volk-ohne-Raum"-Politik und zur Erobe-rung von Siedlungsraum.

Abb. 34: Die Juden als "fremdes Volk", als Leute die "kein richtiges Deutsch" sprechen, sondern nur "ein häßliches Kauderwelsch", in einem Buch zum Vorlesen für Kinder (1939).

Abb. 35: Ein Jude bringt einen deutschen Bauern um Haus und Hof. Antisemitische Zeichnung in einem Vorlesebuch für Kinder (1939).

Abb. 36: Antisemitismus im "Bilderbuch für Groß und Klein" von Elvira Bauer (1936): Der Stürmer-Kasten.

„Schau nur diese Kerle an! Diese verlausten Bärte! Diese schmutzigen, wegstehenden Ohren..."

Abb. 37: Die Juden als unerwünschte Fremde von abstoßendem Aussehen in einer typischen deutschen Stadt.
Antisemitische Darstellung in einem auch für jugendliche Leser gedachten Werk (1938).

Abb. 38: Antisemitismus im "Bilderbuch für Groß und Klein" von Elvira Bauer (1936): Austreibung der Juden.

Abb. 39: Hitler und seine "politischen Soldaten". Das Foto entstand zwischen Ende Februar und dem 14. Juli 1944 in Hitlers Residenz Berghof auf dem Obersalzberg bei Berchtesgaden. Aus NS-Sicht war der Idealtypus eines jungen Wehrmachtsoffiziers zuvor HJ-Führer, und so wurde in der Hitlerjugend sehr für den Offiziersberuf geworben.

Abb. 40: Baldur von Schirach besucht ein Lager der Kinderlandverschickung im Sommer 1942.

Polizeiverordnung zum Schutze der Jugend
Vom 9. März 1940

Ein Erlaß und unsere Stellungnahme

Der Reichsminister des Innern hat die nachfolgendem Wortlaut wiedergegebene Polizeiverordnung zum Schutze der Jugend vom 9. März 1940 erlassen (Reichsgesetzbl. Nr. 47 S. 499):

Wegen der durch den Krieg bedingten veränderten Lebensverhältnisse wird zum Schutze der Jugend auf Grund der Verordnung über die Polizeiverordnungen der Reichsminister vom 14. November 1938 (Reichsgesetzbl. I S. 1582) folgendes verordnet:

§ 1
Fernhaltung von öffentlichen Straßen und Plätzen während der Dunkelheit

Jugendliche unter 18 Jahren dürfen sich auf öffentlichen Straßen und Plätzen oder an sonstigen öffentlichen Orten während der Dunkelheit nicht herumtreiben.

§ 2
Fernhaltung aus öffentlichen Lokalen

(1) Der Aufenthalt in Gaststätten aller Art ist Jugendlichen unter 18 Jahren, die sich nicht in Begleitung des Erziehungsberechtigten oder einer von ihm beauftragten volljährigen Person befinden, nach 21 Uhr verboten.

(2) Jugendliche unter 16 Jahren dürfen sich ohne Begleitung des Erziehungsberechtigten oder einer von ihm beauftragten volljährigen Person in Gaststätten nicht aufhalten.

§ 3
Fernhaltung aus öffentlichen Lichtspieltheatern sowie Varieté- und Kabarettvorstellungen

Der Besuch von öffentlichen Lichtspieltheatern, Varieté- und Kabarettvorstellungen ist Jugendlichen unter 18 Jahren, die sich nicht in Begleitung des Erziehungsberechtigten oder einer von ihm beauftragten volljährigen Person befinden, nach 21 Uhr verboten.

§ 4
Verbot des Alkoholgenusses

Jugendlichen unter 18 Jahren ist in Gaststätten der Genuß von Branntwein oder überwiegend branntweinhaltigen Genußmitteln, Jugendlichen unter 16 Jahren in Abwesenheit des Erziehungsberechtigten oder einer von ihm beauftragten volljährigen Person auch der Genuß von anderen alkoholhaltigen Getränken verboten.

§ 5
Verbot des öffentlichen Rauchens

Jugendlichen unter 18 Jahren ist der Genuß von Tabakwaren in der Öffentlichkeit verboten.

§ 6
Fernhaltung von öffentlichen Tanzlustbarkeiten

Der § 1 Abs. 1 der Polizeiverordnung über die Fernhaltung Jugendlicher von öffentlichen Tanzlustbarkeiten vom 29. November 1939 (Reichsgesetzbl. I S. 2374) erhält folgende Fassung:

„(1) Der Aufenthalt in Räumen, in denen öffentliche Tanzlustbarkeiten stattfinden, und die Teilnahme an Tanzlustbarkeiten im Freien ist Jugendlichen unter 18 Jahren nur in Begleitung des Erziehungsberechtigten oder einer von ihm beauftragten volljährigen Person, und auch dann nur bis 23 Uhr gestattet."

§ 7
Fernhaltung von öffentlichen Schieß- und Spieleinrichtungen

Die Fernhaltung von öffentlichen Schieß- und Spieleinrichtungen regelt sich nach der Polizeiverordnung vom 24. Oktober 1939 (Reichsgesetzbl. I S. 2116).

§ 8
Ausnahmen

(1) Die Vorschriften dieser Verordnung finden auf Angehörige der Wehrmacht und des Reichsarbeitsdienstes keine Anwendung.

(2) Die Vorschrift des § 2 gilt nicht für Veranstaltungen der Partei sowie für Jugendliche, die sich nachweislich auf Reisen befinden.

(3) Ausnahmen von den Verboten der §§ 2 und 3 können durch die Kreispolizeibehörde zugelassen werden.

§ 9
Strafvorschriften
I. Jugendliche

(1) Jugendliche, die vorsätzlich gegen die §§ 1 bis 5 dieser Verordnung verstoßen, werden mit Haft bis zu drei Wochen oder einer Geldstrafe bis zu 50 Reichsmark bestraft.

II. Erwachsene

(2) Mit Geldstrafe bis zu 150 Reichsmark, in besonders schweren Fällen mit Haft bis zu sechs Wochen werden bestraft:

a) Erziehungsberechtigte und die von ihnen beauftragten Personen, die vorsätzlich oder fahrlässig durch Verletzung ihrer Aufsichtspflicht Jugendlichen Verstöße gegen die §§ 1 bis 5 dieser Verordnung ermöglichen;

b) Unternehmer und Veranstalter der in den §§ 2 und 3 genannten Betriebe, die vorsätzlich oder fahrlässig Jugendlichen Verstöße gegen die §§ 2 und 3 dieser Verordnung ermöglichen;

c) Personen, die sich wahrheitswidrig als von einem Erziehungsberechtigten beauftragt bezeichnen und Jugendlichen Verstöße gegen die §§ 2 bis 4 dieser Verordnung, den § 1 der Polizeiverordnung über die Fernhaltung von Jugendlichen von öffentlichen Tanzlustbarkeiten vom 29. November 1939 (Reichsgesetzbl. I S. 2374) und die §§ 1 und 3 der Polizeiverordnung über die Fernhaltung Jugendlicher von öffentlichen Schieß- oder Spieleinrichtungen vom 24. Oktober 1939 (Reichsgesetzbl. I S. 2116) ermöglichen;

(3) Unberührt bleiben polizeiliche Sicherungsmaßnahmen, die Strafvorschriften des § 29 Ziffer 8 und des § 30 Abs. 2 des Gaststättengesetzes vom 28. April 1930 (Reichsgesetzbl. I S. 146) und der §§ 25, 27 und 28 des Lichtspielgesetzes vom 16. Februar 1934 (Reichsgesetzbl. I S. 95) und sonstige Strafvorschriften, nach denen eine höhere Strafe verwirkt ist.

§ 10
Inkrafttreten

Diese Polizeiverordnung tritt eine Woche nach ihrer Verkündung in Kraft.

Berlin, den 9. März 1940.

Der Reichsminister des Innern
In Vertretung
H. Himmler

Abb. 41: Polizeiverordnung zum Schutze der Jugend vom 9. März 1940.

Abb. 42: Ausbildung von Hitlerjungen an der "Panzerfaust".

Abb. 43: Ausheben eines Panzergrabens (Herbst 1944) in der Ostpreußen-Schutzstellung. Zu solchen Schanzeinsätzen im frontnahen Raum wurden in der Regel auch die fünfzehnjährigen Hitlerjungen befohlen.

Abb. 44: Luftwaffenhelfer. Aufnahme vom 20. September 1943.

Abb. 45: Ein "Panzerjagdkommando" der Hitlerjugend unter Tarnnetzen in der "Oderfestung" Frankfurt, März 1945.

Abb. 46: Ordensverleihung an Hitlerjungen – dabei als Jüngster der zwölfjährige Alfred Czech – im Hof der Reichskanzlei (Berlin) am 19. März 1945. Dazu Heinrich Hoffmann: Hitler, wie ich ihn sah, München 1974, Abb. nach S. 208; Karl Heinz Jahnke/Michael Buddrus: Deutsche Jugend 1933-1945, Hamburg 1989, S. 405f.; Karl Heinz Jahnke: Hitlers letztes Aufgebot, Essen 1993, S. 23. 155-157; DIE WOCHE vom 26. März 1999.

Abb. 47: Der Jahrgang 1929 der Hitlerjugend wird im Hinterland der Westfront zum Bau von Infanterie-stellungen und Panzergräben eingesetzt. Foto vom September 1944.

Abb. 48: Volkssturm in Berlin, April 1945. Die Aufnahme wirkt gestellt, ist aber realitätsnah.

Abb. 49: Spruchband nach dem Vers in einem in der Hitlerjugend zeitweise gesungenen Lied ("Wilde Gesellen vom Sturmwind durchweht"), März 1945 in der "Festung" Königsberg.

Abb. 50: Die Synagoge Essens am Morgen des 10. November 1938. Essener Zeitzeugen – seinerzeit Schüler – berichten, daß am 10. November kein Schulunterricht war und sie einen unmittelbaren Eindruck von dem Geschehen erhielten.

Abb. 51: Opfer in Auschwitz.

Bildnachweis

- Archiv für Kunst und Geschichte, Berlin: Abb. 40, 44.
- Bauer, Elvira: Ein Bilderbuch für Groß und Klein, Nürnberg (Stürmer-Verlag) 1936: Abb. 12, 14, 36, 38.
- Bayerische Staatsbibliothek, München: Abb. 39.
- Becker, Howard: Vom Barette schwankt die Feder, Wiesbaden (Verlag Der Greif, Walter Gericke) 1949, S. 111: Abb. 13.
- Benze, Rudolf: Erziehung im Großdeutschen Reich, Frankfurt (Moritz Diesterweg) 1943, S. 18, 52: Abb. 1, 7.
- Bibliothek für Zeitgeschichte, Stuttgart: Abb. 43, 46.
- Bundesarchiv, Koblenz: Abb. 47.
- Erziehung zur Volksgemeinschaft. Hg. von der Reichswaltung des NS-Lehrerbundes, Berlin [um 1938], S. 161: Abb. 33.
- Essen, Stadtarchiv: Abb. 50.
- Freude, Zucht und Glaube. Handbuch für die kulturelle Arbeit im Lager. Hg. von der Reichsjugendführung, Potsdam (Voggenreiter) 1937, S. 154-155: Abb. 29; S. 181: Abb. 18.
- Graf, Jakob: Biologie für höhere Schulen, 3. Band, München (J. F. Lehmanns Verlag) 1943, S. 126, 165f., 171, Tafel 21: Abb. 5, 8, 9.
- Haarer, Johanna: Mutter, erzähl von Adolf Hitler!, München (J. F. Lehmanns Verlag) 1939, S. 59, 170: Abb. 34-35.
- Der Giftpilz. Ein Stürmerbuch für Jung und Alt. Erzählungen von Ernst Hiemer. Bilder von Fips, Nürnberg (Stürmer-Verlag) 1938, S. 9, 13: Abb. 4, 37.
- Der HJ-Führer. Führerdienst des Gebietes Niedersachsen, März 1945: Abb. 32.
- Hilf mit! Illustrierte deutsche Schülerzeitung, Januar, Nr. 4/1939, S. 132: Abb. 6.
- Ich will Dir was erzählen. Erstes Lesebuch für die Kinder des Hessenlandes, Braunschweig (Westermann) 1936, S. 64 (übernommen aus "Kirche und Schule im nationalsozialistischen Marburg", von Friedrich Dickmann/Hanne Schmitt, Marburg: Magistrat der Stadt Marburg, 1985, S. 197): Abb. 3.
- Das Junge Deutschland 34 (1940), S. 91: Abb. 41.
- Jungmädels Welt, Heim und Zelt, hg. von Gerda Zimmermann und Gretel Both, Leipzig (Seybold), 1934, S. 33, 65, 177: Abb. 20, 27, 28.
- Die Kameradschaft. Blätter für Heimabendgestaltung in der Hitlerjugend. Ausgabe B, Folge 2, vom 19. Oktober 1938, S. 8: Abb. 24.
- Kaufmann, Günter: Das kommende Deutschland, Berlin (Junker und Dünnhaupt) 1940, S. 261, 268-273: Abb. 15-17, 31.
- Kuby, Erich (Hg.): Das Ende des Schreckens, München (Süddeutscher Verlag) 1956, S. 81: Abb. 42.
- Die Kunst im Deutschen Reich 3 (1939), S. 18: Abb. 11.
- Kunst im Dritten Reich 2 (1938), S. 69: Abb. 10.
- Gesichter der Juden in Auschwitz. Lili Meiers Album. Mit einer Einleitung von Peter Moses-Krause, hg. von Hans-Jürgen Hahn, Berlin (Das Arsenal) 1995, S. 146: Abb. 51.
- Mohaupt, Helga: Essen. Ein verlorenes Stadtbild. Fotografiert von Willy van Heekern, Gudensberg-Gleichen (Wartberg) 1994, S. 70: Abb. 26.

– Morgenroth, H./Schmidt, M.: Kinder, was wißt ihr vom Führer?, Leipzig (Schneider) 1933, Titelbild: Abb. 2.

– Münsterländischer Heimatkalender 1941, Juni-Bild: Abb. 30.

– Pabel, Hilmar: Jahre unseres Lebens. Stuttgart (Constantin) 1954, S. 25: Abb. 48.

– Reinoß, Herbert (Hg.); Letzte Tage in Ostpreußen, München (Langen Müller) 1983, Abb. neben S. 208 (Bavaria Bildagentur, Gauting): Abb. 49.

– Schirach, Baldur von: Die Hitler-Jugend, Leipzig (Koehler & Amelang) 1936, S. 17, 223: Abb. 21, 25.

– Ullstein Bilderdienst, Berlin: Abb. 45.

– Weltanschauung und Schule 1 (1936-37), S. 246f.: Abb. 22, 23.

– Wir schaffen. Jahrbuch des Bundes Deutscher Mädel, Jg. 1943, S. 174: Abb. 19.

Bibliographische Nachträge
nach Beginn der Drucklegung

Becker, Heinrich (u.a. Hg.): Die Universität Göttingen unter dem Nationalsozialismus. 2. Aufl. – München (Saur) 1998. 759 S.

Benz, Wolfgang: Geschichte des Dritten Reiches. München (Beck) 2000. 288 S.

Bielenberg, Christabel: Als ich Deutsche war, 1934-1945. Eine Engländerin erzählt. 7. Aufl. – München (Beck) 2000. 320 S.

Bronnen, Barbara (Hg.): Geschichten vom Überleben. Frauentagebücher aus der NS-Zeit. – München (Beck) 1998. 251 S.

Buddrus, Michael: "Wir fahren zum Juden Geld holen!". Hitlerjugend, Antisemitismus, Reichskristallnacht. – Jahrbuch des Archivs der deutschen Jugendbewegung 18 (1993 – 98 [1999]) 13 – 156

Denz, Kurt: Die Kinderlandverschickung – Philatelistische Dokumente. – Rundbrief der Bundesarbeitsgemeinschaft Philatelistische Postgeschichte in Nordrhein-Westfalen, Nr. 74 (Juli 2000) 1 – 19

Elisabeth *Domansky*/ Jutta de *Jong*: Der lange Schatten des Krieges. Deutsche Lebens-Geschichten nach 1945. – Münster (Aschendorff) 2000. 424 S.

Esch, Michael G. (u.a., Hg.): Die medizinische Akademie Düsseldorf im Nationalsozialismus. – Essen (Klartext) 1997. 365 S.

Gay, Peter: Meine deutsche Frage. Jugend in Berlin 1933 – 1939. 3. Aufl. – München (Beck) 2000. 230 S.

Christian *Geulen*/ Karoline *Tschuggnall* (Hg.): Aus einem deutschen Leben. Lesarten eines biographischen Interviews. – Tübingen (edition discord) 2000. 147 und XLI S.

Götz, Margarete: Die Grundschule in der Zeit des Nationalsozialismus. Eine Untersuchung der inneren Ausgestaltung der vier unteren Jahrgänge der Volksschule auf der Grundlage amtlicher Maßnahmen. – Bad Heilbrunn (Klinkhardt) 1997. 400 S.

Groß, Alexander: Gehorsame Kirche – ungehorsame Christen im Nationalsozialismus. – Mainz (Grünewald) 2000. 96 S.

Haar, Ingo: Historiker im Nationalsozialismus. Die deutsche Geschichtswissenschaft und der Volkstumskampf im Osten. – Göttingen (Vandenhoek & Ruprecht) 2000

Habersetzer, Walther: Ein Münchner Gymnasium in der NS-Zeit. Die verdrängten Jahre des Wittelsbacher Gymnasiums. – München (Verlag Geschichtswerkstatt Neuhausen) 1997. 208 S.

Hausmann, Frank Rutger: "Vom Strudel der Ereignisse verschlungen". Deutsche Romanistik im "Dritten Reich". – Frankfurt (Vittorio Klostermann) 2000. 741 S.

Sabine *Hering*/ Kurt *Schilde*: Das BDM-Werk "Glaube und Schönheit". Die Organisation junger Frauen im Nationalsozialismus. – Berlin (Metropol) 2000. 228 S.

Kershaw, Ian: Hitler 1936 – 1945. – Stuttgart (Deutsche Verlags-Anstalt) 2000. 1344 S.

Kleindienst, Jürgen (Hg.): Pimpfe, Mädels & andere Kinder. – Kindheit in Deutschland 1933 – 1939. 55 Geschichten und Berichte von Zeitzeugen. – Berlin (JKL-Publikationen) 1998. 322 S.

Knopp, Guido: Hitlers Kinder. – München (Bertelsmann) 2000. 383 S.

Bei der Flak in (Essen-)Frintrop 1944. Auszüge aus einem Bericht von Roland Streck. Zusammengestellt und erläuter von N. *Krüger*. – Das Münster am Hellweg 30, Heft 5/7 (Mai 1977) 71 – 88

Hitlers Kinder? Reifeprüfung 1939. Von Wolfram *Lietz* und Manfred *Overesch*. Unter Mitarbeit von Erich Kosthorst als Zeitzeugen. – Bad Heilbrunn (Klinkhardt) 1997. 234 S.

Lösch, Anna-Maria von: Der nackte Geist. Die juristische Fakultät der Berliner Universität im Umbruch von 1933. – Tübingen (Mohr Siebeck) 1999. 526 S.

Mause, Nicole: Abenteuer, Saufraß und Flaggenappell. Die "Erweiterte Kinderlandverschickung" der Carl-Humann-Schule in Essen-Steele nach Galtür und Ischgl (1943 – 1945). – Essen (Nicole Mause) 2000. 134 S.

Meschenmoser, Alfred: Die Hitlerjugend. Eine philatelistisch-zeitgeschichtliche Darstellung. – Schwalmtal (Verlag Phil Creativ GmbH) 1999. 88 S.

Missala, Heinrich: Für Gott, Führer und Vaterland. Die Verstrickung der katholischen Seelsorge in Hitlers Krieg. – München (Kösel) 1999. 239 S.

Möller, Horst (Hg.): Die tödliche Utopie. Bilder, Texte, Dokumente, Daten zum Dritten Reich. – München (Institut für Zeitgeschichte) 1999. 571 S.

Quindeau, Ilka: Trauma und Geschichte. Interpretationen autobiographischer Erzählungen von Überlebenden des Holocaust. – Frankfurt (Brandes & Apsel) 1995. 281 S.

Radt, Joachim: Indoktrination der Jugend im NS-Regime. Geschichte im Dritten Reich am Beispiel der Zeitschrift "Wille und Macht". – Frankfurt (VAS-Verlag) 1998. 79 S.

"Zu Hause könnten sie es nicht schöner haben!" Kinderlandverschickung aus Köln und Umgebung 1941 – 1945. Hg. von Martin *Rüther* mit Beiträgen von Katja *Klee*, Gerhard *Kock* und Martin *Rüther*. – Köln (Emons) 2000. 269 S.

Schäfer, Herwig: Juristische Lehre und Forschung an der Reichsuniversität Straßburg, 1941 – 1944. – Tübingen (Mohr Siebeck) 1999. 273 S.

Scherer, Hans: Ich war Oberschüler und Luftwaffenhelfer. Teil I-III. – Staffelstein (Selbstverlag) 1996. 120, 76, 64 S.; derselbe: Meine Feldpostbriefe (5. Jan.– 6. Sept. 1944). Ergänzung zu "Ich war Oberschüler und Luftwaffenhelfer". – Staffelstein (Selbstverlag) [o.J.] 64 S.

Schneider, Barbara: Die höhere Schule im Nationalsozialismus. Zur Ideologisierung von Bildung und Erziehung. – Köln (Böhlau) 2000. 490 S.

Szepansky, Gerda: 'Blitzmädel', 'Heldenmutter', 'Kriegerwitwe'. Frauenleben im Zweiten Weltkrieg. – Frankfurt (Fischer) 1998 (zuerst 1986). 302 S.

Wantzen, Paulheinz: Das Leben im Krieg 1939 – 1946. Ein Tagebuch. Aufgezeichnet in der damaligen Gegenwart. – Bad Homburg (Verlag Das Dokument) 1999. 1657 S.

Zehnpfennig, Barbara: Hitlers Mein Kampf. Eine Interpretation. – München (Fink) 2000. 350 S.

Studien zum Nationalsozialismus

Stefan Klemp
Freispruch für das "Mord-Bataillon"
Die NS-Ordnungspolizei und die Nachkriegs-justiz
"Ich möchte sagen, dass die Moral, die ich bei der Kompanie antraf, in Bezug auf die Behandlung der Ghettoinsassen ausserordentlich niedrig war. Man sah die Juden als eine Art Insekten an, deren Vernichtung wünschenswert war. Das 'Umlegen' eines Ghettoinsassen wurde als alltägliches Ereignis gewertet." (Ein Angehöriger des Polizeibataillons 61)
Die Bezeichnung "Mord-Bataillon" ist authentisch. Der Autor fand sie in den Ermittlungsakten der Staatsanwaltschaften Dortmund und Münster. Für dieses Buch wurde umfangreiches und bislang ungenutztes Quellenmaterial verarbeitet: Erstmals wurden alle drei Verfahren gegen das Polizeibataillon 61 ausgewertet. Darüber hinaus erhielt der Autor erstmals die Genehmigung zur Benutzung der brisanten Sammlung des Experten für Polizeigeschichte, Alexander Primavesi. Bei seinen Recherchen entdeckte Stefan Klemp zwei private Fotoalben, die den mörderischen Alltag der Polizisten in Polen dokumentieren. Einige der Bilder werden hier veröffentlicht.
Das Buch gibt einen eindrucksvollen Einblick in die Verstrickung einer deutschen Polizeieinheit in den Massenmord in Osteuropa. Und es dokumentiert die mitunter fragwürdige Arbeitsweise der Justiz nach 1945. Die spannenden Darstellung ist eng an den Fakten orientiert.
Bd. 5, 1998, 128 S., 19,80 DM, br., ISBN 3-8258-3994-x

Anpassung – Selbstbehauptung – Widerstand

Jutta Hetkamp
Ausgewählte Interviews von Ehemaligen der Jüdischen Jugendbewegung in Deutschland von 1913–1933
Bd. 5, 1994, 160 S., 29,80 DM, gb., ISBN 3-89473-796-4

Arie Goral
An der Grenzscheide: Kein Weg als Jude und Deutscher?
Bd. 6, 1994, 250 S., 24,80 DM, br., ISBN 3-8258-2143-9

Mirjam Michaelis
Die große und die kleine Welt
Herausgegeben und mit einem Nachwort versehen von Irmgard Klönne, in Verbindung mit Gabi Rochell und Renate Schiller-Thielmann
Bd. 7, 1995, 144 S., 28,80 DM, br., ISBN 3-8258-2451-9

Simone Ladwig-Winters
Wertheim – ein Warenhausunternehmen und seine Eigentümer
Ein Beispiel der Entwicklung der Berliner Warenhäuser bis zur "Arisierung"
Während der Zeit des Nationalsozialismus verloren die Eigentümer Hermann Tietz und Georg Wertheim die Verfügungsgewalt über ihre Warenhausunternehmen.
Man weiß heute, *daß* das so war, Unklarheit herrscht jedoch über das Wie. Die vorliegende Arbeit nun schließt diese Lücke.
Am Beispiel Wertheim und H. Tietz wird gezeigt, wie sich die Durchführung der Rassengesetze erst auf Umsatz und Angebot der Warenhäuser auswirkte und schließlich dazu führte, daß die Eigentümer ihre Unternehmen verloren. Es wird ein umfassendes Bild über die Entwicklung der Berliner Warenhäuser bis zur Arisierung geschaffen.
Bd. 8, 1997, 493 S., 68,80 DM, br., ISBN 3-8258-3062-4

Claus Cursiefen
Auf den Spuren Janusz Korczaks in Israel
Der polnisch-jüdische Kinderarzt, Schriftsteller und Pädagoge Janusz Korczak bereiste in den 30er Jahren zweimal das heutige Israel. Wie die beiden Reisen 1934 und 1936 abliefen, wie sie Korczaks persönliche Entwicklung und sein schriftstellerisches Werk beeinflußten und welche Spuren sie im heutigen Israel hinterließen, wurde im Rahmen einer Studienreise untersucht.
Bd. 9, 1997, 48 S., 19,80 DM, gb., ISBN 3-8258-3162-0

Arie Goral-Sternheim
Jeckepotz
Eine jüdisch-deutsche Jugend 1914–1933.
Mit einem Vorwort von Jan Philipp Reemtsma
Bd. 10, 1996, 208 S., 19,80 DM, br., ISBN 3-8258-3168-x

Suska Döpp
Jüdische Jugendbewegung in Köln 1906–1938
Von der Gründung des Gabriel-Riesser-Vereins im Jahr 1906 bis zum endgültigen Verbot der jüdischen Jugendbünde in Deutschland im Jahr 1938 gab es in Köln eine zahlenmäßig starke und vitale jüdische Jugendbewegung. Sie wurde schnell zu einem vielfältigen und eigenwertigen Teil des jüdischen Lebens in Köln und umfaßte das gesamte ideologisch-weltanschauliche Spektrum der jüdischen Jugendbewegung in Deutschland.
Über das Anliegen, einen Beitrag zur Wiedergewinnung einer verlorengegangenen Überlieferung im Bereich der Lokalgeschichte zu leisten, weist dieser Band jedoch über den örtlichen Rahmen

LIT Verlag Münster – Hamburg – London
Bestellungen über:
Grevener Str. 179 48159 Münster
Tel.: 0251 – 23 50 91 – Fax: 0251 – 23 19 72
e-Mail: lit@lit-verlag.de – http://www.lit-verlag.de

Preise: unv. PE

hinaus. Hier wird am Beispiel einer Großgemeinde ein Bild des bündischen Lebens auf der untersten Organisationsebene der Jugendbewegung nachgezeichnet. Im Mittelpunkt steht dabei neben einer Darstellung der einzelnen Bünde in ihrer weltanschaulich-ideologischen Ausprägung vor allem das Verhältnis der Jugendorganisationen untereinander, die Einbindung der Jugendbewegung in die jüdische Gemeinschaft Kölns sowie in die allgemeine städtische Jugendpflege.
Bd. 11, 1998, 256 S., 39,80 DM, br., ISBN 3-8258-3210-4

Martin Sieg
Im Schatten der Wolfschanze
Hitlerjunge auf der Suche nach Sinn.
Autobiographische Skizze eines Zeitzeugen
Bd. 12, 1997, 216 S., 29,80 DM, br., ISBN 3-8258-3288-0

Arie Goral-Sternheim; Walter Lovis
Um Mitternacht
1. Auflage – Jerusalem 1944
Bd. 13, 1999, 88 S., 19,80 DM, br, ISBN 3-8258-3892-7

Helmuth Stoecker
Socialism with Deficits
An academic life in the German Democratic Republic. Edited from the private papers by Holger Stoecker
Helmuth Stoecker was born in 1920 into a communist family in Berlin. In 1933 he had to emigrate to Great Britain after his father's arrestment by the Nazis. After his return in 1947 he started an academic career as historian at the Humboldt University in East Berlin. In the following years he became an important authority in the fields of German colonial history and African history. After German reunification and shortly before his death in 1994, Stoecker wrote down his impressions on academia. He attempted to explain his point of view of the rise and fall of socialism in the GDR. The book offers an insight view of the academic life as well as private thoughts on everyday life in the GDR.
Bd. 14, 2000, 136 S., 39,80 DM, pb., ISBN 3-8258-3990-7

Hermann Görgen
Ein Leben gegen Hitler
Geschichte und Rettung der "Gruppe Görgen". Autobiographische Skizzen. Mit Geleitworten von I. Bubis, O. Lafontaine und M. Abelein
Frederic Forsyth, von Hause aus Journalist, stellt sich in seinem Roman "Icon" ("Das schwarze Manifest") die Frage: Ist es möglich, daß in Rußland ein charismatischer Führer – wie seinerzeit Hitler in Deutschland – an die Macht gelangt? Wiederholt sich also die Geschichte?
Doch verlassen wir die Gegenwart und gehen in die zwanziger Jahre, in denen unsere Handlung

beginnt.
Hermann Görgen schildert seine Geschichte, er mußte erleben, wie Hitler gewählt wurde. Das ist allgemein bekannt; weniger bekannt ist, daß das Saarland damals nicht zum Deutschen Reich gehörte, sondern durch den Völkerbund verwaltet wurde. 1935 wählen die Saarländer den Anschluß an das Deutsche Reich. Görgen flieht, doch auch seine neue Heimat Österreich erliegt 1938 dem "Heim ins Reich-Gedanken".
Görgen muß erneut fliehen – diesmal in die Tschechoslowakei. Der Staat zerfällt und die Westmächte halten still. Sie halten genauso still wie Frederic Forsyth es in seinem Roman in Bezug auf die russische Entwicklung beschreibt.
Hermann Görgen flieht in die Schweiz, doch auch sie bietet als neutraler Staat nicht jedem Flüchtling dauerhaften Schutz.
Politisch scheiterte Görgen, erfolgreich war er mit seiner "Gruppe Görgen", der die Rettung von achtundvierzig Flüchtlingen nach Brasilien zu verdanken ist.
In der Nachkriegszeit ins Saarland zurückgekehrt, setzt sich Görgen als Mitglied der "Christlichen Volkspartei des Saarlandes" und als Generaldirektor des "Saarländischen Rundfunks" für ein europäisches Saarland ein, mußte aber den Beginn einer Entwicklung in Richtung eines Anschlusses an die junge Bundesrepublik Deutschland erleben. Eine zukunftsweisende politische Vorstellung – gedacht einige Jahrzehnte zu früh.
Hermann Görgen war ein Föderalist, dessen Ideen insbesondere für das heutige Osteuropa mit seinen nationalen Konflikten Geltung besitzen.
Ein Buch über ihn und sein Leben kann nur ein Buch aktiven Erinnerns sein. Die Geschichte kann sich wiederholen, es kommt auf uns alle an, dies zu verhindern.
Hermann Görgen, 1908 in Wallerfangen/Saar geboren, promovierte an der Universität Bonn über den Philosophen und Pädagogen Friedrich Wilhelm Foerster. Als katholischer Oppositioneller arbeitete er 1934 bei der von Johannes Hoffmann gegründeten "Neuen Saarpost", ehe ihn seine Flucht an diverse inner- und außereuropäische Standorte verschlug.
Als Abgeordneter der CDU gehörte Hermann Görgen dem Deutschen Bundestag von 1957 bis 1961 an. Bis 1973 war er Beauftragter des Presse- und Informationsamtes der Bundesregierung für Sonderaufgaben in Lateinamerika. Von 1960 bis zu seinem Tode 1994 leitete er die "Deutsch-Brasilianische Gesellschaft" und das Lateinamerikazentrum.
Für die Rettung der jüdischen Flüchtlinge in seiner "Gruppe Görgen" wurde er 1993 vom Holocaust Memorial Center in Detroit mit dem "Righteousness Award", dem Holocaust-

LIT Verlag Münster – Hamburg – London
Bestellungen über:
Grevener Str. 179 48159 Münster
Tel.: 0251 – 23 50 91 – Fax: 0251 – 23 19 72
e-Mail: lit@lit-verlag.de – http://www.lit-verlag.de
Preise: unv. PE

Gerechtigkeitsorden, ausgezeichnet.
Bd. 15, 1997, 256 S., 34,80 DM, br., ISBN 3-8258-3457-3

Barbara Rohr
Verwurzelt im Ortlosen
Einblicke in Leben und Werk von Simone
Weil
Dieses Buch vermittelt Einblicke in Leben, Persönlichkeit und Werk einer ungewöhnlichen und vieldeutigen Frau. Wie lebte eine Frau, die in einer Epoche äußerer und innerer Umbrüche und großer Katastrophen vieles war, was unvereinbar scheint: Philosophieprofessorin und Sozialrevolutionärin, Intellektuelle und Gewerkschafterin, engagierte Pädagogin und politische Publizistin, Fabrikarbeiterin, Winzerin und Autorin religiöser Texte, Pazifistin und Soldatin, geistig hochbefähigt aber gesellschaftlich erfolglos, Jüdin, die zum Judentum keine Beziehung fand, Emigrantin und Widerstandskämpferin, Kirchenkritikerin und Mystikerin...? Wie lebte eine Frau, die sich den gesellschaftlich angebotenen Modellen der Frauenrolle verweigerte, die sich dem Status-Quo-Denken entzog, die Tätigkeiten und Berufe wechselte, die mit ihrem Leben experimentierte, die sich widerständisch-kämpferisch und ergeben zugleich nicht in politische und religiöse Glaubenssysteme einbinden ließ und sich stets dem Anderen, dem Unbekannten, Neuen und Fremden öffnete? Wie lebte und starb eine Frau, deren Leben trotz aller spirituellen Kraft mit 34 Jahren endete und die davon überzeugt war, für die Nachwelt eine Botschaft hinterlassen zu können? Dieser Botschaft, die Simone Weil gelebt hat, versucht die Autorin nachzugehen und auf deren Aktualität hinzuweisen.
Bd. 16, 2000, 160 S., 39,80 DM, br., ISBN 3-82582-4658-x

Ronald Rathert
Verbrechen und Verschwörung: Arthur Nebe
Der Kripochef des Dritten Reiches
Wer verbindet mit der Reihe führender Personen des Dritten Reiches noch den Namen Arthur Nebe? Dabei stand der Leiter der Deutschen Kriminalpolizei nach Heinrich Himmler, Reichsführer SS, Reinhard Heydrich, Chef der Sicherheitspolizei und des SD und dessen Nachfolger Ernst Kaltenbrunner, ganz oben in der Führungshierarchie, ranggleich mit dem berüchtigten Chef der Gestapo, Heinrich Müller. Eine Biographie unter Berücksichtigung zeitgeschichtlicher Dokumente liegt bisher nicht vor.
Die Studie stellt sich die Frage, welche Rolle Nebe im Dritten Reich gespielt hat. Der Mann *der eine glanzvolle Blitzkarriere durchlief und dennoch als einziger SS-General vor dem Volksgerichtshof stand*

der engste Kontakte zum Widerstand hatte und gleichzeitig als Leiter einer Einsatzgruppe in Rußland verantwortlich war für die Ermordung tausender Männer, Frauen und Kinder der als Einzelperson die größte Fahndungsaktion des Dritten Reiches aufsich zog und der im Gestapo-Verhör gute Freunde und Bekannte preisgab, um sein Leben zu retten, seiner Hinrichtung aber nicht mehr entkam.
Die Studie stützt sich auch auf bisher unveröffentlichtes Quellenmaterial aus den Bundesarchiven Koblenz und Berlin und dem Institut für Zeitgeschichte München.
Bd. 17, Herbst 2001, 208 S., 34,80 DM, br.,
ISBN 3-8258-5353-5

Studien zur Geschichte der Weimarer Republik

Armin Wagner
Das Bild Sowjetrußlands in den Memoiren deutscher Diplomaten der Weimarer Republik
Bd. 2, 1995, 180 S., 29,80 DM, br., ISBN 3-8258-2379-2

Peter Krüger; Annegret Nagel (Hrsg.)
Mechterstädt – 25. 3. 1920
Skandal und Krise in der Frühphase der Weimarer Republik
Am Morgen des 25. März 1920, in den Nachwirren des Kapp-Putsches, erschoß eine Zeitfreiwilligeneinheit des "Studentenkorps Marburg" in Thüringen 15 unbewaffnete, als angebliche Rotgardisten gefangengenommene Arbeiter. Es war das weitaus brutalste Vorgehen militärisch organisierter Studenten, das selbst in jener turbulenten Zeit ungewöhnliches Aufsehen erregte.
Der "Fall Mechterstädt" steht für die krisenhaften Anfangsjahre des jungen Weimarer Staates. Tathergang und Folgen wurden unter Heranziehung bislang unbekannten Archivmaterials noch einmal rekonstruiert und einer neuen Deutung unterzogen.
Der Sammelband vereinigt die Kolloquiumsbeiträge zum 75. Jahrestag der Ereignisse und bietet mit einem Anhang einschlägiger Dokumente zugleich die Grundlage für weiterführende Arbeiten.
Bd. 3, 1997, 160 S., 24,80 DM, br., ISBN 3-8258-3061-6

LIT Verlag Münster – Hamburg – London
Bestellungen über:
Grevener Str. 179 48159 Münster
Tel.: 0251 – 23 50 91 – Fax: 0251 – 23 19 72
e-Mail: lit@lit-verlag.de – http://www.lit-verlag.de
Preise: unv. PE